JN450780

헌법재판소 결정이 입법자를 구속하는 범위와 한계

헌법재판소 결정이 입법자를 구속하는 범위와 한계

허완중 저

전남대학교출판문화원

붙이는 말

이 책은 2007년 12월에 제출되고 2008년 5월에 통과되어 독일 페터랑(Peter Lang) 출판사에서 출판된 법학박사학위논문(***Wan-Jung Heo***, Umfang und Grenzen der gesetzgeberischen Bindung durch verfassungsgerichtliche Entscheidung, Diss. jur. München, 2008)의 전면개정판이다. 다만, 독일 사람을 대상으로 한 박사학위논문이라서 불가피하게 포함된 '제1장 한국 헌법재판의 역사와 기본적 문제점'은 이 책에서 뺐다. 그리고 박사학위논문의 나머지 부분은 독일에서 귀국하고 나서 지금까지 발표한 여러 논문을 통하여 보완과 추가가 계속 이루어졌다. 그래서 이 책은 박사학위논문에서 밝힌 견해를 기본적으로 유지하지만, 외형적 측면에서는 물론 내용적 측면에서도 많은 변화가 있다. 특히 한국 헌법재판소 결정을 분석하고 비판하는 과정에서 얻어진 고민의 흔적이 여기저기 있다. 참고문헌은 한국 문헌을 중심으로 기존 문헌은 최신 것으로 바꾸고 새로운 문헌은 찾는 대로 더하였다. 이 책에서 다루는 내용은 박사학위논문을 쓸 당시에도 많은 연구가 이루어졌던 영역은 아니었다. 그런데 박사학위논문을 쓰고 나서 지금까지도 이에 관한 연구는 많은 진척이 이루어졌다고 보기 어렵다. 그래서 이에 관한 연구를 계속할 수밖에 없었고, 급기야 독일어로 쓴 박사학위논문을 다시 꺼내 출판한다.

박사학위논문을 번역하고 이것을 토대로 발표한 논문을 참고하여 이 책을 만들면서 새록새록 뮌헨대학교 공법도서관에서 보낸 지난날이 떠올라 아련한 추억에 잠기곤 하였다. 지금 생각하면 철저한 준비 없이 떠난 유학이라서 언어문제부터 시작하여 여러 어려움에 부딪혀 고생한 시절이었다. 하지만 아무런 방해 없이 마음껏 읽고 생각하고 쓰면서 학문의 자유를 만끽한 나날이었다. 어쩌면 아직도 그때 만들어 둔 곶감을 하나씩 빼먹고 있는지도 모르겠다. 그리고 박사학위논문을 다시 읽으면서 큰 문제를 발견할 수 없다는 사실에 유학 생활을 잘못하지 않았구나 하는 안도감이 든다. 얼굴 한 번 본적 없는 지은이의 전자우편 하나만 보고 흔쾌히 논문지도를 바로 허락해 주신 지도교수 독일 뮌헨대학교 슈테판 코리오트(Stefan Korioth) 선생님께는 생각날 때마다 감사드려도 지나치지 않다. 선생님께서는 두서너 달에 한 번씩 가져다드린 논문 일부를 매번 바빠서 금방 못 읽겠다고 하시고는 몇 주 되지 않아 다 읽었다고 하시면서 연구실로 부르곤 하셨다. 그리고 약속 없이 연구실에 찾아와도 된다는 어마어마한 특전(?)을 주셨다. 그리고 논문심사 부심인 독일 아우그스부르그대학교 틸리오 렌스만(Thilo Rensmann) 교수님께도 꼼꼼한 심사평을 해주신 점에 깊이 감사드린다. 또한, 독일 보금자리를 제공해주고 친절하게 교정까지 성실히 봐 준 자유로운 언론인 랄프 하르트만(Ralf Hartmann)도 잊을 수 없다. 아직도 그가 부르는 목소리가 들리는 듯하다.

헌법학자로서 대학에서 가르치고 연구하게 되기까지는 많은 분께 빚을 졌다. 먼저 지은이 학문의 아버지라고 불러도 부족함이 없을 정도로 학문의 기초를 세우고 학자로 성장하는 데 지대한 영향을 주신 김선택 선생님의 은혜는 세월의 두께를 넘어선다. 다음 주옥같은 논문들로 난해한 헌법학 교과서의 늪에서 벗어나 헌법에 관심을 두는 계기를 마련해 주신 계희열 선생님, 꼼꼼한 강의로 헌법학의 문턱을 넘게 해주시고 쉴새 없이 격려와 자극을 아끼지 않으시는 장영수 선생님, 따뜻한 말씀과 격려 그리고 애정으로 셀 수 없는 도움을 주시는 숨은

스승 정태호 교수님, 분에 넘치는 칭찬으로 자신감을 듬뿍 주시는 방승주 교수님, 이리저리 살펴주시면서 언제나 더 많은 것을 주려고 하시는 최희수 교수님, 형님과 같은 따듯함과 세심함으로 늘 보듬어 주시는 김하열 교수님, 해석학에 매몰되지 않도록 끊임없이 자극을 주시고 모범을 보여주시는 이준일 교수님, 이것저것 챙겨주시며 따스함과 용기를 주시는 이경주 교수님께도 갚기 어려운 은혜를 입었다. 끝으로 헌법재판연구원에서 학자로서 양심과 본분을 지키도록 보살펴주시고 지켜주신 허 영 전 원장님, 김문현 전 원장님, 전광석 전 원장님과 편안한 학교생활을 누릴 수 있도록 언제나 배려해 주시고 도와주시는 전남대학교 선배 교수 김명재 교수님, 김현철 교수님, 민병로 교수님 그리고 독일에서 귀국할 때부터 줄곧 학문적 동료로서 따뜻하게 대해주시고 좋은 대화 상대가 되어주시는 남복현 교수님과 이부하 교수님께도 진심으로 감사드린다.

생명을 주시고 모든 것을 바쳐 늘 보살피고 뒷받침해 주시는 부모님과 연구실에서 살다시피 하는 지은이를 이해하고 감싸주는 아내 박수은 그리고 사랑스러운 아들 진솔, 인우, 우진 모두에게 고마움과 사랑을 전한다. 이 책은 무뚝뚝한 손자에게 한없는 사랑을 주시다가 독일유학을 마치기 전에 돌아가신 외할머니께 바친다.

2017년 12월

겨울을 맞이하는 연구실에서 바람 숨은 햇살을 그리며

허완중

이 책의 바탕이 된 지은이의 논문

제2장 헌법재판소의 지위와 규범통제의 결정유형

허완중, 「헌법재판소의 지위와 민주적 정당성」, 『고려법학』 제55호, 고려대학교 법학연구원, 2009, 1~37쪽.

허완중, 「헌법재판소의 헌법불합치결정을 정당화하는 사유」, 『안암법학』 제31호, 안암법학회, 2010, 31~68쪽.

허완중, 「민주적 정당성」, 『저스티스』 제128호, 한국법학원, 2012. 2., 132~153쪽.

허완중, 「헌법재판소의 민주적 정당성」, 『헌법학연구』 제18권 제3호, 한국헌법학회, 2012, 559~600쪽.

제3장 헌법재판소 결정의 기속력

허완중, 「헌법재판소결정의 기속력과 결정이유 – 헌재 2008. 10. 30. 2006헌마1098 등 결정에 대한 평석을 중심으로 –」, 『인권과 정의』 제399호, 대한변호사협회, 2009. 11., 20~39쪽.

허완중, 「헌법재판소결정의 기속력」, 『헌법판례연구』 제13권, 집현재, 2012, 315~378쪽.

제4장 헌법재판소 결정에 따른 입법자의 의무

허완중, 「헌법불합치결정에 따른 입법자의 법률개선의무 위반의 법적 효과」, 『헌법실무연구』 제11권, 박영사, 2010, 321~348쪽.

허완중, 「입법자의 법률관찰의무」, 『공법연구』 제39집 제4호, 한국공법학회, 2011, 239~261쪽.

허완중, 「헌법재판소결정에 따른 입법자의 의무」, 『헌법논총』 제22집, 헌법재판소, 2011, 357~446쪽.

허완중, 『헌법재판소의 위헌결정에 따른 동일규범반복제정금지의무와 헌법재판소결정존중의무』, 헌법재판소 헌법재판연구원, 2014, 1~148쪽.

허완중, 「제5장 헌법불합치결정에 따른 입법자의 법률개선의무」, 김현철/남복현/손인혁/허완중, 『헌법불합치결정의 기속력과 개선입법의 구제범위에 대한 연구』, 헌법재판소, 2017.

제5장 헌법재판소 결정에 따른 입법구속의 한계

허완중, 「관습법과 규범통제」, 『공법학연구』 제10권 제1호, 한국비교공법학회, 2009, 161~189쪽.

허완중, 「헌법재판의 한계」, 『사법』 제10호, 사법발전재단, 2009, 169~207쪽.

목차

제4장/ 헌법재판소 결정에 따른 입법자의 의무 _185

제1장

머리말

Ⅰ. 헌법재판소와 입법자의 긴장 상황

한국 헌법은 다른 현대 헌법처럼 국민의 기본권을 보호하기 위해서 1948년 7월 17일 국가의 최고규범으로서 제정되었다. 그러나 이승만 초대 대통령의 권위적인 문민독재 아래에서 그리고 가혹한 박정희 대통령과 전두환 대통령의 군사독재 아래에서 한국 헌법은 국가권력을 제대로 통제하지도 못하였을 뿐 아니라 국민의 기본권을 충분히 보호하지도 못하였다. 한국 헌법은 직접 효력이 있는 법이 아니라 오로지 종잇조각이거나 장식품에 불과하였다. 입법부와 집행부는 물론 사법부도 정권의 꼭두각시로서 헌법을 무시하고 국민의 기본권을 침해하는 독재를 정당화하였다. 이러한 상황에서 한국 국민은 자기 기본권을 보장받고 민주화를 달성하기 위해서 끊임없이 투쟁하였다. 오랜 시간 계속된 이러한 투쟁은 마침내 독재를 종식하는 결과를 낳았다. 그와 더불어 한국 헌법은 1987년 민주적으로 개정되었다. 당연히 한국 국민은 새로운 헌법이 자기 기본권을 보호해 주길 바랐다. 그래서 1987년 헌법은 독재 시대를 청산하고 민주주의를 정착시키면서 실질적 법치국가원리를 실현하여야 하는 과제를 안았다. 그리고 인격화한 권력을 다시 제도화하고 헌법을 통해서 통제함으로써 헌법의 본래 기능을 회복시켜야 하였다. 이러한 기능을 효과적으로 수행하려고 1987년 헌법은 헌법에 어긋나는 권력 행사를 확인하고 이를 제거하는 절차로서 헌법재판을 선택하고 그것을 담당하는 국가기관으로 헌법재판소를 창설하였다. 이로 말미암아 다른 국가기관의 통제를 받은 적이 없었던 입법부는 처음으로 헌법재판소 통제 아래에 놓이게 되었다.

명확한 지위를 가지지 못하고 설립된 한국 헌법재판소는 예상과 달리 짧은 시간에 국가체계 안에서 확고한 독자적 지위를 확보하였다. 헌법재판은 일반적인 사법재판과 마찬가지로 국민 인식 속에 깊이 자리 잡았다. 그래서 어느덧 헌법재판이 국민에게 익숙한 권리구제수단이 되었다. 나아가 한국 헌법재판소는 기존 국가기능구조를 흔들 정도로 자기 지위를 강화하였다. 특히 한국 헌법재판소는 입법에 깊이 관여함으로써, 예를 들어 여러 차례 국가문제에 끼어들거나 헌법해석을 통해서 자기 권한을 확대하려고 시도함으로써 입법자의 지위와 권한을 위협하였다. 심지어 한국 헌법재판소는 2004년에 관습헌법을 위헌결정의 유일한 근거로 인정함으로써[1] 스스로 위헌심사기준을 창설할 가능성까지 열었다. 그에 따라 이러한 결정이 헌법재판소의 입법권 찬탈이라거나 헌법재판소의 민주주의 파괴라는 격렬한 비판과 함께 헌법재판 한계가 심각하게 논의되기 시작하였다. 1948년 헌법 이래로 헌법재판이 사실적 측면에서 거의 기능하지 못하였다는 사실과 비교하면 이러한 상황은 상전벽해의 매우 엄청난 변화이다. 그와 함께 헌법재판소는 오늘날 한국에서 국가권력체계 중심에 있게 되었다. 심지어 헌법재판소는 2014년 12월 19일 정당해산심판을 통해서 통합진보당을 해산시켰고,[2] 2017년 3월 10일 국가원수인 박근혜 대통령을 탄핵심판을 통해서 파면시키기[3]까지 하였다.

그런데도 한국 헌법재판소의 지위는 여전히 확고하지 않고 계속 위협받는다. 입법자인 국회는 이따금 그의 진정입법부작위가 위헌으로 결정되었는데도 법률을 제정하지 않은 바 있다.[4] 드물지 않게 헌법재판소가 헌법에 합치하지 않는다고 선언한 법률을 개선하지도 않았다.[5]

---

1) 헌재 2004. 10. 21. 2004헌마554등, 판례집 16-2하, 1.
2) 헌재 2014. 12. 19. 2013헌다1, 판례집 26-2하, 1.
3) 헌재 2017. 3. 10. 2016헌나1, 공보 245, 1.
4) 예를 들어 헌재 1994. 12. 29. 89헌마2, 판례집 6-2, 395.
5) 예를 들어 헌재 1997. 7. 16. 95헌가6, 판례집 9-2, 1.

심지어 헌법재판소가 위헌으로 결정한 법률과 같은 내용의 법률을 입법자인 국회가 다시 제정한 때도 있었다.[6] 대법원도 헌법재판소의 한정위헌결정이 기속력을 가질 수 없다는 판결을 내렸을 뿐 아니라[7] 두 차례에 걸쳐 헌법불합치결정에 어긋나는 판결을 내린 적도 있다.[8] 또한, 행정부도 때때로 헌법재판소 결정을 무시하였다. 예를 들어 검사의 불기소처분[9]이 위헌으로 결정되고 나서 검사가 해당 사건에 대해서 다시 불기소처분을 내렸다가 재차 그 불기소처분을 취소당한 때가 있었다.[10] 게다가 대법원은 헌법개정 논의에서 계속 헌법재판권을 가져가려고 한다. 특히 2006년 9월 15일부터 2007년 1월 21일까지의 헌법재판소장 공백, 2011년 7월 11일부터 2012년 9월 20일까지의 헌법재

6) 예를 들어 헌재 1989. 9. 8. 88헌가6, 판례집 1, 199 결정과 관련하여 헌재 2001. 7. 19. 2000헌마91, 판례집 13-2, 77 결정과 헌재 2003. 8. 21. 2001헌마687, 판례집 15-2상, 214 결정, 헌재 2004. 10. 21. 2004헌마554, 판례집 16-2하, 1 결정과 관련하여 헌재 2005. 11. 24. 2005헌마579, 판례집 17-2, 481 결정, 헌재 2006. 5. 25. 2003헌마715, 판례집 18-1하, 112 결정과 헌재 2008. 10. 30. 2006헌마1098등, 판례집 20-2상, 1089.

7) 대법원 1996. 4. 9. 선고 95누11405 판결(집44-1, 762; 공1996상, 1442); 대법원 2001. 4. 27. 선고 95재다14 판결(공2001상, 1220); 대법원 2009. 2. 12. 선고 2004두10289 판결(공2009상, 343).

8) 헌재 1995. 11. 30. 91헌바1등, 판례집 7-2, 562 결정에 대한 대법원 1997. 3. 28. 선고 96누15602 판결(집45-2, 451; 공1997상, 1282)과 헌재 2004. 5. 27. 2003헌가1등, 판례집 16-1, 670 결정에 대한 대법원 2009. 1. 15. 선고 2004도7111 판결(공2009상, 174).

9) 법원 재판이 헌법소원 심판대상에서 제외되고(헌법재판소법 제68조 제1항 본문) 검사의 불기소처분에 대한 재정신청이 매우 좁게 인정되어서(구 형사소송법 제260조 제1항), 그동안 검사의 불기소처분이 헌법소원심판 청구의 가장 많은 부분을 차지하였다. 그러나 형사소송법 제260조 제1항이 2007년 6월 1일 개정되어 고소사건의 재정신청이 제한 없이 허용된다. 따라서 이 조항이 효력을 발생한 2008년 1월 1일부터 검사의 불기소처분 대부분은 보충성원칙(헌법재판소법 제68조 제1항 단서) 때문에 더는 헌법소원 심판대상이 될 수 없다.

10) 예를 들어 헌재 1993. 11. 25. 93헌마113, 판례집 5-2, 551.

판소 재판관 공백 그리고 2013년 1월 22일부터 2013년 4월 11일까지의 헌법재판소장 공백, 2017년 2월 1일부터 2017년 11월 10일까지의 헌법재판소 재판관 공백, 2017년 2월 1일부터 2017년 11월 23일까지의 헌법재판소장 공백, 2017년 3월 14일부터 2017년 3월 28일까지의 헌법재판소 재판관 공백은 헌법재판소의 지위가 확고하지 않음을 명확하게 드러낸다. 더하여 대법원장 공백은 1987년 헌법 아래에서 지금까지 단 한 차례도 없었으나, 1987년 헌법에 따라 만들어진 헌법재판소는 헌법재판소장 공백을 벌써 3차례나 겪었다는 사실은 헌법재판소의 지위가 얼마나 불안한 것인지를 극명하게 보여준다.[11)]

재판소원 금지(헌법재판소법 제68조 제1항 본문)는 보충성원칙(헌법재판소법 제68조 제1항 단서) 및 헌법 제107조 제2항과 결합하여 헌법재판소 통제를 사실상 입법통제에 국한한다. 그리고 입법자인 국회의 헌법재판소 지위 위협은 점차 늘어나고 이러한 위협을 제거할 국가기관이나 절차가 없으며 입법자인 국회의 행위는 다른 국가기관의 행위와 달리 추상적이고 일반적이어서 이러한 위협은 매우 치명적이다. 또한, 한국

---

11) 헌법재판소는 구성원(9명: 헌법 제111조 제2항, 헌법재판소법 제3조)이 대법원(14명: 법원조직법 제4조 제2항)보다 적을 뿐 아니라 대법원은 대법관 4명으로 구성되는 부에서 먼저 사건을 심리하여 의견이 일치하면 그 부에서 재판을 하지만(법원조직법 제7조 제1항), 헌법재판소는 재판관 전원으로 구성되는 전원재판부에서 원칙적으로 심판을 관장한다(헌법재판소법 제22조 제1항). 그리고 대법원은 전원합의체라도 대법관 전원의 3분의 2 이상(10명 이상)이면 재판을 할 수 있고, 참여 대법관 과반수로 판결을 내려서 최대 4명 대법관 공백까지 재판을 할 수 있으며, 필요하면 평소에는 재판에 관여하지 않는 법원행정처장인 대법관도 불러올 수 있지만, 헌법재판소는 재판관 7명 이상 출석하여야 사건을 심리할 수 있고, 헌법재판소 주요결정은 재판관 6명 이상 찬성을 요구하여(헌법 제113조 제1항, 헌법재판소법 제23조 제2항 단서 제1호) 재판관 1명의 공백은 치명적이다. 또한, 헌법재판소 결정이 국가와 사회에 미치는 영향력은 대법원 재판보다 훨씬 크다는 점을 고려하면 대법원장이나 대법관의 공백보다는 헌법재판소장이나 헌법재판소 재판관의 공백이 훨씬 더 중대한 문제이다.

헌법재판소는 오로지 자기 결정을 통해서만 권한을 행사하고 자기 과제를 수행할 수 있다. 그러나 한국 헌법재판소는 자기 권한을 스스로 집행할 수 없다. 따라서 다른 국가기관이 헌법재판소 결정을 존중하고 따르는 것이 필요하다. 특히 법률에 대한 위헌심사와 관련하여 헌법재판소 결정에 입법자가 구속된다는 것은 헌법재판소 결정의 실효성이라는 측면에서 매우 중요하다.

입법자는 헌법의 1차적 해석자로서 헌법을 구체화하는 과제가 있고, 법률은 헌법을 제외한 다른 모든 법규범보다 효력상 우위가 있다. 따라서 입법자인 국회는 다른 국가기관보다 헌법을 더 효과적으로 보호할 수 있다. 그러나 민주화가 되어도 입법자인 국회는 여전히 헌법과 국민의 기본권을 보호하는 데 크게 노력하지 않는다는 비판이 계속 제기된다. 그와 더불어 많은 한국 국민은 법률을 준수하면 손해라고 생각한다. 그리고 전에 인식하지 못하였거나 간과하였던 영역이 자연과학 발전으로 말미암아 국민의 사실적 삶에 커다란 영향을 미치게 되어서 현대사회는 매우 복잡해졌다. 그에 따라 입법자 스스로 모든 정보를 획득하고 모든 것을 관찰할 수 없게 되었다. 또한, 사실관계와 법적 상황이 이전보다 더 빨리 바뀌어서 제정할 때 합헌이었던 법률이 제정 이후에 이전보다 더 자주 위헌이 되곤 한다. 그래서 더 나쁜 질의 법률 홍수가 일어날 수 있고, 법률의 합헌성 심사는 이전보다 더욱더 필요해지고 중요해진다.

대통령은 일반적으로 다수당을 이끌어서 집행부는 입법부를 거의 통제할 수 없다. 그에 따라 한국 헌법재판소는 사실적 측면에서 유일한 입법부 통제기관이다. 그러므로 헌법재판소를 통한 입법통제는 한국 헌법재판에서 가장 중요하고 현실적인 문제이다. 이러한 점에서 한국 헌법재판소가 거의 유일한 입법부 통제기관이라는 자기 지위를 확립하고 헌법재판이 올바르고 실효성 있게 효과적으로 기능하고 계속

발전하려면 헌법재판소 결정을 통한 입법구속의 범위와 한계를 살피는 것은 필수적이다.

Ⅱ. 주제 범위 한정과 논의 방식

1. 주제 범위 한정

헌법재판소는 오직 결정을 통해서만 자기 권한을 행사할 수 있다. 그러므로 헌법재판소를 통한 입법통제는 헌법재판소 결정에 대한 입법자의 구속을 전제한다. 헌법재판소 결정에 대한 입법자의 구속은 입법자의 의무를 창출한다. 따라서 헌법재판소 결정이 입법자에게 의무를 지우는지에 관한 문제가 헌법재판소를 통한 입법통제에서 가장 중요한 문제로 대두한다. 이러한 점에서 헌법재판소 결정에 따른 입법자의 의무가 논의 중심에 놓일 수밖에 없다. 입법자의 행위를 직접 통제 대상으로 하는 것은 법률에 대한 규범통제와 헌법소원이다. 그러므로 여기서 법률에 대한 규범통제와 헌법소원에 논의를 한정하려고 한다. 결국, 법률에 대한 규범통제 및 헌법소원과 관련된 헌법재판소 결정을 통한 입법의무의 범위와 한계로 논의를 국한하고자 한다.

세 가지 관점에서 한국 헌법재판소의 지위는 위협받는다. 즉 다른 국가기관은 세 가지 근거를 제시하면서 헌법재판소 결정을 존중하지 않거나 따르지 않으려고 한다. 먼저 한국 헌법재판소의 지위가 명확하지 않다는 문제가 제기된다. 한국 헌법과 헌법재판소법은 헌법재판소의 지위를 명확하게 직접 규정하지 않는다. 이를 핑계로 다른 국가기관은 헌법재판소의 권한을 제한하거나 무시하려고 한다. 입법자는 헌법재판소의 법원성을 강조함으로써 헌법재판소의 정치 개입을 비판한다. 그에 반해서 대법원은 헌법재판소가 법원이 아니라고 하면서 강한 정치성이 있는 헌법재판소가 법원의 권한을 행사함으로써 권한을 유월한다고 주장한다. 특히 헌법재판소의 부족한 조직적-인적 민주적 정당성을 근거로 다른 국가기관은 헌법재판소 권한을 제한하려고 하고 심지어 헌법재판소 폐지를 주장한다. 따라서 다른 국가기관은 헌법재판소 결정이 헌법재판소의 지위에 비추어 권한을 유월하였다고 주장하면서 헌법재판소 결정을 따르지 않으려고 한다. 다음 다른 국가기관은 규범통제에서 헌법재판소의 결정유형을 다툰다. 헌법재판소가 법률 위임 없이 변형결정을 창조하였으므로, 헌법재판소의 결정형태는 법률이 합헌인지 혹은 위헌인지에 국한되는지가 문제 된다. 이와 관련하여 헌법재판소는 오로지 단순합헌결정과 단순위헌결정만 할 수 있으므로 변형결정은 다른 국가기관을 구속할 수 없다는 주장이 있다. 끝으로 헌법재판소 결정에 부여되는 기속력의 범위와 한계가 의문시된다. 기속력으로 말미암아 다른 국가기관은 헌법재판소 결정에 구속된다. 따라서 헌법재판소 결정에 대한 다른 국가기관 구속의 범위와 한계는 기속력이 미치는 범위와 한계에 따라 결정된다. 그러나 기속력의 범위와 한계는 아직도 명확하지 않다. 그에 따라 기속력은 드물지 않게 다른 국가기관이 헌법재판소에 대한 구속을 부정하는 근거로 사용되곤 한다.

이러한 주장의 검토와 극복 없이 헌법재판소 결정에 따른 입법자 구속이라는 목적을 달성할 수 없다. 헌법재판소 결정을 통한 입법구속의 범위와 한계는 이러한 주장을 포함하는 문제 해결 속에서 밝혀질 수 있다. 이러한 고려를 바탕으로 네 주제를 다루고자 한다. 먼저 헌법재판소와 입법자의 관계를 살피는 출발점으로서 헌법재판소의 지위를 다양한 관점에서 살펴보려고 한다. 여기서 헌법재판소의 권한 행사와 관련하여 규범통제에서 내려지는 결정유형도 함께 꼼꼼하게 검토하고자 한다(제2장). 이를 바탕으로 헌법재판소 결정을 통한 입법자에 대한 영향의 전제로서 헌법재판소 결정의 기속력을 신중하고 명확하게 검토하고 분석하려고 한다(제3장). 이어서 이러한 고려 아래 헌법재판소 결정에 따른 입법자의 의무를 자세하게 구체화하고자 한다(제4장). 끝으로 헌법재판소 결정에 따른 입법구속의 한계를 찾아보려고 한다(제5장).

2. 논의 방식

독일 연방헌법재판소는 1949년 독일 기본법을 통해서 창설되어 1951년 9월 7일 카를스루에(Karlsruhe)에서 일을 시작하였다. 이로써 헌법재판소라는 형태로 헌법적 삶 문제에 특화한 재판은 1920년 오스트리아 헌법재판소에 이어 독일에서 처음 실현되었다. 그 이후 독일 연방헌법재판소는 헌법재판의 모범과 전형으로서 국제적으로 자주 이야기된다. 특히 헌법재판을 특별법원에 집중시킨 오스트리아-독일 모델을 본떠서 많은 나라에서 헌법재판소가 창설되었다. 한국 헌법재판소도 1987년 헌법을 통하여 1988년 8월 19일 서울에서 창설되었다. 한국 헌법재판소는 오늘날 위헌결정의 양적 측면을 살펴볼 때 세계에서 가장 활발하게 활동하는 헌법재판기관이다. 한국 헌법재판소는 아시아에서 처음 설립된 헌법재판소로서 한국 헌법재판소의 성공에 자극받아 인도네시아, 몽골, 태국, 대만 등의 여러 아시아 국가가 헌법재판소를 설치하였다.

실정법의 발전사적 측면은 물론 그사이 한국 법학이 끊임없이 독일 법학을 수용하였다는 측면에서도 독일의 연방헌법재판소 판례와 학설을 검토하고 분석하고 평가하는 것은 한국 헌법재판의 현재적 및 미래적 발전을 위해서 중요하고 필요하다.[12] 그러나 헌법 자체는 물론 헌법이론과 헌법실무는 나라마다 다르게 형성되고 발전된다. 그러므로 독일에서 찾아낸 헌법문제 해결방안은 한국 헌법문제 해결과 관련하여 제한된 의미가 있을 뿐이다. 특히 다른 경험과 발전상황 때문에 한국과 독일의 헌법재판은 이미 많은 점에서 다르다.

이러한 점을 고려하여 여기서는 한국 헌법문제 해결을 목표로 한국의 판례와 학설을 독일의 판례와 학설과 비교하려고 한다. 그러나 다른 경험과 발전상황으로 말미암아 비교만으로는 거의 해결책을 찾을 수 없다. 그러므로 이미 언급한 것처럼 단순한 비교는 큰 의미가 없다. 따라서 먼저 한국 문제의 기초를 정확하게 이해하기 위해서 한국 상황을 세심하게 분석하려고 한다. 그러고 나서 한국 문제의 적절한 해결을 위해서 독일의 판례와 학설을 한국적 특수성을 고려한 실용적 측면에서 비판적으로 검토하고자 한다. 이어서 가능하다면 독일의 판례와 학설을 한국 상황에 맞게 수정하려고 한다. 이러한 과정에서 한국의 판례와 학설도 독일의 판례와 학설과 비교하면서 비판하고 잘못된 점을 바로 잡고 때에 따라 새로운 견해도 제시하고자 한다.

---

12) 한국 헌법재판소가 직접 언급하거나 인용하지는 않지만, 독일 연방헌법재판소 판례와 학계의 이론과 논증 근거를 헌법재판소 결정에서 찾는 것은 어렵지 않다. 그리고 헌법재판을 다루는 한국 문헌에서는 거의 예외 없이 독일의 연방헌법재판소 판례와 견해를 인용하고 검토한다.

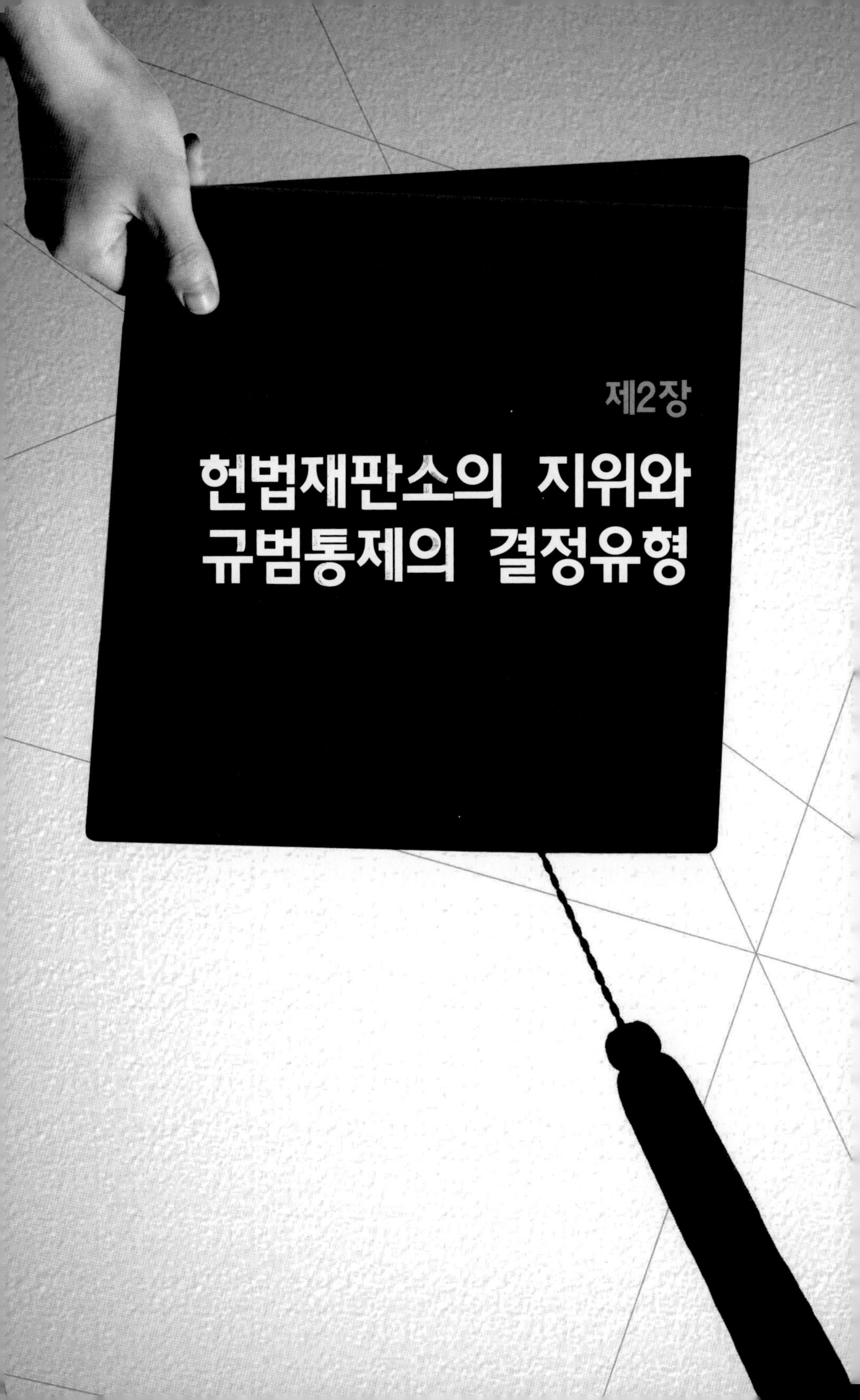

제2장

헌법재판소의 지위와 규범통제의 결정유형

Ⅰ. 헌법재판소의 지위와 정당성

1. 한국 헌법재판소의 불확실한 지위

국가기관의 지위는 국가기관 사이에서 권한의 구체화와 관계 설정에 중요한 역할을 한다. 따라서 헌법재판소와 입법자의 관계를 설명하려면 헌법재판소와 입법자의 지위를 확정하는 것이 필수적이다. 입법자가 입법기관이라는 것에는 의문이 없다. 그러나 헌법재판소의 지위가 무엇인지에 관해서는 다툼이 있다.

현대 헌법은 권력분립원리에 따라 국가권력을 입법권, 집행권, 사법권이라는 세 권력으로 나누고 각각의 권력을 다른 국가기관에 부여한다. 많은 국가가 2차 세계대전 이후 헌법보장의 특별한 형태로 도입하였던 헌법재판은 전통적인 권력분립 틀에서 고려되지 않았다. 그러나 헌법재판은 오늘날 전통적인 세 권력에 속하지 않는, 국가생활을 형성하는 가장 중요한 요소 중의 하나가 되었다.1)

1948년 헌법이 헌법재판제도를 도입하고 나서 한국 헌법은 헌법을 수호하고 국민의 기본권을 보장하려고 언제나 헌법재판제도를 포함하였다. 그러나 이러한 시도는 1987년까지 거의 성과가 없었다. 따라서 1987년 헌법은 헌법재판을 통해서 헌법이 법으로서 당연히 가져야 하지만, 한국에서 늘 의심받았던 헌법의 규범력을 확인하고 보장하여야 하는 과제를 수행하여야 하였다. 1948년 헌법, 1972년 헌법 그리고 1980년 헌법의 정치적 성격이 있는 헌법위원회는 별다른 성과를 거두지 못하였다. 그리고 1962년 헌법의 (대)법원은 1972년 헌법의 반동으

1) ***Klaus Stern***, Das Staatsrecht der Bundesrepublik Deutschland, Bd. Ⅱ, München 1980, S. 951.

로 말미암아 비참하게 실패하게 하였다. 그러므로 헌법의 규범을 확인하고 보장하기 위해서 1987년 헌법은 1960년 헌법이 규정하였지만, 설치되지 못하였던 헌법재판소를 다시 도입하였다.[2)]

독일 기본법 제92조[3)]를 따르면 연방헌법재판소는 법원이고, 독일 연방헌법재판소법 제1조 제1항[4)]을 따르면 연방헌법재판소는 헌법기관이다. 이에 반해서 한국 헌법과 헌법재판소법에는 헌법재판소의 지위를 규율하는 명확한 규정이 없다. 기존 입법권(헌법 제40조), 행정권(헌법 제66조 제4항) 그리고 사법권(헌법 제101조 제1항)에 관한 규정을 바꾸지 않은 채, 독립한 작은 장(3조로 구성된 제6장 헌법재판소)이 헌법재판소를 규율할 뿐이다. 그리고 한국 헌법은 법관으로 구성된 법원에 사법권을 부여한다(헌법 제101조 제1항). 법원은 최고법원인 대법원과 각급 법원으로 조직된다(헌법 제101조 제2항). 따라서 한국 헌법의 국가기능체계 속에서 헌법재판소는 지위와 법적 성격이 명확하지 않고, 사법권이 부여되는 법원에 포함되지 않으므로 사법기관이 아닌 것으로 볼 여지도 있다. 그래서 한국 헌법의 '형식적' 해석을 통해서 헌법재판소의 지위를 명확하게 확정하는 것은 가능하지 않은 것으로 보인다. 그리고 독일 연방헌법재판소와 달리[5)] 한국 헌법재판소는 다른 법원과 기능적으로는 물론 권한적으로도 우월하지 않고 병렬적이다. 이것은 헌법재판소의 지위[6)]와 권한 그리고 헌법재판소 결정의 효력과 관련하여 헌

---

2) 한국 헌법재판사에 관해서는 **허완중**, 「간추린 한국헌법재판사」, 『헌법재판연구』 창간호, 헌법재판소 헌법재판연구원, 2014, 283~327쪽 참조.

3) "사법권은 법관에게 부여된다. 사법권은 연방헌법재판소와 독일 기본법이 규정한 연방법원 그리고 주법원이 행사한다."

4) "연방헌법재판소는 다른 모든 헌법기관에 대해서 자주적이고 독립적인 연방법원이다."

5) 독일 기본법 제92조 참조.

6) 현재 헌법재판소장의 의전서열은 대통령, 국회의장, 대법원장에 이은 제4위이다. 헌법재판소장은 헌법이 설치한 헌법기관의 장이고, 대법원장은 최고법원

법재판소와 대법원 사이에서 해결하기 어렵거나 심지어 해결할 수 없는 것으로 보이는 갈등을 유발할 수 있고 실제로 그러한 일이 때때로 일어났다. 또한, 전통적인 사법기관과 비교하면, 헌법재판소는 특히 그 권한에서 다른 특성이 있고 일반 사법재판에 부여되지 않는 특별한 효력이 헌법재판소 결정에 부여된다. 그러나 헌법재판소의 조직과 구성 그리고 활동[7]은 법원과 비슷한 점이 매우 많다. 따라서 학설과 판례는 헌법재판의 본질을 규범통제를 중심으로 검토하면서 헌법재판소의 지위를 명확하게 파악하려고 한다. 특히 헌법재판소가 법원인지에 관해서 다툼이 있다.

이러한 헌법재판소의 명확하지 않은 지위와 관련하여 대법원은 헌법재판은 법원의 관장사항이므로 자신이 헌법재판을 관장하여야 한다고 하면서 헌법재판소 폐지까지 주장한다. 그리고 입법자는 헌법재판소는 법원으로서 정치에 관여할 수 없다고 주장하면서 헌법재판소의 권한유월을 비판하기도 한다. 따라서 한국 헌법재판소 권한의 근거와 범위를 명확하게 밝히려면 먼저 한국 헌법재판소의 지위를 살펴볼 필요가 있다.

의 장이라는 지위가 있으며, 헌법재판소는 헌법질서의 수호·유지를 위한 헌법의 수호자로서 기능하지만, 대법원은 일상적인 사법적 분쟁 해결의 최종심으로서 기능한다. 그러므로 헌법재판소장과 대법원장은 그 민주적 정당성과 신분보장 그리고 정치적 독립성에서는 차이가 없고, 기능적 측면에서는 헌법재판소가 더 우월한 위상이 있다. 따라서 헌법재판소장의 의전서열이 당연히 대법원장보다 앞서야 한다는 지적이 있다(**허 영**, 『헌법소송법론(제12판)』, 박영사, 2017, 70쪽).

7) 예를 들어 헌법재판소 재판관은 법관 자격이 있어야 하고(헌법 제111조 제2항, 헌법재판소법 제5조 제1항), 헌법재판소 재판관의 인적 및 물적 독립이 보장되며(헌법 제112조 제2항과 제3항, 제113조 제2항, 헌법재판소법 제4조, 제8조, 제10조), 사법절차에 따른 정당한 판결이 보장된다[헌법재판소법 제22조 이하(특히 제40조)].

2. 법원인 헌법재판소

(1) 다투어지는 헌법재판의 법적 성격

(위에서 언급한 것처럼) 한국 헌법의 형식적 해석을 통해서 헌법재판소의 지위를 확정하는 것은 어렵다. 그리고 전통적인 사법기관과 비교하여 헌법재판소는 특히 권한에서 다른 특성이 있다. 그러나 헌법재판소의 조직과 구성 그리고 활동은 법원과 매우 비슷하다. 따라서 한국 헌법재판소의 법적 성격이, 특히 헌법재판소가 법원인지가 다투어진다. 이것은 헌법재판의 법적 성격을 중심으로 논의된다.

(2) 학설과 판례

① 한국

(ⅰ) 순수한 사법작용설

순수한 사법작용설을 따르면 헌법재판은 중립적 기관을 통해서 사법절차에 따라 이루어지므로 사법작용이라고 한다.[8] 헌법재판소는 오

---

8) **계희열**, 「헌법재판과 국가기능」, 『헌법재판의 회고와 전망 - 창립 10주년 기념 세미나 -』, 헌법재판소, 1998. 206쪽; **김선택**, 「국가기능체계에 있어서 헌법재판소의 역할과 한계 - 국가조직관련 헌법재판소판례의 분석과 평가 -」, 『공법연구』 제33집 제4호, 한국공법학회, 2005, 185～188쪽; **김철수**, 『학설·판례 헌법학(중)(전정신판)』, 박영사, 2009, 1085쪽; **김하열**, 『헌법소송법(제2판)』, 박영사, 2016, 15～17쪽; **김학성**, 『헌법학원론(전정판)』, 피앤씨미디어, 2017, 1108～1109쪽; **남복현**, 「법률의 위헌결정의 효력에 관한 연구」, 한양대학교 박사학위논문, 1994, 12～14쪽; **박승호**, 「헌법재판의 본질과 한계」, 고려대학교 박사학위논문, 1991, 36～37쪽; **박일경**, 『제6공화국 신헌법』, 법경출판사, 1990, 563～564쪽(그러나 민중소청에 의한 법률에 대한 추상적 규범통제의 권력이나 작용은 입법·행정·사법의 어느 부분에도 속하지 아니하는 독특한 국가권력이나 국가작용이라고 한다); **방승주**, 「국가배상법 제2조 제1항 단서에 대한 한정위헌결정의 기속력」, 『인권과 정의』 제304호, 한국변호사협회, 2001. 12., 110～111쪽; **성낙인**, 『헌법학(제17판)』, 법문사, 2017, 752～753쪽; **성낙인/**

로지 법관 자격이 있는 사람으로만 구성된다(헌법 제111조 제2항). 그리고 헌법재판소 재판관의 독립은 보장되고, 헌법재판소 재판관은 오로지 헌법과 법률에만 구속되며(헌법재판소법 제4조), 헌법재판소 재판관은 사법절차를 통하여 구속력 있는 결정을 내린다(특히 헌법재판소법 제40조 참조). 이 견해는 이러한 헌법재판소의 특징이 사법 개념에 들어맞는다고 한다. 그리고 헌법 제101조 제1항이 법원에 사법권을 부여하기는 하지만, 이 조항은 헌법재판이 사법이 아니라는 근거가 되지 못한다고 한다. 이 조항은 현대 권력분립원리를 따라 법원이 사법 기능을 독점한다는 것으로 이해될 수 없기 때문이라고 한다. 또한, 헌법재판이 헌법의 불명확성과 개방성 때문에 다른 사법재판보다 더 많은 형성적 요소가 있더라도, 구체화와 입법은 같지 않다고 한다. 그 밖에 일반 사법도 최소한 부분적으로 법의 발전과 형성에 참여한다고 한다. 따라서 헌법

이효원/권건보/정 철/박진우/허진성, 『헌법소송론』, 법문사, 2012, 8～10쪽; **신 평**, 『헌법재판법(전면개정판)』, 법문사, 2011, 60쪽; **이성환**, 「헌법재판소 결정의 효력에 관한 연구」, 서울대학교 박사학위논문, 1994, 13～19쪽; **이욱한**, 「헌법재판과 법과 정치」, 『헌법논총』 제3집, 헌법재판소, 1992, 470～471쪽; **이준일**, 「헌법재판의 법적 성격」, 『헌법학연구』 제12권 제2호, 한국헌법학회, 2006, 314쪽; **같은 사람**, 『헌법학강의(제6판)』, 홍문사, 2015, 981쪽; **장영수**, 「현행헌법체계상 헌법재판소의 헌법상의 지위」, 『법학논집』 제30집, 고려대학교 법학연구소, 1994, 45～46쪽; **같은 사람**, 「헌법재판소 변형결정의 구속력」, 『판례연구』 제9집, 고려대학교 법학연구소, 1998, 57～59쪽; **같은 사람**, 『헌법학(제10판)』, 홍문사, 2017, 1042～1044쪽; **전광석**, 『한국헌법론(제12판)』, 법문사, 2017, 796～797쪽; **정재황**, 「헌법재판소의 구성과 헌법재판소절차상의 문제점 및 그 개선방안」, 『공법연구』 제22집 제2호, 1994, 39～40쪽; **같은 사람**, 『헌법재판개론(제2판)』, 박영사, 2003, 27～28쪽; **같은 사람**, 『신헌법입문(제7판)』, 박영사, 2017, 798쪽; **최희수**, 「헌법재판의 본질과 헌법재판소의 헌법상 편제」, 『공법학연구』 제9권 제4호, 한국비교공법학회, 2008, 169～171쪽; **한수웅**, 『헌법학(제7판)』, 법문사, 2017, 1372～1373쪽; **한수웅/정태호/김하열/정문식**(한수웅 집필), 『주석 헌법재판소법』, 헌법재판소 헌법재판연구원, 2015, 12～13쪽; **홍성방**, 『헌법학(하)(제3판)』, 박영사, 2014, 317쪽; **같은 사람**, 『헌법소송법』, 박영사, 2015, 11～20쪽.

재판이 새로운 가치나 규범을 창조하지 않고 기존 규범에 구속되는 한, 헌법재판은 사법작용이라고 한다. 헌법재판소도 자신을 사법기관의 일종으로 본다.[9)]

(ii) 정치적 사법작용설

정치적 사법작용설은 헌법재판이 사법적 성격뿐 아니라 정치적 성격도 있다고 주장한다.[10)] 이 견해를 따르면 헌법재판은 사법작용의 개념적 징표를 충족하므로 일종의 사법작용이지만, 헌법은 정치성이 강한 규범이므로 그 재판도 정치형성적이고, 그 판결이나 결정의 내용을 국가가 강제로 집행하기 곤란하다는 특성이 있다고 한다. 그리고 헌법재판은 그 정치적 성격으로 말미암아 본질에서 사법기능에 해당하여도 그 법적 성격은 '정치적 사법기능'으로 표현할 수 있다는 견해도 있다.[11)]

---

9) 헌재 1994. 8. 31. 92헌마126, 판례집 6-2, 176, 192; 헌재 2004. 5. 14. 2004헌나1, 판례집 16-1, 609, 625.

10) **권영성**, 『헌법학원론(개정판)』, 법문사, 2010, 1116~1117쪽; **양 건**, 『헌법강의(제6판)』, 법문사, 2016, 1301~1302, 1306쪽(1302쪽에서 헌법재판은 입법작용의 성격도 있다고 한다); **정연주**, 『헌법소송론』, 법영사, 2015, 6~7쪽. **문홍주**, 『제6공화국 한국헌법』, 해암사, 1988, 595~596쪽도 비슷한 견해이다("헌법재판소가 심판기관이고 헌법과 법률이 신분을 보장하는 법관으로 구성되기 때문에 3권분립하에서는 하나의 독립한 대법원과 같은 자주적인 법원이라고 말할 수 있으나, 그 관장사항이 광범위하여 국가의 중요문제를 정치적으로 결단을 내리게 되어 헌법보장기능을 담당하고 있어서 일반법원과는 다르다. 하나의 정치적 기관이라는 성격도 아울러 가지고 있다."). 그리고 헌법재판소는 일반 법원과 함께 사법 일부를 담당하는 사법기관이지만, 그 권한에 속하는 사항이 고유한 의미의 사법이 아니고 정치적 성격의 사건인 점이 다르므로 정치적 사법기관이라는 견해도 있다(**구병삭**, 『신헌법원론(개정판)』, 박영사, 1996, 1193쪽). 그 밖에 헌법재판소의 헌법적 지위 중 하나로 정치적 사법기관을 드는 견해도 있다[**김학성**(주 8), 1116쪽].

11) **한수웅**(주 8), 1372~1373쪽.

그러나 정치와 사법이 본질에서 다른 개념이라서 이 견해는 헌법재판의 본질을 모호하게 만든다. 그리고 정치적 사법이 무엇인지는 헌법재판의 정치적 성격을 강조한다는 것을 제외하고는 확인하기 어렵다. 또한, 헌법재판에 정치적 성격이 있는 것이 아니라 헌법재판의 심사기준, 즉 헌법과 헌법재판의 심판대상이 정치적 성격이 있다. 따라서 헌법재판의 정치적 성격에서 헌법재판 자체가 정치적 성격이 있다는 것이 바로 도출되지 않는다. 이러한 점에서 정치적 사법작용설은 독자적 견해로 인정받기 어렵다.[12]

(iii) 제4의 국가작용설

제4의 국가작용설은 헌법재판을 입법·사법·행정 등 모든 공권력을 통제대상으로 하는 제4의 국가작용으로 이해한다.[13] 이 견해를 따르면 헌법재판을 통해서 달성하려는 헌법실현 목적에 비추어 보면, 헌법재판이 비록 사법적인 형태로 이루어지더라도 그것은 하나의 수단에 불과하고 헌법재판의 본질은 아니라고 한다. 헌법재판은 헌법해석을 통해서 이루어지고 헌법해석은 법인식기능이지만, 헌법재판을 위한 헌법해석은 그 자체가 목적이 아니라 헌법실현 수단에 불과하므로 헌법재판의 본질은 수단이 아닌 목적에서 찾아야 한다고 한다. 따라서 헌법재판은 그 기능과 목적이 권력(입법·행정·사법)통제를 통한 헌법실현이므로, 헌법재판은 헌법실현을 위해서 마련된 제4의 국가작용이라고

---

12) 비슷한 견해: **김하열**(주 8), 17쪽.

13) **안용교**, 『한국헌법(전정판)』, 고시연구사, 1989, 1008쪽; **이기철**, 「헌법재판은 순수한 사법작용인가?」, 『현대공법이론연구』(금촌 육종수박사 정년기념논문집), 금촌 육종수박사 정년기념논문집 간행위원회, 2002, 234~236쪽; **조홍석**, 「위헌법률심판제도(상)」, 『고시연구』 제21권 제12호(통권 제249호), 고시연구사, 1994. 12., 166~167쪽; **허 영**, 『헌법이론과 헌법(신8판)』, 박영사, 2017, 1022~1023쪽; **같은 사람**, 『한국헌법론(전정13판)』, 박영사, 2017, 880~881쪽; **같은 사람**(주 6), 20~21쪽.

한다. 헌법재판을 재판작용·입법작용·정치작용의 복합적 성질이 있는 제4의 국가작용으로 보면서 한국 권력분립체계를 4권분립으로 볼 수 있다는 견해도 있다.[14]

② 독일

한국 헌법재판소가 독일 연방헌법재판소를 본보기로 하였고, 독일의 학설과 판례가 헌법재판소의 설립과 운영에 지대한 영향을 미쳤으며, 아직도 미치고 있음을 부정하기 어렵다. 특히 헌법재판소의 지위에 관한 한국의 학설과 판례는 대부분 독일의 학설과 판례에서 기원한다는 것을 확인하는 것은 어렵지 않다. 따라서 한국 헌법재판소의 지위를 밝힐 때 그에 관한 독일의 학설과 판례를 살펴보는 것은 불가피하다.

독일에서 규범통제에 국한한 헌법재판의 본질에 대한 학설은 다양하다.

(ⅰ) 규범을 통제하는 헌법재판을 입법으로 보는 견해[15]는 엄격한

---

14) **정종섭**, 『헌법소송법(제8판)』, 박영사, 2014, 9～20, 85쪽; **같은 사람**, 『헌법학원론(제11판)』, 박영사, 2016, 1026～1032, 1466쪽.

15) ***Ernst Forsthoff***, Der Staat der Industriegesellschaft, München 1971, S. 137; ***Wilhelm Henke***, Verfassung, Gesetz und Richter (Das Normenkontrollverfahren), in: Der Staat 3 (1964), S. 433 ff.; ***Herbert Krüger***, Allgemeine Staatslehre, 2. Aufl., Stuttgart/Berlin/Köln/Mainz 1966, S. 703 ff.; ***Carl Schmitt***, Der Hüter der Verfassung, 4. Aufl., Berlin 1996, S. 36 ff. {슈미트(C. Schmitt)의 견해를 정치작용설로 따로 구별하여 다루는 것이 일반적인 경향이다. 그러나 입법도 정치 일부이고 정치의 최종적 결론이 입법이라는 점에서, 특히 슈미트 스스로 헌법재판을 입법작용으로 본다는 점{S. 45: "두 규범 사이에 모순이 존재하는지에 대한 의심과 의견대립 문제에 관한 결정에서 한 규범이 다른 규범에 적용되는 것이 아니라 [의심과 의견 대립이 오로지 헌법률(Verfassungsgesetz)

전통적 기준에 따른 사법과 입법의 차이를 근거로 한다. 이 견해는 포섭, 개별 사건 관련성 그리고 개별적 효력을 사법의 전형적인 특질로 열거한다. 먼저 포섭이나 사법적 3단논법은 대전제(Obersatz)와 사안(Sachverhalt)으로 구성된다고 한다. 그러나 헌법재판에서 심사되는 법률을 사안과, 헌법을 대전제와 동렬에 놓을 수 없어 헌법재판에서 이러한 전제는 충족되지 않는다고 한다. 다음 헌법재판소는 구체적 사건을 벗어나 일반적으로 그리고 모든 가능한 관점에서 심사가 청구된 법률이 헌법과 합치되는지를 심사하므로, 헌법재판소 결정에서 개별 사건 관련성을 찾을 수 없다고 한다. 끝으로 헌법재판소 결정은 당사자 사이에서만이 아니라 대세적으로 효력을 미친다고 한다. 따라서 헌법재판은 사법이 아니라 오히려 입법과 일치한다고 한다.

(ii) 헌법재판을 제4의 국가작용으로 보는 견해[16]는 세 국가권력(입

의 내용과 관련이 있으므로] 실제로는 의심스러운 규범내용을 명확하게 밝히고 유권적으로 확인한다. 이것은 법적 사안에서 헌법률 내용의 불명확성을 제거하는 것이므로, 법률내용 확정이며, 그에 따라 법적 사안에서 입법, 심지어 헌법제정이고, 사법이 아니다."; S. 48: "그러한 '유예적인 형식적 타협'에서 '의심과 의견 대립' 문제에 관한 결정은 실제로는 일반적으로 먼저 실질적 규범화이다. 1927년 여름에 그 당시에 활발하게 다투어졌던 제국학교법안의 헌법합치성에 관해서 결정하였던 기관은 제국헌법 제146조에 먼저 그 내용을 부여하여 학교문제를 결정하였다. 이때 법원이 결정한다면, 법원은 분명히 정치적 의미가 큰 기능이라는 점에서 헌법제정자이다."}에서 이러한 구별은 적절하지 못한 것으로 보인다.}. ***Hans Kelsen***, Wesen und Entwicklung der Staatsgerichtsbarkeit, in: VVDStRL 5, Berlin/Leipzig 1929, S. 54, 87도 헌법재판소를 소극적 입법자로 본다[그러나 S. 56: "그리고 즉시 이러한 점에서 그 (헌법재판소: 옮김이 주)의 기능은 법원의 기능과 일반적으로 같다; 국사재판소의 기능은 무엇보다도 법적용이므로 이러한 의미에서 순수한 사법이다"].

16) ***Karl Doehring***, Der „pouvoir neutre" und Das Grundgesetz, in: Der Staat 3 (1964), S. 201 ff.; ***Gerd Roellecke***, Verfassungsgerichtsbarkeit, Gesetzgebung und politische Führung, in: Friedrich Schäfer/Gerd Roellecke (Referate),

법권, 집행권, 사법권) 사이의 역할 분배가 헌법재판에 대한 관계에서는 기능하지 못하므로, 헌법재판은 전통적인 권력분립 틀 안에 편입되지 않는다는 점에 근거한다. 재판의 특징은 '사법적 논증에 국한', '자기 결정에 대한 구속', '정치적 중립화' 그리고 '강제집행'이라고 하면서, 이러한 특징을 헌법재판에서 찾기 어렵다는 견해가 있다.17) 이 견해는 먼저 사법적 논증에 국한되는 것은 드물지 않게 헌법재판소가 결정을 내릴 때 결과를 고려하므로 후퇴한다고 한다. 그리고 헌법재판소는 자기 결정에 구속되지도 않는다고 한다. 끝으로 정치기관이 주로 하는 재판관 선출과 구체적으로 형성되지 않은 헌법재판소의 일반적 절차(예를 들어 변론) 때문에 헌법재판은 정치적 중립화와 강제집행이라는 특징도 충족하지 못한다고 한다. 그래서 헌법재판은 고전적인 권력분립 틀 안에 편입될 수 없고, 오히려 고전적인 세 국가권력 사이의 갈등을 제거하거나 최소한 줄일 수 있는 제4의 권력이라는 결론이 도출된다고 한다. 그리고 이러한 제4의 권력을 확고히 하려고 헌법재판에 중재자로서 활동하는 '중립적 권력'의 기능을 부여한다는 견해도 있다.18)

그러나 (iii) 오늘날 독일에서 헌법재판소가 법원이라는 것과 관련하여 다른 견해가 거의 없다.19) 연방헌법재판소도 자신을 법원으로 본다.20) 지배적 견해21)를 따르면 헌법재판소가 독립한 법관으로 구성되

Verfassungsgerichtsbarkeit, Gesetzgebung und Politische Führung, Köln 1980, S. 28 ff.

17) ***Gerd Roellecke*** (Anm. 16), S. 28.

18) ***Karl Doehring*** (Anm. 16), S. 202.

19) ***Gerd Roellecke***, Aufgaben und Stellung des Bundesverfassungsgerichts im Verfassungsgefüge, in: Josef Isensee/Paul Kirchhof (Hrsg.), HStR, Bd. Ⅲ, 3. Aufl., Heidelberg 2005, § 67 Rdnr. 16; ***Klaus Stern*** (Anm. 1), S. 346 f.

20) BVerfGE 40, 356 (360); Denkschrift des Bundesverfassungsgerichts - Die Stellung

des Bundesverfassungsgerichts, in: JöR 6 (1957), S. 144.

21) ***Ernst Benda***, Das Bundesverfassungsgericht im Spannungsfeld von Recht und Politik, in: ZRP 1977, S. 3; ***ders.***, Die Verfassungsgerichtsbarkeit der Bundesrepublik Deutschland, in: Christian Starck/Albrecht Weber (Hrsg.), Verfassungsgerichtsbarkeit in Westeuropa, Teilband 1, Baden-Baden 1986, S. 124 ff.; ***Herbert Bethge***, Stellung und Sitz des Gerichts, in: Theodor Maunz/Bruno Schmit-Bleibtreu/Franz Klein/Gerhard Ulsamer/Herbert Bethge/Karin Grasshof/Rudolf Mellinghoff/Jochen Rozek, Bundesverfassungsgerichtsgesetz - Kommentar, Bd. 1, München 2007 (Stand: Juli 2007), § 1 Rdnrn. 3 ff.; ***Hans Brox***, Zur Zulässigkeit der erneuten Überprüfung einer Norm durch das Bundesverfassungsgericht, in: Gerhard Leibholz/Hans Joachim Faller/Paul Mikat/Hans Reis (Hrsg.), Menschenwürde und freiheitliche Rechtsordnung: Festschrift für Willi Geiger zum 65. Geburtstag, Tübingen 1974, S. 812; ***Christoph Degenhart***, Staatsrecht Ⅰ - Staatsorganisationsrecht, 32. Aufl., Heidelberg 2016, Rdnr. 808; ***Steffen Detterbeck***, Normwiederholungsverbote aufgrund normverwerfender Entscheidungen des Bundesverfassungsgerichts, in: AöR 116 (1991), S. 416 f.; ***Ernst Friesenhahn***, Wesen und Grenzen der Verfassungsgerichtsbarkeit, in: ZSRNF 73 (1954), S. 156; ***Christoph Gusy***, Parlamentarischer Gesetzgeber und Bundesverfassungsgericht, Berlin 1985, S. 119 ff.; ***Konrad Hesse***, Grundzüge des Verfassungsrechts der Bundesrepublik Deutschland, 20. Aufl., Heidelberg 1995, Rdnr. 565 (**콘라드 헷세, 계희열** 역, 『통일독일헌법원론』, 박영사, 2001, 345쪽); ***Christian Hillgruber/Christoph Goos***, Verfassungsprozessrecht, 4. Aufl., Heidelberg 2015, Rdnr. 1; ***Jörn Ipsen***, Staatsrecht I - Staatsorganisationsrecht, 26. Aufl., München 2014, Rdnr. 845; ***Ernst Kadenbach***, Zur bindenden Wirkung der Entscheidungen des Bundesverfassungsgerichts - Versuch einer abschließenden Betrachtung -, in: AöR 80 (1955/1956), S. 403; ***Friedrich Klein,*** Bundesverfassungsgericht und richterliche Beurteilung politischer Fragen, Münster 1966, S. 11 ff.; ***Karl Korinek***, Die Verfassungsgerichtsbarkeit im Gefüge der Staatsfunktionen, in: VVDStRL 39, Berlin 1981, S. 14 ff.; ***Stefan Korioth***, Staatsrecht Ⅰ, 3. Aufl., Stuttgart 2016, Rdnr. 786; ***Detlef Merten***, Demokratischer Rechtsstaat und Verfassungsgerichtsbarkeit, in: DVBl. 1980, S. 776; ***Ingo von Münch***, Das Bundesverfassungsgericht als Teil des Rechtsstaates, in: Jura 1992, S. 506 f.; ***Christian Pestalozza***, Verfassungsprozeßrecht, 3. Aufl., München 1991, § 2 Rdnr. 13; ***Ludwig Renck***, Zur Bindung der Gerichte an verfassungsgerichtliche Entscheidungen, in: BayVBl. 1977, S. 368; ***Alfred Rinken***, in:

고, 헌법과 법률로 그 권한과 절차가 규율되며, 최종적 효력이 있는 헌법재판소 재판[22]이 오로지 법을 기준으로 내려지는 한, 헌법재판소는

Erhard Denninger/Wolfgang Hoffmann-Riem/Hans-Peter Schneider/Ekkehart Stein (Hrsg.), AK-GG, 3. Aufl., Neuwied/Kriftel 2001 (Stand: August 2002), vor Art. 93 Rdnr. 80; ***Wiltraut Rupp-von Brünneck***, Verfassungsgerichtsbarkeit und gesetzgebende Gewalt - Wechselseitiges Verhältnis zwischen Verfassungsgericht und Parlament, in: AöR 102 (1977), S. 3; ***ders.***, Stellung und Tätigkeit des deutschen Bundesverfassungsgerichts, in: Hans-Peter Schneider (Hrsg.), Verfassung und Verantwortung, Baden-Baden 1983, S. 249; ***Michael Sachs***, Der Fortbestand der Fristenlösung für die DDR und das Abtreibungsurteil des Bundesverfassungsgerichts, in: DtZ 1990, S. 198; ***Horst Säcker***, Die Rechtsmacht des Bundesverfassungsgerichts gegenüber dem Gesetzgeber, in: BayVBl. 1979, S. 194; ***ders.***, Gesetzgebung durch das Bundesverfassungsgericht?, in: Michael Piazolo (Hrsg.), Das Bundesverfassungsgericht - Ein Gericht im Schnittpunkt von Recht und Politik, Mainz/München 1995, S. 190 f.; ***Ulrich Scheuner***, Verfassungsgerichtsbarkeit und Gesetzgebung - Zum ersten Thema der Staatsrechtslehrertagung 1980 -, in: DÖV 1980, S. 476 f.; ***Klaus Schlaich***, Das Bundesverfassungsgericht - Stellung, Verfahren, Entscheidung, in: JuS 1981, S. 744; ***ders./Stefan Korioth***, Das Bundesverfassungsgericht - Stellung, Verfahren, Entscheidungen, 10. Aufl., München 2015, Rdnrn. 35, 118 f.; ***Rupert Scholz***, Verfassungsgerichtsbarkeit im gewaltenteiligen Rechtsstaat, in: Ulrich Karpen (Hrsg.), Der Richter als Ersatzgesetzgeber, Baden-Baden 2002, S. 15; ***Nina-Luisa Siedler***, Gesetzgeber und Bundesverfassungsgericht - eine funktionell- rechtliche Kompetenzabgrenzung -, Hamburg 1999, S. 19 ff.; ***Klaus Stern*** (Anm. 1), S. 346 ff., 941 ff.; ***Norbert Wischermann***, Rechtskraft und Bindungswirkung verfassungsgerichtlicher Entscheidungen - Zu den funktionsrechtlichen Auswirkungen der extensiven Auslegung des § 31 Abs. 1 BVerfGG -, Diss. jur. Berlin, 1979, S. 19 f.; ***Albrecht Zeuner***, Über die Geltungsdauer der Entscheidungen des Bundesverfassungsgerichts und die Möglichkeit späterer abweichender Entscheidungen, in: DÖV 1955, S. 339.

22) 일반적으로 'Entscheidung'은 '재판', 'Urteil'은 '판결', 'Beschluss'는 '결정'으로 각각 번역한다. 판결(Urteil)은 구두변론을 하였을 때이고, 결정(Beschluss)은 구두변론을 하지 않았을 때이며(독일 연방헌법재판소법 제25조 제2항), 판결과 결정을 포괄하는 용어가 재판(Entscheidung)이다. 구두변론을 하는지에 따른 이러한 용어구별은 한국 일반 소송법에서도 부분적으로 비슷하다[**강현중**, 『민

법원이라고 한다. 헌법재판을 사법작용으로 분류하는 것이 헌법재판이 다른 재판과 구별되는 특수성이 없다는 것을 뜻하지는 않는다고 한다. 그러나 헌법재판의 특수성 때문에 헌법재판의 사법작용성이 부정되는 것은 아니라고 한다. 먼저 헌법재판의 특수성은 정치적 법인 헌법이라는 대상에 근거한다고 한다. 그러나 법과 정치는 원칙적으로 상반되는 것이 아니므로, 대상의 정치적 성격은 헌법재판을 정치적 재판에 이르게 하지는 않는다고 한다. 헌법재판의 성격을 확정 짓는 결정적인 기준은 그 대상이 아니라 헌법재판에서 결정을 발견하는 방식이므로, 헌법재판소 재판이 인식을 획득하고 결정을 발견할 때 사법적 방식에 의존하는 한, 헌법재판의 활동은 정치나 입법이 아니라 사법으로 규정되어야 한다고 한다. 그리고 법률의 합헌성 심사와 행정행위의 합법성 심사는 차이가 없으므로, 행정소송을 통해서 위법한 행정행위를 제거하는 것이 행정이 아닌 것처럼 법률의 합헌성 심사는 여전히 사법작용이라고 한다. 또한, 헌법재판은 사법원칙과 규범에 구속되므로, 헌법재판에는 입법을 특징짓는 요소, 즉 객관적 법의 자유로운 창조적 형성이 없다고 한다.

사소송법(제6판)』, 박영사, 2004, 632～633쪽; **김홍엽**, 『민사소송법(제6판)』, 박영사, 2016, 782～783쪽; **손한기**, 『민사소송법』, 홍문사, 2017, 295～296쪽; **송상현/박익환**, 『민사소송법(신정7판)』, 박영사, 2014, 394～395쪽; **이시윤**, 『신민사소송법(제11판)』, 박영사, 2017, 606～607쪽; **정동윤/유병현/김경욱**, 『민사소송법(제6판)』, 법문사, 2017, 729～730쪽; **정영환**, 『신민사소송법』, 세창출판사, 2009, 953～955쪽; **호문혁**, 『민사소송법(제13판)』, 법문사, 2016, 586～587쪽; **홍기문**, 『민사소송법(제7판)』, 대명출판사, 2016, 528～529쪽; **배종대/이상돈/정승환/이주원**, 『형사소송법(제2판)』, 홍문사, 2016, 732～733쪽; **손동권/신이철**, 『새로운 형사소송법(제3판)』, 세창출판사, 2016, 693～694쪽; **신동운**, 『신형사소송법(제5판)』, 법문사, 2014, 1424～1425쪽; **이재상/조균석**, 『형사소송법(제11판)』, 박영사, 2017, 693쪽 참조].

(3) 사견

① 판단 기준

헌법재판소가 헌법전의 사법에 관한 장에 규정되었거나 헌법이 실정법적으로 헌법재판을 사법권으로 규정하였다는 것만으로, 헌법재판이 사법작용에 속한다는 것이 명확하게 증명된 것으로 볼 수 없다. 마찬가지로 헌법재판을 독립된 장에 규정하였으므로 헌법재판이 사법작용이 아니라 특별한 헌법적 성격이 있는, 고유한 독립적 기능으로 볼 수 있다는 해석도 바로 받아들여질 수 없다.[23] 헌법조항은 헌법재판소의 지위를 판단하는 중요한 근거 중의 하나이기는 하지만, 유일하거나 절대적인 근거는 아니기 때문이다. 헌법재판소는 독일 기본법 제92조와 같은 헌법조항을 통해서 단지 법원으로 추정될 수 있을 뿐이다. 그리고 한국 헌법 제6장처럼 헌법재판을 독립된 장에 규정하는 것은 헌법재판소가 독립한 국가기관이라는 점을 강조할 뿐이다. 헌법재판소는 자신을 법원으로 규정하는 헌법조항 이외에 법원의 실질이 있어야 비로소 법원으로 인정될 수 있다. 따라서 헌법재판소의 실질이 구체적으로 검토되어야 한다.

② 헌법재판의 의의

헌법재판은 독립한 기관이 헌법을 기준으로 사법적 절차를 통하여 일반 사법기관이 판단하기 어렵거나 곤란한 헌법구조상 중요한 헌법분쟁에 관하여 종국적으로 결정하는 것을 말한다.[24] (i) 헌법재판은 기존 국가기관에 맡길 수도 있고, 이것을 담당하기 위한 새로운 국가기관을 창설할 수도 있다. 하지만 최소한 이 국가기관은 다른 모든 국

---

23) 같은 견해: **김선택**(주 8), 186쪽; **김하열**(주 8), 16쪽; **홍성방**(주 8, 헌법소송법), 16쪽; ***Klaus Stern*** (Anm. 1), S. 943.

24) ***Klaus Stern*** (Anm. 1), S. 943 참조.

가기관에서 독립하여야 한다. (ii) 헌법재판은 심사기준 중심에 성문헌법을 놓는다. 물론 성문헌법 이외에 불문헌법이나 법률 등도 심사기준이 될 수 있다. 그러나 이것은 어디까지나 성문헌법을 보충하고 구체화하는 범위에서만 가능하다. 다만, 예외적으로 개별 심판절차에 따라서 헌법과 법률이 함께 심사기준이 되는 때도 있다[예를 들어 탄핵심판(헌법재판소법 제48조)과 권한쟁의심판(헌법재판소법 제61조)]. 그러나 이때 법률은 헌법전에 규정된 형식적 헌법은 아니지만, 헌법사항을 규율하는 실질적 헌법에는 속한다. 물론 규범통제의 속성상 헌법이 아닌 상위법규범이 심사기준이 될 수도 있다(예를 들어 헌법 제107조 제2항 법원의 명령과 규칙에 대한 위헌·위법심사). (iii) 헌법재판은 사법적 절차를 따라서 이루어져야 한다. 여기서 말하는 사법적 절차는 일반 사법절차와 같은 절차를 말하는 것이 아니라, 헌법재판의 공정성과 중립성을 확보할 수 있는 한 그에 버금가는 절차로 충분하다. 여기서는 특히 헌법재판의 수동성, 즉 당사자의 청구에 따른 절차 개시와 신분이 보장된 독립한 재판관의 심판 그리고 미리 확정된 심판절차가 중요하다. (iv) 일반 사법기관이 판단하기 어렵거나 곤란하다는 것은 일반적인 재판과 다른 특성이 있는 심판대상의 특이성을 뜻한다. 이러한 심판대상의 특이성은 심사기준인 헌법의 특성에서 비롯된다. (v) 헌법구조상 중요하다는 것은 전체 헌법구조에 비추어 해당 헌법분쟁과 관련하여 헌법의 뜻을 밝히는 것이 헌법실현에 특별히 필요하다는 것을 말한다. (vi) 헌법분쟁은 헌법을 매개로 법적 문제를 다툰다는 것을 말한다. 그리고 (vii) 종국적으로 결정한다는 것은 헌법재판은 대상이 되는 헌법분쟁에 최종적 판단기관으로서 이에 관해서 더는 불복할 수 없음을 말한다. 따라서 헌법재판의 결정을 다툴 수 있는, 다른 국가기관을 통한 구제수단은 없어야 한다. 그러나 이것이 헌법재판을 담당하는 기관이 헌법재판을 반드시 한 번의 심사만으로 끝내야 함을 뜻하지는 않는다. 즉 심급제는 해당 국가기관 안의 구제절차로서 '헌법재판의 결정이 일반적 효력이 아니라 개별적 효력이 있는 때에 한해서' 허용될 수 있다(예를 들어 법원의 명령과 규칙에 대한 위헌·위법심사). 헌법재판의 결정에 일반적 효력이 있으면, 심급제에 따른 재판 파기 가능성으로 말미암아 심각한 법적 혼란이 발생할 수 있기 때문이다.

헌법재판제도는 국민의 기본권을 국가권력 남용에서 보호하고, 국가권력이 헌법 틀 안에서 작용하도록 함으로써 헌법을 실질적으로 실현하는 헌법보호의 중요한 수단이다. 좁은 뜻의 헌법재판은 위헌법률심판만을 말한다. 이것은 위헌법률심판이 헌법재판의 본질적 부분임을 가리킨다. 따라서 위헌법률심판제도가 없는 나라는 헌법재판제도가 있다고 보기 어렵다. 넓은 뜻의 헌법재판은 규범통제, 탄핵심판, 정당해산심판, 헌법소원심판, 권한쟁의심판, 선거소송, 국민투표소송을 포함한다. 한국에서 헌법재판이라고 하면 일반적으로 헌법재판소가 관할하는 위헌법률심판, 탄핵심판, 정당해산심판, 헌법소원심판, 권한쟁의심판을 말한다(헌법 제111조 제1항). 헌법재판에 속하는 모든 심판절차는 객관적 헌법을 보호한다. 하지만 규범통제[25]나 헌법소원심판은 개인의 기본권보호에 중점이 있다. 따라서 넓은 뜻의 헌법재판은 기본권보호의 직접성 여부에 따라서 직접적 기본권보호수단(기본권보호절차)과 간접적 기본권보호수단(헌법보호절차)으로 나눌 수 있다. 직접적 기본권보호수단에는 규범통제와 헌법소원심판이, 간접적 기본권보호수단에는 탄핵심판, 정당해산심판, 권한쟁의심판 그리고 선거소송과 국민

25) 구체적 규범통제가 개인의 기본권보호에 중점이 있다는 점은 의문이 없다. 하지만 추상적 규범통제나 예방적 규범통제는 객관적 헌법을 보호하는 측면이 강한 것을 부정할 수 없다. 그러나 추상적 규범통제나 예방적 규범통제를 구체적 규범통제를 미리 하거나 예방한다는 측면에서 바라보면, 추상적 규범통제나 예방적 규범통제에서 개인의 기본권보호 측면이 객관적 헌법 보호 측면보다 결코 작다고 볼 수는 없을 것이다.

투표소송이 속한다.

③ 실질적 사법인 헌법재판

'실질적 사법'은 중립기관, 즉 법관이 특별히 규정된 절차에서 실정법을 적용하여 내리는, 사안에 대한 최종적인 결정이다.[26] 헌법재판은 중립기관인 헌법재판소 재판관이 헌법재판소법이 규율하는 절차에 따라 헌법을 적용하여 사안에 대한 최종적인 결정에 이르는 판단이므로, 헌법재판은 실질적 사법에 속한다.[27] 다루는 대상이 일반 사법재판처

---

26) ***Konrad Hesse*** (Anm. 21), Rdnrn. 547 ff. [**콘라드 헷세**(주 21), 337~339쪽]; ***Klaus Stern*** (Anm. 1), S. 898 참조.

27) 헌법재판은 사법의 특성을 모두 충족한다: ① 사건성 - 사법작용은 구체적인 법적 분쟁 발생을 전제로 한다. 즉 사법의 대상은 구체적이고 현실적인 권리·의무에 관한 분쟁이다. 헌법재판은 구체적인 헌법분쟁을 대상으로 하므로 사건성이 긍정된다. 추상적 규범통제는 이러한 사건성이 부정되는 것처럼 보이지만, 국가기관 사이에서 법률의 위헌성에 관한 다툼이 있다는 점에서 권한쟁의심판과 비슷한 모습을 띠는 것으로 볼 수 있어 사건성을 부정하기는 어렵다. ② 수동성 - 법적 분쟁이 현재화하였다는 사실만으로 사법권이 발동되는 것은 아니다. 사법작용은 당사자가 쟁송을 제기할 때만 발동될 수 있다. 헌법재판에서도 당사자의 심판 청구가 있을 때만 헌법재판소가 심판할 수 있으므로(헌법재판소법 제41조, 제48조, 제55조, 제61조, 제68조) 수동성은 인정된다. ③ 판단의 독립성 - 사법작용은 독립적 지위가 있는 기관이 제3자적 입장에서 수행하여야 할 작용이다. 사법에서 법의 판단과 선언은 엄정하고 공정한 것이어야 하므로, 신분이 보장된 법관이 누구의 명령이나 지시에도 따르지 아니하고 오로지 법과 양심에 따라서만 할 것이 요청된다. 헌법재판소는 법관 자격이 있는 9명의 재판관으로 구성되고(헌법 제111조 제2항, 헌법재판소법 제5조 제1항), 헌법재판소 재판관은 정당에 가입하거나 정치에 관여할 수 없으며(헌법 제112조 제2항, 헌법재판소법 제9조), 헌법재판소 재판관은 탄핵이나 금고 이상의 형 선고에 따르지 아니하고는 파면되지 아니한다(헌법 제112조 제3항, 헌법재판소법 제8조). 그리고 헌법재판소 재판관은 겸직이 금지되고(헌법재판소법 제14조), 헌법과 법률에 의하여 그 양심에 따라 독립하여 심판한다(헌법재판소법 제4조). 따라서 판단의 독립성도 보장된다. ④ 절차의 특수성 - 사법절차는 객관성과 공정성을 담보하기 위해서 특별하게 규정된다. 따라서 사법절차는 엄격하고 명확하게 형성된다. 헌법재판소법은 일반 사법절차가 (헌법

럼 구체적 사건이 아니라 주로 구체적 사안에 적용되는 법규범이라는 점에서 헌법재판은 일반 사법과 다른 점이 있다. 그러나 민사소송 및 형사소송과는 확연히 다른 심판대상을 다루는 행정소송이 사법이라는 점에 의심이 없는 것처럼 헌법재판이 사법인지를 결정하는 기준은 대상이 아니라 절차와 결정의 효력이다.[28] 따라서 심판대상의 특수성은 헌법재판의 사법성을 부정하는 결정적인 근거가 되지 못한다. 부분적인 차이 때문에 몇몇 눈에 띄는 특징(예를 들어 통제대상의 추상성에 따른 통제밀도 차이, 기판력을 넘어서는 일반적 구속성이 있는 위헌결정의 효력)이 드러난다는 점을 고려하더라도,[29] 헌법재판은 실질적 사법의 개념적 표지를 모두 충족하므로, 헌법재판을 실질적 사법으로 분류하는 것은 어렵지 않다.[30] [31]

재판의 성질에 어긋나지 아니하는 한도에서) 헌법재판에 준용된다는 것을 전제로 일반 사법절차와 다른 심판절차가 필요할 때 특별규정을 둔다(헌법재판소법 제22조 이하, 특히 제40조 참조). 그러므로 헌법재판에서 절차의 특수성은 충분히 보장된다. ⑤ 법기속성 - 사법작용은 무엇이 법인지를 판단하고 선언하는 작용이다. 따라서 사법은 언제나 법에 구속된다. 그리고 이러한 구속을 통해서 사법은 민주적 정당성을 부여받을 수 있다. 헌법재판소 재판관은 헌법과 법률에 따라 심판하여야 한다(헌법재판소법 제4조). 그래서 헌법재판에서 법기속성은 당연히 요구된다. ⑥ 보수성 - 사법작용은 분쟁 해결을 통해서 현존하는 법질서를 유지하고 법적 평화를 유지하기 위한 작용이다. 집행작용이 새로운 질서형성을 위한 적극적 작용이라면, 사법은 현재 분쟁을 해결함으로써 법질서를 유지하려는 현상유지적인 소극적 작용이다. 헌법재판은 법을 정립하는 것이 아니라 이미 존재하는 법의 위헌성을 확인하는 것에 그친다. 이러한 점에서 헌법재판의 보수성을 부정할 수 없다.

28) 같은 견해: **정재황**(주 8, 헌법재판소의 구성과 헌법재판소절차상의 문제점 및 그 개선방안), 39쪽.

29) 헌법소송과 민사소송 및 행정소송의 비교는 **허완중**, 「헌법재판소 종국결정의 본질」, 『영남법학』 제30호, 영남대학교 법학연구소, 2010, 70~79쪽 참조.

30) 같은 견해: **김선택**(주 8), 186쪽; **김하열**(주 8), 15~16쪽.

31) **허완중**, 「헌법재판소의 지위와 민주적 정당성」, 『고려법학』 제55호, 고려대학교 법학연구원, 2009, 13~15쪽.

사법적 결정은 ① 훈련받은 전문 법관의 결정이고, ② 미리 정해진 법과 절차에 따라 양 당사자의 분쟁을 최종적 권위를 가지고 내리는 결정이며, ③ 사실관계 확정과 함께 현재는 물론 과거와 미래의 비슷한 사례에 미칠 영향을 고려하여 신중하게 내리는 결정이다. 그리고 사법부는 합목적성을 중시하는 입법부 및 집행부와는 달리 합헌성/합법성을 목숨처럼 여긴다. 따라서 사법부의 민주적 정당성은 궁극적으로 국민에 대한 직접적·정치적 책임에 따른 민주적 정당성이 아니라 미리 정해진 법과 절차에 따라 국민이 이해하고 수긍할 수 있는 결정을 내림으로써 획득될 수 있다. 그래서 실질적 사법인 헌법재판의 민주적 정당성은 사법의 독립을 어떻게 확보하고 재판관의 헌법과 법률의 구속을 어떻게 실현하고 증명하는지를 중심으로 확인되고 평가되어야 한다.

한국 헌법재판소와 달리 독일 연방헌법재판소는 사법재판의 위헌성을 심사할 수 있다. 그러나 독일 연방헌법재판소는 모든 범위에서 사법재판의 합법성을 심사하는 것이 아니라 제한된 범위에서 그 합헌성만을 심사하므로, 일반적으로 확장된 심급이나 초상고심으로 볼 수 없다.[32)]

④ 헌법재판의 정치적 성격

다른 사법재판과 구별되는 헌법재판의 특수성은 그 유일한 심사기준과 그 심판대상에서 비롯한다.[33)] 헌법재판[한국 헌법에서 탄핵심판(헌

32) ***Willi Geiger***, Die Beziehungen zwischen der Bundesverfassungsgerichtsbarkeit und der übrigen Gerichtsbarkeit im Bunde auf Grund des Bundesverfassungsgerichtsgesetzes (BVGG.), in: DRiZ 1951, S. 174; ***Klaus Schlaich*** (Anm. 21), S. 278, 741.

33) 같은 견해: ***Ernst-Wolfgang Böckenförde,*** Verfassungsgerichtsbarkeit: Strukturfragen, Organisation, Legitimation, in: NJW 1999, S. 11 f.; ***Christoph Degenhart*** (Anm. 21), Rdnr. 808; ***Friedrich Klein*** (Anm. 21), S. 19 f.; ***Stefan Korioth,*** Die

법재판소법 제48조)과 권한쟁의심판(헌법재판소법 제61조 제2항) 그리고 법원의 명령과 규칙에 대한 위헌·위법심사(헌법 제107조 제2항)와 선거소송, 국민투표소송 제외]의 유일한 심사기준은 헌법이다. 헌법은 정치적 세력 사이 투쟁과 타협의 산물이고 정치적 질서를 규율하는 통제규범이므로 정치적 성격이 있으며, 헌법재판의 심사대상은 정치적 분쟁이다. 따라서 헌법재판소는 자기 결정에서 정치적 요소를 고려하여야 하고, 헌법재판소 결정은 정치에 영향을 미칠 수밖에 없다. 그러나 이것이 헌법재판절차와 헌법재판소 결정의 효력을 다른 사법재판절차와 재판의 효력과 다르게 하거나 구별 짓게 하지는 않는다. 즉 부분적인 수정이나 보완이 있거나 필요할 수는 있지만, 헌법재판절차와 헌법재판소 결정의 효력은 본질적인 측면에서 일반 사법재판절차와 재판의 효력과 다르지 않다. 그리고 헌법재판보다 그 범위가 더 좁고, 그 강도가 낮기는 하지만, 다른 사법재판(예를 들어 국가보안법과 관련된 형사소송)도 정치적 성격이 있다는 것을 부정할 수 없다. 따라서 헌법재판의 정치적 성

Bindungswirkung normverwerfender Entscheidungen des Bundesverfassungsgerichts für den Gesetzgeber, in: Der Staat 30 (1991), S. 563 (**슈테판 코리오트, 허완중** 옮김, 「입법자에 대한 연방헌법재판소 규범폐기재판의 기속력」, 『헌법판례연구』 제12권, 집현재, 2011, 261쪽); ***Otwin Massing***, Recht als Korrelat der Macht?, in: Peter Häberle (Hrsg.), Verfassungsgerichtsbarkeit, Darmstadt 1976, S. 413; ***Christian Pestalozza*** (Anm. 21), § 1 Rdnr. 1; ***Wiltraut Rupp-von Brünneck*** (Anm. 21, Verfassungsgerichtsbarkeit und gesetzgebende Gewalt), S. 3; ***Wolf-Rüdiger Schenke***, Der Umfang der bundesverfassungsgerichtlichen Überprüfung, in: NJW 1979, S. 1322; ***Klaus Stern*** (Anm. 1), S. 348, 944; ***Gregor Stricker***, Subjektive und objektive Grenzen der Bindungswirkung verfassungsgerichtlicher Entscheidungen gemäß § 31 Abs. 1 BVerfGG, in: DÖV 1995, S. 983; ***Rüdiger Zuck***, Das Bundesverfassungsgericht als Dritte Kammer, in: ZRP 1978, S. 191. 재판의 일종으로서 사법작용에 속하는 헌법재판이 다른 법규범에 비해서 정치성이 강한 헌법의 특성 때문에 다른 통상적인 민·형사재판과 다른 특별한 성격이 있다는 견해도 있다(**양 건**, 『헌법강의(제6판)』, 법문사, 2016, 1301쪽).

격을 헌법재판의 특별한 고유성격으로 볼 수도 없다.

헌법조항은 너무 자주 일반적이고 불완전하며 추상적이다. 그래서 헌법해석은 헌법조항 대부분에서 사비니(C. F. Savigny) 이후 발전한 전통적인 해석에 그치는 것이 아니라 후버(H. Huber)가 제창하여[34] 받아들여진 개념인 '구체화'에 이르게 된다. 다른 법원과 국가기관도 헌법 구체화에 참여하므로, 헌법재판소가 이러한 구체화 과제를 독점하는 것은 아닐지라도, 헌법재판소는 최종적인 헌법해석자이므로, 헌법재판은 헌법 구체화에서 가장 중요한 자리를 차지한다.[35] 헌법을 구체화할 때 창조적이고 법형성적(rechtsbildend)이며 계속발전적인, 즉 형성적(gestaltend) 요소가 증가할 수밖에 없다. 이것을 정치적인 것으로 볼 수도 있다. 그러나 헌법재판은 주어진 법적 기준, 즉 헌법에 구속되므로, 헌법재판은 입법자나 집행부의 행위와는 아주 다른 의미에서 정치적이다. 헌법재판은 여전히 법내재적인 것에 머물고, 일반적으로가 아니라 오로지 사항별로 법창조적일 뿐이다. 구체적 사건을 해결하려고 헌법재판소는 추상적 법에서 구체적 법을 형성해 낼 뿐이다. 그리고 헌법재판소 재판관은 어떤 새로운 가치나 법규범을 창조해 낼 수 없다. 헌법재판소 재판관은 단지 확정된 가치와 법규범 안에서 해석하고 재판하며 추론할 뿐이다.[36] 그래서 국가권력에 대한 헌법재판소 통제는 합헌성 그리고/또는 합법성의 심사에 국한된다.[37]

---

34) ***Hans Huber***, Probleme des ungeschriebenen Verfassungsrechts, in: Rechtsquellenprobleme im schweizerischen Recht: Festgabe der Rechts- und Wirtschaftswissenschaftlichen Fakultät der Universität Bern für den schweizerischen Juristenverein, Bern 1955, S. 109.

35) ***Klaus Stern***, Verfassungsgerichtsbarkeit und Gesetzgeber, Opladen 1997, S. 17 참조.

36) ***Klaus Stern*** (Anm. 1), S. 946 f.

37) ***Detlef Merten*** (Anm. 21), S. 777.

⑤ 소극적 입법자인 헌법재판소?

법치국가의 권력분배에 따라 제3의 권력은 법규범 해석에 관한 사법분쟁을 심판한다. 그에 상응하여 헌법재판소는 헌법분쟁에 관해서 결정을 내린다.[38)] 헌법재판소는 규범통제에서, 특히 위헌법률 폐기에서 입법자 권한에 개입할 수 있다. 이때 헌법재판소는 소극적 입법권을 행사하는 것처럼 보인다. 그러나 헌법재판소 행위는 입법행위와 비슷한 성격이 있음을 부인할 수는 없지만, 그것은 헌법재판소가 법원 이외에 다른 지위가 있어서가 아니라 헌법재판의 심사기준이 헌법이라는 점에서 기인하는 것에 불과하다. 헌법재판에서도 다른 사법재판처럼 사법적 3단논법에 따라 대전제인 법규범을 해석하고 법규범에 사안을 포섭한다. 헌법재판의 특수성은 사안이 실제 사건이 아니라 법규범이라는 점에 있다.[39)] 헌법재판소는 개별 사건이 아니라 법규범에 관해서 결정하고, 사안이 아니라 법규범을 근거로 법규범을 심사하지만, 소극적 입법자가 아니라 여전히 사법기관이다. 헌법재판소는 소극적 입법자와 달리 자기 의지에 따라 법률을 폐기하는 것이 아니라 법률의 위헌성만을 확인하기 때문이다.[40)] 법률의 위헌성은 창조되는 것이 아니라 확인될 뿐이다.[41)] 헌법재판소는 자기 규범통제권한 범위 안에서 적법한 심판 청구가 있을 때만 심판할 수 있으므로,[42)] 특히 헌법재판소 과제는 최적의 결과를 찾는 것이 아니라 법률의 합헌성을 심사하는 것이므로, 헌법재판소는 어떠한 입법기능도 행사하지 않는다.[43)]

---

38) ***Ernst Benda***, Bundesverfassungsgericht und Gesetzgeber im dritten Jahrzehnt des Grundgesetzes, in: DÖV 1979, S. 466 참조.

39) ***Klaus Stern*** (Anm. 1), S. 950 참조.

40) ***Detlef Merten*** (Anm. 21), S. 776 f.

41) ***Detlef Merten*** (Anm. 21), S. 776.

42) ***Peter Häberle***, Grundprobleme der Verfassungsgerichtsbarkeit, in: ders. (Hrsg.), Verfassungsgerichtsbarkeit, Darmstadt 1976, S. 8 f.

43) ***Fritz Ossenbühl***, Bundesverfassungsgericht und Gesetzgebung, in: Peter Badura/

따라서 헌법재판은 법정립을 표징하는 자유롭고 창조적인 법규범 형성이 아니다.[44] 그래서 헌법재판소는 언제나 입법자의 형성 재량을 존중하여야 한다. 그러므로 헌법재판소는 법률의 위헌성을 확인하면 그 법률을 다시 형성하거나 개선할 수 없고, 단지 그 법률을 폐기하거나 그 위헌성을 소극적으로 선언할 수 있을 뿐이다.[45] 결국, 헌법재판소가 법률을 폐기할 때, 헌법재판소는 기존 법률을 상반된 행위를 통해서 형성적으로 제거하는 것을 목적으로 하는 소극적 입법자가 아니다.[46] 소극적 입법자처럼 보이는 헌법재판소 외형은 오로지 헌법재판소 결정의 법적 효과[특히 법률의 효력을 상실시키는 법률요건적 효력이나 형성력 혹은 법률적 효력(법규적 효력)[47]]일 뿐이다.

⑥ 헌법 제101조 제1항과 제111조 제1항의 의미

헌법조항이 어떤 국가권력을 특정 국가기관에 부여한다고 규정한다면, 그것은 그 국가기관이 부여된 국가권력을 예외 없이 독점한다는 것을 뜻하는 것이 아니라 그 국가기관을 중심으로 그 국가권력이 행사된다는 것만을 의미할 뿐이다. 그래서 헌법 제101조 제1항에 따라 사법권이 법관으로 구성된 법원에 부여된다면, 이것은 법원이 사법권을 독점한다는 것이 아니라 먼저 법원이 사법권의 핵심영역은 반드시 행사하여야 하고, 핵심영역 밖에 있는 사법권은 헌법에 다른 규정이 없

Horst Dreier (Hrsg.), Festschrift 50 Jahre Bundesverfassungsgericht: Verfassungsgerichtsbarkeit - Verfassungsprozeß, Bd. I, Tübingen 2001, S. 36.

44) ***Klaus Stern*** (Anm. 1), S. 950.

45) ***Karl August Bettermann,*** Richterliche Normenkontrolle als negative Gesetzgebung?, in: DVBl. 1982, S. 94.

46) ***Klaus Schlaich***, Das Bundesverfassungsgericht - Stellung, Verfahren, Entscheidung, in: JuS 1982, S. 599.

47) 이에 관한 자세한 검토는 **허완중**, 「위헌결정의 법률요건적 효력」, 『헌법학연구』 제19권 제3호, 한국헌법학회, 2013, 389～430쪽 참조.

는 한 원칙적으로 법원에 부여된다는 것만을 뜻한다. 헌법재판권은 사법권의 핵심영역에 해당하지 않고, 헌법재판소에 관한 규정을 헌법에 있는 다른 규정으로 볼 수 있다. 헌법 제111조 제1항에 따라 심사기준이 헌법인 사법권은 독립된 국가기관인 헌법재판소에 부여된다. 이러한 맥락에서 일반 사법권을 규율하는 헌법 제101조 제1항은 일반규정이고, 헌법재판소 권한을 규율하는 헌법 제111조 제1항은 특별규정이다. 이러한 관계에 따라 헌법재판소는 원칙적으로 헌법에서 열거된 사법권만을 담당하고, 이러한 권한은 법원의 권한에서 제외된다. 이러한 점에 비추어 헌법에서 사법권 분배를 달리 규정하는 것은 오로지 헌법 정책적일 뿐이다. 따라서 헌법 제101조 제1항을 헌법재판이 사법에 속하고 헌법재판소가 법원이라는 것을 부정하는 근거로 삼기 어렵다.[48]

⑦ 제4의 권력인 헌법재판?

헌법재판소 권한은 일반 사법권에 속하지 않으므로, 헌법재판은 헌법에 따라 새롭게 창출된 (정치적 성격이 있는) 특별한 국가권력이라는 주장이 제기될 수도 있다. 이러한 주장을 따르면 헌법재판은 사법에 속하지 않으므로, 헌법재판소는 법원이 아니고 헌법재판권은 입법권, 집행권, 사법권 어디에도 속하지 않는 제4의 권력으로 볼 수 있다. 그러나 이러한 견해는 헌법재판 도입을 통해서 수평적 권력분립을 확대하고 입법권, 집행권, 사법권 사이의 견제와 균형을 실질적으로 실현하는 현대 권력분립원리에 합치될 수 없는 것으로 보인다. 사법이 헌법재판을 포함함으로써 전통적으로 열세에 있던 사법권이 입법권과 집행권에 버금가는 지위를 확보할 수 있고, 국가지도적 결정에 참여할 수 있다. 즉 사법권은 오로지 헌법재판을 통해서만 국가의사 형성과정에 관여할 수 있다. 헌법재판권을 제4의 권력으로 본다면, 일반 사법권

---

48) 같은 견해: **김선택**(주 8), 187쪽.

과 헌법재판권을 포괄하는 사법권은 더는 있을 수 없고, 단지 국가지도적 결정에 참여할 수 없는 (따라서 입법과 맺는 관계에서 상대적 열위에 있는) 전통적인 법원과 그 성격과 지위를 의심받는 (정치유사적) 기관인 헌법재판소가 병존하게 된다. 이러한 상황에서 법원과 헌법재판소가 서로 대립한다면, 법원은 중립성과 공정성에 관한 신뢰가 훼손될 것이고, 헌법재판소는 최종적 헌법해석기관으로서 가지는 권위가 손상될 것이다.[49] 그리고 순수사법과 제4의 권력의 차이는 명확하지 않다.[50] 헌법재판의 심판대상이 헌법분쟁이므로, 헌법재판이 다른 세 국가권력 모두를 통제한다는 점을 제외하고, 순수사법과 제4의 권력의 차이점을 찾기 쉽지 않다. 심판대상은 다양하고 늘 새롭게 발견될 수 있으므로, 심판대상은 국가기관이 행사하는 국가권력의 성질을 판단하는 결정적 기준이 될 수 없다. 따라서 헌법재판은 행정소송처럼 사법에 속한다고 보아야 할 것이다. 이 견해에서 제시하는 헌법재판의 특수성 중 상당 부분[예를 들어 직권탐지주의, 기속력, 법률요건적 효력이나 형성력 혹은 법률적 효력(법규적 효력) 등]을 행정소송에서도 찾아볼 수 있다는 점도 이러한 결론을 뒷받침한다. 또한, 제4의 국가작용이 무엇인지가 분명하지 않아서 사법작용과 달리 헌법재판의 한계를 설정하는 기준을 제공하지 못한다는 점도 지적될 수 있다. 이러한 점에서 제4의 국가작용설은 그 독자성을 인정받기 어렵다.

⑧ 소결: 특별한 법원인 헌법재판소

헌법재판이 정치적 성격을 띠는 것은 헌법재판의 심사기준인 헌법과 그 심판대상이 정치성을 띠기 때문이다. 그리고 헌법재판을 통해서 법률이 폐기되기는 하지만, 이것은 헌법재판의 결과에 불과하므로 이

49) 같은 견해: **김선택**(주 8), 187쪽.
50) 같은 견해: **홍성방**(주 8, 헌법소송법), 19～20쪽.

것을 근거로 헌법재판을 입법작용으로 볼 수도 없다. 또한, 헌법재판을 제4의 국가작용으로 보려면 기존 세 국가권력과 구별되는 제4의 국가작용의 명확한 구체적 실질이 제시되어야 하는데, 그러한 실질을 찾기 어렵다. 따라서 헌법재판은 심사기준이 헌법인 특별한 사법작용으로 보는 것이 타당하다고 생각한다. 그에 따라 헌법재판소를 특별한 법원으로 보아야 할 것이다.

헌법재판소의 정치성보다 그 사법기관성을 강조하는 것은 헌법재판의 한계를 설정할 때 명확한 기준을 제시할 수 있다. 특히 헌법재판의 기능적 한계는 헌법재판소의 사법기관성을 출발점으로 삼는다는 점에서 헌법재판소의 사법기관성이 갖는 한계설정기능을 명확하게 확인할 수 있다. 그에 반해서 헌법재판소의 사법기관성보다 그 정치성을 강조하는 것은 정치과정을 거쳐 입법 형태로 결론이 난 문제를 다시 헌법재판소가 심사하는 의미를 설명하기 어렵게 하거나 적어도 퇴색시킨다. 특히 정치과정에서 포착하지 못하거나 소홀히 한 부분을 다시 검토한다는 점에서 소수자 보호를 중요한 기능으로 삼는 헌법재판은 정치기관이라는 점보다는 통제기관이라는 점이 강조되어야 할 것이다. 물론 헌법재판소가 법원이라는 점이 헌법재판의 정치성이 중요하지 않거나 무시될 수 있다는 것을 뜻하지는 않는다. 강한 정치성 때문에 헌법재판소가 일반 법원과 구별되는 '특별한' 법원일 수밖에 없다는 점에서 일반 사법재판에서 논의되는 내용이 그대로 헌법재판에 적용될 수 없고, 그것이 헌법재판에 수용되는 과정에서 헌법재판의 정치성에 비추어 수정되거나 보완되어야 할 것이다.

결론적으로 헌법재판과 관련된 헌법을 비롯한 실정법을 해석할 때, 헌법재판소는 법원이라는 점에서 출발하면서 헌법재판의 특수성을 고려하여 수정되거나 추가되어야 할 사항이나 내용이 없는지를 면밀하게 검토하여야 한다. 특히 헌법재판소의 권한과 한계, 특히 헌법재판소 결정의 효력을 확정할 때, 일반적으로 논의되는 사법재판의 효력과 사법적 한계를 살펴보는 것은 필수적이다. 그리고 헌법개정 논의에서 주장되는 헌법재판소 폐지와 대법원의 헌법재판 관장은 헌법재판의 특수성을 충분히 살리기 어렵고, 헌법재판소의 정치기관화나 새로운 정치기관의 헌법재판 관장은 헌법재판의 사법작용성을 무시하는 것이다. 따라서 모호하게 규정된 헌법재판소의 지위를 헌법재판의 본질에 맞게 법원성을 명확하게 규정하는 방향으로 헌법개정이 이루어져야 할 것이다. 즉 헌법재판소가 법원이라는 것을 구체적으로 헌법에 규정하여 법원성에 어긋나는 규정이나 법원성을 의심하게 하거나 그에 관한 오해를 유발하는 규정은 바로잡거나 제거하여야 한다. 그리고 법원성에 걸맞은 중립성을 확보하는 개별 내용을 충분히 헌법에 담고, 헌법재판절차를 일반 사법절차에 상응하는 정도로 구체적으로 형성하도록 하는 근거를 마련하여야 한다. 특히 헌법재판의 특성 때문에 일반 사법재판과 달라지거나 추가되는 부분을 헌법이나 법률을 통해서 명확하게 밝혀야 할 것이다. 예를 들어 같은 법원인 대법원과 헌법재판소의 관계를 명확하게 정립하고, 그 사이의 권한 분배를 명확하게 밝히며, 그 기능에 맞게 대법원에 부여된 최종적 헌법해석권 일부(특히 명령과 규칙에 대한 규범통제권한)와 헌법재판권(선거소송과 국민투표소송에 관한 권한)은 헌법재판소로 이관시켜 법질서 통일을 꾀하여야 할 것이다. 그리고 추상적으로 규정된 헌법재판소 결정의 효력, 특히 법률로 규정된 기속력이나 법률요건적 효력이나 형성력 혹은 법률적 효력(법규적 효력)은 헌법에 구체적으로 규정할 필요가 있다.

(4) 헌법기관인 헌법재판소

'법원'과 '연방의 최상위 헌법기관'이라는 2중 기능으로 독일 연방헌법재판소의 지위를 일반적으로 특징짓는다.[51] 연방헌법재판소법 제1

조 제1항[52]은 이러한 연방헌법재판소의 지위를 실정법적으로 확인한다. 연방헌법재판소도 자기 자신을 최상위 헌법기관으로 본다.[53]

"헌법기관은 그 지위와 주요권한을 헌법이 직접 창설하고 그 내부조직이 대체로 자유로우며, 다른 어떤 기관에도 종속되지 않으며 국가의 특별한 존재양식(본질)을 형성하는 기관이다. … 그 기관이 헌법에 언급되는 것으로 충분하지 않고, 그 임무가 주로 헌법 자체에서 도출되어야만 한다."[54] 특히 국가기관이 헌법기관으로 인정받으려면 헌법에 단순히 언급된 것만으로는 충분하지 않고, "그 존재와 지위 그리고 주요권한을 헌법이 창설하고, 그 존재와 기능을 통해서 국가에 특별한 형상을 부여하며, 그 활동을 통해서 최상위 국가방향 설정에 일정한 몫이 있는 기관이어야 한다."[55]

독일에서는 연방의회, 연방참사원, 연방대통령, 연방정부, 연방헌법

---

51) ***Ernst Benda*** (Anm. 21, Die Verfassungsgerichtsbarkeit der Bundesrepublik Deutschland), S. 124 ff.; ***Herbert Bethge*** (Anm. 21), § 1 Rdnrn. 3 ff.; ***Christoph Degenhart*** (Anm. 21), Rdnr. 808; ***Friedrich Klein*** (Anm. 21), S. 11; ***Ingo von Münch*** (Anm. 21), S. 506; ***Christian Pestalozza*** (Anm. 21), § 2 Rdnr. 13; ***Wiltraut Rupp-von Brünneck*** (Anm. 21, Stellung und Tätigkeit des deutschen Bundesverfassungsgerichts), S. 249; ***Horst Säcker*** (Anm. 21, Die Rechtsmacht des Bundesverfassungsgerichts gegenüber dem Gesetzgeber), S. 194; ***ders.*** (Anm. 21, Gesetzgebung durch das Bundesverfassungsgericht?), S. 190 f.; ***Klaus Schlaich*** (Anm. 21), S. 744; ***ders./Stefan Korioth*** (Anm. 21), Rdnrn. 26 ff.; ***Christian Starck***, Das Bundesverfassungsgericht in der Verfassungsordnung und im politischen Prozeß, in: Peter Badura/Horst Dreier (Hrsg.), Festschrift 50 Jahre Bundesverfassungsgericht: Verfassungsgerichtsbarkeit - Verfassungsprozeß, Bd. Ⅰ, Tübingen 2001, S. 4 f.; ***Klaus Stern*** (Anm. 1), S. 341 ff.

52) "연방헌법재판소는 다른 모든 헌법기관에 대해서 자주적이고 독립적인 연방법원이다."

53) BVerfGE 7, 1 (14); 60, 175 (213) 참조.

54) ***Klaus Stern*** (Anm. 1), S. 42. 헌법기관의 개념적 징표에 관한 자세한 설명은 ***Klaus Stern*** (같은 책), S. 342 ff. 참조.

55) ***Klaus Stern*** (Anm. 1), S. 344.

재판소만 헌법기관으로 인정하고, 연방은행, 연방회계검사원, 5개의 연방최고법원(연방민형사최고법원, 연방행정최고법원, 연방재정최고법원, 연방노동최고법원, 연방사회최고법원)은 헌법기관이 아니라고 한다. 연방은행, 연방회계검사원, 5개의 연방최고법원은 다른 국가기관 밑에 있지 않아서 최고국가기관이기는 하지만, 그들이 독일 기본법에 규정되었어도 그들의 임무를 독일 기본법을 통하여 본질적 측면에서 부여받지 못하기 때문이라고 한다.[56)]

이러한 독일의 학설과 판례를 받아들여 헌법재판소의 2중 기능을 인정하는 것이 일반적인 경향이다. 한국 헌법재판소는 그 자신을 헌법기관으로 본다.[57)] 하지만 헌법재판소는 "우리 헌법상 최고 헌법기관에는 국회(헌법 제3장), 대통령(제4장 제1절), 국무총리(제2절 제1관), 행정 각부(제2절 제3관), 대법원(제5장), 헌법재판소(제6장), 중앙선거관리위원회(제7장)가 있다."[58)]라고 한다. 따라서 헌법재판소는 헌법기관의 의미를 독일에서 논의되는 것과 다르게 이해하는 것으로 보인다. 헌법재판소가 언급한 기관은 모두 헌법에 규정되기는 하지만, 최소한 국무총리와 행정 각부는 독립성을 인정하기 어렵고, 국가의 특별한 존재양식을 형성하는 기관으로 보기도 어렵기 때문이다. 헌법기관에 붙은 '최고'라는 수식어를 고려하면, 헌법재판소는 헌법기관을 '헌법에 규정된 국가기관' 정도의 의미로 이해하는 것 같다. 헌법재판소가 '헌법기관'을 이러한 의미로 이해한다고 하여도, 독일에서 논의되는 '헌법기관'이라는 개념을 한국에 수용할 수 없는 것도 아니고 한국 헌법학에서 무용한 것도 아니다. 오히려 헌법재판소가 사용하는 헌법기관의 개념이 집합적

---

56) 이상 ***Klaus Stern*** (Anm. 1), S. 42.
57) 헌재 1993. 9. 27. 92헌마284, 판례집 5-2, 340, 354.
58) 헌재 2004. 10. 21. 2004헌마554, 판례집 16-2하, 1, 37.

의미 이외에 어떠한 실익이 있는지 의심스럽다. 따라서 헌법재판소가 사용하는 헌법기관의 개념은 '헌법상 기관' 등의 다른 용어로 대체하고, 헌법기관은 독일에서 논의하는 본래 의미로 사용하는 것이 바람직하다고 생각한다.

독일 기본법처럼 한국 헌법은 헌법재판소가 헌법기관이라는 것을 명시적으로 언급하지 않는다. 그리고 독일 연방헌법재판소법과 달리 한국 헌법재판소법에도 그에 관한 명시적 규정이 없다. 그러나 한국 헌법을 따라 헌법재판소가 설치되고, 헌법재판소는 기능적으로 다른 모든 국가기관에서 독립하며, 다른 국가기관에 종속되지 않는다(제112조 제2항과 제3항). 그리고 헌법재판소의 지위와 주요권한이 헌법, 특히 헌법전의 개별 장(제6장 헌법재판소)에서 직접 규정된다. 나아가 헌법재판소는 위헌법률심판, 탄핵심판, 정당해산심판, 권한쟁의심판, 헌법소원심판과 같은 자신의 권한을 행사함으로써 국가의 방향결정에 참여할 몫을 헌법을 통해서 직접 부여받는다. 이러한 점에서 한국 헌법재판소도 헌법기관으로 볼 수 있다.[59] 현재 다툼이 없는 헌법재판소의 헌법기관성에 상응하는 몇몇 규정이 있다. 즉 헌법 제113조 제2항과 헌법재판소법 제10조를 따라서 헌법재판소에 헌법재판소규칙을 제정할 권한이 부여된다. 그리고 헌법재판소 경비는 독립하여 국가 예산에 계상하여야 하고(헌법재판소법 제11조 제1항), 헌법재판소는 독립적으로 행정사무를 처리한다(헌법재판소법 제17조 제1항).[60]

헌법재판소가 헌법기관이라는 것을 헌법기관을 포함한 다른 국가기관에 대한 헌법재판소의 우위를 인정하는 것으로 볼 수는 없다. 그것은 헌법재판소가 다른 헌법기관과 동등한 지위에서 헌법이 부여한 자

59) 같은 견해: **김선택**(주 8), 185쪽; **장영수**(주 8, 현행헌법체계상 헌법재판소의 헌법상의 지위), 50쪽; **같은 사람**(주 8, 헌법학), 1250~1252쪽.

60) 이상 **허완중**(주 31), 23~24쪽.

기 권한을 독립적으로 행사할 수 있다는 것만을 뜻한다. 그에 따라서 전통적으로 열위에 있던 사법권은 입법권 및 집행권과 대등한 지위에 있게 된다. 그러나 헌법기관의 성격을 헌법재판소에 인정한다고 하더라도 헌법재판소가 사법기관의 성격을 넘어 다른 정치적 헌법기관과 정치적 경쟁을 벌일 수 있는 지위를 얻게 되는 것은 아니다.[61] 헌법재판소의 헌법기관성은 헌법이 부여한 기능과 과제 그리고 권한 때문에 인정된다. 그러므로 헌법기관성이 헌법재판소에 새로운 권한을 부여할 수 없다. 그래서 헌법기관성은 권한확대 근거로 사용될 수 없다.[62] 따라서 헌법재판소는 여전히 헌법과 법률이 부여한 권한만을 행사할 수 있을 뿐이다. 물론 헌법재판소가 자기 과제를 옹글게(완벽하게) 이행하려고 자기 권한을 넘어서거나 최소한 넘어설 수밖에 없는 상황이 발생할 수도 있다. 그러나 헌법재판소의 헌법기관성이 이것을 정당화하는 것이 아니라 긴급상황에서 인정되는 예외적 사태로서 정당성을 인정받는 것에 불과하다.[63] 다만, 헌법기관성은 헌법재판소의 권한을 구체화할 때 중요한 기준으로 기능할 수 있다.

61) 같은 견해: **김선택**(주 8), 185쪽.

62) 같은 견해: ***Herbert Bethge,*** Verfassungsstreitigkeit als Rechtsbegriff, in: Jura 1998, S. 529; ***Christian Hillgruber/Christoph Goos*** (Anm. 21), Rdnr. 9; ***Jörn Ipsen*** (Anm. 21), Rdnrn. 850 f.; ***Alfred Rinken*** (Anm. 21), vor Art. 93 Rdnr. 82; ***Gerd Roellecke*** (Anm. 19), § 67 Rdnr.19; ***Klaus Schlaich*** (Anm. 21), S. 744; ***ders./Stefan Korioth*** (Anm. 21), Rdnr. 33; ***Rupert Scholz*** (Anm. 21), S. 15; ***Christian Starck*** (Anm. 51), S. 5; ***Andreas Voßkuhle,*** in: Hermann von Mangoldt/Friedrich Klein/Christian Starck (Hrsg.), Kommentar zum Grundgesetz, 6. Aufl., München 2010, Art. 93 Rdnr. 29. **정종섭**(주 14, 헌법소송법), 85쪽도 헌법재판소가 헌법에서 정하는 다른 헌법기관의 행위에 대해서 합헌성 통제를 하는 것이나 법원과 달리 국회의 입법행위나 국가기관 서로 간의 권한쟁의에 대해서도 권한을 적극적으로 행사할 수 있는 것이 헌법기관성에서 바로 도출되는 결론이 아니라 헌법재판의 특성과 헌법재판소의 관할을 구체적으로 정하는 헌법규정에서 나오는 결론이라고 한다.

63) ***Klaus Schlaich/Stefan Korioth*** (Anm. 21), Rdnr 36.

이처럼 헌법재판소의 헌법기관성이 갖는 의미가 그리 크지 않다. 그러므로 헌법이나 헌법재판소법에 헌법재판소의 헌법기관성을 명시할 필요성도 크지 않다. 그러나 헌법재판소의 헌법기관성에 걸맞은 개별 내용을 실정법에 구체적으로 규정하거나 추가하는 것은 헌법재판소의 독립성을 강화하고 헌법재판의 중립성을 확보하는 데 크게 이바지할 것이다. 따라서 헌법을 개정할 때 이에 관한 검토가 필요하다고 생각한다.

3. 헌법재판소의 민주적 정당성

(1) 부족해 보이는 헌법재판소의 민주적 정당성

모든 국가권력은 국민에게서 나온다(헌법 제1조 제2항). 따라서 모든 국가권력과 그것을 행사하는 모든 국가기관은 국민 의사에 소급함으로써 국민에게서 정당성을 부여받아야 한다. 국민부터 국가사무담당자까지의 정당성 사슬은 끊어질 수 없다. 정당성 사슬 연속에는 어떠한 예외도 없고 헌법재판도 국가권력 행사이므로, 민주적 정당성은 헌법재판에도 필수적이다. 한국에서 국회의원과 대통령은 직접선거를 통해서 선출되므로, 국민에게서 정당성을 직접 부여받는다. 그에 반해서 대법원은 대통령과 국회가 구성하고, 헌법재판소는 대통령과 국회 그리고 대법원장이 구성하므로, 대법원과 헌법재판소는 정당성을 간접적으로 부여받는다. 이러한 차이 때문에 헌법재판소는 약한 민주적 정당성이 있는 것으로 의심받는다. 중요한 국가기관일수록 더 높은 수준의 민주적 정당성이 부여되는 것이 원칙이다.[64] 이러한 점에서 다른 국가권력을 통제하는, 특히 국민이 민주적 정당성을 직접 부여하는 국회와 대통령을 통제하는 특별한 법원인 헌법재판소에는 일반 법원과

64) ***Klaus Stern*** (Anm. 1), S. 359.

는 달리 더 강한 민주적 정당성이 부여되어야 하는 것이 아닌지 의문이 제기될 수 있다. 특히 약한 인적 민주적 정당성이 있는 9명의 헌법재판소 재판관[65]이 훨씬 강한 인적 민주적 정당성이 있는 국회 절대다수의 결정을 통제하고 수정하는 것을 헌법적으로 정당화할 수 있는지가 문제 된다.

(2) 정당성 형태와 민주적 정당성 수준

① 정당성 형태

민주적 정당성의 목적은 국민이 국가권력 행사에 효과적으로 영향을 미치게 하고, 그러한 영향을 보장하는 것이다. 이러한 목적을 달성하는 다양한 길이 있다. 그래서 민주적 정당성은 기능적-제도적 민주적 정당성, 조직적-인적 민주적 정당성 그리고 실질적-내용적 민주적 정당성으로 나뉜다.[66] 기능적-제도적 민주적 정당성은 국가권력 분배와 관련되고, 조직적-인적 민주적 정당성은 국가권력 창설과 관련이 있으며, 국가권력 행사는 실질적-내용적 민주적 정당성과 관련이 있다.[67]

정당성 형태는 허용되는 어떤 수단을 통해서 국가권력에 정당성을 귀속시킬 것인지에 관한 문제이다. 정당성 형태는 헌법의 민주주의원

65) 지금까지 헌법재판소는 비슷한 경력의 법조인으로 구성되어 국민의 다양한 의사를 반영할 수 없었고 보수화를 피하기도 어려웠다. 특히 소수의 의사를 진지하게 듣고 소수자 보호를 충실하게 수행하기에는 태생적 한계를 안은 것으로 보인다. 게다가 재판관 9명은 급증하는 헌법재판 수요를 감당하기에는 턱없이 부족한 것으로 볼 수 있다. 따라서 헌법재판소 구성을 헌법재판소의 본질과 기능에 맞게 개선할 필요가 있다.

66) 독일 연방헌법재판소는 제도적 정당성, 기능적 정당성, 실질적-내용적 정당성 그리고 인적 정당성으로 나눈다(BVerfGE 93, 37 [66 f.]).

67) 이상 **허완중**, 「민주적 정당성」, 『저스티스』 제128호, 한국법학원, 2012. 2., 143쪽.

리가 요구하는 국가행위의 유효한 민주적 정당성의 구성요소로서 의미가 있고, 필수불가결하다. 헌법 제1조 제2항은 특정한 정당성 형태가 아니라 민주적 정당성의 특정한 내용을 규정한다. 그러한 내용을 위한 초석으로서 정당성 형태가 작용한다.[68] 세 가지 정당성 형태는 관련 없이 별개로 존재하는 것이 아니라 국가행위의 민주적 정당성 초석으로서 공동으로 효력을 미친다. 다양한 정당성 형태 결합은 국민(정당화주체)과 국가권력(정당화객체) 사이 정당성관계의 실효성을 보장한다. 민주적 정당성을 매개하는 개별 요소들은 전체적으로 적정한 정당성 수준을 보장하는 한, 그 의미가 축소될 수도 있고, 다른 요소를 통해서 보완될 수도 있다.[69] 그리고 세 가지 정당성 형태를 통해서 적정한 정당성 수준이 충분히 보장되지 않으면, 별도의 정당성 형태가 추가로 요구되거나 추가될 수도 있다. 이러한 점에서 모든 정당성 형태가 세 가지 정당성 형태로 남김없이 포섭되지 않을 수도 있다.[70]

헌법재판소의 민주적 정당성도 먼저 세 가지 정당성 형태를 통해서 확보될 수밖에 없다. 헌법재판은 국민의 추정적 의사인 국가권력 행사가 국민의 실질적 의사인 헌법과 일치하는지를 심사하는 것이다. 따라서 헌법재판은 국가권력 행사를 다시 재현하는 것이어서는 안 된다. 즉 헌법재판은 심사대상인 국가권력 행사와는 다른 것이어야 한다. 그래서 기능적-제도적 민주적 정당성의 측면에서 헌법재판 기능은 심사대상인 국가권력과는 다른 기관에 부여되어야 하고, 조직적-인적 민주적 정당성은 심사대상인 국가권력과는 다른 방식으로 정당성 사슬

68) ***Ernst-Wolfgang Böckenförde***, Demokratie als Verfassungsprinzip, in: Josef Isensee/Paul Kirchhof (Hrsg.), HdbStR, Bd. Ⅱ, 3. Aufl., Heidelberg 2004, § 24 Rdnr. 14 참조.

69) ***Andreas Voßkuhle/Gernot Sydow***, Die demokratische Legitimation des Richters, in: JZ 2002, S. 675 참조.

70) 이상 **허완중**(주 67), 143쪽.

이 이어져야 하며, 실질적-내용적 민주적 정당성은 사법의 독립으로 말미암아 부족한 조직적-인적 민주적 정당성을 보완하기 위해서 더욱 더 강화하여야 한다. 그리고 이러한 세 가지 정당성 형태를 통해서 충분한 민주적 정당성 수준이 확보되지 않는다면 보충적 민주적 정당성도 필요하다.71)

② 민주적 정당성 수준

국가권력 행사에 관한 국민의 유효한 영향력을 보장하려면 적절한 민주적 정당성 수준이 담보되어야 한다. 민주적 정당성 수준이란 해당 국가권력 행사를 정당화하는, 국민에 대한 귀속 정도를 뜻한다. 그러므로 국가권력 행사와 국민의 귀속관계는 유효하여야 한다. 이러한 점에 비추어 헌법적 관점에서 국가행위의 민주적 정당성 형태가 아니라 그 유효성이 중요하다.72) 따라서 국가행위가 충분한 민주적 정당성이 있는지를 심사할 때 개별 정당성 형태에 의지하여서는 안 된다. 오히려 충분한 민주적 정당성이 있는지는 여러 정당성 형태의 공동작용이 결정한다.73) 따라서 국가행위의 민주적 정당성을 국민에게서 충분히

---

71) 헌법재판을 민주적 정당성 관점에서만 평가하는 논리는 옳지 않다고 하면서, 민주적 정당성 크기를 따지는 것은 정책적인 권한을 행사하는 기관 서로 간에서나 통용될 수 있다는 논리라고 주장하는 견해도 있다[**허 영**(주 6), 7～8쪽]. 이 견해는 정책적 권한을 행사하는 대통령과 국회는 그 조직과 활동 기반이 국민의 정치적 합의에 바탕을 둔 민주적 정당성이지만, 헌법재판소는 그 조직과 활동 기반이 민주적 정당성보다는 헌법적 정당성에 바탕을 둔다고 한다[**허 영**(주 6), 97쪽]. 그러나 이 견해는 민주적 정당성을 조직적-인적 민주적 정당성에 국한하여 이해하는 것으로 보인다.

72) BVerfGE 83, 60 (72); 93, 37 (66 f.); 107, 59 (87); ***Michael Sachs***, Art. 20 [Verfasssungsgrundsätze; Widerstandsrecht], in: ders. (Hrsg.), Grundgesetz, 7. Aufl., München 2014, Rdnr. 35.

73) BVerfGE 83, 60 (72); 93, 37 (66 f.); 107, 59 (87); ***Ernst-Wolfgang Böckenförde*** (Anm. 68), § 24 Rdnr. 23; ***Michael Sachs*** (Anm. 72), Rdnr. 35; ***Andreas Voßkuhle/Gernot Sydow*** (Anm. 69), S. 675.

얻으려면, 원칙적으로 기능적-제도적 민주적 정당성을 바탕으로 조직적-인적 민주적 정당성과 실질적-내용적 민주적 정당성이 함께 작용하여야 한다. 조직적-인적 민주적 정당성은 국민이 임명을 통해서 국가권력을 행사하는 사람이나 결정권자를 정당화하는 것을 말한다. 그러나 거기서 독자적인, 내용적 측면에서 국민의사에 의존하지 않는 지배권이 발생하는 것이 아니다. 그러므로 동시에 민주적 입법자와 그가 제정한 법률에 대한 구속과 국민이나 국민대표에 대한 직접적 또는 간접적 책임을 형성하는 실질적-내용적 민주적 정당성이 필요하다. 두 민주적 정당성 형태는 국가행위의 유효한 민주적 정당성이라는 목적과 관련이 있어서, 정당화요소로서 결합 없이 서로 독립한 것이 아니고, 오히려 서로 맞물려 있다.[74]

두 민주적 정당성 형태는 서로 옹글게(완벽하게) 대체할 수는 없지만, 헌법 제1조 제2항이 요구하는 민주적 정당성의 유효성(민주적 정당성 수준)을 확보할 수 있는 범위에서 어느 정도는 서로 대체할 수 있다. 이러한 점에서 조직적-인적 민주적 정당성과 실질적-내용적 민주적 정당성은 서로 보충관계에 있다. 조직적-인적 민주적 정당성 요소가 (국민 근접성을 통해서) 더 강하게 표현될수록, (의회와 통치처럼) 실질적-내용적 민주적 정당성 요소가 더 약해질 수 있다. 그에 반해서 (정당성 사슬에서 많은 중간고리나 지위보장을 통해서) 조직적-인적 정당성이 약해질수록, (행정과 사법처럼) 실질적-내용적 민주적 정당성은 더 명확하게 드러나야 한다.[75]

헌법재판소는 사법작용인 헌법재판권을 행사하는 국가기관으로서 특별한 법원이다. 사법권을 행사하는 법원에서는 사법의 독립을 확보하는 것이 중요하다. 특히 법원은 민주적 정당성을 부여하는 국민에게

---

74) 이상 **허완중**(주 67), 147~148쪽.
75) 이상 **허완중**(주 67), 148쪽.

서도 독립하여야 한다. 따라서 국민의 직접적이고 강한 영향력 아래에 놓이게 할 수 있는, 국민의 직접선거는 법원의 구성방식으로 적절하지 않다. 그래서 특별한 법원인 헌법재판소는 다른 법원과 마찬가지로 조직적–인적 민주적 정당성을 충분히 확보하기 어렵다. 따라서 조직적–인적 민주적 정당성을 충분히 확보할 수 없는 헌법재판소는 실질적–내용적 민주적 정당성을 강화하여야 자기 지위와 기능 및 권한에 걸맞은 충분한 민주적 정당성을 확보할 수 있다. 다만, 조직적–인적 민주적 정당성과 실질적–내용적 민주적 정당성의 보충관계는 절대적인 것은 아니다. 부족한 조직적–인적 민주적 정당성이 반드시 실질적–내용적 민주적 정당성을 통해서만 보충되어야 하는 것도 아니다. 즉 부족한 조직적–인적 민주적 정당성은 제3의 민주적 정당성 형태를 통해서 보충될 수도 있다.

(3) 기능적-제도적 민주적 정당성

기능적–제도적 민주적 정당성은, 독립적이고 각각 그 자체를 민주적으로 정당화한 국가권력의 헌법적 구성이다.[76] 헌법제정자 스스로 국가권력을 나누어 각각 고유한 기능과 기관(조직적 의미에서 권력)으로 정립하고, 그를 통해서 국민이 자신에게서 비롯된 국가권력을 행사한다는(헌법 제1조 제2항) 관점에서 기능적–제도적 민주적 정당성이 논의된다. 헌법 제111조 제1항은 법원 제청에 따른 법률의 위헌여부심판, 탄핵의 심판, 정당의 해산심판, 국가기관 상호간, 국가기관과 지방자치단체간 및 지방자치단체 상호간의 권한쟁의에 관한 심판, 법률이 정하는 헌법소원에 관한 심판을 헌법재판소의 관장사항으로 규정한다. 헌법재판소는 법관 자격이 있는 9명의 재판관으로 구성된다(헌법 제111

---

76) ***Andreas Voßkuhle/Gernot Sydow*** (Anm. 69), S. 676 참조.

조 제2항). 국가기능인 헌법재판 자체와 헌법재판소의 헌법재판권 행사는 이러한 헌법규정들을 통해서 기능적-제도적으로 정당성을 부여받는다. 이러한 제도화를 통해서 헌법재판소는 헌법제정자인 국민에게서 이미 추상적 민주적 정당성을 획득한다. 따라서 헌법재판소의 헌법재판권 행사는 그 자체로 민주적으로 위임된 국가권력 행사로 인정된다.

헌법 형태로 표현되는 국가의사는 법률 형태로 표현되는 국가의사를 비롯한 다른 모든 국가의사보다 우위에 있다. 그리고 헌법을 제정할 권한이 있는 국민은 헌법을 통해서 어떤 국가기관을 설치하고 그 기관에 어떠한 권한을 부여할 것인지에 관해서 최종적으로 결정할 수 있다. 이러한 국가의사는 헌법을 제정하고 민주적 정당성을 부여하는 주체인 국민 자신도 구속한다. 따라서 헌법제정자인 국민 자신이 헌법을 통해서 헌법재판소를 설치하고 그에 권한을 부여함으로써 다른 국가기관을 통제할 권한이 명백하게 헌법재판소에 속한다면, 헌법재판소가 헌법재판권을 행사하는 것 자체에 관한 문제 제기는 적어도 법적으로는 의미와 타당성이 없다. 따라서 헌법재판소가 헌법재판권을 행사하는 것이 적절하지 않다는 비판은 오로지 개헌론으로서만 의미가 있을 뿐이다. 이러한 점에서 헌법재판소와 그 권한에 대한 기능적-제도적 민주적 정당성은 헌법재판소의 헌법재판권 보유와 행사 자체에 관한 모든 법적 문제 제기를 봉쇄한다.

그러나 헌법재판소가 기능적-제도적으로 민주적 정당성을 부여받았다는 것이 구체적인 헌법재판소 결정이 이로 말미암아 충분한 민주적 정당성을 자동으로 부여받는다는 것을 뜻하지는 않는다. 즉 기능적-제도적 민주적 정당성은 국가권력의 국민에 대한 정당성관계를 실질적으로 담보하지 못한다. 따라서 기능적-제도적 민주적 정당성은 구체적(조직적-인적 그리고 실질적-내용적) 민주적 정당성을 통해서 매개

되는, 개별 직무담당자와 그 행위에 구체적 민주적 정당성을 분배한 기능영역에서 구체적 민주적 정당성을 대체하지 못한다.[77] 즉 기능적-제도적 민주적 정당성은 국가기관이 국가권력을 행사할 지위와 자격이 있다는 것만을 보장할 뿐이지, 국가기관의 행위에 구체적 민주적 정당성을 부여하지 못한다. 기능적-제도적 민주적 정당성이 헌법적 정당성 형태라는 것은 의심할 수 없지만, 기능적-제도적 민주적 정당성은 국가권력과 국가기능의 분리·배분 및 국가기관의 설립·권한과 관련이 있을 뿐이지, 구체적이고 지속적인 귀속관계에 관해서는 아무것도 말하지 않기 때문이다. 그러한 범위에서 기능적-제도적 민주적 정당성은 권력분립 차원에 머문다. 따라서 기능적-제도적 민주적 정당성은 다른 정당성 형태(조직적-인적 민주적 정당성과 실질적-내용적 민주적 정당성)와 같은 차원에 있지 않다.[78] [79]

결국, 기능적-제도적 민주적 정당성은 국가기관의 행위가 민주적 정당성이 있다고 추정하는 것에 그친다. 그래서 구체적 직무담당자에게 '구체적 민주적 정당성'이 '추가로' 필요하다. 그렇지 않으면 [일단 (헌법제정자인 국민이) 민주적으로 형성한] 개별 권력은 그 인적 구성과 행위도 독자적으로 할 수 있고, 국민에게서 독립적일 수 있다. 그리고 국민이 부여하는 권력 행사의 민주적 정당성도 지속해서 보장되지 못할 것이다. 결론적으로 제도적-기능적 민주적 정당성만으로는 헌법재판소의 민주적 정당성을 충분히 담보할 수 없다.[80] [81]

---

77) **한수웅**(주 11), 125쪽 참조.

78) ***Hans-Heinrich Trute***, Die demokratische Legitimation der Verwaltung, in: Wolfgang Hoffmann-Riem/Eberhard Schmidt-Aßmann/Andreas Voßkuhle (Hrsg.), Grundlagen des Verwaltungsrechts Ⅰ, München 2006, § 6 Rdnr. 8.

79) 이상 **허완중**(주 67), 144쪽.

80) **박승호**, 「헌법재판의 민주적 정당성」, 『헌법재판연구(Ⅰ)』, 도서출판 경인, 1998, 10쪽; ***Ernst-Wolfgang Böckenförde*** (Anm. 68), § 24 Rdnr. 15.

81) 이상 **허완중**(주 67), 144쪽.

(4) 조직적-인적 민주적 정당성

① 조직적-인적 민주적 정당성의 의의

조직적-인적 민주적 정당성은 직무담당자와 국민 사이의 중단 없는 정당성 사슬을 요구한다.[82] 정당성 사슬의 개념은 국민과 상황에 따른 개별 직무담당자 사이에 연결고리가 삽입될 수 있다는 것을 명확하게 밝힌다(간접적 민주적 정당성). 즉 조직적-인적 민주적 정당성은 국민에 직접 소급하여야 한다는 것을 뜻하지 않는다. 직접 임명이 더 높은 민주적 권위의 근거가 될 수 있다고 하더라도, 국민의 직접 임명은 물론 국민의 간접 임명도 차별 없이 허용된다. 물론 삽입되는 연결고리는 그 자체로 충분한 민주적 정당성을 획득하여야 한다. 그렇지 않다면 끊김 없는 정당성 사슬이 있을 수 없기 때문이다. 따라서 정당성 사슬은 민주적으로 정당화하지 않거나 민주적으로 충분히 정당화하지 않은 기관이나 직무담당자의 개입에 따른 중단이 없어야 한다는 것이 중요하다. 해당 직무담당자부터 국가권력의 소유자인 국민까지의 개별 임명행위 사슬은 끊어지지 말아야 한다.[83] 즉 직무담당자는 국민이 직접 선거를 통해서 선출하거나 국민에 소급되는 임명 사슬을 통해서 결정되어야 한다. 정당성 사슬 연속에는 어떠한 예외도 없다. 결론적으로 조직적-인적 민주적 정당성을 부여하는 수단은 정해져 있지 않아서, 정당성 사슬이 끊어지지 않는다는 전제 아래 국가권력의 성격에 따라 기능과 권한 그리고 담당기관에 적합한 정당성 부여 수단을 선택하여야 한다.[84] [85] 헌법재판소도 다른 국가기관과 마찬가지로 재판관임명

---

82) BVerfGE 47, 253 (275); 52, 95 (130); 77, 2 (40); 83, 60 (72 f.); 93, 37 (66); 107, 59 (87).

83) **한수웅**(주 11), 126쪽; ***EErnst-Wolfgang Böckenförde*** (Anm. 68), § 24 Rdnr. 16 참조.

84) **허완중**(주 31), 26쪽.

85) 이상 **허완중**(주 67), 144~145쪽.

절차를 통하여 조직적-인적 민주적 정당성을 부여받는다. 그러나 헌법재판소는 다른 법원과 마찬가지로 헌법재판소 재판관의 인적 독립을 보장받아야 한다. 헌법재판소 재판관의 인적 독립은 헌법재판소의 조직적-인적 민주적 정당성에 강한 영향을 미친다.

② 헌법재판소 재판관의 인적 독립

헌법재판소 재판관의 인적 독립은 헌법재판의 독립을 확보하기 위해서 재판관의 인사 독립과 재판관의 자격 및 임기를 헌법과 법률로 규정함으로써 재판관의 신분을 보장하는 것을 말한다. 헌법재판의 독립은 결국 재판을 담당하는 재판관의 독립을 그 본질로 하고, 재판관의 독립은 재판관의 신분이 보장될 때만 가능하기 때문이다. 헌법 제112조 제3항과 헌법재판소법 제8조는 헌법재판소 재판관은 탄핵이나 금고 이상의 형 선고에 의하지 아니하고는 파면되지 아니한다고 하여 헌법재판소 재판관의 인적 독립을 규정한다. 그리고 헌법재판소 재판관 임기는 6년이다(헌법 제112조 제1항 전문, 헌법재판소법 제7조 제1항 전문). 헌법재판소 재판관의 임기보장은 임기 중에는 헌법과 법률이 정한 경우를 제외하고는 의사에 어긋나게 퇴직하지 않는다는 적극적인 내용이 있다. 그러나 헌법재판소 재판관 연임을 허용하는 것(헌법 제112조 제1항 후문, 헌법재판소법 제7조 제1항 후문)은 헌법재판소 재판관이 연임 가능성을 염두에 두고 헌법재판 심리에서 자기 임명에 영향을 미친 정치세력에 우호적인 태도를 보일 위험성이 있어서 헌법재판소 재판관의 인적 독립 측면에서 연임 허용보다는 임기를 연장하는 쪽으로 헌법정책적 재고가 필요하다고 생각한다. 그 밖에 헌법재판소장의 대우와 보수는 대법원장의 예에 따르고, 헌법재판소 재판관은 정무직으로 하고 그 대우와 보수는 대법관의 예에 따른다(헌법재판소법 제15조).

공정성과 중립성이 강하게 요구되는 헌법재판의 특성상 헌법재판소

재판관의 인적 독립과 아울러 헌법재판소 재판관의 정치적 중립성도 보장되어야 한다. 따라서 헌법재판소 재판관은 정당에 가입하거나 정치에 관여할 수 없다(헌법 제112조 제2항, 헌법재판소법 제9조). 그리고 헌법재판소 재판관은 공정한 심리를 위해서 이에 영향을 미치는 직을 겸할 수 없다. 즉 헌법재판소 재판관은 국회 또는 지방의회 의원의 직, 국회·정부 또는 법원 공무원의 직 그리고 법인·단체 등의 고문·임원 또는 직원의 직을 겸할 수 없다. 또한, 헌법재판소 재판관은 영리를 목적으로 하는 사업을 영위할 수 없다(헌법재판소법 제14조).

헌법재판소 재판관의 인적 독립은 민주적 정당성과 관련하여 상반된 두 가치를 포함한다. 먼저 ① 헌법재판소 재판관의 인적 독립은 재판관에 대한 주기적 심판 가능성과 임명을 통한 민주적 정당성 갱신을 처음부터 제한한다. 그리고 ② 헌법재판소 재판관의 인적 독립이 직무법적 지위에서 물적 독립을 침해에서, 특히 집행부의 침해에서 보호함으로써, 조직적-인적 민주적 정당성 형태에 속하는 헌법재판소 재판관의 인적 독립은 실질적-내용적 민주적 정당성에 속하는 헌법재판소 재판관의 물적 독립을 보장한다.[86] 따라서 헌법재판소 재판관의 인적 독립은 재판관임명절차를 통하여 부여되는 조직적-인적 민주적 정당성의 의미를 약화하고, 실질적-내용적 민주적 정당성의 의미를 강화한다. 즉 헌법재판소 재판관의 인적 독립으로 말미암아 헌법재판소의 민주적 정당성에서 조직적-인적 민주적 정당성보다 실질적-내용적 민주적 정당성이 더욱 중요해진다.

③ 재판관임명절차

(ⅰ) 헌법재판소 구성에서 조직적-인적 민주적 정당성의 의미

헌법재판소는 (특별한) 법원으로서 무엇보다 독립적이어야 한다. 헌

86) 이상 ***Andreas Voßkuhle/Gernot Sydow*** (Anm. 69), S. 678 참조.

법재판은 심사기준이 헌법이고, 심사대상이 정치작용이라서, 어느 사법재판보다 더 정치성이 강하다. 이러한 강한 정치성은 헌법재판소 결정의 공정성과 중립성을 끊임없이 의심하도록 하고, 헌법재판소에 관한 정치적 개입 시도를 강하게 불러일으킨다. 따라서 헌법재판소는 일반 법원보다도 더 강한 독립성을 요구한다. 그러나 헌법재판소에 요구되는 독립성은 헌법재판소 재판관의 인적 및 물적 독립만으로는 충분히 확보될 수 없다. 헌법재판소 구성이 일방적이거나 편파적이라면 헌법재판소의 독립성을 확보할 수 없기 때문이다. 그래서 헌법재판소 재판관 선출에 관한 일방적이거나 편파적인 모든 영향이 배제되어야 한다. 그러나 민주주의에서 헌법재판소 재판관 선출과 관련하여 모든 정치적 세력 배제는 받아들일 수 없다. 그러므로 이것은 헌법재판소 재판관 선출에서 옹근(완벽한) 탈정치화를 요구한다는 것을 뜻하지 않는다. 이것은 헌법재판소 재판관이 정치적 세력의 정당한 참여 속에서 일방적인 정치적 영향 없이 선출되어야 한다는 것을 의미할 뿐이다.

(ii) 헌법에 따른 재판관임명절차

헌법은 헌법재판소 구성과 관련하여 입법부, 집행부, 사법부 3부 모두가 헌법재판소 재판관 선출에 동등한 자격으로 참여하여야 한다는 것에서 출발한다. 대통령은 행정부 수반일 뿐 아니라 국가원수(헌법 제66조 제1항과 제4항)로서 9명의 헌법재판소 재판관 전원을 임명한다(헌법 제111조 제2항, 헌법재판소법 제1항 전문). 그러나 대통령은 재판관 중 3명은 국회에서 선출하는 사람을, 3명은 대법원장이 지명하는 사람을 임명하여야 한다(헌법 제111조 제3항, 헌법재판소법 제6조 제1항 후문). 따라서 대통령은 다른 국가기관 영향 없이 단지 재판관 3명만을 임명할 수 있다. 헌법재판소장은 국회 동의를 얻어 재판관 중에서 대통령이 임명한다(헌법 제111조 제4항, 헌법재판소법 제12조 제2항). 3부의 모든 국가권력이 재판관 선출에 참여하는 것은 헌법재판소의 정치적 성격에 특별한 중요성을 부여한 것으로 이해할 수 있다.

(iii) 헌법재판소 구성방식의 문제점

ⓐ 잘못된 전제조건

헌법재판소 구성방식은 헌법재판소의 중립성을 보장하기 위해서 엄격한 권력분립에 근거한다. 외형적으로 입법부, 집행부, 사법부의 세 국가권력이 헌법재판소 구성에 동등한 자격으로 참여함으로써 헌법재판소는 세 국가권력 사이의 견제와 균형 속에서 독립적이고 중립적인 기관으로 구성될 수 있으리라고 기대된다.[87] 그러나 이러한 방식으로 헌법재판소 재판관 선출에 관한 일방적이거나 편파적인 영향 배제를 보장할 수 없는 것으로 보인다. 오히려 그를 통해서 헌법재판소의 독립성이 위협받을 수 있다. 헌법재판소 구성방식은 국가권력의 3분이 실질적으로 존재할 때만 비로소 의미가 있을 수 있다. 그러나 현대국가에서 이러한 상황은 없다. 오로지 사법부만 원칙적으로 다른 국가권력과 엄격한 거리를 유지할 뿐이고, 입법부와 집행부는 정당을 매개로 결합한다. 대통령이나 수상이 다수당을 이끄는 것이 보통이므로, 오늘날 일반적으로 국회 전체가 아니라 야당만 집행부를 통제할 수 있다. 헌법은 헌법재판소 재판관 선출에서 이러한 상황을 과소평가하거나 무시하였다.

ⓑ 정치적 편파성이 가져올 위험성

헌법을 따르면 대통령은 3명의 헌법재판소 재판관을 국회 동의 없이 마음대로 임명할 수 있다. 그리고 국회가 3명의 헌법재판소 재판관을 선출하기 위해서는 가중된 다수가 아니라 단순다수로 충분하다. 그

---

87) 다수당의 헌법재판기관 석권을 막아준다는 견해도 있다[**박용상**, 「헌법재판소의 구성과 조직」, 『헌법재판의 이론과 실제』(금랑 김철수교수 화갑기념 논문집), 박영사, 1993, 72쪽].

래서 이론적으로는 다수당이 헌법재판소 재판관 3명 모두 자기 의사에 따라 선출할 수도 있다. 그러나 현재 관행은 여당과 야당의 다수당이 각 1명의 헌법재판소 재판관을 그리고 여야 합의로 1명의 헌법재판소 재판관을 선출한다. 따라서 이론적으로는 최대 6명, 현재 관행으로는 최소 4명의 헌법재판소 재판관이 대통령이 소속된 여당의 영향력 아래에 있을 수 있다. 법률의 위헌결정은 헌법 제113조 제1항에 따라 헌법재판소 재판관 6명 이상 찬성을 요구하므로, 대통령이 소속된 다수당은 법률의 위헌결정에 독자적으로 결정적인 영향을 미칠 수 있다. 즉 이론적으로는 대통령이 소속된 다수당이 단독으로 위헌결정을 내리도록 영향력을 행사할 수도 있고, 현재 관행으로는 대통령이 소속된 다수당이 단독으로 위헌결정을 저지하도록 영향을 미칠 수도 있다. 그리고 대법원장은 국회 동의를 얻어 대통령이 임명한다(헌법 제104조 제1항). 따라서 대법원장에 대한 대통령이 소속된 다수당의 영향력도 무시할 수 없어서, 대법원장이 지명하는 나머지 헌법재판소 재판관 3명의 독립성도 보장되기가 쉽지 않다. 결국, 이론적으로 현재 헌법재판소 구성방식은 정치적 편파성을 피하기 어렵다고 생각한다.

ⓒ 헌법재판소 재판관의 부족한 조직적-인적 민주적 정당성

헌법은 대통령 선거에서 결선투표를 도입하지 않아서, 절대다수나 단순다수의 득표가 아니라 상대적 다수의 득표만으로 대통령에 당선될 수 있다. 실제로 1987년 헌법 아래에서 선출된 대통령은 사실상 양자 구도로 치러진 18대 박근혜 대통령(51.6%)을 제외하고는 모두 과반수득표에 실패하였다.[88] 자신을 지지하는 사람보다 자신을 지지하지 않는 사람이 더 많은 상황에서 취임하는 대통령의 조직적-인적 민주

88) 13대 노태우 대통령 36.6%, 14대 김영삼 대통령 42.0%, 15대 김대중 대통령 40.3%, 16대 노무현 대통령 48.9%, 17대 이명박 대통령 48.7%, 19대 문재인 대통령 41.1%.

적 정당성은 취약할 수밖에 없다. 따라서 이러한 대통령이 임명하는 헌법재판소 재판관은 부족한 조직적-인적 민주적 정당성을 가질 수밖에 없다. 물론 대통령이 충분한 조직적-인적 민주적 정당성을 가지지 못하였더라도 임명과정에서 견제와 통제를 통하여 대통령의 조직적-인적 민주적 정당성을 보충하고 보완할 수 있다면, 이러한 문제점이 해소될 수도 있다. 하지만 대통령은 헌법재판소 재판관을 임명하는 과정에서 어떠한 견제와 통제도 받지 않고 헌법재판소 재판관 3명을 마음대로 임명할 수 있다. 심지어 헌법재판소 재판관 임명은 심지어 국무회의 심의사항도 아니다(헌법 제89조 참조). 따라서 대통령의 불충분한 조직적-인적 민주적 정당성은 통제와 견제 없는 임명절차를 통하여 대통령이 독자적으로 임명한 헌법재판소 재판관에게 그대로 전달될 수밖에 없다. 그 밖에 모든 대법관 임명에 국회 동의를 얻도록 한 것과 비교해 보아도 대통령이 임명하는 헌법재판소 재판관의 조직적-인적 민주적 정당성은 충분하다고 보기 어려운 점이 있다.[89)]

그리고 국회에서 헌법재판소 재판관을 선출할 때 가중된 다수가 아니라 단순다수만을 요구하므로, 국회가 선출한 헌법재판소 재판관도 충분한 조직적-인적 민주적 정당성을 확보하기 어렵다. 헌법재판소의 중요한 기능 중 하나는 소수자 보호이다. 따라서 헌법재판소 재판관은 다수당뿐 아니라 소수당에서도 조직적-인적 민주적 정당성을 부여받아야 한다. 그러나 단순다수결에서 소수당은 다수당의 헌법재판소 재판관 선출을 저지할 수 없어서 헌법재판소 재판관 선출에 실제로 관여하기 어렵다. 따라서 소수당은 헌법재판소 재판관에게 조직적-인적 민주적 정당성을 부여할 길을 찾기가 쉽지 않다. 그래서 국회가 선출하는 헌법재판소 재판관은 다수당이 부여하는 조직적-인적 민주적 정

89) 같은 견해: **양 건/김문현/남복현**, 『헌법재판소법의 개정방향에 관한 연구용역보고서』(헌법재판연구 제10권), 헌법재판소, 1999, 14쪽.

당성만을 받기 쉬워서 충분한 조직적-인적 민주적 정당성을 확보하기가 어렵다. 여당 선출 1명, 야당 다수당 선출 1명, 여·야 합의 선출 1명으로 이루어지는 현재 국회의 헌법재판소 재판관 선출방식(이른바 나눠먹기식)도 헌법재판소 재판관의 부족한 조직적-인적 민주적 정당성 문제를 해결하지 못한다. 이러한 방식은 적절한 인물을 헌법재판소 재판관으로 선출하기 위한 합리적인 대화와 타협을 회피하고, 여당과 야당 각각의 이해관계에 맞는 헌법재판소 재판관을 선출하도록 할 뿐이기 때문이다. 특히 이러한 선출방식을 통해서는 정치적 편파성을 극복하기는커녕 오히려 강화할 수 있다는 점을 지적하고 싶다.

조직적-인적 민주적 정당성의 결정적 결여는 대법원장이 지명하는 헌법재판소 재판관에서 나타난다.[90] 대법원장은 자신의 민주적 정당

90) 그러나 ① 대통령이 임명한 재판관과 국회가 선출한 재판관은 정당정치적 경향을 벗어날 수 없지만, 대법원장이 지명한 재판관은 그러한 부담에서 벗어날 수 있고, ② 기존 전통적 일반 법질서를 대변하는 대법원이 헌법재판소 구성에 관여함으로써 법질서의 통일성이나 권위가 확보되어 헌법재판소 위상을 강화할 수 있으며, ③ 총체 법질서를 다루는 헌법재판소 역할을 통상 법질서 전문가가 뒷받침할 계기를 제공한다는 점에서 대법원장 지명의 재판관 선출은 충분한 의미가 있다는 견해가 있다[**박용상**(주 87), 72쪽]. 그리고 ① 대의제도 아래 통치권의 형성과 행사에 직접적인 민주적 정당성이 필수적인 것도 아니고, 의회를 통한 간접적인 민주적 정당성 부여만으로도 통치권의 형성과 행사에 대한 헌법적 요청을 충족시킬 수 있으므로, 헌법기관을 구성하기 위한 대법원장 권한에 직접민주주의적인 민주적 정당성이 반드시 요구된다는 지적은 논리적 비약이고, ② 헌법재판에서는 다수결원칙에 따르는 정치적 의사형성 및 결정의 한계로서 소수자 보호(기본권보장)가 무엇보다 중요한 과제이므로, 이에 부합하는 재판관선출방법이 고려되어야 하며, ③ 정당국가화 경향에 따른 집권당을 통한 권력통합으로 말미암아 형식적 권력분립 형해화에 관한 우려가 고조되는 현대적 상황에서, 원래 소수자 보호를 임무로 하는 법원 수장으로서 국회 동의를 얻어 대통령이 임명한 대법원장이 헌법재판소 구성에 참여하는 것은 사법기능에 따른 정치세력 통제라는 실질적·기능적 권력분립 실현에 이바지한다는 견해도 있다[**장석조**, 「헌법재판소의 구성」, 『헌법재판의 이해』(재판자료 제92집), 법원도서관, 2001, 340～341쪽].

성을 그 자신이 조직적-인적 민주적 정당성이 충분하지 못한 대통령과 단순다수결 때문에 충분한 조직적-인적 민주적 정당성을 부여하기 어려운 국회에서 받는다. 따라서 충분한 조직적-인적 민주적 정당성을 받지 못한 대법원장은 당연히 충분한 조직적-인적 민주적 정당성을 자신이 지명하는 헌법재판소 재판관에게 줄 수 없다. 즉 부족한 조직적-인적 민주적 정당성이 있는 국가기관을 통한 2중의 간접적 조직적-인적 민주적 정당성은 헌법재판소 재판관에게 충분한 조직적-인적 민주적 정당성을 확보해 줄 수 없다.[91] 특히 대법관 후보 추천을 위한 대법관후보추천위원회를 두면서도(법원조직법 제41조의2) 헌법재판소재판관후보추천위원회는 두지 않아 대법원장의 헌법재판소 재판관 지명을 통제하거나 견제할 수단이 없다.[92] 따라서 부족한 대법원장의 조직적-인적 민주적 정당성은 그대로 대법원장이 지명한 헌법재판소 재판관에 각인될 수밖에 없다.

결국, 헌법재판소 구성방식은 헌법재판소 재판관들에게 충분한 조직적-인적 민주적 정당성을 보장해 주기 어렵다. 이러한 문제점을 다소나마 해소하기 위해서 국회에서 선출하는 헌법재판소 재판관 3명은 국회 인사청문특별위원회의 인사청문절차를 거치고(국회법 제46조의3), 대통령이 임명하거나 대법원장이 지명하는 헌법재판소 재판관 6명은 해당 상임위원회인 국회의 법제사법위원회에서 인사청문절차를 거치

---

91) 같은 견해: **김문현/정재황/한수웅/음선필**, 『현행 헌법재판제도의 문제점과 개선방안』(헌법재판연구 제16권), 헌법재판소, 2005, 112~113쪽; **양 건/김문현/남복현**(주 89), 14쪽; **정재황**(주 8, 헌법재판소의 구성과 헌법재판소절차상의 문제점 및 그 개선방안), 49쪽; **최희수**, 「헌법재판소의 구성·임명 등과 관련한 개정방향」, 『헌법학연구』 제17권 제2호, 한국헌법학회, 2011, 179쪽.

92) 참고로 1960년 헌법에서도 헌법재판소 심판관은 대통령·대법원·참의원이 각 3명씩 선임하도록 하였는데(제83조의4 제2항), 대법원에서 심판관을 선임할 때는 대법관회의에서 이를 선거하고 재적 대법관 과반수의 투표를 얻도록 하였다(구 헌법재판소법 제3조 제1항).

도록 한다(국회법 제65조의 제2항 제1호와 제3호). 하지만 인사청문회 심사 보고서는 구속력이 없어서 헌법재판소 재판관의 부족한 조직적-인적 민주적 정당성을 보충하고 보완하는 데 한계가 있을 수밖에 없다.

그러나 헌법재판소 재판관의 부족한 조직적-인적 민주적 정당성으로 말미암아 국민과 헌법재판소 사이의 정당성 사슬이 끊어지지는 않는다. 다만, 연결하는 정당성 사슬이 충분한 강도를 가지지 못해서 헌법재판소 재판관의 조직적-인적 민주적 정당성을 확고하게 보장하지 못할 뿐이다. 그리고 헌법재판소가 충분한 조직적-인적 민주적 정당성을 확보하지 못한다는 것이 바로 헌법재판소의 민주적 정당성이 부족하다는 것을 뜻하지는 않는다. 헌법재판소는 실질적-내용적 민주적 정당성이나 보충적 민주적 정당성을 통해서 충분한 민주적 정당성을 확보할 수도 있기 때문이다. 하지만 헌법재판소가 가능한 범위에서 조직적-인적 민주적 정당성을 충분히 획득할 필요는 있다. 헌법재판소 재판관의 조직적-인적 민주적 정당성에 관한 의심은 헌법재판소의 민주적 정당성과 헌법재판소 결정의 객관성이나 공정성과 중립성에 대한 의심으로 이어질 수밖에 없기 때문이다. 따라서 헌법재판소 재판관의 조직적-인적 민주적 정당성을 강화하는 것은 헌법재판소 권위를 높이고 헌법재판소 결정에 관한 신뢰를 다지는 데 중요한 밑거름이 된다. 특히 헌법재판의 정치성은 국회나 대통령의 수준까지는 아닐지라도 상당 정도의 조직적-인적 민주적 정당성을 요구한다는 점도 고려할 필요가 있다. 그리고 특별한 법원이라는 헌법재판소 지위가 헌법재판소 재판관의 부족한 조직적-인적 민주적 정당성을 정당화하는 근거가 되지 못함도 잊지 말아야 한다. 더불어 충분한 조직적-인적 민주적 정당성을 담보하지 못하는 헌법재판소 구성방식은 재판관 자격과 결합하여 헌법재판소 구성의 다양성에 걸림돌이 된다는 점도 주목하여야 한다. 헌법재판소 구성의 비다양성은 다양한 의사를 반영하지 못하여, 특히 소수자를 보호하는 데 한계를 드러낼 수밖에 없어서 헌법재판소 결정의 객관성과 공정성을 의심받게 한다. 이러한 점에서 특별한 법원이라는 헌법재판소 지위가 요구하는 정치적 중립성을 충족하고 그에 걸맞은 조직적-인적 민주적 정당성을 확보하여 다양한 정치적 의사, 특히 정치적 소수 의사를 반영하기 위해서는 헌법재판소 재판관 자격을 개방하는 것과 함께 헌법재판소 재판관 전원을 국회의 가중다수결(국회 재적의원 3분의 2나 4분의 3 이상 혹은 5분의 4 이상)로 선출하는 것을 신중하게 고려할 필요가 있다.[93]

93) 헌법연구 자문위원회는 헌법재판소의 민주적 정당성을 확보하기 위해서 헌법재판소장과 재판관 전원을 국회에서 선출하되 대통령은 형식적인 임명권만 갖도록 하고, 재판관 자격을 법관 자격이 있는 사람 외의 사람에게도 개방할 것을 제안하였다(**헌법연구 자문위원회**, 『헌법연구 자문위원회 결과보고서』, 2009, 17, 291~292쪽). 그리고 대화문화아카데미가 내놓은 헌법안에서도 정당성 문제 때문에 헌법재판소 재판관과 예비재판관은 헌법재판관추천위원회의 3배수 추천을 받아 하원에서 선출하도록 규정하였다(**대화문화아카데미** 편, 『새로운 헌법을 무엇을 담아야 하나』, 대화문화아카데미, 2011, 281~282, 426쪽). 또한, 대한변호사협회 헌법개정연구위원회는 헌법재판제도를 채택하는 국가 대부분에서 헌법재판소 재판관 임명권한을 국회가 보유한다는 점과 민주적 정당성 관점에 비추어 재판관 전원을 국회에서 선출하는 것이 적절하다고 하였다(**황도수**, 「"헌법개정의 필요성 및 개정방향"」, '헌법개정'에 대한 공청회, 대한변호사협회 헌법개정연구위원회, 2011. 6. 30., 30~31, 54쪽). 국회 헌법개정 자문위원회 헌법개정안도 헌법재판소의 위상과 기능 및 민주적 정당성을 고려하면, 대법관과 마찬가지로 재판관 전원이 국회 동의를 받도록 할 필요가 있고, 대통령 단독 임명(현행 9명 중 3명)과 대법원장 지명권(현행 9명 중 3명)은 헌법재판 독립을 위해서 삭제할 필요가 있으며, 이에 따라 헌법재판소장과 재판관 역시 대법원장과 대법관과 마찬가지로 참의원 동의로 임명하고, 헌법재판소장이 아닌 재판관은 인사추천위원회 추천을 받도록 하였으며, 헌법재판의 전문성과 다양성을 함께 보장하기 위해서 9명의 재판관 중 법관 자격은 7명 이하만 요구하고, 최소 2명의 재판관은 법관 자격이 아닌 사람 중에서 배출되도록 하였다(**국회 헌법개정 자문위원회**, 『활동결과보고서 Ⅰ』, 국회 법제실 법제연구과, 2014, 210쪽). 그 밖에 대화문화아카데미에서 내놓은 2016 새헌법안에서도 헌법재판소장을 포함한 재판관 12명과 예비재판관 3명을 헌법재판관추천위원회 추천을 받아 민의원에서 선출하도록 하였다(**김문현/김선**

(5) 실질적-내용적 민주적 정당성

① 실질적-내용적 민주적 정당성의 의의

국가권력의 민주적 구성과 개별 직무담당자의 조직적-인적 민주적 정당성 이외에 민주적 정당성 명령은 국민의사에 대한 국가행위의 실질적-내용적 재연결을 요구한다.[94] 여기서 실질적-내용적 민주적 정당성이 문제 된다. 실질적-내용적 민주적 정당성에서는 국가행위 내용이 국민의사로 소급하는 것을 문제 삼는다. 그래서 실질적-내용적 민주적 정당성은 국가권력 행사가 그 내용에 비추어 국민에게서 도출되거나 국민의사로 매개 되고, 이러한 방식으로 국민의 국가권력 행사가 보장될 때 인정된다.[95]

민주적 책임과 한편에는 지시구속(특정 행위를 하라는 요구에 따라야 하는 것), 다른 한편에는 법률구속 사이에 실질적-내용적 민주적 정당성 관점에서 상관관계가 있다. 사법처럼 (그 특성과 기능 보장 때문에) 민주적 책임과 지시구속성에서 벗어나면, 고유한 형성여지가 없는 (내용상으로 확정된) 법률에 대한 엄격한 구속은 사법적 독립의 필수적 상관물이다. 법관의 법률에 대한 엄격한 구속 때문에 매우 광범위한 법관법과 사법적 법계속형성은 곤란하고, 매우 좁은 범위에서만 허용되어야 한다.[96] 특별한 법원인 헌법재판소도 그 특성과 그 기능 보장으로 말미암아 민주적 책임과 지시구속성에서 벗어나 있다. 즉 헌법재판소는 누구에게도 책임지지 않고 누구의 지시도 받지 않는다. 따라서 헌법재판소의 실질적-내용적 민주적 정당성에서는 헌법과 법률에 대한 구속이 중요하다.

택/김재원/박명림/박은정/박찬욱/이기우, 『대화문화아카데미 2016 새헌법안』, 대화문화아카데미, 2016, 382～389, 565쪽).

94) ***Andreas Voßkuhle/Gernot Sydow*** (Anm. 69), S. 678.

95) 이상 **허완중**(주 67), 146쪽.

96) 이상 **허완중**(주 67), 147쪽.

② 헌법과 법률에 대한 구속

헌법재판소 재판관은 심판할 때 헌법과 법률에 구속된다(헌법재판소법 제4조). 헌법재판소 재판관이 심판할 때 헌법과 법률에 구속된다는 것은 법치국가원리에 비추어 당연하다. 하지만 이것은 실천적으로는 헌법을 정점으로 하는 법질서의 통일성을 유지하고 헌법재판의 민주적 정당성을 보장하기 위한 것이다. 헌법은 국민이 직접 제정하는 것이고, 법률은 국민의 대표기관인 국회가 제정하는 것이므로, 헌법과 법률에 따른 헌법재판만이 국민의 의사에 따른 재판으로서 실질적-내용적 민주적 정당성을 가질 수 있기 때문이다.

헌법과 법률은 그 내용이 명확하지 않아서 그 내용을 밝히려면 해석이 필수적이다. 특히 헌법은 다원적 정치세력 사이의 합의이므로 구체적인 사항까지 합의하는 것은 가능하지 않다. 따라서 원칙적인 사항만 규정하고 입법자가 토론을 통해서 사후에 구체화하도록 맡겨둔다. 즉 헌법은 골격입법이나 대강입법에 그친다(개방성). 게다가 원하는 결과를 가능하게 하는 해석방법을 헌법재판소가 선택할 수 있을 정도로 다양한 해석방법이 있다. 따라서 헌법과 법률에 대한 구속을 명확히 담보하려면 헌법과 법률에 대한 해석을 통제할 수 있어야 한다. 그런데 헌법재판소는 헌법과 법률[97]에 대한 최종적 해석기관으로서 그 해석을 통제할 방법이 없다. 따라서 헌법재판소나 헌법재판소 재판관의 헌법과 법률에 대한 구속을 담보할 수단이 마땅치 않다. 그래서 헌법재판소가 헌법과 법률에 대한 구속을 명확하게 확인시켜 주지 못하거나 이에 관한 다른 통제의 길을 열어놓지 않는다면, 헌법재판소는 실질적-내용적 민주적 정당성을 충분히 확보하기 어렵다. 이러한 점은 불충

97) 법률에 대한 최종적 해석기관은 대법원인 것이 원칙이다. 하지만 헌법재판을 위해서 법률 해석이 필요하면 헌법재판소가 최종적 해석기관이 될 수밖에 없다.

분한 조직적-인적 민주적 정당성을 실질적-내용적 민주적 정당성 강화를 통해서 보완하여야 하는 헌법재판소에 심각한 문제를 일으킬 수도 있다.

③ 헌법재판소 재판관의 물적 독립

헌법재판소법 제4조는 헌법재판소 재판관은 헌법과 법률에 의하여 그 양심에 따라 독립하여 심판한다고 하여 헌법재판소 재판관의 물적 독립을 보장한다. 헌법재판소 재판관의 물적 독립 보장은 지시에서 자유로운 것을 보장한다. 헌법재판소 재판관의 물적 독립은 먼저 집행부의 영향력 행사를 배제하고, 법률을 제외한 입법부의 영향력 행사 시도를 배제한다. 물론 각급 법원과 선거관리위원회, 각종 지방자치단체를 비롯한 모든 국가기관의 헌법재판소에 대한 간섭 배제도 헌법재판소 재판관의 물적 독립이 보장한다. 그리고 헌법재판소 재판관이 청구인에게서 독립하여 심판할 수 있도록 제척·기피 및 회피제도를 둔다(헌법재판소법 제24조). 또한, 헌법재판소 재판관은 헌법재판을 할 때 다른 헌법재판소 재판관에게서도 독립한다. 그래서 결정서의 주문과 이유에 관해서 다수의견과 다른 의견이 있는 재판관은 결정이유서에 반대의견이나 보충의견을 표시할 수 있다(헌법재판소법 제36조 제3항). 게다가 헌법재판소 재판관은 종전에 헌법재판소가 판시한 헌법이나 법률의 해석 적용에 관한 의견을 바꿀 수 있어서 헌법재판소 선례에서도 벗어날 수 있다(헌법재판소법 제23조 제2항 단서 제2호). 그 밖에 헌법재판소는 법률에 저촉되지 아니하는 범위 안에서 심판에 관한 절차, 내부규율과 사무처리에 관한 규칙을 제정할 수 있고(헌법 제113조 제2항, 헌법재판소법 제10조), 헌법재판소 경비는 독립하여 국가 예산에 계상하여야 한다(헌법재판소법 제11조).

헌법재판소 재판관의 물적 독립으로 말미암아 사법작용인 헌법재판의 실질적-내용적 민주적 정당성은 헌법과 법률 구속의 순수한 명령으로 축소된다. 따라서 헌법재판소 재판관의 물적 독립성은 민주적 정당성 측면에서 헌법재판소 재판관의 인적 독립처럼 상반된 2중 가치를 드러낸다. 먼저 ① 헌법과 법률에 대한 구속은 외부영향력 행사에 대한 배제를 통해서 장려되고 보장된다. 그러나 ② 헌법재판소의 헌법재판권 행사의 형태와 방식은 핵심적 부분에서 통제되지 않는다.[98]

④ 합의제원칙

합의제원칙은 헌법과 법률 구속을 보장한다. 재판부 안에서 9명의 헌법재판소 재판관은 심판결정에 동등한 위치에서 함께 관여하여서, 9명의 헌법재판소 재판관은 합의적 심리의 범위 안에서 서로 통제하고 영향을 주고받을 수 있다. 그래서 합의제원칙은 언제나 기능에 적합한 재판부의 조직형태로서 인정된다.[99] 합의제원칙으로 말미암아 헌법재판소 결정은 일방적이거나 독단적이거나 편협한 결정이 아니라 합리적이고 공정한 결정으로 추정받게 된다. 그러나 헌법재판소 결정이 최종결정으로서 누구의 통제도 받지 않고, 재판부 구성원인 헌법재판소 재판관의 조직적-인적 민주적 정당성이 충분하지 않는 데다가 재판부 구성의 다양성을 확보하기 어려운 현실 속에서는 헌법과 법률에 대한 구속을 보장하는 합의제원칙의 기능은 한계에 부딪힐 수밖에 없다.

(6) 보충적 민주적 정당성

① 보충적 민주적 정당성의 필요성

헌법재판소는 엄격한 권력분립을 전제하는 재판관임명절차로 말미암아 충분한 조직적-인적 민주적 정당성을 확보하기 어렵고, 헌법과

98) 이상 ***Andreas Voßkuhle/Gernot Sydow*** (Anm. 69), S. 678 참조.
99) ***Andreas Voßkuhle/Gernot Sydow*** (Anm. 69), S. 679 참조.

법률에 대한 구속이 충분히 담보되지 않아서 실질적-내용적 민주적 정당성을 충분히 획득한다고 인정하기 어렵다. 따라서 헌법재판소의 충분한 민주적 정당성 확보와 관련하여 추가적인 고찰이 요구된다. 즉 공동체에 대한 구속을 통해서 기능에 맞는 헌법재판소의 과제수행을 가능하도록 함으로써, 국민에 직접 소급할 수는 없을지라도, 헌법재판소의 헌법재판권 행사를 정당화할 정당성요소가 고려되어야 한다.

② 재판관의 전문성: 재판관의 자격

헌법재판소 재판관은 법관 자격이 있어야 한다(헌법 제111조 제2항, 헌법재판소법 제5조 제1항). 헌법재판소 재판관에 요구되는 법관 자격은 재판관이 헌법재판에 필요한 전문지식을 갖도록 한다. 그리고 헌법재판소는 사건의 심리 및 심판에 관한 조사·연구에 종사하는 헌법연구관(헌법재판소법 제19조)과 헌법연구관보(헌법재판소법 제20조)를 두고, 헌법연구위원을 두어 사건의 심리 및 심판에 관한 전문적인 조사·연구에 종사하게 하며(헌법재판소법 제19조의3), 헌법 및 헌법재판 연구를 담당하는 헌법재판연구원을 두고(헌법재판소법 제19조의4), 헌법재판을 위한 조사·연구 업무를 담당하는 헌법연구원을 둠으로써(헌법재판소 계약직공무원 규칙 제2조 제3호, 별표 1) 헌법재판소 재판관의 전문성을 더욱 강화한다. 교육과 직업적 경험을 통해서 얻은 헌법재판소 재판관의 전문지식은 사항에 적합한 과제수행에 이바지함으로써 헌법재판소 재판관 행위의 정당성을 떠받친다. 그리고 헌법재판소 재판관의 전문성 확보는 헌법재판을 수행할 충분한 능력이 있음을 담보함으로써 국민이 헌법재판소 결정을 굳게 믿고 의지할 수 있게 한다. 이를 통해서 헌법재판소 결정이 충분한 민주적 정당성이 있음을 국민이 신뢰할 수 있게 된다. 특히 재판관에게 일정한 자격을 요구하는 것은 재판관에 임명될 수 있는 사람의 범위를 한정함으로써 헌법재판소 재판관 임명권을 제한하는 효과를 발생시킨다. 이러한 제한은 헌법재판소 재판관 임명에 대한 통제로 이어져 헌법재판소 재판관의 조직적-인적 민주적 정당성을 보충하는 결과를 낳는다.

그런데 법관 자격이 있는 사람이 법전문가임을 부정할 수는 없지만, 이전에 헌법재판을 경험할 기회가 거의 없어서 헌법재판에 대한 충분한 전문성이 있다고 보기 어려운 점이 있다. 이러한 점을 보완하기 위해서 헌법재판소 재판관의 임기만료 전 1년 혹은 2년 전에 미리 후임자를 뽑아 예비재판관으로 임명하는 방안을 고려해 볼 필요가 있다. 이러한 예비재판관은 1년 혹은 2년 동안 헌법재판에 (최소한 간접적이나마) 참여하여 경험을 쌓고 헌법적 전문성을 확보해 나갈 수 있으며, 언제나 9명의 헌법재판소 재판관이 심리에 관여하는 것을 보장하고, 헌법재판소 재판관 선임절차 지연에 따른 공백을 방지할 수도 있다. 나아가 헌법재판에 관한 전문성을 높이기 위해서 헌법재판소 재판관의 자격을 헌법이나 법률의 개정을 통하여 공법학 교수와 헌법재판소에서 일정 기간 이상 재판 관련 업무를 직접 담당한 공법학박사에게도 개방하는 것을 진지하게 고민할 필요가 있다.

③ 구두변론 및 심판의 변론과 결정의 선고 공개

탄핵심판·정당해산심판·권한쟁의심판은 구두변론에 의하고, 위헌법률심판과 헌법소원심판은 서면심리에 의하되 재판부가 필요하다고 인정하면 변론을 열 수 있다(헌법재판소법 제30조 제1항과 제2항). 헌법재판소에 청구되는 사건 대부분을 차지하는 위헌법률심판과 헌법소원심판에서는 구두변론 필요성이 있는 사건도 없지는 않으나, 대립하는 양 당사자가 있다고 보기 어려울 때가 잦고, 모든 사건을 구두변론을 거치도록 한다면 재판부 업무가 가중되는 어려움이 있어서, 헌법재판소법은 서면심리를 원칙으로 하고 전문지식이 있는 참고인 진술을 청취하기 위한 때 등 필요하면 구두변론을 열 수 있도록 규정한다. 그리고 심판의 변론과 결정의 선고는 공개한다. 다만, 국가의 안전보장·안

녕질서나 선량한 풍속을 해할 염려가 있으면 결정으로 변론을 공개하지 아니할 수 있다. 서면심리와 평의는 공개하지 아니한다(헌법재판소법 제34조, 법원조직법 제57조 제1항 단서). 구두변론 및 심판의 변론과 결정의 선고 공개는 국민의 감시 아래 재판의 객관성과 공정성을 확보하고, 소송당사자의 기본권을 보장하며, 나아가 재판에 대한 국민의 신뢰를 확보하려는 것으로 불편부당한 사법절차 보장으로서 요구된다. 이것은 당연히 헌법재판소와 그 결정에 대한 민주적 정당성을 높인다.

④ 종국결정에 대한 논증의무

헌법재판소는 종국결정을 할 때 반드시 이유를 결정서에 적어야 한다(헌법재판소법 제36조 제2항 제4호). 이로 말미암아 헌법재판소는 종국결정을 내릴 때마다 종국결정에 대한 논증의무를 진다. 이것은 자기 결정에 대한 구체적이고 공식적인 논증의무를 언제나 부담하지는 않는 입법부나 집행부와 구별되는 특별법원인 헌법재판소의 특징이다. 헌법재판소의 종국결정에 대한 논증의무는 통제 허용에 비견할 기능이 있다. 즉 헌법재판소는 논증의무를 짐에 따라 헌법과 법률에 따라 논증할 수 있는 내용만 결정문에 담을 수 있고, 결정문을 통해서 이러한 논증 내용이 공개됨으로써 그 적절성에 관한 국민 일반의 평가를 받게 된다. 이것은 헌법재판소 결정에 대한 사실적 통제로서 기능하여 헌법재판소가 종국결정을 마음대로 내릴 수 없게 한다. 헌법재판소의 이러한 논증의무는 법률이 규정할 뿐 아니라 헌법상 법치국가원리에서 도출된다. 결정문 출판은 구체적 절차의 범위를 넘어 전문가에게 공개함으로써 통제, 특히 헌법재판소 재판관의 법계속형성 활동 통제를 가능하게 한다. 그러나 헌법재판소는 결정이유를 통해서 자기 결정을 충분히 설명하고 변호함으로써 국민 일반을 설득할 기회를 얻는다. 이러한 논증이 국민 일반을 충분히 설득하는 데 실패할지라도 결정이유의 논리일관성과 합리성을 인정받는 수준에만 이르더라도 헌법재판소와 그 결정의 민주적 정당성은 (최소한 크게) 의심받지 않게 될 것이다. 요컨대 종국결정에 대한 논증의무는 헌법재판소의 실질적-내용적 민주적 정당성을 강화함으로써 불충분한 조직적-인적 민주적 정당성을 보충한다. 즉 종국결정에 대한 논증의무는 헌법재판소의 헌법과 법률 구속을 구체적이고 실질적으로 확인시켜주고 비판과 통제의 길을 열어줌으로써 입법부나 집행부의 실질적-내용적 민주적 정당성보다 더 높은 수준의 실질적-내용적 민주적 정당성을 헌법재판소에 확보시켜 준다. 이를 통해서 헌법재판소는 불충분한 조직적-인적 민주적 정당성을 보완하여 전체적으로 충분한 민주적 정당성을 얻을 수 있게 된다.

(7) 소결: 민주적 정당성이 부족하다고 보기 어려운 헌법재판소

헌법의 권한분배를 통해서 기능적-제도적 민주적 정당성을 확보함으로써 헌법재판소는 헌법재판권 보유와 행사 자체에 관한 모든 의심과 비판에서 벗어난다. 그리고 재판관임명절차를 통하여 어느 정도 조직적-인적 민주적 정당성도 얻는다. 또한, 헌법과 법률에 대한 구속을 통해서 헌법재판소는 실질적-내용적 민주적 정당성도 받는다. 게다가 헌법재판소 재판관의 전문성, 구두변론 및 심판의 변론과 결정의 선고 공개, 종국결정에 대한 논증의무를 통해서 민주적 정당성을 추가로 확보한다. 이것들을 통해서 헌법재판소는 헌법재판권 행사에 필요한 민주적 정당성을 충분히 확보한다고 볼 수 있다. 물론 부분적으로 부족한 점이 있다는 것을 부정할 수는 없지만, 그것이 헌법재판소의 민주적 정당성을 부정하는 수준에 이르지는 못한다. 특히 다른 국가기관도 그러한 부분적인 민주적 정당성 부족이 발견된다는 점에서 유독 헌법재판소만 그로 말미암아 비판받아서는 아니 된다고 생각한다. 따라서 그러한 지적과 비판은 헌법재판소가 민주적 정당성을 더 충실하게 확보하기 위한 입법론이나 개혁론으로 전환되어야 할 것이다. 덧붙여 헌법재판소의 부족한 조직적-인적 민주적 정당성만을 강조하여 헌법재판소의 민주적 정당성 자체가 충분하지 못하다고 비판하는 것은 부실한 검토와 평가에서 비롯된 지나친 비약이고 과도한 편견인 것으로 보인다.

그러나 민주적 정당성 획득은 1회적 사건으로 충분한 것이 아니라 지속해서 이루어지고 확인되어야 한다. 즉 민주적 정당성 문제는 일시적 문제가 아니라 항상적 문제이다. 특히 헌법재판소의 민주적 정당성에서 가장 중요한 실질적-내용적 민주적 정당성은 지난 결정들을 통해서 쌓아온 국민의 신뢰가 중요한 역할을 한다는 것을 부정할 수 없지만, 개별 결정 자체를 중심으로 평가된다. 따라서 어제 충분한 민주적 정당성을 확보하였다는 것이 오늘 충분한 민주적 정당성이 있다는 것을 담보하지 않고, 오늘 충분한 민주적 정당성을 확보하지 못하였다는 것이 올제(내일) 충분한 민주적 정당성이 없을 거라고 확인해 주지도 못한다. 그래서 민주적 정당성은 국가권력 행사가 있을 때마다 문제가 될 수 있다. 따라서 민주적 정당성에 관한 의문이 제기될 때마다 해당 국가기관은 자신의 민주적 정당성을 증명해 나가야 한다. 헌법재판소도 자기 결정을 통해서 끊임없이 자신의 민주적 정당성을 확인하고 선언하여야 한다. 이러한 헌법재판소의 부단한 노력은 헌법재판소의 지위를 흔드는 민주적 정당성에 관한 의심을 제거하여 헌법재판소의 지위를 확고하게 다지는 중요한 주춧돌이 될 것이다. 이것은 헌법재판소의 지위가 위협받고 헌법재판소 결정의 관철 가능성이 의심받았던 때는 외부적 요인에서 시작된 것이 아니라 주로 헌법재판소 결정 자체의 설득력이 부족하였거나 최소한 부족하다는 주장에서 시작되었다는 점에서 확인된다.

Ⅱ. 규범통제에서 내릴 수 있는 결정유형

1. 실정법적 근거 없는 변형결정

법원은 오로지 사법재판을 통해서 자기 권한을 행사할 수 있다. 이러한 점에서 사법재판은 사법권의 범위와 한계이다. 따라서 사법은 헌법과 법률에 근거하거나 헌법과 법률의 범위 안에서 사법재판을 내릴 수 있다. 헌법재판소도 (특별한) 법원이므로, 헌법재판소도 헌법과 법률에 근거하거나 헌법과 법률의 범위 안에서 헌법재판소 결정을 내림으로써 자신의 과제를 이행할 수 있다.

그러나 독일 연방헌법재판소는 연방헌법재판소가 처음부터 규정한 위헌규범의 무효선언(연방헌법재판소법 제78조 제1항, 제82조 제1항, 제95조 제3항 제1문) 이외에 불합치선언, 촉구재판 그리고 법률의 합헌적 해석과 같은 다양한 변형재판(Entscheidungsvariante)[100]을 고안하였다. 한국 헌법재판소의 결정유형은 이러한 연방헌법재판소의 변형재판에서 많은 영향을 받았다. 따라서 한국 헌법재판소는 헌법과 헌법재판소법이 처음부터 규정한 위헌결정 이외에 결정유형으로 다양한 변형결정을 활용한다. 변형결정은 위헌결정의 법적 효과를 주관적, 객관적 그리고 시간적 범위에서 제한하는 결정유형으로 정의된다. 변형결정은 합헌결정도 위헌결정도 아닌 제3의 결정이다. 그러나 한국 헌법재판소는 독일 연방헌법재판소와 마찬가지로 이러한 변형결정을 법률적 수권 없이 창조하였다.[101] 따라서 헌법재판소 결정이 법률이 위헌인지

100) ***Wiltraut Rupp-von Brünneck*** (Anm. 21, Verfassungsgerichtsbarkeit und gesetzgebende Gewalt), S. 19의 표현.

101) 1970년 독일 연방헌법재판소법의 새로운 규정들(제31조 제2항, 제79조 제1

나 합헌인지를 선언하는 것에 국한되는지 혹은 그것에서 벗어나 결정 유형을 다양화할 수 있는지가 문제 된다. 한국에서 다른 국가기관은 변형결정이 실정법적 근거가 없으므로 헌법재판소는 변형결정을 내릴 수 없다는 것을 핑계로 변형결정을 존중하지 않곤 한다.

변형결정은 규범통제절차에서 헌법재판소가 내리는 단순위헌결정과 단순합헌결정[102]이 아닌 결정, 즉 헌법재판소가 규범통제절차에서 법률이나 법률조항의 위헌성이나 합헌성을 단순히 확인하는 것에 그치지 않는 결정을 말한다. 헌법 제107조 제1항과 제111조 제1항 그리고 헌법재판소법 제45조와 제75조 제5항 및 제6항을 따르면 헌법재판소는 법률이나 법률조항의 위헌 여부만을 결정할 수 있다. 따라서 헌법재판소는 법률이나 법률조항의 위헌성을 확인하였을 때 단순위헌결정을 내리는 것이 원칙이다. 그러나 헌법재판소는 독일 연방헌법재판소가 발명한 변형재판을 받아들여 단순위헌결정과 단순합헌결정 이외에 한정위헌결정과 한정합헌결정 그리고 헌법불합치결정을 내린다. 하지만 헌법과 헌법재판소법 어디에도 이러한 변형결정의 직접 근거를 찾을 수 없다. 따라서 법적 근거 없이 헌법재판소가 변형결정을 내릴 수 있는지가 다투어진다.

항)은 불합치선언의 법적 효과를 규율하였다.

102) 이러한 결정들을 변형결정에 대응하여 정형결정이라고 부르는 견해도 있다(**김양균**, 「헌법재판의 입법통제와 변형결정」, 『공법연구』 제25집 제1호, 한국공법학회, 1997, 216쪽).

2. 변형결정의 허용 여부

(1) 학설과 판례

① 한국

(i) 판례

헌법재판소는 다양한 근거를 제시하면서 결정유형을 다양화할 수 있다고 한다.

ⓐ 헌법재판소의 법률에 대한 위헌결정에는 단순위헌결정은 물론, 한정합헌결정, 한정위헌결정과 헌법불합치결정도 포함된다.[103)]

ⓑ 전제사건에 관한 재판은 법원의 고유권한에 속하므로, 헌법재판소법 제45조 본문의 "헌법재판소는 제청된 법률 또는 법률조항의 위헌여부만을 결정한다."라는 뜻은 헌법재판소는 법률의 위헌 여부만을 심사하는 것이지 결코 위헌제청된 전제사건에 관해서 사실적·법률적 판단을 내려 그 당부를 심판하는 것은 아니라는 것으로 해석하여야 한다.[104)]

ⓒ 현대의 복잡 다양한 사회현상과 헌법상황에 비추어 보면 헌법재판은 심사대상 법률의 위헌이나 합헌이라는 양자택일 판단만을 능사로 할 수 없다. 양자택일 판단만이 가능하다고 본다면 다양한 정치·경제·사회현상을 규율하는 법률의 합헌성을 확보하기 위한 헌법재판소의 유연하고 신축성 있는 적절한 판단을 가로막아 오히려 법적 공백과 법적 혼란 등 법적 안정성을 해치고, 입법자의 건전한 형성 자유를 제약할 뿐 아니라, 나아가 국가사회의 질서와 국민의 기본권마저 침해할 사태를 가져올 수도 있다.

---

103) 헌재 1997. 12. 24. 96헌마172, 판례집 9-2, 842, 860.

104) 헌재 1989. 9. 8. 88헌가6, 판례집 1, 199, 259.

따라서 헌법재판소가 하는 위헌 여부 판단이란 위헌 아니면 합헌이라는 양자택일에만 그치는 것이 아니라 그 성질상 사안에 따라 위 양자 사이에 끼인 중간영역에 해당하는 여러 변형결정이 필수적으로 요청된다.105)

ⓓ 헌법재판소법 제45조의 취지에 따라 같은 법 제47조 제2항 "위헌으로 결정된 법률 또는 법률의 조항은 그 결정이 있는 날부터 효력을 상실한다."의 규정 취지도 헌법재판소법 제45조 취지에 상응하여 변형해석하여야 한다. 즉 제45조에 근거한 변형결정에 대응하여 위헌법률의 실효 여부나 그 시기도 헌법재판소가 재량으로 정할 수 있는 것으로 보아야 하며, 이렇게 함으로써 비로소 헌법재판의 본질에 적합한 통일적·조화적 해석을 할 수 있다.106)

ⓔ 재판 주문을 어떻게 내느냐의 주문방식 문제는 민사소송에서 그러하듯 헌법재판에 관해서도 아무런 명문 규정이 없으므로, 재판의 본질에 비추어 주문을 어떻게 표시할 것인지는 재판관의 재량에 일임된 사항이라고 할 것이다.107)

ⓕ 전부부정(위헌)결정권은 일부부정(헌법불합치)결정권을 포함한다.108)

ⓖ 위헌이냐 합헌이냐의 결정 외에 한정합헌 또는 헌법불합치 등 중간영역 주문형식은 헌법을 최고법규로 하는 통일적인 법질서 형성을 위해서 필요할 뿐 아니라 입법부가 제정한 법률을 위헌이라고 하여 전면 폐기하기보다는 그 효력을 될 수 있으면 유지하는 것이 권력분립 정신에 합치하고 민주주의적 입법기능을 최대한 존중하는 것이며,109) 그것은 국민의 대표기관으로서 입법

---

105) 헌재 1989. 9. 8. 88헌가6, 판례집 1, 199, 259-260.
106) 헌재 1989. 9. 8. 88헌가6, 판례집 1, 199, 260.
107) 헌재 1989. 9. 8. 88헌가6, 판례집 1, 199, 260.
108) 헌재 1991. 3. 11. 91헌마21, 판례집 3, 91, 115.

형성권이 있는 국회의 정직성·성실성·전문성에 대한 예우이고 배려라고 할 것이다.[110)]

ⓗ 합헌해석은 헌법을 최고법규로 하는 통일적인 법질서 형성을 위해서 필요할 뿐 아니라, 입법부가 제정한 법률을 위헌이라고 하여 전면 폐기하기보다는 그 효력을 되도록 유지하는 것이 권력분립 정신에 합치하고 민주주의적 입법기능을 최대한 존중하는 것이어서 헌법재판의 당연한 요청이기도 하다.[111)]

이에 대해서 소수의견을 따르면 변형결정은 실정법적 근거가 없어 허용될 수 없고, 설사 허용된다고 하더라도 매우 제한적으로 이용하여야 한다고 한다. 소수의견의 구체적 논거는 다음과 같다.

ⓐ "법률이 헌법에 위반되는 여부가 재판의 전제가 된 경우에는 법원은 헌법재판소에 제청하여 그 심판에 의하여 재판한다."라는 헌법 제107조 제1항과 "헌법재판소는 제청된 법률 또는 법률조항의 위헌여부만을 결정한다."라는 헌법재판소법 제45조 제1항 본문에 비추어 보면 헌법재판소는 제청된 법률이 위헌인지, 합헌인지를 분명히 결정할 의무가 있고, 위헌이라고 결정하면 그에 대한 효력은 "위헌으로 결정된 법률 또는 법률의 조항은 그 결정이 있는 날로부터 효력을 상실한다. 다만 형벌에 관한 법률 또는 법률의 조항은 소급하여 그 효력을 상실한다."라는 구 헌법재판소법 제47조 제2항에 정해진 대로 발생하는 것이지 헌법재판소가 그 효력을 변경하거나 그 효력 발생을 유보할 수 없다.[112)]

---

109) 헌재 1990. 6. 25. 90헌가11, 165, 170-171 참조.
110) 헌재 1991. 3. 11. 91헌마21, 판례집 3, 91, 115.
111) 헌재 1990. 6. 25. 90헌가11, 판례집 2, 165, 170-171.
112) 헌재 1989. 9. 8. 88헌가6, 판례집 1, 199, 265-266 재판관 변정수의 보충의견

ⓑ 위헌결정 표현방법에는 법률에 정해진 형식이 따로 없으므로 반드시 "위헌이다"나 "헌법에 위반된다"라는 표현이 아니더라도 결정 문언 내용이 위헌이라는 취지로 해석될 수 있으면 되고 표현방법이 어떠하든 간에 위헌결정이라는 취지로 해석되면 그 효력은 헌법재판소법 제47조에 따라서 발생한다. 그러므로 헌법재판소법 제47조 제2항에 따라서 법률은 위헌결정을 한 날에 효력을 상실하고 헌법재판소는 언제 법률이 효력을 상실하는지를 결정할 수는 없다.[113)]

ⓒ 헌법재판소법 제47조 제1항은 오로지 위헌결정에 기속력을 부여하므로, 변형결정은 실질적으로 의미가 없다.[114)]

ⓓ 헌법불합치결정은 헌법 제111조 제1항 제1호 및 제5호, 헌법재판소법 제45조, 구 제47조 제2항의 각 명문 규정에 반한다.[115)]

ⓔ 독일 연방헌법재판소 판례를 수용하여 헌법불합치결정의 판례를 정립하려고 하지만, 독일과 한국의 법제는 서로 다르므로 이를 그대로 수용할 수는 없다. 먼저 독일 연방헌법재판소법은 불합치선언을 판례로 확립하고 나서 1970년 제4차 개정 때 간접적이지만 그 결정 근거를 마련하였다. 그리고 개정 전 독일 연방헌법재판소법은 헌법재판소 결정의 효력에 관한 제79조에서 헌법재판소 결정에 따른 법률이나 법률조항의 실효에 관해서 원칙적으로

및 반대의견.

113) 헌재 1989. 9. 8. 88헌가6, 판례집 1, 199, 265-266 재판관 변정수의 보충의견 및 반대의견.

114) 헌재 1989. 9. 8. 88헌가6, 판례집 1, 199, 267 재판관 변정수의 보충의견 및 반대의견; 헌재 1993. 3. 11. 88헌마5, 판례집 5-1, 59, 90 재판관 변정수의 반대의견.

115) 헌재 1999. 5. 27. 98헌바70, 판례집 11-1, 633, 649 재판관 조승형의 반대의견; 헌재 1997. 3. 27. 95헌가14등, 판례집 9-1, 193, 213 재판관 조승형의 반대의견.

소급효를 인정하고 특정의 경우에만 그 예외를 인정하지만, 한국 헌법재판소법은 형벌에 관한 법률이나 법률조항을 제외한 모든 법률이나 법률조항의 실효에 대한 장래효만을 규정한다. 따라서 독일은 법률의 무효선언으로 말미암아서 법률이 실효될 때 올 수 있는 법규범 공백상태가 한국보다 훨씬 심각하고 그런 경우가 훨씬 더 많이 발생할 수 있으므로 불합치선언의 판례가 정립될 수밖에 없다.116)

ⓕ 독일의 판례 확립 과정과 입법 과정을 보면 판례 확립이, 헌법이나 헌법재판소법 명문 규정에 반함이 없고 오히려 해석상으로 그 근거규정(제4차 개정 이전의 연방헌법재판소법 제78조와 제79조)이 있으며, 연방헌법재판소 재판은 원칙적으로 소급효가 있어서 발생하는 심각한 법규범의 공백상태를 없애려는 방편으로 이러한 판례가 확립되고 그 후에 입법적으로 해결하였음을 알 수 있다. 헌법이나 헌법재판소법 그 밖의 법률적 근거를 찾을 수 없고 이러한 과정을 거칠 사정이 없는 한국은 독일과는 판이하다. 이러한데도 헌법재판소가 헌법불합치결정을 단행함은 진지한 연구와 분석 검토를 거치지 아니하고 무책임하게 독일 판례를 수용하였다는 비난을 받을 수밖에 없다.117)

ⓖ 헌법재판소법 제45조와 제47조의 입법취지는 독일 민주주의 발전과는 비교도 할 수 없을 만큼 1961년부터 1988년까지 무려 27

116) 헌재 1999. 5. 27. 98헌바70, 판례집 11-1, 633, 649-651 재판관 조승형의 반대의견; 헌재 1997. 3. 27. 95헌가14등, 판례집 9-1, 193, 213-215 재판관 조승형의 반대의견.

117) 헌재 1999. 5. 27. 98헌바70, 판례집 11-1, 633, 651 재판관 조승형의 반대의견; 헌재 1995. 9. 28. 92헌가11등, 판례집 7-2, 264, 291-292 재판관 조승형의 반대의견; 헌재 1997. 3. 27. 95헌가14등, 판례집 9-1, 193, 215 재판관 조승형의 반대의견.

> 년간의 권위주의시대를 겪으면서 그만큼 민주주의가 후퇴한 헌정사를 경험하였으므로, 과거 권위주의시대의 위헌법률이나 법률조항의 잠정적 적용 탓에 권위주의를 정당화하는 어떠한 결정도 배제하고자 하는 뜻에서 헌법재판소가 '위헌'이면 위헌, '합헌'이면 합헌의 심판만을 할 수 있으며 그 이외의 여하한 결정도 할 수 없게 하는 것에 있다. 이러한 때에 혹시라도 그 취지에 반하는 법규범의 공백상태 탓에 오히려 헌법의 각 원칙과 원리에 어긋나는 결과를 가져오는 등의 충격을 완화하기 위해서 독일과는 반대로 실효된 법률이나 법률조항의 장래효만을 규정하였으므로, 이러한 입법취지에 비추어 보면 헌법불합치라는 변형결정은 결코 허용될 수 없다.[118]

대법원은 헌법불합치결정을 위헌결정으로 말미암은 법률조항의 효력 상실 시기만을 일정 기간 뒤로 미루는 위헌결정의 일종으로 본다.[119] 그러나 대법원은 한정위헌결정은 법률이나 법률조항의 의미, 내용과 그 적용범위를 정하는 법률해석이고, 구체적 사건에서 해당 법률이나 법률조항의 의미·내용과 적용범위가 어떠한 것인지를 정하는 권한, 곧 법령의 해석·적용 권한은 바로 사법권의 본질적 내용을 이루는 것으로서, 전적으로 대법원을 최고법원으로 하는 법원에 전속한다고 하여 한정위헌결정의 기속력을 부정하였다.[120]

(ii) 학설

한국에서 변형결정을 부정하는 견해는 찾기 어렵다. 변형결정을 긍

---

118) 헌재 1999. 5. 27. 98헌바70, 판례집 11-1, 633, 651-652 재판관 조승형의 반대의견; 헌재 1995. 9. 28. 92헌가11등, 판례집 7-2, 264, 293 재판관 조승형의 반대의견.

119) 대법원 1991. 6. 11. 선고 90다5450 판결(집39-3, 1; 공1991, 1895).

120) 대법원 1996. 4. 9. 선고 95누11405 판결(집44-1, 762; 공1996상, 1442).

정하는 견해는 다음과 같은 근거를 제시한다:

ⓐ 헌법재판은 헌법규정의 형식적 해석을 통해서 단순한 사법판단을 내리는 것이 아니라 헌법 기본원리에 따라서 헌법적 가치질서를 수호한다. 따라서 헌법재판은 일반 사법재판과 같을 수 없으므로, 헌법재판소법의 엄격한 해석에 구속되지 않는다. 그래서 헌법재판소법은 헌법재판의 성격에 따라서 유연하게 해석되어야 한다. 이러한 맥락에서 헌법재판소법 제45조의 '위헌 여부'라는 문언에는 '단순합헌결정'이나 '단순위헌결정' 이외에 '한정위헌결정', '헌법불합치결정' 등 변형결정이 포함되어 있다고 넓게 해석할 수 있다.121)

ⓑ 현대의 다양한 사회적·헌법적 상황 때문에 헌법재판소가 단순위헌결정이나 단순합헌결정 중 하나를 선택하는 것이 곤란할 때가 잦다.122)

ⓒ 단순위헌결정은 때에 따라 법적 안정성 침해, 법적 공백이나 법적 혼란을 일으킬 수 있고, 입법자의 입법형성권을 존중하지 않

121) **김문현**, 「위헌법률심판에 있어서의 변형결정」, 『고시연구』 제24권 제8호(통권 제281호), 고시연구사, 1997. 8., 77쪽; **남복현**, 「법률에 관한 변형결정의 유형과 효력」, 『헌법논총』 제9집, 헌법재판소, 1998 869~870쪽; **문광삼**, 「헌법재판소 변형결정의 유형과 그 문제점」, 문광삼/남복현/전정환, 『헌법재판소 결정의 효력에 관한 연구』(헌법재판연구 제7권), 헌법재판소, 1996, 105~106쪽; **이명웅**, 「헌법불합치결정의 사유 및 효력」, 『헌법논총』 제20집, 헌법재판소, 2009, 373~375쪽; **이헌환**, 「위헌결정의 방식에 관한 연구」, 『헌법재판의 이론과 실제』(금랑 김철수교수 화갑기념 논문집), 박영사, 1993, 290쪽; **정재황**(주 8, 헌법재판개론), 251쪽; **정종섭**(주 14, 헌법소송법), 372쪽; **같은 사람**(주 14, 헌법학원론), 1534쪽; **한병채**, 『헌법재판론』, 고시계, 1994, 554~555쪽.

122) **남복현**(주 121), 859~860쪽; **홍성방**(주 8, 헌법소송법), 124쪽; **황우여**, 「위헌결정의 형식 - 변형결정 -」, 『헌법재판연구』 제1권, 헌법재판소, 1990, 122~123쪽.

으며, 심지어 국민의 기본권을 침해할 수도 있다. 이러한 결과를 피하려면 변형결정이 필요하다.[123]

ⓓ 한정위헌결정과 한정합헌결정은 합헌적 법률해석의 결과이고, 헌법불합치결정은 사법 자제의 표현이다.[124]

ⓔ 주문 표시를 어떻게 할 것인지는 헌법재판소의 재량에 속한다.[125]

ⓕ 헌법재판소법 제45조는 헌법심판 범위를 한정한다. 이러한 이해를 바탕으로 헌법재판소법 제47조 제1항은 결정의 종류로서 위헌결정에만 국가기관에 대한 기속력을 부여한 것이 아니라 어떠한 종류의 결정이든 그 결정에 포함된 위헌성을 확인한 내용은 기속력이 있다는 목적론적 해석이 가능하다.[126]

ⓖ 헌법불합치결정에 관한 법적 근거가 불충분하더라도 헌법 특성에 비추어 그 허용 여부는 헌법재판소의 법형성기능에 맡겨야 한다.[127]

---

123) **김문현**(주 121), 77쪽; **김주환**, 「헌법불합치결정의 적용영역과 그 효과」, 『헌법학연구』 제11권 제2호, 한국헌법학회, 2005, 506쪽; **김하열**(주 8), 354쪽; **남복현**(주 8), 55쪽; **같은 사람**(주 121), 856~858쪽; **문광삼**(주 121), 104쪽; **이기철**, 「헌법재판소결정은 주된 이유에도 기속력이 미치는가?」, 『한양법학』 제13집, 한양법학회, 2002, 115~116쪽; **이준일**(주 8, 헌법학강의), 1035쪽; **장영수**(주 8, 헌법재판소 변형결정의 구속력), 62~63쪽; **같은 사람**(주 8, 헌법학), 1272~1274쪽; **전광석**(주 8), 827쪽; **홍성방**(주 8, 헌법소송법), 124쪽.

124) **장영수**(주 8, 헌법재판소 변형결정의 구속력), 62쪽; **허 영**, 「헌법재판제도의 바람직한 개선방향」, 『재판의 한 길』(김용준 헌법재판소장 화갑기념논문집), 박영사, 1998, 32~36쪽; **같은 사람**(주 6), 249~250쪽; **홍성방**[주 8, 헌법학(하)], 342쪽.

125) **김하열**(주 8), 353~354쪽; **김학성**(주 8), 1164쪽; **정종섭**(주 14, 헌법소송법), 372쪽; **같은 사람**,(주 14, 헌법학원론), 1534쪽.

126) **김양균**(주 102), 220쪽; **전광석**, 「헌법재판에 있어서의 결정주문의 유형과 효력」, 『헌법재판 및 제도의 활성화에 관한 연구』(헌법재판연구 제2권), 헌법재판소, 1991, 179~180쪽; **같은 사람**, 「불합치결정에 관한 헌법재판소 결정분석」, 『행정판례연구』 제2집, 박영사, 1996, 354쪽; **같은 사람**(주 8), 826~827쪽.

ⓗ 전부 부정을 할 권한 속에는 일부 부정을 할 권한도 당연히 포함된다. 법률이나 법률조항에 대해서 완전위헌을 결정할 권한 속에는 헌법불합치, 조건부위헌이나 조건부 합헌의 결정을 할 권한도 당연히 내포된다는 뜻이다.[128]

ⓘ 헌법재판소법 제45조 단서는 위헌결정 확대를 규정한다. 이처럼 위헌결정 확대가 가능하다는 것은 그 반대해석으로 위헌결정 축소도 가능하다는 것을 뜻한다.[129]

ⓙ 헌법소원심판에는 행정소송법을 준용하게 되어 있으므로(헌법재판소법 제41조 제1항), 행정소송법 제28조 제1항 사정판결 취지를 원용할 수 있다.[130]

이러한 논거를 들어 학설은 변형결정을 긍정하지만, 동시에 변형결정의 남용도 경고한다.[131] 즉 헌법재판소의 결정유형은 원칙적으로 단순합헌결정과 단순위헌결정이고 변형결정은 필요성이 충분히 인정될 때만 예외적으로 허용되어야 한다고 한다. 따라서 형식적 논리와 기교에 따라 변형결정을 내림으로써 규범의 명확성을 훼손하거나 헌법규범의 통일성을 무너뜨리는 것은 금지된다고 한다. 그리고 변형결정은 타협 수단이 될 수 없고, 입법자의 입법형성권을 침해할 수도 없다고

---

127) **전광석**(주 126, 불합치결정에 관한 헌법재판소 결정분석), 354～355쪽.

128) **김양균**(주 102), 219쪽; **김하열**(주 8), 354쪽.

129) **김양균**(주 102), 219쪽.

130) **김양균**(주 102), 220쪽.

131) **김문현**(주 121), 78쪽; **남복현**(주 8), 55～56쪽; **성낙인/이효원/권건보/정 철/박진우/허진성**(주 8), 220쪽; **이기철**(주 123), 116쪽; **이헌환**(주 121), 291쪽; **장영수**(주 8, 헌법재판소 변형결정의 구속력), 63～65쪽; **같은 사람**(주 8, 헌법학), 1274쪽; **전광석**(주 126, 불합치결정에 관한 헌법재판소 결정분석), 354～355쪽; **정종섭**(주 14, 헌법소송법), 373쪽; **한병채**(주 121), 555쪽; **허 영**(주 124), 32～36쪽; **같은 사람**(주 6), 249쪽; **황우여**(주 122), 123～124쪽.

한다.

② 독일

변형재판[132]이 독자적인 재판유형으로서 자리 잡은 오늘날 연방헌법재판소 재판은 변형결정을 빼고서는 생각할 수 없을지라도, 변형재판은 법률에 근거가 없으므로 많은 비판을 받는다. 재판유형 확대와 관련하여 원칙적으로 두 가지 견해가 제시될 수 있다고 한다.[133]

먼저 법률에 변형재판의 근거가 없다는 것을 반박하는 견해가 있다. 이 견해는 연방헌법재판소가 종종 재판의 감내할 수 없는 치명적 결과에 직면하고 다른 국가기관의 고유한 책임을 그 기능영역 안에서 존중하여야 하므로, 연방헌법재판소가 상황에 맞게 자기 과제를 수행할 수 있으려면 변형결정이 필요하다고 주장한다. 이 견해를 따르면 연방헌법재판소는 언제나 법률이 무효인지만을 결정하는 것이 아니라고 한다. "연방헌법재판소는 위헌의 결과를 추가적인 명령을 통해서 완화하기 위해서 사잇길(Mittelweg)로도 갈 수 있어야 한다."[134]라고

132) 독일어 Entscheidungsvariante의 직역이다. Entscheidung을 '재판'으로 번역하는 것이 일반적이므로, '변형결정'보다는 '변형재판'이라는 용어가 더 적절하다. 여기서는 독일 연방헌법재판소의 Entscheidungsvariante를 '변형재판'으로 번역하여 한국 헌법재판소의 '변형결정'과 구별한다.

133) ***Otto Bachof***, Der Richter als Gesetzgeber?, in: Joachim Gernhuber (Hrsg.), Tradition und Fortschritt im Recht: Festschrift des Tübinger Juristenfakültät zu ihrem 500-jährigen Bestehen 1977 von ihren gegenwärtigen Mitgliedern und in deren Auftreten, Tübingen 1977, S. 178 f.; ***Brun-Otto Bryde***, Verfassungsentwicklung, Baden-Baden 1982, S. 176 f.; *Jörn Ipsen*, Nichtigerklärung oder „Verfassungswidrigerklärung" - Zum Dilemma der verfassungsgerichtlichen Nor- menkontrollpraxis, in: JZ 1983, S. 41 ff.; ***Klaus Schlaich/Stefan Korioth*** (Anm. 21), Rdnrn. 452 ff.; ***Helmut Simon***, Verfassungsgerichtsbarkeit, in: Ernst Benda/Werner Maihofer/Hans-Jochen Vogel (Hrsg.), HVerfR, 2. Aufl., Berlin 1994, S. 1668 f.

한다.

그러나 다른 견해는 연방헌법재판소의 권위를 지키기 위해서 법원성(法院性)을 강조하고, 법률이 연방헌법재판소가 할 수 있는 법적 효과 명령을 미리 규정하라고 요구한다. 이 견해는 연방헌법의 특성 때문에 연방헌법재판소는 법발견과정에서 다른 법원보다 더 자유롭지만, 법적 효과 명령 발견과 선택에서 더 자유로운 것은 아니라고 한다. 그리고 연방헌법재판소의 반응형식이 변형결정 때문에 더는 예측될 수 없다는 점을 지적한다. 따라서 연방헌법재판소 재판이 입법자의 입법형성권을 존중하지 않고 연방헌법재판소 스스로 적용할 규범을 창조한다고 한다. 결국, 변형재판을 통해서 입법자가 보호되는지가 의심스럽다고 한다.

(2) 사견

① 법률에 변형결정의 근거가 없는 것의 의미

헌법재판소의 변형결정에 대한 명확하고 직접적인 법률적 근거는 한국은 물론 독일도 없다. 그리고 변형결정을 명시적으로 부정하는 실정법적 규정도 찾을 수 없다. 그것은 헌법재판소에 결정유형에 관한 자유를 부여하지 않지만, 변형결정 금지를 뜻하지도 않는다. 따라서 헌법재판소 결정의 주문이 헌법이 규율한 형태에 한정되는지나 더 많은 형태가 개발될 수 있는지는 다른 모든 헌법적 상황, 예를 들어 법감정, 법체계에 도입된 헌법재판의 발생사와 이념, 헌법재판소의 권한, 기능 조정 그리고 헌법재판소와 입법부 사이의 견제와 균형 등을 체계적으로 함께 고려하여 결정하여야 한다. 즉 변형결정 허용

134) ***Klaus Schlaich/Stefan Korioth*** (Anm. 21), Rdnr. 453.

여부는 전체 헌법체계 속에서 헌법현실을 고려하여 판단할 수밖에 없다.

법률에 변형결정에 관한 근거가 없다는 이유로 변형결정을 부정하는 견해는 결정유형을 형식적 법해석논리에 고착시킴으로써 단순위헌결정이 다양한 헌법현실과 결합하여 일으킬 수 있는, 법적 공백, 법적 혼란, 국가적 불안정, 더욱 위헌적인 상황 발생 그리고 기본권 침해 가능성과 같은 다양한 부정적 결과를 무시한다. 따라서 이 견해는 이러한 문제에 대한 더 좋은 해결 가능성이나 변형결정 부정을 정당화하는 다른 근거를 제시하지 못하는 한 정당성을 인정받기 어렵다.

② 헌법재판소법 규정 해석

"헌법재판소는 제청된 법률 또는 법률조항의 위헌여부만을 결정한다."라는 헌법재판소법 제45조 본문은 두 가지 뜻으로 새길 수 있다. 먼저 법률의 위헌성을 결정하는 권한은 헌법재판소에 부여된다는 것이다. 다음 헌법재판소는 원칙적으로 제청되지 않은 규정이나 제청된 사건의 법적 또는 사실적 결정이 옳은지가 아니라 단지 '제청된 법률이나 법률조항'에 대해서만 결정할 수 있다는 것이다. 두 번째 의미는 예외적으로 위헌결정 대상을 확장할 수 있다고 규정하는 헌법재판소법 제45조 단서와 맺는 관계 속에서 더 명확해진다. 그러나 헌법재판소법 제45조 본문을 헌법재판소가 단순위헌결정이나 단순합헌결정이라는 결정유형만을 선택할 수 있다는 뜻으로 새기기는 어렵다. 법률이나 법률조항의 위헌 여부를 결정하는 것이 오로지 단순위헌결정이나 단순합헌결정으로만 표현된다고 볼 수 없고, 헌법재판소법 제45조 본문을 그 단서와 관련하여 이해할 때 이 조항은 헌법재판소 결정의 유형이 아니라 헌법재판소가 결정할 수 있는 범위와 관련된 것으로 볼 수 있기 때문이다. 따라서 헌법재판소법 제45조는 위헌결정이 오로지 위헌 부분에 한정됨으로써 그 밖의 합헌 부분은 최대한 유지되어야 한다는 의미로 해석할 수 있다.[135)]

헌법재판소법 제47조 제1항에서 위헌결정은 법률의 위헌성을 확인하는 모든 헌법재판소의 결정으로 볼 수 있다. 결정유형을 한정하는 것으로 볼 수 없는 제47조 제1항의 위헌결정을 결정유형의 하나인 단순위헌결정에 국한할 이유가 없기 때문이다. 이러한 위헌결정은 법률의 위헌성을 확인하는 모든 변형결정을 포함한다.

헌법재판소법 제47조 제2항과 제3항은 오로지 위헌결정의 효력에 관한 원칙만을 규정한다. 따라서 이 규정이 절대적으로 관철되어야 하는 것은 아니다. 한국의 판례와 학설이 위헌결정의 소급효 범위를 확대하려고 시도할 수 있는 것은 이러한 이유 때문이다. 따라서 때에 따라 헌법적으로 그 필요성이 충분히 논증된다면 헌법재판소는 위헌법률이 효력을 상실하는지를 헌법재판소법 제47조 제2항 및 제3항과 달리 결정할 수도 있다. 그리고 위헌법률이 처음부터 별도의 형성행위 없이 효력이 없다는 것은 법논리적으로 강제되지 않는다.[136)] 특히 한국에서 이른바 당연무효설은 헌법재판소법 제47조 제2항 및 제3항과 다른 내용이 헌법에서 도출되지 않는다면 실정법적으로 배제된다고 보아야 할 것이다.[137)]

---

135) 같은 견해: **김운용**, 『위헌심사론』, 삼지원, 1998, 596～597쪽; **남복현**(주 121), 870쪽; **방승주**, 「헌법재판소의 헌법합치적 해석의 효력」, 『법학논집』 특별호, 고려대학교 법학연구소, 1997, 439쪽.

136) ***Klaus Schlaich*** (Anm. 46), S. 438 참조.

137) 헌법재판소법 제47조 제2항과 제3항에 관한 구체적 해석과 검토는 **허완중**, 「한국헌법에 따른 헌법재판소법 제47조 제2항의 해석」, 『공법연구』 제37집 제4호, 한국공법학회, 2009, 229～255쪽; **같은 사람**, 『한국 헌법에 따른 헌법재판소법 제47조 제3항의 해석』, 헌법재판소 헌법재판연구원, 2015 참조.

③ 보충적 법형성

헌법과 법률은 모든 국가기관을 구속한다. 따라서 국가기관인 헌법재판소도 헌법과 법률에 구속된다. 그래서 헌법재판소 구성원인 헌법재판소 재판관은 헌법과 법률에 구속된다(헌법 제103조, 헌법재판소법 제4조). 기본(적 인)권은 헌법의 핵심이므로, 국가에 기본(적 인)권을 확인하고 보장할 의무를 부여하는 헌법 제10조 제2문은 이것을 간접적으로 확인한다. 그러나 이것이 헌법재판소가 단지 헌법과 법률 문언의 의미만 확인하고 선언할 수 있다는 것을 뜻하지 않는다. 입법자는 헌법과 법률을 통해서 모든 법적 사항이나 법적 상황을 규율하는 것을 의도하지도 않았고, 규율할 수도 없다. 그러나 다른 법원처럼 헌법재판소는 재판을 거부할 수 없고, 재판할 의무를 진다. 따라서 헌법재판소는 일반 법원이 법관법을 형성하여 재판하는 것처럼 때에 따라 재판을 하기 위하여 보충적 법형성을 할 수 있고, 하여야만 한다. 헌법재판소의 변형결정은 이러한 보충적 법형성의 한 예로 볼 수 있다.[138] 헌법과 헌법재판소법은 헌법재판소 결정유형에 관해서 구체적으로 규율하지 않기 때문이다.

④ 임시적 입법개입

변형결정에 따라서 법률 내용은 입법자의 의사에 어긋나게 왜곡될 수도 있고, 헌법재판소는 입법자의 입법형성권에 개입할 수도 있으며, 심지어 헌법재판소는 예외적으로 입법권을 스스로 행사할 수도 있다. 그러나 헌법재판소의 법률 왜곡, 입법형성권에 대한 개입과 입법권 행사는 언제나 단지 임시적이다. 입법자는 늘 자신의 입법권을 행사하여 법률의 위헌성을 제거함으로써 문제를 해결할 수 있다. 즉 입법자는 법률을 개정하거나 새로운 법률을 제정하여 헌법재판소가 변형결정을

138) 같은 견해: **남복현**(주 121), 880~881쪽.

통해서 입법에 개입하는 상태를 언제라도 제거할 수 있다. 그리고 변형결정은 입법자의 잘못된 입법권 행사나 입법부작위에서 비롯된다. 헌법재판소는 이러한 잘못과 입법자의 의무만을 지적하고, 입법자 스스로 이러한 문제를 해결할 때까지 헌법 수호자로서 이러한 헌법문제를 단지 잠정적으로만 해결할 뿐이다. 예외적으로 입법자가 스스로 주어진 기한 안에 최종적인 규율을 제대로 제정하지 않거나 제정하지 못하면, 헌법재판소는 단지 긴급입법자로서 임시규율을 제정할 수 있을 뿐이다.[139] 따라서 변형결정이 입법자의 입법권을 침해한다고 보기 어렵다.

⑤ 기본권을 보장하는 수단

헌법재판소는 변형결정을 통해서 기본권을 충실하게 보장할 수 있고, 가능한 범위 안에서 기본권보장을 최대화할 수 있다. 사회권이나 청구권적 기본권, 참정권 등은 그에 관한 입법적 구체화나 형성이 있어야 비로소 권리자가 자기 권리를 제대로 행사할 수 있다. 그러나 단순위헌결정은 기존 법률적 근거 자체를 제거하므로, 권리자에게 이롭지 않을 수 있고, 심지어 해로울 수도 있다. 평등권도 때에 따라 국가가 적극적으로 차별을 제거하여야 비로소 실질적으로 보장될 수 있다. 특히 평등권 위반을 다투는 사람은 대부분 다른 사람에게 주어지는 혜택을 배제하는 것이 목적이 아니라 자신도 그 혜택을 받기 위해서 심판을 청구한다. 그리고 헌법재판소는 법원이라는 지위 때문에 기본권보장의 최소한만을 확인할 수 있을 뿐이다. 그러나 입법자는 기본권을 최대한으로 보장할 권한과 의무가 있다. 개선되거나 새롭게 제정된 법률을 소급하여 적용할 때, 기본권은 종종 더 잘 보장될 수 있고 당사자의 청구목적에도 들어맞을 수 있다. 그리고 상황에 따라 단순위헌결정

---

139) ***Otto Bachof*** (Anm. 133), S. 189.

이 조건을 바꾸거나 한계를 제거하여 권리자의 범위를 확대할 때 국가가 감당하기 어려운 재정부담을 지울 수도 있다. 변형결정은 이러한 문제를 해결하는 적절한 수단이 될 수 있다.

⑥ 통일적 법질서의 신속한 형성

변형결정은 통일적 법질서를 신속하게 형성하는 데 이바지할 수 있다. 입법자는 큰 정치적 부담이나 보수성 때문에 법률의 제·개정이나 폐지를 주저하거나 회피할 수 있다. 그러한 상황 때문에 국가 안에서 다양한 갈등이 발생하거나 새로운 법질서 형성이 방해되거나 지연될 수 있다. 헌법재판소는 변형결정을 통해서 헌법의 범위 안에서 입법 방향을 제시하거나 입법 기한을 설정하거나 입법자의 의무를 확인함으로써 이러한 문제를 종종 빠르게 해결할 수 있다.

⑦ 법적 공백 예방

헌법재판소가 법률의 위헌성을 확인하였을 때, 헌법재판소는 원칙적으로 법률을 위헌으로 결정한다. 단순위헌결정은 법률의 빈틈이나 규율 없는 상태를 일으키지 않고 합헌상태를 회복시키는 것이 보통이다. 그러나 드물지 않게 법률을 폐기하면 수인할 수 없는 법적 공백이 나타날 수 있다. 그리고 기존 법률을 보충하는 것만으로도 합헌상태가 충분히 회복될 때도 있다. 이러할 때 헌법재판소가 단순위헌결정을 내리면 합헌상태가 회복되지 않고 오히려 법적 혼란을 일으킬 수도 있다. 또한, 단순위헌결정은 때때로 위헌상태를 심화하는 결과를 발생시킬 수도 있다. 때에 따라 국가기관은 법적 공백 때문에 권한을 행사하는 데 커다란 어려움을 겪을 수도 있다. 변형결정은 이러한 법적 공백을 예방할 수 있는 효과적인 수단이 될 수 있다.

⑧ 소결: 충분한 논증을 전제로 예외적으로만 허용되는 변형결정

위에서 언급한 근거 때문에 변형결정은 헌법재판소의 결정유형으로 인정될 수 있다. 그러나 그것이 헌법재판소에 결정유형에 관한 제한 없는 선택권을 부여하는 것은 아니다. 변형결정은 헌법적으로 그 필요성이 충분히 인정되는 범위에서 단지 예외적으로만 인정되는 특별한 헌법재판소 결정일 뿐이다. 즉 변형결정은 단순위헌결정이나 단순합헌결정과 선택이나 대체 관계에 있는 것이 아니라 이 결정들을 선택할 수 없을 때 비로소 선고할 수 있는 결정유형이다. 그래서 변형결정은 헌법재판소가 단순위헌결정이나 단순합헌결정을 통해서 자기 과제를 충분히 또는 충실하게 이행할 수 없을 때 비로소 헌법적으로 정당성을 인정받을 수 있다. 따라서 헌법재판소는 단순위헌결정이나 단순합헌결정을 선고할 수 있는지를 먼저 검토하여야 하고, 정치적 압력을 회피하거나 정치적 타협을 받아들이기 위해서 변형결정을 선고하여서는 안 되며, 선고할 수도 없다. 그리고 변형결정은 법률적 근거가 없으므로, 헌법재판소는 변형결정의 허용성에 대한 엄격한 논증책임을 부담하여야 한다. 그래서 헌법재판소는 변형결정의 필요성과 결정유형의 선택을 엄격하고 충분하게 논증하고 나서 비로소 변형결정을 내릴 수 있다. 헌법재판소는 위헌 여부만을 결정할 수 있으므로(헌법 제107조 제1항, 제111조 제1항 제1호, 헌법재판소법 제45조, 제75조 제5항과 제6항), 변형결정은 단순위헌결정이나 단순합헌결정의 변형물[140]에 불과하다. 변형결

140) 아직 한국 헌법재판에는 수용되지 않았지만, 촉구결정은 본질이 위헌결정이 아니라 합헌결정이다. 이러한 점에서 변형결정은 단순위헌결정만의 변형물이라고 볼 수 없고, 단순합헌결정의 변형물일 수도 있다. 그리고 "위헌 여부"에서 '위헌'은 헌법과 합치되지 않는다는 뜻이므로 단순위헌결정만을 예정한다고 볼 수 없다. 그러나 변형결정이 단순위헌결정과 단순합헌결정을 기본형으로 전제하는 개념이라는 점에서 기본형을 수정한다는 의미에서 변형물이라는 표현이 가능하다. 하지만 현재 헌법재판소가 수용한 한정위헌결정과 한정합헌결정 그리고 헌법불합치결정은 단순위헌결정과 대등한 위헌결정의 한

정의 본질이 위헌결정이나 합헌결정이 아니라면 변형결정은 그 법적 근거를 찾을 수 없기 때문이다. 따라서 헌법재판소는 법률이나 법률조항의 위헌성이나 합헌성 확인과 그에 따른 법적 효과를 규율하기 위해서만 변형결정을 내릴 수 있다. 변형결정의 실정법적 근거를 마련하는 것은 변형결정 허용 문제를 명확하게 해결할 수 있다. 그러나 결정주문의 종류를 실정법적으로 한정 짓는 것은 헌법재판소가 변형결정을 통해서 다양한 헌법상황에 대처할 힘을 소멸시킬 수 있다. 따라서 변형결정의 실정법적 근거를 마련할 때는 그때까지 발견된 변형결정을 정리하면서 새로운 변형결정을 추가할 가능성을 열어두는 형태로 실정화하는 것이 바람직하다. 즉 변형결정의 실정법적 근거가 변형결정을 일정한 유형을 한정 짓는 형태로 마련되는 것은 바람직하지 않다.

유형이라는 점은 잊지 말아야 한다.

제3장

헌법재판소 결정의 기속력

Ⅰ. 국가기관이 존중하지 않는 헌법재판소 결정

헌법재판소는 (특별한) 법원이므로, 헌법재판소 결정은 '사법판결'이다.[1] 당사자[청구인, 피청구인, 참가인(보조참가인 제외)]만 절차의 진행과 종결에 영향을 미칠 수 있다. 그러므로 사법판결의 효력은 법치국가원리를 따라 원칙적으로 당사자에게만 미친다. 국가기관은 일반적으로 규범통제절차에서 당사자가 아니다. 따라서 국가기관은 원칙적으로 헌법재판소의 규범통제결정에 구속되지 않는 것처럼 보인다. 다른 개별 심판절차에서도 절차에 참여하지 않은 국가기관은 헌법재판소 결정에 구속되지 않는 것 같다. 그러나 일반 사법판결과 달리 헌법재판소 결정은 사법판결의 일반적인 효력을 넘어서 모든 국가기관을 기속한다(헌법재판소법 제47조 제1항, 제67조 제1항, 제75조 제1항과 제6항).[2] 따라서

1) 헌법재판소법은 '결정'이라는 용어를 사용하고 위헌법률심판과 헌법소원심판에서 서면심리를 원칙(헌법재판소법 제30조 제2항)으로 하지만, 헌법재판소 결정은 심판 자체에 관한 종국적 판단이고 일정한 형식의 심판서를 작성하여야 하며 선고라는 엄격한 방법으로 고지하여야 하므로(헌법재판소법 제36조) 그 본질은 결정이 아니라 '판결'이다. 특히 상고법원은 상고장·상고이유서·답변서, 그 밖의 소송기록에 따라서 변론 없이 판결할 수 있고, 소송관계를 분명하게 하는 데 필요하면 특정한 사항에 관해서 변론을 열어 참고인의 진술을 들을 수 있다는 점(민사소송법 제430조, 형사소송법 제390조, 행정소송법 제8조 제2항, 가사소송법 제12조, 군사법원법 제450조 제2항)에서 대법원도 서면심리를 원칙으로 한다. 이에 관한 자세한 검토는 **허완중**, 「헌법재판소 종국결정의 본질」, 『영남법학』 제30호, 영남대학교 법학연구소, 2010, 63～69쪽 참조.

2) 헌법재판소 결정 중 법률의 위헌결정(제47조 제1항, 제75조 제6항), 권한쟁의 심판의 결정(제67조 제1항) 그리고 헌법소원의 인용결정(제75조 제1항)에서만 기속력이 발생하지만, 독일 연방헌법재판소법 제31조 제1항["연방헌법재판소 재판은 연방과 주의 헌법기관 및 모든 법원과 행정청(Behörden)을 기속한다."]에 따른 기속력은 원칙적으로 모든 연방헌법재판소 재판에 귀속된다. 그러나

국가기관이면 입법권, 집행권, 사법권, 지방자치권 등 어떤 국가권력을 행사하는지와 상관없이 모두 헌법재판소 결정에 기속되는 수범자가 된다. 그러나 헌법재판소 결정의 기속력은 자주 그 실효성을 의심받는다. 이와 관련하여 다른 국가기관은 기속력의 범위와 한계를 다툼으로써 헌법재판소 결정의 구속에서 벗어나려고 한다. 그래서 다른 국가기관의 이러한 주장을 극복하고 헌법재판소 결정의 실효성을 보장하려면 헌법재판소 결정의 기속력을 세밀하고 명확하게 검토하고 분석하는 것이 필요하다. 특히 헌법재판소 결정의 기속력은 헌법재판의 특수성에서 비롯된 특별한 효력으로서 다른 사법판결과 헌법재판소 결정을 구별 짓는다. 그러므로 헌법재판소 결정의 기속력을 살필 때 사법판결의 효력에 관한 일반적 고찰을 바탕으로 헌법재판의 특수성을 적절히 고려하여야 한다.

Ⅱ. 기속력의 본질

1. 기판력과 구별되는 기속력

헌법재판소의 결정은 법원의 판결이므로, 헌법재판소 결정은 사법판결에 일반적으로 귀속되는 효력이 있다(헌법재판소법 제40조 제1항 참조). 일반 소송법이론을 따르면 오로지 당사자와 같이 볼 수 있는 제3자[3]만 소송물에 대한 법원의 결정에 구속되고, 그 밖의 제3자는 그렇

양자는 거의 차이가 없다. 다른 심판절차(탄핵심판과 정당해산심판)의 헌법재판소 결정은 심판절차의 성질에 비추어 기속력을 가질 수 없고, 연방헌법재판소 재판은 심판절차의 성질에 따라서(예를 들어 선거소송) 기속력이 없을 수도 있기 때문이다.

지 않다. 이러한 효력은 소송물에 대한 규준적이고 법유지적인 사법판결이 당사자와 관련된 법적 상황을 구속적으로 해명하고 그와 함께 당사자 사이의 법적 평화를 보장하는, 법치국가원리에서 발원하는 사고에 근거한다.[4] 여기서 자기 결정에 대한 헌법재판소의 구속인 불가변력은 물론 불가쟁력과 기판력[5]도 문제 된다. 그 밖에 헌법재판소법 제47조 제1항, 제67조 제1항, 제75조 제1항과 제6항은 명확하게 사법판결의 일반적인 효력을 넘어서 기속력을 규정한다.

기판력은 일반적으로 당사자 및 법원과 관련된다. 그에 반해서 기속력은 모든 국가기관에 의무를 부과한다. 이러한 점에서 기속력은 일반사법판결에서 일반적으로 발견할 수 없는, 헌법재판소 결정에만 귀속되는 특별한 효력이다.[6] 그래서 기속력과 기판력의 차이가 단지 양적인 확장에 그치는지 아니면 이러한 확장이 기판력을 질적으로 바꾸는 것인지가 문제 된다. 이러한 문제는 특히 기속력의 객관적 범위와 깊

---

3) 여기에는 변론 종결한 뒤의 승계인(변론 없이 한 판결에서는 판결을 선고한 뒤의 승계인), 청구목적물의 소지자, 제3자의 소송담당에서 권리귀속주체, 소송탈퇴자가 포함된다(민사소송법 제218조 제1항과 제3항, 제80조와 제82조).

4) ***Andreas Heusch***, Bindungswirkung und Gesetzeskraft der Entscheidungen, in: Christian Burkiczak/Franz-Wilhelm Dollinger/Frank Schorkopf (Hrsg.), Bundesverfassungsgerichtsgesetz - Heidelberger Kommentar, Heidelberg 2015, § 31 Rdnr. 33; ***Jan Ziekow***, Die Bindungswirkung der Entscheidungen des Bundesverfassungsgerichts, in: Jura 1995, S. 523.

5) 불가변력과 불가쟁력 그리고 기판력을 아울러 확정력이라고 한다. 확정력에 관한 자세한 검토는 **허완중**, 「헌법재판소결정의 확정력」, 『헌법학연구』 제14권 제4호, 한국헌법학회, 2008, 413~452쪽 참조.

6) 법원의 처분 등을 취소하는 확정판결, 부작위위법확인판결, 무효확인판결(행정소송법 제30조 제1항, 제38조)도 기속력이 있지만, 그 주관적 확장은 '관련 행정청'에 그친다는 점에서 제한적이다. 즉 헌법재판소 결정의 기속력은 확정력이나 기판력을 국가기관에 일반적으로 확장하지만, 법원의 처분 등을 취소하는 확정판결, 부작위위법확인판결, 무효확인판결의 기속력은 확정력이나 기판력을 국가기관 중에서 행정청에만, 그것도 관련 행정청에만 제한적으로 넓힌다.

은 관련이 있다.

2. 학설과 판례

(1) 한국

기속력의 한계에 관한 논의를 통해서 기속력의 본질은 간접적으로 자주 논의된다. 그러나 이 문제를 직접 다루는 논의는 많지 않다. 이에 관해서는 3가지 견해가 있다.

먼저 기속력과 기판력은 같지 않고, 기속력은 주관적 범위와 객관적 범위에서 기판력이 드러내는 결함을 보완하는, 주관적 및 객관적 범위가 확장된 효력이라고 보는 견해가 있다.[7] 이 견해는 기속력을 기판력과 별도로 규정하는 것은 각각의 효력이 같지 않다는 것을 증명한다고 한다. 그리고 헌법재판소 결정의 준수효과를 확보하려면 기판력을 주관적 측면뿐 아니라 객관적 측면에서도 보완하여야 한다고 한다.

다음 기속력을 헌법재판소 결정의 실효성을 보장하고 당사자의 권리구제에 온 힘을 쏟기 위해서 법률이 특별히 인정한 특수한 효력으로 보는 견해가 있다.[8] 이 견해를 따르면 기속력과 기판력은 주관적 효력 범위뿐 아니라 객관적 효력 범위에서도 다르다고 한다. 이 견해는 기속력과 기판력이 일반 소송법이론상 다른 의미로 사용되고, 주관적 효력 범위뿐 아니라 객관적 효력 범위도 같지 않다는 것을 근거로 한다.

---

7) **전정환**, 「헌법재판소 결정의 효력에 관한 일반적 고찰」, 문광삼/남복현/전정환, 『헌법재판소결정의 효력에 관한 연구』(헌법재판연구 제7권), 헌법재판소, 1996, 50～51쪽.

8) **이성환**, 「헌법재판소 결정의 효력에 관한 연구」, 서울대학교 박사학위논문, 1994, 89～90쪽.

그리고 이 견해는 기판력과 달리 기속력이 소극적 의무뿐 아니라 적극적 의무도 부과한다고 한다.

끝으로 기속력을 기판력에 추가로 부가된 효력으로 보는 견해가 있다.[9] 즉 기판력은 종류와 관계없이 모든 종국결정에 발생하지만, 기속력은 법률에 대한 위헌결정, 권한쟁의심판의 결정, 헌법소원의 인용결정에 한정하여 인정된다고 한다. 이 견해는 행정소송(취소소송)과 같은 객관소송에서 기속력과 기판력을 통일적으로 그리고 소송물의 개념을 통해서 양자를 같은 범위에서 같게 이해하여야 한다는 것에 근거한다.[10] 이 견해는 기속력을 기판력의 주관적 범위가 확장된 것으로 보고, 객관소송에서 기속력과 기판력의 구별이 필요 없다는 것을 강조하므로, 이 견해와 기속력을 기판력의 주관적 확장으로 보는 견해는 기본적으로 같은 것으로 볼 수 있다고 한다.[11]

(2) 독일

연방헌법재판소법 제31조 제1항을 따라 연방헌법재판소 재판의 확정력은 주관적으로 확장된다. 이러한 확장이 단지 주관적 확장에 머무는지 아니면 확정력을 질적으로 바꾸는지가 다투어진다.

지배적 견해[12]는 연방헌법재판소법 제31조 제1항을 엄격하게 해석

---

9) **정종섭**, 『헌법소송법(제8판)』, 박영사, 2014, 185~186쪽.

10) **박정훈**, 「취소소송의 소송물에 관한 연구: 취소소송의 관통개념으로서 소송물 개념의 모색」, 『법조』 제526호, 법조협회, 2000. 7., 113~116쪽.

11) **박진완**, 「헌법재판소와 국회와의 관계: 규범반복금지」, 『헌법학연구』 제11권 제2호, 한국헌법학회, 2005, 91쪽.

12) ***Hans Brox***, Zur Zulässigkeit der erneuten Überprüfung einer Norm durch das Bundesverfassungsgericht, in: Gerhard Leibholz/Hans Joachim Faller/Paul Mikat/

한다. 따라서 이 견해는 기속력은 기판력을 주관적 측면에서 확장하는 것으로 본다. 이러한 견해를 비판하는 두 가지 견해가 있다.

먼저 기속력은 기판력을 주관적 측면뿐 아니라 객관적 측면에서 확장하는 것이라고 보는 견해가 있다.[13] 이 견해는 국가의 자기통제라는 헌법소송의 특성을 강조하고, 헌법기관 서로의 관계 그리고 국가에 대한 관계라는 성질, 국가를 위해서 행위를 하는 기관성, 국가의 통일성 그리고 본질적 측면에서 나누어질 수 없는 국가권력을 근거로 제

Hans Reis (Hrsg.), Menschenwürde und freiheitliche Rechtsordnung: Festschrift für Willi Geiger zum 65. Geburtstag, Tübingen 1974, S. 813 ff.; ***Ernst Kadenbach***, Zur bindenden Wirkung der Entscheidungen des Bundesverfassungsgerichts - Versuch einer abschließenden Betrachtung -, in: AöR 80 (1955/1956), S. 411 f.; ***Hans Hugo Klein***, Probleme der Bindung des „einfachen Richters" an Entscheidungen des BVerfG, in: NJW 1977, S. 699; ***Christian-Friedrich Menger***, Anmerkung zu zwei Beschlüssen des OVG Lüneberg und des Bundesverfassungsgerichts, in: AöR 80 (1955/1956), S. 225 f.; ***Michael Sachs***, Bindungswirkungen bei verfassungskonformer Gesetzesauslegung durch das Bundesverfassungsgericht, in: NJW 1979, S. 347; ***Ulrich Scheuner***, Das Verfassungsgericht und die Bindungskraft seiner Entscheidungen, in: DÖV 1954, S. 644 f.; ***Friedrich E. Schnapp/Sandra Henkenötter***, Zur Bindungswirkung der Entscheidungen des BVerfG, in: JuS 1994, S. 125; ***Klaus Stern***, in: Rudolf Dolzer/Klaus Vogel/Karin Graßhof (Hrsg.), BK, München 2007 (Stand: Juni 2007), Art. 94 Rdnr. 129; ***Andreas Voßkuhle***, in: Hermann von Mangoldt/Friedrich Klein/Christian Starck (Hrsg.), Kommentar zum Grundgesetz, 6. Aufl., München 2010, Art. 94 Rdnr. 31; ***Albrecht Zeuner***, Über die Geltungsdauer der Entscheidungen des Bundesverfassungsgerichts und die Möglichkeit späterer abweichender Entscheidungen, in: DÖV 1955, S. 338; ***Konrad Zweigert***, Die Verfassungsbeschwerde, in: JZ 1952, S. 327.

13) ***Willi Geiger***, Die Beziehungen zwischen der Bundesverfassungsgerichtsbarkeit und der übrigen Gerichtsbarkeit im Bunde auf Grund des Bundesverfassungsgerichtsgesetzes (BVGG.), in: DRiZ 1951, S. 173; ***ders.***, Die Grenzen der Bindung verfassungsgerichtlicher Entscheidungen (§ 31 Abs. 1 BVerfGG), in: NJW 1954, S. 1058 ff.

시한다.

다른 견해는 기속력은 단지 기판력의 확장만은 아니라고 한다.14) 이 견해를 따르면 기속력은 바로 기판력에 근거하지 않으므로, 기속력은 기판력의 전제에 구속되지 않고, 기판력과 다른 별개의 것이라고 한다. 따라서 기속력은 심판대상뿐 아니라 모든 같은 종류의 사건을 포섭한다고 한다. 이 견해는 '헌법의 수호자'라는 연방헌법재판소의 지위와 기속력과 법률적 효력(법규적 효력)의 실질적 동일성을 이에 관한 근거로 제시한다.

연방헌법재판소의 지속적인 판례는 연방헌법재판소 판결과 결정의 기속력을 기판력과 구별한다.15)

3. 사견

(1) 보완이 필요한 기판력

불가쟁력과 기판력 때문에 당사자와 그의 법적 승계인은 형식적으로 확정된 헌법재판소 결정에 구속되고, 헌법재판소는 같은 심판대상과 관련된 당사자의 후행 절차에서 더는 재판을 하지 못하거나 최소한 이전의 결정과 다르게 결정할 수 없다. 그러나 국가기관은 일반적으로 규범통제절차에서 당사자도 법적 승계인도 아니다. 다른 심판절차에서도 모든 국가기관이 당사자가 되는 것도 아니다. 그러므로 국가기관은 (심판절차에 참가하지 않는 한) 불가쟁력과 기판력을 따라서 헌법재판

14) ***Rüdiger Zuck***, Die Selbstbindung des Bundesverfassungsgerichts, in: NJW 1975, S. 908.

15) BVerfGE 4, 31 (38); 20, 56 (86 f.); 77, 84 (104).

소 결정에 구속되지 않는다. 그래서 헌법재판소 결정은 옹글게(완벽하게) 실현될 수 없다. 법규범은 일반적 구속성이 있고 일반적인 국가행위도 일반적으로 관철될 필요성이 있으나, 헌법재판소 스스로 자기 결정을 집행할 수 없어서 다른 국가기관이 헌법재판소 결정을 집행하여야 하기 때문이다. 따라서 다른 국가기관과 맺는 관계에서 법적 안정성과 법적 평화를 보장하고 헌법재판소 결정을 옹글게(완벽하게) 집행하기 위해서는 기판력의 보완이 필요하다. 헌법재판소법 제47조 제1항은 이러한 보완을 한다.

(2) 기판력의 주관적 확장인 기속력

헌법재판소법 제47조 제1항, 제67조 제1항, 제75조 제1항과 제6항은 오로지 헌법재판소 결정이 모든 국가기관을 구속한다는 것만을 규정한다. 즉 이 조항들은 헌법재판소 결정의 효력을 단지 주관적 측면에서만 확장한다. 사법판결의 효력은 민사소송뿐 아니라 본질적 측면에서 다른 모든 개별 소송에서도 같다. 특히 헌법소송에서 이러한 일반성에서 벗어나야 할 이유나 근거를 찾을 수 없다. 따라서 입법자가 헌법소송을 이러한 보편타당성(사법판결의 일반적 효력)에서 벗어나게 하는 규율을 정립하고자 한다면, 입법자는 헌법재판소법(혹은 다른 헌법재판 관련 개별법)의 개별 조항에서 명확하게 표현하여야 한다. 그러나 헌법재판소 결정의 효력을 주관적으로 확장하는 헌법재판소법 제47조 제1항, 제67조 제1항, 제75조 제1항과 제6항 이외에 다른 관련 조항을 찾을 수 없다. 이러한 주관적 확장은 형성력이나 법률요건적 효력에서 볼 수 있는 것처럼 일반 소송법에서 낯선 것도 아니다. 따라서 기속력은 기판력을 단지 주관적 측면에서 확장하는 것일 뿐이고, 객관적 측면에서는 확장하지 않는다고 보아야 한다.[16] 결론적으로 기속력 관련 조항은 헌법재판소 결정의 확정력이나 기판력과 질적으로 다른 효력을 헌법재판소 결정에 부여하지 않는다.

Ⅲ. 기속력의 근거

1. 법률에 근거한 기속력

헌법은 국가법질서에서 최상위의 법규범이다. 헌법 우위[17]는 헌법국가의 특징으로 이해된다. 그러나 헌법을 구체적 분쟁사건에서 관철할 제도가 마련되어야 비로소 헌법 우위는 효과적으로 보장될 수 있다. 이러한 헌법 우위 보장과 그 실효화는 헌법이 직접 헌법재판소에 맡긴다. 자기 결정에 충분한 구속성이 있어야 헌법재판소는 이러한 과제를 제대로 이행할 수 있다.[18] 이러한 점 때문에 헌법재판소 결정의 기속력은 실정법으로 보장된다(헌법재판소법 제47조 제1항, 제67조 제1항, 제75조 제1항과 제6항).

2. 기속력의 필요성

법률조항을 제외하고 다음과 같은 근거에서 헌법재판소 결정의 기속력은 필요하다:

---

16) 같은 견해: **한수웅**, 『헌법학(제7판)』, 법문사, 2017, 1399쪽.

17) 헌법 우위의 헌법적 근거에 관해서는 **김선택**, 「국가기능체계에 있어서 헌법재판소의 역할과 한계 - 국가조직관련 헌법재판소판례의 분석과 평가 -」, 『공법연구』 제33집 제4호, 한국공법학회, 2005, 181쪽 참조.

18) ***Andreas Heusch*** (Anm. 4), § 31 Rdnr. 14.

① 헌법재판소 결정을 다툴 수단이 없으므로, 헌법재판소는 최종결정권이 있다. 그래서 다른 국가기관은 헌법재판소가 이미 심사한 헌법분쟁을 다시 심사할 수 없다. 따라서 다른 국가기관은 헌법재판소 결정을 받아들여야 한다. 이러할 때만 헌법재판소 결정은 국가기관 사이에 존재하는 모순을 제거하여 국가법질서 통일을 실현할 수 있다.[19] 그리고 헌법재판소 결정이 헌법분쟁을 확정적으로 종결하고 그 반복 가능성을 제거함으로써, 법적 안정성과 법적 평화는 국가생활의 전체 영역에서 보장될 수 있다.[20] 국가법질서 통일, 법적 안정성과 법적 평화는 헌법의 지도이념에 속하는 법치국가원리의 본질적 요소이다. 헌법재판소 결정의 이러한 최종성은 다른 모든 국가기관이 헌법재판소 결정에 구속되어야 효과적으로 보장될 수 있다.[21]

② 헌법재판소는 헌법의 수호자이므로, 헌법재판소는 개별적 권리보호 과제 이외에 객관적 헌법보호 과제도 있다. 따라서 헌법재판은 개별적 기본권보호에 그치지 않고, 객관적 헌법을 보장하고 헌법의 해석과 계속형성에 이바지하는 기능도 있다(2중 기능). 따라서 헌법재판소 결정은 당사자를 넘어 효력을 미칠 수밖에 없다.[22]

---

19) ***Willi Geiger*** (Anm. 13, Die Grenzen der Bindung verfassungsgerichtlicher Entscheidungen), S. 1058.

20) ***Hermann Maassen***, Problem der Selbstbindung des Bundesverfassungsgerichts, in: NJW 1975, S. 1345; ***Hans G. Rupp***, Zur Bindungswirkung der Entscheidungen des Bundesverfassungsgerichts, in: die Rechtswissenschaftliche Abteilung der Rechts- und Wirtschaftswissenschaftlichen Fakultät der Universität Tübingen (Hrsg.), Tübinger Festschrift für Eduard Kern, Tübingen 1968, S. 405.

21) ***Uwe Kischel***, Darf der Gesetzgeber das Bundesverfassungsgericht ignorieren? - Zum erneuten Erlaß für nichtig erklärter Gesetze, in: AöR 131 (2006), S. 232 참조.

22) ***Willi Geiger*** (Anm. 13, Die Grenzen der Bindung verfassungsgerichtlicher

③ 일반적 문제는 일반구속적으로 결정할 필요가 있다.[23] 헌법재판소 통제대상은 규범통제에서는 법규범이고, 헌법소원심판과 권한쟁의심판에서는 국가기관의 행위이다. 따라서 헌법재판소는 법규범과 국가기관행위의 효력에 관해서 심사한다. 국가기관의 행위는 일반적으로 관철되어야 한다. 특히 법규범은 그 일반구속성 때문에 당사자뿐 아니라 불특정한 다수 및 다른 국가기관과도 관련을 맺는다. 그래서 규범통제심판과 헌법소원심판 그리고 권한쟁의심판은 헌법재판소 결정이 모든 국가기관을 구속하지 못한다면, 그 심판 목적을 충분히 달성하기 어렵다.

④ 헌법재판소는 스스로 처분을 내릴 수 없다. 헌법재판소는 법규범의 위헌성을 확인하거나 다른 국가기관의 행위를 취소하거나 그 무효를 확인할 수 있을 뿐이다(헌법재판소법 제45조, 제66조, 제75조). 그래서 헌법재판소 결정은 드물지 않게 다른 국가기관의 행위를 통해서 비로소 실현될 수 있다. 즉 헌법재판소 스스로 자기 결정을 집행할 수 없어서, 다른 국가기관이 헌법재판소 결정을 존중하고 수용하여야 헌법재판소 결정은 비로소 생명력을 가질 수 있다. 이러한 점에서 헌법재판소 결정은 다른 국가기관을 구속할 때만 의미가 있을 수 있다.

3. 헌법의 규범서열이 있는 기속력?

(1) 헌법전에 언급되지 않은 기속력

헌법재판소 결정의 기속력은 헌법전에서 한 번도 언급되지 않았다.

Entscheidungen), S. 1058; ***Friedrich E. Schnapp/Sandra Henkenötter*** (Anm. 12), S. 123; ***Rüdiger Zuck*** (Anm. 14), S. 910.

23) ***Christian-Friedrich Menger*** (Anm. 12), S. 226.

그와 관련하여 두 가지 상반되는 이유가 제시될 수 있다. 하나는 기속력은 헌법적으로 보장되지 않는다는 것이고, 다른 하나는 기속력은 헌법적으로 자명하므로 명시적 언급이 필요하지 않다는 것이다.[24]

(2) 학설

① 한국

한국에서 기속력에 헌법의 규범서열이 있는지는 거의 논의되지 않는다. 기속력에 헌법의 규범서열을 부여하려는 몇몇 견해가 보일 뿐이다.

먼저 헌법 제10조 제2문을 따라 모든 국가기관은 국민의 기본권을 최대한 보장할 의무가 있고, 헌법재판소는 헌법의 의미내용과 기본권을 최종적으로 그리고 유권적으로 해석하는 국가기관이라는 견해가 있다.[25] 따라서 헌법 제107조 제1항과 제111조 제1항 제1호 및 제5호의 의미는 법률에 대한 규범통제와 법률에 대한 헌법소원심판의 권한을 헌법재판소에 부여하여 모든 국가기관이 헌법재판소 결정에 구속되게 하는 것이라고 한다. 오로지 이를 통해서만 법치국가원리가 요구하는 법질서의 통일성은 보호될 수 있다고 한다.

다른 견해는 기속력이 기판력과 마찬가지로 헌법적 근거가 있는 효력의 지위가 있다고 한다.[26] 이 견해는 헌법재판소 결정의 기속력은

---

24) ***Jan Ziekow*** (Anm. 4), S. 524 참조.

25) **방승주**, 「헌법재판소의 헌법합치적 해석의 효력」, 『법학논집』 특별호, 고려대학교 법학연구소, 1997, 440쪽; **같은 사람**, 「국가배상법 제2조 제1항 단서에 대한 한정위헌결정의 기속력」, 『인권과 정의』 제304호, 한국변호사협회, 2001. 12., 106쪽.

26) **이성환**(주 8), 91～92쪽; **같은 사람**, 「한정위헌결정의 기속력」, 『세계헌법연구』

국가기관이나 지방자치단체가 국가권력의 한 부분질서로서 그 뿌리가 같아서 다른 국가기관의 유효한 결정을 서로 존중하여야 한다는 헌법적 의무의 구체화이고, 헌법적 사법기관인 헌법재판소가 이미 판정한 사안에 관해서 그 결정의 실효성을 보장하려고 인정된 효력이라고 한다.

② 독일

연방헌법재판소법 제31조 제1항이 아예 없더라도 연방헌법재판소 재판은 기판력을 넘어서는 구속력이 있다는 견해가 있다.[27] 이 견해는 독일 기본법, 특히 제93조는 연방헌법재판소의 포괄적 권한을 규정하므로, 모든 국가권력에 대한 연방헌법재판소 재판의 구속성은 필요하다고 한다. 그리고 모든 헌법재판소 절차는 헌법 적용과 관련이 있으므로, 헌법재판소 재판은 헌법 우위에 포섭되고 모든 국가기관은 헌법재판소 재판에 구속된다고 한다.

그러나 다른 견해[28]와 독일 연방헌법재판소[29]는 다음과 같은 근거

제2호, 국제헌법학회 한국학회, 1997, 558쪽.

27) ***Gerd Roellecke***, Aufgaben und Stellung des Bundesverfassungsgerichts in der Gerichtsbarkeit, in: Josef Isensee/Paul Kirchhof (Hrsg.), HStR, Bd. Ⅲ, 3. Aufl., Heidelberg 2005, § 68 Rdnr. 22; ***Hans Schäfer***, Gesetzeskraft und bindende Wirkung der Entscheidungen des Bundesverfassungsgerichts, in: NJW 1954, S. 1466.

28) ***Steffen Detterbeck***, Normwiederholungsverbote aufgrund normverwerfender Entscheidungen des Bundesverfassungsgerichts, in: AöR 116 (1991), S. 445; ***ders.***, Streitgegenstand und Entscheidungswirkungen im öffentlichen Recht, Tübingen 1995, S. 352 f.; ***Michael Sachs***, Der Fortbestand der Fristenlösung für die DDR und das Abtreibungsurteil des Bundesverfassungsgerichts, in: DtZ 1990, S. 196; ***Jan Ziekow***, Rechtsmittelrecht und Verfassungsgerichtsbarkeit, in: Die Verwaltung 27 (1994), S. 475 f.; ***ders.*** (Anm. 4), S. 524 f.

29) BVerfGE 77, 84 (104).

를 들어 기속력에 단순히 법률적 차원에서 부여하는 효력만 인정한다:

(i) 기속력은 독일 기본법전에서 한 번도 언급되지 않는다.
(ii) 헌법전에서 발견될 수 없는 헌법기관이라는 연방헌법재판소의 지위가 인정되기는 하지만, 이를 통해서 다른 국가기관에 대한 연방헌법재판소의 우위는 확인될 수 없다.
(iii) 독일 기본법 제20조 제3항에 따른 입법의 특별한 헌법구속에서 입법자가 먼저 헌법이 형성한 정치적 절차를 구체화하고, 헌법재판소는 단지 그다음에 형성된 정치적 절차의 성과물을 통제한다는 것이 도출된다.
(iv) 이미 사물의 본성에서 대세적 효력이 발생한다.

(3) 사견: 법률적 차원에서 부여하는 효력에 불과한 기속력

기속력은 헌법전에 명확하고 직접적인 근거가 없어서, 기속력이 헌법의 규범서열이 있다면 다른 헌법규정에서 그에 관한 구체적 내용이 도출되어야 한다. 먼저 이미 언급한 것(2.)처럼 기속력의 필요성을 헌법적으로 확인하는 것은 어렵지 않다. 그러나 제도의 필요성이 제도 자체의 존재를 증명하는 것은 아니다. 필요성은 제도가 도입되었을 때 제도를 정당화할 뿐이다. 즉 필요성은 간접적 근거에 불과하다. 법치국가원리를 따라 원칙적으로 사법판결은 오로지 당사자만을 구속하므로, 기속력은 법치국가에서 당연히 인정되지 않는다.[30] 그리고 헌법재판소의 권한은 다른 효력, 즉 기판력, 법률요건적 효력 혹은 법률적 효력(법규적 효력)이나 형성력, 선례적 구속력[31] 등을 통해서도 실현될 수

30) ***Steffen Detterbeck*** (Anm. 28, Streitgegenstand und Entscheidungswirkungen im öffentlichen Recht), S. 352 f.
31) 이에 관한 자세한 검토는 **허완중**, 「헌법재판소결정의 선례적 구속력」, 『저스티

있다. 기속력이 이러한 권한을 더 효과적으로 실현할 수 있을 뿐이다. 또한, 헌법재판소가 헌법을 최종적으로 해석할지라도, 헌법재판소 결정은 헌법 그 자체는 아니다. 게다가 헌법해석은 헌법재판소의 독점적 권한도 아니다. 즉 다른 국가기관도 최종적은 아닐지라도 헌법을 해석할 권한이 있다. 그 밖에 헌법재판소뿐 아니라 모든 국가기관은 국민의 기본권을 최대한 보장하여야 하는 의무가 있다(헌법 제10조 제2문). 이러한 점에서 기속력은 단지 '법률적 차원에서 부여되는 효력'에 불과한 것으로 보아야 할 것이다.

그러나 헌법재판소는 "모든 국가기관은 헌법의 구속을 받고 헌법에의 기속은 헌법재판을 통하여 사법절차적으로 관철되므로, 헌법재판소가 헌법에서 부여받은 위헌심사권을 행사한 결과인 법률에 대한 위헌결정은 법원을 포함한 모든 국가기관과 지방자치단체를 기속한다. 따라서 헌법재판소가 위헌으로 결정하여 그 효력을 상실한 법률을 적용하여 한 법원의 재판은 헌법재판소 결정의 기속력에 반하는 것일 뿐 아니라, 법률에 대한 위헌심사권을 헌법재판소에 부여한 헌법의 결단(헌법 제107조 및 제111조)에 정면으로 위배된다. 결국, 그러한 판결은 헌법의 최고규범성을 수호하기 위하여 설립된 헌법재판소의 존재의의, 헌법재판제도의 본질과 기능, 헌법의 가치를 구현함을 목적으로 하는 법치주의의 원리와 권력분립의 원칙 등을 송두리째 부인하는 것이라 하지 않을 수 없는 것이다."[32]라고 하여 헌법에서 직접 기속력을 도출할 수 있다고 해석할 여지를 남긴 것이 있다. 그리고 헌법재판소의 소수의견 중에는 "… 기속력은 헌법재판소법 제47조 제1항, 제75조 제6항에 규정되어 있지만, 법률에 대한 위헌심사권을 헌법재판소에 부여

스』 제110호, 한국법학원, 2009. 4., 5~28쪽 참조.

32) 헌재 1997. 12. 24. 96헌마172등, 판례집 9-2, 842, 859-860.

한 헌법의 결단(헌법 제111조)에서 우러나오는 것이다."[33]라고 하여 기속력이 헌법 제111조에서 도출된다고 밝힌 것이 있다.

Ⅳ. 기속력의 내용

1. 기속력의 범위

(1) 확정력 있는 본안결정

확정력 있는 헌법재판소 결정이 기속력을 가질 수 있다.[34] 헌법재판소 결정이 확정되어야 비로소 기속력의 내용과 범위가 밝혀질 수 있기 때문이다. 기속력은 그러한 범위에서 불가쟁력을 전제한다. 그리고 기속력은 절차결정이 아니고 단지 본안결정과 관련이 있다.[35] 절차결정

33) 헌재 2006. 3. 30. 2005헌마598, 판례집 18-1상, 439, 454 재판관 조대현의 반대의견.

34) ***Christian Pestalozza,*** Verfassungsprozeßrecht, 3. Aufl., München 1991, § 20 Rdnr. 89.

35) **남복현**, 「헌법재판소 결정의 기속력」, 『한양법학』 제4·5(통합)집, 한양법학회, 1994, 153쪽; **이성환**(주 8), 93쪽; BVerfGE 78, 320 (328); 92, 91 (107); ***Ernst Benda/Eckart Klein/Oliver Klein***, Verfassungsprozessrecht, 3. Aufl., Heidelberg/München/Landsberg/Frechen/Hamburg 2012, § 40 Rdnr. 1445; ***Herbert Bethge***, Verbindlichkeit der Entscheidung, in: Theodor Maunz/Bruno Schmit-Bleibtreu/Franz Klein/Gerhard Ulsamer/Herbert Bethge/Karin Grasshof/Rudolf Mellinghoff/Jochen Rozek, Bundesverfassungsgerichtsgesetz - Kommentar, Bd. 1, München 2007 (Stand: Juli 2007), § 31 Rdnr. 84; ***Steffen Detterbeck*** (Anm. 28, Normwiederholungsverbote aufgrund normverwerfender Entscheidungen des Bundesverfassungsgerichts), S. 363 f.; ***Christoph Gusy***, Parlamentarischer Gesetzgeber und Bundesverfassungsgericht, Berlin 1985, S. 235; ***Andreas Heusch*** (Anm. 4), § 31 Rdnr. 55; ***Kai-Oliver Knops***, Bundesverfassungsgericht und die Bindungskraft

은 심판대상[36]에 관해서 결정하지 않기 때문이다.

(2) 사법적 헌법해석

기속력은 최종적 헌법해석에 관한 헌법재판소의 과제와 권한에 근거한다. 그러므로 헌법재판소법 조항의 문언이나 의미에서 바로 도출될 수 없다고 할지라도 헌법재판소 결정 중에서 원칙적으로 사법적(司法的) 헌법해석만 기속력을 가질 수 있다. 따라서 개별 하위법규범[37] 해석은 결정주문의 필수적 전제조건이라고 하더라도 기속력이 없다.[38]

---

seiner Entscheidungen, in: KritV 1997, S. 48; ***Andreas Voßkuhle*** (Anm. 12), Art. 94 Rdnr. 32. 그러나 절차규정도 때에 따라 기속력이 있을 수 있다는 견해 [***Christian Pestalozza*** (Anm. 34), § 20 Rdnr. 89]도 있다.

36) 헌법재판에서는 대립하는 당사자가 없을 때(예를 들어 위헌법률심판)가 있으므로, 청구인과 피청구인의 대립을 전제로 하는 소송물(Streitgegenstnad)이라는 용어는 적절하지 않다. 따라서 소송물 대신에 심판대상(Verfahrensgegenstand)이라는 용어를 사용하고자 한다[***Steffen Detterbeck*** (Anm. 28, Streitgegenstand und Entscheidungswirkungen im öffentlichen Recht), S. 305 참조]. 헌법재판소도 결정문에서 '심판대상'(이나 '심판의 대상')이라는 용어를 일반적으로 사용한다. 다만, 소수의견에서 '소송물'이라는 용어도 보인다(헌재 1991. 6. 3. 90헌마56, 판례집 3, 289, 307 재판관 한병채의 반대의견; 헌재 2001. 6. 28. 2000헌바48, 공보 58, 658, 661 재판관 김영일, 재판관 김경일, 재판관 송인준의 각하의견). 그러나 심판대상과 소송물은 개념적 차이가 없다(같은 견해: **김지형**, 「헌법재판결정의 기판력」, 『헌법논총』 제3집, 헌법재판소, 1992, 270쪽 주 30; **최희수**, 「법률의 위헌결정의 효력에 관한 연구 - 소송법적 효력을 중심으로 -」, 고려대학교 박사학위논문, 2001, 11쪽).

37) 여기서 하위법규범은 헌법을 제외한 모든 법규범을 말한다.

38) BVerfGE 19, 377 (392); 40, 88 (93 f.); ***Herbert Bethge*** (Anm. 35), § 31 Rdnr. 88; ***Steffen Detterbeck*** (Anm. 28, Streitgegenstand und Entscheidungswirkungen im öffentlichen Recht), S. 355; ***Wolfgang Endemann***, Zur Bindungswirkung von Entscheidungen des Bundesverfassungsgerichts im Verfassungsbeschwerdeverfahren, in: Theo Ritterspach/Willi Geiger (Hrsg.), Festschriftfür Gebhard Müller: Zum 70. Geburtstag des Präsidenten des Bundesverfassungsgerichts, Tübingen 1970, S. 26 f.; ***Kai-Oliver Knops*** (Anm. 35), S. 47; ***Klaus Lange***,

개별 하위법규범의 구속적 해석과 적용은 헌법적 권한분배를 따라 일반 법원의 몫이다(헌법 제101조 제1항, 제107조 제2항).[39] 그러나 헌법재판소는 권한쟁의심판에서 헌법이나 '법률'이 부여한 청구인의 권한이 침해되었는지(헌법재판소법 제61조 제2항)를 심사하여야 하므로, 이러한 헌법재판소 결정에 수반되는 법률 해석은 기속력을 가질 수밖에 없다.[40] 그리고 예외적으로 헌법에서 개별 하위법규범 해석이 도출된다면, 즉 헌법재판소가 개별 하위법규범을 헌법합치적으로 해석하거나 개별 하위법규범의 특정해석을 위헌으로 선언한다면, 헌법재판소가 한 개별 하위법규범 해석도 기속력이 있을 수 있다. 그러한 범위에서 위헌적 해석 가능성은 구속적으로 제거된다.[41] [42]

Rechtskraft, Bindungswirkung und Gesetzeskraft der Entscheidungen des Bundesverfassungsgerichts, in: JuS 1978, S. 5; ***Christian Pestalozza*** (Anm. 34), § 20 Rdnr. 92; ***Alfred Rinken***, in: Erhard Denninger/Wolfgang Hoffmann-Riem/Hans-Peter Schneider/Ekkehart Stein (Hrsg.), AK-GG, 3. Aufl., Neuwied/Kriftel 2001 (Stand: August 2002), Art. 94 Rdnr. 66; ***Hans Georg Rupp*** (Anm. 20), S. 406; ***Günther Willms***, Was bindet nach § 31 I BVerfGG?, in: JZ 1954, S. 528; ***Wolfgang Zeidler***, Die Verfassungsrechtsprechung im Rahmen der staatlichen Funktionen - Arten, Inhalt und Wirkungen der Entscheidungen über die Verfassungsmäßigkeit von Rechtsnormen, in: EuGRZ 1988, S. 215; ***Jan Ziekow*** (Anm. 28), S. 486.

39) BVerfGE 40, 88 (94) 참조.

40) 참고로 독일에서 구체적 규범통제나 추상적 규범통제에서 연방법률을 심사기준으로 심사하면 이러한 연방법률의 해석도 예외적으로 기속력이 있다.

41) BVerfGE 19, 377 (392); 40, 88 (94); 42, 258 (260); 72, 119 (121).

42) 이상 **황우여**, 「위헌결정의 효력」, 『헌법재판의 이론과 실제』(금랑 김철수교수 화갑기념), 박영사, 1993, 309쪽; ***Herbert Bethge*** (Anm. 35), § 31 Rdnr. 88; ***Andreas Heusch*** (Anm. 4), § 31 Rdnr. 60; ***Kai-Oliver Knops*** (Anm. 35), S. 47 f.; ***Alfred Rinken*** (Anm. 38), Art. 94 Rdnr. 66; ***Hans Georg Rupp*** (Anm. 20), S. 407f.; ***Klaus Schlaich/Stefan Korioth***, Das Bundesverfassungsgericht - Stellung, Verfahren, Entscheidungen, 10. Aufl., München 2015, Rdnr. 445; ***Jan Ziekow*** (Anm. 28), S. 486; ***ders.*** (Anm. 4), S. 527 f. 참조.

(3) 같은 심판대상

헌법재판소 결정은 추상적이거나 일반적 분쟁이 아니라 단지 구체적 분쟁을 해결할 뿐이다. 즉 헌법재판소 결정은 개별 사건 결정이지 헌법이나 법률, 즉 법규범이 아니다. 그래서 규범통제에서 심판대상은 구체적으로 문제가 된 법규범의 위헌성이다.[43] 그리고 헌법소원심판이나 권한쟁의심판에서도 구체적인 국가기관 행위의 위헌성이나 위법성이 문제 된다. 그러므로 확정력처럼 기속력도 구체적 심판대상에 한정된다. 구체적 심판대상을 넘어선 헌법재판소 결정에 대한 국가기관 구속은 헌법적으로나 법률적으로나 주어지지 않는다.

유사규범[44]은 형식적으로 심판대상이 아니므로, 헌법재판소는 그에 관해서 결정하지도 않고 결정할 수도 없다. 그리고 법규범의 문언이 같다고 하더라도 유사규범의 의미는 때에 따라 다를 수 있다.[45] 게다가 문제가 되는 법규범의 실질적 유사성을 판단하기도 쉽지 않다. 그래서 기속력은 유사규범을 포섭하지 못한다. 법원이나 관련자가 유사규범에 대해서 심판청구를 하면, 헌법재판소는 비로소 유사규범의 위헌성을 심사할 수 있을 뿐이다.[46]

2. 준수의무

기속력으로 말미암아 모든 국가기관은 앞날에 행위를 할 때 헌법재판소 결정을 준수하고 존중하여야 한다. 이러한 준수의무는 반복금지

43) BVerfGE 20, 56 (86); 92, 91 (107) 참조.

44) 유사규범은 문언과/또는 내용의 측면에서 헌법재판소의 심판대상이었던 법규범과 일치하는 법규범을 말한다.

45) 같은 견해: **이성환**(주 8), 98~99쪽.

46) **이성환**(주 8), 98~99쪽; **전정환**(주 7), 54~55쪽; ***Andreas Heusch*** (Anm. 4), § 31 Rdnr. 70; ***Christian Pestalozza*** (Anm. 34), § 20 Rdnr. 85.

의무와 반응의무로 구성된다. 반복금지의무는 준수의무의 소극적 측면이고, 반응의무는 준수의무의 적극적 측면이다.

(1) 반복금지의무

모든 국가기관은 앞날에 처분을 내릴 때 헌법재판소 결정에 근거하여야 한다. 따라서 기속력은 다투어진 심판대상뿐 아니라 같은 상황에서 같은 근거로 같은 내용을 담은 공권력의 행사나 불행사도 금지한다.47) 그래서 다른 국가기관이 같은 당사자에 대해서 같은 근거로 같은 처분을 하는 것은 금지된다. 즉 입법자가 같은 법률을 다시 제정하고 행정기관과 법원이 위헌으로 선언된 법규범을 적용하는 식으로 헌법재판소 결정과 모순되는 국가행위를 반복할 수 없다.

(2) 반응의무

헌법재판소는 위헌상태를 제거하는 데 필요한 처분을 스스로 할 수 없다. 그래서 헌법재판소 결정을 실현하는 것은 다른 국가기관의 몫이다. 이것은 다른 지시가 없는 한 다른 국가기관이 확인된 위헌상태를 즉시 헌법합치적 상태로 바꾸어야 한다는 것을 뜻한다. 이러한 반응의무는 국가기관이 헌법에 구속된다는 것에서 비롯된다. 따라서 다른 모든 국가기관은 자신의 권한범위 안에서 개별 사건에서 선고된 구체적 헌법재판소 결정을 관철하는 데 필요한 모든 것을 하여야 한다.48)

---

47) BVerfGE 1, 14 (37) 참조.
48) BVerfGE 2, 139 (142) 참조.

V. 기속력의 대상

1. 한정적으로 규정한 헌법재판소법

연방헌법재판소 '재판'이 연방과 주의 헌법기관 및 모든 법원과 행정청(Behörden)을 구속한다고 규정한 독일 연방헌법재판소법 제31조 제1항과 달리 한국 헌법재판소법은 모든 헌법재판소 결정에 기속력을 부여하지 않는다. 즉 헌법재판소법 제47조 제1항과 제75조 제6항은 법률의 위헌결정이 법원 기타 국가기관 및 지방자치단체를 기속한다고 규정하고, 헌법재판소법 제67조 제1항은 권한쟁의심판의 결정이 모든 국가기관과 지방자치단체를 기속한다고 규정하며, 헌법재판소법 제75조 제1항은 헌법소원의 인용결정이 모든 국가기관과 지방자치단체를 기속한다고 규정한다. 권한쟁의심판에서는 단순히 '결정'이라고 규정한다. 이것은 권한쟁의심판의 결정내용이 심판대상이 된 국가기관 또는 지방자치단체의 권한의 존부나 범위를 판단한다는 점(헌법재판소법 제66조 제1항)에서 심판청구의 인용 여부와 관계없이 결정형식이 달라지지 않는다는 점을 고려한 것으로 보인다. 따라서 권한쟁의심판에서는 기속력의 대상에 관해서 특별한 문제가 발생하지 않는다. 그러나 규범통제절차에서는 단지 위헌결정에만 기속력을 부여한다. 따라서 위헌결정 이외에 합헌결정과 변형결정도 기속력이 있는지에 관해서 다툼이 있다. 헌법소원심판에서는 기속력의 대상을 주제로 논의가 거의 없지만, 규범통제절차와 같은 맥락에서 헌법소원의 기각결정에 기속력이 부여되는지가 문제 된다.

2. 규범통제

(1) 위헌결정

헌법재판소가 법률을 위헌으로 결정하면, 헌법재판소법 제47조 제1항과 제75조 제6항을 따라서 이러한 위헌결정에 기속력이 부여된다. 위헌으로 결정된 법률은 다른 절차 없이 그 효력을 상실하므로(헌법재판소법 제47조 제2항, 제75조 제6항), 국가권력의 어떤 행위도 이러한 법률에 근거하지 못한다. 위헌결정 전에 헌법소원이 이미 제기되었을지라도[49] 위헌결정이 내려져 법률이 효력을 상실하면 심판대상이 더는 존재하지 않으므로, 위헌으로 결정된 법률에 근거한 법률의 위헌제청[50]과 위헌으로 결정된 법률에 대한 헌법소원은 허용되지 않는다.

(2) 합헌결정

① 학설과 판례

헌법재판소법 제47조 제1항 문언에 상관없이 기속력은 합헌결정에도 귀속된다는 견해가 있다.[51] 이 견해는 헌법재판소가 '헌법의 수호

49) 헌재 1994. 4. 28. 92헌마280, 판례집 6-1, 443, 446.

50) 헌재 1994. 8. 31. 91헌가1, 판례집 6-2, 153, 161-162.

51) **남복현**(주 35), 180~182쪽; **같은 사람**, 「법률의 위헌결정의 효력에 관한 연구」, 한양대학교 박사학위논문, 1994, 82~85쪽; **같은 사람**, 「헌법재판소 결정의 효력에 관한 쟁점 및 해결방안」, 문광삼/남복현/전정환, 『헌법재판소결정의 효력에 관한 연구』(헌법재판연구 제7권), 헌법재판소, 1996, 301~303쪽; **박찬주**, 「위헌심판결정의 기속력」, 『외법논집』 제34집 제4호, 한국외국어대학교 법학연구소, 2010, 141쪽; **이성환**(주 8), 92~93, 97~98쪽; **같은 사람**(주 26), 557~560쪽; **전정환**(주 7), 60쪽; **한수웅/정태호/김하열/정문식**(정태호 집필), 『주석 헌법재판소법』, 헌법재판소 헌법재판연구원, 2015, 582쪽; **허 영**, 『헌법소송법론(제12판)』, 박영사, 2017, 238~240쪽; ***Young-Chul Chang***, Die konkrete Normenkontrolle in der Verfassung der Republik Korea, Diss. jur. Köln, 1998, S. 208.

자'로서 헌법문제에 관한 내용상으로 통일적이고 확정력 있는 결정을 내려야 하는 과제가 있다고 한다. 이때 위헌결정뿐 아니라 합헌결정도 기초적인 법적 상황을 확인한다고 한다. 따라서 일단 내려진 헌법재판소 결정은 사실관계와 법적 상황이 바뀌지 않는 한 더는 규범통제 대상이 되지 않는다고 한다. 그러나 합헌결정의 기속력이 부정된다면, 같은 법적 문제와 관련하여 제청신청이나 제청을 반복적으로 할 수 있다고 한다. 그리고 한정합헌결정이 선고되면 위헌인 부분에는 기속력이 부여되고 합헌인 부분에는 기속력이 부여되지 않는 문제가 발생한다고 한다. 또한, 위헌결정이든 합헌결정이든 헌법재판소 결정은 기존 법적 상태를 확인하는 의미가 있다고 한다. 그 밖에 헌법재판소가 결정이유에서 명백히 헌법합치적으로 해석하여도 주문에서는 단순히 합헌으로 결정하면,[52] 기속력이 헌법재판소 결정에 부여되지 않을 수도 있다고 한다.

이에 대해서 다른 견해[53]와 헌법재판소의 소수의견[54]은 헌법재판소

---

52) 예를 들어 헌재 1989. 7. 14. 88헌가5등, 판례집 1, 69; 헌재 1990. 1. 15. 89헌가103, 판례집 2, 4; 헌재 1993. 5. 13. 92헌가10등, 판례집 5-1, 226.

53) **김지형**(주 36), 315쪽; **김하열**, 『헌법소송법(제2판)』, 박영사, 2016, 255~256쪽; **김학성**, 『헌법학원론(전정판)』, 피앤씨미디어, 2017, 1138쪽("합헌결정에 대해서도 합헌결정에 따른 국가의 법집행의무가 있다는 것을 '확인한 정도'의 힘은 인정되나, 합헌으로 결정된 법률을 다시 다투고자 할 경우 이를 금할 정도의 기속력은 인정되지 않는다."); **손상식**, 「한정합헌결정과 한정위헌결정에 관한 소고」, 『헌법학연구』 제18권 제3호, 한국헌법학회, 2012, 484~485쪽; **신 평**, 『헌법재판법(전면개정판)』, 법문사, 2011, 415쪽; **양 건**, 『헌법강의(제6판)』, 법문사, 2016, 1333쪽; **이경주**, 『헌법 Ⅱ』, 법영사, 2013, 593쪽; **이준일**, 『헌법학강의(제6판)』, 홍문사, 2015, 1010, 1053쪽; **장영수**, 『헌법학(제10판)』, 홍문사, 2017, 1272쪽 주 100; **장윤기**, 「헌법재판소에서 위헌으로 결정된 법률의 효력」, 『사법행정』 제34권 제6호(통권 제390호), 한국사법행정학회, 1993. 6., 57쪽 주 46; **전광석**, 「헌법재판에 있어서의 결정주문의 유형과 효력」, 『헌법재판 및 제도의 활성화에 관한 연구』(헌법재판연구 제2권), 헌법재판소, 1991, 180쪽; **같**

법 제47조 제1항 문언을 따라 합헌결정의 기속력을 부정한다. 이러한 견해를 따르면 헌법재판소법 제47조 제1항은 위헌결정에 대해서만 기속력을 인정하고 합헌결정의 기속력에 관해서는 규정하지 않으므로, 기속력은 오로지 위헌결정에만 귀속된다고 한다. 헌법재판소법 제47조 제1항 문언과 달리 해석하기 위해서는 명확하고 적절한 근거가 필요하다고 한다. 그러나 그러한 근거를 찾는 것은 어렵다고 한다. 그리고 객관적 재판인 규범통제의 법적 성격을 따라 제청법원 주장에 구속되지 않고 객관적으로 결정할 수 있을지라도, 헌법재판소가 모든 적용사건을 심사함으로써 다투어진 법률의 위헌성을 심사하는 것은 가능하지 않다고 한다. 또한, 헌법재판소는 법률의 해석·적용에 관한 의견을 변경할 수 있다고 한다(헌법재판소법 제23조 제2항 단서 제2호). 그 밖에 헌법재판소는 상황이 바뀌거나 재판관이 교체되면 의견을 달리할 수 있다고 한다.

헌법재판소는 합헌으로 결정된 법률을 다시 달리 판단하여야 할 별다른 사정 변경이 없는 한 다시 합헌으로 선언하였다.[55] 합헌결정에

은 사람, 『한국헌법론(제12판)』, 법문사, 2017, 827쪽; **정종섭**(주 9), 185쪽; **같은 사람**, 『헌법학원론(제11판)』, 박영사, 2016, 1503쪽; **최희수**(주 36), 111～113쪽; **같은 사람**, 「헌법재판소 결정의 결정이유의 기속력에 관한 연구」, 『공법연구』 제33집 제1호, 한국공법학회, 2004, 449～450쪽; **같은 사람**, 『헌법소송법 요론(개정판)』, 대명출판사, 2015, 47쪽; **황우여**(주 42), 310～311쪽.

54) 헌재 1990. 6. 25. 90헌가11, 판례집 2, 165, 173의 재판관 변정수의 반대의견; 헌재 1992. 2. 25. 89헌가104, 판례집 4, 64, 102의 재판관 변정수의 전부위헌의견; 헌재 1992. 2. 25. 89헌가104, 판례집 4, 64, 113의 재판관 조규광의 보충의견.

55) 헌재 1989. 9. 29. 89헌가86, 판례집 1, 284, 288; 헌재 2001. 7. 19. 2001헌바6, 판례집 13-2, 60, 65. 특히 헌법재판소는 배우자 있는 자의 간통 및 그와의 상간을 처벌하는 형법 제241조에 대해서 단순위헌결정(헌재 2015. 2. 26. 2009헌바17 등, 판례집 27-1상, 20)을 내리기 전에 4차례에 걸쳐 합헌결정을 내렸다

기속력이 인정된다면 이때 헌법재판소가 각하결정을 내려야 한다는 주장이 있을 수 있다. 그러나 이러한 헌법재판소 판례를 헌법재판소가 합헌결정의 기속력을 부정하는 확실한 근거로 삼는 것은 의문이 있다. 당사자나 심판대상이 같지 않으면 다른 사건이 되어 기속력이 미치지 않으므로, 헌법재판소는 그 심판대상의 위헌성을 다시 심사하여야 하기 때문이다.

② 사견

기속력이 헌법재판소법을 따라서 비로소 창조되거나 구체화가 이루어지는 한, 기속력의 내용과 범위 그리고 한계는 헌법재판소법에서 도출되어야 한다. 헌법재판소법 제47조 제1항과 제75조 제6항을 따르면 기속력은 합헌결정에 부여되지 않는다. 그러나 법률 문언과 별개로 합헌결정의 기속력은 그 필요성과 정당성이 헌법적으로 논증되어 헌법에서 그 근거를 찾을 수 있다면 예외적으로 인정될 수도 있다. 따라서 이러한 가능성이 먼저 검토되어야 한다.

합헌결정은 심사한 범위 안에서 최종적으로 법률의 합헌성을 확인한다. 그러나 법률에 대한 합헌결정은 법률에 어떠한 것도 추가하지 않는다.[56] 그리고 법률은 자체의 효력[57]으로 말미암아 일반구속성이 있으므로, 합헌결정의 기속력과 관계없이 법률은 모든 국가기관과 국민을 구속한다. 그래서 합헌결정의 기속력은 법률의 위헌성이 다시 다투어질 때만 의미가 있을 수 있다. 그러나 심판대상이 같으면 기판력이 반복적으로 다투어질 가능성을 제거한다. 심판대상이 다를 때도 반

(헌재 1990. 9. 10. 89헌마82, 판례집 2, 306; 헌재 1993. 3. 11. 90헌가70, 판례집 5-1, 18; 헌재 2001. 10. 25. 2000헌바60, 판례집 13-2, 480; 헌재 2008. 10. 30. 2007헌가17등, 판례집 20-2상, 696).

56) ***Klaus Lange*** (Anm. 38), S. 6.

57) 법률의 효력에 관한 자세한 검토는 **허완중**, 「법률과 법률의 효력」, 『공법학연구』 제11권 제1호, 한국비교공법학회, 2010, 194～207쪽 참조.

복적으로 다투어질 가능성이 제외된다면, 헌법재판소는 이러한 심판대상을 아직 심사하지 않았으므로, 기속력은 심사 없이 발생하게 될 것이다. 따라서 이러한 효력이 사법판결인 헌법재판소 결정에 부여될 수는 없다. 그 밖에 합헌결정은 법률이 구체적 사건과 관련하여 합헌이라는 것만을 확인한다. 즉 법률의 위헌성에 관한 모든 가능성이 심사되지 않는다. 결국, 법률의 합헌성은 잠정적으로만 확인될 뿐이다. 따라서 심사되지 않은 다른 가능성을 심사할 필요성은 여전히 남는다.

요컨대 모든 국가기관은 합헌인 법률에 구속되는 것이지 헌법재판소의 합헌결정에 구속되는 것이 아니다. 집행부와 법원은 합헌으로 결정된 법률의 적용을 거부하지 못한다. 입법자도 법률을 개정하거나 폐지하지 않는 한 합헌으로 결정된 법률에 구속된다. 그리고 합헌결정의 기판력 때문에 일반 법원은 해당 사건과 관련하여 헌법재판소의 심판을 다시 구하지 못한다. 그러나 입법자는 합헌결정이 있어도 합헌으로 결정된 법률을 제한 없이 개정하거나 폐지할 수 있다. 따라서 합헌결정의 기속력은 필요하지 않고 의미도 없다고 보아야 할 것이다.[58]

(3) 한정합헌결정과 한정위헌결정

① 학설

헌법재판소법을 엄격하게 해석하는 견해는 헌법 제107조 제1항, 헌법재판소법 제41조 제1항과 제45조 그리고 제47조 제1항을 근거로 헌법재판소가 변형결정을 내릴 수 없고 오로지 법률의 합헌이나 위헌만을 선언할 수 있으므로, 한정합헌결정과 한정위헌결정을 포함한 모든

58) 독일 기본법 제94조 제2항과 연방헌법재판소법 제31조의 제정과정에서 연방헌법재판소는 긍정적 재판(positive Entscheidungen)에서 단지 선언적으로 확인하므로, 기속력은 부정적 재판(negative Entscheidungen)에만 부여하려던 것이 나타난다[***Hans Schäfer*** (Anm. 27), S. 1467].

변형결정은 기속력이 없다고 한다.[59] 이러한 견해는 지위와 기능 측면에서 한국 헌법재판소와 독일 연방헌법재판소의 차이점을 강조한다. 헌법재판소법 제47조 제1항의 '위헌결정'을 헌법재판소가 주문에서 해당 법률이나 법률조항 전부나 일부에 대해서 헌법에 위반된다고 명시한 결정이라고 해석함으로써 한정합헌결정과 한정위헌결정의 기속력을 부인하는 견해도 있다.[60]

그러나 지배적 견해를 따르면 기속력은 한정합헌결정과 한정위헌결정에도 귀속된다고 한다.[61] 이 견해는 다음과 같은 근거를 제시한다.

(i) 법률의 헌법합치적 해석도 헌법해석이므로, 여기에도 기속력이 부여된다.

(ii) 합헌결정도 기속력이 있으므로, 한정합헌결정도 당연히 기속력

---

59) 헌재 1990. 6. 25. 90헌가11, 판례집 2, 165, 172-174의 재판관 변정수의 반대의견.

60) **장윤기**(주 53), 57~58쪽.

61) **권영성**, 『헌법학원론(개정판)』, 법문사, 2010, 1160쪽; **김학성**(주 53), 1139~1140쪽; **김현철**, 『판례 헌법소송법(제4판)』, 전남대학교출판부, 2016, 132, 209~210쪽; **남복현**(주 51, 헌법재판소 결정의 효력에 관한 쟁점 및 해결방안), 322~326쪽; **방승주**(주 25, 국가배상법 제2조 제1항 단서에 대한 한정위헌결정의 기속력), 117쪽; **성낙인**, 『헌법학(제17판)』, 법문사, 2017, 827쪽; **신봉기**, 「헌법불합치결정의 이유에 기초한 개선입법의무」, 『헌법논총』 제7집, 헌법재판소, 1996, 358쪽; **양 건**(주 53), 1335쪽; **이기철**, 「헌법재판소결정은 주된 이유에도 기속력이 미치는가?」, 『한양법학』 제13집, 한양법학회, 2002, 113~115쪽; **이성환**(주 8), 98쪽; **같은 사람**(주 26), 557~560쪽; **이준일**(주 53), 1010, 1058쪽; **장영수**(주 53), 1273~1274쪽; **전정환**(주 7), 61쪽; **정연주**, 『헌법소송론』, 법영사, 2015, 188쪽; **정종섭**(주 9), 385쪽; **같은 사람**(주 53), 1538쪽; **최희수**(주 53, 헌법소송법 요론), 114쪽; **한수웅/정태호/김하열/정문식**(김하열 집필)(주 51), 598~600쪽; **허 영**(주 51), 251, 253~255쪽; ***Young-Chul Chang*** (Anm. 51), S. 209 f.

이 있다.

(iii) 한정합헌결정과 한정위헌결정은 위헌결정에 포함된다.

(iv) 헌법재판소법 제47조 제1항을 한정적이 아니라 예시적으로 해석하여야 한다.

(v) 한정합헌결정과 한정위헌결정의 필요성이 인정되는 한, 이들의 기속력도 인정되어야 한다. 이것이 부정된다면, 헌법재판소가 한정합헌결정이나 한정위헌결정을 내릴 필요가 없기 때문이다.

그리고 기속력은 오로지 위헌으로 해석된 부분에만 귀속된다는 견해가 있다. 그 근거와 관련하여 헌법재판소법 제47조 제1항은 결정의 종류로서 위헌결정에만 국가기관에 대한 기속력을 인정한 것이 아니고, 어떠한 종류의 결정이든 그 결정에 포함된 위헌성 확인은 기속력이 있다고 해석할 수 있다는 것을 근거로 드는 견해가 있다.[62] 합헌으로 해석된 부분에서 나중에 위헌성이 발견될 가능성을 옹글게(완벽하게) 배제할 수 없다는 것을 근거로 드는 견해도 있다.[63] 그리고 한정위헌결정은 위헌결정으로서 기속력이 있지만, 한정합헌결정에 따른 해석대로 해석하지 않는다고 하여서 곧바로 위헌을 의미하지 않으므로, 한정합헌결정은 위헌결정의 성격이 없는 합헌결정의 일종으로서 기속력이 없다는 견해도 있다.[64]

② 판례

헌법재판소는 한정합헌결정과 한정위헌결정을 질적인 부분위헌선

---

62) **전광석**(주 53, 헌법재판에 있어서의 결정주문의 유형과 효력), 180쪽.

63) **최희수**(주 36), 114～115쪽; **같은 사람**, 「헌법재판소 한정합헌·한정위헌 결정의 기속력」, 『고려법학』 제61호, 고려대학교 법학연구원, 2011, 191～199쪽; **홍성방**, 『헌법소송법』, 박영사, 2015, 154쪽.

64) **손상식**(주 53), 497～499쪽.

언으로 본다.[65] 그리고 헌법재판소는 헌법재판소의 법률에 대한 위헌결정에는 단순위헌결정은 물론, 한정합헌결정, 한정위헌결정과 헌법불합치결정도 포함되고 이들은 모두 당연히 기속력이 있고, 헌법재판소의 한정위헌결정은 결코 법률 해석에 관한 헌법재판소의 단순한 견해가 아니라, 헌법에 정한 권한에 속하는 법률에 대한 위헌심사의 한 유형이라고 한다.[66] 또한, 헌법재판소는 한정합헌결정을 하고 나서 그 결정의 논리적 혹은 현실적 근거가 된 사실에 근본적인 변화가 있었다고 할 수 없고, 지금에 이르러 달리 판단하여야 할 다른 사정변경이 있다고 인정되지 않는다면, 전에 한정위헌으로 결정하였던 법률조항을 다시 한정위헌으로 결정하였다.[67]

이에 대해서 대법원은 한정위헌결정의 기속력을 부정한다.[68] 대법원을 따르면 헌법재판소가 한정위헌결정을 내려도 법률이나 법률조항은 그 문언이 전혀 달라지지 않은 채 그냥 존속한다고 한다. 따라서 법률이나 법률조항의 문언이 변경되지 아니한 이상 이러한 한정위헌결정은 법률이나 법률조항의 의미, 내용과 적용범위를 정하는 법률해석이라고 한다. 그러나 구체적 사건에서 해당 법률이나 법률조항의 의미·내용과 적용범위가 어떠한 것인지를 정하는 권한, 곧 법령의 해석·적용 권한은 바로 사법권의 본질적 내용을 이루는 것으로서, 전적으로 대법원을 최고법원으로 하는 법원에 전속한다고 한다. 따라서 한정위헌결정에 표현된 헌법재판소의 법률해석에 관한 견해는 법률의 의미·

65) 헌재 1992. 2. 25. 89헌가104, 판례집 4, 64, 99; 헌재 1994. 4. 28. 92헌가3, 판례집 6-1, 203, 221-222; 헌재 1997. 12. 24. 96헌마172, 판례집 9-2, 842, 861.
66) 헌재 1997. 12. 24. 96헌마172, 판례집 9-2, 842, 860-864.
67) 헌재 1997. 1. 16. 92헌바6, 판례집 9-1, 1, 24-26.
68) 대법원 1996. 4. 9. 선고 95누11405 판결(집44-1, 762; 공1996상, 1442); 대법원 2001. 4. 27. 선고 95재다14 판결(공2001상, 1220).

내용과 그 적용범위에 관한 헌법재판소 견해를 일단 표명한 것에 불과하여 법원에 전속된 법령의 해석·적용 권한에 관해서 어떠한 영향력을 미치거나 기속력도 가질 수 없다고 한다.

③ 사견

헌법 제107조 제1항은 법원이 개별 법률의 해석권한이 있지만, 법원이 해석한 개별 법률 내용이 위헌인지는 법원이 아닌 헌법재판소가 결정한다고 규정한다. 그래서 법원의 개별 법률 해석권한은 제한된다. 그리고 규범통제는 법률 내용을 확인하는 절차를 불가피하게 포함하며, 헌법재판소법 제45조는 헌법재판소가 제청된 법률이나 법률조항의 위헌 여부만을 결정한다고 규정하였으므로, 법률 일부로 볼 수 있는 법률조항도 위헌으로 결정할 수 있다. 따라서 역시 법률 일부로 볼 수 있는 해석 가능성도 헌법재판소가 위헌으로 결정할 수 있다고 보아야 한다. 이러한 점에서 특정 해석 가능성을 위헌으로 선언하는 한정합헌결정과 한정위헌결정에도 부분위헌결정의 효력이 부여되어야 한다. 또한, 헌법재판소법 제47조 제1항의 관점에서 헌법재판소가 법률 전체를 위헌으로 결정하는 것과 단지 법률의 특정한 해석이 구체화한 '변형규범(Normvariante)'을 위헌으로 결정하는 것은 차이가 없다.[69] 게다가 법률에 대한 위헌심사는 해당 법률이나 법률조항의 의미내용을 확정하는 절차를 불가피하게 포함한다.[70] 따라서 이러한 절차에서 심사기준인 헌법의 내용을 밝히는 헌법해석을 하여야 할 뿐 아니라 심판대

69) BVerfGE 40, 88 (94) 참조.

70) 같은 견해: **박경철**, 「대법원 2001. 4. 27. 선고 95재다14판결의 문제점 - 한정위헌결정의 당위성과 기속력을 중심으로 -」, 『헌법학연구』 제8권 제2호, 한국헌법학회, 2002, 415쪽; **방승주**(주 25, 국가배상법 제2조 제1항 단서에 대한 한정위헌결정의 기속력), 110쪽; **황치연**, 「대법원 1996. 4. 9. 선고 95누11405 판결과 관련된 쟁점들에 대한 비판적 고찰」, 『인권과 정의』 제240호, 대한변호사협회, 1996. 8., 156쪽.

상인 법률의 내용을 확인하는 법률해석도 당연히 하여야 한다. 따라서 헌법재판소는 당연히 법률해석권이 있다. 특히 헌법재판소법 제23조 제2항 단서 제2호는 종전에 헌법재판소가 판시한 헌법 또는 '법률의 해석적용'에 관한 의견을 변경할 때 재판관 6명 이상 찬성하여야 한다고 규정함으로써, 헌법재판소의 법률해석권을 실정법적으로 명확하게 인정한다.[71] 다른 한편, 국회는 해당 공무원이 그 직무집행에서 헌법이나 '법률을 위반한 경우'에 탄핵 소추를 의결할 수 있고(헌법재판소법 제48조), 권한쟁의심판 청구는 피청구인의 처분 또는 부작위가 헌법 또는 '법률'에 의하여 부여받은 청구인의 권한을 침해하였거나 침해할 현저한 위험이 있을 때만 할 수 있다(헌법재판소법 제61조 제2항). 따라서 탄핵심판과 권한쟁의심판에서는 헌법 이외에 법률이 심사기준이 될 수밖에 없다. 법률이 심사기준인 이상 헌법재판소에 법률을 해석할 권한이 있는 것은 당연하다. 그 밖에 한정합헌결정과 한정위헌결정의 허용은 그 기속력을 전제한다. 따라서 기속력은 한정합헌결정과 한정위헌결정에도 귀속된다. 그러나 합헌으로 해석된 부분은 실질적으로 합헌결정과 같아서, 합헌결정의 기속력이 부정되는 것과 마찬가지 이유로 기속력이 부여되지 되지 않는다. 따라서 한정합헌결정과 한정위헌결정에서 단지 위헌으로 해석된 부분만 기속력이 있다.

(4) 헌법불합치결정

① 학설과 판례

헌법재판소법 제47조 제1항에서 '위헌결정'을 헌법재판소가 주문에서 해당 법률이나 법률조항 전부나 일부에 대해서 헌법에 위반된다고

71) 같은 견해: **박경철**(주 70), 415쪽; **방승주**(주 25, 국가배상법 제2조 제1항 단서에 대한 한정위헌결정의 기속력), 109쪽.

명시한 결정으로 해석함으로써 헌법불합치결정의 기속력을 부인하는 견해가 있다.[72]

그러나 지배적 견해[73]를 따르면 헌법불합치결정도 위헌결정에 포함되거나 합헌결정도 기속력이 있으므로, 헌법불합치결정에도 기속력이 부여된다고 한다.

헌법재판소는 헌법재판소의 법률에 대한 위헌결정에는 단순위헌결정은 물론 한정합헌결정, 한정위헌결정과 헌법불합치결정도 포함되므로, 이들은 모두 당연히 기속력이 있고, 헌법불합치결정이 내려지면 법률을 개정할 때까지 심판대상인 법률조항은 법률문언 변화 없이 계속 존속하나, 헌법재판소의 위헌성 확인은 기속력이 있다고 하였다.[74] 한정위헌결정의 기속력을 부정하는 대법원도 헌법불합치결정은 위헌결정의 일종으로 보아서 그 기속력을 인정하지만, 예외적으로 두 개의 헌법불합치결정에 대해서는 그 기속력을 옹글게(완벽하게) 인정하지는 않았다.[75]

---

72) **장윤기**(주 53), 57～58쪽.

73) **권영성**(주 61), 1160쪽; **김현철**(주 61), 209～210쪽; **남복현**(주 51, 헌법재판소 결정의 효력에 관한 쟁점 및 해결방안), 347～349쪽; **박찬주**(주 51), 144쪽; **성낙인**(주 61), 827쪽; **성낙인/이효원/권건보/정 철/박진우/허진성**, 헌법소송론, 박영사, 2012, 208쪽; **신봉기**(주 61), 358쪽; **양 건**(주 53), 1335, 1350쪽; **이성환**(주 8), 98쪽; **같은 사람**(주 26), 557～560쪽; **이준일**(주 53), 1010, 1059쪽; **장영수**(주 53), 1273～1274쪽; **전정환**(주 7), 60～61쪽; **정연주**(주 61), 191쪽; **최희수**(주 36), 116～118쪽; **같은 사람**(주 53, 헌법소송법 요론), 54쪽; **허 영**(주 51), 260쪽.

74) 헌재 1989. 9. 8. 88헌가6, 판례집 1, 199, 261; 헌재 1997. 12. 24. 96헌마172, 판례집 9-2, 842, 860-861.

75) 헌재 1995. 11. 30. 91헌바1등, 판례집 7-2, 562 결정에 대한 대법원 1997. 3. 28. 선고 96누15602 판결(집45-2, 451; 공1997상, 1282)과 헌재 2004. 5. 27.

② 사견

헌법불합치결정도 단순위헌결정과 마찬가지로 법률의 위헌성을 확인하는 헌법재판소 결정이다. 헌법재판소는 단순위헌결정이 일으키는 문제를 피하고자 불가피하게 단순위헌결정 대신 헌법불합치결정을 선택한다. 따라서 헌법불합치결정은 본질적 측면에서 위헌결정이다. 이러한 헌법불합치결정에 기속력이 부여되지 않는다면 헌법재판소가 헌법불합치결정을 내리는 근거가 사라지게 되어 헌법재판소는 단순위헌결정을 내릴 수밖에 없다. 따라서 헌법불합치결정이 허용되는 한 헌법불합치결정에도 단순위헌결정과 마찬가지로 기속력이 귀속되어야 한다.

3. 헌법소원심판

헌법소원의 인용결정에는 기속력이 부여된다(헌법재판소법 제75조 제1항). 헌법소원이 인용되면, 공권력의 행사나 불행사가 청구인의 기본권을 침해하였음이 확정된다(헌법재판소법 제75조 제2항). 그와 함께 기본권 침해 원인이 된 공권력 행사가 취소되거나 그 불행사가 위헌임이 확인된다(헌법재판소법 제75조 제3항). 공권력 불행사의 위헌이 확인되면 피청구인은 결정취지를 따라서 새로운 처분을 하여야 한다(헌법재판소법 제75조 제4항). 이러한 점은 헌법소원심판에 준용되는 행정소송법에서도 확인된다(헌법재판소법 제40조 제1항 제2문, 행정소송법 제30조). 따라서 국가기관과 지방자치단체는 이전에 한 공권력의 행사나 불행사를 반복하지 못하고 헌법재판소 결정 취지에 맞는 새로운 처분을 하여야 한다. 그러나 헌법소원이 기각되면 다투어진 공권력의 행사나 불행사에는

2003헌가1등, 판례집 16-1, 670 결정에 대한 대법원 2009. 1. 15. 선고 2004도 7111 판결(공2009상, 174).

아무런 변화가 없다. 공권력 행사는 본래 지닌 구속력에 따라서 전과 다름없이 효력을 발생할 뿐이다. 공권력의 행사나 불행사가 다시 다투어질 가능성은 같은 심판대상 범위 안에서 기판력을 통하여 제거된다. 다른 심판대상이 문제 되면 헌법재판소가 이에 관해서 아직 심판하지 않았으므로 이를 저지할 근거가 없다. 특히 헌법재판소가 모든 침해 가능성을 빠짐없이 검토할 수 없다. 따라서 헌법소원의 기각결정에 기판력 이외에 기속력을 부여할 필요성은 없다.

Ⅵ. 기속력의 범위

1. 주관적 범위

(1) 모든 국가기관

기판력과 비교되는 주관적 범위 확장은 기속력에 관한 헌법재판소법 조항(제47조 제1항, 제67조 제1항, 제75조 제1항과 제6항)에서 도출할 수 있으므로, 기속력의 주관적 범위를 확정하는 것은 어렵지 않다. 기판력은 당사자, 즉 청구인, 피청구인 그리고 참가인(보조참가인 제외)과 관련되지만, 기속력에 관한 헌법재판소법 조항을 따르면 모든 국가기관은 절차에 참여하였는지와 상관없이 헌법재판소 결정에 구속된다. 기속력은 오직 공권력의 보유자만을 겨냥한다. 법원이 헌법재판소 결정에 구속된다고 하여도 헌법재판소가 법원인 이상 사법권의 독립은 침해되지 않는다. 사법권의 독립은 사법권의 내부관계가 아니라 사법부와 다른 국가권력의 관계에서 문제가 되기 때문이다. 기속력은 국가기관이 아닌 당사자와 소송에 참가하지 않은 사람에게는 미치지 않는다.

따라서 일반 사인은 기속력의 수범자에서 제외된다. 일반 사인은 법률요건적 효력이나 형성력 혹은 법률적 효력(법규적 효력)의 수범자가 될 뿐이다.

(2) 헌법재판소 자신

독일 연방헌법재판소법 제31조 제1항 문언을 따라서 법원이며 헌법기관인 헌법재판소도 기속력의 수범자라는 견해가 있다.[76] 그러나 이러한 견해는 타당하지 않다. 먼저 헌법재판소는 자신이 선고한 결정을 폐기할 수 없다. 즉 결정주문에서 표현된 법적 효과는 더는 변경될 수 없다(불가변력). 그리고 헌법재판소는 기판력 때문에 이미 자기 결정에 구속된다.[77] 또한, 국가기관이 기속력 때문에 그리고 일반 사인은 법률요건적 효력이나 형성력 혹은 법률적 효력(법규적 효력) 때문에 헌법재판소 결정에 구속되고 헌법재판소는 심판 청구 없이 능동적으로 결정할 수 없으므로, 헌법재판소는 자기 결정을 수정할 가능성이 없다. 따라서 헌법재판소를 기속력의 수범자에 포함하는 것은 필요하지 않다. 기속력이 이미 헌법재판소를 수범자로 하는 기판력의 주관적 확장이라는 점에서도 논리적 모순이 발생한다. 게다가 기판력을 넘어서는 헌법재판소 구속은 헌법 수호자로서 최종적 헌법해석자인 헌법재판소의 특별한 기능과 들어맞지 않는다.[78] 따라서 기속력은 헌법재판소 자

---

76) BVerfGE 1, 89 (90); ***Albrecht Zeuner*** (Anm. 12), S. 338. 같은 견해: **성낙인**(주 61), 779, 804쪽; **성낙인/이효원/권건보/정 철/박진우/허진성**(주 73), 199쪽.

77) 같은 견해: BVerfGE 4, 31 (38 f.); 5, 34 (37 f.); 20, 56 (87); 33, 199 (203); 78, 320 (328); ***Ernst Benda***, Die Verfassungsgerichtsbarkeit der Bundesrepublik Deutschland, in: Christian Starck/Albrecht Weber (Hrsg.), Verfassungsgerichtsbarkeit in Westeuropa, Teilband 1, Baden-Baden 1986, S. 138; ***Hans Brox*** (Anm. 12), S. 819; ***Kai-Oliver Knops*** (Anm. 35), S. 56 f.; ***Michael Sachs*** (Anm. 12), S. 345.

78) ***Steffen Detterbeck*** (Anm. 28, Streitgegenstand und Entscheidungswirkungen im öffentlichen Recht), S. 370.

신에 미치지 않는다.[79)]

79) 같은 견해: **김하열**(주 53), 258쪽; **김학성**(주 53), 1138쪽; **김현철**(주 61), 135쪽; **남복현**(주 51, 법률의 위헌결정의 효력에 관한 연구), 63쪽; **신 평**(주 53), 288쪽; **양 건**(주 53), 1334～1335쪽; **이성환**(주 8), 106～107쪽; **같은 사람**(주 26), 560～561쪽; **전정환**(주 7), 69～70쪽; **정연주**, 「안마사 결정의 재검토 - 위헌결정 기속력의 주관적·객관적 범위의 문제를 중심으로 -」, 『홍익법학』 제10권 제2호, 홍익대학교 법학연구소, 2009, 332쪽; **같은 사람**(주 61), 173쪽; **정종섭**(주 9), 365쪽; **같은 사람**(주 53), 1532쪽; **최희수**(주 36), 92쪽; **같은 사람**(주 53, 헌법재판소 결정의 결정이유의 기속력에 관한 연구), 449쪽; **한수웅**(주 16), 1401쪽; **한수웅/정태호/김하열/정문식**(김하열 집필)(주 51), 593쪽; **허 영**(주 51), 176쪽; **황우여**(주 42), 308쪽; BVerfGE 4, 31 (38); 20, 56 (87); 77, 84 (104); 78, 320 (328); 85, 117 (121); ***Ernst Benda*** (Anm. 77), S. 138; ***ders./Ernst Benda/Oliver Klein*** (Anm. 35), § 40 Rdnr. 1474; ***Herbert Bethge*** (Anm. 35), § 31 Rdnrn. 118 f.; ***Steffen Detterbeck*** (Anm. 28, Streitgegenstand und Entscheidungswirkungen im öffentlichen Recht), S. 369 f.; ***Rainer Eckertz***, Die Kompetenz des Bundesverfassungsgerichts und die Eigenheit des Politischen, in: Der Staat 17 (1978), S. 186; ***Willi Geiger*** (Anm. 13, Die Grenzen der Bindung verfassungsgerichtlicher Entscheidungen), S. 1058; ***Christoph Gusy*** (Anm. 35), S. 236; ***Andreas Heusch*** (Anm. 4), § 31 Rdnr. 66; ***Wolfgang Hoffmann-Riem***, Beharrung oder Innovation – Zur Bindungswirkung verfassungsgerichtlicher Entscheidungen, in: Der Staat 13 (1974), S. 342; ***Hans Hugo Klein*** (Anm. 12), S. 700; ***Kai-Oliver Knops*** (Anm. 35), S. 57; ***Klaus Lange*** (Anm. 38), S. 4; ***Alfred Rinken*** (Anm. 38), Art. 94 Rdnr. 66; ***Michael Sachs*** (Anm. 28), S. 195; ***Klaus Schlaich***, Das Bundesverfassungsgericht – Stellung, Verfahren, Entscheidung, in: JuS 1982, S. 598; ***ders./Stefan Korioth*** (Anm. 42), Rdnr. 482; ***Helmuth Schulze-Fielitz***, Wirkung und Befolgung verfassungsrechtlicher Entscheidungen, in: Peter Badura/Horst Dreier (Hrsg.), Festschrift 50 Jahre Bundesverfassungsgericht: Verfassungsgerichtsbarkeit - Verfassungsprozeß, Bd. Ⅰ, Tübingen 2001, S. 393; ***Klaus Stern***, Das Staatsrecht der Bundesrepublik Deutschland, Bd. Ⅱ, München 1980, S. 1042; ***Gregor Stricker***, Subjektive und objektive Grenzen der Bindungswirkung verfassungsgerichtlicher Entscheidungen gemäß § 31 Abs. 1 BVerfGG, in: DÖV 1995, S. 980; ***Andreas Voßkuhle*** (Anm. 12), Art. 94 Rdnr. 33; ***Jan Ziekow***, Abweichung von bindenden Verfassungsgerichtsentscheidungen?, in: NVwZ 1995, S. 248.

(3) 입법자

① 입법자와 관련된 특별한 문제

입법자 이외의 다른 국가기관은 법률에 구속된다. 그러므로 국가기관은 합헌결정이 선고되면 존재하는 법률에, 위헌결정이 선고되면 위헌결정이 바로잡아 고친 법률적 상황에 구속된다. 따라서 이때는 법률의 효력을 통해서 국가기관을 구속할 수 있어서 기속력이 거의 문제가 되지 않는다. 그러나 입법자는 법률을 제정하거나 개정 또는 폐지할 수 있다. 따라서 입법자는 자신의 입법권을 행사하여 구속 내용을 바꾸거나 아예 구속 대상을 제거하여 구속력 자체를 무력화할 수 있다. 그래서 입법자가 위헌으로 결정한 법률과 내용이 같거나 비슷한 새로운 법률을 제정할 수 있는지가 특별하게 문제 된다. 즉 입법자가 헌법재판소의 위헌결정에 구속되는지 그리고 구속된다면 어떤 범위에서 구속되는지가 다투어진다.

② 학설과 판례

(ⅰ) 한국

헌법재판소는 이 문제를 아직 직접 다루지 않았다. 그러나 독일 연방헌법재판소 재판과 학설의 영향 아래 많은 학자가 이 문제를 논의한다.

먼저 헌법재판소 결정이 입법자를 구속할 수 없다는 견해가 있다(이른바 비구속설).[80] 이 견해는 입법자의 입법형성권을 강조한다. 그리고

---

80) **박진완**(주 11), 107∼108쪽; **양 건**(주 53), 1334쪽; **이기철**(주 61), 74∼75쪽; **정연주**, 「위헌결정의 기속력」, 『헌법논총』 제17집, 헌법재판소, 2006, 413∼416쪽; **같은 사람**(주 79), 326∼328쪽; **같은 사람**(주 61), 110∼112쪽[기관상호존중의 원칙에 따른 제한을 인정한다(기관상호존중설)]; **정종섭**(주 9), 189∼190, 367∼368쪽; **같은 사람**(주 53), 1532쪽; **한수웅**(주 16), 1401∼1402쪽(그러나 1402

헌법재판소뿐 아니라 입법자도 헌법 구체화에 참여한다는 점을 지적한다. 따라서 헌법해석권은 헌법재판소에만 부여되는 것이 아니라 입법자에게도 부여된다고 한다. 오로지 최종적인 헌법해석권만 헌법재판소에 귀속된다고 한다.

이에 대해서 많은 학자[81]가 다음을 근거로 입법자도 헌법재판소 결정에 구속된다고 한다(이른바 구속설):

ⓐ 헌법재판소법 제47조 제1항에 따라 법률의 위헌결정은 모든 국가기관을 기속하는데, 여기서 입법자를 특별하게 다루지 않는다. 그러므로 국가기관에 속한다는 것에 의문이 없는 입법자도 기속력 적용을 피할 수 없다.

ⓑ 입법자의 입법형성권과 사실관계 및 법적 상황의 변화와 관련하여 동일규범반복제정금지[82]를 엄격하게 요구하는 것이 합리적

쪽에서 입법자에 대한 상대적 기속성을 인정한다: "… 입법자는 법 제47조 제1항 및 제75조 제1항의 규정에도 불구하고 헌법재판소의 결정에 단지 상대적으로만 구속된다. 입법자는 헌법상 헌법재판소에 부여된 헌법재판권과 '헌법기관 상호간의 존중의무'에 근거하여 원칙적으로 헌법재판소의 결정을 존중하여야 할 의무가 있다. 상호간의 존중의무는 헌법재판소의 결정이 있은 후 얼마 지나지 않아 근본적인 법적·사실적 변화가 존재하지 않음에도 다시 동일한 내용의 규범을 제정하는 것을 금지한다. 입법자에게 동일규범반복금지의 의무를 인정한다면, 이는 '동일한 이유에 근거하여' 동일한 내용의 법률을 제정하는 경우에 한정된 것이다.").

81) **계희열**, 「헌법재판과 국가기능」, 『헌법재판의 회고와 전망 - 창립 10주년 기념 세미나 -』, 헌법재판소, 1998, 236쪽; **김하열**(주 53), 260쪽; **남복현**(주 35), 173~178쪽; **박찬주**(주 51), 150쪽; **성낙인/이효원/권건보/정 철/박진우/허진성**(주 73), 199쪽; **신 평**(주 53), 289쪽; **이성환**(주 8), 108~110쪽; **같은 사람**(주 26), 561쪽; **전정환**(주 7), 56~57쪽; **최희수**(주 36), 94~95쪽; **한수웅/정태호/김하열/정문식**(김하열 집필)(주 51), 594~595쪽; **허 영**(주 51), 176쪽. 국회에 대해서는 상대적 구속성에 그쳐야 한다는 견해[**김학성**(주 53), 1138쪽]도 있다.

이지 않더라도, 반복규범의 제한 없는 허용은 규범통제의 본질에 비추어 매우 큰 문제를 발생시킨다.

ⓒ 기속력은 순수한 법률적 근거뿐 아니라 헌법적 근거가 있고, 기속력이 법률적 차원에서 부여되는 효력에 불과하더라도, 입법자는 스스로 법률을 폐지하지 않는 한 법률에 구속된다.

ⓓ 입법자 스스로 헌법재판소가 위헌으로 결정한 것과 같은 내용의 규정을 반복한다면 헌법재판소법의 기속력 규정뿐 아니라 헌법 제10조의 기본권보장의무 규정에 어긋난다.

ⓔ 기속력은 시간적 한계가 있으므로, 사정변경이 있으면 입법자는 위헌으로 선언된 규범과 같은 내용의 규범을 새롭게 제정할 수 있다.

그 밖에 입법권자의 입법형성권과 시대상황이나 생활감각의 변화를 고려하면 반복입법금지를 엄격하게 요구하는 것은 불합리하지만, 반복입법을 무제한 허용하는 것은 규범통제제도의 본질상 더 큰 문제점을 일으키므로, 입법자는 원칙적으로 반복입법금지원칙을 준수하되 특별한 사정이 있는 때에 한하여 예외적으로 반복입법이 허용된다는 견해(이른바 제한적 기속설)도 있다.[83] 그리고 헌법재판의 절대적 우위를 인정할 수 없는 바에는 국회의 정치적 결단에 따른 입법형성권을

---

82) 규범반복금지라고도 부른다. 규범반복금지는 독일어 Normwiederholungsverbot를 그대로 번역한 것이긴 하지만, 이 용어에 담긴 뜻을 충분하게 그리고 제대로 표현하지 못한다. 그래서 여기서는 뜻에 맞게 의역한 동일규범반복제정금지를 사용한다. 다만, 한국에서 사용하는 규범반복금지라는 용어가 동일규범반복제정금지와 언제나 같은 뜻으로 사용되는지는 의문이다. 오히려 규범반복금지라는 용어는 동일규범반복제정금지와 헌법재판소결정존중의무를 아우르는 의미로 쓰는 것이 일반적이다. 따라서 동일규범반복제정금지라는 용어를 사용하는 것은 이러한 규범반복금지와 구별하려는 의도도 있다.

83) **허 영**(주 51), 176쪽.

존중하여야 한다고 하면서, 헌법재판소와 국회의 헌법적 의견 충돌은 헌법심급인 헌법재판소의 전문성과 국가의사결정의 정치적 중심인 국회의 대표성을 조화시키는 방향의 적절한 대화구조 속에서 상호존중을 기초로 해결되어야 할 것이라는 견해도 있다.[84] 이 견해는 헌법재판소의 사법적 논리구조와는 조금 다른 방향에서 국회는 국가의 이익을 더욱더 넓은 차원에서 고려할 수 있으므로 일정한 범위에서 반복입법이 불가피하여서, 헌법재판소와 국회의 기능 차이를 고려하면 엄격하게 이른바 기속설을 따르는 것은 맹목적이고, 위헌결정 기속력의 시간적 한계를 인정하는 것만으로는 기속력 문제를 극복하기는 어렵다고 한다. 그리고 헌법재판소법 제47조 제1항 문언에 비추어 국회 반응에 아무런 제약도 하지 않는 이른바 비기속설도 문제가 있는데, 이른바 비기속력을 따르면 극단적으로는 국회와 헌법재판소의 핑퐁게임이 무한대로 이어질 수도 있다고 한다. 또한, 이른바 제한적 기속설은 반복입법을 할 정당한 사유가 있는지를 둘러싸고 국회와 헌법재판소의 의견대립이 있을 수 있고, 그때 역시 양자의 핑퐁게임이 벌어질 수 있다고 한다.

(ⅱ) 독일

ⓐ 판례

연방헌법재판소 제2재판부는 법률을 무효로 선언하는 판결은 연방의 모든 헌법기관이 같은 내용의 연방법률을 다시 제정하지 못하게 하는 방식으로 구속한다고 하였다.[85] 이에 대해서 연방헌법재판소 제1재판부는 그러한 동일규범반복제정금지 수용을 거부하였다.[86] 제1재판

84) **김선택**, 「헌법적 대화에 있어서 헌법재판소의 역할」, 『공법연구』 제41집 제4호, 한국공법학회, 2013, 40~41쪽.

85) BVerfGE 1, 14 (37); 69, 112 (115).

86) BVerfGE 77, 84 (103 f.). 연방헌법재판소 제1재판부의 다른 재판을 따르면 연

부를 따르면 입법자는 연방헌법재판소의 폐기재판 때문에 폐기된 법률과 같거나 비슷한 내용의 규율을 새롭게 제정하는 것을 방해받지 않는다고 한다. 이 견해는 입법권이 독일 기본법 제20조 제3항에서 다른 국가권력과 달리 법률적 질서가 아닌 오직 헌법합치적 질서에만 구속된다는 것을 근거로 삼는다. 그래서 법률에 불과한 연방헌법재판소법 제31조 제1항의 기속력은 입법자의 입법형성권을 제한할 수 없다고 한다. 그러나 이러한 견해들은 모두 '방론'에서 언급된 것이라서 연방헌법재판소의 공식적 견해로 볼 수 없다는 점을 유의하여야 한다.87) 게다가 연방헌법재판소 두 재판부가 서로 다른 견해를 취하는 것의 실질적 의미는 그리 크지 않다. 제2재판부도 외부적 상황이 바뀌지 않는다는 조건 아래에서만 동일규범반복제정금지를 인정한다. 따라서 바뀐 사실상황 나아가 새로운 법적 논증도 입법자에게 새로운 법률을 제정할 계기를 제공할 수 있다.88)

ⓑ 학설

연방헌법재판소 제1재판부를 지지하는 견해89)는 다음과 같은 근거

방헌법재판소 재판의 구속력은 절대적인 동일규범반복제정금지를 발생시키지 않고(BVerfGE 98, 265 [320 f.]), 동일규범 제정은 특별한 근거를 요구한다고 한다(BVerfGE 96, 260 [263]; 102, 127 [141 f.]).

87) 이러한 점에서 규범반복(Normwiederholung) 사건(BVerfGE 96, 260)에서 연방헌법재판소가 견해를 바꾸었다는 평가(**공진성**, 「반복입법금지에 관한 소고」, 『헌법학연구』 제16권 제4호, 한국헌법학회, 2010, 379~380쪽)는 적절하지 않다고 생각한다. 그리고 규범반복 사건에서 제시된 견해가 BVerfGE 77, 84에서 제시된 견해와 충돌하는지 아니면 그것을 구체화한 것에 그치는 것인지도 명확하지 않다. 규범반복 사건 내용 소개는 **공진성**(같은 논문), 379~380쪽 참조.

88) ***Reinhard Gaier***, Die Durchsetzung verfassungsgerichtlicher Entscheidungen, in: JuS 2011, S. 964; ***Andreas Heusch*** (Anm. 4), § 31 Rdnr. 64 참조.

89) ***Ulrich Battis***, Der Verfassungsverstoß und seine Rechtsfolgen, in: Josef Isensee/Paul Kirchhof (Hrsg.), HStR, Bd. Ⅶ, Heidelberg 1992, § 162 Rdnr. 60; ***Herbert***

를 제시한다.

(ㄱ) 연방헌법재판소의 처분 폐지에서 고유한 동일규범반복제정금지를 명확하게 끌어낼 수 없다는 결론이 연방헌법재판소법 제95조 제1항 제2문[90]에서 도출된다.

(ㄴ) 독일 기본법 제20조 제3항[91]을 따르면 입법자는 오직 헌법합치적 질서에만 구속된다. 그래서 법률로 규정한 구속(연방헌법재판소법 제31조 제1항에 따른 기속력)은 입법자가 필요하다고 여기면 같은 내용의 새로운 규율 제정을 통해서 자신의 입법형성권을 행사하고 입법책임을 이행하는 것을 방해하지 않는다.

Bethge (Anm. 35), § 31 Rdnr. 71; ***Volker Busse***, Kontinuität und Wandelbarkeit in der verfassungsgerichtlichen Judikatur, in: ZG 1988, S. 355 ff.; ***Philippe Gerber***, Die Rechtssetzungsdirektiven des Bundesverfassungsgerichts, in: DÖV 1989, S. 704 ff.; ***Andreas Heusch*** (Anm. 4), § 31 Rdnr. 64; ***Uwe Kischel*** (Anm. 21), S. 250; ***Hans Hugo Klein***, Verfassungsgerichtsbarkeit und Verfassungsstruktur - Vom Rechtsstaat zum Verfassungsstaat -, in: Paul Kirchhof/Klaus Offerhaus/ Horst Schöberle (Hrsg.), Steuerrecht, Verfassungsrecht, Finanzpolitik: Festschrift für Franz Klein, Köln 1994, S. 518 (**한스 후고 클라인, 송석윤** 옮김, 『헌법재판과 헌법구조』, 독일 콘라드 아데나워 재단, 1996, 12～13쪽); ***Stefan Korioth***, Die Bindungswirkung normverwerfender Entscheidungen des Bundesverfassungsgerichts für den Gesetzgeber, in: Der Staat 30 (1991), S. 556 (**슈테판 코리오트, 허완중** 옮김, 「입법자에 대한 연방헌법재판소 규범폐기재판의 기속력」, 『헌법판례연구』 제12권, 집현재, 2011, 250～251쪽); ***Hans Georg Rupp*** (Anm. 20), S. 407; ***Klaus Schlaich/Stefan Korioth*** (Anm. 42), Rdnr. 484; ***Helmuth Schulze-Fielitz*** (Anm. 79), S. 391 ff.; ***Nina-Luisa Siedler***, Gesetzgeber und Bundesverfassungsgericht - eine funktionell-rechtliche Kompetenzabgrenzung -, Hamburg 1999, S. 221 ff.; ***Gregor Stricker*** (Anm. 79), S. 980 ff.; ***Andreas Voßkuhle*** (Anm. 12), Art. 94 Rdnr. 33; ***Wolfgang Zeidler*** (Anm. 38), S. 215 f.; ***Jan Ziekow*** (Anm. 28), S. 480 f.; ***ders.*** (Anm. 79), S. 248.

90) "동시에 연방헌법재판소는 심판대상이 된 처분 반복도 언제나 독일 기본법에 어긋난다는 취지를 선고할 수 있다."

91) "입법은 헌법질서에 구속되고, 집행과 사법은 법률과 법에 구속된다."

(ㄷ) 연방헌법재판소법 제23조가 규정한 청구원칙은 다투는 처분을 위헌으로 생각한다는 심판 청구를 전제한다. 특히 연방헌법재판소법 제23조 제1항 제2문[92]을 따라서 논증하는 것이 필요하다. 이를 위해서 독일 기본법 해석이 필수적이다. 여기서 기본법 해석의 최종성은 기본법의 해석 독점을 의미하지 않는다는 것이 인정된다. 입법자도 헌법 구체화에 참여한다. 따라서 입법자는 자기 해석을 오로지 헌법재판소 재판에 일치시키도록 강요받지 않는다.

(ㄹ) 법질서를 바뀐 상황과 역사적 및 사회적 변화에 적응시키는 것은 민주적으로 정당성을 부여받은 입법자의 특별한 책임이다. 그리고 헌법재판소는 능동적으로 행위를 하지 못하고 심판 청구가 필요하므로, 헌법재판소는 자기 판례를 스스로 수정할 수 없다. 따라서 입법자가 헌법재판소 재판에 구속되면, 법발전의 경직화를 예방하기가 쉽지 않다.

(ㅁ) 헌법재판소는 입법권 행사를 헌법재판소 선례가 아니라 헌법 자체를 기준으로 심사하여야 한다.

(ㅂ) 입법자는 개별 법률을 언제나 개정하거나 폐지할 수 있다.

(ㅅ) 관계 변화는 법규범 변화를 일으킬 수 있다. 따라서 위헌이었던 것이 나중에 합헌이 될 수도 있다.

이에 대해서 다른 견해[93]는 다음 근거를 바탕으로 기속력 때문에 입

---

92) "청구는 그 이유가 소명되어야 하고, 필요한 증거방법이 제시되어야 한다."

93) ***Ernst Benda/Eckart Klein/Oliver Klein*** (Anm. 35), § 40 Rdnrn. 1466 ff.; ***Steffen Detterbeck*** (Anm. 28, Streitgegenstand und Entscheidungswirkungen im öffentlichen Recht), S. 366 ff.; ***Kai-Oliver Knops*** (Anm. 35), S. 49 ff.; ***Hanno Kube***, Die Bindungswirkung der Normverwerfung - Zur Stellung der Parlamente im Verfassungsstaat -, in: DÖV 2002, S. 737 f.; ***Christian Pestalozza*** (Anm. 34),

법자가 의무를 진다는 것을 인정한다:

(ㄱ) 연방헌법재판소법 제31조 제1항 문언을 따르면, 연방의회와 연방참사원은 헌법기관이므로 입법자는 기속력의 수범자이다.

(ㄴ) 입법자는 법률을 폐지하거나 개정하지 않는 한, 법률에 구속된다.

(ㄷ) 권력분립원리를 따르면 입법자는 일반 법원이나 행정법원의 판결을 폐지하거나 그가 법률 형식으로 판결에 어긋나는 결정을 하는 방식으로 판결을 무시할 수 없다. 따라서 입법자는, 심지어 헌법개정자도 연방헌법재판소 재판을 폐지하거나 바꿀 수 없다.

(ㄹ) 연방헌법재판소법 제95조 제1항 제2문은 특별규정으로서 단지 기본권보호에 이바지하는 헌법소원절차와 관련이 있다. 따라서 이것을 다른 절차에 유추적용하는 것은 금지된다.

③ 사견

(ⅰ) 헌법재판소 결정에 대한 입법자의 구속

기속력에 관한 조항(헌법재판소법 제47조 제1항, 제67조 제1항, 제75조 제1항과 제6항)은 입법자를 특별하게 다루지 않는다. 따라서 입법자를 기속력의 수범자에서 제외할 실정법적 근거를 찾을 수 없다. 그리고 헌법재판소 결정이 입법자를 구속할 수 없다면, 규범통제의 의미를 찾기 어렵다. 즉 입법자가 헌법재판소 결정에 구속되지 않는다면, 헌법

§ 20 Rdnr. 85; ***Michael Sachs*** (Anm. 28), S. 198 f.; ***Horst Säcker***, Die Rechtsmacht des Bundesverfassungsgerichts gegenüber dem Gesetzgeber, in: BayVBl. 1979, S. 198; ***Dirk Waschull***, Das verfassungsrechtliche Normwiederholungsverbot am Beispiel der Entscheidung des Bundesverfassungsgerichts zu den Einmalzahlungen, in: SGb 2000, S. 606 f.; ***Albrecht Zeuner*** (Anm. 12), S. 339 f.

재판소의 최종적 해석권은 입법자가 동의할 때만 인정되는 결과를 낳는다. 또한, 헌법은 입법자에게 법률을 제정할 권한을 부여하기는 하지만(제40조, 제52조, 제53조), 법률의 일반적 구속성에서 벗어날 특권을 부여하지 않는다. 그러므로 입법자가 법률을 폐지하거나 개정하지 않는 한 입법자 자신도 법률, 즉 기속력에 관한 조항에 구속된다.94) 즉 입법자가 자신의 입법형성권을 행사하여 법률을 개정하거나 폐지할 수는 있어도 결코 법률의 효력에서 벗어날 수는 없다. 그 밖에 체계정당성(Systemgerechtigkeit)95)으로 말미암아 특히 법률의 표현이 명확하면 모순되는 다른 법률 제정을 통한 묵시적인 법률 개정은 원칙적으로 허용될 수 없다. 게다가 입법자에게 부여된 폭넓은 입법형성권이 위헌적인 입법행위를 허용하는 것은 아니므로, 입법자는 법률제정권한을 언제나 헌법합치적으로만 행사하여야 한다. 따라서 위헌으로 확인된 법률을 입법자가 반복하는 것은 헌법이 허용하지 않는다고 보아야 할 것이다. 결론적으로 입법자도 헌법재판소 결정에 구속된다고 볼 수밖에 없다.

(ii) 입법자의 구속범위

헌법재판소는 결정을 통해서 오로지 해당 사건과 관련하여서만 헌법을 해석할 수 있을 뿐이지, 헌법 내용을 영구적으로 확정하거나 고정할 수는 없다. 따라서 헌법재판소 결정은 법규범처럼 확정된 지속적

---

94) ***Steffen Detterbeck*** (Anm. 28, Streitgegenstand und Entscheidungswirkungen im öffentlichen Recht), S. 367; ***Ralph Alexznder Lorz***, Interorganrespekt im Verfassungsrecht, Tübingen 2001, S. 66 f. 참조.

95) 헌재 1995. 7. 21. 94헌마136, 판례집 7-2, 169, 192-193; 헌재 2004. 11. 25. 2002헌바66, 판례집 16-2하, 314, 333-334; 헌재 2005. 6. 30. 2004헌바40, 판례집 17-1, 946, 962-963; BVerfGE 59, 36 (49); 81, 156 (206 f.); 85, 238 (247); ***Christoph Degenhart***, Systemgerechtigkeit und Selbstbindung des Gesetzgebers als Verfassungspostulat, München 1976 참조.

인 기준을 제공하지 않는다. 헌법재판소는 (특별한) 법원일 뿐이고 입법기관이 아니기 때문이다. 그래서 헌법재판소 결정은 해당 사건과 관련하여서만 기속력이 있는 것이지 모든 사건에 기속력이 미치는 것은 아니다. 이것은 기속력이 확정력이나 기판력의 주관적 확장(혹은 주관적·객관적 확장)이라는 점에서 당연히 비롯된다. 그리고 해당 사건과 관련된 모든 헌법적 관점이 심사되는 것도 아니므로, 헌법재판소 결정의 기속력은 해당 사건 안에서도 한계에 부딪힌다. 결론적으로 헌법재판소 결정은 해당 사건과 관련하여 최종적이기는 하지만, 일반적이거나 지속적이지 않다.[96] 따라서 기속력은 구체적 심판대상에 한정된다. 그래서 기속력은 다른 심판대상에 미치지 않는다. 입법자가 위헌으로 결정된 법률과 같거나 비슷한 내용의 법률을 제정한다고 하더라도, 이러한 법률은 위헌으로 결정된 이전 법률과 최소한 형식적 측면에서 다르다.[97] 따라서 새로운 법률과 위헌으로 결정된 이전 법률은 다른 심판대상이므로, 헌법재판소는 새로운 법률에 관해서 아직 심사하지 않은 상태이다.[98] 결국, 새로운 법률은 헌법재판소가 다시 위헌으로 결정하지 않는 한 유효한 법률로서 존속한다. 이러한 결론은 입법자가 헌법의 1차적 해석자로서 법률을 통해서 가장 먼저 헌법을 구체화한다는 점에서도 도출된다. 이러한 지위 때문에 입법자는 법률을 제정할 때 헌법에만 구속된다. 그러나 헌법재판소 결정은 언제나 헌법 자체는 아니다. 그러므로 입법자의 입법형성권은 헌법재판소 결정에 구속되지 않는다. 게다가 법률은 다른 국가기관의 행위와는 비교할 수 없는 일반적·추상적 성격이 있어서 구체적 심판대상과 관련된 심사결과인

---

96) **김선택**(주 84), 36쪽: "헌법재판소가 헌법의 의미에 관하여 내리는 결정은 독점적이지도 않고 최종적인 것도 아니다."

97) 같은 견해: **정연주**(주 80), 414쪽; ***Brun-Otto Bryde***, Verfassungsentwicklung, Baden-Baden 1982, S. 407.

98) ***Uwe Kischel*** (Anm. 21), S. 233 참조.

헌법재판소 결정이 모든 헌법적 관점을 검토하는 것은 사실적 측면에서 불가능하다. 따라서 입법자가 위헌결정 이후 헌법적 상황을 다시 자세히 검토하여도 이전과 같은 결론에 도달한다면, 입법자는 위헌결정에 어긋나는 내용을 담은 법률도 제정할 수 있다.

그러나 위헌결정에 어긋나는 내용을 담은 법률은 헌법재판소가 이전 법률을 위헌으로 결정한 시점까지 소급되어 적용될 수는 없다. 헌법재판소가 선고시점의 사실관계와 법적 상황을 고려하여 법률의 위헌성에 관하여 종국적으로 결정하여서 헌법재판소를 포함한 누구도 이러한 결정을 바꾸거나 없앨 수 없기 때문이다. 이러한 결론은 헌법재판소가 최종적인 헌법해석자라는 점에서 비롯되고, 기속력에 관한 조항은 이러한 지위를 명확하게 뒷받침한다(헌법재판소법 제47조 제1항, 제67조 제1항, 제75조 제1항과 제6항). 위헌결정에 어긋나는 내용을 담은 법률에 이러한 소급효가 허용된다면, 입법자는 사실적 측면에서 헌법재판소의 위헌결정을 폐지하거나 변경할 수 있게 된다. 결과적으로 이러한 소급효는 입법자를 법률의 위헌결정에서 자유롭게 하여 규범통제 자체를 (최소한 부분적으로) 무력하게 만들 것이다.

다만, 계획법률을 포함한 앞날을 규율하는 법률(장래규율법률)[99]처럼 법률이 현재의 사실관계와 법적 상황이 아니라 앞날의 사실관계와 법적 상황을 규율한다면, 입법자에 대한 기속력의 적용범위는 법률이 규율하는 앞날의 사실관계와 법적 상황까지 확장될 수 있다. 이때 입법자에 대한 위헌결정의 기속력은 사정변경에 매우 강하게 영향을 받을 것이다. 즉 헌법재판소는 선고시점에 파악하거나 예상할 수 있는 앞날의 사실관계와 법적 상황을 바탕으로 결정을 내릴 수밖에 없다. 그러

99) 장래규율법률은 ① 제정시점부터 앞날을 규율하는 법률이 아니라 제정시점 이후 일정 기간이 지난 장래시점을 규율하는 법률(예를 들어 효력발생시점을 1년 후로 정한 법률)과 ② 특정 입법목적을 달성하기 위한 절차와 과정을 규율하는 법률을 아우른다.

므로 파악되거나 예상된 사실관계와 법적 상황이 달라지거나 사실관계와 법적 상황을 잘못 파악하거나 예상한 것으로 밝혀진다면, 새롭게 파악되거나 예상된 혹은 올바르게 확인된 사실관계와 법적 상황을 바탕으로 헌법재판소가 다시 판단하여야 할 것이다. 이러한 점 때문에 앞날의 사실관계와 법적 상황을 규율하는 법률에 대하여 위헌결정의 기속력은 사정변경이 없는 범위 안에서만 미친다고 보아야 한다. 결론적으로 앞날의 사실관계와 법적 상황을 규율하는 장래규율법률에 대한 위헌결정의 기속력은 확정적이 아닌 잠정적 성격이 있어서, 위헌결정에 어긋나는 내용을 담은 장래규율법률은 파악되거나 예상된 사실관계와 법적 상황이 바뀌지 않는 범위 안에서 상대적으로만 금지될 뿐이다.

요컨대 위헌결정 기속력의 적용범위는 원칙적으로 헌법재판소가 이전 법률을 위헌으로 선고한 시점에 국한된다. 즉 이전 법률에 대한 위헌결정 선고시점을 규율하는, 위헌결정에 어긋나는 내용을 담은 법률만 입법자는 제정할 수 없다. 입법자가 이전 법률에 대한 위헌결정의 선고시점을 규율하는, 위헌결정에 어긋나는 내용을 담은 법률을 제정한다면, 이러한 법률은 헌법재판소 결정의 기속력에 저촉되어 위헌이다. 하지만 이러한 법률은 헌법재판소가 위헌결정을 내릴 때까지 존속한다.[100] 즉 이러한 법률에 대해서 헌법재판소가 위헌심사를 거쳐서 위헌결정을 내려야 비로소 그 법률은 효력을 상실한다. 오로지 헌법재판소만 법률이 재생법률(Wiederholungsgesetz)인지를 최종적으로 확인하여 그 효력을 상실시킬 수 있기 때문이다. 헌법재판소가 위헌으로 결정한 법률이 앞날의 사실관계와 법적 상황을 규율하지 않는다면 입법자는 선고시점 이후를 규율하는, 위헌결정에 어긋나는 내용을 담은 법률을 제정할 수 있다. 그러나 헌법재판소가 위헌으로 결정한 법률이

---

100) ***Stefan Korioth*** (Anm. 89), S. 554 [**슈테판 코리오트**(주 89), 247~248쪽] 참조.

앞날의 사실관계와 법적 상황을 규율한다면, 위헌결정에 어긋나는 내용을 담은 법률은 파악되거나 예상된 사실관계와 법적 상황이 바뀌지 않는 범위 안에서만 금지된다.

2. 객관적 범위

(1) 논란이 되는 중요이유의 기속력

기속력의 객관적 내용 확정은 기속력의 객관적 한계 확정을 뜻한다.[101] 기속력이 심판대상에 관한 결정인 결정주문에 미친다는 것은 의문이 없다. 그리고 소수의견이나 결정요지가 기속력에 포섭되지 않는다는 것도 다툼이 없다.[102] 그러나 기속력이 결정이유에도 미치는지는 논란이 있다. 결정이유는 중요이유[주요한 (결정)이유, 중요한 (결정)이유, 핵심적인 결정이유, 주된 이유, 주론: ratio decidendi, tragender Entschendungsgrund]와 방론(부수적 의견, 부수적 이유: obiter dictum)으로 구성된다. 중요이유는 일반적으로 주문에 표현된 결론을 바꾸지 않고는 헌법재판소의 추론에서 배제할 수 없는 이유로 정의된다.[103] 방론은 논의되는 부수적 근거를 말한다. 기속력이 방론에서 도출되지 않는다는 것에는 견해가 일치한다. 그러나 중요이유에 기속력이 있는지는 다툼이 있다. 중요이유의 기속력이 논란이 되는 이유는 헌법재판의 특수성에서 비롯된다. 헌법재판에서는 일반 사법재판과 달리 단순히 소송 승패만 중요한 것이 아니라 올바른 헌법해석을 찾아내는 것이 주된

101) **최희수**(주 36), 96쪽.

102) ***Herbert Bethge*** (Anm. 35), § 31 Rdnrn. 90 ff.; ***Andreas Heusch*** (Anm. 4), § 31 Rdnr. 61.

103) ***Willi Geiger*** (Anm. 13, Die Grenzen der Bindung verfassungsgerichtlicher Entscheidungen), S. 1060; ***Klaus Lange*** (Anm. 38), S. 5; ***Gregor Stricker*** (Anm. 79), S. 984 참조.

문제이다. 헌법의 개방성, 추상성, 불명확성 등 때문에 헌법규정에서는 다양한 해석 가능성이 도출될 수 있고, 이러한 해석 가능성 중 하나(때로는 둘 이상)를 선택하는, 헌법재판소 결정의 구체적이고 명확한 내용은 간결한 결론의 표현인 결정주문만으로는 명확하게 드러나지 않는 때가 잦다. 따라서 일반 사법재판보다 헌법재판에서는 중요이유의 도움을 받아서 결정주문을 명확하게 할 필요성이 훨씬 크고 그렇게 하여야 할 때가 빈번하다. 따라서 기속력의 객관적 범위와 관련하여 중요이유는 특별하게 다룰 필요가 있다.

(2) 학설과 판례

① 한국

헌법재판소 판례에서 기속력의 객관적 범위는 아직 명확하게 다루어지지 않았다. 그러나 독일 연방헌법재판소 재판과 학설을 언급하면서 이 문제를 다루는 견해가 많다.

중요이유에도 기속력을 부여하려는 견해[104)]는 헌법재판소 결정의

104) **계희열**(주 81), 237쪽; **김하열**(주 53), 257쪽; **김학성**(주 53), 1137쪽; **남복현**(주 35), 154～170쪽; **같은 사람**(주 51), 80～82쪽; **같은 사람**(주 51, 헌법재판소 결정의 효력에 관한 쟁점 및 해결방안), 184～186쪽; **박찬주**(주 51), 138～139쪽; **방승주**(주 25, 국가배상법 제2조 제1항 단서에 대한 한정위헌결정의 기속력), 117쪽; **성낙인/이효원/권건보/정 철/박진우/허진성**(주 73), 126쪽; **신봉기**(주 61), 358쪽; **양 건**(주 53), 1335쪽; **이성환**(주 8), 101～105쪽; **이준일**(주 53), 1011쪽; **장영수**(주 53), 1272쪽; **전광석**(주 53, 한국헌법론), 829쪽; **전정환**(주 7), 64～67쪽; **정연주**(주 79), 333～334쪽; **같은 사람**(주 61), 113～114쪽; **정재황**, 「헌법재판소와 국회·법원과의 관계」, 『고시연구』 제19권 제1호(통권 제214호), 고시연구사, 1992. 1., 46쪽; **최희수**(주 36), 106～110쪽; **같은 사람**(주 53, 헌법재판소 결정의 결정이유의 기속력에 관한 연구), 462～466쪽; **같은 사람**(주 53, 헌법소송법 요론), 56쪽; **한수웅/정태호/김하열/정문식**(김하열 집필)(주 51), 592쪽; **허 영**(주 51), 177～178쪽; **홍성방**, 『헌법학(하)(제3판)』,

내용과 법적 효과는 헌법재판소 결정과 부딪히는 모든 국가기관의 행위를 금지할 뿐 아니라 일반적 지침으로서 앞날의 행위에서도 존중되어서 헌법재판소의 헌법해석은 모든 국가기관의 행위기준이 되어야 한다고 주장한다. 따라서 중요이유도 구체적 사건과 상관없이 기속력이 있다고 한다. 이 견해는 다음과 같은 구체적 근거를 언급한다:

ⓐ 중요이유에 기속력을 인정하면 헌법해석의 통일성과 법적용의 일관성을 확보할 수 있다.

ⓑ 위헌으로 결정된 행위가 반복되면 중요이유의 기속력은 그에 대한 통제수단으로 고려될 수 있다.

ⓒ 법원의 재판이 헌법소원 심판대상에서 제외되었으므로, 법적용자와 맺는 관계에서 헌법재판소 결정이 지닌 실질적 효과를 담보하기 어렵다. 중요이유의 기속력은 이에 대한 보완책으로 기능할 수 있다.

ⓓ 헌법재판소가 법률에 대해서 위헌결정을 하면, 기속력은 모든 결정이유가 아니라 단지 주문을 근거 짓는 결정이유의 중요한 부분에만 부여된다. 그리고 중요이유는 일반적이고 추상적인 법원칙이 아니라 다투어진 심판대상과 같거나 비슷한 사건에서 문제가 되는 구체적 헌법해석에 한정된다면, 입법형성권 침해는 전혀 문제가 되지 않는다.

ⓔ 헌법재판소는 기속력의 수범대상에서 제외되고, 기속력은 다투어진 심판대상과 같거나 비슷한 사건에 국한되며, 기속력은 시간적 한계가 있으므로, 법발전의 경직화는 나타나지 않는다.

ⓕ 헌법 수호자라는 헌법재판소의 기능을 수행하기 위해서 중요이

박영사, 2014, 359～360쪽; **같은 사람**(주 63), 150～151쪽; **황우여**(주 42), 311～312쪽.

유의 기속력은 필요하다.

ⓖ 헌법재판소 결정의 사실적 구속력과 법률요건적 효력 혹은 법률적 효력(법규적 효력)이나 형성력 등에 비추어 보면, 기속력을 중요이유에 확장하는 것은 과도한 것이 아니다.

ⓗ 헌법국가에서 헌법기관의 정당성은 국민이 제정한 헌법이 부여하므로, 민주적 정당성은 문제가 되지 않는다.

ⓘ 개별 사안에서 중요이유를 파악하기 어렵다는 것이 그것의 불가능을 의미하지는 않는다. 그리고 중요이유가 존재한다는 것은 부정할 수 없다.

ⓙ 상황에 따라 주문만으로 내용을 파악하기 어려우면 기속력은 의미를 잃는다.

이에 대해서 기속력을 주문에 한정시키는 견해[105]는 다음과 같은 근거를 들어 비판한다:

ⓐ 사법작용인 헌법재판의 한계와 권력분립원리 때문에 중요이유는 입법자를 구속할 수 없다.

ⓑ 중요이유가 무엇인지가 명확하지 않다. 그래서 법적 안정성과 법적 명확성이 침해될 수 있다.

ⓒ 해당 사건과 비슷한 후속사건이나 병행사건은 헌법재판소가 다시 심사함으로써 해결될 수 있다.

② 독일

확정력과 법률적 효력(법규적 효력)은 그 내용적 범위와 관련하여 다

---

105) 헌재 1992. 2. 25. 89헌가104 판례집 4, 64, 113 재판관 조규광의 소수의견; **신 평**(주 53), 241쪽; **이기철**(주 61), 112쪽; **정종섭**(주 9), 188쪽; **같은 사람**(주 53), 1533쪽.

툼 없이 오로지 주문에 따라서 확정되고 주문의 의미를 명확하게 하려고 재판이유가 고려될 뿐이다. 그에 반해서 연방헌법재판소의 확고한 판례[106]를 따르면 헌법해석을 포함하는 한 재판의 중요이유에도 연방헌법재판소법 제31조 제1항에 따른 기속력이 부여된다고 한다.

연방헌법재판소 판례에 동조하는 견해[107]는 다음과 같은 논거를 제시한다:

ⓐ 개별 사안에서 중요이유를 파악하기 쉽지 않다는 것은 법적으로

---

106) BVerfGE 1, 14 (37); 19, 377 (392); 20, 56 (87); 40, 88 (93 f.); 79, 256 (264).

107) ***Ernst Benda*** (Anm. 77), S. 138; ***ders./Eckart Klein/Oliver Klein*** (Anm. 35), § 40 Rdnrn. 1450 ff.; ***Herbert Bethge*** (Anm. 35), § 31 Rdnrn. 96 ff.; ***Winfried Brohm***, Die Funktion des BVerfG – Oligarchie in der Demokratie?, in: NJW 2001, S. 1; ***Steffen Detterbeck*** (Anm. 28, Streitgegenstand und Entscheidungswirkungen im öffentlichen Recht), S. 357 ff.; ***Rainer Eckertz*** (Anm. 79), S. 184 ff.; ***Ernst Friesenhahn***, Zum Inhalt und zur Wirkung der Entscheidungen des deutschen Bundesverfassungsgerichtes, in: Scritti in Onore di Gaspare Ambrosini, Bd. I, Milano 1970, S. 700 ff.; ***Willi Geiger*** (Anm. 13, Die Beziehungen zwischen der Bundesverfassungsgerichtsbarkeit und der übrigen Gerichtsbarkeit im Bunde auf Grund des Bundesverfassungsgerichtsgesetzes), S. 173; ***ders.*** (Anm. 13, Die Grenzen der Bindung verfassungsgerichtlicher Entscheidungen), S. 1057 ff.; ***Andreas Heusch*** (Anm. 4), § 31 Rdnr. 59; ***Christian Hillgruber/Christoph Goos***, Verfassungsprozessrecht, 4. Aufl., Heidelberg 2015, Rdnrn. 13, 552; ***Kai-Oliver Knops*** (Anm. 35), S. 43 f.; ***Hanno Kube*** (Anm. 93), S. 737; ***Klaus Lange*** (Anm. 38), S. 4 f.; ***Hermann Maassen*** (Anm. 20), S. 1345; ***Albrecht Peter Pohle***, Die Verfassungswidrigerklärung von Gesetzen, Frankfurt am Main/Bern/Cirencester 1979, S. 151 f.; ***Hans Georg Rupp*** (Anm. 20), S. 406; ***Wiltraut Rupp-von Brünneck***, Stellung und Tätigkeit des deutschen Bundesverfassungsgerichts, in: Hans-Peter Schneider (Hrsg.), Verfassung und Verantwortung, Baden-Baden 1983, S. 247; ***Wolfgang Zeidler*** (Anm. 38), S. 215; ***Jan Ziekow*** (Anm. 28), S. 482 ff.; ***ders.*** (Anm. 79), S. 248; ***ders.*** (Anm. 4), S. 527.

중요한 관점이 아니다.

ⓑ 연방헌법재판소법 제69조, 제72조 제2항 제2문과 제74조의 주문화 가능성은 연방헌법재판소법 제31조 제1항에 따른 기속력의 중요하지 않은 이유, 즉 방론에 대한 확장으로서 해석될 수 있다.

ⓒ 헌법재판소와 입법자의 관계를 새롭게 확정하는 견해를 따르면, 중요이유에 기속력이 부여됨으로써 헌법 발전이 저해되고 헌법재판소가 자기 권한을 넘어 활동한다는 비판은 설득력을 상실한다. 양 기관은 헌법 발전에 함께 참여하고, 이때 입법자는 헌법재판소에 대해서 우선한다. 그러한 범위에서 헌법의 경직화는 헌법재판소의 우위로 말미암아 발생할 수 없다.

ⓓ 독일 기본법 제97조 제1항은 단지 비사법적 권력의 법원에 대한 영향력 배제만을 의미하고, 일반 사법재판이 아니라 연방헌법재판이 독일 기본법 적용에 대해서 최종적으로 결정하므로, 일반 사법재판에 대한 관계에서 중요이유와 관련하여 기속력 명령에 대한 독일 기본법의 규율은 필요하지 않다.

ⓔ 연방헌법재판소법 제31조 제2항(제3문과 제4문에서)은 명확하게 법률적 효력(법규적 효력)을 단지 재판주문에 관련시키지만, 연방헌법재판소법 제31조 제1항의 기속력은 재판에 확장한다.

ⓕ 공동체 기본질서인 헌법의 통일성을 보장하기 위해서, 구속력 있고 통일적인 헌법해석이 최종적으로 실행되는 것이 필요하다. 그리고 구체적 절차에서 얻어진 결과를 포함한, 헌법에서 도출된 표현은 모든 국가기관을 소송당사자와 관계없이 구속할 필요가 있다.

ⓖ 연방헌법재판소가 재판할 때 헌법에서 다른 국가기관에 부여한 형성 여지를 고려한다면, 헌법의 경직화라는 두려운 결과는 나타나지 않는다.

연방헌법재판소 판례에 어긋나게 기속력을 재판주문에 한정하는 견해[108]는 다음과 같은 논거를 제시한다:

ⓐ 구체적으로 무엇이 중요이유에 해당하는지는 오늘날까지 확실하지 않다.

ⓑ 재판이유의 기속력을 통해서 연방헌법재판소는 실질적으로 법정립 행위를 한다. 그러나 구속력 있는 법규 제정은 원칙적으로 민주적 입법자와 헌법제정자의 일이다. 그리고 이러한 두려운 재판

108) ***Gernot Biehler***, Zur Bindungswirkung von Urteilen des Bundesverfassungsgerichts, in: DVBl. 1991, S. 1238 f.; ***Hans Brox*** (Anm. 12), S. 814 ff.; ***Christoph Gusy*** (Anm. 35), S. 236 ff.; ***Dietrich Jesch***, Zur Bindung an Entscheidungen des BVerfG über Verfassungsbeschwerden, in: JZ 1954, S. 528 ff.; ***Ernst Kadenbach*** (Anm. 12), S. 412 ff.; ***Stefan Korioth***, Staatsrecht Ⅰ, 3. Aufl., Stuttgart 2016, Rdnr. 799; ***Hans Lechner***, Nochmals zur bindenden Wirkung verfassungsgerichtlicher Entscheidungen, in: NJW 1956, S. 441 ff.; ***Ki-Cheol Lee***, Schonung des Gesetzgebers bei Normenkontrollentscheidungen durch das Bundesverfassungsgericht - Eine verfassungstheoretische Betrachtung von Kompetenzstreitigkeiten -, Diss. jur. Göttingen, 1993, S. 223; ***Christian-Friedrich Menger*** (Anm. 12), S. 226; ***Christian Pestalozza*** (Anm. 34), § 20 Rdnrn. 90 ff.; ***Ludwig Renck***, Zur Bindung der Gerichte an verfassungsgerichtliche Entscheidungen, in: BayVBl. 1977, S. 368; ***Alfred Rinken*** (Anm. 38), Art. 94 Rdnr. 67 ff.; ***Hans Schäfer*** (Anm. 27), S. 1468; ***Ulrich Scheuner*** (Anm. 12), S. 646 f.; ***Klaus Schlaich***, Die Verfassungsgerichtsbarkeit im Gefüge der Staatsfunktionen, in: VVDStRL 39, Berlin 1981, S. 138 ff.; ***ders./Stefan Korioth*** (Anm. 42), Rdnrn. 487 ff.; ***Friedrich E. Schnapp/Sandra Henkenötter*** (Anm. 12), S. 124 f.; ***Hans Schneider***, Die Verbindlichkeit von Entscheidungen des Bundesverfassungsgerichts, in: DVBl. 1954, S. 186 f.; ***Helmuth Schulze-Fielitz*** (Anm. 79), S. 390 f.; ***Max-Jürgen Seibert***, Wirkungen der Entscheidungen des BVerfG, in: JuS-Lernbogen 1988, S. L 50 f.; ***Nina-Luisa Siedler*** (Anm. 89), S. 215 ff.; ***Klaus Stern*** (Anm. 12), Art. 94 Rdnr. 129; ***Gregor Stricker*** (Anm. 79), S. 983 ff.; ***Andreas Voßkuhle*** (Anm. 12), Art. 94 Rdnr. 32; ***Dirk Waschull*** (Anm. 93), S. 607; ***Günther Willms*** (Anm. 38), S. 525 ff.

이유의 규범화는 앞날의 발전을 위해서 필요한 개방성을 헌법에서 박탈하는 헌법의 경직화를 일으킨다.

ⓒ 중요이유의 규범화는 연방헌법재판소에서 최상위재판의 활력, 즉 이의를 제기하는 하위법원과 벌이는 생산적인 논쟁과 함께 자기 재판에 대한 비판적 자기 심사 기회를 박탈한다.

ⓓ 헌법기관이라는 연방헌법재판소의 지위는 법원이라는 연방헌법재판소의 법적 성격을 본질적 측면에서 바꿀 수 없다.

ⓔ 연방헌법재판소법 제69조, 제72조 제2항 제2문 그리고 제74조는 특정한 절차에서 이미 다룬 법적 문제에 관한 결정을 주문에 포함할 가능성을 예정한다.

ⓕ 연방헌법재판소법 제95조 제1항 제2문을 따르면, 헌법소원을 인용할 때 동시에 다투어진 처분의 모든 반복이 독일 기본법과 충돌한다는 것을 표현할 가능성이 연방헌법재판소에 열린다. 이러한 표현은 당연히 재판주문에 수용되어야 한다. 여기서 연방헌법재판소 재판의 이유는 구속력 있는 효력을 요구할 수 없다는 것이 도출될 수 있다.

ⓖ 절차에 직접 참여한 사람은 기판력 때문에 오로지 주문에만 구속되므로, 절차에 참가하지 않은 사람은 광범위한 대상적 구속 아래 있을 수 없다.

ⓗ 독일 기본법 제100조 제3항은 주(Land)헌법재판소가 연방헌법재판소 재판에서 드러난 법적 견해에서 벗어나려고 할 때, 연방헌법재판소 재판을 제청할 의무를 부여한다. 그래서 이유는 구속력이 없다.

(3) 사견

① 사법판결의 효력인 기속력

헌법재판소 결정은 사법판결이므로, 기속력은 사법판결의 효력 중 하나이다. 사법판결의 효력은 원칙적으로 법원이 심판하여야 하는 소송물이나 심판대상에 미친다. 헌법재판에서 심판대상은 다투어진 법규범이나 국가기관 행위의 위헌성이다. 그러므로 다투어진 법규범이나 국가기관 행위의 위헌성이 (그에 대한 근거가 아니라) 원칙적으로 기속력을 가진다. 헌법재판소의 헌법해석이 모든 국가기관의 행위기준으로서 기능하는 것은 그러한 해석이 앞날의 헌법분쟁에 적용되는 한 재판의 본질에 어긋난다. 헌법재판소는 결정을 선고할 때 다투어지는 구체적 사건을 해결하기 위해서 선고시점에 존재하는 사실관계와 법적 상황만을 고려할 수 있으므로, 아직 앞날의 헌법분쟁에 관해서 심판하지 않았기 때문이다. 따라서 중요이유는 기속력이 없다. 그리고 중요이유에 기속력이 있다는 것은 중요이유가 해당 사건을 벗어나 효력을 미칠 수 있을 때 비로소 실질적 의미가 있을 수 있다. 그런데 중요이유에 기속력이 있다는 것은 헌법재판소 결정의 기속력이 해당 사건을 넘어 미치는 근거가 될 수 없다. 즉 중요이유에 기속력을 부여하여도 당연히 헌법재판소 결정의 기속력이 해당 사건이 아닌 다른 사건에 미치는 것은 아니다. 요컨대 중요이유에 기속력이 있는지와 무관하게 헌법재판소 결정의 기속력이 해당 사건을 벗어나 미칠 수 있는지가 논증되어야 한다.

② 결정주문의 해석 필요성

주문은 그 명확한 의미내용이 일반적으로 그 자체에서 도출될 수 없어서 법규범처럼 해석이 필요하다.[109] 특히 헌법재판소 결정의 주문은

109) ***Christian-Friedrich Menger*** (Anm. 12), S. 226; ***Walter Seuffert***, Über Gesetzgebung,

중요이유에 기초한 간략하고 함축적인 내용을 담을 뿐이다. 그리고 헌법재판의 기능은 개별적 기본권보호에 그치지 않는다. 헌법재판은 객관적 헌법을 보장하고 그 해석과 계속형성에 이바지하는 기능도 있다(2중 기능). 개별적 기본권보호 측면에서는 결정이유에 상관없이 오로지 당사자의 기본권이 보장되는지만 중요하다. 그래서 거의 모든 문제는 결정주문에 드러난 내용을 통해서 해결될 수 있다. 그러나 객관적 기능 측면에서 헌법재판소 결정 대부분은 절차에 참가하지 않은 국가기관이나 사람에게도 효력을 미친다. 따라서 헌법재판소는 다른 국가기관의 행위지침을 제시하여야 한다. 위헌결정만으로는 헌법질서가 회복될 수 없을 때가 드물지 않기 때문이다. 결정주문의 구체적 내용을 확정하는 것은 이러한 기능을 수행하기 위해서 필수적이다. 또한, 다른 법원과 달리 헌법재판소는 자기 결정을 관철할 강제수단이 없다.[110] 그래서 헌법재판소 결정 관철은 다른 국가기관이 헌법재판소 결정을 따르는지에 달렸다.[111] 그러나 헌법재판소 결정 이행을 제한 없이 다른 국가기관에 맡길 수는 없다. 즉 헌법재판소는 다른 국가기관에 적절한 이행 기준을 제시하여야 한다. 그러나 결정주문에서 이러한 기준이 명확하게 그리고 구체적으로 도출될 수 없을 때가 대부분이다. 그리고 논증과정에서 헌법재판소가 다루지 않은 법적 고려가 결정주문과 같은 결론을 도출할 수도 있고, 헌법재판소는 모든 근거를 검토할 수도 없다. 이러한 점에서도 결정주문은 일반적으로 법규범과 같이 해석을 요구한다.

결정주문을 해석할 때 우선적인 기준은 결정주문을 근거 짓는 결정이유일 수밖에 없다. 따라서 중요이유는 결정주문 해석에 절대적 영향

Rechtsprechung und Bindungswirkungen, in: AöR 104 (1979), S. 178 참조.

110) BVerfGE 2, 79 (89); 비슷한 것으로는 6, 257 (266).

111) ***Kai-Oliver Knops*** (Anm. 35), S. 57.

을 미친다. 해석과정에서 결정주문은 중요이유를 수용할 수밖에 없기 때문이다. 그래서 중요이유를 통해서 해석된 결정주문 내용에서 기속력이 발생한다.[112] 중요이유는 그러한 범위에서 해석 도우미로서 기능한다. 이러한 과정에서 중요이유는 결정주문 해석을 통하여 간접적으로 기속력이 있다. 따라서 중요이유의 기속력을 긍정하는 견해와 부정하는 견해 사이의 차이는 그리 크지 않고, 심지어 사실적 측면에서는 그러한 차이가 없다고 볼 수 있다. 양자의 유일한 차이점은 중요이유가 직접적으로 또는 간접적으로 기속하는지에 있기 때문이다.[113] 특히 중요이유의 기속력을 긍정하는 견해도 기속력의 해당 사건 관련성으로 말미암아 다른 사건에 영향을 미칠 수 없어서 그 실익이 크지 않다.

3. 기속력과 관련 있는 결정이유

(1) 중요이유와 방론의 구별기준

① 중요이유의 객관적 확정 필요성

중요이유에 간접적으로 또는 직접적으로 기속력이 부여된다면, 결정이유에서 중요이유를 어떻게 구별해 낼 것인지가 문제 된다. 중요이유와 방론은 한데 엉켜 있어서 양자를 구별하기가 쉽지 않기 때문이다. 중요이유는 헌법재판소의 결정주문을 도출하기 위한 연속적인 논리적 사고과정에서 불가결한 것을 의미하고, 방론은 헌법재판소의 결정주문을 도출과정에 불가결한 논리적 연관을 맺지 않는 법적 근거에 관한 설명을 말한다. 중요이유는 결정주문을 기준으로 추출되므로, 헌

112) ***Klaus Lange*** (Anm. 38), S. 3; ***Christian-Friedrich Menger*** (Anm. 12), S. 226 참조.

113) ***Gernot Biehler*** (Anm. 108), S. 1238; ***Wolfgang Endemann*** (Anm. 38), S. 25; ***Ulrich Scheuner*** (Anm. 12), S. 642 참조.

법재판소 결정을 구체적으로 검토하여 확정할 수밖에 없다. 중요이유가 객관적으로 명확하게 확정되지 않으면 중요이유의 도움으로 해석되어 확정되는 결정주문 내용도 명확성을 잃을 수밖에 없다. 이때 헌법재판소 결정이 형성하고 유지하여야 할, 헌법을 정점으로 하는 법질서의 형성과 유지가 어렵게 될 수 있다. 특히 중요이유를 추출하는 객관적 기준이 없어서 해석자가 멋대로 결정할 수 있다면 결정주문 내용은 해석자에 따라 달라질 수밖에 없다. 따라서 중요이유와 방론을 구별하는 명확한 기준을 찾아 결정주문 해석자의 자의를 가능한 한 제한하고 통제하여 결정주문 내용을 객관적으로 명확하게 확정할 필요가 있다.

② 결정주문에 종속되는 결정이유

(i) 기속력과 관련 있는 결정이유의 부분

결정이유의 기능은 결정주문이 도출되는 과정을 세세히 설명함으로써 결정주문에 정당성을 부여하고 그 내용을 명확하게 구체화하는 것이다. 그래서 결정이유는 결정주문을 근거 지울 수 있어야 비로소 의미가 있다. 따라서 결정주문을 직접 근거 짓는 결정이유만 간접적으로든 혹은 직접적으로든 기속력과 관련을 맺을 수 있다. 이러한 점에서 방론과 소수의견은 기속력과 무관하다. 방론도 기속력과 관련을 맺는 것은 법원의 소극적 성격에 어긋나고, 소수의견은 법원의 공식견해가 아니기 때문이다. 판결 요지는 헌법재판소 재판관이 작성하는 것이 아니다. 따라서 그것은 헌법재판소 결정의 '이유'를 구성하지 않으므로 기속력과 관련이 없다.

(ii) 중요이유의 판단기준인 결정주문

ⓐ 본안결정의 결정주문

확정력 있는 헌법재판소 결정에 기속력이 귀속될 수 있다.[114] 헌법재판소 결정이 확정되어야 비로소 기속력의 내용과 범위가 밝혀질 수 있기 때문이다. 기속력은 그 범위에서 불가쟁력을 전제한다. 그리고 기속력은 절차결정이 아니고 단지 본안결정과 관련이 있다.115) 절차결정은 심판대상을 판단하지 않기 때문이다. 결정주문에서 판단한 청구요건 존재 여부에도 기판력이 발생하지만, 청구요건은 청구인을 기준으로 판단되므로 청구인이 아닌 국가기관에 미치는 기속력은 청구요건 존재 여부 판단에서 발생할 수 없다. 따라서 심판대상에 관한 판단을 포함하는 결정주문만이 중요이유를 분별할 기준으로서 작용할 수 있다. 이것은 청구인의 청구취지를 중심으로 확정한 심판대상에 대한 헌법재판소의 대답이 본안결정의 결정주문이라는 점에서도 당연히 도출되는 결론이다.

ⓑ 중요이유의 결정주문에 대한 종속성

중요이유는 결정주문을 구체화하고 보충이나 보완하는 것에 불과하다. 따라서 중요이유는 결정주문과 분리되는 독립성이 없고 결정주문에 종속될 뿐이다. 그래서 결정주문에 언급되지 않은 내용을 담은 결정이유, 즉 결정주문과 아무런 관련성도 찾을 수 없는 결정이유는 중요이유가 될 수 없다. 따라서 한정합헌결정이나 한정위헌결정에서 이루어지는 합헌적 법률해석이나 헌법불합치결정의 구체적 내용은 결정

---

114) ***Christian Pestalozza*** (Anm. 34), § 20 Rdnr. 89.

115) **남복현**(주 35), 153쪽; **이성환**(주 8), 93쪽; BVerfGE 78, 320 (328); 92, 91 (107); ***Ernst Benda/Eckart Klein/Oliver Klein*** (Anm. 35), § 40 Rdnr. 1445; ***Herbert Bethge*** (Anm. 35), § 31 Rdnr. 84; ***Steffen Detterbeck*** (Anm. 28, Normwiederholungsverbote aufgrund normverwerfender Entscheidungen des Bundesverfassungsgerichts), S. 363 f.; ***Christoph Gusy*** (Anm. 35), S. 235; ***Andreas Heusch*** (Anm. 4), § 31 Rdnr. 55; ***Kai-Oliver Knops*** (Anm. 35), S. 48; ***Andreas Voßkuhle*** (Anm. 12), Art. 94 Rdnr. 32. 그러나 절차규정도 때에 따라서 기속력이 있을 수 있다는 견해[***Christian Pestalozza*** (Anm. 34), § 20 Rdnr. 89]도 있다.

주문에 포함되거나 인용될 때만 효력이 있을 수 있다. 예를 들어 헌법재판소가 결정이유에서 명백하게 헌법합치적으로 해석하였어도 주문에서는 단순히 합헌으로 결정하였다면,[116] 기속력은 위헌결정에만 귀속되므로 단순히 합헌으로 결정한 주문에 귀속되지 못하고, 헌법합치적으로 해석한 결정이유는 기속력과 관련을 맺지 못한다.

ⓒ 중요이유를 확정할 때 고려할 사항

헌법재판소 결정의 판시 부분이 중요이유인지는 그 결정 자체만을 놓고 판단하여야 한다. 다른 이론 구성에 따라서 그 결정과 같은 결과에 도달할 수 있는지를 기준으로 중요이유인지를 결정한다면, 중요이유를 확정하는 것이 매우 불명확해지기 때문이다. 그리고 결정주문 자체에 아무런 영향을 주지 않는다고 하더라도 결정의 내용과 효력에 관한 법적 의미가 달라질 때도 중요이유가 될 수 있다. 또한, 하나의 중요이유가 결정주문을 근거 짓는 유일한 이유일 필요는 없다. 여러 개의 중요이유가 결정주문을 병렬적으로 근거 지울 수도 있고, 때로는 선택적으로 근거 지울 수도 있다. 여기서 중요한 것은 중요이유가 결정주문을 옹글게(완벽하게) 근거 지울 수 있는 지이다. 그래서 결정주문을 지탱하는 이유가 여러 개면 각 이유가 단독으로 또는 여러 개의 이유가 함께 결합하여 다른 이유의 여부와 관계없이 결정주문을 근거 지울 수 있다면 모두 중요이유가 될 수 있다.[117]

③ 원칙적으로 사법적 헌법해석에 국한되는 기속력

기속력은 최종적 헌법해석에 관한 헌법재판소의 과제와 권한에 근거한다. 그래서 헌법재판소법 규정의 문언이나 의미에서 직접 도출될

116) 예를 들어 헌재 1989. 7. 14. 88헌가5등, 판례집 1, 69; 헌재 1990. 1. 15. 89헌가103, 판례집 2, 4; 헌재 1993. 5. 13. 92헌가10등, 판례집 5-1, 226.

117) 이상 **허완중**(주 31), 20~21쪽 참조.

수 없을지라도 헌법재판소 결정 중에서 원칙적으로 사법적(司法的) 헌법해석만 기속력이 있다고 보아야 할 것이다. 따라서 중요이유도 원칙적으로 헌법해석에 국한될 수밖에 없다. 즉 개별 하위법규범의 구속적 해석과 적용은 헌법의 권한배분에 따라 일반 법원의 몫이므로(헌법 제101조 제1항, 제107조 제1항), 결정이유 중 헌법해석 이외의 법해석 부분은 원칙적으로 중요이유가 될 수 없다. 그러나 권한쟁의심판에서 헌법재판소는 헌법이나 '법률'이 부여한 청구인의 권한이 침해되었는지(헌법재판소법 제61조 제2항)를 심사하여야 하므로, 이러한 헌법재판소 결정에 수반되는 법률해석은 기속력이 있을 수밖에 없다.[118] 따라서 권한쟁의심판에서는 결정이유 중 법률해석 부분도 중요이유가 될 수 있다. 그리고 예외적으로 헌법에서 개별 하위법규범 해석이 도출된다면, 즉 헌법재판소가 개별 하위법규범을 헌법합치적으로 해석하거나 개별 하위법규범의 특정해석을 위헌으로 선언하였다면, 헌법재판소가 한 개별 하위법규범 해석도 기속력이 있을 수 있다. 그러한 범위에서 위헌적 해석 가능성은 구속적으로 제거된다.[119] [120] 따라서 이때는 결정이유 중 개별 하위법규범 해석 부분도 중요이유가 될 수 있다.

기속력이 헌법의 해석과 적용에 국한된다는 것은 '헌법의 규준적 해석자이면서 수호자'인 헌법재판소의 지위에서 도출되고, 헌법재판소와 일반 법원의 기능분배를 정당화한다고 하면서도, 이러한 결론을 주문에 적용할 수 있는지를 의심하는 견해가 있다.[121] 이 견해를 따르면 주

---

118) 참고로 독일에서 구체적 규범통제나 추상적 규범통제에서 연방법을 심사기준으로 심사하면 이러한 연방법 해석도 예외적으로 기속력이 있다.

119) BVerfGE 19, 377 (392); 40, 88 (94); 42, 258 (260); 72, 119 (121).

120) 이상 **황우여**(주 42), 309쪽; ***Herbert Bethge*** (Anm. 35), § 31 Rdnr. 60; ***Kai-Oliver Knops*** (Anm. 35), S. 47 f.; ***Alfred Rinken*** (Anm. 38), Art. 94 Rdnr. 66; ***Hans Georg Rupp*** (Anm. 20), S. 407 f.; ***Klaus Schlaich/Stefan Korioth*** (Anm. 42), Rdnr. 445; ***Jan Ziekow*** (Anm. 28), S. 486; ***ders.*** (Anm. 4), S. 527 f. 참조.

121) **최희수**(주 53, 헌법재판소 결정의 결정이유의 기속력에 관한 연구), 452쪽.

문, 즉 심판대상에 관한 결정에는 그것이 단순히 일반 법률의 해석과 적용에 관한 것일지라도 기속력을 부여하여야 한다고 한다. 헌법재판소법 제47조 제1항의 의미는 주문에 포함된 것이라면 그것이 어떤 내용이든 기속력을 부여하려는 것으로 해석되므로, 이러한 결론은 부정되지 않는다고 한다. 이것은 법률에 대한 일정한 해석 가능성을 제시하고 이러한 해석 가능성에 대해서 헌법적 기준을 적용하여 합헌이나 위헌의 결과를 도출하는 한정합헌이나 한정위헌이 내려졌을 때 특히 그 실천적 의미가 크다고 한다. 그러나 헌법재판소법 제47조 제1항의 의미는 규범통제의 본질 그리고 헌법재판소의 지위와 권한 및 한계에 비추어 해석되어야 한다. 헌법재판소는 헌법이 부여한 헌법재판권만 행사할 수 있을 뿐이기 때문이다. 따라서 헌법재판소가 규범통제의 본질 그리고 자기 지위와 권한 및 한계에 어긋나는 결정을 내릴 때도 무조건 결정주문에 포함되었다는 이유만으로 기속력을 부여할 수는 없다. 즉 헌법재판소법 제47조 제1항의 위헌결정은 헌법해석을 바탕으로 법률의 위헌성을 확인하는 헌법재판소 결정으로 보아야 할 것이다. 이러한 해석이 헌법을 기준으로 하위법규범의 위헌성을 판단하는 것으로 이해되는 규범통제의 본질에 들어맞는다. 그리고 이러한 해석 아래에서만 헌법재판소의 권한 남용을 억제할 수 있다. 한정합헌결정이나 한정위헌결정에서 드러나는 합헌적 법률해석은 비록 법률해석이기는 하지만, 그 위헌성이나 합헌성은 헌법해석을 통해서 확인된다는 점에서 일반 법률해석과 구별되므로 이러한 위헌결정에 포함될 수 있다고 보아야 할 것이다.

(2) 중요이유와 재판관 6명 이상 찬성

① 헌법재판소의 우회적 해결과 그 문제점

헌재 2008. 10. 30. 2006헌마1098등 결정에서 헌법재판소는 입법자인 국회에 기속력이 미치는지와 결정주문뿐 아니라 결정이유에까지 기속력을 인정할 것인지가 문제 된다고 명백하게 언급하였다. 그러나 헌법재판소는 이러한 문제들에 관해서 구체적으로 검토하지 않은 채 결정이유에 기속력을 인정한다고 하더라도, 결정주문을 뒷받침하는 결정이유에 대해서 적어도 위헌결정의 정족수인 재판관 6명 이상 찬성할 때만 결정이유에 기속력이 인정된다고 주장하면서 우회적 해결을 하였다.[122] 즉 이전 결정(헌재 2006. 5. 25. 2003헌마715등 결정)의 결정이유에 관하여 재판관 6명 이상 찬성하지 않아서 결정이유에 기속력이 부여될 수 없으므로, 이전 결정의 기속력이 해당 결정에서 문제가 되지 않는다고 하였다. 그러나 이러한 해결은 먼저 (해당 결정에서 기속력이 문제 된다는 것을 인정한다면) 직접 문제가 되는 기속력 문제에 관해서 검토하지 않았다는 점을 비판받을 수밖에 없다. 직접적인 문제에 관한 검토가 쉽지 않으므로 혹은 그에 관한 견해가 명확하게 정립되지 않았으므로, 헌법재판소가 이러한 우회로를 선택한 것으로 볼 수 있다. 물론 이러한 해결을 통해서도 똑같은 결론에 도달할 수도 있다. 하지만 헌법재판소 결정이 해당 사건 해결에만 국한되는 것이 아니라 [기속력, 법률요건적 효력이나 형성력 혹은 법률적 효력(법규적 효력), 법규범 자체의 효력 그리고 선례적 구속력 등을 통해서] 해당 사건을 벗어나 일반적인 효력이 있다는 점에서 헌법재판소는 가능한 범위에서 모든 문제에 관해서 명확하고 직접적인 해결기준을 제시하여야 한다. 이것은 헌법재판의 2중 기능에서 당연히 도출되는 것으로 이러한 이유로 헌법재판에 객관적 소송이라는 성격을 부여한다. 그리고 제기되는 문제에 대한 직접적인 대답을 회피하면, 헌법재판소는 문제 해결을 쉽게 할 수 있을지 몰라도 헌법재판소 결정에 대한 신뢰는 치명적인 손상을 입을 수도 있다. 특히 헌법재판소가 특정한 결론을 얻기 위해서 논거를 조작한다

122) 헌재 2008. 10. 30. 2006헌마1098등, 판례집 20-2상, 1089, 1103-1104.

는 의심을 불러일으킬 수도 있다. 따라서 이러한 해결은 바람직하지 않은 것으로 보인다. 게다가 우회적 해결을 위해서 제시한 견해 자체가 확고한 타당성이 없고 새로운 문제를 제기한다는 점에서 더욱더 큰 문제가 있다. 이하에서는 헌법재판소가 우회적 해결을 위해서 제시한 논거가 적절한 것인지에 관해서 검토하고자 한다.

② 학설

주문을 지탱하는 중요한 이유에 관해서 기속력을 인정하는 것이 주문을 지탱하는 이유가 다양하고 어떠한 이유도 독자적으로 위헌결정에 필요한 다수, 즉 재판관 6명에 이르지 못하면 해당 위헌 사유가 기속력이 없다는 의미도 동시에 있다는 견해가 있다.[123] 그리고 헌법이나 헌법재판소법에서는 직접적인 규정이 없으나, 헌법이나 법률의 해석·적용에 관한 이유 부분 변경에 가중정족수를 요구하는 헌법재판소법 제23조 제2항 단서 제2호에서 기속력이 인정되는 결정이유가 되려면 재판관 6명 이상 찬성하여야 한다는 것을 유추할 수 있다는 견해도 있다.[124]

이에 반해서 결정주문을 뒷받침하는 결정이유는 적어도 재판관 6명 이상 찬성하여야 한다는 헌법재판소 결정을 비판하는 견해가 있다.[125] 이 견해는 먼저 ① 결정이유의 기속력 문제는 결정주문을 뒷받침하는 논거인 결정이유, 그중에서도 법정의견에 대해서만 논의되는데, 이것은 주문의 기속력을 전제로 그것을 보완하는 차원에서 논의된다는 점,

123) **전광석**(주 53, 한국헌법론), 829～830쪽.

124) **박찬주**(주 51), 139～140쪽.

125) **남복현**, 「헌법재판소 결정주문의 합의방식과 중요한 결정이유의 기속력」, 『헌법학연구』 제15권 제1호, 한국헌법학회, 2009, 215～219쪽; **같은 사람**, 『헌법재판소 결정의 소송법적 효력』, 한국학술정보, 2013, 333쪽.

② 주문의 제시요건에 해당하는 법정의견이 전개하는 논거가 결정이유의 핵심이 된다는 점, ③ 결정이유, 즉 법정의견에 풀이된 논거에 모두 기속력이 부여되는 것이 아니라 주문을 끌어내는 핵심적인 논거에만 기속력이 부여된다는 점을 근거로 위헌결정 정족수와 기속력이 무관함을 주장한다. 그리고 이 견해는 결정주문이 도출되는 과정이 상세하게 소개된 전반적인 내용을 수록하는 것이 결정이유라면, 그중에서도 결정주문을 논증하는 핵심적인 근거가 헌법재판소 결정에서 법정의견이라고 한다. 이때 법정의견은 반드시 재판관 6명 이상 찬성하여야 하는 것은 아니라고 한다. 그리고 상황에 따라서는 어떠한 주된 논거나 이유도 기속력이 없다는 모순에 빠질 수 있고, 결국 무한대로 반복입법이 허용되어 위헌결정 기속력의 의미와 실효성이 퇴색될 수 있으므로 재판관 6명 찬성을 얻지 못하여도 위헌논거에 기속력이 부여된다는 견해도 있다.[126] 이 견해는 위헌결정 정족수는 문자 그대로 위헌결정을 내릴 수 있는지를 결정하는 기준으로서 이는 구체적인 위헌논거에 따른 각각의 재판관 수가 아니라 결과적으로 위헌결정에 가담하는 전체 재판관 수에 관한 것이라고 한다. 따라서 위헌결정 정족수가 재판관 6명이라는 규정은 위헌에 참여한 재판관들 사이에서 설사 위헌 논거가 서로 다르다고 하더라도 일단 결과적으로 위헌이라고 판단하는 재판관 수가 6명 이상이면 위헌결정을 내릴 수 있다는 것을 의미할 뿐이지 그 위헌결정 각각의 논거에 가담한 재판관 수가 6명 이상일 때만 그 각각의 논거에 기속력이 인정된다는 의미는 아니라고 한다. 그리고 과잉금지원칙 위배가 재판관 5명의 지지만 얻어서 직접 기속력을 발생시키는 '판결주문'에 등장하지 않고, 직접 기속력을 발생시키지 못하는 '판결이유'에 등장하므로, 과잉금지원칙 위배에서는 직접 국회를 구속하는 기속력이 발생하지 않는다는 견해도 있다.[127]

---

126) **정연주**(주 79), 335～337쪽; **같은 사람**(주 61), 115～117쪽.

그 밖에 주문별 합의제 아래에서 전개되는 헌법재판소 논리에 대하여 결론에서는 동의하지만, 쟁점별 합의가 아닌 주문별 합의제 아래에서는 위헌정족수를 충족할 수 없어 기속력을 인정받을 수 없는 다수의 견해가 주장된다고 하더라도 그 결론에서 같다면 합산하여 위헌을 성립시킬 수 있는데, 이로 말미암아 결국 위헌주문은 성립하였어도 기속력 있는 '중요한 이유'는 없고 다수의 방론만 있게 되는 기형적 결과가 발생한다는 점을 지적하는 견해도 있다.[128)]

③ 사견

(ⅰ) 언제나 재판관 6명 이상 찬성하는 것이 아닌 결정주문

결정주문은 늘 재판관 6명 이상 찬성을 얻어야 하는 것은 아니다. 심지어 재판관 6명 이상 찬성 없이, 특히 선례적 구속력(헌법재판소법 제23조 단서 제2호) 때문에 소수의 의견에 따라서 각하결정[129)]이나 위헌결정[130)]이 내려질 수도 있다.[131)] 헌법재판소법은 법률의 위헌결정(제47조

127) **임지봉**, 「국회의 입법형성권과 헌법재판소 결정의 기속력」, 입법학연구 제3집, 한국입법학회, 2006, 132~133쪽.

128) **최희수**, 「위헌결정의 기속력」, 『헌법재판 주요선례연구 2』, 헌법재판소 헌법재판연구원, 2012, 490쪽.

129) 법령에 영업의 자유를 제한하는 규정을 신설하고 경과조치로서 유예기간을 두었을 때 헌법소원의 청구기간 기산점과 관련하여 법령시행일부터 기산하여야 한다는 판례(헌재 1996. 3. 28. 93헌마198, 판례집 8-1, 241, 251; 헌재 1996. 10. 4. 94헌마68등, 공보 18, 590, 592; 헌재 1996. 11. 28. 95헌마67, 공보 19, 90, 92-93; 헌재 1996. 12. 26. 95헌마383, 공보 19, 178, 180-181; 헌재 1997. 2. 20. 95헌마389, 판례집 9-1, 186, 191; 헌재 1999. 7. 22. 98헌마480등, 공보 37, 715, 718-719; 헌재 2002. 4. 25. 2001헌마614, 판례집 14-1, 410, 422; 헌재 2002. 8. 13. 2002헌마499)에 반대하여 헌법소원의 청구기간을 유예기간이 종료한 다음부터 기산하여야 한다는 의견이 5명이었으나 헌법재판소는 판례에 따라 각하결정을 하였다(헌재 2003. 1. 30. 2002헌마516, 판례집 15-1, 161).

130) 헌재 1998. 7. 16. 95헌바19, 판례집 10-2, 89, 113 재판관 김용준, 신창언, 이영모, 한대현의 반대의견 참조.

제1항, 제75조 제6항), 권한쟁의심판의 결정(제67조 제1항) 그리고 헌법소원의 인용결정(제75조 제1항)에서만 기속력이 발생한다고 규정할 뿐이고, 이러한 결정들이 기속력이 있으려면 재판관 6명 이상 찬성을 얻어야 한다는 것을 규정하지 않는다. 따라서 재판관 6명 이상 찬성을 얻지 못한 법률의 위헌결정과 권한쟁의심판의 결정 그리고 헌법소원의 인용결정도 기속력이 있다고 보아야 한다. 특히 권한쟁의심판의 결정은 6명 이상 찬성을 요구하지도 않는다(헌법 제113조 제1항, 헌법재판소법 제23조 제2항 단서 제1호 참조). 그리고 변형결정에 반드시 재판관 6명 이상 찬성이 필요하지도 않다. 예를 들어 헌법재판소법 제40조 제1항에 따라 법원조직법 제66조 제2항의 '합의방법'을 준용하여 5명의 단순위헌의견과 1명의 헌법불합치의견이나 한정위헌의견이 있으면 헌법재판소는 헌법불합치결정이나 한정위헌결정을 내린다. 이때 결정주문에는 재판관 6명 이상 찬성하지 않는다. 물론 헌법불합치결정이나 한정위헌결정

---

131) 헌법재판소법 제23조 제2항 단서 제2호보다 헌법 제113조 제1항이 우선한다는 견해를 따르면, 선례가 변경되지 않아도 위헌의견이 6명이 아니면 선례에 따라서 위헌결정을 내릴 수 없다. 그러나 이 견해는 헌법재판소법 제23조 제2항 단서 제2호도 헌법 제113조 제1항과 마찬가지로 법치국가원리의 내용인 법적 안정성을 구체화하는 규정이라는 점을 간과한 것으로 보인다. 즉 헌법재판소법 제23조 제2항 단서 제2호에 따른 결과가 헌법 제113조 제1항의 취지에 어긋나는 것으로 보기는 어렵다. 그리고 헌법이나 법률의 해석 적용에 관한 의견을 바꾸지 못해서 위헌의견이 6명이 아닌데도 위헌결정을 내릴 수밖에 없는 것은 엄격한 선례변경방식에 따른 당연한 결과로서 선례가 위헌 여부를 결정하는 예외적일 때 일어나는 우연한 결론에 불과하다. 또한, 이러할 때 원칙대로 평의가 이루어져서 선례 변경이 이루어지지 않으면 거기서 법률의 위헌성이 바로 확정되므로, 재판관들이 선례 변경에 관한 의견 이외에 다른 내용에 관한 의견을 밝힐 필요는 없을 것이다. 즉 이러한 예외적인 때는 선례 변경 여부에 관한 평의만으로 이미 해당 법률의 위헌 여부가 결정되므로, 재판관들이 선례 변경 여부에 관한 의견 이외에 법률의 위헌 여부에 관한 별도의 의견을 제시하는 것은 사족에 불과할 것이다. 따라서 헌법재판소법 제23조 제2항 단서 제2호와 헌법 제113조 제1항이 충돌하는 때를 생각하기는 어렵다.

도 위헌결정에 속하므로 부분적인 위헌결정으로서 단순위헌결정이 이를 포함한다고 볼 수도 있다. 그러나 단순위헌결정의 주문과 헌법불합치결정이나 한정위헌결정의 주문을 다른 유형으로 이해하는 한 (특히 헌법재판소처럼 쟁점별 합의제가 아닌 주문별 합의제를 채택하였을 때) 그 타당성에 의문이 제기된다. 이처럼 결정주문에 재판관 6명 이상 찬성하지 않을 때 당연히 그를 뒷받침하는 결정이유도 재판관 6명 이상 찬성할 수 없다. 따라서 결정주문을 뒷받침하는 결정이유에 언제나 재판관 6명 이상 찬성하는 것은 아니다.

(ii) 결정정족수가 아닌 결정주문과 관련 있는 결정이유

사법재판에서 원칙적으로 의미 있는 것은 소송물이나 심판대상에 관한 판단인 주문이다. 그래서 사법재판의 효력은 원칙적으로 주문을 기준으로 부여된다. 결정이유는 결정주문에 종속적인 것에 불과하다. 즉 결정이유는 언제나 결정주문을 전제로 의미가 있을 수 있을 뿐이다. 따라서 결정이유에 간접적인 기속력을 부여할 때는 물론 직접적인 기속력을 부여할 때도 '결정이유는 해당 사건에서 결정주문과 독립하여 의미가 있을 수 없다.' 그래서 결정주문에 기속력이 부여되면, 그에 대한 중요이유도 (결정주문 해석을 위해서) 기속력과 관련을 맺는다고 보아야 한다. 특히 결정이유의 기속력이 문제 될 때는 오로지 결정주문만으로 헌법재판소 결정 내용을 확정하기 어려울 때뿐이다. 그런데 결정주문에도 요구하지 않는 재판관 6명 이상 찬성을 결정이유에 요구하는 것은 간접적으로든 직접적으로든 결정이유에 기속력을 인정하는 취지와 결정주문에 대한 중요이유의 종속성에 어긋난다. 즉 재판관 6명 이상의 찬성 여부에 따라 결정이유를 기속력과 관련시키는 것은 결정주문의 불명확성을 결정문 자체에서 제거하는 길을 봉쇄하여 사실적 측면에서 결정주문의 기속력을 무력하게 만든다. 내용이 명확하지 않은 결정주문은 사실적 측면에서 기속력을 발휘하기 어렵기 때문

이다. 따라서 기속력과 관련되는 결정이유인지는 중요이유의 결정주문에 대한 종속성에 비추어 결정정족수가 아닌 오로지 결정주문과 맺는 관계를 기준으로만 판단하여야 할 것이다.

4. 시간적 범위

헌법재판소 결정의 효력은 결정 선고와 함께 발생한다. 헌법재판소는 실제로 고려할 수 있었던 것에 관해서만 판단할 수 있으므로, 모든 헌법적 이해는 그 시점에 있는 관계에서 출발한다. 따라서 헌법재판소 결정의 기속력은 언제나 헌법재판소 결정이 선고된 시점과 관련된다. 즉 헌법재판소는 심판대상을 오로지 선고 당시의 사실관계와 법적 상황과 관련하여서만 심사한다. 그래서 헌법재판소 결정은 결정 이후에 비로소 나타난 변화를 포섭할 수 없다. 즉 사실관계와 법적 상황이 나중에 바뀌면 헌법재판소는 그것을 아직 판단하지 않은 상태이다. 따라서 기속력은 결정 이후에 비로소 발생한 새로운 사실에 근거한 행위 반복을 저지하지 않는다. 헌법재판소는 이러한 행위를 새로 심사하여야 한다. 법적 상황 변화는 심사기준이 되는 헌법의 명시적 변화뿐 아니라 헌법의 묵시적 의미변화도 포함한다. 그리고 생활관계나 일반적인 법적 견해의 근본적인 변화도 헌법재판소 결정의 내용에 영향을 미치면 고려되어야 한다. 그 밖에 기속력은 헌법재판소 결정 존재에 근거한다. 따라서 헌법재판소 결정 자체가 더는 존재하지 않으면, 즉 재심으로 헌법재판소 결정이 폐기되면 기속력은 사라진다.

Ⅶ. 소결 – 사법판결의 효력인 기속력

헌법재판소는 법원이므로 헌법재판소 결정은 사법판결이다. 따라서 헌법재판소 결정의 효력에 관한 논의는 당연히 사법판결의 일반적 효력에서 출발하여야 한다. 그러나 지금까지 기속력에 관한 논의 대부분은 헌법재판소가 법원이라는 점을 인정하면서도 헌법재판소 결정이 사법판결이라는 점을 간과하였던 것처럼 보인다. 기속력이 헌법재판소 결정에 부여한 특별한 효력이라는 점은 의문의 여지가 없지만, 기속력도 어디까지나 사법판결의 효력일 뿐이다. 따라서 사법판결의 효력이라는 측면에서 접근하면서 헌법재판의 특수성을 적절하게 고려하여야 기속력은 올바르게 파악될 수 있다. 특히 기속력은 기판력과 비교되면서 검토되어야 그 범위와 한계가 명확하게 드러날 수 있다. 이러한 점에서 기속력과 기판력의 밀접한 관계를 인정하면서도 기판력과 맺는 관계 속에서 기속력의 범위와 한계를 찾지 않는 기존 견해는 문제가 있는 것으로 보인다. 그리고 기속력이 사법판결의 일반적인 효력이 아닌 헌법재판에 특유한 효력이므로, 기속력을 규율하는 실정법은 기속력을 이해하는 출발점이 되어야 하고, 그 자체가 엄격하게 해석될 필요가 있다.

제4장

헌법재판소 결정에 따른 입법자의 의무

Ⅰ. 입법자에 대한 의무 부과로 나타나는 헌법재판소 결정의 입법자 구속

헌법재판소는 스스로 자기 결정을 집행할 수 없다. 그리고 권력분립 원리 때문에 헌법재판소는 입법자의 권한을 대신 행사할 수도 없다. 따라서 헌법재판소 결정이 기속력을 매개로 입법자를 구속한다는 것은 헌법재판소 결정이 입법자에게 의무를 부과[1]하여 입법자의 행위를 강제하는 모습으로 나타날 수밖에 없다. 그래서 헌법재판소가 헌법재판소 결정을 통해서 입법자에게 의무를 부과하여 자기 의사를 관철할 수 있을 때만, 헌법재판소의 입법통제는 옹글게(완벽하게) 기능할 수 있다. 만약 헌법재판소 결정에 따른 입법자의 의무가 없다면, 헌법재판소가 하는 입법통제의 유효성은 오로지 입법자의 의사에 따라 좌우될 수밖에 없다. 이때 헌법재판은 입법'통제'가 아닌 입법'권고'로 전락하게 될 것이다. 이러한 점에서 헌법재판소 결정에 따른 입법자의 의무는 헌법재판소가 하는 입법통제의 결과일 뿐 아니라 본질이라고 할 수 있다. 따라서 헌법재판소와 입법자의 관계에서 헌법재판의 의미를 찾으려면 헌법재판소 결정에 따른 입법자의 의무를 살펴보는 것이 필수적이다.

1) 여기서 '부과'는 새로운 의무를 발생시킨다는 뜻이 아니라 헌법의 해석을 통해서 기존 의무를 확인하고 확정한다는 뜻에 불과하다.

Ⅱ. 입법권자이면서 입법의무자인 입법자

1. 입법자의 입법형성권과 그 한계인 입법의무

입법자는 독자적인 자기 의사에 따라 법률을 제정할 헌법적 권한이 있다(헌법 제40조, 제52조, 제53조). 따라서 입법자는 법률질서를 창설하고 보충하고 변경할 수 있다. 입법자는 단순한 헌법의 집행기관이 아니라 고유한 정치의사를 형성할 수 있으므로 정치적 형성재량이 있다. 따라서 입법목적을 달성하기 위해서 가능한 여러 수단 가운데 어느 것을 선택할 것인지는 입법자의 결정이 현저하게 불합리하거나 불공정한 것이 아닌 한 입법자의 재량에 속한다.[2] 이러한 입법형성의 자유는 입법자가 법률을 제정할 때 어떤 내용을 선택할 것인지는 물론 법률을 제정할 것인지와 언제 법률을 제정할 것인지도 포함한다. 입법형성의 자유와 관련하여 헌법재판소는 입법자가 입법목적에 맞게 법률을 제정하였는지가 아니라[3] 단지 법률이 합헌인지만을, 즉 법적 한계인 헌

2) 헌재 1996. 2. 29. 94헌마213, 판례집 8-1, 147, 166 참조.

3) BVerfGE 1, 14 (32); 3, 162 (182); 12, 326 (338); 33, 171 (189); 36, 174 (189); 38, 312 (322); 71, 364 (384); ***Ernst Benda***, Das Bundesverfassungsgericht im Spannungsfeld von Recht und Politik, in: ZRP 1977, S. 3; ***Jutta Limbach***, Missbraucht die Politik das Bundesverfassungsgericht?, Köln 1997, S. 18; ***ders.***, Vorrang der Verfassung oder Souveränität des Parlaments?, Stuttgart 2001, S. 20; ***Michael Piazolo***, Das Bundesverfassungsgericht und die Beurteilung politischer Fragen, in: ders. (Hrsg.), Das Bundesverfassungsgericht – Ein Gericht im Schnittpunkt von Recht und Politik, Mainz/München 1995, S. 252; ***Horst Säcker***, Gesetzgebung durch das Bundesverfassungsgericht?, in: Michael Piazolo (Hrsg.), Das Bundesverfassungsgericht – Ein Gericht im Schnittpunkt von Recht und Politik, Mainz/München 1995, S. 194; ***Klaus Stern***, Das Staatsrecht der Bundesrepublik Deutschland, Bd. Ⅲ/1, München 1988, S. 1306 참조.

법원리와 국민의 기본권을 존중하는지만을 통제할 수 있다. "결국, 입법자는 오로지 법률에 대해서만 책임진다."[4]

그러나 입법자는 국가권력 일부로서 헌법에 구속되므로(헌법 제10조 제2문), 헌법의 1차적 수범자인 입법자도 전체 법질서를 헌법 기준에 맞게 형성하여야 하는[5] 독립적인 헌법적 의무와 책임이 있다. 따라서 입법자가 유효한, 즉 효력이 있는 합헌적 법률을 제정할 의무를 진다는 것이 일반적으로 인정된다.[6] 이러한 점에 비추어 입법자도 위헌상태를 제거할 의무를 진다.[7] 그래서 헌법은 입법자에게도 한계로서 기능한다. 따라서 입법자는 언제나 자기 행위의 합헌성을 심사하여야 한다.[8] 이러한 맥락에서 헌법재판소 결정은 헌법에서 도출되는 입법자의 의무를 확인하는 것에 불과하다. 그리고 헌법재판소 결정은 원칙적으로 새로운 입법자의 입법의무를 발생시키지 못한다.[9] 그래서 헌법에서 도출되는 입법자의 입법의무는 입법형성권의 한계로서 작용한다. 입법권자의 권한을 보장하기 위해서 이러한 입법의무는 엄격하게 해석되어야 한다. 특히 이러한 엄격한 해석은 헌법재판소가 소극

---

4) ***Klaus Schlaich***, Die Verfassungsgerichtsbarkeit im Gefüge der Staatsfunktionen, in: VVDStRL 39, Berlin 1981, S. 109; ***ders./Stefan Korioth***, Das Bundesverfassungsgericht - Stellung, Verfahren, Entscheidungen, 10. Aufl., München 2015, Rdnr. 542.

5) ***Hanno Kube***, Die Bindungswirkung der Normverwerfung - Zur Stellung der Parlamente im Verfassungsstaat -, in: DÖV 2002, S. 738 f.

6) ***Yooncheol Choi***, Die Pflicht des Gesetzgebers zur Beseitigung von Gesetzesmängeln, Diss. jur. Hamburg, 2002, S. 49; ***Michaela Eisele***, Subjektive öffentliche Rechte auf Normerlaß, Berlin 1999, S. 148 f.; ***Christian Mayer***, Die Nachbesserungspflicht des Gesetzgebers, Baden-Baden 1996, S. 34 참조.

7) ***Klaus Schlaich/Stefan Korioth*** (Anm. 4), Rdnr. 411.

8) ***Detlef Merten***, Demokratischer Rechtsstaat und Verfassungsgerichtsbarkeit, in: DVBl. 1980, S. 775 참조.

9) ***Michaela Eisele*** (Anm. 6), S. 152 f. 참조.

적 입법자나 보조입법자(Nebengesetzgeber)로서 활동하는 것을 저지할 수 있다.[10)]

2. 헌법재판소가 입법에 미치는 영향의 유형

입법자는 입법권자로서 (형식적) 법률을 독점적으로 제정할 뿐 아니라 다른 국가기관처럼 국민의사를 확인하고 그것에 따라야 할 의무를 진다. 입법과 관련하여 입법자는 헌법의 최초해석자(Erstinterpret)이고, 헌법재판소는 최종해석자(Letztinterpret)이다.[11)] 이러한 지위에 따라서 헌법재판소에는 입법자에 대한 우위(Vorrang)가, 입법자에게는 헌법재판소에 대한 우선권(Vorhand)이 귀속된다.[12)]

---

10) ***Stefan Korioth***, Die Bindungswirkung normverwerfender Entscheidungen des Bundesverfassungsgerichts für den Gesetzgeber, in: Der Staat 30 (1991), S. 561 (**슈테판 코리오트, 허완중** 옮김, 「입법자에 대한 연방헌법재판소 규범폐기재판의 기속력」, 『헌법판례연구』 제12권, 집현재, 2011, 258쪽) 참조.

11) BVerfGE 101, 158 (236); ***Christian Hillgruber/Christoph Goos***, Verfassungsprozessrecht, 4. Aufl., Heidelberg 2015, Rdnr. 33; ***Paul Kirchhof***, Die Aufgaben des Bundesverfassungsgerichts in Zeiten des Umbruchs, in: NJW 1996, S. 1504; ***ders.***, Verfassungsgerichtsbarkeit und Gesetzgebung, in: Peter Badura/Rupert Scholz (Hrsg.), Verfassungsgerichtsbarkeit und Gesetzgebung, Symposion aus Anlass des 70. Geburtstages von Peter Lerche, München 1998, S. 16; ***Rupert Scholz***, Verfassungsgerichtsbarkeit im gewaltenteiligen Rechtsstaat, in: Ulrich Karpen (Hrsg.), Der Richter als Ersatzgesetzgeber, Baden-Baden 2002, S. 17, 23.

12) ***Ernst-Wolfgang Böckenförde***, Zur Lage der Grundrechtsdogmatik nach 40 Jahren Grundgesetz, 1990, S. 61; ***Christian Hillgruber/Christoph Goos*** (Anm. 11), Rdnr. 33; ***Hans Hugo Klein***, Verfassungsgerichtsbarkeit und Verfassungsstruktur - Vom Rechtsstaat zum Verfassungsstaat -, in: Paul Kirchhof/Klaus Offerhaus/Horst Schöberle (Hrsg.), Steuerrecht, Verfassungsrecht, Finanzpolitik: Festschrift für Franz Klein, Köln 1994, S. 519 (**한스 후고 클라인, 송석윤** 옮김, 헌법재판과 헌법구조, 독일 콘라드 아데나워 재단, 1996, 13쪽).

① 헌법재판소는 먼저 입법자가 헌법을 해석한 결과물인 법률의 위헌성을 확인함으로써 법률의 효력을 상실시킬 수 있다(위헌결정에 따른 법률의 효력 상실). 이것은 헌법재판소의 전통적 과제에 속한다. 헌법 우위가 이 과제를 정당화한다는 것에 오늘날 다툼이 없다.[13] 그리고 ② 헌법재판소는 법률을 헌법합치적으로 해석함으로써 법률 내용을 수정하거나 제한할 수 있다(합헌적 법률해석을 통한 법률 교정). 또한, ③ 헌법재판소는 구속적 지침을 통해서 법률을 제정하거나 개정하거나 폐지할 것을 강제할 수도 있다(입법강제). 그 밖에 ④ 사실관계와 법적 상황의 변화에 따라서 위헌이 될 수도 있는 법률의 합헌성을 유지하기 위해서 헌법재판소는 입법자에게 법률을 제정하거나 개정하거나 폐지할 것을 촉구할 수도 있다(입법촉구). 나아가 ⑤ 입법자가 (일시적이라도) 입법할 수 없거나 입법할 의사가 없으면 헌법재판소는 예외적으로 임시규율을 제정하거나 법률을 계속 형성할 수도 있다(임시규율 제정이나 단순한 법률계속형성). 구체적으로 헌법재판소가 단순위헌결정 이외의 다른 결정을 내릴 수 없지만, 특별한 상황 때문에 입법자가 새로운 법률적 규율을 제정할 때까지 수인하기 어려운 상태가 발생하거나 입법자가 대내·외적 원인 때문에 너무 오랫동안 입법할 수 없거나 입법하려고 하지 않으면, 헌법재판소는 긴급입법자로서 입법자가 법률을 제정할 때까지만 잠정적으로 적용되는 임시규율을 형성할 수 있다. 이러한 헌법재판소의 행위는 사법적 긴급권의 확장이다.[14] 그러나 헌법재판소가 긴급입법자로서 활동하는 것은 원칙적으로 법원인 헌법재판소의 기능적 지위에 어긋나므로, 매우 드물게 아주

---

13) ***Klaus Stern***, Verfassungsgerichtsbarkeit und Gesetzgeber, Opladen 1997, S. 27.

14) ***Peter Lerche***, Das Bundesverfassungsgericht als Notgesetzgeber, insbesondere im Blick auf das Recht des Schwangerschaftsabbruchs, in: Meinhard Heinze (Hrsg.), Festschrift für Wolfgang Gitter: zum 65. Geburtstag am 30. Mai 1995, Wiesbaden 1995, S. 514.

엄격한 조건이 충족될 때만 예외적으로 허용될 수 있다.15) 헌법재판소에 이러한 권한이 우선적이고 계속 부여된다면 이러한 권한과 헌법재판소의 본질에 어긋난다.16) 그러므로 이러한 권한은 진정한 의미의 권한이라고 보기는 어렵다. 이러한 행위를 통해서 헌법재판소는 입법자의 의무를 확인하는데, 이러한 의무에는 동일규범반복제정금지의무, 헌법재판소결정존중의무, 법률제정의무, 법률개선의무 그리고 법률관찰의무가 포함된다.

---

15) **정연주**, 「비상입법자로서의 헌법재판소」, 『헌법학연구』 제13권 제3호, 한국헌법학회, 2007, 25~26쪽; ***Andreas Voßkuhle***, Die verfassungsgerichtliche Kontrolle von Gesetzen durch das Bundesverfassungsgericht, in: Würtenberger, Thomas (Hrsg.), Rechtsreform in Deutschland und Korea im Vergleich, Berlin 2006, S. 222 f. 엄격한 요건과 관련하여 ① 입법자 스스로 위헌결정 이후에 발생하는 법적 공백을 제거하기 위한 입법을 조속히 할 수 없을 때, ② 헌법적으로 도저히 용인할 수 없는 (위헌으로 결정된 법률규정을 적용할 때보다) 더 큰 위헌적인 법적 공백과 혼란을 피하고자 ③ 비상적인 입법조치가 입법자가 새롭게 입법할 때까지만 적용하는 잠정적인 규율로서 ④ 그 조치 내용이 기존 법률규정에 나타난 입법자의 본래 견해를 합헌적인 범위 안에서 최대한 반영하는 한편 앞으로 입법자가 입법한다면 하게 될 (입법자의 평균적·추정적 견해에 기초한) 예상되는 입법내용을 최대한도로 존중하고 관철하고, ⑤ 현상을 유지하기 위한 그리고 법적 혼란을 피하기 위한 최소한의 것이면서, ⑥ 그 형식이 일반법률이 갖추어야 할 형식, 예를 들어 조문형식, 일반성, 추상성, 명확성 등을 갖추어야 하고, 그 밖의 법치국가원리에서 지켜야 할 모든 원칙, 예를 들어 기본권의 제한이나 행사에 관한 본질적인 사항을 반드시 정하여야 한다는 본질성이론, 비례성원칙, 기본권의 본질적 내용 침해금지의 원칙 등이 준수되었을 때 헌법재판소는 임시규율을 발할 수 있다는 견해가 있다[**정연주**(같은 논문), 35쪽].

16) ***Klaus Schlaich/Stefan Korioth*** (Anm. 4), Rdnr. 544: "우선적이고 지속적인 의무가 그 자체를 무의미하게 만드는 것".

Ⅲ. 동일규범반복제정금지의무

1. 동일규범반복제정금지의무와 헌법재판소결정존중의무의 구별

(1) 위헌결정에 따른 입법자의 의무

헌법재판소가 법규범의 위헌성을 확인하여 그 효력을 상실시키면, 법규범의 빈틈이나 규율 없는 상태가 발생하지 않고 바로 합헌상태가 회복되는 것이 일반적이다. 따라서 헌법재판소가 단순위헌결정을 내려도 입법자의 적극적 행위는 요구되지 않는다. 입법자는 자기 결정에 따라 가만히 있거나 의미 없게 된 법규범 파편을 제거하거나 같거나 비슷한 목적이 있는 법규범을 새롭게 제·개정할 수 있다. 입법자가 가만히 있거나 의미 없게 된 법규범 파편을 제거할 때는 특별한 문제가 발생하지 않는다. 하지만 입법자가 헌법재판소의 위헌결정과 충돌하는 적극적 행위를 할 때는, 특히 입법자가 헌법재판소가 위헌성을 확인한 법규범과 같거나 비슷한 목적이 있는 법규범을 새롭게 제·개정할 때는 특별한 문제가 발생할 수 있다. 즉 입법자가 위헌결정 내용에 어긋나게 법규범을 제·개정할 때 입법자는 이러한 행위를 하지 못할 수도 있고, 이러한 행위를 할 때 지켜야 할 지침이 있을 수도 있다. 이러한 관점에서 헌법재판소가 법규범에 대해서 위헌이라고 선언하면, 위헌결정은 입법자에게 두 가지 의무를 지울 수 있다. 먼저 헌법재판소의 위헌결정은 입법자가 위헌으로 선언된 법규범과 같거나 비슷한 내용을 담은 법규범을 더는 제정하지 못하게 할 수 있다. 이것은 '소극적 의무'로서 동일규범반복제정금지의무라고 한다. 다음 헌법재판소가 위헌결정을 선고하고 나서 입법자가 법규범을 제정할 때 특정한 고려나 행위를 하도록 강제할 수 있다. 이것은 '적극적 의무'로서 헌법재판소결정존중의무에 해당한다.

(2) 구별 필요성

동일규범반복제정금지의무의 일반적이고 제한 없는 인정은 '법발전의 경직(화석화)'을 일으킬 수 있다. 헌법재판소 결정이 해당 헌법해석을 고정하여서 다른 헌법해석 가능성을 배제하기 때문이다. 그에 반해서 동일규범반복제정금지의무의 완벽한 부정은 헌법재판소의 권위를 침식시키고 헌법재판 자체를 공동화할 수 있다. 헌법재판소 결정의 구속력이 무시되어 입법자가 언제든지 마음대로 헌법재판소 결정의 효력을 무력화하는 법규범을 제정할 수 있기 때문이다. 그러나 헌법재판소는 입법기관이 아니고 법원이며, 헌법재판소 결정은 사법판결이므로, 이러한 극단적인 결과는 발생하기 어렵다. 헌법재판소 결정은 원칙적으로 해당 사건과 관련하여 선고시점에 효력이 있다. 즉 헌법재판소 결정은 결정선고 이후에 나타나는 사실관계와 법적 상황을 규율하지 않는다. 헌법재판소 결정은 그것에 대해서 아직 결정하지 않았기 때문이다. 따라서 동일규범반복제정금지가 적용되는 시점은 원칙적으로 선고시점에 국한될 수밖에 없다. 즉 입법자는 헌법재판소가 위헌으로 선언한 법률과 같거나 비슷한, '위헌결정의 선고시점을 규율하는' 법률을 제정할 수 없다.

헌법재판소결정존중의무는 결정 선고 이후에 존재하는 사실관계와 법적 상황을 다룬다. 즉 헌법재판소결정존중의무는 헌법재판소 결정의 기속력이 미치지 않는 범위에서 문제가 된다. 그래서 헌법재판소결정존중의무는 법적 통일성 및 법적 안정성과 밀접한 관련이 있다. 그리고 헌법재판소결정존중의무는 입법의 내용적 한계가 아니라 '행위지침'으로서 작용한다. 즉 입법자는 입법할 때 헌법재판소 결정을 고려함으로써 자기 의무를 이행할 수 있다. 따라서 헌법재판소결정존중의무는 입법행위에 한계를 설정한다. 즉 헌법재판소결정존중의무로 말미암아 해당 법규범의 내용이 헌법재판소의 위헌결정에서 위헌으로 선언한 내용과 같거나 비슷하다는 것을 전제로 반복에 이르는 과정에 관해서 심사하게 된다. 그러므로 해당 법규범의 내용은 헌법재판소결정존중의무 위반 여부를 심사하게 되는 계기에 불과하다.

요컨대 동일규범반복제정금지의무는 위헌결정 선고시점을 기준으로 한 내용통제로, 헌법재판소결정존중의무는 위헌결정 선고시점 이후의 행위통제로 각각 볼 수 있다. 그리고 같거나 비슷한 내용의 법규범 반복이라는 측면에서 동일규범반복제정금지의무는 반복 자체를 허용하지 않으므로 입법권의 절대적 한계(절대적 금지)로 볼 수 있다. 이에 반해서 헌법재판소결정존중의무는 반복 자체를 허용하지 않는 것이 아니라 반복할 때 고려하고 지켜야 할 것이 무엇인지를 제시한다는 점에서 입법권의 상대적 한계(상대적 금지)라고 할 수 있다. 이러한 점에서 동일규범반복제정금지의무와 헌법재판소결정존중의무는 서로 구별되어야 할 것이다.

(3) 구별 실익

동일규범반복제정금지의무와 헌법재판소결정존중의무의 구별은 먼저 ① 각 용어에 맞는 개념을 정의할 수 있어서 불명확한 용어에 따른 오해를 제거할 수 있다는 장점이 있다. 동일규범반복제정금지의무와 헌법재판소결정존중의무를 나누지 않고 하나의 용어를 사용하면, 한 용어에 금지와 허용을 함께 아우르면서 서로 다른 강조점에 따라서 같은 내용을 다르게 이해할 위험성이 있다. 실제로 선행연구에서는 이러한 문제점이 나타난다. 금지와 허용을 나누어 동일규범반복제정금지의무와 헌법재판소결정존중의무로 각각 다른 용어를 사용함으로써 이러한 문제점을 제거할 수 있다.

그리고 ② 동일규범반복제정금지의무에 금지를 그리고 헌법재판소결정존중의무에 허용을 각각 포섭시킴으로써 용어 정의를 단순화하고 본래 의미에 맞게 용어를 사용할 수 있게 된다. 이러한 명확하고 오해 없는 개념 정의를 바탕으로 이에 맞는 위헌심사를 할 수 있게 된다. 즉 금지를 뜻하는 동일규범반복제정금지의무에서는 금지내용을 확정하고 반복입법이 이에 해당하는지를 확인하는 식으로 위헌심사하게 될 것이다. 그리고 허용을 뜻하는 헌법재판소결정존중의무에서는 반복을 허용하는 여러 가능성 목록을 찾아 정리하거나 반복을 금지하는 다양한 가능성을 꼼꼼하게 확인하여 문제가 된 반복입법과 관련하여 이러한 가능성 중 하나에 해당하는지를 확인하는 식으로 위헌심사를 하게 될 것이다. 이를 통해서 심사기준의 불명확성은 제거될 수 있다. 이를 통해서 입법권의 한계는 명확하게 확정될 것이다.

또한, ③ 위헌결정의 기속력이 입법자에게도 미친다는 점을 명확하게 밝힐 수 있다. 선행연구에서는 위헌결정의 기속력이 입법자에게는 사실상 무력하다는 결과를 도출함으로써 위헌결정의 기속력이 입법자에게 미치는지에 의문을 낳았다. 그러나 위헌결정의 기속력이 미치는 내용을 (비록 그 적용범위나 실질적 의미가 미미한 것처럼 보일지라도) 동일규범반복제정금지의무로 명확하게 확정함으로써 입법자도 다른 국가기관과 마찬가지로 헌법재판소의 위헌결정에 구속됨을 지적할 수 있다. 어쩌면 이것을 헌법재판소결정존중의무와 분리된 동일규범반복제정금지의무의 유일한 존재의미로 볼 수도 있다. 특히 동일규범반복제정금지의무와 헌법재판소결정존중의무의 구별은 기속력이 입법자에게 미치는지와 관련하여 대립하는 견해들이 서로의 생각을 존중하고 인정할 탈출구를 열어줄 수 있다. 이를 통해서 논의 방향을 큰 의미가 없는 견해 대립에서 구체적인 내용 파악으로 바꿀 수 있다.

더불어 ④ 헌법재판소결정존중의무를 통해서 국가기능체계 안에서 헌법재판소의 위헌결정이 지니는 의미를 명확하게 밝힐 수 있다. 이를 통해서 헌법재판, 특히 규범통제의 실효성을 적절하게 담보할 수 있다. 그리고 위헌결정의 내용구속적 효력이 아닌 행위구속적 효력을 헌법재판소결정존중의무를 통해서 구체화함으로써 법치국가적 예측 가능성을 어느 정도 담보할 수도 있다. 이로 말미암아 헌법재판이 헌법질서 안에서 가지는 의미가 어느 정도 명확하게 드러날 수 있다.

끝으로 ⑤ 위헌결정의 효력과 위헌결정에 따른 입법의무를 구별할 수 있게 됨으로써 심판대상에 구속되는 위헌결정의 효력과 달리 위헌결정에 따른 입법의무를 심판대상에 구속되지 않고 규범내용을 토대로 논의할 수 있게 된다. 이로 말미암아 위헌결정에 따른 입법의무는 해당 사건 관련성에서 벗어날 계기를 더 쉽게 마련할 수 있다. 즉 위헌결정에 따른 입법의무를 통해서 심판대상의 동일성이 인정되지 않아도 위헌결정의 효력은 내용적 동일성만을 근거로 다른 사건에도 영향을 미칠 수 있다. 이를 통해서 기속력에 집착하면서도 위헌결정 효력의 해당 사건 관련성에 별 관심이 없어 보이는 선행연구의 문제점도 무리 없이 해결할 수 있다. 선행연구는 기속력만으로 동일규범반복금지를 논의하면서도 확정력이나 기판력의 확장인 기속력의 해당 사건 관련성을 무시하고 다른 사건까지 기속력의 적용범위를 넓히려고 하는데, 이러한 것이 어떻게 가능한 것인지에 관한 적절한 근거는 제시하지 않는다.

2. 의의

동일규범반복제정금지는 헌법재판소가 위헌성을 확인하여 폐기한 법규범과 같거나 비슷한 내용의 법규범을 다시 제정할 수 없다는 것을 말한다. 헌법 아래에서 동일규범반복제정금지는 헌법재판소가 위헌으로 선언하여 효력을 상실시킨 법규범과 같거나 비슷한 내용의 법규범을 다시 제정할 수 없다는 것이다. 여기서 법규범은 법률뿐 아니라 명령·규칙, 조약, 조례와 규칙 등 입법자가 제정하는, 헌법하위의 모든 법규범을 포함한다. 그러나 동일규범반복제정금지는 일반적으로는 형식적 법률에 국한하여 논의된다. 따라서 모든 법규범에 대한 동일규범반복제정금지는 넓은 뜻의 동일규범반복제정금지로, 형식적 법률에 대한 동일규범반복제정금지는 좁은 뜻의 동일규범반복제정금지로 볼 수 있다. 그래서 여기서도 좁은 뜻의 동일규범반복제정금지에 국한하여 논의하려고 한다. 형식적 법률은 국회가 헌법과 법률이 정한 절차를 따라 법률의 형식으로 제정한 법규범을 말한다(헌법 제40조, 제52조, 제53조).[17] 동일규범반복제정금지의무는 국회가 특정한 내용을 담은 법률을 제정하지 못하도록 한다. 따라서 동일규범반복제정금지의무는 국회의 입법권에 '내용적 한계'를 설정한다.

3. 근거

(1) 기속력: 헌법재판소법 제47조 제1항과 제75조 제1항 및 제6항

기속력에 관한 조항(헌법재판소법 제47조 제1항과 제75조 제6항)은 입법자를 특별하게 다루지 않는다. 따라서 입법자를 기속력의 수범자에서 제외할 실정법적 근거는 없다. 그리고 헌법재판소 결정이 입법자를 구속할 수 없다면, 규범통제의 실질적 의미를 찾기 어렵다. 또한, 헌법은 입법자에게 법률을 제정할 권한을 부여하기는 하지만(헌법 제40조, 제52조, 제53조), 법률의 일반적 구속성에서 벗어날 특권을 부여하지

17) **허완중**, 「법률과 법률의 효력」, 『공법학연구』 제11권 제1호, 한국비교공법학회, 2010, 189쪽.

는 않는다. 따라서 입법자가 법률을 폐지하거나 개정하지 않는 한 입법자도 법률에 구속된다. 게다가 입법자에게 부여된 폭넓은 입법형성의 자유가 위헌적인 입법행위를 허용하지 않는다. 따라서 입법자는 법률제정권한을 언제나 헌법합치적으로만 행사하여야 한다. 그래서 입법자도 헌법재판소 결정에 기속되어야 한다. 이러한 헌법재판소 결정의 기속력에서 동일규범반복제정금지가 '직접' 도출된다. 법적 평화와 법적 안정성의 형성과 유지가 기속력의 중심기능인데, 재생법률제정은 법적 평화와 법적 안정성을 직접 파괴하는 행위이기 때문이다. 이때 동일규범반복제정금지는 오로지 결정주문에서만 도출된다. 중요이유는 결정주문을 해석하는 주된 기준으로서 결정주문 해석결과에 영향을 미침으로써 동일규범반복제정금지의무의 간접적 근거가 될 뿐이다.

(2) 불가변력: 헌법재판소법 제40조 제1항 전문

불가변력(자기기속력 혹은 자박력: Unwiderruflichkeit)은 같은 절차 안에서 자기 결정에 대한 헌법재판소의 구속, 즉 철회 불가능성을 뜻한다. 헌법재판소 결정도 사법판결이므로 선고시점부터 효력이 생긴다(헌법재판소법 제40조 제1항 전문, 민사소송법 제205조). 따라서 헌법재판소가 결정을 선고하면 자기 결정에 구속되어 같은 심판에서 자신이 내린 결정을 더는 바꾸거나 취소할 수 없다.[18] 즉 헌법재판소 결정이 선고되고 나면 헌법재판소는 결정주문에서 선고된 법적 효과를 더는 좌지우지할 수 없다. 헌법재판소 결정을 멋대로 바꾸거나 취소할 수 있다면, 헌법재판의 신뢰를 확보할 수 없어서 헌법분쟁은 종국적으로 해결될 수 없고, 헌법재판을 통한 헌법질서의 형성과 유지도 불가능하며, 국민

---

18) 헌재 1989. 7. 24. 89헌마141, 판례집 1, 155, 156; 헌재 1993. 2. 19. 93헌마32, 판례집 5-1, 15, 16.

생활과 국가는 매우 불안정한 상태에 놓이게 될 것이기 때문이다. 국회가 재생법률을 제정하는 것은 헌법재판소의 위헌결정을 무력화하는 결과를 낳는다. 그리고 헌법재판소가 재생법률에 대해서 이전 위헌결정과는 달리 합헌결정을 내린다면 사실적 측면에서 헌법재판소 스스로 이전 위헌결정을 철회하는 것과 다름없다. 즉 이것은 헌법재판소가 재심을 통해서 자기 결정을 바꾸는 것과 같다. 따라서 헌법재판소가 위헌으로 결정한 법률과 재생법률의 내용적 유사성을 강조한다면, 헌법재판소는 불가변력에 비추어 이전 위헌결정과 다른 결정을 내릴 수 없다. 즉 재생법률이 제정되었다는 것은 같은 내용의 법률이 같은 시점에 적용된다는 것을 뜻하므로, 이전에 위헌결정을 내린 사건과 재생법률에 대한 위헌심사는 심판대상이 형식적 측면에서 다르다는 것을 배제하면 선고시점만 다를 뿐이지 다른 것들은 옹글게(완벽하게) 같아서 헌법재판소는 다른 결론을 내릴 수 없다고 보아야 한다. 그러나 이러한 결론은 헌법재판소가 위헌으로 결정한 법률과 재생법률의 형식적 차이점 때문에 불가변력에서 직접 도출된다고 보기는 어렵다. 특히 불가변력의 주관적 범위에는 헌법재판소만 포함되고 입법자는 제외된다. 게다가 선고시점이 달라서 다른 판단을 내릴 가능성을 옹글게(완벽하게) 배제하기는 어렵다. 이러한 점에서 재생법률은 헌법재판소가 위헌으로 결정한 법률과 다른 법률이라서 명백하게 위헌결정의 불가변력 효력범위 밖에 있다. 따라서 불가변력은 동일규범반복제정금지의무의 직접 근거가 될 수 없다. 하지만 헌법재판소 결정의 불가변력에서 실질적 동일성을 강조하면 동일규범반복제정금지의무의 내용을 간접적으로 도출할 수는 있다.[19] 위헌결정의 불가변력 때문에 헌법재판소가 재생법률에 관해서 위헌결정을 내려야 한다는 결론이 간접적으로나마 도출될 수 있다면, 입법자는 헌법재판소가 재생법률에 관하여

19) 대법원 1987. 6. 9. 선고 86다카2756 판결(공1987, 1141) 참조.

위헌결정을 내리리라는 것을 당연히 예상할 수 있어서 재생법률을 제정할 수 없을 것이다. 설사 입법자가 이를 감행한다고 하여도 헌법재판소의 위헌결정으로 말미암아 입법자의 의사는 제대로 실현될 수 없을 것이다. 결국, 헌법재판소 결정의 불가변력은 간접적으로(혹은 다른 효력과 함께) 입법자가 재생법률을 제정하지 못하도록 하는 결과를 낳는다. 이것은 동일규범반복제정금지의무의 핵심내용에 해당한다.

(3) 위헌으로 결정된 법률의 효력 상실: 헌법재판소법 제47조 제2항과 제3항

헌법재판소 결정이 사법판결이므로, 위헌결정도 당연히 사법판결이다. 법원인 헌법재판소는 입법자처럼 법률을 개정하거나 폐지하지 못하고, 위헌결정도 헌법은 물론 법률도 아니다. 법률의 제·개정권은 국회입법권의 본질적 내용이므로, 헌법재판소가 법률을 개정하거나 폐지하는 권한을 가지는 것은 헌법이 규정한 권력분립을 수정한다. 따라서 헌법재판소가 법률을 개정하거나 폐지하려면 또는 위헌결정에 법률의 효력[20]을 부여하려면 헌법적 근거가 필요하다. 그러나 헌법은 헌법재판소가 법률이 헌법에 위반되는지만을 결정한다고 규정할 뿐이다(헌법 제107조 제1항). 따라서 헌법재판소는 법률이 헌법에 위반되는지만을 심사할 수 있다. 법률의 위헌성은 법률이 헌법에 어긋나는 상태를 말한다. 따라서 법률의 위헌성은 헌법재판소 결정을 통해서 비로소 발생하는 것이 아니라 헌법과 법률이 충돌하는 시점부터 이미 존재한다. 결국, 헌법재판소는 선재하는 법률의 위헌성을 확인할 수 있을 뿐이다.

20) 법률의 효력은 법률적 효력(법규적 효력)와 구별된다. 법률적 효력(법규적 효력)에 관해서는 **허완중**, 「헌법재판에서 필요성이 의심되는 법률적 효력과 형성력에 의한 그 대체 가능성」, 『안암법학』 제28호, 안암법학회, 2009, 33～72쪽 참조.

그러한 점에서 위헌결정은 본질적 측면에서 확인판결에 지나지 않는다. 그런데 헌법재판소가 법률의 위헌성을 확인하면, 즉 헌법재판소가 위헌결정을 내리면, 위헌으로 결정된 법률이나 법률조항은 결정이 있는 날부터 효력을 상실한다(헌법재판소법 제47조 제2항과 제3항). 그러나 위헌으로 결정된 법률이나 법률조항이 효력이 상실되고 나서 국회가 어떠한 의무를 지는지를 규율하는 규정은 없다. 위헌으로 결정된 법률이나 법률조항이 효력을 상실한다는 것은 이러한 법률이나 법률조항이 더는 적용되지 않는다는 것이다. 따라서 헌법재판소법 제47조 제2항과 제3항에서 위헌결정이 있는 날을 기준으로 헌법재판소가 위헌성을 확인한 내용이 더는 적용되어서는 아니 된다는 것을 끄집어낼 수 있다. 만약 국회가 재생법률을 제정하여 위헌결정이 선고된 시점의 사실관계와 법적 상황을 규율한다면 이러한 헌법재판소법 제47조 제2항과 제3항의 입법취지에 어긋나게 된다. 따라서 헌법재판소법 제47조 제2항과 제3항에는 동일규범반복제정금지가 내포된 것으로 볼 수 있다. 이러한 점에서 헌법재판소법 제47조 제2항과 제3항도 동일규범반복제정금지의무의 간접 근거가 될 수 있다.

(4) 소결: 기속력에서 직접 도출되는 동일규범반복제정금지의무

동일규범반복제정금지의무는 기속력에서 직접 도출된다. 하지만 위헌으로 결정된 법률의 효력 상실을 규정하는 헌법재판소법 제47조 제2항과 제3항의 입법취지에 비추어도 이러한 내용을 도출할 수 있다. 그리고 불가변력의 내용을 고려하면 동일규범반복제정금지의무가 인정될 가능성을 찾을 수 있다. 이것은 동일규범반복제정금지의무가 헌법재판소 결정의 실효화나 실질화라는 관점에서 요구되는 것으로 기속력이라는 특수한 효력 인정만으로 정당성이 인정되는 것이 아니라 헌법재판의 특수성, 특히 규범통제의 특수성과 깊은 관련이 있다는 것을 뜻한다. 그리고 동일규범반복제정금지의무를 기속력에 국한하지 않는 것은 재생법률 문제를 기속력의 굴레에서 (다소나마) 해방하여서 다양한 관점에서 바라볼 가능성을 열어준다. 즉 재생법률 문제가 기속력의 한 내용에 불과한 것이 아니라 헌법재판, 특히 규범통제의 실효성 확보를 위해서 유기적으로 결합하여 작용하는 여러 효력에 따른 복합적 결과물인 동일규범반복제정금지의무로 다루어짐으로써 풍부한 고려사항을 바탕으로 충실한 검토를 할 수 있게 된다. 이로 말미암아 재생법률의 위헌근거는 기속력 위반이 아니라 동일규범반복제정금지의무 위반이 된다. 물론 기속력이 직접 근거이므로, 동일규범반복제정금지의무의 내용은 기속력을 중심으로 다른 효력을 고려하여 구체화할 수밖에 없다. 그러나 이것이 (결국, 내용적 차이점을 거의 발견할 수 없다고 할지라도) 동일규범반복제정금지의무가 기속력의 한 내용에 불과하다는 것은 결코 아니다. 기속력의 관점에서는 해당 사건 관련성의 굴레를 벗어나기 어렵지만, 동일규범반복제정금지의무의 관점에서는 해당 사건 관련성이 어느 정도 희석될 수 있다는 점도 주목하여야 한다.

4. 반복이 금지되는 내용

(1) 위헌결정의 범위

헌법재판소법 제47조 제1항은 오로지 헌법재판소의 위헌결정에만 기속력을 부여한다. 그리고 합헌결정은 해당 법률에 어떠한 것도 추가하거나 해당 법률을 바꾸지 않는다. 따라서 반복이 금지되는 내용은 위헌결정에서만 도출된다. 헌법은 물론 헌법재판소법에서 위헌결정이 무엇인지를 명확하게 정의하는 규정을 찾을 수 없다. 그리고 위헌결정과 관련하여 개념요소를 제시하거나 조건을 부가하는 규정도 찾을 수 없다. 따라서 위헌결정은 법률의 위헌성을 최종적으로 확인하는 헌법재판소의 종국결정이라고 볼 수 있다. 법률뿐 아니라 법률조항의 위헌성도 확인할 수 있다는 점에서 역시 법률 일부인 법률의 해석 가능성이나 적용 가능성 중 일부의 위헌성을 확인하는 결정도 위헌결정에 포함된다고 보아야 할 것이다. 즉 단순위헌결정뿐 아니라 한정위헌결정과 한정위헌결정도 위헌결정에 포함된다고 보아야 할 것이다. 특히 단순위헌결정도 해당 법률이나 법률조항을 폐지하거나 무효로 만드는 것이 아니라 효력을 상실시키는 것에 그친다. 그러므로 위헌으로 결정된 법률이나 법률조항이 법전에서 제거되지 않는다는 점에서 단순위헌결정과 한정위헌결정 및 한정합헌결정의 형식적 차이는 없다고 볼 수 있다. 헌법불합치결정은 심판대상이 된 법률이나 법률조항의 위헌성을 확인하지만, 입법자의 입법형성권을 존중하거나 법적 공백과 법적 혼란을 방지하기 위해서 그 법률이나 법률조항에 관해서 단순위헌결정을 선고하지 아니하고 헌법에 합치하지 아니하다고 선언하여 헌법재판소법 제47조 제2항(과 제75조 제5항 및 제6항) 중 효력 상실시점 부분 적용을 배제하는 결정유형이다. 헌법불합치결정은 원칙적으로 법률의 위헌성을 확인하되 그 형식적 존속을 유지하면서(효력 상실을 유보하면서), 입법자에게 법률의 위헌성을 제거할 의무를 부과하고 입법자가 법률을 개선할 때까지 국가기관이 위헌법률 적용을 중지하지 못하도록 함으로써 개선된 신법 적용을 명령하는 효력이 있다. 단순위헌결정에서 헌법재판소는 법률이나 법률조항의 위헌성을 확인하고 이를 스스로 제거한다. 하지만 헌법불합치결정에서 헌법재판소는 법률이나 법률조항의 위헌성을 확인하는 것에 그치고 그 제거는 입법자에게 의무를 지워 맡긴다. 그러나 헌법불합치결정도 법률이나 법률조항의 위헌성을 확인한다. 따라서 단순위헌결정과 마찬가지로 본질은 위헌결정이다.[21] 결국, 반복금지 내용이 도출되는 위헌결정에는 단순위헌결정은 물론 한정위헌결정, 한정합헌결정, 헌법불합치결정이 포함된다.

(2) 중요이유를 바탕으로 해석한 결정주문의 내용

입법자가 반복하여서는 아니 되는 내용은 위헌결정 주문에 드러난다. 그런데 위헌결정 주문은 헌법재판소가 심리한 다양한 논의의 결론에 불과하다. 그래서 주문은 그 명확한 의미내용이 일반적으로 그 자체에서 도출될 수 없다. 특히 주문은 중요이유에 기초한 간략하고 함축한 내용을 담을 뿐이다. 따라서 주문도 법규범처럼 해석이 필수적이다. 이러한 주문의 해석을 위해서 헌법재판소는 명확한 해석기준을 제시한다. 바로 결정주문을 근거 짓는 결정이유, 즉 중요이유이다. 이로 말미암아 중요이유는 결정주문 해석에 절대적 영향을 미친다. 그래서 결정주문을 해석할 때 우선적인 기준은 중요이유일 수밖에 없다. 따라서 반복금지 대상은 중요이유를 바탕으로 해석한 결정주문 내용이다.

(3) 반복금지와 관련 있는 중요이유

모든 결정이유가 반복금지와 관련이 있는 것은 아니다. 결정이유가 결정주문을 근거 지울 수 있을 때 비로소 의미가 있다. 따라서 결정주문을 직접 근거 지우는 결정이유만, 즉 중요이유만 반복금지와 관련 있다. 방론과 소수의견은 반복금지와 관련 없다. 방론도 반복금지와 관련 지우는 것은 법원의 소극적 성격에 어긋나고, 소수의견은 법원의

---

21) 헌재 1989. 9. 8. 88헌가6, 판례집 1, 199, 261; 헌재 1994. 7. 29. 92헌바49등, 판례집 6-2, 64, 118; 헌재 2002. 5. 30. 2000헌마81, 판례집 14-1, 528, 546; 헌재 2004. 5. 27. 2003헌가1등, 판례집 16-1, 670, 696-697; 헌재 2006. 6. 29. 2005헌마44, 판례집 18-1하, 319, 328 참조.

공식적 견해가 아니기 때문이다. 판결 요지는 헌법재판소 재판관이 작성하는 것이 아니라서, 판결의 '이유'를 구성하지 않으므로 반복금지와 관련 없다.

반복금지는 헌법이나 법률의 해석적용에 관한 의견에 한하여 발생한다. 즉 해당 사건을 해결하기 위해서 직접적이고 필요한 범위에서 이루어진 헌법해석이나 법률해석만 반복금지 대상이 될 수 있다. 여기서 청구인의 주장은 심판대상을 확정하기 위한 기본적인 기준으로 기능하기는 한다. 하지만 헌법재판소가 청구인의 주장을 기준으로 심판대상을 직권으로 확정하므로 절대적 기준이 되지는 못한다. 심판대상에 직접 관련되는 것은 물론 심판대상의 선결문제와 관련된 것이라도 결정주문을 직접 근거 지우는 것이라면 중요이유가 될 수 있다. 법률해석에는 형식적 법률은 물론 실질적 법률과 (헌법과 법률을 보충하는) 법률의 규범서열이 있는 관습법에 관한 해석도 포함된다. 법률의 해석과 적용은 헌법의 권한분배에 따라 원칙적으로 일반 법원이 관장하므로, 법률해석이 헌법해석과 밀접한 관련이 있는 때에 한하여 중요이유가 될 수 있다. 즉 그러한 법률해석이 헌법을 통해서 직접 주어지거나 헌법의 구체적 실현에 직접 이바지하는 때만 중요이유가 될 수 있다. 헌법을 통해서 직접 주어진 법률해석은 헌법에서 법률해석 내용이 도출되는 때를 말한다. 헌법의 구체적 실현에 직접 이바지하는 법률해석은 헌법을 구체화하거나 헌법실현을 위해서 법률적 보충이 필요한 때를 뜻한다.

5. 재생법률의 의의

(1) 재생법률의 개념

동일규범반복제정금지로 말미암아 입법자는 재생법률을 제정할 수 없다. 따라서 헌법재판소가 결정을 통해서 법률의 위헌성을 종국적으로 확인하면, 입법자는 위헌성이 확인된 법률과 같거나 본질적 측면에서 같은 내용이 있는 법률을 새롭게 제정할 수 없다. 재생법률은 헌법재판소가 위헌으로 결정한 규범내용을 완벽하게 또는 부분적으로 반복하여서 헌법재판소의 위헌결정과 충돌하는 법률을 말한다.[22] 재생법률에서 중요한 개념요소는 헌법재판소가 위헌으로 결정한 규범내용을 반복하는 지이다. 이것은 구체적 내용과 적용범위의 동일성을 기준으로 판단된다. 따라서 재생법률은 위헌으로 결정된 이전 법률과 형식적 측면에서 다르다. 하지만 헌법재판소는 새로운 위헌심사 없이 재생법률인지만 확인하면 해당 법률을 위헌으로 선언할 수 있다. 이러한 점에서 동일규범반복제정금지는 심판대상 동일성과 관련이 없다. 동일규범반복제정금지가 심판대상 동일성과 관련 없다는 점은 동일규범반복제정금지의무 위반을 기속력 위반과 구별하는 가장 큰 실익이다. 위헌으로 결정된 규범내용은 위헌결정뿐 아니라 변형결정에서도 도출될 수 있다. 따라서 입법자는 합헌적 법률해석에 어긋나는 법률도 제정할 수 없다.

(2) 재생법률과 반복적 유사법률 그리고 반복법률의 구별

재생법률은 헌법재판소가 위헌으로 확인한 내용과 주관적 범위와

22) 반복법률을 헌법재판소가 이미 위헌으로 결정하여 무효화한 법률과 유사한 내용의 법률을 의회가 제정하는 것이라고 개념 정의하는 견해(**김성수**, 「신행정수도 후속대책을 위한 연기·공주지역 행정중심 복합도시건설 특별법의 법적 문제점에 대한 소고」, 신행정수도 후속대안의 법적 타당성과 국정효율성, 제3회 지역균형발전 정책포럼, 서울시정개발연구원, 2005. 3. 11., 75쪽)도 있다. 그리고 반복입법을 국회가 종전 위헌결정 중 기속력이 인정되는 판시와 동일하거나 유사한 내용의 재입법을 하는 것이라고 하는 헌법재판소 소수의견(헌재 2010. 12. 28. 2008헌바89, 판례집 22-2하, 659, 676 재판관 김종대의 별개의견)도 있다.

객관적 범위 그리고 시간적 범위도 모두 일치하여야 한다. 그리고 입법목적도 헌법재판소가 위헌으로 확인한 내용과 같아야 비로소 재생법률에 해당한다. 주관적 범위와 객관적 범위, 시간적 범위, 입법목적 중 하나라도 헌법재판소가 위헌으로 확인한 내용과 다르면, 재생법률이 될 수 없고 반복적 유사법률에 해당할 수 있을 뿐이다. 동일규범반복제정금지의무는 오로지 재생법률에만 관련 있다. 반복적 유사법률은 헌법재판소결정존중의무와 관련하여 논의될 수는 있지만, 동일규범반복제정금지의무와는 관련이 없다.[23] 반복법률은 헌법재판소가 위헌결정을 내리고 나서 국회가 제·개정한 법률 중에서 헌법재판소가 위헌으로 결정한 내용과 같거나 비슷한 내용을 담은 모든 법률을 말한다. 따라서 반복법률은 재생법률과 반복적 유사법률을 모두 아우른다.

(3) 재생법률의 판단기준

은폐된 재생법률을 찾거나 교묘한 입법형식을 통해서 재생법률로 판단 받지 않도록 하려는 시도를 무력화하려면 재생법률 해당 여부는 형식적 심사를 원칙으로 하면서 실질적 심사도 가미하여야 한다. 이것은 동일규범반복제정금지의무가 원칙적으로 사정변경과 무관하다는 점에서 비롯된다. 따라서 재생법률인지는 먼저 내용을 기준으로 결정된다. 즉 헌법재판소가 위헌이라고 선언한 내용을 해당 법률이 포함하여야 비로소 재생법률이 될 수 있다. 헌법재판소가 법률이 아닌, 예를 들어 명령이나 규칙에 대한 위헌심사를 통해서 확인된 위헌내용이라고 하더라도 이러한 내용이 법률에 포함되면 재생법률이 될 수 있다. 즉 위헌으로 선언된 내용은 법률에 대한 위헌결정에 국한되

---

23) ***Reinhard Gaier***, Die Durchsetzung verfassungsgerichtlicher Entscheidungen, in: JuS 2011, S. 964 참조.

는 것이 아니라 모든 법규범에 대한 위헌결정에서 도출될 수 있다. 모든 법규범이 헌법보다 하위이므로, 법규범형식이 달라지는 것만으로는 위헌성이 제거될 수 없기 때문이다. 다만, 법규범형식의 잘못(예를 들어 법률로 규정하여야 할 사항을 명령이나 규칙으로 규정한 때) 때문에 위헌으로 선언된 때는 법규범형식을 바로 잡으면 위헌으로 확인된 내용이 반복되더라도 당연히 재생법률에 해당하지 않는다. 그리고 위헌심사 기준인 헌법 자체가 바뀐다면, 위헌판단이 달라질 수 있다. 따라서 위헌결정의 근거가 되는 헌법 자체가 바뀌고 그 적용이 헌법재판소가 위헌결정을 내린 시점까지 소급한다면, 위헌으로 결정된 내용과 같거나 비슷한 내용을 포함한 법률도 재생법률로 인정되지 않을 수도 있다.

반복되는 내용이 위헌으로 확인된 내용과 옹글게(완벽하게) 일치할 필요는 없다. 즉 위헌으로 확인된 내용과 부분적으로 일치하여도 재생법률이 될 수 있다. 이때 부분적으로 반복되는 내용이 위헌결정 취지에 어긋나야 재생법률에 해당할 수 있다. 따라서 위헌으로 확인된 내용과 부분적으로 일치하여도 다른 취지와 내용 혹은 목적이 있다면 재생법률이 되지 않을 수도 있다. 그래서 재생법률인지는 개별 조항에 국한하여서 판단하여서는 아니 된다. 전체 법체계 안에서 개별 조항의 의미를 밝혀서 헌법재판소가 위헌으로 선언한 내용과 일치하는지를 판단하여야 한다. 따라서 해당 개념을 달리 정의하는 규정이 추가되거나 예외규정을 별도로 두거나 적용기준을 새롭게 설정하거나 적용범위를 달리하여 헌법재판소가 위헌으로 선언한 내용과 달라지는 부분이 있다면, 이러한 부분을 충분히 고려하여 재생법률 해당 여부를 꼼꼼히 살펴보아야 한다. 요컨대 법체계 안에서 해당 법률내용을 합리적으로 해석하여 확정된 의미내용을 바탕으로 해당 법률의 재생법률성이 심사되어야 한다.

그러나 헌법재판소는 위헌으로 결정된 법률조항의 반복입법에 해당하는지는 단지 위헌으로 결정된 법률조항의 내용이 일부라도 내포되어 있는지에 따라서 판단할 것이 아니라, 입법목적이나 입법동기, 입법 당시의 시대적 배경 및 관련 조항들의 체계 등을 종합하여 실질적 동일성이 있는지에 따라 판단하여야 할 것이라고 한다(이른바 실질적 동일성설).[24] 이에 대해서는 ① 입법동기 등은 법률을 해석할 때 근거로 삼을 수 있는 여러 가지 자료 중 하나일 뿐이므로, 이를 유일한 기준으로 법률조항의 동일성 여부를 판단하는 것은 적절하지 않고, ② 입법자가 제시한 입법목적이나 동기가 무엇인지에 따라 기속력을 인정할 것인지가 결정된다면 기속력은 애초 그 발생 여부가 부동적일 수밖에 없으므로, 결국 기속력을 부인하는 것과 다를 바 없게 되며, ③ 헌법재판소가 법률조항에 대한 위헌결정을 할 때 입법동기 등이 판시내용에 포함되지 않을 수 있는데도 입법동기 등이 다르다고 반복입법이 아니라고 한다면, 위헌결정에 나타나지 않은 임의의 내용을 근거로 기속력의 범위를 제한하게 될 수도 있게 되어 불합리하고, ④ 반복입법 해당 여부를 가리는 판단기준으로 제시한 입법목적이나 동기, 입법의 시대적 배경 및 관련 조항의 체계라는 기준 중 몇 가지 기준이 어느 정도로 차이가 있을 때 반복입법이 아닌지에 관하여 아무런 명확한 기준이 없다고 비판하는 소수의견이 있다.[25] 이 소수의견은 반복입법에 해당하는지는 위헌결정 문언에 따라 객관적으로 판정할 방법에 따라서 할 것이고, 그 방법은 새로운 입법의 내용이 위헌결정 중 기속력이 인정되는 객관적 범위에 속하는지, 즉 새로운 입법이 규율하는 영역과 내용이 종전의 위헌결정 판시와 중첩되는지

---

24) 헌재 2010. 12. 28. 2008헌바89, 판례집 22-2하, 659, 668.

25) 헌재 2010. 12. 28. 2008헌바89, 판례집 22-2하, 659, 677 재판관 김종대의 별개의견.

에 따라서 결정하여야 할 것이라고 한다(이른바 형식적 동일성설). 그리고 비교대상이 되는 법률조항들의 조문, 규율대상, 입법의 객관적 목적 등 규율내용은 물론 입법자료나 입법 당시 사정을 통해서 확인되는 입법자의 주관적 동기, 때에 따라서는 위헌결정의 주요이유 등을 통해서 새로운 법률조항이 헌법재판소가 위헌으로 선언한 규율내용과 본질적인 유사성을 인정받을 수 있는지를 평가하여야 한다는 견해도 있다.26)

위헌결정은 선고시점의 사실관계와 법적 상황을 기준으로 내리는 법적 판단이다. 따라서 재생법률은 시간상으로 결정선고시점과 위헌결정의 효력이 소급하는 시점에 국한된다. 그래서 헌법재판소가 위헌으로 결정한 규범내용과 같은 법률일지라도 결정선고시점 이후의 사실관계와 법적 상황만을 규율한다면 재생법률이 될 수 없다. 다만, 계획법률을 포함한 장래를 규율하는 법률(장래규율법률)처럼 법률이 현재의 사실관계와 법적 상황이 아니라 앞날의 사실관계와 법적 상황을 규율하면 그렇지 않을 수 있다. 즉 앞날의 사실관계와 법적 상황을 규율하는 법률에 대해서 헌법재판소가 위헌결정을 내리면, 선고시점보다 앞날의, 해당 법률이 규율하는 시점까지 재생법률의 시간적 범위가 확대될 수 있다. 장래규율법률은 제정시점이 달라도 규율하는 시점이 같을 수 있기 때문이다. 다만, 이러할 때 헌법재판소가 선고시점에 예측한 앞날의 사실관계와 법적 상황을 기준으로 위헌결정을 내리므로, 선고시점 이후에 앞날의 사실관계와 법적 상황이 헌법재판소 예측과 달라지면 헌법재판소가 위헌으로 결정한 내용을 포함한 법률이라고 할지라도 재생법률이 되지 않을 수 있다. 따라서 이때는 헌법재판소 예측이 실제와 다른지 혹은 헌법재판소의 예측을 바꾸어야 할 사정변경

26) **공진성**, 「반복입법금지에 관한 소고」, 『헌법학연구』 제16권 제4호, 한국헌법학회, 2010, 380~381쪽.

이 있는지를 확인하고 나서 해당 법률이 재생법률인지를 결정하여야 한다. 물론 장래규율법률이 재생법률이 되려면 구체적 내용의 동일성이 있어야 한다. 즉 구체적 내용의 동일성이 없으면 장래규율법률은 반복적 유사법률이 될 수는 있어도 재생법률은 될 수 없다. 그리고 재생법률이 되려면 입법목적도 이전 법률과 같아야 한다. 즉 해당 법률이 같은 입법목적을 직접 달성하는 것이어야 비로소 재생법률이 되고, 같은 입법목적을 간접적으로 실현하는 것에 그치면 재생법률이 될 수 없다.

6. 동일규범반복제정금지의무 위반 여부 심사

동일규범반복제정금지의무 위반 여부에 관한 헌법재판소 심사는 재생법률 해당 여부에 국한된다. 헌법재판소의 동일규범반복제정금지의무 위반에 관한 심사는 반복이 금지되는 내용을 확정하는 것과 해당 법률에 그러한 내용이 있는지를 확인하는 것의 2단계로 이루어진다. 물론 헌법재판소는 동일규범반복제정금지의무 위반 여부를 언제나 심사하는 것이 아니라 다투어지거나 스스로 문제가 된다고 판단할 때만 심사한다. 동일규범반복제정금지의무 위반 여부 심사에서는 일반적인 위헌심사와 달리 형량 문제가 발생하지 않는다. 먼저 반복이 금지되는 내용을 확정하는 단계에서는 형식적 심사만 하여야 한다. 즉 이전 위헌결정의 주문을 중요이유를 기준으로 해석하여 반복이 금지되는 내용을 확정하여야 한다. 다음 해당 법률이 반복이 금지되는 내용을 포함하는지를 확인하는 단계에서는 형식적 심사를 원칙으로 하면서 때에 따라 실질적 심사를 추가할 수 있다.

동일규범반복제정금지의무 위반 여부 심사는 선고시점을 기준으로 이루어지므로, 사정변경에 원칙적으로 영향을 받지 않는다. 즉 입법자는 사정변경을 이유로 동일규범반복제정금지의무에서 벗어날 수 없다. 그러나 계획법률을 포함한 장래를 규율하는 법률(장래규율법률)처럼 법률의 규율범위가 앞날의 사실관계와 법적 상황이어서 재생법률의 시간적 범위가 앞날로 확대되면 사정변경과 밀접한 관련을 맺는다. 위헌결정을 선고하는 시점에 헌법재판소가 앞날의 사실관계와 법적 상황을 언제나 명확하게 확정할 수 있는 것은 아니기 때문이다. 따라서 장래규율법률에 대한 위헌결정에서 도출되는 동일규범반복제정금지의무는 사정변경이 없음을 전제로 인정된다. 그래서 이러한 법률에 대한 위헌결정에서 도출되는 동일규범반복제정금지의무 위반 여부를 심사할 때는 반복이 금지되는 내용을 확정하는 단계에서 사정변경 여부를 먼저 판단하여야 한다. 따라서 이러할 때 형식적 심사에 그치는 것이 아니라 예외적으로 형식적 심사와 실질적 심사를 함께 할 수도 있다. 이러한 심사를 통해서 사정변경이 없다는 것이 확인되면 다른 동일규범반복제정금지의무 위반 심사와 마찬가지로 재생법률인지를 심사하여야 한다. 사정변경이 있다면, 그것이 이전 위헌결정의 토대를 무너뜨릴 정도로 중대하면, 일반적인 위헌심사처럼 위헌심사가 이루어질 것이고, 그것이 위헌결정의 토대를 건드리지 않을 정도로 대수롭지 않으면, 일반적인 동일규범반복제정금지의무 위반 심사처럼 위헌심사가 이루어질 것이다.

국회가 재생법률을 제정하여 헌법재판소에 맞설 때 헌법재판소가 재생법률을 위헌으로 선언하는 것은 국회 입법권에 대한 제한적인 통제에 그칠 수밖에 없다. 국회가 재생법률을 제정하면 일단 효력이 발생하고, 헌법재판소의 위헌결정이 있어야 비로소 그 법률의 효력이 상실되기 때문이다. 그리고 헌법재판소의 위헌결정도 당사자의 청구가 있어야 내릴 수 있기 때문이다. 따라서 국회의 재생법률 제정 자체를 막는 것이 더 중요하다. 현행 법률제정절차에 비추어 국회의 재생법률 제정에 영향을 미칠 수 있는 국가기관은 대통령뿐이다. 즉 국회에서 의결된 법률안이 정부에 이송되면, 대통령은 15일 이내에 이의서를 붙여 국회에 환부하고, 그 재의를 요구할 수 있다(헌법 제53조 제2항). 물론 이러한 대통령의 거부권도 국회가 해당 법률안을 재의에 붙여 재적의원 과반수 출석과 출석의원 3분의 2 이상 찬성으로 전과 같이 의결하면 그 법률안은 법률로서 확정된다(헌법 제53조 제4항). 하지만 대통령이 거부권을 행사할 때 재생법률임을 직접 명시한다면, 정당한 이유 없는 국회의 재생법률 제정은 어느 정도 사전에 차단할 수 있다고 생각한다. 법률은 공포되어야 비로소 효력을 발생한다. 따라서 대통령이 재생법률 공포를 거부함으로써 재생법률 제정을 막는 것도 생각할 수 있다. 그러나 국회에서 의결된 법률안이 정부에 이송되고 나서 15일 이내에 공포나 재의의 요구를 하지 아니하여 법률안이 법률로서 확정된 후나 대통령의 재의 요구에 대해서 국회가 재의에 붙여, 재적의원 과반수 출석과 출석의원 3분의 2 이상 찬성으로 전과 같은 의결을 하여 법률안이 법률로서 확정된 후 5일 이내에 대통령이 공포하지 아니하면 국회의장이 이를 공포하므로(헌법 제53조 제6항), 대통령의 공포 거부는 사전통제로서 큰 의미가 있다고 보기 어렵다. 이러한 점에서 대통령의 거부권 행사가 거의 유일한 사전통제수단이라고 볼 수 있다.

7. 의무 위반 효과

입법자가 재생법률을 제정하면 재생법률은 위헌이다. 그러나 오로지 헌법재판소만 법률이 재생법률인지를 최종적으로 확인할 수 있다. 따라서 재생법률은 헌법재판소가 위헌결정을 할 때까지 형식적으로 존속한다.27) 법률이 재생법률로 인정될 것인지는 명확하지 않기 때문이다.[28] 그리고 헌법에서 법률은 오로지 입법자의 법률폐지와 헌법재판소의 위헌결정에 따라서만 효력을 상실한다. 이것은 재생법률도 마찬가지이다. 또한, 재생법률은 최소한 형식적으로 위헌으로 결정된 법률과 같지 않다. 그러므로 재생법률에 대한 헌법재판소의 새로운 심사는 방해받지 않는다. 그러나 헌법재판소는 재생법률의 위헌성을 새롭게 심사하는 것이 아니라 새로운 법률이 재생법률인지를 확인하는 것에 그칠 뿐이다. 즉 헌법재판소가 재생법률임을 확인하면 다른 심사를 할 필요 없이 헌법재판소는 해당 법률을 위헌으로 선언하여야 한다. 헌법재판소는 한번 위헌으로 결정된 법률과 같은 내용을 담은 법규정에 대해서 다시 위헌법률심판이 제청되거나 헌법소원이 제기되면, 이에 관해서 본안판단을 하고 종전 결정이유와 같은 이유로 법률을 위헌이라고 선언해 주어야 할 것이라는 주장이 있다.[29] 그러나 동일규범반복제정금지의무를 인정한다는 전제 아래 헌법재판소가 위헌이라고 선언한 내용이 반복된 것이 확인되면, 헌법재판소는 다른 본안판단을 할 필요 없이 이를 이유로 위헌이라고 선언하는 것으로 충분할 것이다. 재생법률이 위헌인 것은 이전 헌법재판소의 위헌결정에서 도출되는 동일규범반복제정금지의무 위반이 직접 이유이기 때문이다. 따라서 이전 위헌결정의 중요이유를 다시 반복하여 새로운 위헌결정에 명시할 이유는 없을 것이다. 이것은 이미 이전 위헌결정을 지적함으로써 충분히 드러나게 되기 때문이다. 그리고 본안판단을 다시 하고 나서 종전 결정이유와 같은 이유로 법률을 위헌이라고 선언하여야 한다면, 동일규범반복제정금지의무 위반 여부를 별도로 논의하는 실익을 찾기도 어렵다.

---

27) ***Stefan Korioth*** (Anm. 10), S. 554 [**슈테판 코리오트**(주 10), 247～248쪽] 참조.
28) ***Stefan Korioth*** (Anm. 10), S. 555 f. [**슈테판 코리오트**(주 10), 249～250쪽] 참조.
29) **방승주**, 「입법형성권과 위헌법률심사제도의 관계에 관한 연구」, 국회사무처, 2012, 21쪽.

Ⅳ. 헌법재판소결정존중의무

1. 의의

헌법재판소결정존중의무는 입법자가 헌법재판소 결정 선고 이후 법규범을 제정할 때 헌법재판소 결정을 존중하여야 하는 입법의무이다. 여기서 존중은 입법자가 법규범을 제정할 때 관련되는 모든 헌법재판소 결정을 고려하여야 한다는 것을 뜻한다. 따라서 헌법재판소결정존중의무는 특정 규범내용 반복을 금지하는 것이 아니라 입법자의 행위를 제약하는 것에 불과하다. 즉 헌법재판소결정존중의무는 내용통제가 아니라 행위통제에 불과하다. 그래서 헌법재판소결정존중의무는 입법자에게 행위지침을 주는 의미가 있을 뿐이다. 헌법재판소결정존중의무에서 문제가 되는 법규범에는 법률뿐 아니라 명령·규칙, 조약, 조례와 규칙 등 입법자가 제정하는, 헌법하위의 모든 법규범이 속한다. 그러나 헌법재판소결정존중의무도 동일규범반복제정금지의무와 마찬가지로 형식적 법률에 국한하여 논의되는 것이 일반적이다. 따라서 모든 법규범에 관련한 헌법재판소결정존중의무는 넓은 뜻의 헌법재판소결정존중의무로, 형식적 법률에 관련한 헌법재판소결정존중의무는 좁은 뜻의 헌법재판소결정존중의무로 볼 수 있다. 여기서는 좁은 뜻의 헌법재판소결정존중의무에 국한하여 논의하고자 한다.

2. 근거

(1) 헌법기관충실원칙

① 헌법기관충실원칙의 의의

헌법기관충실원칙(Grundsatz der Verfassungsorgantreue)[30]은 헌법기관들이 권한을 행사할 때 서로에 대해서 충실하게 협력하여야 한다는 것이다.[31] 헌법기관충실원칙에서 권한을 행사할 때 헌법기관들이 서로 다른 헌법기관을 고려하여야 할 의무가 도출된다.[32] 헌법기관의 협력은 헌법기관의 독립에 관한 상관개념으로서, 헌법기관들이 헌법합치적으로 행위를 할 때 조화적으로 함께 작용하고, 서로 다른 헌법기관의 명성을 훼손하면서 헌법 자체를 위태롭게 할 모든 것을 하지 말라고 요구한다. 헌법기관은 헌법이 조직하고 그들의 공동작용을 통해서 언제나 다시 헌법의 구체적인 정치적 본질내용이 확인되는 기관으로서, 헌법기관들은 헌법합치적으로 이러한 헌법 존속을 보장할 모든 것을 하여야 할 의무를 진다.[33] 따라서 헌법기관충실원칙으로 말미암아 헌법기관은 자기 권한을 책임 있고 성실하게 강제와 시간적 압박 없이 행사할 수 있도록 서로 행위를 하여야 한다.[34]

---

30) 이에 관한 자세한 내용은 **허완중**, 「헌법기관충실원칙」, 『공법연구』 제42집 제2호, 한국공법학회, 2013, 27～61쪽 참조.

31) 헌법재판소의 소수의견에서 '국가기관 상호존중의 원칙'이라는 용어를 사용한 적이 있다(헌재 2010. 11. 25. 2009헌라12, 판례집 22-2하, 320, 338 재판관 이강국의 인용의견; 헌재 2011. 8. 30. 2009헌라7, 판례집 23-2상, 220, 238 재판관 이강국의 무효확인 청구 부분에 대한 별개의견). 그러나 소수의견은 그 내용이 무엇인지는 설명하지 않았다.

32) BVerfGE 90, 286 (337). 나아가 BVerfGE 12, 205 (254); 35, 193 (199); 36, 1 (15); 45, 1 (39); 89, 155 (191).

33) Bemerkungen des Bundesverfassungsgerichts zum dem Rechtsgutachten von Professor Richard Thoma, in: JöR N.F. 6 (1957), S. 206.

34) ***Klaus Stern***, Das Staatsrecht der Bundesrepublik Deutschland, Bd. I, 2. Aufl.,

② 헌법기관충실원칙의 기능

헌법기관충실원칙은 불문의 행위의무 근거이고, 남용한계를 넘어서 일반적 해석원칙이다.[35] 먼저 헌법기관충실원칙에서 헌법기관 서로 간의 관계에서 특정한 행위의무가 도출된다. 여기서 헌법조문 자체에서 추론할 수 없는 법적 효과가 헌법기관충실원칙과 결합하곤 한다. 이러한 점에서 헌법기관충실원칙은 개별 권한규범에 융합되지 않지만, 그 권한규범 안에서 명확해진다.[36] 다음 헌법기관충실원칙은 헌법기관의 권한 행사와 관련하여 권한규범을 통해서 더는 포섭할 수 없는 예외적인 때에 권한의 남용한계로서 작용한다. (ⅰ) 헌법기관충실원칙을 통해서 요구되는 충실을 기준으로 하면 권한 행사가 남용에 해당하고 그로 말미암아 헌법에 어긋나는 것으로 여겨질 때와 (ⅱ) 다른 권한규범을 기준으로 보면 권한 행사가 그 기능에 어긋나는 것으로 보이는 때가 그러한 예외적인 때이다. 여기서 헌법기관충실원칙은 남용한계를 낮추는 의미가 있다. 물론 이러한 두 남용사례는 현실에서 서로 명확하게 분리되지 않고, 실무에서 그 구별이 유동적이다. 이것은 헌법기관충실원칙이 개별 사안에서 매우 다른 헌법적 권한규정을 통한 축적에 의존하여 효력을 발휘하는 것과 관련이 있다. 끝으로 헌법기관충실원칙은 상황에 따라서는 관련이 없는 것처럼 보이는 서로 대등한 헌법기관들의 권한을 결합함으로써 해석원칙으로서 결합기능이라는 의미를 획득할 수 있다. 이러한 결합이 없다면 국가는 고립되고 서로 차단된 수많은 권력으로 분열될 것이다. 그와 동시에 헌법기관들의 권한이 (충돌 속에서) 조정됨으로써 헌법기관충실원칙은 국가통합 달성

München 1984, S. 134 f.

35) ***Wolf-Rüdiger Schenke***, Die Verfassungsorgantreue, Berlin 1977, S. 41 ff.; ***Andreas Voßkuhle***, Der Grundsatz der Verfassungsorgantreue und die Kritik am BVerfG, in: NJW 1997, S. 2217.

36) ***Wolf-Rüdiger Schenke*** (Anm. 35), S. 44 ff.

이익이라는 관점에서 헌법기관들의 권한이 마찰 없이 맞물리고 안정화하는 작용을 한다.[37] 그러나 이러한 헌법기관충실원칙의 세 가지 기능방식은 엄격하게 서로 구별되지 않고, 오히려 자주 중첩되고 그 한계가 분명하지 않다.[38]

③ 헌법기관충실원칙의 근거

(ⅰ) 직접적 근거: 국가통합사고

헌법기관충실원칙은 통합을 통해서 국가통일을 달성하려는 국가통합사고(Gedanke der staatlichen Integration)에 기초한다. 고립되고 서로 저지적인 국가권력의 다양성 속에서 국가붕괴 위험을 방지하면서 국가분열과정이 발생하지 않도록 하려면, 헌법기관 행위는 서로 명시적인 실정법적 협력규범을 넘어서 충실한 협력이라는 불문원칙에 따라서 결정되어야 한다. 여기서 법의 중심과제인 국가통일을 달성하기 위한, 합헌적 질서를 전체적으로 특히 합헌적 절차를 통하여 준수할, 헌법기관의 일반적 의무가 도출된다. 국가통합사고에서 비롯된 헌법기관 협력이라는 요청은 국가행위를 효율적으로 실현하는 데 이바지할 뿐 아니라 사회를 국가에 통합하는 이익을 위해서도 존재한다. 의무로 인정되지 못한 충실한 협력정신에 의지하는 헌법기관 서로 간의 관계는 장기적으로 국가에 대한 국민의 불쾌감과 냉담함을 불러일으키고, 국민의 국가의식을 훼손하며, 그로 말미암아 사회를 국가에 통합할 때 악순환과정이 촉진되기 때문이다. 국가통합사고에 뿌리박은, 이해와 균형에 지향된 상호작용에는 헌법기관 자제의 상호작용을 포함하는 고려 명령이 들어 있다. 이것은 통합을 위해서 헌법기관 행위에 불문의 한계가 설정된다는 것을 뜻한다. 헌법적 갈등을 해결할 때 통합촉진적

37) ***Wolf-Rüdiger Schenke*** (Anm. 35), S. 41.

38) ***Wolf-Rüdiger Schenke*** (Anm. 35), S. 46.

이고 통합유지적인 관점에 우선권을 부여하여 국가통합 필요성을 강조하는 관점은 실체법적 형성을 넘어 해석지침으로 기능한다. 그러나 헌법기관의 권한영역을 넘어서는 것이 국가통합과정에서 마찰과 긴장을 유발할 수 있다는 것은 헌법기관충실에 관한 근거로 충분하지 않다. 헌법기관충실원칙은 성문헌법적 권한질서를 넘어서기 때문이다.[39] 즉 성문헌법에서 헌법기관충실원칙의 구체적 내용이 직접 도출되지 않기 때문이다.

(ii) 간접적 근거: 권력분립원리

국가는 권력분립원리가 없으면 기능할 수 없거나 오로지 제한적으로만 기능할 수 있다. 하지만 권력분립원리와 헌법기관충실원칙은 핵심에서 완벽하게 다른 목표를 추구한다. 그러므로 권력분립원리는 헌법기관충실원칙과 간접적인 관련성만 있다. 권력분립원리는 먼저 권력통제 수단으로 이해되고 그러한 것으로 투입되지만, 헌법기관충실원칙은 통합촉진을 목표로 한다. 즉 권력분립원리는 권력통제와 헌법기관 사이에서 권력관계의 상호균형에 중점이 있다. 하지만 헌법기관충실원칙은 국가통합사고, 정확하게 말해서 국가에 대한 사회의 통합과 국가통일 달성의 지배적 요소이다. 그런데도 권력분립원리와 헌법기관충실원칙은 필수적으로 서로를 전제하므로, 양자의 결합은 불가피하다. 권력분립원리에서 서로 동등한 권한이 있는 여러 헌법기관이 국가최고기관이라는 결론이 도출된다. 헌법기관충실원칙은 처음부터 정점에 여러 헌법기관이 원칙적으로 동등하게 서로 마주 서 있는, 오로지 권력분립적으로 조직된 체계 안에서만 문제 된다. 이러한 곳에서 헌법기관들이 권한의 한계영역에서 서로 경쟁하고 충돌할 수밖에 없

39) ***Ralph Alexznder Lorz***, Interorganrespekt im Verfassungsrecht, Tübingen 2001, S. 38 f.; ***Wolf-Rüdiger Schenke*** (Anm. 35), S. 26 ff.; ***Andreas Voßkuhle*** (Anm. 35), S. 2217.

다. 위계적으로 형성되지 않은 견제와 균형의 체계에서 헌법기관들 사이의 경쟁과 충돌을 권력적 방법으로 제거하거나 완화할 기관이 없다. 이로 말미암아 국가통일이 자동으로 달성되지는 않는다. 따라서 이러한 문제를 해결하고 국가통일을 달성하기 위해서 성문헌법적 권한질서에 헌법기관충실원칙이 필수적이다. 이러한 점에서 권력분립원리와 관련하여 헌법기관충실원칙은 일종의 보충기능을 수행한다.[40]

(iii) 실정법적 근거

한국 헌법은 물론 독일 기본법도 헌법기관충실원칙을 명문으로 규정하지 않는다. 그래서 독일에서는 헌법기관충실원칙을 불문의 헌법원칙이라고 한다. 한국에서도 헌법전에서 바로 헌법기관충실원칙을 도출하기는 어렵다. 따라서 헌법기관충실원칙은 헌법전에서 간접적으로 도출되거나 헌법전과 관련 없이 인정될 수밖에 없다. 이러한 점에서 헌법기관충실원칙은 한국에서도 불문의 헌법원칙이라고 보아야 할 것이다. 그러나 헌법 제47조 제1항은 대통령이 국회의 임시회를 요구할 수 있다고 규정하고, 헌법 제52조는 정부도 법률안을 제출할 수 있다고 규정한다. 그리고 헌법 제62조는 국무총리·국무위원 또는 정부위원은 국회나 그 위원회에 출석하여 국정 처리상황을 보고하거나 의견을 진술하고 질문에 응답할 수 있고, 국회나 그 위원회의 요구가 있으면 국무총리·국무위원 또는 정부위원은 출석·답변하여야 한다고 규정한다. 여기서 직접 대통령이 나서지는 않지만, 대통령이 행정부 수반이라는 점(헌법 제66조 제4항)에 비추어 국무총리·국무위원 또는 정부위원은 대통령을 대신하여 행정부 의사를 국회에 대해서 표시하는 것을 볼 수 있다. 또한, 헌법 제81조는 대통령은 국회에 출석하여 발언하거

40) ***Ralph Alexznder Lorz*** (Anm. 39), S. 39 f.; ***Wolf-Rüdiger Schenke*** (Anm. 35), S. 27 f., 117 특히 S. 28 Anm. 35; ***Andreas Voßkuhle*** (Anm. 35), S. 2217.

나 서한으로 의견을 표시할 수 있다고 규정한다. 그 밖에 국회는 상호원조 또는 안전보장에 관한 조약, 중요한 국제조직에 관한 조약, 우호통상항해조약, 주권의 제약에 관한 조약, 강화조약, 국가나 국민에게 중대한 재정적 부담을 지우는 조약이나 입법사항에 관한 조약의 체결·비준에 대한 동의권이 있고(헌법 제60조 제1항), 선전포고, 국군의 외국에 대한 파견이나 외국군대의 대한민국 영역 안에 주류하는 것에 대한 동의권이 있다(헌법 제60조 제2항). 이러한 것들을 통해서 대통령을 수반으로 하는 정부와 국회는 자기 의견을 상대방에게 표시하고 상대방의 의견을 들음으로써 서로 간의 협력을 공고히 할 수 있다. 더하여 대통령은 다른 국가기관을 조직하는 권한이 있다. 그런데 대통령이 대법원장(헌법 제104조 제1항), 헌법재판소장(헌법 제111조 제4항), 감사원장(헌법 제98조 제2항)을 임명할 때 국회 동의가 필요하고, 대통령은 대법원장 제청으로 국회 동의를 얻어 대법관을 임명하며(헌법 제104조 제2항), 헌법재판소 재판관 중 3명은 국회가 선출한 사람을, 3명은 대법원장이 지명한 사람을 형식적으로 임명한다(헌법 제111조 제3항). 즉 국가기관을 구성하는 데 여러 헌법기관이 함께 관여한다. 따라서 이러한 헌법규정들은 헌법기관충실원칙을 구체화하는 것으로 볼 수 있다.

④ 헌법기관충실원칙의 내용

헌법기관충실원칙은 헌법기관의 충실한 행위의무[41]와 통합친화적 공동작용을 핵심으로 한다. 이것은 헌법합치적 권한을 행사할 때와 헌법에서 예정된 절차와 결정과정에서 수행할 때 최소한 헌법질서 자체에서 권한방해를 피하는 방식으로 협조하여야 할, 헌법기관의 의무를 내포한다. 실제로 헌법기관충실원칙은 일반적으로 행위에 관한 상호고려명령 형태로 나타난다. 따라서 개별 헌법기관은 자신의 헌법합치

41) 충실은 여기서 한계로서 헌법질서에 대한 책임으로 이해된다.

적 권한을 주장할 때도 자기 결정에 다른 헌법기관의 이해도 포함하고, 이를 통해서 수행되는 기능도 존중하여야 한다.[42] 권한지향적 관점에서 이러한 명령은 헌법과 그 기능수행에 지향된 적정한 권한 행사와 적절한 타협 준비성에 관한 의무를 포함한다. 그로부터 반대로 일반적 법남용 금지의 결과로서뿐 아니라 다시 신의성실원칙의 결과로서 설명되는, 본래 자기에게 귀속되는 임무에 대한 개별 헌법기관의 자기절제 요구가 도출된다. 무엇보다도 헌법이 다른 헌법기관에 보장하는 자유로운 정치적 형성 여지를 남겨두어야 한다는 것이 문제된다.[43]

헌법기관충실원칙은 구체적 헌법에 적용됨으로써 필요한 내용적 윤곽을 얻을 수 있다. 어떠한 법적 결과가 헌법기관충실원칙에서 도출되는지는 헌법기관 서로 간의 관계에 대한 개별 실정법적 구체화와 결합하여서만 확정될 수 있다. 헌법기관충실원칙은 어떤 헌법질서에서 작동되는지에 따라서 완벽하게 다른 법적 결과를 가져올 수 있다. 헌법기관충실원칙에서 구체적으로 도출되는 법해석적 결과는 성문헌법규범을 통해서 확정된다. 오로지 헌법기관충실원칙에서만 법적 결론을 도출하려는 시도는 순환논법에 빠질 수밖에 없다. 헌법기관충실원칙이 요구하는 충실한 협력이 개별적으로 어떤 내용을 담는지에 관해서 헌법기관충실원칙 자체는 아무것도 말하지 않기 때문이다. 특히 헌법기관충실원칙은 다양한 헌법기관이 국가통합 과정에서 하여야 할 역할과 몫을 결정하지 않는다. 더욱이 헌법기관충실원칙은 국가통합의 기본조건을 말하고, 그 자체로 실정헌법적 구체화가 필요하다.[44] 헌법기관충실원칙을 구체화하는 출발점은 헌법을 통해서 구성되는 헌법질

42) BVerfGE 35, 193 (199); 45, 1 (39); 90, 286 (337).
43) ***Ralph Alexznder Lorz*** (Anm. 39), S. 41 f.
44) ***Wolf-Rüdiger Schenke*** (Anm. 35), S. 37 f.

서이다. 여기서 개별 헌법기관 서로 간의 관계를 규율하는 모든 규정이 특별히 주목된다. 즉 이러한 규정들이 헌법기관충실원칙에 관한 고찰의 기초를 형성한다.45)

⑤ 헌법재판소결정존중의무의 직접 근거인 헌법기관충실원칙

입법자는 입법형성의 자유가 있다. 그러나 "자유는 자의를 의미하지 않는다."46) 즉 입법형성의 자유가 입법자가 제한 없이 마음대로 입법할 수 있다는 뜻은 아니다. 국회와 헌법재판소는 서로 동등한 지위에 있다는 점에서, 국회와 헌법재판소의 상호독립성에 대한 대응으로서 자기 권한을 헌법합치적으로 행사함으로써 서로 조화롭게 협력하여야 하고, 다른 헌법기관의 권위를 침해하고 그와 함께 헌법에 위험에 빠뜨릴 수 있는 모든 것을 하지 말아야 한다. 따라서 입법자는 입법할 때 헌법재판소 결정을 고려하여야 하고 "헌법재판소가 권한을 적절하고 유효하게 행사하는 것을 어렵게 하거나 불가능하게 만들 수 있는"47) 모든 것을 하지 말아야 한다.48) 이러한 점에 비추어 헌법기관충

45) ***Wolf-Rüdiger Schenke*** (Anm. 35), S. 39.

46) ***Stefan Korioth*** (Anm. 10), S. 565 [**슈테판 코리오트**(주 10), 263쪽].

47) ***Andreas Voßkuhle*** (Anm. 35), S. 2217.

48) ***Hans-Heiner Gotzen***, Die Wiederholung rechtskräftig aufgehobener Gestaltungsakte, in: VR 1999, S. 391; ***Andreas Heusch***, Bindungswirkung und Gesetzeskraft der Entscheidungen, in: Christian Burkiczak/Franz-Wilhelm Dollinger/Frank Schorkopf (Hrsg.), Bundesverfassungsgerichtsgesetz - Heidelberger Kommentar, Heidelberg 2015, § 31 Rdnr. 62; ***Hans Hugo Klein*** (Anm. 12), S. 518 f. [**한스 후고 클라인**(주 12), 12～13쪽]; ***Stefan Korioth*** (Anm. 10), S. 566 [**슈테판 코리오트**(주 10), 265쪽]; ***Alfred Rinken***, in: Erhard Denninger/Wolfgang Hoffmann-Riem/Hans-Peter Schneider/Ekkehart Stein (Hrsg.), AK-GG, 3. Aufl., Neuwied/Kriftel 2001 (Stand: August 2002), Art. 94 Rdnr. 71a; ***Andreas Voßkuhle*** (Anm. 35), S. 2217; ***ders.***, in: Hermann von Mangoldt/Friedrich Klein/Christian Starck (Hrsg.), Kommentar zum Grundgesetz, Bd. Ⅲ, 6. Aufl., München 2010, Art. 94 Rdnr. 33.

실원칙은 헌법재판소결정존중의무의 직접 근거가 된다. 헌법기관충실원칙은 독일 헌법학에서 개발된 것이지만, 그 내용이 특정한 헌법체계나 헌법전을 기초로 한 것이 아닌 일반적 원칙이므로, 한국 헌법 해석을 통해서도 충분히 정당화할 수 있다. 따라서 헌법재판소결정존중의무의 직접 근거로 삼는 데 무리가 없다고 생각한다.

(2) 선례적 구속력

① 의의

선례적 구속력은 사법판결의 일반적 효력이 아니다. 그러나 헌법재판소법 제23조 제2항 단서 제2호는 이러한 효력을 전제한다. 따라서 헌법재판소 결정은 헌법재판소법으로 말미암아 선례적 구속력이 있다. 이러한 점에서 선례적 구속력은 사실적 구속력이 아니라 헌법재판소법이 인정한, 즉 법률적 근거가 있는 헌법재판소 결정의 효력, 이른바 법률적 차원에서 부여되는 효력이다. 선례적 구속력의 법률적 형성은 법적 안정성을 강조하는 법치국가원리의 구체화로 볼 수 있다. 선례적 구속력은 헌법재판소 결정이 구체적 개별사건을 넘어 일반적인 기준이 되기 위한 조건이다. 즉 선례적 구속력은 헌법재판소 결정을 통한 법적 안정성의 형성과 유지, 당사자에 대한 동등한 대우, 헌법재판소 결정에 대한 예견 가능성의 조건이다.[49] 선례적 구속력을 통해서 헌법재판소는 구체적 절차에서 모든 법해석학적 논쟁을 새롭게 전개하여야 하는 부담을 면한다. 즉 구체적 개별 사건 해결을 위해서 일정한

---

49) **최경옥**, 「헌법판례의 선례구속성과 법원성」, 『대학원논문집』 제22집, 동아대학교 대학원, 1997, 65쪽; ***Martin Kriele***, Theorie der Rechtsgewinnung, 2. Aufl., Berlin 1976, S. 259 f. (**마르틴 크릴레, 홍성방** 옮김, 『법발견의 이론』, 유로서적, 2013, 362~368쪽); ***ders.***, Grundrechte und demokratischer Gestaltungsspielraum, in: Josef Isensee/Paul Kirchhof (Hrsg.), Handbuch des Staatsrechts der Bundesrepublik Deutschland, Bd. V, Heidelberg 2000, § 110 Rdnr. 30.

법적 견해가 형성되면, 이러한 법적 견해는 이후 법적 결정의 근거가 되고, 이것은 새로운 반대논거를 통해서만 수정되거나 폐기되어 발전하게 된다. 따라서 선례적 구속력은 이것이 없을 때 헌법재판소가 부담하여야 할 논증책임을 면제시켜준다.[50] 이로 말미암아 법관은 시간과 노력을 절약할 수 있게 되어 새롭게 내리는 결정에 집중할 수 있게 된다. 그에 따라 법관은 새롭게 내리는 결정을 더욱더 신중하고 객관적으로 숙고할 수 있게 되어서 법발전에 충실하게 이바지할 수 있게 된다.[51] 그리고 헌법재판소는 선례적 구속력 때문에 자기 결정이 앞날에 선례로서 기능한다는 점을 고려하여야 한다. 특히 새로운 법문제에 관해서 처음 결정을 내릴 때는 더욱 그러하다. 이것은 헌법재판소가 구체적 법적용자일 뿐 아니라 규범유사적 기준 형성에도 참여한다는 것을 말한다.[52] 이것은 헌법재판의 특수성에 매우 잘 부합한다. 그러나 선례적 구속력은 판례의 고착화와 비판의 불수용을 뜻하지는 않는다. 선례적 구속력은 추정적 구속력(präsumtive Verbindlichkeit)으로서 헌법재판소는 언제나 새로운 인식이나 상황을 고려할 수 있고 자기 판례를 바꿀 수 있기 때문이다. 하지만 이러한 판례 변경은 충분한 근거가 있을 때만 가능하므로, 의심스러우면 헌법재판소는 판례 지속에 무게를 두게 된다.[53]

---

50) ***Martin Kriele*** (Anm. 49, Theorie der Rechtsgewinnung), S. 262 [**마르틴 크릴레**(주 49), 365~366쪽].

51) **최경옥**(주 49), 65쪽; ***Martin Kriele*** (Anm. 49, Theorie der Rechtsgewinnung), S. 267 f. [**마르틴 크릴레**(주 49), 373쪽].

52) ***Martin Kriele*** (Anm. 49, Grundrechte und demokratischer Gestaltungsspielraum), § 110 Rdnr. 31.

53) ***Martin Kriele*** (Anm. 49, Grundrechte und demokratischer Gestaltungsspielraum), § 110 Rdnr. 32.

② 내용

헌법재판소 결정이 선고되면 이후에 헌법재판소는 이전 결정에서 판시한 헌법이나 법률의 해석적용에 관한 의견에 일단 구속된다. 그러나 헌법재판소 결정의 선례적 구속력은 추정적 구속력에 그친다. 즉 선례적 구속력은 절대적 구속력이 아니라 상대적 구속력에 불과하다.[54] 헌법재판소는 판례가 옳지 않거나 헌법현실에 더는 맞지 않는다고 생각하거나 더 좋은 의견을 발견하면 재판관 6명 이상 찬성을 조건으로 선례적 구속력에서 벗어날 수 있다(헌법재판소법 제23조 제2항 단서 제2호).

③ 범위

(i) 주관적 범위

사법판결의 효력은 법치국가원리를 따라 원칙적으로 구체적 심판대상과 관련하여 재판절차에 참여한 당사자와 법원에 한하여 미친다. 스스로 권리주장이나 방어기회를 얻지 못한 제3자에게까지 소송결과를 강요하는 것은 제3자의 절차보장 관점에서 부당하기 때문이다. 그러나 선례적 구속력은 헌법재판소 결정의 계속성과 통일성을 형성·유지하여 법적 안정성과 결정의 예측 가능성을 확보하기 위한 것이므로, 헌법재판소 결정의 선례적 구속력은 단지 헌법재판소에만 미친다. 이것은 헌법재판소는 오로지 심판 청구가 있을 때만 결정을 내릴 수 있고

54) 판례의 법원성을 인정하면서 판례법의 구속력은 상대적이라고 하는 견해도 있다[**윤일영**, 「판례의 기능」, 『민사판례연구(제2판)』 제1권, 박영사, 1992, 363쪽]. 그리고 영미법에서 선례구속성의 원칙이 실정법적 근거 없이 인정되는 것과 마찬가지로, '사법제도에 내재하는 전문직업적 통제력에서 유래하는 선례의 구속력'은 한국 법제도에서도 그대로 승인될 수 있고, 그 근거는 바로 '공평·평등의 요청'이라고 하면서, 다만 그 구속력 정도는 제정법에 비해서 약한 것이라는 견해도 있다(**이광범**, 「『판례』의 의미와 구속력에 관한 소고」, 『판례실무연구』 제6권, 박영사, 2003, 255쪽).

언제든지 판례를 바꿀 가능성이 있다는 것에서 비롯된다. 선례적 구속력이 국민과 헌법재판소 이외의 다른 모든 국가기관에도 미친다면, 헌법재판소 스스로 판례를 바꾸거나 헌법이나 법률의 변경이 없는 한 심판 청구를 할 수 없게 될 것이다. 그런데 국민이나 다른 국가기관이 심판을 청구하지 않는다면, 헌법재판소는 판례를 바꿀 기회가 없다. 따라서 헌법재판소가 한 헌법해석이나 법률해석은 화석화할 수밖에 없다. 이러한 위험을 제거하려면 일반 국민이나 다른 모든 국가기관을 선례적 구속력의 수범자에서 제외하여야 한다. 그리고 헌법해석이나 법률해석이 헌법재판소의 전유물이 아니라는 점에서 헌법재판소의 헌법해석이나 법률해석을 구체적 사건을 넘어서 일반 국민이나 다른 국가기관에 강요할 수도 없다. 다만, 이러한 헌법해석이나 법률해석과 관련하여 다툼이 있으면 결국 헌법재판소가 최종적으로 결정한다. 그러므로 헌법재판소 이외의 일반 국민과 다른 모든 국가기관에 판례의 사실적 구속력이 미친다는 것은 부정할 수 없다. 오로지 사실적 구속력만 미치므로 일반 국민과 다른 모든 국가기관은 여전히 판례에 어긋나는 주장을 할 수는 있다. 하지만 일반 국민과 다른 모든 국가기관은 헌법재판소가 그러한 주장이 받아들이지 않을 위험은 감수하여야 한다. 이러한 사실적 구속력을 통해서 판례에 따른 헌법해석과 법률해석의 통일은 일반 국민과 다른 모든 국가기관 사이에서도 간접적으로 달성될 수 있다.

(ii) 객관적 범위

선례적 구속력은 결정주문이 아닌 결정이유에 귀속된다.[55) 56)] 결정

---

55) 같은 견해: **김시철**, 「헌법해석에 관한 결정이유와 선례구속의 원칙」, 『헌법논총』 제17집, 헌법재판소, 2006, 67～68쪽.

56) 헌재 1997. 1. 16. 92헌바6, 판례집 9-1, 1, 126 참조: “다만, 위에서 본 우리 재판소 결정들의 주문은 모두 “국가보안법 제7조 제1항 및 제5항(1980. 12. 31.

주문은 심판대상에 대한 구체적 결정이므로 다른 사건에 적용할 수 있는 일반적·추상적 성격이 없기 때문이다. 특히 결정주문에는 확정력, 기속력, 법률요건적 효력이나 형성력 혹은 법률적 효력(법규적 효력) 등이 귀속되므로 별도로 선례적 구속력을 인정할 실익을 찾기도 어렵다. 한정합헌결정이나 한정위헌결정 같은 헌법합치적 해석은 판례 대상이 되는 내용이 결정주문에 표현된다.57) 그러나 이러한 해석은 결정이유에서 더욱 명확하고 구체적으로 표현될 뿐 아니라 이것은 이러한 해석에 확정력과 기속력, 법률요건적 효력이나 형성력 혹은 법률적 효력(법규적 효력)을 부여하기 위한 것일 뿐이고, 이러한 해석의 선례적 구속력에 어떠한 새로운 의미를 부여하는 것은 아니다. 법률적 효력(법규적 효력)이 있는 결정주문만 연방법률공보에 게재되는 독일 연방헌법재판소 재판(연방헌법재판소법 제31조 제2항)과 달리 헌법재판소 결정의 주문뿐 아니라 이유까지 관보에 게재하거나 그 밖의 방

법률 제3318호)은 각 그 소정행위가 국가의 존립·안전을 위태롭게 하거나 자유민주적 기본질서에 위해를 줄 경우에 적용된다고 할 것이므로 이러한 해석하에 헌법에 위반되지 아니한다"고 표시하고 있으나, 그 결정의 이유를 보면 "국가보안법 제7조 제1항 및 제5항은 각 그 소정행위가 국가의 존립·안전을 위태롭게 하거나 자유민주적 기본질서에 위해를 줄 명백한 위험성이 있는 경우에 적용된다고 할 것이므로 이와 같은 해석하에서는 헌법에 위반되지 아니한다고 할 것이다"(1990. 4. 2. 선고, 89헌가113 결정의 이유 중 "결론"부분 참조)라고 설시하고 있는 점, "위해를 줄 명백한 위험성이 있는 경우"라는 표현은 "위해(危害)"라는 용어와 유사성이 있는 "위험"이라는 용어가 겹쳐 있어 그리 적절하지는 않다고 보여지는 점 등을 고려하여 결정이유의 설시내용에 보다 더 부합하도록 "구법 제7조 제1항·제3항 및 제5항은, 각 그 소정의 행위가 국가의 존립·안전이나 자유민주적 기본질서에 해악을 끼칠 명백한 위험이 있는 경우에 적용된다고 할 것이므로, 그러한 해석하에 헌법에 위반되지 아니한다"고 설시하고자 한다. 이러한 표현은 앞서 본 우리 재판소의 종전 결정들의 주문내용과는 약간의 차이가 있으나, 그 기본적 견해에 변경이 있는 것은 아니므로 종전의 판례를 변경하는 것은 아니다."

57) 헌재 1997. 1. 16. 92헌바6등, 판례집 9-1, 1, 26 참조.

법으로 공시하는 것(헌법재판소법 제36조 제5항)은 이러한 판례의 객관적 범위를 고려할 때 중요한 의미가 있다. 즉 선례적 구속력이 발생하는 결정이유를 공시함으로써 일반 국민이나 다른 모든 국가기관이 헌법재판소 결정을 가늠할 기회를 부여한다. 물론 모든 결정이유에 선례적 구속력이 미치는 것은 아니다. 결정이유는 결정주문을 근거 지울 수 있을 때 비로소 의미가 있으므로, 결정주문을 직접 근거 지우는 결정이유에만 선례적 구속력이 귀속된다. 따라서 방론[58]과 소수의견[59]에는 선례적 구속력이 인정되지 않는다. 방론에도 선례적 구속력을 인정하는 것은 법원의 소극적 성격에 어긋나고, 소수의견은 법원의 공식적 견해가 아니기 때문이다. 판결의 요지는 헌법재판소 재판관이 작성하는 것이 아니어서 판결의 '이유'를 구성하지 않으므로 선례적 구속력이 없다.[60]

(iii) 시간적 범위

헌법재판소 결정은 선고된 때부터 선례적 구속력이 발생한다. 변경된 판례는 (판례 변경 전의 행위가 문제 된 때를 포함한) 그 후의 모든 사건에 적용된다.[61] 헌법재판소법 제36조 제5항은 종국결정은 헌법재판

---

58) 같은 견해: **윤일영**(주 54), 364~366쪽; **최병조**, 「제1조(법원)」, 곽윤직 편집대표, 『민법주해[I] - 총칙(1)』, 박영사, 2004, 59~60쪽. 상고심절차에 관한 특례법 제4조 제3항 제2호도 비슷한 취지이다. 헌법재판소의 방론에 관해서는 **이기철**, 「헌법재판소의 부수적 의견과 그 문제점」, 『21세기 한양법학에의 낙수』(석하 김기수교수 정년기념논문집), 언약, 1997, 1148~1169쪽; **같은 사람**, 「헌법재판소의 방론은 바람직한가?」, 『공법학연구』 제7권 제1호, 한국비교공법학회, 2006, 319~363쪽 참조.

59) 같은 견해: **홍일표**, 「판례의 형성과 구속력의 범위」, 『일감법학』 제12호, 건국대학교 출판부, 2007, 14쪽.

60) 같은 견해: **이광범**(주 54), 242쪽; **홍일표**, 「판결이유와 선례로서의 구속력의 범위」, 『민사판례연구』 제13권, 박영사, 1991, 245~246쪽; **같은 사람**(주 59), 16쪽.

61) **윤일영**(주 54), 367쪽.

소규칙으로 정하는 바에 따라 관보에 게재하거나 그 밖의 방법으로 공시한다고 하는데, 헌법재판소 심판규칙 제49조의2는 법률의 위헌결정, 탄핵심판에 관한 결정, 정당해산에 관한 결정, 권한쟁의심판에 관한 본안결정, 헌법소원의 인용결정, 기타 헌법재판소에 필요하다고 인정한 결정은 관보에, 그 밖의 종국결정은 헌법재판소의 인터넷 홈페이지에 각 게재함으로써 공시하고, 관보에 게재함으로써 공시하는 종국결정은 헌법재판소의 인터넷 홈페이지에도 게재한다고 규정한다. 이에 따라 실무에서는 주요 결정문은 전문, 즉 결정주문뿐 아니라 결정이유까지도 헌법재판소장의 이름으로 관보에 공시한다. 그러나 관보에 헌법재판소 결정을 게재하는 것은 일반 국민에게 헌법재판소 결정을 알리는 공시의 효과만 있을 뿐이고, 헌법재판소 결정의 효력 발생과는 아무런 관계가 없다. 비형벌법규에 대한 위헌결정의 법률요건적 효력이나 형성력 혹은 법률적 효력(법규적 효력)은 선고일부터 발생한다(헌법재판소법 제47조 제2항). 하지만 형벌에 관한 법률이나 법률조항에 대한 위헌결정의 법률요건적 효력이나 형성력 혹은 법률적 효력(법규적 효력)은 소급하여 발생한다(헌법재판소법 제47조 제3항). 그리고 위헌법률 효력 상실의 법률요건적 효력이나 형성력 혹은 법률적 효력(법규적 효력)은 기한을 정하면 기한이 지나고 나서 그리고 기한이 정해지지 않으면 상당한 기간이 지나고 나서 발생한다. 그러나 법률요건적 효력이나 형성력 혹은 법률적 효력(법규적 효력)의 이런 다양한 효력발생시점은 선례적 구속력의 효력발생시점에 아무런 영향을 주지 못한다. 즉 법률요건적 효력이나 형성력 혹은 법률적 효력(법규적 효력)의 효력발생시점이 선고시점이 아닐 때도 선례적 구속력의 효력발생시점은 여전히 선고시점일 뿐이다.

헌법재판소 판례는 일반적·추상적 성격이 있어서 구체적 사건과 분리되므로 확정력이나 기속력과는 달리 사정변경에 따라서 영향을 받지 않는다. 따라서 판례 변경 없이 사정변경을 이유로 판례에서 벗어날 수는 없다. 사정변경은 판례를 폐기하거나 변경할 근거로서 기능할 수 있을 뿐이다. 유일한 판례에 대한 재심에서 재심 대상인 헌법재판소 결정 자체는 판례가 될 수 없다. 따라서 이때는 판례가 없는 때와 마찬가지로 선례적 구속력이 문제 되지 않는다. 판례 변경에는 소급효가 없다. 따라서 판례 변경은 재심 사유가 되지 않는다.

④ 헌법재판소결정존중의무의 간접 근거인 선례적 구속력

선례적 구속력으로 말미암아 헌법재판소는 사실관계와 법적 상황이 바뀌지 않는 한 원칙적으로 같은 결정을 반복할 것이다. 그에 따라서 입법자가 적절한 논증 없이 헌법재판소 결정에 어긋나는 법률을 제정하면, 입법자는 또다시 그가 제정한 법률이 폐기될 위험을 감수하여야 한다. 따라서 헌법재판소 결정의 선례적 구속력이 입법자에게 직접 미치지 않는다고 하더라도 입법자는 선례적 구속력 대상이 되는 헌법재판소 결정을 고려하여 법률을 제·개정하거나 폐지할 수밖에 없을 것이다. 이러한 점에서 헌법재판소 결정은 위헌법률의 사후적 제거에서 중요한 의미가 있기는 하지만, 위헌법률을 예방하는 기능도 무시할 수 없다. 여기서 입법자의 입법행위는 최소한 부분적으로라도 제약을 받는다는 것을 부정하기 어렵다. 그래서 선례적 구속력은 (헌법재판소법 제23조 제2항 제2호에서 볼 수 있듯이 적어도 법률적 차원에서 판례의 추정적 구속력을 인정한다는 점에서 더욱더) 헌법재판소결정존중의무의 간접적 근거로 볼 수 있다.

(3) 소결: 직접 근거인 헌법기관충실원칙과 간접 근거인 선례적 구속력

헌법재판소결정존중의무는 규범통제와 관련하여 헌법기관충실원칙에서 직접 도출된다. 하지만 법치국가원리와 관련하여 법적 안정성 관점에서 인정되는 선례적 구속력으로 말미암아 사실적 측면에서 입법자는 헌법재판소 결정을 존중할 수밖에 없다. 따라서 헌법기관충실원칙에서 도출되는 헌법재판소결정존중의무는 선례적 구속력을 통해서 내용의 구체화와 효력 강화가 이루어지는 것으로 볼 수 있다. 요컨대 헌법재판소결정존중의무의 구체적 내용은 헌법기관충실원칙을 중심으로 선례적 구속력을 고려하여 확정되어야 할 것이다.

3. 내용

(1) 존중 대상이 되는 헌법재판소 결정

합헌결정은 입법자를 구속하는 아무런 효력이 없고 기존 법률에 아무것도 추가하지 않는다. 그러므로 입법자가 고려하여야 하는 헌법재판소 결정은 법률의 위헌성을 확인하는 위헌결정에 국한된다. 즉 헌법재판소가 위헌결정을 내려야 비로소 헌법재판소결정존중의무가 발생한다. 위헌결정에는 단순위헌결정 이외에 한정위헌결정과 한정합헌결정 그리고 헌법불합치결정이 포함된다. 따라서 단순위헌결정은 물론 한정위헌결정과 한정합헌결정 그리고 헌법불합치결정에서 헌법재판소결정존중의무가 도출된다. 그런데 헌법재판소결정존중의무는 입법자의 적극적 행위를 규율한다. 그러므로 헌법재판소결정존중의무는 헌법재판소 결정이 선고된 이후 시점(정확하게는 선고한 날 0시 이후 시점)을 규율대상으로 한다. 선고한 날(정확하게는 선고한 날 0시)은 동일규범반복제정금지의무가 규율하므로 헌법재판소결정존중의무의 규율범위에서 제외된다. 그리고 해당 법률이 장래규율법률이어서 선고시점 이후를 규율하는 법률이어도 재생법률로 인정된다면, 그러한 범위에서는 헌법재판소결정존중의무가 문제 되지 않는다.

(2) 존중의 구체적 대상

입법자의 존중은 헌법재판소가 위헌결정을 선고하고 나서 새로운 법률을 제정하거나 기존 법률을 개정할 때 비로소 문제가 된다. 결정주문은 청구인의 소송목적 실현 여부에 대한 응답이고, 청구인의 주된 관심사이므로, 결정의 효력은 결정주문에 한하여 발생한다(헌법재판소법 제40조 제1항 전문, 민사소송법 제216조 제1항 참고). 그러나 심판대상에 대한 구체적 결정인 결정주문은 일반적·추상적 성격이 모자라서 존중 대상이 되기 어렵다. 그래서 존중 대상은 일반적·추상적 성격이 있는 결정이유가 될 수밖에 없다. 물론 모든 결정이유가 존중 대상이 되는 것은 아니다. 헌법재판소 결정은 청구인의 청구에 대한 헌법재판소의 대답이다. 그리고 헌법재판소는 청구인의 청구가 있어야 비로소 결정을 내릴 수 있다(헌법재판의 소극성). 따라서 청구인의 청구에 대한 대답인 결정주문을 근거 짓는 이유, 즉 중요이유만 입법자의 존중 대상이 된다. 헌법이 헌법재판의 심사기준이므로, 중요이유는 원칙적으로 헌법의 해석적용에 관한 의견이다. 그러나 헌법에서 특정한 법률의 해석적용에 관한 내용이 도출될 수도 있다(예를 들어 합헌적 법률해석의 결과). 따라서 이러한 법률의 해석적용에 관한 의견도 중요이유가 될 수 있다. 관련되는 위헌결정이 여럿 있을 수 있고, 이러한 결정들이 서로 다른 내용을 담을 수도 있다. 이때는 최신 결정의 중요이유가 입법자의 존중 대상이 된다. 후행 결정의 중요이유는 선행 결정의 중요이유를 바꾸기 때문이다(선례 변경).

(3) 존중 내용

헌법재판소결정존중의무는 입법자가 헌법재판소 결정에 따라야 한다는 것이 아니라 헌법재판소 결정을 존중[62]하여야 한다는 것을 말한

62) 준수와 존중을 구별하여 준수는 법적 의무를, 존중은 윤리적·도덕적 의무라고

다. 이러한 의무는 입법자가 헌법재판소 결정을 충분히 고려하지 않거나 충분히 고려하더라도 설득력 있는 근거 없이 헌법재판소 결정에서 벗어나는 것만을 금지한다. 헌법재판소결정존중의무는 오로지 입법자의 적극적 행위와 관련이 있다. 그래서 헌법재판소가 위헌결정을 내릴 때 해당 법률과 유사한 법률이 있다고 하더라도 입법자는 유사법률을 개정하거나 폐지할 의무를 지지 않는다. 즉 헌법재판소결정존중의무와 관련 있는 유사법률은 헌법재판소의 위헌결정 이후에 제·개정되는 법률(반복적 유사법률)에 국한된다. 따라서 입법자는 법률을 제·개정할 때 헌법재판소 결정을 충분히 고려하여 법률의 합헌성을 심사하여야 한다. 입법자는 헌법재판소 결정이 적절하지 않거나 틀렸다고 생각하면 헌법재판소 결정을 따르지 않을 수 있다. 즉 입법자가 헌법재판소가 이전에 위헌으로 결정한 규범내용을 다르게 보아야 한다는 결론에 도달하면, 입법자가 헌법재판소가 위헌으로 결정한 규범내용을 법률의 제·개정을 통해서 반복할 수 있다.[63]

그러나 이때 입법자는 그에 관한 적절한 합리적 근거를 제시하여야 한다.[64] 즉 입법자는 반복적 유사법률을 제정하기로 한 자기 결정을 (일반적으로 입법목적이나 입법이유에서) 충분히 논증하여야 한다. 논증은 헌법재판소 결정의 논거에 관해서 반박하는 것일 수도 있고, 새로

하는 견해가 있다(**남복현**, 『헌법재판소 결정의 소송법적 효력』, 한국학술정보, 2013, 21쪽). 그러나 이러한 구별이 일반적인 것이 아니고, 존중을 법적 의무로 볼 수 없다고 단정하기도 어렵다. 다만, 존중이라는 용어를 남용하지 말아야 한다는 점에는 의문의 여지가 없다.

63) **허 영**, 「헌법재판과 입법」, 『헌법논총』 제19집, 헌법재판소, 2008, 48~49쪽; ***Hans-Heiner Gotzen*** (Anm. 48), S. 391; ***Hans Hugo Klein*** (Anm. 12), S. 518 f. [**한스 후고 클라인**(주 12), 12~13쪽]; ***Stefan Korioth*** (Anm. 10), S. 567 [**슈테판 코리오트**(주 10), 265~266쪽]; ***Ralph Alexznder Lorz*** (Anm. 39), S. 70 f.

64) 독일 연방헌법재판소는 헤센주의 특별휴가법률에 대한 재판에서 명시적으로 동일규범반복제정에 관한 특별한 근거를 요구하였다(BVerfGE 96, 260 [263]).

운 법률제정시점의 사실관계나 법적 상황이 선고시점의 사실관계나 법적 상황과 달라져서 기존 헌법재판소 결정이 유지될 수 없다고 할 수도 있으며, 헌법재판소가 다루지 않은 새로운 논거를 추가하는 것일 수도 있다. 이러한 논증의무는 입법자가 헌법재판소 결정의 내용을 심사숙고하게 만들고, 다양한 의견을 충분히 수렴하고 나서 충실한 토론과 합의를 통해서 법률을 제·개정하게 한다. 그러나 이것이 헌법재판소와 벌이는 논쟁에서 입법자의 논증 부담이 가중된다는 것을 뜻하지는 않는다.[65] 즉 입법자가 헌법재판소결정존중의무를 질 때도 이러한 의무를 지지 않을 때와 같은 수준의 논증 부담을 질 뿐이다. 입법자와 헌법재판소 모두 헌법해석자로서 입법자는 최초의 헌법해석자이고, 헌법재판소는 최후의 헌법해석자이기 때문이다. 그리고 헌법재판소가 아무리 최종적으로 헌법을 해석하더라도 그것은 결코 헌법은 아니고, 헌법재판소 결정은 오로지 해당 사건을 해결하는 것에 그치기 때문이다. 물론 헌법재판소 결정에서 제시된 위헌논거에 관해서는 모두 논증하여야 한다는 논증항목 추가는 있다.

입법자가 이러한 논증을 하지 않거나 논증에 실패하였을지라도 이러한 법률은 효력을 발생한다. 법률은 형식적으로만 정의되어서 그 내용에 상관없이 형식적 요건만 갖추면 성립되어 효력이 있기 때문이다. 이러한 논증 부담은 입법자가 헌법재판소 결정을 존중하지 않았다는 추정의 근거로서만 의미가 있다. 즉 헌법재판소는 다른 반증이 없는 한 반복적 유사법률을 제정하는 이유를 논증하지 않거나 논증에 실패한 반복적 유사법률을 새로운 심판절차에서 위헌으로 결정할 수 있다. 이때 헌법재판소는 입법자가 새로운 법률의 합헌성을 충분히 논증하였

65) ***Stefan Korioth*** (Anm. 10), S. 556 f. [**슈테판 코리오트**(주 10), 250~252쪽]; ***Jan Ziekow,*** Rechtsmittelrecht und Verfassungsgerichtsbarkeit, in: Die Verwaltung 27 (1994), S. 481; ***ders.***, Die Bindungswirkung der Entscheidungen des Bundesverfassungsgerichts, in: Jura 1995, S. 526.

는지를 새로운 선고시점의 사실관계와 법적 상황을 기준으로 심사하여야 한다. 요컨대 헌법재판소결정존중의무에 어긋나게 제·개정된 법률은 그에 대해서 헌법재판소가 위헌결정을 내릴 때까지 효력이 있다.

(4) 입법자의 헌법재판소결정존중의무 위반

헌법재판소결정존중의무는 입법자가 헌법재판소 결정을 존중하도록 하는 것에 그친다. 따라서 입법자가 존중하지 않았음이 확인되지 않는 한 헌법재판소결정존중의무 위반이 되지 않는다. 특히 입법자의 입법형성권으로 말미암아 입법자는 헌법재판소 결정을 어떻게 존중할 것인지를 스스로 결정할 수 있다. 즉 헌법재판소 결정을 존중하는 방식 선택은 입법자의 몫이다. 그래서 입법자의 헌법재판소 결정에 대한 불충분한 존중은 헌법재판소결정존중의무 위반이 아니다. 적어도 입법자가 헌법재판소 결정을 존중하려고 한 사실은 확인되기 때문이다. 따라서 이때는 헌법재판소결정존중의무 위반은 문제가 되지 않고, 헌법재판소는 해당 법률에 대한 일반적인 위헌심사를 할 수 있을 뿐이다.

입법자가 헌법재판소의 위헌결정에 어긋나는 반복적 유사법률을 제정하여 헌법재판소의 규범통제 결과를 사라지게 하거나 새로운 법률 내용을 통해서 헌법재판소 통제에서 벗어나려고 한다면, 이러한 반복적 유사법률 제정은 헌법재판소의 위헌결정에 충실하지 않은 행위에 해당하여 헌법재판소결정존중의무에 어긋나게 된다. 즉 입법자가 고의나 중대한 과실로 헌법재판소의 위헌결정에서 비롯되는 새로운 법률에 대한 헌법적 의심을 무시하였다면 입법자의 법률제·개정행위는 위헌적 행위가 될 수 있다.[66] 이에 해당하는 구체적인 경우는 ① 헌법

66) ***Ralph Alexznder Lorz*** (Anm. 39), S. 70 f. 참조.

재판소의 위헌결정을 무력화하려는 목적만으로 새로운 법률을 제·개정하였을 때, ② 입법자가 기존 견해를 고집스럽게 반복하는 것에 그치는 때, ③ 입법자가 주장하는 사실관계나 법적 상황의 변화가 명백하게 없을 때, ④ 입법자가 새롭게 제시한 논거가 명백하게 의미가 없을 때 등이다.

4. 헌법재판소결정존중의무 위반 여부 심사

(1) 심사내용

헌법재판소결정존중의무 위반 여부 심사는 먼저 존중 대상이 되는 위헌결정의 내용을 확정하는 것에서 시작된다. 위헌결정의 중요이유를 꼼꼼히 검토하여 입법자가 존중하여야 하는 대상이 확정되면, 입법자가 새롭게 제·개정한 법률의 내용을 파악하여야 한다. 이를 통해서 존중 대상과 새로운 법률의 내용이 서로 충돌함이 확인되어야 비로소 헌법재판소결정존중의무 위반 여부가 심사대상이 된다. 존중 대상과 새로운 법률의 내용이 충돌되지 않음이 확인되면 헌법재판소결정존중의무 위반은 당연히 문제가 되지 않는다. 물론 청구인이 다투거나 헌법재판소 스스로 심사 필요성을 확인하면 헌법재판소결정존중의무 위반 여부 심사를 하게 된다.

입법자가 새로운 법률을 제·개정하면서 제시하는 논거를 헌법재판소가 살펴볼 때 ① 헌법재판소의 위헌결정에 대해서 반박하는 내용이 포함되어 있는지, ② 헌법재판소가 위헌으로 결정한 법률에서 제시된 논거와 다른 논거가 제시되는지, ③ 사실관계나 법적 상황의 변화를 주장하는지의 세 가지 측면에서 검토가 필요하다. 이러한 검토는 입법자가 직접 제시하는 것에 국한하여 검토하는 것이 원칙이지만, 헌법재판의 직권주의로 말미암아 법률 자체나 입법자료 등에서 간접적으로 도출되는 논거도 꼼꼼히 검토하여야 할 것이다. 그리고 헌법재판소 스스로 또는 당사자·이해관계인 그 밖의 참고인 등을 통해서 획득한 논거도 함께 살펴보아야 할 것이다. 입법자가 위헌결정에 대해서 반박하는 내용이 기존 논거를 별다른 검토 없이 다시 반복하는 것이 아니거나 논거 자체가 명백하게 타당하지 않은 것이 아니라면, 헌법재판소는 이러한 논거에 대해서 새롭게 심사를 하여야 한다. 그리고 입법자가 새롭게 제시한 논거가 해당 법률의 위헌 여부와 명백하게 관련이 없는 것이 아닌 한 헌법재판소는 이러한 논거에 대해서도 새로운 심사를 하여야 한다. 또한, 사실관계나 법적 상황의 변화가 확인되면, 헌법재판소는 이러한 변화를 바탕으로 심사를 다시 하여야 한다. 사실관계 변화에서 사실관계는 헌법재판소의 위헌결정이 근거하는 사실관계를 말하고, 변화는 헌법재판소 결정의 내용에 영향을 미칠 정도로 의미 있는 것이어야 한다.[67] 법적 상황 변화는 규범적 판단기준인 헌법 변화와 규범의 해석에 영향을 주는 관련 규범 변화를 말한다. 헌법개정, 헌법에 대한 일반적 해석 변화, 헌법변천, 관련 규범 개정[68]이나 그에 대한 해석 변경[69] 그리고 일반적인 법적 견해 변경[70]가 법적 상황 변화에 해당한다. 헌법재판소가 위헌결정을 내리고 나서 이러한 결정이 심각한 비판을 계속 폭넓게 받는다면, 이것은 헌법재판소가 사실관계나 법적 상황을 잘못 파악한 것으로 이해될 수도 있다. 이러할 때 헌법재판소는 드러난 국민의 의사를 자세히 검토하여 새로운 심사 필요 여부를 살펴보아야 할 것이다. 이 세 가지 측면 중 하나에서라도 새로운 심사 필요성이 인정되면 입법자는 헌법재판소결정존중의무를 준수한 것이 된다. 즉 세 가지 측면 모두에서 새로운 심사 필요성이 인정되지

67) BVerfGE 20, 56 (87) 참조.

68) BVerfGE 33, 199 (204).

69) BVerfGE 39, 169 (181 f.).

70) BVerfGE 20, 56 (87); 33, 199 (204); 65, 179 (182).

않으면 입법자는 헌법재판소결정존중의무를 어긴 것이 된다. 이러한 심사를 통해서 입법자가 헌법재판소의 위헌결정을 존중하였음이 확인되면, 헌법재판소는 해당 법률의 내용이 헌법재판소가 위헌으로 선언한 법률의 내용과 같다는 것에 특별한 의미를 부여할 수 없다. 즉 헌법재판소는 이러한 사실에 얽매이지 않고 해당 법률의 위헌성을 심사하여야 한다.[71] 다만, 이전 위헌결정은 당연히 선례로서 기능할 수 있다.

(2) 심사강도

심사는 입법자가 헌법재판소의 위헌결정을 존중하였는지를 확인하는 것이다. 따라서 심사강도는 존중을 어떻게 확인할 것인지의 문제이다. 심사강도가 높다는 것은 존중 사실이 명확하게 확인되어야 한다는 것을 뜻하고, 심사강도가 낮다는 것은 존중 사실이 추정되는 것만으로도 충분하다는 것을 의미한다.

① 헌법재판소결정존중의무 위반 여부 심사는 법률 제정시점이 위헌결정 선고시점에 가까울수록 엄격해진다. 이것은 위헌결정이 선고되고 나서 바로 헌법재판소가 위헌으로 결정한 내용과 같거나 비슷한 내용이 반복되면, 입법자가 새로운 법률 제정을 통해서 헌법재판소 결정을 무력화하려는 의도가 있다는 의심을 강하게 불러일으키기 때문이다. 따라서 상당한 시간이 흐르고 나서 입법자가 헌법재판소가 위헌으로 결정한 내용과 같거나 비슷한 내용의 법률을 제정하면 시간적 요소는 더는 고려되지 않는다. 이때 상당한 시간은 일반적인 법률제·개정절차에 걸리는 기간을 기준으로 해당 법률의 성격, 법률 공백이나 긴급성 등을 고려하

---

71) 비슷한 견해: ***Hans Hugo Klein*** (Anm. 12), S. 518 f. [**한스 후고 클라인**(주 12), 12～13쪽].

여 결정하여야 할 것이다.

② 입법자가 헌법재판소 결정을 비판하면서 법률을 새롭게 제·개정하면 헌법재판소결정존중의무 위반 여부 심사는 엄격해진다. 헌법재판소의 위헌결정은 선례적 구속력이 있어서 재판관 6명 이상 찬성하여야 헌법재판소는 비로소 견해를 바꿀 수 있다(헌법재판소법 제23조 제2항 단서 제2호). 따라서 입법자가 헌법재판소 결정을 비판하면서 새로운 법률을 제정하려면 헌법재판소가 선례를 변경할 정도로 충분한 논증이 수반되어야 한다. 이에 비례하여 헌법재판소의 헌법재판소결정존중의무 위반 여부 심사도 엄격해질 수밖에 없을 것이다.

③ 입법자가 새로운 논거를 제시하면서 법률을 새롭게 제·개정하면 헌법재판소결정존중의무 위반 심사는 엄격해지지 않는다. 심지어 새로운 논거가 이전 위헌결정에서 헌법재판소가 검토하지 않은 새로운 논점이라면 헌법재판소결정존중의무 위반 여부 자체가 문제가 되지 않을 수도 있다. 새로운 논거는 이전 위헌결정에서 헌법재판소가 검토하지 않은 논거를 뜻한다. 이에 관해서는 헌법재판소가 심사한 적이 없어서 심사강도에 아무런 영향을 미치지 못한다.

④ 사실관계나 법적 상황 변화가 없다면 헌법재판소결정존중의무 위반 여부 심사는 엄격해진다. 반대로 사실관계나 법적 상황 변화가 있다면 헌법재판소결정존중의무 위반 여부를 완화하여 심사하여야 한다. 사실관계나 법적 상황 변화가 없다면, 헌법재판소 위헌결정의 선례적 구속력은 여전히 살아있어서 헌법재판소결정존중의무 위반 여부는 엄격하게 심사되어야 한다. 하지만 사실관계나 법적 상황 변화가 있다면, 헌법재판소 위헌결정의 선례적 구속력은 사라져서 헌법재판소는 이러한 사정변경을 바

탕으로 새롭게 위헌 여부를 심사하여야 하기 때문이다.

위헌결정 이후 오랜 시간이 지나면 헌법재판소가 위헌으로 결정한 내용과 같거나 비슷한 내용을 입법자가 반복하는 것이 정당성을 인정받을 수 있다는 주장이 있다.[72] 그러나 오랜 시간 경과로 말미암아 사정변경이 필연적으로 발생하는 것은 아니다. 즉 아무리 시간이 지나도 사실관계나 법적 상황이 여전히 같을 수도 있다. 따라서 오랜 시간 경과는 사정변경 여부와 관련하여 검토될 수는 있지만, 독립적인 검토사항이 될 수 없다고 생각한다. 그리고 헌법재판소 구성이 바뀌어도 헌법재판소는 기관적 동일성을 유지한다. 따라서 헌법재판소 구성 변화는 새로운 심판청구의 동기나 계기는 될 수 있을지 몰라도 사정변경 요소가 될 수는 없다.

5. 의무 위반 효과

헌법재판소결정존중의무 위반은 헌법재판소가 위헌으로 결정한 내용과 같거나 비슷한 내용을 담은 법률을 입법자가 새롭게 제·개정하였다는 것만으로 바로 인정되지 않는다. 즉 반복적 유사법률 제정이 언제나 헌법재판소결정존중의무 위반을 뜻하는 것이 아니다. 반복적 유사법률이 제정되었다는 사실은 헌법재판소결정존중의무 위반 여부 심사 필요성을 제기하는 데 그친다. 특히 입법자가 헌법재판소가 위헌으로 결정한 내용과 같거나 비슷한 내용을 반복하기는 하지만, 헌법재판소가 지적한 위헌요소를 제거하였다면[73] 입법자는 헌법재판소의 위

---

72) **허 영**(주 63), 48～49쪽.

73) 종교학교가 아닌 공립학교의 교실에 십자가나 십자가상을 거는 것은 위헌이라고 선언한 독일 연방헌법재판소의 십자가결정(Kruzifix: BVerfGE 93, 1) 이후에 바이에른주 입법자는 십자가판결을 존중하여 학생이 특별한 이유로 수

헌결정을 존중한 것이다. 즉 입법자가 예외규정을 추가하거나 개념을 새롭게 정의하거나 요건을 조정하거나 개념이나 적용범위를 넓히거나 좁혀서 위헌요소를 말끔히 없애면, 이것은 헌법재판소의 위헌결정을 충실하게 존중한 것이다. 그리고 헌법재판소가 위헌결정을 내릴 때는 위헌 가능성을 모조리 심사할 수도 없다. 게다가 헌법재판소결정존중의무 위반 여부 심사시점은 헌법재판소의 위헌결정 선고시점과 달라서 사정변경 가능성도 있다. 심지어 헌법재판소의 위헌결정 자체가 잘못되었을 가능성을 완벽하게 배제할 수도 없고, 헌법재판소 스스로 선례를 변경할 수도 있다. 이러한 점에 비추어 입법자가 헌법재판소의 위헌결정을 존중하지 않고 제·개정한 법률에 대해서 언제나 헌법재판소가 위헌으로 결정하여야 하는 것은 아니다.

사정변경이 없다면 입법자가 헌법재판소의 위헌결정을 비판하지도 않고(혹은 비판하더라도 그 내용이 전혀 새로운 내용이 아니거나 명백하게 타당하지 않고) 새로운 근거도 제시하지 않으면서(혹은 새로운 근거가 명백하게 의미가 없으면서) 새로운 법률을 제정하였다면, 헌법재판소가 선례를 변경하지 않는 한 이러한 법률을 위헌으로 선언하여야 할 것이다. 사정변경이 없을 때 국회가 위헌결정을 비판하거나 새로운 근거를 제시하면, 헌법재판소는 이러한 비판이나 논거의 타당성을 심사하여 타당하다면 해당 법률에 대해서 합헌결정을 내릴 것이고, 그렇지 않다면 위헌결정을 내릴 것이다. 다만, 이때 국회는 위헌결정을 비판하거나 새로운 근거를 제시함으로써 헌법재판소결정존중의무를 이행한 것이므로, 헌법재판소존중의무 위반은 문제가 되지 않는다. 그러나 입법자의 비판이나 논거가 선례 변경을 일으키지 못하면 헌법재판소는 이

인할 수 없는 예외적인 때를 제외하고는 교실에 십자가나 십자가상을 거는 것을 의무 지우는 규칙을 다시 제정한 것이 대표적인 사례이다. 이에 관해서는 ***Peter Lerche***, **정연주** 옮김, 「연방헌법재판소와 입법자」, 『공법연구』 제25집 제1호, 한국공법학회, 1997, 200～201쪽 참조.

전 위헌결정을 인용하여 논증부담을 줄일 수는 있다.

사정변경이 있다면 헌법재판소는 사정변경이 선례를 바꾸거나 폐기하는 것인지를 판단하여야 한다. 사정변경이 기존 선례를 변경할 정도가 아니라면 헌법재판소 심사는 사정변경이 없을 때와 마찬가지이다. 사정변경이 기존 선례를 바꾸거나 폐기할 정도라면 헌법재판소는 사정변경을 바탕으로 새롭게 해당 법률의 위헌 여부를 심사하여야 한다. 이때 헌법재판소결정존중의무 위반 여부는 문제가 되지 않는다. 선례변경으로 말미암아 존중 대상이 사라졌기 때문이다.

V. 법률제정의무

1. 개념

입법자에게 입법의무를 지우는 원인은 법률의 불완전성(법률의 하자: Gesetzesmangel)이다. 법률의 불완전성은 법률의 빈틈(법률의 흠결: Gesetzeslücke)과 법률의 잘못[법률의 결함(오류): Gesetzesfehler]으로 구성된다.[74] 그에 따라서 입법의무는 법률의 빈틈을 메워야 하는 의무와 법질서 안에서 법률의 잘못을 바로잡아야 하는 의무로 나타난다. 법률의 빈틈과 관련하여서는 법률제정의무가, 법률의 잘못과 관련하여서는 법률개선의무가 문제 된다. 법률제정의무는 입법자가 법률로 법적 영역이나 사항을 규율하여야 한다는 것을 말한다. 이러한 의무는 헌법에서 직접 도출된다(헌법 제10조 제2문).

---

74) ***Karl Engisch***, Einführung in das juristische Denken, 11. Aufl., Stuttgart 2010, S. 235 (**칼 엥기쉬, 안법영/윤재왕** 옮김, 『법학방법론』, 세창출판사, 2011, 228쪽).

기본권과 다양한 법적 가치는 작위와 부작위를 통해서 법적으로 똑같이 침해될 수 있다. 법률제정의무는 부작위와 관련된다. 그러나 법률로 법적 영역이나 사항을 규율하는 것은 헌법재판소가 아니라 입법자의 과제이다.[75] 따라서 헌법재판소는 단지 입법자의 위헌적인 입법부작위를 확인할 수 있을 뿐이고, 법률로 법적 영역이나 사항을 규율하는 것에 관한 중요결정은 입법자에게 맡겨야 한다. 독일 연방헌법재판소와 달리 한국 헌법재판소는 위헌결정을 통해서 위헌법률의 무효성을 확인하지 않는다. 그러므로 한국 헌법재판소는 헌법에 어긋나는 입법부작위를 위헌으로 선언한다. 즉 헌법재판소는 위헌적인 입법부작위가 확인되면 단순위헌결정을 내린다. 그에 반해서 독일 연방헌법재판소는 제정되지 않은 법률을 무효로 선언할 수 없으므로, 위헌적인 입법부작위를 헌법에 합치하지 않는다고 선언한다.

2. 발생요건

(1) 대체할 수 없는 헌법위임

입법자에 지향된 헌법위임은 그 자체로 집행될 수 없어서 입법자의 보충을 요구한다.[76] 그러나 입법형성의 자유 때문에 입법자는 언제 법률을 제정할 것인지를 결정할 수 있다. 그래서 헌법재판소는 위헌적 입법부작위를 매우 제한적으로만 인정할 수 있다. 따라서 입법의무의 내용과 범위를 본질적 측면에서 확정한 명확하고 구체적인 헌법위임이 있어야 비로소 입법자의 위헌적인 입법부작위는 존재한다.[77] 이것

75) ***Wolfgang Zeidler***, Die Verfassungsrechtsprechung im Rahmen der staatlichen Funktionen - Arten, Inhalt und Wirkungen der Entscheidungen über die Verfassungsmäßigkeit von Rechtsnormen, in: EuGRZ 1988, S. 211.

76) ***Herman Hill***, Impulse zum Erlaß eines Gesetzes, in: DÖV 1981, S. 489.

77) BVerfGE 6, 257 (264); 11, 255 (261); 12, 139 (142); 23, 242 (249); 56, 54 (70);

과 관련하여 헌법재판소는 명시적 헌법위임과 묵시적 헌법위임을 법률제정의무의 전제로 제시한다. 헌법재판소 결정을 따르면, 헌법이 기본권을 보장하기 위해서 법령에 명시적인 입법위임을 하였는데도 입법자가 이를 내버려 둘 때(명시적 헌법위임)[78]나 헌법해석을 통해서 특정인에게 구체적인 기본권이 생겨 이를 보장하기 위한 국가의 행위의무나 보호의무가 발생하였음이 명백한데도 입법자가 전혀 아무런 입법조치를 취하지 않을 때(묵시적 헌법위임)[79]에 입법자의 입법부작위는 위헌이다.[80] 결론적으로 위헌적인 입법부작위는 헌법위임을 전제한다.[81] 여기서 헌법위임은 반드시 입법자가 보충하여야 하는 위임, 즉 다른 국가기관이 대신 보충할 수 없는 위임에 국한한다. 즉 법률을 통해서 형성되어야 할 헌법위임 내용이 단순한 헌법해석에서 도출되지 않고 헌법이 열어놓은 여러 가능성 중에서 선택하거나 보충을 통해서

BVerfG, Beschluss vom 14. 9. 1983, in: NJW 1983, S. 2932; ***Tae-Ho Chung***, Bedeutung des § 90 BVerfGG für die Zulässigkeit der Verfassungsbeschwerde unmittelbar gegen Gesetze – Versuch des normorientierten Aufbaus der Systematik der Zulässigkeitskontrolle der Rechtssatzverfassungsbeschwerde, Diss. jur. Regensburg, 1993, 43; ***Klaus Stern***, in: Rudolf Dolzer/Klaus Vogel/Karin Graßhof (Hrsg.), BK, München 2007 (Stand: Juni 2007), Art. 94 Rdnr. 637.

78) BVerfGE 6, 257 (264); 11, 255 (261); 12, 139 (142); 23, 242 (249); 56, 54 (70); ***Yooncheol Choi*** (Anm. 6), S. 49 ff.; ***Michaela Eisele*** (Anm. 6), S. 154 ff.

79) BVerfGE 39, 1 (42); 46, 160 (164 f.); 53, 30 (57 f.); 56, 54 (71); ***Yooncheol Choi*** (Anm. 6), S. 52 ff.; ***Michaela Eisele*** (Anm. 6), S. 160 ff.

80) 헌재 1989. 3. 17. 88헌마1, 판례집 1, 9, 17-18; 헌재 1989. 9. 29. 89헌마13, 판례집 1, 294, 296; 헌재 1991. 9. 16. 89헌마163, 판례집 3, 505, 515-516; 헌재 1993. 3. 11. 89헌마79, 판례집 5-1, 92, 101-102; 헌재 1994. 12. 29. 89헌마2, 판례집 6-2, 395, 405; 헌재 1996. 10. 31. 94헌마108, 판례집 8-2, 480, 489; 헌재 1996. 11. 28. 93헌마258, 판례집 8-2, 636, 643; 헌재 2001. 6. 28. 2000헌마735, 판례집 13-1, 1431, 1437; 헌재 2007. 5. 31. 2006헌마1000, 공보 128, 674, 675; 헌재 2010. 10. 28. 2008헌마332, 판례집 22-2하, 144, 148; 헌재 2017. 6. 27. 2017헌마676. ***Christian Mayer*** (Anm. 6), S. 42 ff.도 참조.

81) BVerfGE 6, 257 (264).

비로소 확정될 때만 위헌적 입법부작위가 문제 될 수 있다. 반드시 입법자가 보충할 필요가 없는 헌법위임이 문제 되면 법원이 구체화를 통해서 헌법위임 자체를 보충할 수 있기 때문이다.[82] [83]

(2) 진정입법부작위

넓은 뜻의 입법부작위는 진정입법부작위와 부진정입법부작위를 포함한다. 진정입법부작위는 법률에 빈틈이 있을 때, 즉 입법자가 헌법에 따른 법률제정의무가 있는 사항에 관해서 법률을 전혀 제정하지 않았을 때[입법자가 헌법상 입법의무가 있는 어떤 사항에 관해서 전혀 입법을 하지 않음으로써 입법행위의 흠결이 있을 때(입법권 불행사)[84]] 발생한다. 그에 반해서 부진정입법부작위는 법률에 잘못이 있을 때, 즉 입법자가 헌법에 따른 법률제정의무가 있는 사항에 관한 법률을 제정하기는 하였지만, 법률의 내용·범위·절차 등이 해당 사항을 불완전하거나 불충분하거나 불공정하게 규율하였을 때(입법행위에 결함이 있는 경우(결함이 있는 입법권 행사)) 나타난다.[85] 법률제정의무는 부진정입법부작위가

---

82) BVerfGE 3, 225 (239) 참조.

83) ***Christian Pestalozza***, „Noch verfassungsmäßige" und „bloß verfassungswidrige" Rechtslagen, in: Christian Starck (Hrsg.), Bundesverfassungsgericht und Grundgesetz: Festgabe aus Anlaß des 25jährigen Bestehens des Bundesverfassungsgerichts - Verfassungsgerichtsbarkeit, Bd. Ⅰ, Tübingen 1976, S. 526 f.

84) 헌재 1996. 10. 31. 94헌마108, 판례집 8-2, 480, 489; 헌재 2001. 6. 28. 2000헌마735, 판례집 13-1, 1431, 1437; 헌재 2007. 5. 31. 2006헌마1000, 공보 128, 674, 675; 헌재 2010. 10. 28. 2008헌마332, 판례집 22-2하, 144, 147; 헌재 2017. 9. 5. 2017헌마966.

85) 헌재 1996. 10. 31. 94헌마108, 판례집 8-2, 480, 489; 헌재 1996. 10. 31. 94헌마204, 공보 18, 648, 651; 헌재 1996. 11. 28. 95헌마161, 공보 19, 93, 96; 헌재 2001. 6. 28. 2000헌마735, 판례집 13-1, 1431, 1437; 헌재 2007. 5. 31. 2006헌마1000, 공보 128, 674, 675; 헌재 2008. 8. 19. 2008헌마505; 헌재 2010. 10. 28. 2008헌마332, 판례집 22-2하, 144, 147-148; 헌재 2017. 9. 5. 2017헌마966; **김하**

아니라 진정입법부작위에서만 문제가 된다. 부진정입법부작위에서는 입법부작위가 아니라 잘못된 입법행위의 결과, 즉 법률을 다투어야 하기 때문이다.86)

3. 내용

(1) 법률 제정 강제

헌법재판소가 입법부작위를 위헌으로 결정하면, 입법자는 해당 사항을 가능한 한 빨리 법률로 규율할 의무를 진다. 이때 헌법재판소는 법률이 포함하여야 할 특정한 규범내용을 확정할 수도 있다. 그러나 이러한 내용은 헌법에서 직접 도출되어야 한다. 그리고 헌법재판소는 법률 제정 기한을 설정할 수도 있다. 그러나 구체적 법률 형성은 여전히 입법형성의 자유에 속한다.

열, 『헌법소송법(제2판)』, 박영사, 2016, 443쪽; **임종수**, 「입법부작위에 대한 헌법재판」, 『법률행정논집』 제20집, 전남대학교 법률행정연구소, 2000, 431~432쪽; **정종섭**, 「국회의 입법부작위에 대한 헌법소원심판제도」, 『헌법재판의 이론과 실제』(금랑 김철수교수 화갑기념), 박영사, 1993, 465쪽; **같은 사람**, 『헌법소송법(제8판)』, 박영사, 2014, 251, 614~615쪽; **허 영**, 『헌법소송법론(제12판)』, 박영사, 2017, 368쪽; ***Herbert Bethge***, Erhebung der Verfassungsbeschwerde, in: Theodor Maunz/Bruno Schmit-Bleibtreu/Franz Klein/Gerhard Ulsamer/Herbert Bethge/Karin Grasshof/Rudolf Mellinghoff/Jochen Rozek, Bundesverfassungsgerichtsgesetz-Kommentar, Bd. 2, München 2007 (Stand: Juli 2007), § 90 Rdnrn. 220 f.; ***Klaus Schlaich/Stefan Korioth*** (Anm. 4), Rdnr. 213.

86) 헌재 1989. 7. 28. 89헌마1, 판례집 1, 157, 163-164; 헌재 1993. 3. 11. 89헌마79, 판례집 5-1, 92, 102; 헌재 1993. 9. 27. 89헌마248, 판례집 5-2, 284, 294; 헌재 1996. 10. 31. 94헌마108, 판례집 8-2, 480, 489; **김지형**, 「입법부작위에 관한 헌법문제(상)」, 『판례월보』 제260호, 판례월보사, 1992. 5., 13~14쪽; **김하열**(주 85), 443~444쪽; **임종수**(주 85), 430~431쪽; **정종섭**(주 85, 국회의 입법부작위에 대한 헌법소원심판제도), 470쪽; **같은 사람**(주 85, 헌법소송법), 251~252쪽; BVerfGE 29, 268 (273); 56, 54 (71); ***Klaus Stern*** (Anm. 77), Art. 94 Rdnr. 648.

(2) 의무 위반 효과

입법자가 상당한 기간 안에 또는 기한이 설정되면 기한 안에 법률을 제정하지 않으면, 입법부작위로 말미암아 헌법이 보장한 자신의 기본권을 침해받은 사람은 새롭게 입법부작위에 대해서 헌법소원심판을 청구할 수 있다. 이러한 헌법소원심판은 입법부작위가 계속되는 한 기간 제약 없이 허용된다. 이때 헌법재판소는 이러한 입법부작위를 다시 위헌으로 결정할 수 있고, 입법자가 법률을 제정할 수 없거나 제정하려고 하지 않으면 필요한 때에 한하여 긴급입법자로서 임시규율을 제정할 수 있다. 이러한 임시규율은 입법형성의 자유를 침해하지 않기 위해서 법률이 반드시 포함하여야 할 최소한에 국한된다. 이때 법원은 법률에 빈틈이 있을 때의 일반 원칙에 따라 헌법위임을 법관의 법형성을 통해서 직접 보충할 수 있다.[87] 입법자는 현재 자기 의무를 이행할 수 있고, 자기 결정이 앞날을 향해서 사법판결에 우선하므로 입법자의 권한 침해는 이러할 때 없다.[88]

입법자가 법률제정의무를 불완전하게 이행하면, 이러한 불완전한 법률도 효력이 발생한다. 그러나 이 법률에 대한 위헌법률심판이나 위헌소원심판이 청구될 수 있고, 이 법률로 말미암아 헌법이 보장한 자기 기본권을 침해받은 사람은 이 법률에 대한 헌법소원심판을 청구할 수 있다.

---

87) BVerfGE 25, 167 (188).

88) ***Christian Starck***, Gewaltenteilung und Verfassungsgerichtsbarkeit, in: ders. (Hrsg.), Fortschritte der Verfassungsgerichtsbarkeit in der Welt - Teil Ⅰ, Baden-Baden 2004, S. 128.

VI. 법률개선의무

1. 개념

헌법재판소가 법률의 위헌성을 확인하면 원칙적으로 법률을 위헌으로 결정한다. 일반적으로 위헌결정은 법률 폐기를 통해서 이미 합헌상태를 회복시킨다. 위헌결정은 법률의 빈틈이나 규율 없는 상태를 일으키지 않고 합헌상태를 발생시키는 것이 보통이다. 그러므로 이때 입법자의 행위는 요구되지 않는다. 입법자는 같거나 비슷한 목적이 있는 법률을 새롭게 제정하거나 가만히 있거나 의미 없게 된 법률 파편을 제거할 수 있다. 그 밖에 입법자는 어떠한 의무도 지지 않는다.[89] 그러나 드물지 않게 법률의 폐기와 함께 감내할 수 없는 법적 공백이 발생할 수 있다. 그리고 기존 법률이 단지 보충이나 수정만을 요구할 때도 있을 수 있다. 이때 법률의 합헌성은 위헌결정을 통해서 회복될 수 없어서 헌법재판소는 법률이 헌법에 합치하지 않는다고 결정한다. 헌법불합치결정은 단순위헌결정과 달리 먼저 위헌법률을 존속시킨다. 그러나 헌법불합치결정은 입법자에게 상당한 기간 안에 또는 기한이 설정되면 기한 안에 위헌법률을 개선할 의무를 부과한다.

법률개선의무는 입법자가 헌법과 어긋나는 법률의 잘못을 헌법에 맞게 바로잡아야 할 적극적(이고 구체적인) 입법의무이다. 개선에는 대상이 되는 기존 법률이 필수적이다. 기존 법률이 있어야 비로소 개선할 수 있기 때문이다. 따라서 법률개선의무는 입법자가 법률을 만들어야 비로소 발생한다. 즉 법률개선의무는 대상 법률이 제정되었음을 전제한다. 이러한 점에서 법률개선의무는 입법권이 행사되고 나서 문제

89) ***Yooncheol Choi*** (Anm. 6), S. 131.

된다. 그리고 대상 법률의 위헌성이 확인되었을 때 비로소 소극적으로 확정된다. 즉 입법권이 합헌적으로 행사되고 이후 해당 법률의 합헌성이 유지된다면 법률개선의무는 발생하지 않는다. 이러한 점에서 법률개선의무는 상대적 의무이다.[90] 법률을 계속 개선하기 위해서 법률이 제·개정되고 나서 입법자가 생각하였던 대로 효력을 발생하는지를 확인하여야 하는 입법의무인 법률관찰의무는 위헌성이 아직 확인되지 않은 법률에서 문제가 되고, 입법자에게 구체적 행위의무를 부과하지 않는다는 점에서 법률개선의무와 구별된다.

법률개선의무를 입법개선의무[91]나 개선입법의무[92]라고 부르기도 한다. 헌법재판소도 입법개선의무라는 용어를 사용한다.[93] 그러나 개선 대상은 입법이 아니라 법률이다. 그리고 '입법'은 법률을 제정하는 것이나 그 행위를 뜻한다.[94] 따라서 입법개선의무나 개선입법의무는

---

90) ***Christian Mayer*** (Anm. 6), S. 152.

91) **방승주**, 「헌법불합치결정」, 『헌법재판 주요선례연구 1』, 헌법재판소 헌법재판연구원, 2012, 420쪽; **성낙인/이효원/권건보/정 철/박진우/허진성**, 『헌법소송론』, 법문사, 2012, 207쪽; **이상훈**, 「위헌결정 및 헌법불합치결정의 효력 및 그 재판실무상의 적용」, 『사법논집』 제38집, 법원도서관, 2004, 84쪽; **이준일**, 『헌법학강의(제6판)』, 홍문사, 2015, 1059쪽; **최희수**, 『헌법소송법 요론(개정판)』, 대명출판사, 2015, 119쪽; **한수웅**, 「헌법불합치결정의 소급효력」, 『판례월보』 제325호, 판례월보사, 1997. 10., 11쪽; **한수웅/정태호/김하열/정문식**(정태호 집필), 『주석 헌법재판소법』, 헌법재판소 헌법재판연구원, 2015, 543쪽; **홍성방**, 『헌법소송법』, 박영사, 2015, 137쪽; **한수웅/정태호/김하열/정문식**(김하열 집필), 『주석 헌법재판소법』, 헌법재판소 헌법재판연구원, 2015, 602쪽.

92) **김하열**(주 85), 379쪽; **남복현**, 『헌법불합치결정의 현안』, 한국학술정보, 2011, 215쪽; **지성수**, 「헌법불합치결정에 관한 연구」, 이화여자대학교 박사학위논문, 2011, 117쪽; **최완주**, 「헌법불합치결정」, 『헌법재판제도의 이해』(재판자료 제92집), 법원도서관, 2001, 384쪽.

93) 예를 들어 헌재 1998. 12. 24. 89헌마214, 판례집 10-2, 927, 959; 헌재 1999. 10. 21. 97헌바26, 판례집 11-2, 383, 418; 헌재 2001. 11. 29. 99헌마494, 판례집 13-2, 714, 732; 헌재 2004. 1. 29. 2002헌가22, 판례집 16-1, 29, 46, 56-57; 헌재 2008. 10. 30. 2005헌마723, 판례집 20-2상, 941, 964-965.

그 자체로 개념상 맞지 않아서 적절한 용어로 보기 어렵다. 이러한 점에서 법률개선의무가 정확한 용어라고 생각한다.[95] 특히 법률제정의무와 법률관찰의무라는 용어와 입법개선의무나 개선입법의무가 아니라 법률개선의무가 더 잘 어울린다.

법률개선의무는 오로지 헌법불합치결정을 통해서만 입법자에게 부과된다.[96] 단순위헌결정이나 한정위헌결정에서는 위헌법률(조항) 자체나 그 일부가 효력을 상실하여 법률개선의무의 대상이 없어서 법률개선의무가 비집고 들어갈 틈이 없다.[97] 단순합헌결정이나 한정합헌결정을 통해서는 개선되어야 할 법률의 위헌성이 확인되지 않고, 촉구결정은 개선명령이 아니라 개선촉구에 그치므로[98], 이러한 결정 때문에 입법자가 법률개선의무를 지지 않는다.[99] 단순합헌결정이나 촉구결정

---

94) **국립국어원 표준국어대사전**: http://stdweb2.korean.go.kr/search/View.jsp (2017년 10월 23일 방문); **다음 한국어사전**: http://dic.daum.net/word/view.do?wordid=kkw000210850&supid=kku000268289 (2017년 10월 23일 방문).

95) 같은 견해: **홍완식**, 「입법자의 법률개선의무에 관한 연구」, 『공법연구』 제31집 제2호, 한국공법학회, 2002, 284쪽.

96) 헌재 1998. 12. 24. 89헌마214, 판례집 10-2, 927, 959 참조.

97) ***Helmut Miernik***, Die verfassungsrechtliche Nachbesserungspflicht des Gesetzgeber, Diss. jur. Leipzig, 1997, S. 47 참조.

98) 이러한 점에서 헌법불합치결정과 관련하여 법률개선촉구, 입법개선촉구, 입법촉구와 같은 용어를 사용하는 것은 올바르지 않다. 헌법불합치결정은 입법자에게 단순히 법률개선을 '촉구'하는 것이 아니라 법률개선의무를 부과하여 입법을 '강제'하는 것인데, '촉구'라는 용어는 헌법불합치결정이 입법자에게 부여하는 법률개선의무의 성격이나 내용을 오해하게 할 수 있기 때문이다. 그러므로 헌법불합치결정과 관련하여서는 '법률개선명령'이라는 용어를 사용하여 입법자가 법률개선의무를 진다는 점을 명확하게 밝히는 것이 바람직하다고 생각한다. 덧붙여 헌법불합치결정을 넓은 의미에서 입법개선촉구결정의 유형으로 볼 수 있다는 견해[**허 영**(주 85), 255쪽]도 문제가 있다. 헌법불합치결정의 본질은 위헌결정이지만, 촉구결정의 본질은 합헌결정이고, 헌법불합치결정은 입법자에게 법률개선의무를 부과하지만, 촉구결정은 입법자에게 법률관찰의무를 부과한다는 점에서 구분되기 때문이다.

에서 법률이 현재 합헌이기는 하지만, 앞날에 위헌이 되리라는 것이 확인되더라도 헌법재판소는 '잠재적' 법률개선의무를 지적할 수 있을 뿐이며, 이러한 헌법재판소 결정에서 어떠한 (현재적) 법률개선의무도 도출되지 않는다.[100] 이러한 점에서 독일 연방헌법재판소가 법률의 위헌성을 확인하였을 때 촉구재판을 내리는 것[101]은 이러한 법률이 더는 합헌일 수 없으므로 적절하지 않다. 이때 헌법재판소 결정[102]처럼 헌법재판소는 법률이 헌법과 합치하지 않는다고 결정하고 법률을 개선할 때까지 그러한 법률의 계속 적용을 명령하여야 할 것이다.

무엇보다 법률의 정당성이 후발적으로 사라질 때와 관련하여서 입법자에게 적응기간(Anpassungsfrist)과 경험축적기간(Erfahrungsfrist)이 보장되어야 하므로 즉각적인 위헌성이 이러한 법률에 귀속되지 않는다는 견해가 있다.[103] 이 견해는 시간적 측면의 기본권한계(Grundrechtsschranke)를 의미하는 적응기간과 기본권이 일치(Konvergenz)하여야 한다는 것에서 출발한다. ① 이 견해를 따르면 적응기간이 지나가기 전에는 법률이 기본권에 위반되지 않으므로, 연방헌법재판소는 이러한 법률을 무효로 선언할 수 없다고 한다. 그러나 위헌성은 헌법과 법률

99) ***Yooncheol Choi*** (Anm. 6), S. 166 참조.

100) ***Marius Raabe***, Grundrechte und Erkenntnis, Baden-Baden 1998, S. 450 참조.

101) BVerfGE 4, 157; 16, 130; 21, 12 참조.

102) 예를 들어 헌재 2001. 10. 25. 2000헌마92, 판례집 13-2, 502(위헌적 선거구 획정).

103) BVerfGE 33, 171 (189 f.); 37, 104 (118); 43, 291 (321); 46, 55 (66); 54, 11 (37); 54, 173 (202); 78, 249 (286 f.); 80, 1 (26); 83, 1 Ls. 2; 87, 1 (39 ff.); 89, 365 (378 ff.); ***Philippe Gerber***, Die Rechtssetzungsdirektiven des Bundesverfassungsgerichts, in: DÖV 1989, S. 701 f.; ***Hans-Detlef Horn***, Experimentelle Gesetzgebung unter dem Grundgesetz, Berlin 1989, S. 137; ***Marius Raabe*** (Anm. 100), S. 453, 456 f.; ***Rudolf Steinberg***, Verfassungsgerichtliche Kontrolle der „Nachbesserungspflicht" des Gesetzgebers, in: Der Staat 26 (1987), S. 171. 헌재 1997. 1. 16. 90헌마110, 판례집 9-1, 90, 116-117 참조.

의 불일치를 지적하는 것이므로, 헌법에 모순되는 법률은 언제나 그리고 제한 없이 위헌이다[104]. 그리고 법률의 위헌성이 언제나 법률의 즉각적인 효력 상실을 일으키지는 않는다.[105] 즉 법률의 위헌성은 늘 후발적으로 확정되므로, 법률의 위헌성은 특히 법적 안정성 때문에 법률의 효력 상실과 언제나 일치하는 것은 아니다.[106] 따라서 적응기간이 위헌성 확인에 영향을 주지 않는다. 그리고 ② 이 견해를 따르면 개선대상을 찾을 수 없으므로 법률개선의무의 근거를 발견할 수 없다. 법률은 헌법이 설정한 한계 안에 있는 한, 이러한 법률을 개정하는 것은 입법형성의 자유에 속한다.[107] 따라서 입법자는 법률이 아직 합헌일 때 (단지) 앞날에 위헌이 발생할 위험성을 저지할 의무를 원칙적으로

---

104) ***Klaus Schlaich/Stefan Korioth*** (Anm. 4), Rdnr. 400.

105) 예를 들어 헌법재판소법 제47조 제2항 및 제3항과 폐지무효설 그리고 헌법불합치결정{독일 연방헌법재판소법 제31조 제2항["제13조 제6호, 제6a호(추상적 규범통제), 제11조(구체적 규범통제), 제12호(국제법규의 규범성 검증) 그리고 제14호(구법의 연방법률성 확인)의 사건에서 연방헌법재판소 재판은 법률적 효력(법규적 효력)이 있다. 연방헌법재판소가 법률이 독일 기본법에 합치 또는 불합치하거나 무효라고 선언할 때는 제13조 제8a호(본안적 그리고 부수적 규범통제형 헌법소원)의 사건에서도 위와 같다. 법률이 독일 기본법이나 그 밖의 연방법에 합치 또는 불합치하거나 무효라고 선언할 때는 연방법무부가 연방법률공보를 통해서 재판주문을 공고하여야 한다. 제13조 제12호와 제14호 사건의 재판주문도 마찬가지이다."], 제79조 제1항("독일 기본법과 합치하지 아니하거나 제78조에 따라서 무효라고 선언된 규범이나 연방헌법재판소가 독일 기본법과 합치하지 아니하는 것으로 선언한 규범 해석에 따른 확정력 있는 형사재판에 대해서는 형사소송법 규정에 따른 재심절차가 허용된다.")}.

106) 예를 들어 독일 연방헌법재판소법 제79조(제2항: "그 밖에는 제95조 제2항의 규정이나 법률에 특별한 규정이 있을 때를 제외하고, 제78조를 따라서 무효라고 선언된 규범에 따른, 더는 취소할 수 없는 재판은 방해받지 아니한다. 이러한 재판에 따른 집행은 허용되지 아니한다. 민사소송법 규정에 따른 강제집행을 실행하여야 할 때는, 민사소송법 제767조 규정을 준용한다. 부당이득을 이유로 한 청구는 허용되지 아니한다.").

107) ***Christian Mayer*** (Anm. 6), S. 48.

지지 않는다.108) 또한, ③ 이 견해를 따르면 소급 적용을 통해서 처리하여야 할 위헌상태가 없으므로, 개정법률을 소급하여 적용할 가능성과 필요성이 사라진다. 게다가 ④ 적응기간은 후발적으로 위헌이 된 법률을 처리하기 위한 것이므로, 위헌이 된 법률에 귀속되는 특별한 법적 효과일 뿐이다.109) 그 밖에 ⑤ 적응기간은 법률개선의무 이행을 위해서 인정되므로, 입법자에 대한 적응기간의 의미는 형량이 아니라 강제이다. 나아가 ⑥ 위헌성은 적응기간이 지나가고 나서 발생하므로, 촉구결정의 선고시점에는 앞날의 사건이 문제 된다. 그러나 그것은 선고시점의 심판대상이 아니다. 덧붙여 ⑦ 적응기간을 명확하게 확정하는 것은 어려우므로, 이 견해를 따르면 언제부터 법률이 위헌인지가 분명하지 않게 된다. ⑧ 기본권의 사법적(司法的) 관철은 법률개선의무 부과로 보장되므로, 독일 기본법 제1조 제3항(한국 헌법에서는 제10조 제2문)이 명령하는 옹근(완벽한) 기본권의 사법적 관철 가능성도 침해되지 않는다. 오히려 옹근(완벽한) 기본권의 사법적 관철 가능성을 보장할 수 있다고 주장하는 견해는 적응기간이 지나갈 때까지 법률의 위헌성을 부정함으로써 법률이 개선될 때까지 기본권보호를 포기하는 것으로 볼 수 있다. 이러한 점을 고려하면 헌법재판소는 법률이 헌법과 모순되면 적응기간과 상관없이 법률을 (아직) 합헌이라고 결정하여서는 안 된다고 생각한다.

108) ***Werner Bernd***, Legislative Prognosen und Nachbesserungspflichten, Diss. jur. Mainz, 1989, S. 139; ***Jörn Ipsen***, Rechtsfolge der Verfassungswidrigkeit von Norm und Einzelakt, Baden-Baden 1980, S. 133, 268 f.; ***Mathias Kleuker***, Gesetzgebungsaufträge des Bundesverfassungsgerichts, Diss. jur. Berlin, 1993, S. 31.

109) ***Christian Mayer*** (Anm. 6), S. 141 f.

2. 근거와 발생원인

(1) 근거

① 학설

(i) 한국

먼저 ⓐ 법률개선의무의 근거를 헌법 제10조 제2문에서 찾으려는 견해가 있다.110) 이 견해는 법률개선의무의 근거를 헌법재판소법 제47조 제1항과 제2항(헌법재판소 결정의 기속력과 법률적 효력)에서 찾기가 쉽지만, 입법자의 입법형성권을 침해하는 문제가 발생할 수 있다고 한다. 그리고 헌법 제10조 제2문 국가의 기본권보장의무 때문에 입법자인 국회는 헌법재판소가 헌법불합치결정을 통해서 확인한 헌법불합치상태를 신속히 교정할 의무를 부담한다고 한다. 또한, 입법자의 법률개선의무는 헌법불합치결정이 선고되어도 국민의 기본권침해에 대한 구제 폭이 축소되어서는 안 되고, 가능한 한 그대로 유지하여야 한다는 법적용자에 대한 법적 효과와 들어맞는다고 한다.

다음 ⓑ 입법자의 헌법불합치결정으로 말미암은 법률개선의무는 헌법상 의무라는 견해도 있다.111) 이 견해는 헌법이 법률을 제·개정할 권한과 의무를 입법자에게 부여하였으므로, 입법자가 법률을 제·개정할 때 헌법에 들어맞도록 할 의무가 발생하고, 헌법재판소도 헌법에 따라서 입법자가 만든 법률의 위헌 여부를 판단할 권한을 부여받았으므로, 이때 헌법에 합치하도록 입법할 의무가 있는 입법자는 헌법불합치로 결정된 법률을 헌법에 부합하도록 개선할 의무가 당연히 있다고

110) **남복현**, 「헌법재판소 결정의 효력에 관한 쟁점 및 해결방안」, 문광삼/남복현/전정환, 『헌법재판소결정의 효력에 관한 연구』(헌법재판연구 제7권), 헌법재판소, 1996, 350~351쪽.

111) **지성수**(주 92), 119쪽.

한다.

끝으로 ⓒ 헌법질서에 부합하는 법률적 상태를 조성하여야 할 입법자의 법률개선의무도 헌법 우위에서 발원한다는 견해가 있다.[112] 이 견해는 헌법이 하위규범의 타당성과 효력을 즉시 부정하지 않으면 헌법 우위는 위헌규범으로 교란된 법질서를 복구할 것을 요구한다고 한다.

(ⅱ) 독일

독일에서는 법률개선의무의 근거를 독일 기본법에서 찾는다. 먼저 ⓐ 오직 독일 기본법 제20조 제3항[113]과 제1조 제3항[114]만 법률개선의무의 근거가 될 수 있다는 견해가 있다.[115] 이 견해를 따르면 법률 개선은 독일 기본법에서 도출되는 헌법적 의무라고 한다. 그리고 ⓑ 입법자의 헌법 구속(독일 기본법 제20조 제3항), 입법독점의 의무적 성격 그리고 원상회복원칙(Restitutionsprinzip)이 법률개선의무를 근거 지울 수 있다는 견해도 있다.[116] 또한, ⓒ 법률개선의무는 기본권에서 획득되어야 할 보호효력의 특별한 법적 효과라는 견해도 있다.[117] 그 밖에 ⓓ

112) **한수웅/정태호/김하열/정문식**(정태호 집필)(주 91), 543~544쪽.

113) "입법은 헌법합치적 질서에 구속되고, 집행과 사법은 법률과 법(Gesetz und Recht)에 구속된다."

114) "이하의 기본권은 직접 효력이 있는 법으로서 입법, 집행 그리고 사법을 구속한다."

115) ***Klaus Stern***, Das Staatsrecht der Bundesrepublik Deutschland, Bd. Ⅲ/2, München 1994, S. 1159.

116) ***Christian Mayer*** (Anm. 6), S. 153 ff.

117) ***Peter Badura***, Die verfassungsrechtliche Pflicht des gesetzgebenden Parlaments zur Nachbesserung von Gesetzen, in: Georg Müller (Hrsg.), Staatsorganisation und Staatsfunktionen im Wandel: Festschrift für Kurt Eichenberger zum 60. Geburtstag, Basel/Frankfurt am Main 1982, S. 482 f.

법률개선의무의 법적 근거는 헌법규정의 급부적 또는 보호적 내용이라는 견해도 있다.[118]

② 판례

한국 헌법과 독일 기본법은 법률개선의무를 명확하게 규정하지 않는다. 그러나 독일 연방헌법재판소는 법률개선의무를 오래전부터 인정하였다.[119] 한국 헌법재판소도 많은 결정에서 구체적으로 논의하지는 않았지만, 입법개선의무를 언급하였다.[120] 독일 연방헌법재판소는 법률개선의무를 헌법적 의무로 본다.[121] 이러한 헌법적 의무는 일반적으로 입법자의 헌법합치적 질서에 대한 구속(독일 기본법 제20조 제3항)[122]이나 기본권구속의 효력(독일 기본법 제1조 제3항) 혹은 입법자의 다른 (예를 들어 선거구획정에서 선거권평등원칙, 정당재정보조규정에서 정당의 기회균등원칙이나 독일 기본법의 재정헌법에 대한) 헌법적 구속[123]에서 도출된다고 한다. 그리고 법률개선의무를 보호의무에서 도출하는 독일 연방헌법재판소 재판도 있다.[124]

---

118) ***Michaela Eisele*** (Anm. 6), S. 177.

119) BVerfGE 49, 89 (130); 56, 54 (79).

120) 예를 들어 헌재 1999. 10. 21. 97헌바26, 판례집 11-2, 383; 헌재 2001. 11. 29. 99헌마494, 판례집 13-2, 714; 헌재 2004. 2. 26. 2003헌마285, 판례집 16-1, 327; 헌재 2008. 10. 30. 2005헌마723등, 판례집 20-2상, 941; 헌재 2013. 9. 26. 2013헌바170, 판례집 25-2상, 761; 헌재 2016. 4. 28. 2015헌마1177등, 판례집 28-1하, 141; 헌재 2016. 12. 29. 2015헌바208등, 판례집 28-2하, 456; 헌재 2017. 2. 7. 2017헌마59; 헌재 2017. 3. 7. 2017헌아88.

121) BVerfGE 41, 399 (426); 43, 291 (321); 45, 187 (252); 49, 89 (130); 53, 257 (312 f.); 55, 274 (308); 59, 119(127); 67, 299 (328); 68, 287 (309); 88, 203 (309).

122) BVerfGE 15, 337 (349 f.).

123) BVerfGE 82, 353 (380).

124) BVerfGE 56, 54 (79, 81); 88, 203 (309); BVerfG, Beschluss vom 26. 10. 1995, in: NJW 1996, S. 652.

③ 사견

헌법은 모든 국가권력을 조직·구성·제한하고, 그 임무와 절차, 권한을 규율한다. 따라서 모든 국가권력은 헌법에 구속된다(헌법 제10조 제2문). 그래서 국가권력은 언제나 합헌상태를 유지하여야 하고, 합헌상태가 깨지면 합헌상태를 회복하여야 한다. 그러므로 국가권력은 위헌상태를 제거할 '권한'이 있을 뿐 아니라 위헌상태를 제거할 '의무'도 진다. 그리고 기본권을 보호하고 구체화하는 것은 헌법 목적으로서 국가의 과제이며 의무이다.[125] 또한, 기본권규범은 국가에 대한 개인의 주관적 권리일 뿐 아니라 헌법적 기본결정으로서 모든 법영역에 효력을 미치고 입법, 집행 그리고 사법에 대한 지침과 동인을 제공하는 객관적 가치질서도 포함한다. 게다가 많은 기본권, 특히 재산권과 사회권은 구체화와 형성이 필요하다. 그래서 국가는 기본권을 소극적으로 존중하여야 할 뿐 아니라 적극적으로 보호하고 실현하여야 한다.[126] 따라서 입법자는 국가권력 일부로서 합헌상태를 형성하고 위헌상태를 제거할 의무를 진다. 특히 헌법이 입법자에게 입법권을 부여하여(헌법 제40조) 법률제·개정권을 독점시켰으므로, 입법자는 법률을 헌법에 맞게 제·개정하고, 법률의 합헌상태를 계속 유지하여야 한다. 이러한 입법자의 입법의무에 법률개선의무가 당연히 포함된다. 이러한 점에서 법률개선의무의 근거는 헌법에 대한 입법자의 구속이다. 헌법재판소는 법률의 위헌성을 단지 확인할 수 있을 뿐이므로, 헌법재판소 결정 자체나 그 효력은 법률개선의무의 직접 근거가 될 수 없다. 그러나 헌법에 대한 입법자의 구속은 구체적인 내용을 포함하지 않는다. 이러한

125) ***Konrad Hesse***, Grundzüge des Verfassungsrechts der Bundesrepublik Deutschland, 20. Aufl., Heidelberg 1995, Rdnr. 291 (**콘라드 헷세, 계희열** 역, 『통일독일헌법원론』, 박영사, 2001, 189쪽).

126) ***Josef Isensee***, Das Grundrecht auf Sicherheit, Berlin 1983, S. 33.

구체적 내용은 오로지 관련된 개별 헌법규정에서만 도출될 수 있다. 결국, 법률개선의무는 헌법에 대한 입법자의 구속과 결합한 관련된 개별 헌법규정에서 도출된다.[127] 이러한 점에서 기본권보호의무[128]에서는 제3자의 기본권 침해가 문제 되고 국가의 기본권 침해는 문제가 되지 않으므로 기본권보호의무에서 법률개선의무가 도출될 수 없다는 견해[129]는 부분적으로 옳지 않다. 입법자가 과소보호금지원칙[130]에 어긋나게 법률을 제·개정하면 기본권은 침해될 수 있기 때문이다.

(2) 발생원인

법률개선의무는 늘 개선 대상인 현재 효력이 있는 법률을 전제한다. 따라서 법률에 빈틈이 있을 때가 아니라 법률에 잘못이 있을 때 법률개선의무가 문제 된다.[131] 이때 잘못은 법률을 헌법에 어긋나게 할 정도, 즉 법률을 위헌으로 만들 정도이어야 한다. 입법자는 법률에 잘못이 있는 한 언제나 그러한 잘못을 바로잡아야 하므로, 법률의 잘못이 처음부터 존재하였는지 또는 후발적으로 발생하였는지는 중요하지 않다. 법률의 잘못이 있는지를 판단하는 시점에 법률의 잘못이 있으면 된다. 법률개선의무의 발생원인은 ① 부진정입법부작위, ② 잘못된 예단, ③ 사실관계와 법적 상황 변화가 제시될 수 있다.

---

127) ***Klaus Stern*** (Anm. 3), S. 1316 참조.

128) 이에 관한 자세한 검토는 **허완중**, 「기본적 인권을 확인하고 보장할 국가의 의무」, 『저스티스』 제115호, 한국법학원, 2010. 2., 85~90쪽 참조.

129) ***Werner Bernd*** (Anm. 108), S. 127.

130) 이에 관한 자세한 검토는 **허완중**, 「기본권보호의무에서 과소보호금지원칙과 과잉금지원칙의 관계」, 『공법연구』 제37집 제1-2호, 한국공법학회, 2008, 201~227쪽 참조.

131) ***Christian Mayer*** (Anm. 6), S. 47 참조.

① 부진정입법부작위

입법자가 법률을 제·개정할 때 법률의 내용·범위·절차 등 규율사항을 옹글지 않거나(불완전하거나) 불충분하거나 불공정하게 규율하여서 법률이 이미 제정 당시에 위헌이면(부진정입법부작위) 법률개선의무가 문제 된다.[132] 입법자는 모든 법적 사항을 규율하여야 하고 이러한 규

132) 헌재 1989. 9. 8. 88헌가6, 판례집 1, 199; 헌재 1991. 3. 11. 91헌마21, 판례집 3, 91; 헌재 1993. 3. 11. 88헌마5, 판례집 5-1, 59; 헌재 1994. 7. 29. 92헌바49등, 판례집 6-2, 64; 헌재 1995. 9. 28. 92헌가11등, 판례집 7-2, 264; 헌재 1995. 11. 30. 91헌바1등, 판례집 7-2, 562; 헌재 1997. 8. 21. 94헌바19등, 판례집 9-2, 243; 헌재 1998. 8. 27. 96헌가22등, 판례집 10-2, 339; 헌재 1998. 12. 24. 89헌마214등, 판례집 10-2, 927; 헌재 1999. 5. 27. 98헌바70, 판례집 11-1, 633; 헌재 1999. 10. 21. 97헌바26, 판례집 11-2, 383; 헌재 1999. 12. 23. 99헌가2, 판례집 11-2, 686; 헌재 2000. 1. 27. 96헌바95등, 판례집 12-1, 16; 헌재 2000. 7. 20. 99헌가7, 판례집 12-2, 17; 헌재 2000. 8. 31. 97헌가12, 판례집 12-2, 167; 헌재 2001. 4. 26. 2000헌바59, 판례집 13-1, 941; 헌재 2001. 5. 31. 99헌가18등, 판례집 13-1, 1017; 헌재 2001. 6. 28. 99헌바54, 판례집 13-1, 1271; 헌재 2001. 6. 28. 99헌마516, 판례집 13-1, 1393; 헌재 2001. 9. 27. 2000헌마152, 판례집 13-2, 338; 헌재 2001. 9. 27. 2000헌마208등, 판례집 13-2, 363; 헌재 2001. 11. 29. 99헌마494, 판례집 13-2, 714; 헌재 2002. 5. 30. 2000헌마81, 판례집 14-1, 528; 헌재 2002. 9. 19. 2000헌바84, 판례집 14-2, 268; 헌재 2002. 11. 28. 2001헌가28, 판례집 14-2, 584; 헌재 2003. 1. 30. 2001헌바64, 판례집 15-1, 48; 헌재 2003. 2. 27. 2000헌바26, 판례집 15-1, 176; 헌재 2003. 7. 24. 2000헌바28, 판례집 15-2상, 38; 헌재 2003. 9. 25. 2003헌바16, 판례집 15-2상, 291; 헌재 2003. 12. 18. 2002헌바14등, 판례집 15-2하, 466; 헌재 2004. 1. 29. 2002헌바40등, 판례집 16-1, 29; 헌재 2004. 3. 25. 2002헌바104, 판례집 16-1, 386; 헌재 2004. 5. 27. 2003헌가1등, 판례집 16-1, 670; 헌재 2005. 4. 28. 2003헌바40, 판례집 17-1, 508; 헌재 2005. 6. 30. 2005헌가1, 판례집 17-1, 796; 헌재 2005. 12. 22. 2003헌가5등, 판례집 17-2, 544; 헌재 2006. 5. 25. 2005헌가17등, 판례집 18-1하, 1; 헌재 2006. 6. 29. 2005헌마165등, 판례집 18-1하, 337; 헌재 2007. 3. 29. 2005헌바33, 판례집 19-1, 211; 헌재 2007. 5. 31. 2005헌마1139, 판례집 19-1, 711; 헌재 2007. 6. 28. 2004헌마643, 판례집 19-1, 843; 헌재 2007. 6. 28. 2004헌마644등, 판례집 19-1, 859; 헌재 2007. 8. 30. 2004헌가25, 판례집 19-2, 203; 헌재 2007. 12. 27. 2004헌마1021, 판례집 19-2, 795; 헌재 2008. 5. 29. 2007헌마1105, 판례집 20-1하, 329; 헌재 2008. 7. 31. 2007헌가4,

율은 옹글고(완전하고) 충분하며 공정하여야 한다. 그렇지 않으면 입법

판례집 20-2상, 20; 헌재 2008. 7. 31. 2004헌마1010등, 판례집 20-2상, 236; 헌재 2008. 9. 25. 2007헌가9, 판례집 20-2상, 424; 헌재 2008. 11. 13. 2006헌바112등, 판례집 20-2하, 1; 헌재 2009. 3. 26. 2007헌가22, 판례집 21-1상, 337; 헌재 2009. 4. 30. 2007헌가8, 판례집 21-1하, 1; 헌재 2009. 6. 25. 2008헌마413, 판례집 21-1하, 928; 헌재 2009. 7. 30. 2008헌가1등, 판례집 21-2상, 18; 헌재 2009. 9. 24. 2008헌가25, 판례집 21-2상, 427; 헌재 2009. 12. 29. 2008헌가13등, 판례집 21-2하, 710; 헌재 2010. 6. 24. 2008헌바128, 판례집 22-1하, 473; 헌재 2010. 7. 29. 2008헌가4, 판례집 22-2상, 1; 헌재 2010. 7. 29. 2008헌가15, 판례집 22-2상, 16; 헌재 2010. 7. 29. 2008헌가28, 판례집 22-2상, 74; 헌재 2010. 7. 29. 2009헌가8, 판례집 22-2상, 113; 헌재 2010. 9. 2. 2010헌마418, 판례집 22-2상, 526; 헌재 2010. 12. 28. 2009헌가30, 판례집 22-2하, 545; 헌재 2011. 6. 30. 2010헌가86, 판례집 23-1하, 268; 헌재 2011. 6. 30. 2008헌바166등, 판례집 23-1하, 288; 헌재 2011. 9. 29. 2010헌가93, 판례집 23-2상, 501; 헌재 2011. 11. 24. 2009헌바146, 판례집 23-2하, 222; 헌재 2012. 2. 23. 2010헌마601, 판례집 24-1상, 320; 헌재 2012. 5. 31. 2009헌바190, 판례집 24-1하, 347; 헌재 2012. 5. 31. 2010헌마278, 판례집 24-1하, 626; 헌재 2012. 8. 23. 2010헌바28, 판례집 24-2상, 420; 헌재 2012. 8. 23. 2010헌바167, 판례집 24-2상, 438; 헌재 2013. 7. 25. 2011헌가32, 판례집 25-2상, 9; 헌재 2013. 8. 29. 2011헌마122, 판례집 25-2상, 494; 헌재 2013. 10. 24. 2011헌마724, 판례집 25-2하, 263; 헌재 2014. 1. 28. 2012헌마409등, 판례집 26-1상, 136; 헌재 2014. 4. 24. 2013헌가28, 판례집 26-1상, 610; 헌재 2014. 7. 24. 2009헌마256등, 판례집 26-2상, 173; 헌재 2014. 10. 30. 2011헌바172등, 판례집 26-2상, 639; 헌재 2015. 5. 28. 2013헌바129, 판례집 27-1하, 251; 헌재 2015. 7. 30. 2014헌마340등, 판례집 27-2상, 370; 헌재 2015. 9. 24. 2013헌마197, 판례집 27-2상, 636; 헌재 2015. 10. 21. 2013헌마757, 판례집 27-2하, 102; 헌재 2015. 11. 26. 2012헌마858, 판례집 27-2하, 306; 헌재 2015. 12. 23. 2013헌가9, 판례집 27-2하, 391; 헌재 2015. 12. 23. 2013헌바168, 판례집 27-2하, 511; 헌재 2015. 12. 23. 2013헌마712, 판례집 27-2하, 670; 헌재 2015. 12. 23. 2014헌바446등, 공보 231, 139; 헌재 2016. 2. 25. 2015헌가15, 판례집 28-1상, 13; 헌재 2016. 7. 28. 2015헌바20, 판례집 28-2상, 104; 헌재 2016. 9. 29. 2014헌가9, 판례집 28-2상, 276; 헌재 2016. 9. 29. 2014헌바254, 판례집 28-2상, 316; 헌재 2016. 12. 29. 2015헌바182, 판례집 28-2하, 391; 헌재 2016. 12. 29. 2015헌마1160; 헌재 2016. 12. 29. 2015헌바208등, 판례집 28-2하, 456; 헌재 2017. 9. 28. 2015헌마653.

자가 제정한 법률은 위헌이고 입법자는 이러한 법률을 개선하여야 한다. 법률의 위헌성이 효력이 발생하고 나서 드러났더라도 객관적으로 아무것도 바뀌지 않고 오로지 인식상태가 개선되었을 뿐이므로, 언제 법률의 위헌성이 인식되었는지는 전혀 중요하지 않다.[133] 이러한 점에 비추어 법률개선의무의 발생원인으로서 부진정입법부작위는 원시적 위헌에 국한된다. 법률의 제·개정할 때 해당 법률이 위헌이라는 것만으로 충분하고, 위헌 근거가 무엇인지는 중요하지 않다.

② 잘못된 예단

법률이 근거하는, 규율에 중요한 사실이나 법률의 작용에 대한 예단이 효력이 발생하고 나서 전체적으로 혹은 부분적으로 잘못된 것으로 밝혀지면(잘못된 예단) 법률개선의무가 발생할 수 있다.[134] [135] 여기서

---

133) ***Christian Mayer*** (Anm. 6), S. 121 참조.

134) BVerfGE 88, 203 (309 f.); ***Peter Badura*** (Anm. 117), S. 484; ***ders.***, Die Verfassung im Ganzen der Rechtsordnung und die Verfassungskonkretisierung durch Gesetz, in: Josef Isensee/Paul Kirchhof (Hrsg.), HStR, Bd. Ⅶ, Heidelberg 1992, § 163 Rdnr. 30; ***Jens Blüggel***, Unvereinbarerklärung statt Normkassation durch das Bundesverfassungsgericht, Berlin 1998, S. 121; ***Klaus Meßerschmidt***, Gesetzgebungsermessen, Berlin 2000, S. 1007; ***Helmut Miernik*** (Anm. 97), S. 12 ff.; ***Fritz Ossenbühl***, Die Kontrolle von Tatsachenfeststellungen und Prognoseentscheidungen durch das Bundesverfassungsgericht, in: Christian Starck (Hrsg.), Bundesverfassungsgericht und Grundgesetz: Festgabe aus Anlaß des 25jährigen Bestehens des Bundesverfassungsgerichts - Verfassungsgerichtsbarkeit, Bd. I, Tübingen 1976, S. 517 f.; ***ders.***, Bundesverfassungsgericht und Gesetzgebung, in: Peter Badura/Horst Dreier (Hrsg.), Festschrift 50 Jahre Bundesverfassungsgericht: Verfassungsgerichtsbarkeit - Verfassungsprozeß, Bd. Ⅰ, Tübingen 2001, S. 40; ***Rudolf Steinberg*** (Anm. 103), S. 164 f.; ***Klaus Stern*** (Anm. 3), S. 1315; ***Rupert Stettner***, Die Verpflichtung des Gesetzgebers zu erneutem Tätigwerden bei fehlerhafter Prognose, in: DVBl. 1982, S. 1125; ***Andreas Voßkuhle*** (Anm. 15), S. 220.

135) 예를 들어 헌재 2008. 11. 27. 2006헌마352, 판례집 20-2하, 367, 382: "이 사건 규정은 한국방송광고공사에게만 지상파 방송광고 판매대행을 할 수 있도록

예단의 범위는 법률을 제·개정할 때 예측할 수 있는 변화에 국한된다.[136] 입법자가 예단할 때 규율에 중요한 사실이나 법률의 작용결과를 실제로 고려하였는지는 문제가 되지 않는다. 잘못된 예단은 법률을 제·개정할 때 이미 위헌의 싹이 있었으나, 해당 법률의 위헌성은 제·개정 이후에 비로소 확인할 수 있다는 점에 특징이 있다. 따라서 잘못된 예단은 위헌성을 확인할 수 있는 시점을 기준으로 하면 후발적 위헌에 해당하지만, 위헌성이 발생한 시점을 기준으로 하면 원시적 위헌으로 볼 수 있다.

③ 사실관계와 법적 상황 변화

사실관계와 법적 상황이 바뀌어서 법률과 사실의 불일치가 발생하면(사실관계와 법적 상황 변화) 법률개선의무가 나타날 수 있다.[137] [138]

하던 것을 해제하여 한국방송광고공사가 출자한 회사의 경우에도 지상파 방송광고 판매대행을 할 수 있도록 함으로써 외관상으로는 제한적 경쟁체제를 도입하였다. 그런데 실제 이 사건 규정이 만들어진 2000년 이후 오늘날까지 한국방송광고공사가 지상파 방송광고 판매대행을 할 수 있도록 출자를 한 회사는 한 곳도 없으며, 이와 같이 한국방송광고공사가 경영상의 판단을 이유로 지금처럼 계속해서 출자를 미룬다면, 한국방송광고공사의 독점체제는 무너지지 않을 것이다."

136) BVerfGE 25, 1 (12 f.); 77, 84 (109) 참조.

137) BVerfGE 65, 1 (56); 88, 203 (309 f.); ***Peter Badura*** (Anm. 117), S. 484; ***ders.*** (Anm. 134), § 163 Rdnr. 30; ***Jens Blüggel*** (Anm. 134), S. 121; ***Christoph Gusy***, Parlamentarischer Gesetzgeber und Bundesverfassungsgericht, Berlin 1985, S. 207 f.; ***Klaus Meßerschmidt*** (Anm. 134), S. 1007; ***Helmut Miernik*** (Anm. 97), S. 22 ff.; ***Fritz Ossenbühl*** (Anm. 134, Bundesverfassungsgericht und Gesetzgebung), S. 40; ***Klaus Stern*** (Anm. 3), S. 1315.

138) 예를 들어 헌재 1997. 3. 27. 95헌가14등, 판례집 9-1, 193; 헌재 1997. 7. 16. 95헌가6등, 판례집 9-2, 1; 헌재 2001. 10. 25. 2000헌마92등, 판례집 13-2, 502; 헌재 2005. 2. 3. 2001헌가9등, 판례집 17-1, 1; 헌재 2006. 2. 23. 2004헌마675등, 판례집 18-1상, 269; 헌재 2007. 3. 29. 2005헌마985등, 판례집 19-1, 287; 헌재 2007. 6. 28. 2005헌마772, 판례집 19-1, 899; 헌재 2008. 5. 29. 2006헌바5, 판례집 20-1하, 91; 헌재 2008. 11. 27. 2007헌마1024, 판례집 20-2하, 477;

이때 변화 대상은 법률을 제·개정할 때 예측할 수 없었던 변화에 국한된다. 그리고 이러한 변화는 법률의 위헌성에 영향을 미쳐야 한다.[139] 사실관계 변화는 규율되어야 할 현실인, 법률이 근거하는 사실이 바뀐 것을 뜻한다. 법적 상황 변화에는 헌법개정, 바뀐 헌법해석 또는 심지어 '헌법변천', 관련 법규범 개정 등에 따른 규범적 판단기준 변경이 포함된다. 그러나 법률 자체가 개정되면 심판대상 자체가 바뀌므로 이것은 법적 상황 변화에서 제외된다.[140] 사실관계와 법적 상황 변화는 후발적 위헌에 해당한다. 법률을 제·개정할 때 합헌으로 판단되었던 법률이 나중에 새로운 고찰방법이나 평가변화 때문에 위헌으로 증명될 수도 있다. 이때는 사실관계와 법적 상황에 형식적으로 아무런 변화가 없지만, 평가 측면에서 보면 사실관계와 법적 상황에 실질적 변화가 생긴 것으로 볼 수 있다. 따라서 이러할 때도 사실관계와 법적 상황 변화에 포섭할 수 있다.

3. 내용

(1) 심사대상

헌법재판소는 관련된 헌법적 심사절차가 없으므로 법률개선의무 발생과 함께 명령받은 입법자의 행위를 직접 심사할 수 없다. 입법자는 특정한 행위가 아닌 법률에 대해서만 책임을 진다. 그러므로 규범통제에서 헌법재판소의 과제는 법률의 헌법합치성을 심사하는 것이다. "따

헌재 2009. 3. 26. 2006헌마67, 판례집 21-1상, 512; 헌재 2009. 3. 26. 2006헌마240등, 판례집 21-1상, 592; 헌재 2014. 10. 30. 2012헌마192등, 판례집 26-2상, 668; 헌재 2015. 4. 30. 2013헌마623, 판례집 27-1하, 107; 헌재 2015. 12. 23. 2013헌바68등, 판례집 27-2하, 480.

139) ***PPeter Badura*** (Anm. 117), S. 486 참조.

140) ***Christian Mayer*** (Anm. 6), S. 114.

라서 헌법재판소는 단지 의심스럽고 개선이 필요한 것으로 보이는 법률을 심사하는 범위 안에서만 입법자의 법률개선의무에 대해서 통제할 수 있다."[141] 그래서 헌법재판소는 문제 되는 시점에 효력이 있는 (정확하게는 구체적 사건에 적용되는) 법률의 상태를 기준으로 법률개선의무 이행 여부를 심사할 수 있다. 행위 여부가 아니라 행위에 따른 결과물 존재 여부가 헌법재판소의 심사대상이다.

(2) 법률개선의무 대상

법률개선의무를 헌법이 입법자에게 부여한 (일반적 의미의) 입법의무로 이해할 수 있다. 법률이 제정되고 나서 사실관계와 법적 상황은 언제든지 바꿀 수 있어 법률과 현실의 불일치는 수시로 발생할 수 있다. 이때 해당 법률이 위헌이 되지 않더라도 법률을 개선할 필요성은 인정될 수 있다. 이러한 점에서 어떠한 법률도 법률개선의무 대상에서 제외될 수 없다는 결론이 도출될 수도 있다. 그러나 법률개선의무가 이러한 의미로 매우 넓게 이해된다면, 그 규범적 효력과 기본권의 구속력은 오히려 약화할 수 있다. 심지어 법률개선의무는 오로지 정치적 의미만 있는 것처럼 이해될 수도 있다. 그렇지 않다면 이러한 인식은 헌법재판소가 사실적 측면에서 청구를 전제로 관련 있는 입법자의 모든 행위를 통제할 수 있다는 결론에 이를 수도 있다. 이러한 불합리한 결과를 막으려면 법률의 잘못으로 말미암아 위헌인 법률만 법률개선의무 대상이 된다고 보아야 한다. 결론적으로 법률개선의무 발생은 위헌인 법률을 전제한다.[142] 그러나 헌법재판소가 위헌으로 결정한 법률과 진정입법부작위에서는 처음부터 개선 대상이 없으므로 (법률제정의무가 문제 될 수는 있어도) 법률개선의무는 문제 되지 않는다.[143]

---

141) ***Rudolf Steinberg*** (Anm. 103), S. 177.

142) ***Rudolf Steinberg*** (Anm. 103), S. 169 참조.

(3) 법률의 잘못 제거

헌법불합치결정에 따라 입법자는 법률의 잘못을 가능한 한 빨리 제거하여야 한다. 따라서 입법자는 이른 시일 안에 법률을 헌법과 조화시킬 의무를 진다.[144] 그래서 입법자는 위헌법률을 헌법과 합치하는 법률로 즉시 교체하여야 한다. 이때 입법자가 제거하여야 할 법률의 잘못은 헌법재판소가 위헌성을 확인한 것에 국한된다. 그러나 헌법재판소가 위헌성을 확인하지 않은 범위 밖에서도 입법자는 자신의 입법형성권 범위 안에서 언제든지 법률을 개선할 수 있다. 법률의 잘못을 제거하는 방법은 다양할 수 있다. 즉 법률을 폐지하거나 개정하거나 다른 법률로 대체하는 것 등 여러 가지 방법으로 법률의 잘못을 바로잡을 수 있다. 여러 가지 방법 중 어느 것을 선택할 것인지는 입법자의 재량에 속한다. 즉 구체적으로 법률개선의무를 어떻게 이행할 것인지는 입법자의 재량이다.[145] 헌법재판소가 결정이유에서 위헌성을 제거하는 다양한 대안을 제시하더라도 입법자는 이것에 구속되지 않는다.[146] 다만, 입법자는 헌법불합치결정의 취지는 준수하여야 한다.[147] 물론 법률의 잘못을 제거하는 방법이 오로지 하나만 있다면 입법자에게 선택재량은 없다.

헌법재판소는 때에 따라서 법률개선의무 이행과 관련하여 기한을 설정할 수도 있다. 그러나 헌법재판소가 기한을 반드시 설정하여야 하

143) 같은 견해: **최윤철**, 「독일에 있어서의 "입법자의 법률개선의무"에 관한 논의」, 『공법연구』 제31집 제3호, 한국공법학회, 2003, 373～374쪽.

144) BVerfGE 82, 126 (155) 참조.

145) 같은 견해: **김하열**(주 85), 380쪽; **한수웅/정태호/김하열/정문식**(김하열 집필)(주 91), 603쪽.

146) 헌재 1997. 3. 27. 95헌가14등, 판례집 9-1, 193, 206-207 참조.

147) 같은 견해: **남복현**(주 92), 216쪽.

는 것은 아니다. 헌법불합치결정에 따라서 입법자에게 바로 법률개선의무가 부과되기 때문이다. 헌법불합치결정에서 도출되는 입법자의 법률개선의무의 이행시점은 '즉시'나 '가능한 한(되도록) 이른 시일 안'이다. 이것은 헌법 제10조 후단의 기본권보장의무에서 당연히 도출된다.[148] 하지만 그렇다고 헌법재판소의 기한 설정이 아무런 의미가 없는 것은 아니다. 법률개선의무 개선시한의 불명확성을 제거하기 때문이다. 따라서 헌법재판소가 헌법불합치결정에서 기한을 설정하면 여기에도 기속력이 있다.[149] 따라서 헌법불합치결정에 따라서 입법자는 즉시[150], 즉 정당한 사유 없이 지체하지 말고 법률을 개선하여야 한다.[151] 이때 상당한 기간 안에 또는 기한이 설정되면 그 기한 안에 법률을 개선하여야 한다.

(4) 개선대상인 유사규범?

소송경제적 이유로 개선대상을 확장하려는 견해가 있다.[152] 이 견해를 따르면 입법자는 지난날과 앞날을 향한 새로운 법률을 제정할 때 위헌으로 결정된 법규범뿐 아니라 유사규범도 포섭하여야 한다고 한다. 유사규범에서도 독일 기본법 제100조 제1항에 따른 법원의 제청이나 당사자의 헌법소원심판 청구에 따라서 독일 연방헌법재판소의 심판대상이 될 것이고, 이때 독일 연방헌법재판소는 그것에 관해서 똑같

---

148) **남복현**(주 92), 216쪽.

149) **김하열**(주 85), 380～381쪽.

150) BVerfGE 107, 150 (185 f.) 참조. 독일 판례에는 그 밖에도 적정한 시한 안에(BVerfGE 81, 363 [384]), 신속하게(BVerfGE 89, 15 [27]), 즉시(BVerfGE 90, 60 [105])라는 표현도 등장한다.

151) **한수웅/정태호/김하열/정문식**(정태호 집필)(주 91), 544쪽.

152) ***Hermann Heußner***, Folgen der Verfassungswidrigkeit eines Gesetzes ohne Nichtigerklärung, in: NJW 1982, S. 261.

이 결정할 것이기 때문이라고 한다.

그러나 헌법재판소는 심판대상이 아닌 유사규범에 관해서 아직 심사하지 않았고, 심사할 수도 없다.[153] 그리고 법규범의 문구가 같다고 하더라도 때에 따라서 그 의미가 다양할 수 있다. 따라서 개선 대상은 헌법재판소 심판대상으로서 헌법과 합치하지 않는다고 결정된 법률에 국한된다고 보아야 한다.

(5) 의무 위반 효과

① 법률개선의무를 자주 이행하지 않는 입법자

헌법재판소가 헌법불합치결정을 통해서 개선시한을 명시하여 입법자에게 법률개선의무를 부여하여도 입법자가 개선시한을 넘겨서야 비로소 법률을 개선하는 때가 적지 않다. 즉 (a) 1991년 5월 말이 개선시한인 국회의원선거법(1988. 3. 17. 법률 제4003호로 전문개정된 것) 제33조 및 제34조[154]는 1991년 12월 31일에 비로소 개선되었고, (b) 1998년 12월 31일이 개선시한인 민법 제809조 제1항(1958. 2. 22. 법률 제471호로 제정된 것)[155]은 2005년 3월 31일에 비로소 개선되었으며, (c) 1999년 12월 31일이 개선시한인 민법(1958. 2. 22. 법률 제471호) 제1026조 제2호[156]는 2002년 1월 14일에 비로소 개선되었고, (d) 1999년 12월 31일

---

153) ***Peter E. Hein***, Die Unvereinbarerklärung verfassungswidriger Gesetze durch das Bundesverfassungsgericht - Grundlage, Anwendungsbereich, Rechtsfolgen, Baden-Baden 1988, S. 180; ***Christian Pestalozza*** (Anm. 83), S. 563; ***Michael Sachs***, Die Folgen der Unvereinbarkeit des Hausarbeitstagsanspruchs für Frauen mit dem Grundgesetz, in: FamRZ 1982, S. 983; ***Klaus Schlaich/Stefan Korioth*** (Anm. 4), Rdnr. 416 참조.

154) 헌재 1989. 9. 8. 88헌가6, 판례집 1, 199.

155) 헌재 1997. 7. 16. 95헌가6등, 판례집 9-2, 1.

156) 헌재 1998. 8. 27. 96헌가22등, 판례집 10-2, 339.

이 개선시한인 한국방송공사법(1990. 8. 1. 법률 제4264호로 개정된 것) 제36조 제1항[157]은 2000년 1월 12일에 개선되었으며, (e) 2003년 12월 31일이 개선시한인 공직선거및선거부정방지법(2000. 2. 16. 법률 제6265호로 개정된 것) 제25조 제2항에 의한 [별표1]의 「국회의원지역선거구구역표」[158]는 2004년 3월 13일에 개선되었고, (f) 2003년 12월 31일이 개선시한인 재외동포의출입국과법적지위에관한법률(1999. 9. 2. 법률 제6015호로 제정된 것) 제2조 제2호와 재외동포의출입국과법적지위에관한법률시행령(1999. 11. 27. 대통령령 제16602호로 제정된 것) 제3조[159] 중 재외동포의출입국과법적지위에관한법률(1999. 9. 2. 법률 제6015호로 제정된 것) 제2조 제2호는 2004년 3월 5일, 재외동포의출입국과법적지위에관한법률시행령(1999. 11. 27. 대통령령 제16602호로 제정된 것) 제3조는 2007년 10월 5일에 각각 개선되었으며, (g) 2006년 4월 30일이 개선시한인 정부투자기관관리기본법 제20조 제2항 및 같은 조 제3항의 '제2항의 규정에 의한 입찰참가자격의 제한 등에 관하여 필요한 사항은 재정경제부령으로 정한다'고 한 규정 중 '입찰참가자격의 제한기간을 재정경제부령으로 정하도록 한 부분'[160]은 2006년 10월 4일에 개선되었으며, (h) 2008년 12월 31일이 개선시한인 공무원연금법(1995. 12. 29. 법률 제5117호로 개정된 이후의 것) 제64조 제1항 제1호[161]는 2009년 12월 31일에 개선되었고, (i) 2008년 12월 31일이 개선시한인 공직선거법(2005. 8. 4. 법률 제7681호로 개정된 것) 제22조 제1항 및 제26조 제1항에 의한 [별표2] 「시·도의회의원지역선거구구역표」 중 경기도의회의원선거구들 부분(2006. 3. 2. 법률 제7850호로 개정된 것 포함)과 전라북도의

157) 헌재 1999. 5. 27. 98헌바70, 판례집 11-1, 633.
158) 헌재 2001. 10. 25. 2000헌마92등, 판례집 13-2, 502.
159) 헌재 2001. 11. 29. 99헌마494, 판례집 13-2, 714.
160) 헌재 2005. 4. 28. 2003헌바40, 판례집 17-1, 508.
161) 헌재 2007. 3. 29. 2005헌바33, 판례집 19-1, 211.

회의원 선거구들 부분[162]은 2010년 1월 25일에 개선되었으며, (j) 2008년 12월 31일이 개선시한인 주민투표법(2004. 1. 29. 법률 7124호로 제정된 것) 제5조 제1항 중 "그 지방자치단체의 관할구역에 주민등록이 되어 있는 자"에 관한 부분[163]은 2009년 2월 12일에 개선되었고, (k) 2008년 12월 31일이 개선시한인 공직선거법(2005. 8. 4. 법률 제7681호로 개정된 것) 제15조 제2항 제1호 중 "당해 지방자치단체의 관할 구역 안에 주민등록이 되어 있는 자"에 관한 부분, 제16조 제3항 중 "당해 지방자치단체의 관할구역 안에 주민등록이 되어 있는 주민"에 관한 부분, 제37조 제1항 중 "그 관할 구역 안에 주민등록이 되어 있는 선거권자"에 관한 부분, 제38조 제1항 중 "선거인명부에 오를 자격이 있는 국내거주자"에 관한 부분과 국민투표법(1994. 12. 22. 법률 제4796호로 개정된 것) 제14조 제1항 중 "그 관할구역 안에 주민등록이 된 투표권자"에 관한 부분[164]은 2009년 2월 12일에 개선되었으며, (l) 2008년 12월 31일이 개선시한인 의료법(2007. 4. 11. 법률 제8366호로 전부 개정된 것) 제33조 제2항 단서의 '의료인은 하나의 의료기관만을 개설할 수 있으며' 부분[165]은 2009년 1월 30일에 개선되었고, (m) 2009년 12월 31일이 개선시한인 국세징수법(2002. 12. 26. 법률 제6805호로 개정된 것) 제78조 제2항 후문[166]은 2010년 1월 1일에 개선되었으며, (n) 2009년 12월 31일이 개선시한인 공직선거법(1997. 11. 14. 법률 제5412호로 개정된 것) 제56조 제1항 제1호[167]는 2012년 1월 17일에 개선되었고, (o) 2009년 12월 31일이 개선시한인 '경상북도 시·군의회의원 선거구와 선거구별 의원

162) 헌재 2007. 3. 29. 2005헌마985등, 판례집 19-1, 287.
163) 헌재 2007. 6. 28. 2004헌마643, 판례집 19-1, 843.
164) 헌재 2007. 6. 28. 2004헌마644등, 판례집 19-1, 859.
165) 헌재 2007. 12. 27. 2004헌마1021, 판례집 19-2, 795.
166) 헌재 2009. 4. 30. 2007헌가8, 판례집 21-1하, 1.
167) 헌재 2008. 11. 27. 2007헌마1024, 판례집 20-2하, 477.

정수에 관한 조례'(2006. 1. 12. 조례 제2902호로 전부 개정된 것) 제2조의 [별표] 중 상주시의회의원 지역선거구들 부분, 영천시의회의원 지역선거구들 부분, 김천시의회의원 지역선거구들 부분[168]은 2010년 2월 18일에 개선되었으며, (p) 2011년 6월 30일이 개선시한인 병역법(2009. 6. 9. 법률 제9754호로 개정된 것) 제35조 제3항 중 "제1항 제6호에 해당하여 제2항에 따라 공중보건의사로의 편입이 취소된 사람은 편입되기 전의 신분으로 복귀하여 현역병으로 입영하게 하거나 공익근무요원으로 소집하여야 한다."는 부분[169]은 2011년 7월 5일에 개선되었고, (q) 2011년 12월 31일이 개선시한인 민법(2005. 3. 31. 법률 제7427호로 개정된 것) 제818조[170]는 2012년 2월 10일에 개선되었으며, (r) 2013년 12월 31일이 개선시한인 구 상속세 및 증여세법(2002. 12. 18. 법률 제6780호로 개정되고, 2010. 1. 1. 법률 제9916호로 개정되기 전의 것) 제19조 제2항[171]은 2014년 1월 1일 개선되었고, (s) 2014년 12월 31일이 개선시한인 '학교용지 확보 등에 관한 특례법'(2007. 12. 14. 법률 제8679호로 개정된 것) 제5조 제1항 단서 제5호 중 '도시 및 주거환경정비법' 제2조 제2호 "다목"의 규정에 따른 "주택재건축사업"에 관한 부분[172]은 2015년 1월 20일에 개선되었으며, (t) 2015년 12월 31일이 개선시한인 형법(1953. 9. 18. 법률 제293호로 제정된 것) 제43조 제2항 중 유기징역 또는 유기금고의 판결을 받아 그 형의 집행이 종료되지 아니한 자의 '공법상의 선거권'에 관한 부분[173]은 2016년 1월 6일에 개선되었고, (u) 2014년 12월 31일이 개선시한인 학교용지 확보 등에 관한 특례법'(2007. 12. 14. 법률

168) 헌재 2009. 3. 26. 2006헌마67, 판례집 21-1상, 512.
169) 헌재 2010. 7. 29. 2008헌가28, 판례집 22-2상, 74.
170) 헌재 2010. 7. 29. 2009헌가8, 판례집 22-2상, 113.
171) 헌재 2012. 5. 31. 2009헌바190, 판례집 24-1하, 347.
172) 헌재 2013. 7. 25. 2011헌가32, 판례집 25-2상, 9.
173) 헌재 2014. 1. 28. 2012헌마409등, 판례집 26-1상, 136.

제8679호로 개정된 것) 제5조 제1항 단서 제5호 중 '도시 및 주거환경정비법' 제2조 제2호 "나목"의 규정에 따른 "주택재개발사업"에 관한 부분[174]은 2015년 1월 20일에 개선되었으며, (v) 2015년 12월 31일이 개선시한인 공직선거법(2012. 2. 29. 법률 제11374호로 개정된 것) 제25조 제2항 별표 1 국회의원지역선거구구역표[175]는 2016년 3월 3일에 개선되었고, (w) 1997년 5월 31일에 개선시한 설정 없이 헌법불합치로 선언된 민법(1958. 2. 22. 법률 제471호로 제정되고 1990. 1. 13. 법률 제4199호로 최종개정된 것) 제847조 제1항 중 '그 출생을 안 날로부터 1년내' 부분은 2005년 3월 31일에 비로소 개선되었으며, (x) 2009년 12월 29일에 개선시한 설정 없이 헌법불합치로 선언된 형사소송법 제482조 제1항(2007. 6. 1. 법률 제8496호로 개정된 것) 및 제482조 제2항(2004. 10. 16. 법률 제7225호로 개정된 것)[176]은 2015년 7월 31일에 개선되었다.

그리고 개선시한이 지났는데도 아직 개선되지 않은 법률도 여러 개다. 즉 (a) 2010년 6월 30일이 개선시한인 집회 및 시위에 관한 법률'(2007. 5. 11. 법률 제8424호로 전부 개정된 것) 제10조 중 "옥외집회" 부분 및 제23조 제1호 중 "제10조 본문의 옥외집회",[177] (b) 2011년 12월 31일이 개선시한인 통신비밀보호법(2001. 12. 29 법률 제6546호로 개정된 것) 제6조 제7항 단서 중 전기통신에 관한 '통신제한조치기간의 연장'에 관한 부분,[178] (c) 2015년 12월 31일이 개선시한인 국민투표법(2009. 2. 12. 법률 제9467호로 개정된 것) 제14조 제1항 중 '그 관할 구역 안에 주민등록이 되어 있는 투표권자 및 「재외동포의 출입국과 법적 지위에 관한 법률」 제2조에 따른 재외국민으로서 같은 법 제6조에 따른 국

174) 헌재 2014. 4. 24. 2013헌가28, 판례집 26-1상, 610.
175) 헌재 2014. 10. 30. 2012헌마192등, 판례집 26-2상, 668.
176) 헌재 2009. 12. 29. 2008헌가13등, 판례집 21-2하, 710.
177) 헌재 2009. 9. 24. 2008헌가25, 판례집 21-2상, 427.
178) 헌재 2010. 12. 28. 2009헌가30, 판례집 22-2하, 545.

내거소신고가 되어 있는 투표권자'에 관한 부분,[179] (d) 2017년 6월 30일이 개선시한인 구 정치자금법(2008. 2. 29. 법률 제8880호로 개정되고, 2010. 1. 25. 법률 제9975호로 개정되기 전의 것) 제6조, 정치자금법(2010. 1. 25. 법률 제9975호로 개정된 것) 제6조 및 정치자금법(2008. 2. 29. 법률 제8880호로 개정된 것) 제45조 제1항 본문의 '이 법에 정하지 아니한 방법' 중 제6조에 관한 부분,[180] (e) 2017년 6월 30일이 개선시한인여객자동차 운수사업법(2012. 2. 1. 법률 제11295호로 개정된 것) 제24조 제4항 제1호 가목 중 제3항 제1호 다목에 관한 부분 및 여객자동차 운수사업법 시행령(2012. 7. 31. 대통령령 제24010호로 개정된 것) 제16조와 구 여객자동차 운수사업법(2012. 2. 1. 법률 제11295호로 개정되고, 2014. 1. 28. 법률 제12377호로 개정되기 전의 것) 제87조 제1항 단서 제3호의 제24조 제4항 제1호 가목 중 제3항 제1호 다목에 관한 부분 및 여객자동차 운수사업법(2014. 1. 28. 법률 제12377호로 개정된 것) 제87조 제1항 단서 제3호의 제24조 제4항 제1호 가목 중 제3항 제1호 다목에 관한 부분[181] 그리고 (f) 2002년 9월 19일 개선시한 없이 입법자가 개정할 때까지 계속 적용된다고 선고된 약사법(2000. 1. 12. 법률 제6153호로 개정된 것) 제16조 제1항[182]과 (g) 2015년 4월 30일 개선시한 없이 입법자가 개정할 때까지 계속 적용된다고 선고된 민법(1958. 2. 22. 법률 제471호로 제정된 것) 제844조 제2항 중 "혼인관계종료의 날로부터 300일 내에 출생한 자"에 관한 부분[183]은 아직 개선되지 않고 있다. 이러한 점에 비추어 입법자는 헌법재판소의 헌법불합치결정에 따른 법률개선의무를 성실하게 이행한다고 보기 어렵다. 그에 따라 헌법불합치결정의 실효성을

---

179) 헌재 2014. 7. 24. 2009헌마256등, 판례집 26-2상, 173.

180) 헌재 2015. 12. 23. 2013헌바168, 판례집 27-2하, 511.

181) 헌재 2015. 12. 23. 2014헌바446등, 공보 231, 139.

182) 헌재 2002. 9. 19. 2000헌바84, 판례집 14-2, 268.

183) 헌재 2015. 4. 30. 2013헌마623, 판례집 27-1하, 107.

확보하기 위해서 입법자를 어떻게 통제할 것인지가 문제 된다.

참고로 2017년 12월 31일 개선시한으로 하여 헌법불합치결정이 내려진 (a) '성폭력범죄자의 성충동 약물치료에 관한 법률'(2010. 7. 23. 법률 제10371호로 제정된 것) 제8조 제1항,[184] (b) 군인연금법(2013. 3. 22. 법률 제11632호로 개정된 것) 제33조 제2항,[185] (c) 산업재해보상보험법(2007. 12. 14. 법률 제8694호로 전부개정된 것) 제37조 제1항 제1호 다목과 2018년 6월 30일 개선시한으로 헌법불합치결정이 내려진 국민연금법(2011. 12. 31. 법률 제11143호로 개정된 것) 제64조 제1항,[186] (d) 공직선거법(2010. 1. 25. 법률 제9974호로 개정된 것) 제56조 제1항 제2호 중 '비례대표국회의원선거'에 관한 부분,[187] (e) 군인연금법 부칙(2011. 5. 19. 법률 제10649호) 중 구 군인연금법(2011. 5. 19. 법률 제10649호로 개정되고, 2013. 3. 22. 법률 제11632호로 개정되기 전의 것) 제23조 제1항에 관한 부분 및 군인연금법 부칙(2013. 3. 22. 법률 제11632호) 제1조 중 군인연금법(2013. 3. 22. 법률 제11632호로 개정된 것) 제23조 제1항에 관한 부분[188]은 아직 개선 전이다.

② 헌법불합치로 결정된 법률의 운명

(ⅰ) 효력 상실 여부

ⓐ 개선시한이 지남에 따른 해당 법률의 효력 상실

헌법불합치결정은 심판대상이 된 법률의 위헌성을 확인한다. 위헌성이 확인된 법률은 효력을 상실하는 것이 원칙이다(헌법재판소법 제47조 제2항 및 제3항과 제75조 제5항 및 제6항). 그러나 헌법불합치결정은

184) 헌재 2015. 12. 23. 2013헌가9, 판례집 27-2하, 391.
185) 헌재 2016. 7. 28. 2015헌바20, 판례집 28-2상, 104.
186) 헌재 2016. 12. 29. 2015헌바182, 판례집 28-2하, 391.
187) 헌재 2016. 12. 29. 2015헌마1160등.
188) 헌재 2016. 12. 29. 2015헌바208등, 판례집 28-2하, 456.

법률이 즉시 효력을 상실함으로써 발생하는 입법자의 입법형성권 침해나 법적 공백과 혼란을 방지하기 위해서 법률의 효력 상실을 일정 기간 유보하면서 입법자에게 법률개선의무를 부여한다. 헌법불합치결정의 목적은 위헌법률의 단순한 존속이 아니라 개선을 위한 위헌법률 효력의 '임시'존속이다. 즉 위헌법률의 효력 존속이라는 위헌상태는 입법자가 법률을 개선할 때까지 오로지 '잠정적으로'만 감내할 수 있고, 감내하는 것이 허용된다.[189] 따라서 입법자가 법률을 개선하기에 충분한 시간 안에 입법자는 위헌상태를 제거하고 합헌상태를 회복하여야 한다. 입법자가 이러한 시간이 지나고 나서도 이러한 의무를 이행하지 않으면, 입법자의 입법형성권을 존중할 헌법적 근거가 사라지거나 입법자가 법적 공백과 혼란을 제거할 의사나 능력이 (적어도 일시적으로) 없는 것으로 볼 수밖에 없다. 따라서 헌법불합치결정은 존속될 정당성을 상실하고 결국 헌법불합치결정에서 법률의 위헌성을 확인하는 내용만 남아서 법률의 효력 상실이라는 결과를 부른다. 그래서 헌법불합치로 결정된 법률이 입법자가 법률을 개선하기에 충분한 시간이 지나고 나서도 개선되지 않는다면, 그 효력을 상실하고, 그것은 더는 행정처분이나 재판의 근거가 되지 못한다.[190] 헌법재판소는 결정주문에서 법률개선시한을 설정하고 결정주문[191]이나 결정이유[192]에서 그 시한

189) ***Albrecht Peter Pohle***, Die Verfassungswidrigerklärung von Gesetzen, Frankfurt am Main/Bern/Cirencester 1979, S. 163 참조.

190) 같은 견해: **김하열**(주 85), 381쪽; **정연주**, 『헌법소송론』, 법영사, 2015, 191～192쪽; **정종섭**(주 85, 헌법소송법), 396쪽; **한수웅/정태호/김하열/정문식**(김하열 집필)(주 91), 603～604쪽; **허 영**(주 85), 260쪽.

191) 헌재 1997. 7. 16. 95헌가6등, 판례집 9-2, 1; 헌재 1997. 8. 21. 94헌바19등, 판례집 9-2, 243; 헌재 1998. 8. 27. 96헌가22등, 판례집 10-2, 339; 헌재 1999. 12. 23. 99헌가2, 판례집 11-2, 686; 헌재 2001. 5. 31. 99헌가18등, 판례집 13-1, 1017; 헌재 2006. 5. 25. 2005헌가17등, 판례집 18-1하, 1; 헌재 2008. 5. 29. 2006헌바5, 판례집 20-1하, 91; 헌재 2009. 4. 30. 2007헌가8, 판례집 21-1하, 1; 헌재 2010. 7. 29. 2008헌가4, 판례집 22-2상, 1; 헌재 2010. 9. 2. 2010헌마

까지 법률 개선이 이루어지지 않으면 해당 법률의 효력이 상실됨을 명시적으로 천명한다는 점에서 법률개선시한이 설정된 때는 이러한 견해를 따른다고 볼 수 있다.[193] 독일 연방헌법재판소도 개선시한까지

418, 판례집 22-2상, 526; 헌재 2016. 12. 29. 2015헌마1160.

192) 헌재 1993. 3. 11. 88헌마5, 판례집 5-1, 59; 헌재 1999. 5. 27. 98헌바70, 판례집 11-1, 633; 헌재 2001. 11. 29. 99헌마494, 판례집 13-2, 714; 헌재 2006. 2. 23. 2004헌마675등, 판례집 18-1상, 269; 헌재 2007. 5. 31. 2005헌마1139, 판례집 19-1, 711; 헌재 2007. 6. 28. 2004헌마643, 판례집 19-1, 843; 헌재 2007. 6. 28. 2004헌마644등, 판례집 19-1, 859; 헌재 2007. 12. 27. 2004헌마1021, 판례집 19-2, 795; 헌재 2008. 11. 13. 2006헌바112등, 판례집 20-2하, 1; 헌재 2009. 9. 24. 2008헌가25, 판례집 21-2상, 427; 헌재 2010. 6. 24. 2008헌바128, 판례집 22-1하, 473; 헌재 2012. 2. 23. 2010헌마601, 판례집 24-1상, 320; 헌재 2013. 8. 29. 2011헌마122, 판례집 25-2상, 494; 헌재 2014. 1. 28. 2012헌마409등, 판례집 26-1상, 136; 헌재 2014. 7. 24. 2009헌마256등, 판례집 26-2상, 173; 헌재 2015. 5. 28. 2013헌바129, 판례집 27-1하, 251; 헌재 2015. 7. 30. 2014헌마340등, 판례집 27-2상, 370; 헌재 2015. 9. 24. 2013헌마197, 판례집 27-2상, 636; 헌재 2015. 10. 21. 2013헌마757, 판례집 27-2하, 102; 헌재 2015. 11. 26. 2012헌마858, 판례집 27-2하, 306; 헌재 2015. 12. 23. 2013헌가9, 판례집 27-2하, 391; 헌재 2015. 12. 23. 2013헌바68등, 판례집 27-2하, 480; 헌재 2015. 12. 23. 2013헌마712, 판례집 27-2하, 670; 헌재 2015. 12. 23. 2014헌바446등, 공보 231, 139; 헌재 2016. 2. 25. 2015헌가15, 판례집 28-1상, 13; 헌재 2016. 9. 29. 2014헌바254, 판례집 28-2상, 316; 헌재 2016. 12. 29. 2015헌바182, 판례집 28-2하, 391; 헌재 2016. 12. 29. 2015헌바208등, 판례집 28-2하, 456; 헌재 2017. 9. 28. 2015헌마653.

193) 효력 상실 여부에 침묵하는 것으로는 헌재 1989. 9. 8. 88헌가6, 판례집 1, 199; 헌재 1991. 3. 11. 91헌마21, 판례집 3, 91; 헌재 1995. 9. 28. 92헌가11등, 판례집 7-2, 264; 헌재 1999. 10. 21. 97헌바26, 판례집 11-2, 383; 헌재 2001. 10. 25. 2000헌마92등, 판례집 13-2, 502; 헌재 2002. 5. 30. 2000헌마81, 판례집 14-1, 528; 헌재 2002. 11. 28. 2001헌가28, 판례집 14-2, 584; 헌재 2005. 4. 28. 2003헌바40, 판례집 17-1, 508; 헌재 2005. 6. 30. 2005헌가1, 판례집 17-1, 796; 헌재 2005. 12. 22. 2003헌가5등, 판례집 17-2, 544; 헌재 2007. 3. 29. 2005헌바33, 판례집 19-1, 211; 헌재 2007. 3. 29. 2005헌마985등, 판례집 19-1, 287; 헌재 2008. 5. 29. 2007헌마1105, 판례집 20-1하, 329; 헌재 2008. 7. 31. 2007헌가4, 판례집 20-2상, 20; 헌재 2008. 7. 31. 2004헌마1010등, 판례집 20-2상, 236; 헌재 2008. 9. 25. 2007헌가9, 판례집 20-2상, 424; 헌재 2008. 11. 27. 2006헌마

해당 법률이 개선되지 않으면 개선시한 이후부터 더는 적용되지 않는다고 한다.[194] 이러한 측면에서 헌법불합치결정에 따른 법률개선의무를 입법자가 법률을 개선하기에 충분한 시간이 지나도록 이행하지 않으면 헌법불합치결정은 단순위헌결정과 같은 효력이 있다. 이것은 헌법불합치결정이 위헌성이 확인된 법률의 효력 상실 시기를 일정 기간 뒤로 미루는 것이라는 점[195]에서 당연한 결과라고 볼 수 있다.

ⓑ 학설 검토

(ㄱ) 법관법 형성을 통해서 혼란을 막을 수 있더라도 국가재정의 주요 수입원을 규율하는 세법규정의 효력 상실처럼 법원 판단으로 그 공백을 메울 수 없는 때도 적지 아니하고 이미 발생한 사건들의 사후처

352, 판례집 20-2하, 367; 헌재 2008. 11. 27. 2007헌마1024, 판례집 20-2하, 477; 헌재 2009. 3. 26. 2006헌마67, 판례집 21-1상, 512; 헌재 2009. 3. 26. 2006헌마240등, 판례집 21-1상, 592; 헌재 2009. 6. 25. 2008헌마413, 판례집 21-1하, 928; 헌재 2009. 7. 30. 2008헌가1등, 판례집 21-2상, 18; 헌재 2010. 7. 29. 2008헌가28, 판례집 22-2상, 74; 헌재 2010. 7. 29. 2009헌가8, 판례집 22-2상, 113; 헌재 2010. 12. 28. 2009헌가30, 판례집 22-2하, 545; 헌재 2011. 6. 30. 2008헌바166등, 판례집 23-1하, 288; 헌재 2011. 11. 24. 2009헌바146, 판례집 23-2하, 222; 헌재 2012. 5. 31. 2009헌바190, 판례집 24-1하, 347; 헌재 2012. 5. 31. 2010헌마278, 판례집 24-1하, 626; 헌재 2013. 7. 25. 2011헌가32, 판례집 25-2상, 9; 헌재 2013. 10. 24. 2011헌마724, 판례집 25-2하, 263; 헌재 2014. 4. 24. 2013헌가28, 판례집 26-1상, 610; 헌재 2014. 10. 30. 2012헌마192등, 판례집 26-2상, 668; 헌재 2015. 12. 23. 2013헌바168, 판례집 27-2하, 511; 헌재 2016. 7. 28. 2015헌바20, 판례집 28-2상, 104.

이중에서 선고시점에 이미 개선된 법률이 있는 것은 헌재 1995. 9. 28. 92헌가11등, 판례집 7-2, 264; 헌재 2005. 12. 22. 2003헌가5등, 판례집 17-2, 544이고, 결정이유에서 개선된 법률 적용을 요구하는 것으로는 헌재 2008. 7. 31. 2007헌가4, 판례집 20-2상, 20; 헌재 2008. 7. 31. 2004헌마1010등, 판례집 20-2상, 236이다.

194) BVerfGE 92, 53 (74); 102, 68 (99); 107, 133 (149).

195) 헌재 1989. 9. 8. 88헌가6, 판례집 1, 199, 260; 대법원 1991. 6. 11. 선고 90다5450 판결(집39-3, 1; 공1991, 1895).

리와 관련하여 법원마다 다른 결론이 날 가능성이 크고, 대법원의 최종 판단까지 많은 사건 처리가 부동하는 부작용을 유발하게 될 것이므로, 법률개선시한이 설정되면 원칙적으로 그 시한 경과와 동시에 헌법불합치로 결정된 법률은 효력을 상실한다고 보되, 그때 그 법률의 효력 상실로 공동체에 심각한 혼란이나 중대한 법익에 대한 손상이 발생할 것으로 예상하면 헌법재판소가 직권으로 경과규율을 발함으로써 혼란을 막아야 한다는 견해가 있다.[196] 이 견해는 이러한 헌법재판소의 대체입법자 역할은 그 경과규율이 한시성을 띠는 점, 입법자가 법률개선의무를 게을리함으로써 헌법재판소가 그 역할을 떠맡도록 사실상 강요하였다는 점에 비추어 보면 헌법이 예정한 권력균형 추가 헌법재판소로 기울어져 권력분립원리에 어긋나지 않는다고 한다.

이 견해의 주장은 타당하나, 대체입법자로서 헌법재판소가 행동하는 것은 예외적일 때만 허용되고, 입법자의 법률개선의무 불이행을 예측하기가 쉽지 않아서 제한적인 해결책에 불과할 것이다.

(ㄴ) 헌법불합치결정에서 주문 표시에 차이가 있더라도 법률개선시한을 정하는 이상 그 시한이 지나가면 종전 위헌법률의 효력을 상실시키는 취지라고 보는 것이 타당하나, 적어도 종전 법률조항의 효력에 관한 한 입법자가 상당한 기간 안에 법률을 개선하지 않더라도 헌법재판소가 시한을 정하지 않는 한 그 효력을 상실한다고 보기는 어렵다는 견해가 있다.[197]

그러나 기한 설정 유무에 따라 기한이 지남을 명확하게 확인할 수 있다는 것 이외에는 달리 볼 사정이 없다는 점에서 기한 설정이 된 때만 해당 법률이 상실된다고 볼 이유는 없다고 생각한다.

---

196) **한수웅/정태호/김하열/정문식**(정태호 집필)(주 91), 554쪽.

197) **이명웅**, 『헌법불합치결정의 사유 및 효력』, 헌법논총 제20집, 헌법재판소, 2009, 393~394쪽.

(ㄷ) 헌법불합치로 결정된 법률에 위헌적 요소가 포함된 것은 분명하나, 이에 대해서 헌법재판소가 단순위헌결정 대신 헌법불합치결정을 내림으로써 위헌성 제거 임무를 입법자에게 일임한 이상, 헌법재판소 결정 자체 효력이 해당 법률의 운명을 좌우할 수 없고, 헌법불합치결정이 선고되면 그 이후 조치는 입법자의 재량 영역으로 이관되고, 국회는 해당 법률을 폐지할 권한도 있으므로 입법자가 아무런 조치를 하지 않으면 이것은 소극적 입법으로서 해당 법률을 폐지한 것에 해당하고, 거기에 다시 단순위헌결정과 같은 효력이 부여되는 것은 아니며, 다만 법률개선의무를 이행하지 아니한 것에 대한 책임 문제가 발생한다는 견해가 있다.[198]

그러나 먼저 법률개선시한이 지나도 해당 법률은 폐지되는 것이 아니라 헌법재판소법 제47조 제2항과 제3항에 따라서 효력을 상실할 뿐이다. 법률 폐지는 오로지 입법자의 명시적 행위를 통해서만 이루어질 수 있기 때문이다. 따라서 법률개선시한 도과를 소극적 입법으로 간주할 수는 없다. 그리고 헌법불합치결정으로 위헌성이 확인된 해당 법률의 효력 상실이 잠정적으로 유보되고 입법자는 법률을 개선할 의무를 질 뿐이므로 해당 법률의 운명이 헌법재판소의 손에서 떠나 입법자의 손으로 넘어가 버리는 것은 아니다. 또한, 헌법불합치결정은 단순위헌결정과 마찬가지로 위헌결정에 해당한다. 다만, 위헌성 확인에 따른 효력 상실이 일정 기간 유보될 뿐이다. 게다가 법률개선의무를 인정하면서 입법자의 재량을 제한 없이 인정하는 것은 모순이다. 의무인 이상 이행 여부가 온전히 입법자의 재량에 맡겨질 수는 없기 때문이다. 이러한 점에 비추어 이 견해는 타당하다고 보기 어렵다.

(ㄹ) 개선시한이 명시되면 그 시한이 지나거나 명시되지 아니하면

198) **지성수**(주 92), 134쪽.

상당한 시일이 지나고 나서 헌법불합치로 결정된 법률은 당연히 효력이 상실된다는 견해는 헌법불합치결정을 선고한 취지에 들어맞지 않는다는 반론이 있다.[199] 특히 계속적용 헌법불합치결정은 헌법불합치결정시점부터 법률개선시점까지의 법적 공백상태 발생 방지를 의도한 것인데 개선시한까지 입법되지 않았음을 이유로 효력을 상실시킴은 결정 의도에 어긋난다고 한다. 그리고 적용중지 헌법불합치결정은 개선된 법률에 따라서 처리할 목적으로 헌법불합치로 결정된 법률 적용을 중지한 상태인데, 이때는 입법자의 법률개선의무를 사실적 측면에서 억압하는 것이 필요하지, 법적용자가 나서서 대안을 모색하는 것은 적절하지 않다고 한다. 그래서 이 견해는 먼저 적용중지 헌법불합치결정에서는 결정취지에 따라 법률 개선을 기다려야 하고, 법적용자는 개선된 법률 내용에 따라 당해 사건 등을 처리함이 옳다고 한다. 그리고 계속적용 헌법불합치결정에서는 실제 법률개선 시점까지 그대로 불합치법률을 잠정적으로 계속 적용함이 옳다고 한다.

그러나 (ㄱ) 헌법재판소는 입법자가 위헌상태를 제거하고 합헌상태를 제거할 의사와 능력이 있다는 신뢰를 바탕으로 헌법불합치결정을 내리는 것이고, (ㄴ) 헌법불합치결정은 일정 기간 안에 입법자가 위헌상태를 제거하리라는 것을 전제로 위헌성이 확인된 법률의 효력 상실을 잠정적으로만 유보하며, (ㄷ) 헌법불합치로 결정된 법률 개선은 입법자의 '재량'이 아니라 '의무'이므로 그 불이행에 대한 제재가 필요하고, (ㄹ) 입법자의 법률개선의무 이행은 위헌상태를 제거하고 합헌상태를 회복할 제일 나은 방법이지, 유일한 방법은 아니라는 점에서 이 견해는 타당성을 인정받기 어렵다고 생각한다.

199) **남복현**, 「법률의 위헌결정의 효력에 관한 연구」, 한양대학교 박사학위논문, 1994, 305쪽; **같은 사람**(주 110), 360쪽; **같은 사람**, 「헌법불합치결정을 둘러싼 법적 쟁점의 검토 - 실체적 형법법규를 중심으로 -」, 『헌법실무연구』 제10권, 박영사, 2009, 474~475쪽; **같은 사람**(주 92), 222, 224~236쪽.

(ii) 효력 상실이 확정되는 시점

ⓐ 법률개선의무 위반이 확정되는 때

입법자가 상당한 기간 안에 또는 기한이 설정되면 그 기한 안에 헌법불합치로 결정된 법률을 개선하지 않으면, 그 효력 상실은 확정된다.[200] 이때 법률개선의무 위반이 확정되기 때문이다. 헌법재판소는 기한 설정 없이 입법자가 개선할 때까지 계속 적용된다는 결정을 내리는 때[201]가 있다. 이때도 입법자에게 법률 개선에 관한 제한 없는 입법형성권이 부여된다면, 위헌상태의 잠정적 수인이라는 헌법불합치결정의 내용 및 헌법불합치결정에 따른 법률개선의무의 의무적 성격과 들어맞지 않는다. 그리고 헌법불합치결정의 본질은 위헌결정이다. 또한,

---

200) 같은 견해: **이인호/오수정**, 「헌법불합치결정에 따른 입법개선의무의 이행현황 분석과 비판」, 『중앙법학』 제12집 제1호, 중앙법학회, 2010, 46쪽; BVerfGE 101, 158 (238); ***Marius Raabe***, Grundrechte und Erkenntnis, Baden-Baden 1998, S. 452; ***Michael Sachs***, Bloße Unvereinbarerklärung bei Gleichheitsverstößen?, in: NVwZ 1982, S. 659 f. 참조.

201) 헌재 2000. 7. 20. 99헌가7, 판례집 12-2, 17; 헌재 2000. 8. 31. 97헌가12, 판례집 12-2, 167; 헌재 2001. 4. 26. 2000헌바59, 판례집 13-1, 941; 헌재 2001. 6. 28. 99헌바54, 판례집 13-1, 1271; 헌재 2001. 6. 28. 99헌마516, 판례집 13-1, 1393; 헌재 2001. 9. 27. 2000헌마152, 판례집 13-2, 338; 헌재 2001. 9. 27. 2000헌마208등, 판례집 13-2, 363; 헌재 2002. 9. 19. 2000헌바84, 판례집 14-2, 268; 헌재 2003. 1. 30. 2001헌바64, 판례집 15-1, 48; 헌재 2003. 12. 18. 2002헌바14등, 판례집 15-2하, 466; 헌재 2004. 3. 25. 2002헌바104, 판례집 16-1, 386; 헌재 2005. 2. 3. 2001헌가9등, 판례집 17-1, 1; 헌재 2006. 6. 29. 2005헌마165등, 판례집 18-1하, 337; 헌재 2007. 6. 28. 2005헌마772, 판례집 19-1, 899; 헌재 2009. 12. 29. 2008헌가13등, 판례집 21-2하, 710; 헌재 2011. 9. 29. 2010헌가93, 판례집 23-2상, 501; 헌재 2014. 10. 30. 2011헌바172등, 판례집 26-2상, 639; 헌재 2015. 4. 30. 2013헌마623, 판례집 27-1하, 107; 헌재 2016. 9. 29. 2014헌가9, 판례집 28-2상, 276.

이중에서 헌재 2001. 6. 28. 99헌바54, 판례집 13-1, 1271과 헌재 2014. 10. 30. 2011헌바172등, 판례집 26-2상, 639는 선고 당시 개선된 법률이 이미 시행 중이었고, 헌재 2016. 9. 29. 2014헌가9, 판례집 28-2상, 276은 선고 당시 법률이 개선되어 2017년 5월 30일부터 시행 예정이었다.

헌법불합치결정의 실효성을 확보하려면 입법자의 법률개선의무 불이행을 내버려 둘 수 없다. 이러한 점에 비추어 기한 설정 없는 때와 마찬가지로 상당한 기간 안에 헌법불합치로 결정된 법률을 개선하지 않으면 그 효력 상실이 확정되는 것으로 다루는 것이 옳다고 생각한다.

ⓑ 기한이 설정되지 않았을 때 상당한 기간

기한이 설정되지 않았을 때 상당한 기간은 입법자가 헌법불합치로 결정된 법률을 개선하는 데 필요한 충분한 시간을 말한다. 상당한 기간은 통상 법률을 제·개정할 때 걸리는 시간을 기준으로 해당 법률의 성격(특히 형벌에 관한 법률은 신속한 개선 요구), 입법논의 성숙도, 관련 법익의 규범서열과 종류, 그 법익에 대한 침해나 침해위험의 종류, 근접도, 크기 등을 고려하여 구체적으로 확정하여야 한다. 그리고 회기계속원칙은 국회를 매회기마다 독립한 별개의 국회가 아니라 입법기 중에는 일체성과 동일성이 있는 의회로 보는 것이어서 국회의원 임기가 만료된 때, 즉 해당 입법기가 종료한 때는 적용되지 않는다. 그러므로 국회의원 임기가 만료되면 해당 법률안이 폐기된다(헌법 제51조). 따라서 국회의원 임기도 상당한 기간을 산정할 때 고려하여야 한다.

ⓒ 상당한 기간을 확정하는 기관

상당한 기간은 입법형성권이 있는 입법자 스스로 확정할 문제이지만, 입법통제 관점에서 보면 헌법재판소가 최종적으로 확정하게 될 것이다. 하지만 법률개선의무 불이행에 따른 국가배상 청구는 법원에서 담당하므로 이러할 때는 결국 법원이 상당한 기간을 확정할 수밖에 없을 것이다. 상당한 기간을 확정하기가 쉽지 않아서 언제 헌법불합치로 결정된 법률의 효력 상실이 확정되는지가 다투어질 수도 있다. 헌법재판소는 이러한 불명확성을 제거하려고 입법자가 법률을 개선하여야 할 기한을 설정하기도 한다.[202] 헌법불합치결정에 따른 법적 관계에 관해서 아직도 다툼이 있다는 점을 고려하면, 헌법불합치결정과 관련한 법적 관계를 명확하게 밝혀 불필요한 논란을 제거하기 위해서 헌법재판소가 법률개선시한을 설정하는 것이 바람직하다고 생각한다. 헌법재판소가 법률개선시한을 설정하는 권한은 헌법재판소가 상당한 기간을 최종적으로 확정한다는 입법통제적 관점에서 비롯된다. 법원은 입법자를 통제하는 권한이 없으므로, 헌법재판소가 법률개선시한을 설정하면 법률개선의무 불이행에 따른 국가배상 청구를 담당하는 법원도 이에 구속된다. 같은 맥락에서 헌법재판소가 상당한 기간을 확정하면 법원은 그에 구속된다.

ⓓ 개선시한을 설정하였을 때 효력 상실 시점

헌법재판소가 법률개선시한을 정하였다면, 헌법불합치로 결정된 법

---

202) 효력이 상실되는 시기를 정하지 아니한 헌법불합치결정은 지양하는 것이 타당하다는 견해가 있다[**정종섭**(주 85, 헌법소송법), 392쪽]. 이 견해를 따르면 효력 상실 시기가 없는 헌법불합치결정은 결국 '합리적인 시점 이내에' 새로운 입법을 할 것을 명령하는 것이라고 할 것인데, 이때 '합리적인 시점'이 언제까지인지가 불분명하므로, 위헌인 법률의 효력이 유지되는 시한을 정하여 그 시한이 지나면 효력이 상실되는 것을 선고하지 않고 단순히 헌법에 합치하지 않는다는 것만 선언하는 것은 헌법재판의 기능과 실효성을 불확실하게 한다고 한다. 그리고 이러한 헌법불합치결정은 단순위헌으로 선고하여야 할 사안에서도 헌법불합치결정으로 도피할 출구를 열어놓은 것이 되어 헌법재판의 기능과 권위를 훼손할 우려가 있다고 한다. 헌법에 위반되는 법률 혹은 법률조항의 효력을 부정기간 내버려 두는 결과가 되므로, 기본적으로 위헌결정인 헌법불합치결정을 선고하면서 위헌인 법률이나 법률조항의 효력 상실 시기를 명시하지 않는 헌법재판소 태도는 정당하다고 보기 어렵다는 견해도 있다(**신 평**, 『헌법재판법(전면개정판)』, 법문사, 2011, 474쪽). 이에 대해서 명시적으로 기한을 설정하면 법적용자에게는 법적 명확성을 부여하고, 입법자에게는 입법개선 촉구라는 장점이 있지만, 입법시한을 지나는 때가 상당수인 것을 고려하면 명시적인 입법시한 설정에 관해서 다시 고려하여야 한다는 견해도 있다[**이인호/오수정**(주 200), 63~64쪽]. 이 견해는 고정된 시한을 제시하기보다는 개선입법이 이루어지는 시점까지라고 함으로써 입법자에게 개선의무 이행을 환기하는 방법을 고려해 볼 수 있다고 한다.

률은 헌법재판소가 설정한 기한이 지날 때까지 입법자가 법률개선의무를 이행하지 않으면 기한의 다음 날부터 효력을 상실한다.[203] 헌법재판소는 헌법불합치로 결정된 법률 적용을 중지할 때는 결정주문에[204], 그 법률을 계속 적용할 때는 결정이유에[205] 이러한 내용을 적시한다. 헌법재판소가 이러한 내용을 적시하지 않더라도 헌법재판소가 기한을 정하는 취지에 비추어 기한이 지나면 헌법불합치로 결정된 법률은 효력을 상실한다. 따라서 이러한 내용을 반드시 결정주문이나 결정이유에 적시할 필요는 없다. 하지만 논란의 불씨를 제거한다는 측면에서 굳이 그것을 적시하려 한다면 명확성을 담보하기 위해서 적용중지인지 계속 적용인지와 상관없이 결정주문에 적시하는 것이 바람직하다고 생각한다.

ⓔ 헌법불합치로 결정된 법률이 효력을 상실하는 시점

헌법불합치로 결정된 법률의 효력 상실이 확정되는 시점과 그 법률이 효력을 상실하는 시점은 언제나 같은 것은 아니다. 헌법불합치로 결정된 법률이 효력을 상실하는 시점은 적용중지 헌법불합치결정에서는 헌법불합치결정이 선고되는 시점이고, 계속적용 헌법불합치결정에서는 입법자의 법률개선의무 위반이 확정되는 시점, 즉 입법자가 상당한 기간 안에 법률개선을 하지 않은 시점이나 기한이 설정되면 법률개선 없이 그 기한이 지난 시점이다.[206] 적용중지 헌법불합치결정에서는

---

203) 같은 견해: **이명웅**(주 197), 393~394쪽; **이상훈**(주 91), 87~88쪽; **이준일**(주 91), 1064쪽; **정종섭**(주 85, 헌법소송법), 396~397, 406~407쪽; **최완주**(주 92), 402~403쪽.

204) 주문에서 개선시한을 정하고 적용 중지를 명령하면 예외 없이 주문에 개선시한이 지나면 효력을 상실한다고 명시한다.

205) 주문에서 개선시한을 정하고 계속 적용을 명령할 때 개선시한이 지나면 효력을 상실한다고 명시하면 그것은 언제나 결정이유에 나타난다. 그러나 효력 상실 여부를 명시하는 때도 상당히 많다.

206) 같은 견해: **김하열**(주 85), 382쪽; **지성수**(주 92), 136~137쪽; **한수웅/정태호/김**

선고시점부터 해당 법률 적용이 중지되어 법적 안정성이 문제 되지 않고, 적용중지 헌법불합치결정은 헌법불합치로 선언된 법률 적용 배제를 이미 선고시점에 확정하였기 때문이다. 그리고 계속적용 헌법불합치결정에서는 헌법불합치로 선언된 법률은 입법자의 법률개선의무 위반이 확정되는 시점까지는 적용할 수 있으므로, 이때도 선고시점에 헌법불합치로 선언된 법률의 효력이 상실된다고 보면, 선고시점부터 법률개선의무 위반 확정시점까지 법적 공백이 발생할 뿐 아니라 개별 사건에 이미 적용된 법률의 효력이 상실되게 되어서 법적 혼란도 발생할 수 있기 때문이다. (형벌에 관한 헌법불합치결정이 허용된다면) 형벌에 관한 헌법불합치결정에서는 헌법재판소법 제47조 제3항에 따라서 헌법불합치로 결정된 법률은 소급하여 효력을 상실한다. 소급하는 시점은 해당 법률과 헌법이 충돌하는 때이다. 따라서 소급하는 시점이 법률을 제·개정한 시점이 아닐 수도 있다.

ⓕ 기한 설정에 특별한 효과?

기한 설정에 특별한 법적 효과가 있다는 견해가 있다.[207] 이 견해를 따르면 기한을 정한 헌법불합치결정에서는 특정 기한을 넘겨 입법자가 법률을 개선하지 않으면 해당 규정의 위헌성이 확정된다고 한다. 그러나 기한을 정하지 아니한 헌법불합치결정은 입법자에게 신속히 법률을 개선할 의무를 지우지만 '일정한 기한'이 지났는데도 그 의무를 이행하지 아니하면 법률개선 부작위에 대한 헌법소원을 제기하거나 해당 규정이 위헌임을 다투는 위헌법률심판이나 위헌소원심판을 청구할 수 있을 뿐이라고 한다. 그리고 입법자가 법률개선의무를 이행하지

하열/정문식(김하열 집필)(주 91), 604쪽; **한수웅/정태호/김하열/정문식**(정태호 집필)(주 91), 544, 555～556쪽.

207) **신봉기**, 「헌법불합치결정의 이유에 기초한 개선입법의무」, 『헌법논총』 제7집, 헌법재판소, 1996, 355～356쪽.

않으면 원칙적으로 결정주문에 따라서 헌법과 합치되지 않는 것으로 결정된 법률이 효력을 상실하는지가 결정된다는 견해도 있다.[208] 이 견해는 결정주문이 법률개선의무 위반 효과를 규정하였다면, 그에 따라서 법률의 효력이 결정된다고 한다. 그렇지 않다면 특별한 상황이 없는 한 법률이 기한을 지나고 나서 당연히 효력을 상실한다는 결론을 도출하기 어렵다고 한다.

그러나 (ㄱ) 헌법불합치결정은 선고시점에 이미 해당 법률의 위헌성을 확인하지만, 그 법률의 효력을 입법자가 개선할 때까지만 잠정적으로 존속시킨다는 점, (ㄴ) 기한 설정은 입법자의 법률개선의무 위반 시점을 명확하게 밝히는 것에 그친다는 점, (ㄷ) 헌법재판소가 헌법불합치결정 주문에서 법률개선의무 위반의 법적 효과를 달리 정한다면 이것은 헌법불합치결정의 목적에 어긋나서 헌법적 정당성을 상실한다는 점에 비추어 이러한 견해들은 정당성을 인정받기 어렵다고 생각한다.

③ 법률개선의무 존속

(ⅰ) 개선시한이 지나도 법률개선의무의 원칙적 존속

입법자가 상당한 기간 안에 또는 기한이 설정되면 그 기한 안에 법률을 개선하지 않아서 법률이 효력을 상실하여도 입법자의 법률개선의무는 여전히 존속한다.[209] 따라서 입법자는 헌법불합치로 결정된 법률을 개선할 의무를 계속 진다. 법률개선시한이 지나가도 법률개선의 헌법적 필요성이 사라지는 것이 아니라 헌법불합치결정에 따른 법률개선의무를 지는 입법자가 그 의무를 (적어도 일시적으로) 이행할 의사가 없거나 이행할 수 없다는 것이 확인된 것에 불과하고, 입법자의 법

208) **황도수**, 「헌법불합치결정에 관한 새로운 체계의 시도」, 『헌법실무연구』 제4권, 박영사, 2003, 264~265쪽.

209) 같은 견해: ***Christian Mayer*** (Anm. 6), S. 185.

률개선의무는 헌법재판소의 헌법불합치결정에서 비로소 도출되는 것이 아니라 헌법이 입법자에게 부과하는 것이기 때문이다. 헌법재판소가 법률 전체에 대해서 헌법불합치결정을 내렸다면,[210] 법률 전체가 효력을 상실하여 법률 자체가 적용될 수 없게 된다. 따라서 이러할 때 규율의 헌법적 필요성이 인정된다면 입법자의 법률개선의무는 법률제정의무로 바뀌게 된다(효력이 상실되어도 해당 법률이 법전에서 제거되지 않는다는 점에서 진정한 법률제정의무는 아니다). 헌법불합치로 결정된 법률이 효력을 상실하지만, 입법자의 법률개선의무가 여전히 남는다는 점에서 헌법재판소의 헌법불합치결정은 입법자의 법률개선의무 위반이 확정되는 시점에도 단순위헌결정으로 성질이 바뀐다고 볼 수는 없다. 헌법재판소가 헌법불합치결정을 선고하고 나서 사정변경(사실관계나 법적 상황 변화)이 발생하여 법률개선의 헌법적 필요성이 더는 없다면, 법률개선시한 도과 여부와 상관없이 입법자의 법률개선의무가 소멸할 수도 있다. 그리고 헌법재판소가 법적 공백이나 법적 혼란을 이유로 헌법불합치결정을 내렸는데 선고 시점 이후에 법적 공백이나 법적 혼란이 발생하지 않음이 확인되면 헌법불합치결정은 그 근거를 상실하여 입법자의 법률개선의무도 사라질 것이다.

(ii) 개선 이후 법률을 개선할 때 원칙적 소급 적용

입법자가 상당한 기간이 지나서 또는 기한이 설정되면 그 기한을 지나서 법률을 개선하여도 그 법률은 헌법불합치결정이 선고된 시점까지 소급하여 적용되는 것이 원칙이다. 다만, 계속 적용 명령이 있었다면 입법자의 법률개선의무 위반이 확정된 시점까지만 소급하여 적용된다. 그러나 입법자의 법률개선의무 위반이 확정되고 나서 행정행위

210) 예를 들어 헌재 1994. 7. 29. 92헌바49, 판례집 6-2, 64, 86: "토지초과이득세법(제정 1989.12.30. 법률 제4177호, 개정 1993.6.11. 법률 제4561호, 1993.6.11. 법률 제4563호)은 헌법에 합치되지 아니한다."

의 확정력이나 판결의 기판력이 발생하였다면, 개선된 법률은 소급하여 행정행위의 확정력이나 판결의 기판력을 깨뜨리지 못한다. 따라서 법률개선시한이 지나서 기판력이나 확정력이 발생한 사건에 대해서는 법률개선시한이 지나서 개선된 법률을 소급하여 적용할 수 없다. 다만, 법원은 이러할 때 일부판결의 가능성이나 일부판결로 볼 가능성을 면밀하게 검토할 필요가 있다. 그리고 법률개선시한이 지나고 나서 발생한 사건과 관련하여 법률개선시한이 지나서 개선된 법률 적용이 규율대상자에게 불리하다면 해당 법률은 진정소급입법에 해당하여 해당 사건에 적용될 수 없다.[211]

④ 법률개선의무를 불완전하게 이행하였을 때

입법자가 헌법불합치로 결정된 법률을 개선하기는 하였으나 법률개선의무가 옹글지 않거나(불완전하거나) 불충분하거나 불공정하게 이행되어 위헌상태를 옹글게(완벽하게) 제거하지 못하였다면, 헌법불합치로 결정된 법률을 개선할 입법자의 의무는 개선된 법률을 다시 개선할 의무로 바뀌어 존재한다. 그러나 아직 이러한 의무를 헌법재판소가 확인하지 않았으므로 개선된 법률은 효력을 발생한다. 따라서 이러한 법률에 대해서 위헌법률심판이나 위헌소원심판이 청구될 수 있고, 옹글지 않게(불완전하게) 개선된 법률로 말미암아 헌법이 보장한 자기 기본권을 침해받은 사람은 이 법률에 대한 헌법소원심판을 청구할 수 있다. 새로운 심판절차에서 헌법재판소는 먼저 (ⅰ) 헌법불합치결정에 따른 입법자 법률개선의무의 구체적 내용이 무엇인지, (ⅱ) 개선된 법률이 적용되는 모든 영역에서 입법자가 헌법불합치결정에 따른 법률

211) 개선된 법률의 소급 적용이 규율 대상자에게 불리한데도 법률개선시한 경과로 규율상태가 없던 시간 동안에 개선된 법률을 소급 적용하도록 하는 경과규정을 두면 이에 관한 위헌성 문제가 발생할 수 있다는 견해로는 **지성수**(주 92), 140쪽.

개선의무를 제대로 이행하였는지 그리고 (iii) 개선된 법률로 말미암아 새로운 기본권침해가 발생하였는지를 검토하여야 한다.[212)]

(6) 입법부작위 통제 가능성

① 입법자의 입법형성권과 법률개선의무

입법자는 입법권자이면서 입법의무자이다. 그리고 입법자는 법률질서를 형성할 수 있는 유일한 국가기관이다. 헌법재판소는 법률의 위헌결정을 통해서 해당 법률의 효력을 상실시킴으로써 소극적 입법자와 비슷한 기능을 수행한다. 하지만 헌법재판소는 해당 법률의 위헌성을 확인할 수 있을 뿐이고, 그러한 위헌결정도 오로지 청구가 있을 때만 내릴 수 있다. 이러한 점에서 헌법이 헌법위임을 통해서 입법자에게 부과하는 법률제정의무와 법률개선의무는 입법자의 입법형성권 한계로서 작용한다. 따라서 헌법재판소가 헌법불합치결정을 통해서 입법자의 법률개선의무를 확인하였는데도 입법자가 해당 법률을 개선하지 않으면 입법자는 확인된 법률개선의무의 범위 안에서 더는 입법형성권을 주장하지 못한다. 여기서 입법자의 입법형성권을 법률개선의무를 통해서 어떻게 통제할 것인지가 문제 된다. 구체적으로 입법자에게 해당 법률 개선을 어떻게 강제할 수 있는지, 나아가 예외적으로 헌법재판소 스스로 잠정적이나마 입법자의 입법형성권을 대신 행사할 수 있는지가 문제 된다.

② 한국의 학설과 판례

(i) 학설

먼저 ⓐ 개선시한이 지남으로써 법률이 당연히 효력을 상실한다는

212) 헌재 2003. 12. 18. 2002헌바91등, 판례집 15-2하, 530, 536-537; 헌재 2008. 10. 30. 2005헌마723등, 판례집 20-2상, 941, 965 참조.

견해와 거듭 위헌심판 대상으로 삼아서 후소에서 단순위헌결정을 선고하여야 한다는 견해는 헌법불합치결정을 선고한 취지에 들어맞지 않는다는 견해가 있다.[213] 이 견해는 특히 계속적용 헌법불합치결정은 헌법불합치결정 선고시점부터 법률개선시점까지의 법적 공백상태 발생 방지를 의도한 것인데, 개선시한까지 입법되지 않았음을 이유로 효력을 상실시킴은 결정 의도에 어긋난다고 한다. 그리고 적용중지 헌법불합치결정은 개선입법에 따라서 처리할 목적으로 헌법불합치로 결정된 법률 적용이 중지된 상태이므로, 입법자의 법률개선의무를 사실적 측면에서 억압하는 것이 필요하지, 법적용자가 나서서 대안을 모색하는 것은 적절하지 않다고 한다. 또한, 거듭 위헌심판 대상으로 삼아 전소에서 헌법불합치로 결정되었던 법률에 대해서 후소에서 위헌결정을 하여야 한다는 견해는 헌법불합치결정이 심판대상인 법률에 위헌성이 내포됨을 전제로 하는 관념이라는 점에 비추어 보면, 후소에서 해당 법률에 대해서 새로이 위헌결정을 선고하는 것은 헌법불합치결정의 선고 취지에 들어맞지 않는다고 한다. 이 견해를 따르면 민주적 정당성, 입법권자의 입법형성권, 권력분립원리 등 때문에 누구도 입법자에게 법률개선의무를 강제할 수 없고 집행력확보수단으로서 입법대집행도 허용되어서는 안 된다고 한다. 단지 국가기관의 불법행위에 대한 손해배상청구를 고려하여야 한다고 한다.

다음 ⓑ 효력유지기간이 지나도 법률 개선이 없거나 효력유지기간이 없더라도 상당한 기간이 지나도 법률 개선이 없으면 헌법불합치로 개선된 구법을 해당 사건에 적용하여 재판할 수 없어서, 국회가 무한

213) **남복현**(주 199, 법률의 위헌결정의 효력에 관한 연구), 305쪽; **같은 사람**(주 110), 360~361쪽; **같은 사람**(주 199, 헌법불합치결정을 둘러싼 법적 쟁점의 검토), 474~475쪽; **같은 사람**(주 92), 235~236쪽.

정 법률 개선을 하지 않으면 법원이 재판을 진행하지 못하는 사태가 발생하는데, 이때 국회의 법률개선의무가 헌법에 근거한 것이면 입법부작위에 대한 헌법소원심판을 청구할 수 있다는 견해가 있다.[214] 이 견해는 이때 법원은 가능한 한 당사자의 입법부작위에 대한 헌법소원심판을 기다려 재판하는 것이 바람직하다고 한다. ⓒ 헌법재판소의 헌법불합치결정이 있었는데도 국회가 그 결정 취지에 따른 법률개선을 무작정 하지 않으면, 법률개선의무 불이행으로 말미암아 피해를 본 국민은 헌법재판소에 입법부작위에 대한 위헌확인을 구하는 헌법소원심판을 청구하여 법률개선을 재차 강제하거나 국가배상을 청구하는 방법으로 구제를 받을 수 있다는 견해도 있다.[215] 그리고 ⓓ 헌법재판소가 헌법불합치로 결정한 법률의 효력시한을 정한 때는 그 효력시한이 지나면 그 법률이 효력을 상실하여 법원이나 행정기관은 더는 그 법률을 적용할 수 없고, 입법자가 법률개선시한을 존중하지 않아 입법부작위를 통한 기본권 침해가 발생하면 헌법소원심판 대상이 된다는 견해도 있다.[216] 또한, ⓔ 입법시한을 정하지 않으면 입법자가 상당한 기간 안에 입법하지 않았다고 하더라도 헌법재판소가 시한을 정하지 않은 한 그 효력을 상실한다고 보기는 어렵지만, 법률개선 지연으로 말미암아 적용중지 헌법불합치결정에서 재판의 장기화가 문제 될 수 있는데, 이때 국가배상소송이나 입법부작위 위헌소송이 가능할 것이라는 견해도 있다.[217] 그 밖에 ⓕ 법원의 법보충을 통한 해결은 해당 법률이 없는 상태에서 입법하는 것일 뿐이므로 가능한 방법으로 보이지 않고, 임시규율은 헌법재판소 재량사항이 될 수 없으므로, 결국 입법부작위

---

214) **정종섭**(주 85, 헌법소송법), 397쪽.

215) **신 평**(주 202), 466쪽; **이상훈**(주 91), 87쪽; **황도수**(주 208), 264~265, 272~273쪽.

216) **허 영**(주 85), 260쪽.

217) **이명웅**(주 197), 394쪽.

위헌소송과 손해배상청구소송을 통해서 해결할 수밖에 없다는 견해도 있다.[218] 다만, 이 견해는 수혜적 법률에서 법률개선 없는 개선시한 도과는 평등 실현에 관한 재량이 있는 입법자가 수혜를 모두 폐지하는 쪽으로 입법을 한 것으로 볼 수도 있으므로 새로운 입법조치나 손해배상 청구가 요구되지 않을 수도 있다고 한다. 문제는 입법자에게 그러한 의도가 없었던 때인데, 이러할 때라면 관할청에서는 법률 근거가 없음을 이유로 그 급부를 거절할 것으로는 보이지 않고, 사후에 다시 근거가 마련될 때까지 사실상 종래대로 급부를 계속할 가능성이 크다고 한다. 따라서 이때는 효력이 상실된 규정이라고 하더라도 입법자가 다시 입법할 때까지 사실상 규범력이 있고 그 기능을 발휘할 가능성이 크다고 한다. 폐지를 이유로 급부를 중단한다면 당사자들은 손해배상 청구나 입법부작위 위헌소송을 통해서 구제의 길을 모색하게 될 것이라고 한다.

ⓖ 헌법재판소가 정한 기한이 지나도록 입법자가 법률개선의무를 이행하지 않으면, 기한 다음 날부터 대상법률은 효력을 상실한다고 하면서, 대상법률이 권리침해적이거나 부담을 부과하는 근거가 되는 법률이면 법원이 그 효력이 없는 것을 전제로 사건을 처리하는 데 별문제가 없을 것이라는 견해도 있다.[219] 다만, 이 견해는 대상법률이 무효인 것을 전제로 사건을 처리하는 것이 곤란하거나 부적절한 때가 있을 수 있는데, 이때는 법원이 법보충권을 행사하여 사안에 가장 적절한 결론을 내리는 방법을 고려해 볼 수 있다고 한다.

끝으로 ⓗ 입법자의 법률개선의무 불이행으로 말미암아 피해를 당

---

218) **지성수**(주 92), 140쪽.

219) **최완주**(주 92), 402~403쪽.

한 국민은 헌법재판소에 입법부작위에 대한 위헌확인을 구하는 헌법소원심판을 청구하여 법률 개선을 재차 강제하도록 하거나 국가배상을 청구하는 방법으로 구제받을 수 있다는 견해도 있다.[220]

(ii) 판례

헌법재판소는 1998년 8월 27일에 상속인이 귀책사유 없이 상속채무가 적극재산을 초과하는 사실을 알지 못하여 상속개시가 있음을 안 날부터 3월 안에 한정승인이나 포기를 하지 못한 때도 단순승인을 한 것으로 보는 민법 제1026조 제2호가 재산권을 보장한 헌법 제23조 제1항, 사적자치권을 보장한 헌법 제10조에 위반된다는 이유로 헌법불합치결정을 내리면서, 입법자가 1999년 12월 31일까지 개정하지 아니하면 2000년 1월 1일부터 그 효력을 상실한다고 결정하였다.[221] 입법자가 법률개선시한까지 해당 법률을 개정하지 않아 해당 법률이 효력을 상실하자, 서울지방법원은 해당 법률관계를 규율하는 규정이 현재로서는 없다고 하면서, 헌법재판소의 헌법불합치결정 취지에 따라 상속인이 상속받을 재산보다 채무가 많으면 상속재산을 초과하는 채무는 상속하지 않겠다는 한정승인 의사표시를 하지 않았어도 채무까지 상속한 것으로 볼 수 없다고 판결하였다.[222]

그리고 헌법재판소는 2007년 3월 29일 공무원의 신분이나 직무상 의무와 관련 없는 범죄에도 일률적·필수적으로 퇴직급여 등을 제한하는 것은 공무원범죄를 예방하고자 하는 입법목적에 적합한 수단이라고 볼 수 없고 법익의 최소침해성과 법익균형성도 충족하지 못하여 재

---

220) **최 환**, 「헌법불합치결정의 법적 성격과 형벌조항에 대한 헌법불합치결정의 독자적 허용성 및 효력」, 『판례연구』 제23집, 부산판례연구회, 2012, 591쪽.
221) 헌재 1998. 8. 27. 96헌가22, 판례집 10-2, 339.
222) 서울지법 2001. 11. 21. 선고 2000가합33206 판결.

산권을 침해하며, 공무원을 국민연금법상 사업장가입자 및 근로기준법상 근로자와 비교하면 마음대로 차별대우하여 평등원칙에 어긋난다는 이유로 '재직 중의 사유로 금고 이상의 형을 받은 때'에 급여를 제한할 수 있도록 한 공무원연금법 제64조 제1항 제1호에 대해서 2008년 12월 31일을 법률개선시한으로 계속 적용하도록 하는 헌법불합치결정을 내렸다.[223] 국회가 법률개선시한까지 해당 법률을 개정하지 않자, 서울행정법원은 국회가 법률개선시한까지 법률을 개선하지 않으면, 헌법불합치결정에 따른 법상태는 헌법불합치결정의 효력과 그 결정 취지를 바탕으로 판단할 수밖에 없다고 하면서, 이 사건 법률조항은 2009년 1월 1일 자로 효력을 상실하였고, 이러한 법상태는 2009년 1월 1일 자로 이 사건 법률조항에 대해서 헌법재판소의 단순위헌결정이 있었던 것에 버금가는 것으로 볼 수 있다고 하였다. 그리고 ⓐ 원고는 공무원으로서 직무상 의무나 신분과 관련이 없는 범죄로 말미암아 금고 이상의 형을 선고받았는데, 이러할 때도 퇴직급여 등을 제한하는 것은 위헌이라는 것이 이 사건 헌법불합치결정 취지로 보이는 점, ⓑ 원고에 대한 형의 선고와 확정은 헌법불합치결정이 선고되고 나서 발생한 것으로, 이처럼 처분의 기초가 되는 사실관계 자체가 헌법불합치결정 이후에 발생한 때에 대해서 행정청이 해당 법률조항의 효력이 존속한다는 이유만으로 헌법불합치결정 취지에 반하는 내용의 처분을 할 수 있다고 보는 것은, 행정작용이 합헌적 법률에 따라서 이루어져야 한다는 원칙에 비추어 허용되지 않는다고 보아야 할 것인 점, ⓒ 비록 헌법재판소가 이 사건 헌법불합치결정을 하면서 일정한 시한까지 이 사건 법률조항의 효력을 유지하게 하고 잠정적으로 적용하도록 결정하였다고 하더라도 이 사건처럼 헌법불합치로 결정된 법률조항 중 합헌인 부분과 위헌인 부분이 적용영역에서 어느 정도 구

223) 헌재 2007. 3. 29. 2005헌바33, 판례집 19-1, 211.

분될 수 있으면 합헌인 부분에 한정하여 계속 적용하도록 하는 것이 바람직하다고 할 것인 점 등을 종합해 보면, 원고에게 이 사건 법률조항을 적용하여 퇴직급여 등을 제한한 이 사건 처분은 위법하다고 판결하였다.[224)]

또한, 퇴직 후 재직 중의 사유와 관련된 죄로 금고 이상의 형이 확정되었음을 이유로 공무원연금법 관련 조항에 따라 이미 지급한 퇴직연금 일시금 및 퇴직수당의 2분의 1에 대해서 환수처분 후 그에 따른 분할납부금을 내지 않음에 따라 부동산을 압류처분한 사안에서, 서울행정법원은 제64조 제1항 제1호가 헌법불합치결정에서 정한 법률개선시한인 2008년 12월 31일까지 법률이 개선되지 않아 2009년 1월 1일부터 효력을 상실하고 나서 압류처분이 있었다고 하더라도 이 조항의 효력이 지속하던 2008년 9월 12일에 환수처분이 적법하게 이루어졌고, 압류처분은 이 조항이 효력을 상실하고 나서인 2009년 3월 23일에 이루어졌으나, 압류처분은 환수처분의 후속조치로서 이루어진 징수처분에 불과하고 이 환수처분을 받은 자는 원칙적으로 반납고지서를 받은 날부터 30일 이내에 이를 내야 하는 한, 원고는 피고의 승인에 따라 분할납부가 허용되어 일부 환수금의 납부기한이 해당 조항의 효력상실일 이후로 유예된 것이므로 해당 조항의 효력 상실 전에 해당 조항에 근거한 환수처분을 받고 그 납부를 마친 때와 형평성을 고려하여야 하며, 더구나 해당 헌법불합치결정에서는 "공무원의 직무상 의무나 공무원 신분과 관련된 범죄로 인하여 금고 이상의 형을 선고받은 자에 대하여 퇴직급여 등을 감액하는 것은 위 입법목적의 달성에 상당한 수단"이라고 판시하였으므로, 직무상 의무나 신분과 관련된 죄로 금고 이상 형이 확정된 원고는 해당 조항 개정으로 퇴직급여 등의 감액대상

224) 서울행법 2009. 8. 20. 선고 2008구합9379 판결(각공2009하, 1653).

에서 배제될 가능성이 거의 없어서 이 사건 압류처분은 적법하다고 하였다.[225)]

요컨대 서울지방법원과 서울행정법원은 입법자의 법률개선의무 위반이 확정되면 헌법불합치로 결정된 법률의 효력이 상실된다는 것을 전제로 헌법불합치결정의 취지에 맞게 사건을 해결하는 방향으로 판결을 내리는 것으로 보인다.

③ 독일의 학설과 판례

(ⅰ) 학설

입법자가 법률개선의무를 이행하지 않으면, 관련된 개인은 지체된 입법자의 행위가 그에게 일으킨 손해에 대해서 국가배상을 청구할 가능성만 있다는 견해가 있다.[226)] 대집행, 예를 들어 새로운 청구에 따라서 독일 연방헌법재판소가 문제 되는 법률에 대해서 무효선언함으로써 이루어지는 대집행은, 독일 연방헌법재판소는 대체입법자가 아니고 누구도 최고 헌법기관인 입법자에게 그의 헌법의무를 이행하도록 강제할 수 없으므로 가능하지 않다고 한다. 이에 반해서 헌법재판소는 극단적일 때 필요하다면 위헌법률을 계속 존속시키지 않기 위해서 (물론 권력분립원리 때문에 단지 잠정적으로만) 스스로 합헌상태를 창출시킬 수 있어야 한다는 견해도 있다.[227)] 그러나 이 견해는 헌법재판소가 직권으로 활동할 수 없으므로, 모든 관련자가 기간이 지나고 나서 헌법소원심판을 새롭게 청구할 수 있어야 한다고 한다. 그리고 단지 헌법에 합치하지 않는다고 결정된 법률은 자동으로 효력을 상실하지 않으므로, 기간이 지나고 나서도 이행되지 않고 남아 있는 법률개선의무의

225) 서울행법 2009. 10. 22. 선고 2009구합28902 판결.

226) ***Peter E. Hein*** (Anm. 153), S. 179; ***Klaus Schlaich/Stefan Korioth*** (Anm. 4), Rdnr. 426.

227) ***Albrecht Peter Pohle*** (Anm. 189), S. 162 f.

구체적 효과는 결국 새롭게 청구된 헌법소원심판에서 밝혀질 수 있다는 견해도 있다.[228]

(ii) 판례

독일 연방헌법재판소는 입법자가 헌법위반을 상당한 기간 안에 제거하지 않는다면, 스스로 위헌적으로 행동하려고 하지 않는 법원은 계류 중인 사건을 계속 진행하고 헌법합치적으로 재판하여야 한다고 한다.[229] 이 결정은 헌법합치적으로 재판하는 것이 구체적으로 무엇을 뜻하는지를 밝히지 않았다. 그러나 헌법합치적으로 재판한다는 것은 법원이 법관의 법형성을 통해서 계류 중인 사건에서 합당한 결론을 끌어내야 한다는 것으로 해석할 수 있다.

④ 사견

(i) 법원의 법형성 가능성과 헌법불합치결정의 기속력

헌법불합치결정에 따라서 입법자는 법적 상태를 즉시 헌법과 합치시킬 의무를 지고, 법원은 계류 중인 절차를 입법자가 법률을 개선할 때까지 중단시켜야 한다. 그러나 이러한 유동상태가 너무 오랫동안 지속한다면 위헌상태를 내버려 두고 당사자의 권리구제를 외면하는 것과 다름없어서 위헌상태를 제거하여 합헌상태를 유지하여야 한다는 법치국가원리에 어긋난다. 신속한 합헌상태 회복을 요구하는 법치국가원리에 비추어 위헌적인 법적 상태에서 비롯되는 사법절차 중단은 오로지 제한된 기간 안에서만 받아들여질 수 있을 뿐이다.[230] 따라서 헌법재판소가 법률에 대해서 헌법불합치결정을 내렸을 때 입법자가 상당한 기간 안에 또는 기한이 설정되면 그 기한 안에 그 법률을 개선

228) ***Christian Mayer*** (Anm. 6), S. 184.
229) BVerfGE 82, 126 (155).
230) BVerfGE 82, 126 (155) 참조.

하지 않는다면, 그 법률은 위헌이어서 효력을 상실한다. 법원은 효력이 상실된 법률을 적용할 수 없으므로 법적 공백이 발생한다. 이것은 헌법불합치결정이 단순위헌결정과 달리 해당 법률의 효력 상실만으로 합헌상태가 회복되지 않기 때문이다. 이때 법률에 빈틈이 있을 때의 일반원칙에 따라서 법원이 계류 중인 사건에서 법관의 법형성을 통해서 합당한 결론을 끌어내는 것 이외에는 다른 방법이 없다.[231] 다만, 법관의 법형성을 통해서 기본권을 직접 제한하는 것은 헌법 제37조 제2항 때문에 허용되지 않는다. 특히 형벌에 관한 법률에 대해서 헌법불합치결정을 내려 입법자에게 법률개선명령을 하였는데도 입법자가 해당 법률을 개선하지 않았다면, 죄형법정주의(헌법 제12조 제1항 제2문 후단, 제13조 제1항 전단) 때문에 법관은 법형성을 통해서 형벌을 부과할 수는 없다. 즉 헌법불합치로 결정된 형벌에 관한 법률은 입법자의 법률개선의무 위반이 확정되었을 때 소급하여 그 효력을 상실하고 해당 행위는 더는 형벌로 통제될 수 없다. 다만, 이때 재심 허용 가능성은 헌법불합치결정 취지에 따라 판단하여야 할 것이다.

입법자가 헌법불합치결정에 따른 법률개선의무를 이행하지 아니하여 법관이 법형성을 할 때 헌법불합치결정(대부분 중요이유)은 가장 중요한 판단기준이 된다. 입법자가 헌법불합치결정 취지에 따라서 법률을 개선하여야 하므로, 입법자의 법률개선의무 위반에 따른 법적 공백을 메우는 법관의 법형성도 당연히 헌법불합치결정의 취지에 따라야 하기 때문이다. 이러한 법관의 법형성은 ⓐ 입법자의 법률개선의무 위반이 일으킨 법적 공백을 단지 잠정적으로만 메우는 것이고, ⓑ 입법자는 언제나 자신의 법률개선의무를 이행하여 자기 결정이 앞날을 향해서 사법재판에 우선하게 할 수 있으므로, 이러할 때 입법자의 입법형성권은 침해된다고 보기 어렵다.

---

231) ***Michael Sachs*** (Anm. 200), S. 659 f. 참조.

(ii) 헌법소원심판 청구 허용 여부와 헌법재판소의 임시규율 가능성

일반사법재판은 일반적 구속력이 없고 단지 개별적 효력만 있으므로 일반사법재판은 임시규율로서 기능하지 못하고 해당 사건을 해결하는 것에 그친다. 물론 일반사법재판(특히 대법원 판결)도 선례적 구속력을 통해서 해당 사건을 넘어 영향력을 미칠 수도 있다. 하지만 선례적 구속력은 추정적 구속력에 그친다. 이러한 점에서 기속력과 법률요건적 효력이나 형성력 혹은 법률적 효력(법규적 효력)이 있는 헌법재판소 결정은 중요한 의미가 있다. 그리고 입법자의 법률개선의무와 관련하여 헌법재판소 통제가 허용되지 않는다면, 법률개선의무 이행은 사실적 측면에서 입법자의 재량에 속하게 될 것이다. 따라서 입법자의 법률개선의무 불이행 때문에 헌법이 보장한 자기 기본권을 침해받은 사람은 이러한 입법부작위에 대한 헌법소원심판을 청구할 수 있다.[232] 이러한 헌법소원심판은 입법부작위가 계속되는 한 기간 제약 없이 허용된다. 헌법재판소는 이러한 입법부작위를 위헌으로 결정할 수 있고, 입법자가 법률을 개선할 수 없거나 개선하려고 하지 않는다는 것을 근거로 필요한 때에 한하여 긴급입법자로서 입법자가 법률을 개선할 때까지 잠정적으로만 적용되는 임시규율을 제정할 수 있다. 이러한 임시규율은 입법자의 입법형성권을 침해하지 않기 위해서 법률이 반드시 포함하여야 할 최소한에 국한된다.

(iii) 국가배상청구권 인정 여부

국가가 불법행위를 하면 피해자는 국가에 국가배상을 청구할 수 있다. 국가의 행위에는 집행부의 행위는 물론 입법부와 사법부의 행위도 포함된다. 따라서 피해자는 입법자의 불법행위에 대해서도 국가배상을 청구할 수 있다. 헌법재판소가 헌법해석을 통해서 명확하게 확인한

---

232) ***Yooncheol Choi*** (Anm. 6), S. 166 f. 참조.

법률개선의무를 이행하지 않는 것은 헌법 위반으로서 위법한 행위에 해당한다. 따라서 입법자의 법률개선의무 불이행으로 말미암아 손해를 입은 사람이 있다면, 그 사람은 입법자의 불법행위를 이유로 국가배상청구의 소를 제기할 수 있다. 그러나 입법자의 법률개선의무 불이행과 피해자의 손해 사이에 인과관계가 있음을 증명하기는 쉽지 않다. 따라서 실제로 법률개선의무 불이행을 근거로 피해자가 배상을 받기는 매우 어렵다.

(ⅳ) 개선시한 경과 후 개선된 법률의 소급 적용 가능성

입법자는 개선시한 경과 후 언제든지 헌법불합치로 선언된 법률을 개선할 수 있다. 이때 입법자는 개선된 법률을 개선시한 이전 시점으로 소급하는 규정을 둘 수도 있다. 하지만 이러한 소급규정은 수범자에게 유리할 때만 허용된다. 개선시한 이후 헌법불합치로 선언된 법률의 효력 상실에 따라 형성된 법적 관계를 건드리는 소급규정은 진정소급입법으로서 원칙적으로 허용되지 않기 때문이다. 다만, 헌법불합치결정 취지에 비추어 개선된 법률에 포함될 것이라고 예상할 수 있는 내용이라면 이에 관해서는 수범자의 보호가치 있는 신뢰가 없으므로 예외적으로 소급 적용이 허용될 것이다. 예를 들어 2008년 12월 31일을 개선시한으로 하여 헌법불합치로 선언된 공무원연금법(1995. 12. 29. 법률 제5117호로 개정된 이후의 것) 제64조 제1항 제1호[233]를 입법자는 개선시한을 넘겨 2009년 12월 31일에 비로소 개선하면서 부칙 제7조 제1항 후단에서 제64조의 개정규정은 2009년 1월 1일 전의 퇴직연금·조기퇴직연금수급자가 2009년 1월 1일 이후에 받는 퇴직연금·조기퇴직연금 및 2009년 1월 1일 이후에 지급의 사유가 발생한 퇴직급여 및 퇴직수당의 지급에 대해서도 적용한다는 경과규정을 두었다. 그러

233) 헌재 2007. 3. 29. 2005헌바33, 판례집 19-1, 211.

나 이러한 개정규정은 해당 헌법불합치결정 취지에 비추어 충분히 예상할 수 있는 내용이어서 소급입법금지나 신뢰보호원칙에 위반되지 않는다.[234)]

4. 개선된 법률의 소급효

(1) 개정법률의 소급 적용을 전제하는 헌법불합치결정

헌법불합치결정도 본질에서 위헌결정이다. 따라서 헌법불합치결정으로 위헌성이 확인된 법률은 원칙적으로 헌법불합치결정 선고시점 이후에는 적용되지 않아야 한다. 그런데 헌법불합치결정의 특징은 구체적 사건에 관한 법원의 판단을 입법자가 새로운 판단을 내릴 때까지 미결상태로 보류하는 것이다. 따라서 법원은 법률이 개정되기를 기다려 개선된 법률에 따라 판단함으로써 당사자가 개선된 법률의 결과에 따른 혜택을 받을 기회를 열어놓아야 한다.[235)] 이러한 점에서 헌법불합치결정은 개선된 법률의 소급 적용을 전제한다. 그러므로 입법자는 소급효 있는 법률을 제정할 의무가 있다.[236)] 이처럼 헌법불합치결정은 입법자의 법률 개선을 통해서 비로소 실질적 내용과 효력이 있

---

234) 실제로 개정규정에 대한 헌법소원에서 소급입법금지나 신뢰보호원칙의 위반은 문제 되지 않았다(헌재 2013. 8. 29. 2010헌마196).

235) **한수웅**(주 91), 11～12쪽; ***Hartmut Maurer***, Zur Verfassungswidrigerklärung von Gesetzen, in: Hans Schneider/Götz Volkmar (Hrsg.), Im Dienst an Recht und Staat: Festschrift für Werner Weber zum 70. Geburtstag, Berlin 1974, S. 361.

236) **김현철**, 『판례 헌법소송법(제4판)』, 전남대학교출판부, 2016, 203～204쪽; **윤진수**, 「헌법재판소 위헌결정의 소급효」, 『헌법문제와 재판(상)』(재판자료 제75집), 법원도서관, 1997, 677～678쪽; **한수웅**, 「헌법불합치결정의 헌법적 근거와 효력 - 독일에서의 판례와 이론을 중심으로 -」, 『헌법논총』 제6집, 헌법재판소, 1995, 526쪽; **황도수**(주 208), 262쪽.

게 된다. 그래서 헌법불합치결정의 소급효는 개선된 법률의 소급효를 뜻한다.[237)]

이때 개선된 법률이 소급 적용되는 범위는 단순위헌결정에서 위헌으로 확인된 법률 적용이 배제된 범위와 같고, 특별한 사정이 없으면 헌법불합치결정 선고시점까지 소급 적용되는 것이 원칙이다. 헌법재판소도 "헌법불합치결정은 위헌결정과 달리 입법개선을 기다려 개선된 입법을 소급하여 적용함으로써 합헌적 상태를 회복할 수 있으나, 헌법불합치결정도 위헌결정의 일종이므로 그 결정의 효력은 결정이 있는 날로부터 발생하고, 위헌결정의 경우와 같은 범위에서 소급효가 인정된다. 따라서 헌법불합치결정에 따른 개선입법이 소급 적용되는 범위도 위헌결정에서 소급효가 인정되는 범위와 같으므로, 특별한 사정이 없는 한 헌법불합치결정 당시의 시점까지 소급되는 것이 원칙이라 할 것이다."[238)]라고 하였다. 이러한 소급효는 기한이 설정되고 나서

237) **정연주**(주 190), 191쪽; **최희수**(주 91), 119쪽; **허 영**(주 85), 260~261쪽.

238) 헌재 2004. 1. 29. 2002헌바40등, 판례집 16-1, 29, 56.

헌재 2000. 1. 27. 96헌바95등, 판례집 12-1, 16, 39: "헌법재판소가 헌법불합치라는 변형결정주문을 선택하여 위헌적 요소가 있는 조항들을 합헌적으로 개정 혹은 폐지하는 임무를 입법자의 형성재량에 맡긴 경우에는, 이 결정의 효력이 소급적으로 미치게 되는 모든 사건이나 앞으로 이 사건 법률조항을 적용하여 행할 부과처분에 대하여는 법리상 이 결정 이후 입법자에 의하여 위헌성이 제거된 새로운 법률조항을 적용하여야 할 것임을 밝혀두는 것이다."

헌재 2006. 6. 29. 2004헌가3, 공보 117, 872, 875: "무릇 어떠한 법률조항에 대하여 헌법재판소가 헌법불합치결정을 하여 입법자에게 그 법률조항을 합헌적으로 개정 또는 폐지하는 임무를 입법자의 형성 재량에 맡긴 이상, 그 개선입법의 소급적용 여부와 소급적용의 범위는 원칙적으로 입법자의 재량에 달린 것이기는 하지만, 이 사건 법률조항에 대한 위 헌법불합치결정의 취지나 위헌심판에서의 구체적 규범통제의 실효성 보장이라는 측면을 고려할 때, 적어도 위 헌법불합치결정을 하게 된 당해 사건 및 위 헌법불합치결정 당시에 이 사건 법률조항의 위헌 여부가 쟁점이 되어 법원에 계속중인 사건에 대하여는 위 헌법불합치결정의 소급효가 미친다고 할 것이므로, 비록 현

기한 이후에 법률이 개선되어도 인정될 수 있다.[239)]

(2) 법률 개정을 통한 구제범위 변경 가능성

헌법재판소가 적용중지 헌법불합치결정을 내리면, 입법자는 적어도 헌법불합치결정 선고시점까지 개선된 법률을 적용하도록 경과규정을 둘 의무가 있다.[240)] 따라서 헌법불합치로 결정된 법률을 적용받던 사

행 사립학교법 부칙(2005. 1. 27.) 제2항의 경과조치의 적용 범위에 이들 사건이 포함되어 있지 않더라도 이들 사건에 대하여는 종전의 법률조항을 그대로 적용할 수는 없고, 위헌성이 제거된 현행 사립학교법의 규정이 적용되는 것으로 보아야 할 것이다[대법원 2006. 3. 9. 선고 2003다52647 판결(공 2006상, 569)]."

239) **이준일**(주 91), 1064쪽.

240) 헌재 2004. 1. 29. 2002헌바40등, 판례집 16-1, 29, 47-48: "이 사건 부칙조항은 종전 불합치결정 이후 개정민법 시행 전까지의 법의 공백을 규율할 필요성에 따른 특별한정승인의 경과조치이므로 위와 같은 법의 공백시기의 상속법률관계에 관하여 개정민법 시행 후와 동일한 요건에 대하여는 동등하게 규율되도록 규정되어야 할 것이다. 즉 개정민법의 효력발생일 이후에 중대한 과실 없이 상속채무초과사실을 상속개시 있음을 안 날로부터 3월 내에 알지 못하여 자신의 의사와 무관하게 단순승인 의제된 후에도 개정민법 시행일 이후에 그 사실을 알게 된 상속인이, 개정규정에 의거하여 상속채무초과사실을 안 날로부터 3월 내에 특별한정승인을 선택함으로써 상속채무에 대한 무한책임의 부담이라는 위험에서 벗어날 수 있게 된 것과 마찬가지로, 종전 불합치결정 이후 개정민법 시행 전의 법의 공백시기에도 같은 요건을 충족하여 단순승인 의제된 상속인의 경우에는 동등하게 특별한정승인을 할 수 있는 기회를 제공하는 것이어야 할 것이다. 또한 이와 같이 경과규정을 둔다 하더라도 종전 불합치결정의 이유에서 밝히고 있는 바와 같이 상속채권자 등 이해관계인의 이익과 법적 안정성 등을 고려하여 그 적용의 범위가 정해질 필요가 있고, 그 범위는 위 결정 당시 이미 상속법률관계가 상속인의 의사에 의하여 확정되었는가(예컨대 단순승인을 한 경우), 또는 기간 도과 등 상속인에게 그 책임을 돌릴 수 있는 사유로 확정되었는가(예컨대 단순승인이 의제된 것에 상속인의 귀책사유가 있는 경우)의 여부를 기준으로 판단할 수 있다 할 것이다."

람들은 그 법률 적용대상에서 제외되고, 개선된 법률의 규율을 받게 된다. 적용중지 헌법불합치결정에서 이러한 경과규정은 입법자의 의무이고, 이에 관해서 입법자는 입법재량이 없다. 즉 입법자는 상당한 기간 안에 또는 기한이 설정되면 그 기한 안에 개선된 법률이 소급 적용되도록 하여야 한다. 헌법재판소가 적용중지 헌법불합치결정을 내렸다는 것은 선고시점을 기준으로 해당 법률을 더는 적용하여서는 아니 된다는 것이다. 이때 개선된 법률이 소급 적용되지 않으면 적용중지시점부터 법률개선시점까지 법적 공백이 생긴다. 따라서 적용중지 헌법불합치결정에 따라서 반드시 개선된 법률을 소급 적용하는 경과규정을 담아야 한다. 이러한 점에서 적용중지 헌법불합치결정에 따른 적용 중지 및 절차 중지라는 효력과 입법자의 소급효 있는 법률개선의무는 불가분관계에 있다.241) 물론 (소급입법을 금지하는 장애사유가 없는 한) 입법자가 소급적용시점을 적용중지시점을 넘어 더 지난날로 설정하는 것도 가능하다.

계속적용 헌법불합치결정은 입법자에게 소급효 있는 법률개선의무를 부과하지 않는다. 따라서 입법자는 개선된 법률의 소급 적용 여부에 관해서 입법재량이 있다. 즉 헌법재판소가 계속적용 헌법불합치결정을 내리면 개선된 법률을 소급 적용할 것인지에 관해서 입법자 스스로 결정을 할 수 있다. 심사한 법률의 위헌성을 확인하고도 단순위헌결정이 아닌 헌법불합치결정을 내리면서도 여러 가지 사정을 고려하여 헌법재판소가 계속 적용을 명령하였다면, 법률개선시한(정확하게는 법률개선시한 안에 법률을 개선한 시점)까지는 헌법불합치로 결정된 법률이라도 유효한 법률로서 기능한다. 따라서 입법자는 법률개선시점 이후에만 개선된 법률이 적용되도록 할 수 있다. 개선된 법률에 해당 법률을 소급 적용하도록 하는 경과규정을 두지 않더라도 입법자는 법률

241) 이상 **지성수**(주 92), 119~120쪽.

개선의무를 불충분하게 이행한 것이 아니다. 그러나 (소급입법을 금지하는 장애사유가 없는 한) 입법자는 경과규정을 두어 개선된 법률이 소급 적용되도록 할 수도 있다. 개선된 법률의 소급 적용을 금지하여야 할 특별한 이유가 없기 때문이다.[242] 다만, 헌법재판소가 헌법불합치로 선언된 법률의 계속 적용을 명령하였더라도 해당 법률의 계속 적용이 제한 없이 허용되는 것은 아니다. 즉 입법자가 해당 법률을 개선하여야 하는 시점까지만, 즉 상당한 기간 또는 기한이 설정되면 그 기한까지만 해당 법률은 계속 적용될 수 있다. 따라서 이러한 시점이 지나면 해당 법률도 더는 적용될 수 없다. 그래서 이후 입법자가 해당 법률을 개선할 때 개선된 법률을 개선시한종료시점까지 소급하여 적용하도록 하여야 한다.

결론적으로 개선된 법률의 소급 적용 여부는 원칙적으로 적용중지 헌법불합치결정에서만 문제가 되고, 계속적용 헌법불합치결정에서는 문제가 되지 않는다.[243]

(3) 소급규정 없는 개선된 법률의 소급 적용 가능성

개선된 법률의 소급 적용이 당연한 이상 법률이 소급 적용을 규정하는 것은 별 의미가 없다.[244] 물론 소급 적용 범위를 확대하는 규정은 당연히 의미가 있다. 이와 관련하여 입법자가 적용중지 헌법불합치결정에 따라서 개선된 법률의 소급 적용을 규정하는 경과규정을 두어야 하는데도, 입법자가 이러한 의무를 게을리하여 이러한 경과규정을 두지 않을 수도 있다. 이러할 때 이러한 경과규정이 없어도 개선된 법률을 소급 적용할 수 있는지가 문제 된다.

---

242) 이상 **지성수**(주 92), 120～121쪽.

243) 같은 견해: **이준일**(주 91), 1064～1065쪽.

244) **김현철**(주 236), 204쪽.

① 학설

소급적용규정 유무에 관계없이 개선된 법률이 소급 적용될 수 있다는 견해가 있다.[245] 이 견해는 단순위헌결정이 법원에 최종적이고 확정적인 판단근거를 제공하지만, 헌법불합치결정에서는 그 자체가 완결된 최종판단이 아니고 그 위헌상태 제거에 관한 최종결정을 입법자에게 미루는 것이라고 한다. 따라서 개선된 법률의 소급 적용은 헌법불합치결정에 내재하는 본질적 요소라고 한다. 입법자가 헌법불합치결정에 따라서 위헌적 상태를 제거하는 법률을 제정하면 그것은 헌법재판소를 대신하여 합헌상태를 소급하여 회복하는 것이고, 법원이 이러한 합헌법률을 적용하여야 하는 것은 당연하다고 한다. 이렇게 보면 입법자가 개선된 법률의 시행시점을 별도로 규율하는 것은 큰 의미가 없다고 한다.

그리고 소급 적용을 할 수 있다는 견해는 (ⅰ) 적용중지 헌법불합치결정으로 말미암아 입법자 법률개선의무의 시적 범위 문제와 입법자가 그 의무를 이행하려고 제정한 개선된 법률의 적용범위가 원칙적으로 일치하여야 한다는 점, (ⅱ) 관련 사건들에 헌법불합치로 결정된 구법이 적용됨에 따라 그 사건들에 관해서 더는 확정력이나 기판력이 형성될 수 없는 상태에서 헌법불합치로 결정된 구법에 따라서 규율된 사항을 합헌적으로 규율하는 개선된 법률이 있으므로 비록 소급 적용을 명하는 명문 경과규정이 없더라도 해석을 통해서 개선된 법률을 소급 적용하는 것이 법리적으로 무리라고 보기 어려운 점, (ⅲ) 관련 개인들에게 다시 입법부작위나 개선된 법률의 위헌확인을 구하는 헌법소송을 제기하도록 하는 시간적·경제적 비용을 덜어 준다는 점에서

245) **남복현**(주 199, 헌법불합치결정을 둘러싼 법적 쟁점의 검토), 479～480쪽; **성낙인/이효원/권건보/정 철/박진우/허진성**(주 91), 209쪽; **이명웅**(주 197), 388쪽; **한수웅**(주 236), 525～527쪽; **같은 사람**(주 91), 12～13쪽.

강한 설득력이 있으나, 이러한 견해는 입법자가 개선된 법률 시행 이전 사건 중 일부에 관해서만 개선된 법률을 적용하는 명문의 경과규율을 두면 어려움에 봉착할 수 있다는 점을 고려하면, 개선된 법률은 입법자의 명시적인 의사에 어긋나지 않는 한 개선된 법률의 소급 적용을 명하는 경과규정이 없더라도 소급 적용될 수 있다는 견해도 있다.[246)]

이에 대해서 개선된 법률에서 소급효를 인정하는 규정이 없으면 신법이 당연히 소급하여 적용되는 것은 아니라는 견해가 있다.[247)] 법률의 소급 적용은 법률로써 결정하여야 할 사항으로 입법권에 속하는 것이기 때문이라고 한다. 이 견해는 개선된 법률이 이러한 소급효를 인정하지 않으면 여전히 위헌인 것으로 되어 개선된 법률은 다시 위헌여부심판 대상이 될 수 있다고 한다.

그리고 적용중지 헌법불합치결정은 개선된 법률의 소급 적용을 전제하므로 헌법재판소가 적용중지 헌법불합치결정을 내리면 입법자는 소급효 있는 법률개선을 할 의무가 있으나, 법률의 소급 적용 여부는 법률로서 규율되어야 할 사항으로서 입법자가 결정하여야 하므로, 개선된 법률 소급 적용에 관한 경과규정이 없다면 해당 법률은 일반원칙에 따라 즉시효(장래효)만 있다고 보아야 할 것이고, 이러한 입법자의 조치는 소급효 있는 법률 개선을 할 의무를 이행하지 아니한 것으로서 헌법에 위반되는 것이므로 법원은 독자적으로 개선된 법률을 적용하여서는 아니 되고, 개선된 법률에 소급 적용 경과규정을 두지 않은 것

---

246) **한수웅/정태호/김하열/정문식**(정태호 집필)(주 91), 546쪽.

247) **김시철**, 「형벌조항에 대한 헌법불합치결정」, 『사법』 제8호, 사법발전재단, 2009, 204～205쪽; **윤진수**(주 236), 677쪽; **같은 사람**, 「상속의 단순승인 의제규정에 대한 헌법불합치결정의 문제점」, 『헌법논총』 제11집, 2000, 218～225쪽; **이상훈**(주 91), 86쪽; **이준일**(주 91), 1065쪽; **정종섭**(주 85, 헌법소송법), 409쪽; **최완주**(주 92), 397～398쪽; **최 환**(주 220), 590～591쪽.

을 문제 삼아 헌법재판소에 위헌제청을 하여 문제를 해결하여야 할 것이라는 견해도 있다.[248]

그 밖에 개선된 법률을 해석하여 동 법률의 소급 여부를 결정하여야 한다는 견해도 있다.[249] 즉 개선된 법률을 해석한 결과 개선된 법률에서 비록 경과규정을 두지 않았지만, 개선된 법률을 소급 적용하여야 할 것으로 해석되면 개선된 법률을 소급 적용할 수 있다고 한다. 그러나 해석 결과 개선된 법률을 소급 적용하는 것으로 해석되기 어려우면 입법자가 입법개선의무를 일부 게을리하는 것으로 보아야 한다고 한다.

② 판례

(ⅰ) 헌법재판소

헌법재판소는 헌법불합치결정에 따른 입법자의 법률개선의무에 따라 입법자가 법률을 개선할 때 소급적용규정을 둘 의무가 있다면 그 소급 적용 범위는 원칙적으로 헌법불합치결정 시점까지로 될 것이나, 구체적 사안마다 헌법불합치결정의 취지, 헌법불합치결정이 선고된 법률조항 위헌성의 내용과 정도, 개선된 법률 내용과 그 소급 적용이 다른 보호법익에 미치는 영향 정도 등 제반 사정을 고려하여 헌법상 보호법익을 비교형량하여 도출되어야 할 것이고, 입법자는 이러한 의무에 어긋나지 않는 범위 안에서 입법형성의 재량이 있어서 헌법불합치결정에 따라 개선된 법률이 제한 없이 소급 적용되어야 하는 것은 아니라고 한다.[250] 그러나 헌법재판소는 어떠한 법률조항에 대해서 헌법재판소가 헌법불합치결정을 하여 입법자에게 그 법률조항을 합헌적

248) **지성수**(주 92), 155～156쪽.

249) **황도수**(주 208), 263쪽.

250) 헌재 2004. 1. 29. 2002헌바40등, 판례집 16-1, 29, 56; 헌재 2008. 10. 30. 2005헌마723등, 판례집 20-2상, 941, 966.

으로 개정 또는 폐지하는 임무를 입법자의 형성 재량에 맡긴 이상, 그 개선된 법률의 소급 적용 여부와 소급 적용 범위는 원칙적으로 입법자의 재량에 달린 것이기는 하지만, 구법 조항에 대한 종전 헌법불합치 결정의 취지나 위헌심판에서 구체적 규범통제의 실효성 확보라는 측면을 고려하면, 헌법불합치결정에 따라 개선된 법률에서 신법 조항의 소급 적용에 관해서 명시적인 경과규정을 두지 않더라도, 적어도 '법원의 제청·헌법소원심판 청구를 통하여 종전 헌법불합치결정을 하도록 계기를 부여한 사건(이른바 당해 사건) 및 종전 헌법불합치결정 당시에 구법 조항의 위헌 여부가 쟁점이 되어 법원에 계속 중인 사건(이른바 동종사건이나 병행사건)에 대해서는 종전 헌법불합치결정에 따라 개선된 법률의 소급효가 미친다고 한다.[251] 헌법재판소가 헌법불합치라는 변형결정주문을 선택하여 위헌적 요소가 있는 조항들을 합헌적으로 개정하거나 폐지하는 임무를 입법자의 형성재량에 맡기면, 이 결정의 효력이 소급하여 미치게 되는 모든 사건이나 앞으로 이 사건 법률조항을 적용하여 내릴 부과처분에 대해서는 법리상 이 결정 이후 입법자가 위헌성이 제거된 새로운 법률조항을 적용하여야 한다고 한 결정도 있다.[252]

(ii) 대법원

대법원은 어떠한 법률조항에 대하여 헌법재판소가 헌법불합치결정을 하여 입법자에게 그 법률조항을 합헌적으로 개정하거나 폐지하는 임무를 입법자의 형성 재량에 맡긴 이상, 그 개선입법의 소급 적용 여부와 소급 적용 범위는 원칙적으로 입법자의 재량에 달린 것이기는 하

251) 헌재 1995. 7. 27. 93헌바1, 판례집 7-2, 221, 246-247; 헌재 2006. 6. 29. 2004헌가3, 공보 117, 872, 875; 헌재 2007. 1. 17. 2005헌바41등, 판례집 19-1, 14, 20; 헌재 2008. 10. 30. 2005헌마723등, 판례집 20-2상, 941, 959-960.
252) 헌재 2000. 1. 27. 96헌바95등, 판례집 12-1, 16, 39.

지만, 구법 조항에 대한 이 사건 헌법불합치결정의 취지나 위헌심판에서 구체적 규범통제의 실효성 보장이라는 측면을 고려하면, 적어도 이 사건 헌법불합치결정을 하게 된 당해 사건과 이 사건 헌법불합치결정 당시에 구법 조항의 위헌 여부가 쟁점이 되어 법원에 계속 중인 사건에 대해서는 이 사건 헌법불합치결정의 소급효가 미친다고 하여야 할 것이라고 한다.[253] 따라서 어느 법률이나 법률조항에 대한 적용 중지의 효력이 있는 헌법불합치결정에 따라 법률 개선이 이루어지면 헌법불합치결정 이후에 제소된 일반사건에 관해서 개선입법이 소급하여 적용될 수 있는지는, 그러한 입법형성권 행사의 결과로 만들어진 개선된 법률 내용에 따라 결정되어야 할 것이므로, 개선된 법률에 소급 적용에 관한 명시적인 규정이 있으면 그에 따라야 하고, 개선된 법률에 그에 관한 경과규정이 없으면 다른 특별한 사정이 없으면 헌법불합치결정 전의 구법이 적용되어야 할 사안에 관하여 그 개선된 법률을 소급하여 적용할 수 없는 것이 원칙이라고 한다.[254]

다만, 대법원 판례 중에는 "결정(헌재 1995. 11. 30. 95헌바12등) 이유 전단에서는 종래의 법령의 계속 적용이 가능하다고 하면서도 후단에서는 개정법률이 위헌성이 제거되었다는 이유로 이를 당해 사건 등에 소급하여 적용할 것을 설시하고 있으나, 이를 소급 적용할 법리상 근거도 없을 뿐만 아니라 개별공시지가 시행 이전에 이미 양도가 이루어진 사건에 있어서는 위 개정법률은 양도 당시의 과세시가표준액 등에

253) 대법원 2002. 4. 2. 선고 99다3358 판결(집50-1, 343; 공2002상, 1059); 대법원 2002. 5. 14. 선고 2000다62476 판결(공2002하, 1389); 대법원 2002. 11. 8. 선고 2002다21882 판결(공2003상, 29); 대법원 2006. 3. 9. 선고 2003다52647 판결(공2006상, 569); 대법원 2006. 7. 6. 선고 2005다16041 판결; 대법원 2010. 9. 30. 선고 2006다46131 판결; 대법원 2011. 9. 29. 선고 2008두18885 판결(공2011하, 2234).

254) 대법원 2015. 5. 29. 선고 2014두35447 판결(공2015하, 896).

의한 기준시가를 위 개정법률이 정하고 있는 개별공시지가로 환산하는 규정을 결하고 있으므로, 위와 같은 사례에 있어서는 그 처분이 전부 취소될 수밖에 없어 위 결정 이유 전단에서 헌법불합치결정을 채택하는 근거로 내세운 법적 공백의 회피, 국가의 재정차질 방지 및 납세자 사이의 형평 유지에 정면으로 모순되는 결과가 발생하게 된다. 그렇다면 결국 이 사건 헌법불합치결정은 당해 조항의 위헌성이 제거된 개정법률이 시행되기 이전까지는 종전 구 소득세법 제60조를 그대로 잠정 적용하는 것을 허용하는 취지의 결정이라고 이해할 수밖에 없고, 그것이 당해 사건이라고 하여 달리 취급하여야 할 이유가 없다."라고 하여 개선된 법률이 당연히 소급 적용되는 것은 아니라고 판단한 것도 있다.[255] 하지만 이 판결은 개선된 법률을 소급 적용하면 헌법불합치결정 취지와 모순되는 사례 자체의 문제점 때문에 예외적으로 개선된 법률의 소급 적용을 부정한 것에 지나지 않는 것으로 보아야 한다고 생각한다.

③ 독일의 학설과 판례

(ⅰ) 학설

독일의 지배적 견해는 원칙적으로 개선된 법률의 소급효를 요구한다. 그러나 그에 관한 근거는 다양하다.

먼저 ⓐ 불합치선언은 무효선언처럼 독일 연방헌법재판소법 제79조 제2항의 기본사고에 맞게 처리하여야 한다는 견해가 있다.[256] 이 견해

255) 대법원 1997. 3. 28. 선고 96누15602 판결(집45-2, 451; 공1997상, 1282).

256) ***Peter E. Hein*** (Anm. 153), S. 171 ff.; ***Wolfgang Heyde***, Gesetzgeberische Konsequenzen aus der Verfassungswidrig-Erklärung von Normen, in: Wolfgang Zeidler/Theodor Maunz/Gerd Roellecke (Hrsg.), Festschrift für Hans Joachim Faller, München 1984, S. 54 ff.; ***Klaus Schlaich/Stefan Korioth*** (Anm. 4), Rdnr. 427.

는 개선된 법률은 아직 확정력 있는 절차종료에 이르지 않은 모든 사건에 소급하여 적용된다고 한다.

그리고 ⓑ 불합치선언은 법률적 효력(법규적 효력: 독일 연방헌법재판소법 제31조 제2항 제1문) 때문에 모든 사건에 대해서 (대세적으로) 위헌규범과 독일 기본법의 충돌 시점부터 (소급하여) 창설적 효력이 있고 입법자에게 위헌적 법상태를 제거할 의무를 부과한다는 견해도 있다.[257] 이 견해를 따르면 입법자는 헌법합치적 질서에 대한 입법자의 구속(독일 기본법 제20조 제3항) 때문에 즉시 (지체 책임 없이) 합헌적 법상태를 창출하여야 하므로, 입법자가 헌법과 합치하지 않는 것으로 확인한 법적 상황을 바꾸지 않고 지속시키는 것은 허용되지 않는다고 한다. 여기서 입법자는 과거에 대한 독일 기본법의 요구를 정당하게 평가할 의무가 있다고 한다.

또한, ⓒ 권력분립과 권한질서에 근거한, 다른 국가기관의 유효한 결정을 서로 존중하여야 한다는 국가기관의 헌법적 의무와 법률적 측면에서 독일 연방헌법재판소법 제31조 제1항에 따른 구속력에서 국가기관이 스스로 제거하고 소급하여 해결하여야 한다는 명령이 도출되므로,[258] 입법자는 과거를 '합헌상태로 돌려야' 한다는[259] 견해도 있다.

그 밖에 ⓓ 입법자의 헌법구속과 헌법합치적 법상태를 창출하기 위해서 노력하여야 한다는 입법자의 법률개선의무 목적에 따라서 모든 헌법위반은 처음부터 제거되어야 한다는 견해도 있다.[260] 이 견해는

257) ***Hermann Heußner*** (Anm. 152), S. 258.

258) ***Christian Pestalozza***, Verfassungsprozeßrecht, 3. Aufl., München 1991, § 20 Rdnr. 65.

259) ***Christian Pestalozza*** (Anm. 258), § 20 Rdnr. 129.

260) ***Christian Mayer*** (Anm. 6), S. 175.

이러한 의무 지움을 원칙적으로 위헌성 확인에 포섭되는 전체 시간영역으로 확장한다.

(ii) 판례

독일 연방헌법재판소를 따르면 상당한 기간 안에 헌법에 합치하는 법상태를 창출하여야 하는 입법자의 의무는 원칙적으로 확인이 포섭하는 전체 시간영역, 즉 불합치선언과 관련되는 전체 시간영역까지 확대되고, 최소한 위헌으로 결정된 규율에 근거한, 아직 확정력 없는 모든 재판을 포섭한다고 한다. 입법자가 헌법과 합치하지 않는 법적 상태를 (과거에 대해서도) 존속시키는 것은 허용되지 않는다고 한다. 이것은 특히 독일 연방헌법재판소법 제31조가 규정한 독일 연방헌법재판소 재판의 기속력에서 도출된다고 한다.[261] 그에 반해서 입법자가 다투어진 법규범의 효력발생시점부터 합헌적 규율을 창출할 의무를 진다는 독일 연방헌법재판소 재판도 있다.[262]

④ 사견

헌법불합치결정은 본질에 비추어 위헌결정이므로, 헌법불합치결정을 받은 법률은 (결정주문에서 예외적으로 잠정 적용을 명령하지 않는 한) 가능하면 적용되지 아니하도록 할 필요가 있다. 그래서 입법자가 '마음대로' 개선된 법률의 소급범위를 정하는 것은 헌법불합치결정 취지에 어긋난다. 즉 헌법재판소는 심사한 법률을 위헌이라고 판단하여 그 적용을 배제하면서 오로지 합헌상태 회복만을 입법자의 재량에 맡긴 것이다. 따라서 입법자에게는 위헌인 법률을 계속 적용하게 할 권한이 없어서, 헌법불합치결정의 소급효가 미치는 범위에서는 개선된 법률에 소급 적용에 관한 경과규정이 포함되어 있는지와 상관없이 개선된

261) BVerfGE 81, 363 (384); 87, 114 (137); 87, 153 (178).
262) BVerfGE 55, 100 (110 f.); 61, 319 (357).

법률이 적용되어야 한다. 그리고 입법자가 법률을 개선할 때까지 재판절차가 중단되므로, 법적 안정성을 고려할 필요가 없다.[263] 또한, 위헌법률을 적용하는 것은 위헌이므로,[264] 개선된 법률을 소급 적용하지 않으면 법적 공백이 발생한다. 소급 적용을 규정하지 않는다는 이유로 개선된 법률을 다시 헌법재판소 심판대상으로 삼아 위헌결정을 받아내라고 하는 요구는 당사자 구제를 늦추는 의미밖에 없다. 새로운 위헌법률심판과 그에 따른 새로운 법률을 통해서 단지 개선된 법률의 소급효만 확인될 수 있기 때문이다. 그리고 헌법재판소의 헌법불합치결정을 통해서 이미 개선된 법률의 소급효는 확정되었고 개선된 법률의 다른 내용은 바뀌거나 폐지되지 않으므로, 법원이 소급효규정 없는 개선된 법률을 소급 적용한다고 하더라도 입법자의 권한은 침해되지 않는다.

(4) 헌법불합치결정에 따라 개선된 법률의 소급범위

① 적용중지 헌법불합치결정

적용중지 헌법불합치결정은 위헌성이 확인된 법률 적용을 중지하고 개선된 법률을 소급 적용함으로써 합헌적 질서를 회복하는 것이 본질이다. 여기서 개선된 법률의 소급 적용을 통해서 합헌성이 회복되는 대상은 단순위헌결정으로 말미암아 위헌법률 적용이 배제되는 대상과 같다. 즉 개선된 법률이 소급 적용되는 범위는 위헌결정에서 소급효가 인정되는 범위와 같다.[265] 따라서 법률개선 계기를 부여한 헌법재판소 결정의 소급효가 선고된 시점을 넘어서 미칠 수 있다. 그런데 단순위

---

263) 같은 견해: **한수웅/정태호/김하열/정문식**(정태호 집필)(주 91), 544쪽.

264) ***Hartmut Maurer*** (Anm. 235), S. 362 참조.

265) **정종섭**(주 85, 헌법소송법), 411쪽; **한수웅**(주 91), 12쪽; BVerfGE 37, 217 (262) 참조.

헌결정에서는 위헌성이 확인된 법률 적용이 배제되지만, 헌법불합치결정에서는 개선된 법률의 소급 적용 형태로 나타난다. 따라서 단순위헌결정에서는 헌법재판소 선고만으로 구제범위가 바로 확정되지만, 헌법불합치결정에서는 입법자의 법률 개선을 매개로 구제범위가 확정된다는 점에서 차이가 있다.[266] 먼저 개선된 법률은 적용중지 헌법불합치결정 선고 전에 재판계속 중이었으나 아직 확정되지 아니한 사건들에 소급 적용된다. 따라서 적용중지 헌법불합치결정의 직접적 계기가 된 당해 사건은 물론 적용중지 헌법불합치결정 선고 당시에 헌법불합치로 결정된 법률의 위헌 여부가 쟁점이 되어 법원에 계속 중인 병행사건에도 개선된 법률이 소급 적용된다.[267] 그리고 적용중지 헌법불합치결정 선고 전에 발생하였으나 적용중지 헌법불합치결정 선고 이후에 비로소 법원에 제소된 일반사건들도 헌법불합치로 결정된 법률 적용이 정지되므로 개선된 법률이 소급 적용된다. 또한, 적용중지 헌법불합치결정이 선고되고 나서 비로소 발생한, 헌법불합치로 결정된 법률의 위헌 여부가 재판이나 처분의 전제가 되는 사건들에도 개선된 법률이 소급 적용된다. 헌법불합치로 결정된 법률 적용이 금지되고, 관련 절차가 정지되기 때문이다.[268] 결국, 아직 기판력이나 확정력이 형성되지 아니한 모든 절차가 정지되므로 이러한 미결 사건들 모두가 개선된 법률의 소급 적용 대상이다.[269] 그러나 적용중지 헌법불합치결정 당시에 이미 확정력이나 기판력이 발생한 사건들은 개선된 법률의

---

266) 이상 **김하열**(주 85), 374~375쪽 참조.

267) 헌재 2006. 6. 29. 2004헌가3, 공보 117, 872, 875; 헌재 2007. 1. 17. 2005헌바41 등, 판례집 19-1, 14, 20. 대법원도 기본적으로 이러한 견해이다. 예를 들어 대법원 2002. 4. 2. 선고 99다3358 판결(집50-1, 343; 공2002상, 1059); 대법원 2011. 9. 29. 선고 2008두18885 판결(공2011하, 2234).

268) **한수웅/정태호/김하열/정문식**(정태호 집필)(주 91), 544~545쪽.

269) **한수웅/정태호/김하열/정문식**(정태호 집필)(주 91), 545쪽. 독일 판례도 기본적으로 이러한 견해이다. 예를 들어 BVerfGE 87, 153 (178); 99, 280 (298).

소급 적용 대상이 아니다.270)

② 계속적용 헌법불합치결정

계속적용 헌법불합치결정에서는 위헌성이 확인된 법률이 잠정적으로 적용되도록 하므로 개선된 법률의 소급 적용이 본질적 요소가 아니다. 따라서 입법자가 법률을 개선할 때까지 헌법재판소가 위헌법률의 계속 적용을 명령하면 개선된 법률이 당연히 소급 적용되지 않는다.271) 개선된 법률의 소급 적용은 입법자의 결정에 따라 결정된다. 그래서 입법자가 개선된 법률을 소급 적용하는 경과규정을 두지 않으면 개선된 법률은 당해 사건에도 적용되지 않는다.272) 273)

---

270) 이상 **한수웅/정태호/김하열/정문식**(정태호 집필)(주 91), 545쪽.

271) 같은 견해: **김선택**,「대학교원의 신분보장 - 교수임용방식 개선방향과 해직교수 구제방안」,『공법연구』 제32집 제1호, 한국공법학회, 2003, 244쪽.

272) 대법원 2013. 7. 25. 선고 2013누6435 판결: “구 공무원연금법(2009. 12. 31. 법률 제9905호로 개정되기 전의 것) 제64조 제1항 제1호(이하 ‘구법 조항’이라 한다)는 공무원 또는 공무원이었던 자가 재직 중의 사유로 금고 이상의 형을 받은 때에는 대통령령이 정하는 바에 의하여 퇴직급여 및 퇴직수당(이하 ‘퇴직급여 등’이라 한다)의 일부를 감액하여 지급한다고 규정함으로써, 재직 중에 발생한 사유로 금고 이상의 형을 받은 때에는 그것이 직무와 관련된 것인지 여부를 묻지 아니하고 구법 조항이 적용되도록 하고 있다. 그런데 헌법재판소는 2007. 3. 29. 선고 2005헌바33 전원재판부 결정에서, 구법 조항이 비례의 원칙에 반하여 재산권인 급여수급권을 침해하고, 공무원을 국민연금법상 사업장가입자 및 근로기준법상 근로자에 비해 불평등하게 대우하여 헌법에 위배된다고 판단한 뒤, 다만 ① 이미 공무원연금과 관련된 연간 국가예산 및 기금운용계획이 확정된 상태에서 구법 조항에 대한 단순위헌선언으로 그 효력을 즉시 상실시킬 경우에는 여러 가지 혼란과 부작용이 발생할 우려가 있고, ② 또한 이미 재직 중의 사유로 금고 이상의 형을 받아 급여를 감액당한 다른 퇴직공무원과의 형평성도 고려하여야 한다는 이유를 들어, ‘구법 조항은 헌법에 합치되지 아니하고, 2008. 12. 31.을 시한으로 입법자가 개정할 때까지 그 효력을 지속한다’는 취지의 헌법불합치결정을 선고하였다(이하 ‘이 사건 결정’이라 한다). 이 사건 결정에 나타난 구법 조항에 대한 헌법불합치결정 및 잠정적용의 이유 등에 따르면, 이 사건 결정은 2008. 12. 31.을 시한으로 구법 조항에 대한 개선입법이 시행되기 전까지는 구법 조항을 그대로

그러나 대법원은 법률의 위헌여부심판 제청은 그 전제가 된 당해 사건에서 위헌으로 결정된 법률조항을 적용받지 않으려는 데 그 목적이 있고, 헌법 제107조 제1항에도 위헌결정의 효력이 일반적으로는 소급하지 아니하더라도 당해 사건에 한하여는 소급하는 것으로 보아, 위헌으로 결정된 법률조항 적용을 배제한 다음 당해 사건을 재판하도록 하려는 취지가 포함되어 있다고 보일 뿐 아니라, 만일 제청을 하게 된 당해 사건에서도 소급효를 인정하지 않는다면, 제청 당시 이미 위헌여부심판의 전제성이 없어 제청조차 할 수 없다고 해석되어야 하므로, 구체적 규범통제의 실효성을 보장하기 위하여서라도 적어도 당해 사건에 한해서는 위헌결정의 소급효를 인정하여야 한다고 해석되고, 이러한 해석은 이 사건처럼 헌법재판소가 실질적으로 위헌결정을 하면서도 그로 말미암은 법률조항의 효력상실시기만을 일정기간 뒤로 미루는 계속적용 헌법불합치결정에도 마찬가지로 적용된다고 하였다.[274)]

이에 대해서는 위헌여부심판 제청이나 헌법소원에서 재판의 전제성은 위헌 여부가 문제 되는 법률이나 법률조항이 해당 소송사건의 재판과 관련하여 적용되는 것일 때 그 법률이 헌법에 위반되는지에 따라 당해 사건을 담당한 법원이 다른 내용의 재판을 하게 되는 것을 말하므로, 위헌여부심판 제청이나 헌법소원을 제기하는 단계에서는 헌법재판소가 단순위헌결정을 하거나 헌법불합치결정을 하면서 적용 중지를 택할 가능성도 있어서 재판의 전제성은 충족되고, 그 후 헌법재판

적용하여야 한다는 취지라고 이해할 수밖에 없고, 이 사건 결정에서 정한 개선입법의 시한이 경과할 당시 구법 조항에 따른 처분의 적법 여부가 쟁점이 되어 법원에 계속 중인 사건이라고 하여 이와 달리 취급하여야 할 이유는 없다."

273) 이상 **김하열**(주 85), 376쪽 참조.

274) 대법원 1991. 6. 11. 선고 90다5450 판결(집39-3, 1; 공1991, 1895).

소가 헌법불합치결정을 하면서 적용 중지를 선택하였으므로 대상법률을 당해 사건에서 계속 적용한다고 소급하여 재판의 전제성이 없어지지 않고, 헌법불합치결정의 효력이 당해 사건에 미치므로 당해 사건에서는 불합치로 선언된 법률조항을 적용할 수 없어서 계속 적용 명령이 있어도 당해 사건에서는 대상 법률조항이 단순위헌결정으로 무효가 된 것처럼 재판하면 된다는 논리는 헌법불합치결정의 이론체계에 맞지 않는다는 비판이 있다.[275]

그리고 병행사건이나 일반사건까지 확대하기는 어렵지만, 당해 사건만큼은 형평성 문제나 법적 근거 문제가 있더라도 헌법소송의 개시자 혜택[276]을 주어야 한다는 견해도 있다.[277] 이 견해는 이로 말미암아 법적 안정성에 큰 지장을 초래하는 것도 아니고, 그렇지 않으면 헌법불합치결정이 위헌결정의 하나인데도 당사자에게는 기각결정이나 다름없게 되므로 헌법재판소가 주문이나 이유에서 당해 사건은 적용을 중지하고 신법을 적용하라고 하던지, 아니면 당해 사건에도 '임시로' 계속 적용하도록 하되 개선된 법률이 당해 사건에 소급 적용될 수 있다는 이유를 남기는 것이 바람직하다고 한다.

또한, 형벌조항이 아닌 법률에 헌법불합치결정에서 적용중지 헌법불합치결정은 물론 계속적용 헌법불합치결정도 개선된 법률의 소급효를 인정하여야 하므로 입법자가 법원 해석에 따라 적용 여부가 달

---

275) **이상훈**(주 91), 95~96쪽.

276) 개시자 혜택이라는 논리로 접근해서 아주 일정한 사건 범위 안에서만 편익을 누리게 하면, 당해 사건과 동종사건, 병행사건, 일반사건, 헌법불합치결정시점과 법률개선시점 사이에 형성된 사건 및 이미 확정력이 발생한 사건 사이에 형평 문제가 발생하므로, 동등한 여건을 갖춘 사건을 동등하게 처우되어야 하고, 달리 처우하여야 할 특별한 근거가 없다는 주장도 있다(**남복현**, 「위헌결정과 헌법불합치결정의 법적 효과에 있어 편차」, 『한양법학』 제26집, 한양법학회, 2009, 342쪽).

277) **이명웅**(주 197), 391~392쪽.

라지는 실태를 인지하여 논란이 없도록 소급규정을 제정하는 것이 바람직하다는 주장도 있다.[278] 이 견해는 '계속 적용'이라는 유형에만 초점을 맞추지 말고 '왜' 계속 적용을 명령할 수 없는지에 관한 고려를 하여야 한다고 한다. 하지만 이 견해를 따르면 기존 법률을 토대로 형성된 법적 관계를 개선된 법률에 따라 다시 새롭게 형성하도록 함으로써 법적 안정성을 해칠 수밖에 없다. 따라서 개선된 법률의 소급 적용을 강제하는 것보다는 입법자의 판단에 맡기는 것이 타당하다고 생각한다.

(5) 형벌조항에 대한 헌법불합치결정에 따라 개선된 법률의 소급효

헌법재판소는 형벌조항에 대해서 적용중지 헌법불합치결정[279]뿐 아니라 계속적용 헌법불합치결정[280]도 내린다. 그런데 대법원은 적용중지 헌법불합치결정에 따라 개선된 법률을 당해 사건에 적용하지 않는다. 즉 법원이 위헌여부심판을 제청하는 목적은 전제가 된 당해 사건에 위헌으로 결정된 법률조항을 적용하지 않으려는 것이고, 헌법재판소법 제45조와 제47조의 규정 취지에 비추어 헌법재판소의 헌법불합치결정은 위헌결정에 해당하며, 형벌에 관한 법률조항에 대해서 위헌결정이 선고되면 그 법률조항의 효력은 소급하여 상실되고, 당해 사건뿐 아니라 위헌으로 선언된 형벌조항에 근거한 기존의 모든 유죄확정판결까지 전면적으로 재심이 허용된다는 구 헌법재판소법 제47조 제2항 단서와 제3항에 비추어 이러한 헌법불합치결정의 전면적인 소급효가 미치는 형사사건에서 법원은 헌법에 합치되지 않다고 한 형사처벌

278) **정혜영**, 「헌법불합치결정의 효력에 관한 연구」, 『아주법학』 제8권 제4호, 아주대학교 법학연구소, 2015, 120~121쪽.

279) 예를 들어 헌재 2004. 5. 27. 2003헌가1등, 판례집 16-1, 670.

280) 예를 들어 헌재 2009. 9. 24. 2008헌가25, 판례집 21-2상, 427.

법규를 적용할 수 없으며, 헌법불합치결정에 따라 개선된 법률조항을 소급 적용하여 피고인을 처벌하는 것은 헌법 제12조 제1항과 제13조 제1항에 어긋나서 허용될 수 없다고 한다.281) 이러한 논리를 대법원은 계속적용 헌법불합치결정에도 그대로 적용한다. 즉 헌법재판소의 헌법불합치결정은 헌법과 헌법재판소법이 규정하지 않은 변형된 형태이지만 법률조항에 대한 위헌결정이고, 헌법재판소법 제47조 제2항 단서는 형벌에 관한 법률조항에 대해서 위헌결정이 선고되면 그 조항이 소급하여 효력을 상실한다고 규정하므로 해당 조항을 적용하여 공소가 제기된 피고사건은 범죄로 되지 아니할 때에 해당하여 법원은 그 피고사건에 대해서 형사소송법 제325조 전단에 따라 무죄를 선고하여야 한다고 한다.282)

이에 대해서 대법원 소수의견은 헌법재판소가 어떠한 형벌법규에 위헌성이 있다고 인정하면서도 그 가운데 합헌적 부분도 혼재되어 국회 입법을 통한 구분 필요성이 있거나 단순위헌결정이 가져올 법적 안정성에 대한 침해 가능성이 중대하다고 보아, 헌법재판소법 제47조 제2항 단서에 따른 소급효 적용을 배제하는 것이 불가피하다고 판단하여 단순위헌결정이 아닌 헌법불합치결정을 하면서 아울러 일정한 개선입법이 마련되어 시행되기까지 해당 법규의 계속 적용을 명하면, 법원으로서도 이러한 헌법적 가치와 이익형량에 관한 헌법재판소의 판단을 존중할 필요가 있고, 다수의견과 같이 예외적 소급효 제한의 헌법적 당부를 따지지 않은 채 단지 헌법불합치결정이 위헌결정의 일종이고 헌법불합치결정의 대상이 형벌법규이므로 당연히 헌법재판소법 제47조 제2항 단서의 적용에 따라 소급효가 인정될 뿐이고 여기에 어떠한 예외도 허용될 수 없다고 기계적으로 해석할 것은 아니라고 하면

281) 대법원 2009. 1. 15. 선고 2004도7111 판결(공2009상, 174).
282) 대법원 2011. 6. 23. 선고 2008도7562 전원합의체 판결(공2011하, 1487).

서 다수의견을 비판한다.[283]

이와 관련하여 헌법불합치결정에 따라 개선된 법률 적용이 형벌불소급원칙에 어긋난다는 결론은 지극히 형식적이라는 주장이 있다.[284] 이 견해는 헌법불합치결정에 수반되는 입법보충의 의미는 '이미 존재하는 합헌적 처벌 가능성 확인과 위헌적 처벌요건 제거'이므로, 개선된 법률에서 합헌적 가벌성이 유지된 부분은 범죄행위 당시에도 성립·유효하였던 법률이지, 범죄행위 종료 후 비로소 신설된 가벌요건이 아니라서, 개선된 법률에 따라 당해 사건 피고인에 대해서 유죄 판단을 하는 것은 형벌불소급원칙에 어긋나지 않는다고 한다. 그리고 개선된 법률은 폐지된 구성요건을 다시 구성요건화하는 것이 아니라 효력이 유지되던 법률규정을 헌법에 부합하도록 구성요건적 행위를 축소하거나 형벌을 완화하는 개정에 지나지 않는다고 하면서, 입법자의 법률 개선은 입법보충을 통해서 개선된 법률에서 가벌성이 유지된 부분은 범죄행위 당시에도 유효하였던 것으로서 범죄행위 종료 후에 신설된 처벌요건은 아니라는 견해도 있다.[285]

먼저 적용중지 헌법불합치결정은 물론 계속적용 헌법불합치결정은 단순위헌결정과 구별되는 별개의 헌법재판소 결정유형이다. 즉 헌법불합치결정과 단순위헌결정은 선고요건과 법적 효과가 명확하게 다르다. 따라서 단순위헌결정과 헌법불합치결정을 포함한 모든 위헌결정에 기속되는 법원(헌법재판소법 제47조 제1항)은 헌법재판소가 내린 헌법불합치결정을 단순위헌결정으로 간주할 권한이 없다. 대법원이 헌법재판소의 헌법불합치결정을 단순위헌결정으로 간주하는 것은 대법

283) 대법원 2011. 6. 23. 선고 2008도7562 전원합의체 판결(공2011하, 1487) 대법관 안대희, 대법관 신영철, 대법관 이인복의 별개의견.

284) **한수웅/정태호/김하열/정문식**(김하열 집필)(주 91), 605쪽.

285) **지성수**(주 92), 187쪽.

원이 재심을 통해서 새롭게 단순위헌결정을 내리는 것과 다름없다. 이것은 대법원이 헌법재판소의 권한을 찬탈하는 것으로 볼 수 있다. 특히 이것은 법률이 헌법에 위반되는지가 재판의 전제가 되면 법원은 헌법재판소에 제청하여 그 심판에 따라서 재판한다고 규정한 헌법 제107조 제1항에 어긋난다. 따라서 헌법재판소의 헌법불합치결정이 문제가 있더라도 대법원은 이를 따를 수밖에 없다. 만약 이에 따라서 법적 공백이 발생하면 그때 법원은 법관법을 형성하여 재판할 수 있을 뿐이다. 다음 헌법 제12조 제1항 제2문 후단과 제13조 제1항 전단에서 규정한 죄형법정주의와 형벌불소급원칙의 근본 뜻은 형벌에 관한 법률은 허용된 행위와 금지된 행위의 경계를 명확하게 밝혀서 어떠한 행위가 금지되고, 그에 위반하면 어떠한 형벌을 받을 수 있는지를 미리 개인에게 알려서 자기 행위를 결정할 수 있도록 함으로써 예측 가능성을 확보하려는 것이다.[286] 이것은 소급적인 범죄구성요건 제정과 형벌 가중을 엄격히 금지하는 취지이지 범죄구성요건을 소급하여 축소하거나 형벌을 소급하여 완화하는 것까지 금지하려는 것은 아니다. 따라서 개선된 법률이 위헌으로 확인된 종래 법률보다 범죄구성요건을 축소하거나 형벌을 완화하면 죄형법정주의나 형벌불소급원칙에 어긋나지 않는다. 특히 소급하여 범죄구성요건을 축소하거나[287] 형벌을 완화하더라도 헌법불합치로 결정된 법률이 그러한 내용, 즉 그러한 행위가 형사처벌을 통해서 금지된다는 것을 그 행위 이전에 이미 알렸으므로, 당사자의 예측 가능성이 보장된다는 점에 주목하여야 한다.[288] 이러한

286) 헌재 1996. 2. 16. 96헌가2, 판례집 8-1, 51, 82-83.

287) 개선된 법률이 범죄구성요건을 축소하여도 당사자의 행위가 그 구성요건에 여전히 포섭된다면 당사자에게 유리하지 않은 소급입법이라는 비판이 있을 수 있다. 그러나 이러할 때 개선된 법률은 당사자에게 불리하지도 않으므로 형벌불소급원칙과 충돌하지 않는다.

288) 이상 **허완중**, 「형벌에 관한 법률(조항)에 대한 헌법재판소의 헌법불합치결

점에 비추어 헌법불합치결정에 따라 개선된 법률조항을 소급 적용하여 헌법불합치결정 이전에 범죄를 범한 피고인을 처벌하는 것은 헌법 제12조 제1항과 제13조 제1항에 어긋나지 않는다. 결국, 헌법재판소가 형벌에 관한 법률에 대하여 내린 헌법불합치결정에 따라서 개선된 법률은 원칙대로 헌법불합치결정의 선고시점까지 소급하여 당해 사건에도 적용된다.

(6) 결정 선고 당시 이미 개선된 법률의 소급 적용

헌법재판소가 헌법불합치결정을 내릴 때 입법자에게 법률개선의무를 부여한다는 것은 위헌성이 확인된 법률이 개선될 필요가 있다는 것을 전제한다. 그런데 헌법재판소가 결정을 내리는 시점에 이미 개선된 법률이 시행되었거나 시행 예정일 때가 있다. 이때는 이미 입법자의 의사가 확인되어서 헌법불합치결정을 통해서 입법자에게 법률개선의무를 부여할 필요가 없다. 즉 이때는 헌법재판소가 헌법불합치결정을 내려도 입법자의 법률개선의무는 발생하지 않는다. 따라서 이미 개선된 법률의 소급 적용 여부와 헌법불합치로 선언된 법률의 계속 적용 여부가 문제 될 뿐이다. 이것은 법적 공백을 어떻게 메울 것인지에 관한 문제로 결국 이에 관한 권한이 헌법재판소에 있는지로 귀결된다. 특히 헌법재판소가 개선된 법률을 소급 적용하도록 할 때는 입법자가 정한 적용시점을 헌법재판소가 변경한다는 점에서 입법권 침해 여부가 문제 된다.

먼저 개선된 법률이 헌법불합치결정을 내리는 시점을 기준으로 이미 시행된 때, 즉 선고시점에 개선된 법률이 적용될 때와 선고시점 이

정」, 『공법연구』 제38집 제4호, 한국공법학회, 2010, 147쪽.

후에 시행될 예정인 때로 나눌 수 있다. 다음 각 경우에 헌법재판소가 헌법불합치로 선언된 법률을 적용 중지하는 때와 계속 적용을 명령하는 때 그리고 개선된 법률을 소급 적용하는 때로 나눌 수 있다.

① 개선된 법률이 이미 시행 중일 때 개선된 법률에 소급규정이 있으면 헌법재판소는 단순위헌결정을 내리는 것으로 충분하다. 단순위헌결정으로 위헌으로 선언된 법률은 더는 적용되지 않고, 개선된 법률의 소급규정으로 말미암아 법적 공백이 발생하지 않아서 헌법불합치결정을 내릴 이유가 없기 때문이다.

② 개선된 법률이 이미 시행 중일 때 개선된 법률에 소급규정이 없으면 헌법재판소는 개선된 법률을 아직 확정되지 않은 모든 사건에 소급 적용할 것을 명령하는 헌법불합치결정을 내려야 할 것이다. 이때 헌법불합치로 선언된 법률에 대해서 적용 중지를 명령하면 적용중지시점과 개선된 법률시행시점 사이에 법적 공백이 발생하고, 계속 적용을 명령하면 헌법재판소는 위헌상태를 근거 없이 지속시키는 것이기 때문이다.

이와 관련하여 헌법재판소는 선고 당시에 이미 개선된 법률을 아직 확정되지 않은 모든 사건과 앞으로 일어날 사건 모두에 적용할 것으로 내용으로 하는 헌법불합치결정을 내린 적이 있다.[289] 이것은 입법자에

289) 헌재 1995. 11. 30. 91헌바1등, 판례집 7-2, 562, 594-595: "위와 같이 이 사건 위임조항은 헌법에 위반되므로 원칙으로 위헌결정을 하여야 할 것이나 이에 대하여 단순위헌결정을 선고하여 당장 그 효력을 상실시킬 경우에는 기준시가에 의한 양도소득세를 부과할 수 없게 됨은 물론, 이 법률 조항의 위임에 근거한 소득세법시행령 제115조를 인용하고 있는 구 법인세법시행령 제124조의2 제8항(1978.12.30. 대통령령 제9230호로 개정된 후 1994.12.31. 대통령령 제14468호로 삭제되기 전의 것) 등도 이를 시행할 수 없게 되는 등 법적 공백 상태를 야기하게 되고 이에 따라 조세수입을 감소시키고 국가재정에 상당한 영향을 줌과 아울러 이미 이 조항에 따른 양도소득세를 납부한 납세의

게 법률개선의무를 부과하는 대신에 결정선고일(1995년 11월 30일)부터 개선된 법률 시행일(1996년 1월 1일)까지의 기간에 개선된 법률을 적용할 것을 명령한 것이다.

그러나 대법원은 이러한 헌법불합치결정 취지를 단순위헌결정을 내리면 그 결정의 효력이 당해 사건 등에 광범위하게 미쳐서 구 법령에 근거한 양도소득세 부과처분이 모두 취소되어 법적 공백 발생, 조세수입 감소로 말미암은 국가재정 차질, 기납세자와 형평 위배 등의 불합리한 결과가 발생하므로 이러한 부작용을 피하고자 개정법령의 시행일 전에 종전 법령을 적용하여서 한 부과처분은 그대로 유지하고, 그 시행일 전에 과세할 소득세에 관해서도 종전 법령을 적용함이 옳다는 판단에서 나온 것이라고 하면서, 결국 이러한 헌법불합치결정은 그 위헌성이 제거된 개정법률이 시행되기 전까지는 구 소득세법 제60조를 그대로 잠정 적용하는 것을 허용하는 취지의 결정으로 보아야 한다고 하였다.[290)]

무자들과 사이에 형평에 어긋나는 결과를 초래하는 데다가 이 사건 위임조항의 위헌성을 국회에서 법률로 제정하지 아니한 단지 입법형식의 잘못에 기인하는 것으로서 이를 한시적으로 계속 적용한다고 하더라도 그것이 반드시 구체적 타당성을 크게 해쳐 정의와 형평 등 헌법적 이념에 심히 배치되는 것이라고는 생각되지 아니하고 더욱이 이 사건의 경우에는 1994.12.22. 법률 제4803호로 헌법에 합치하는 내용의 개정입법이 이미 행하여져 위헌조항이 합헌적으로 개정되어 시행되고 있으므로 당재판소는 단순위헌결정을 하지 아니하고 이 사건 위임조항을 적용하여 행한 양도소득세 부과처분 중 확정되지 아니한 모든 사건과 앞으로 향할 양도소득세 부과처분 모두에 대하여 위 개정법률을 적용할 것을 내용으로 하는 헌법불합치결정을 하기로 한다."(밑줄은 필자가 그은 것임. 이하 같음)

290) 대법원 1997. 3. 28. 선고 96누15602 판결(집45-2, 451; 공1997상, 1282); 대법원 1997. 3. 28. 선고 95누17960 판결(집45-2, 451; 공1997상, 1274); 대법원 1997. 5. 7. 선고 96누16704 판결(공1997상, 1777); 대법원 1997. 10. 24. 선고 96누9973 판결(공1997하, 3679); 대법원 1998. 2. 10. 선고 97누2771 판결(공1998상, 792); 대법원 1998. 3. 13. 선고 96누6059 판결(공1998, 1084).

대법원이 이렇게 보는 것은 헌법재판소가 결정이유 전단에서는 종래 법령의 계속 적용이 가능하다고 하면서 후단에서는 개선된 법률이 위헌성이 제거되었다는 이유로 이를 당해 사건 등에 소급하여 적용할 것을 설시하나, 이를 소급 적용할 근거가 없을 뿐 아니라 개별공시지가 시행 이전에 이미 양도가 이루어진 사건에서는 개선된 법률은 양도 당시의 과세시가표준액 등에 따른 기준시가를 개선된 법률이 정하는 개별공시지가로 환산하는 규정이 없어서, 이러한 사례에서는 그 처분이 전부 취소될 수밖에 없어 결정이유 전단에서 헌법불합치결정을 채택하는 근거로 내세운 법적 공백 회피, 국가재정 차질과 납세자 사이의 형평 유지에 정면으로 모순되는 결과가 발생하기 때문이라고 한다.[291)]

이 헌법불합치결정에서 소급 적용을 요구한 소득세법 개정조항은 개선된 법률이라고 볼 수 없다는 주장도 있다.[292)] 이 견해는 입법자가 헌법재판소의 헌법불합치결정에 따라서 부과된 법률개선의무를 이행하려고 법률을 개선하는 것이므로 헌법불합치결정 이후에 법률이 개선되어야 하는데, 소득세법 개정조항은 대상법률에 대한 헌법불합치결정이 있기 전에 입법자가 자발적으로 대상법률의 위헌성을 인식하고 이를 바로잡은 것이지[293)] 헌법불합치결정에 따른 법률개선의무를 이행한 것이라고 볼 수는 없어서 소급적용규정을 둘 헌법상 의무가 없

---

291) 대법원 1997. 3. 28. 선고 96누15602 판결(집45-2, 451; 공1997상, 1282).

292) **이광열**, 「헌법불합치결정의 기속력」, 『재판과 판례』 제6집, 대구판례연구회, 1997, 13쪽; **최완주**(주 92), 401~402쪽.

293) 헌법불합치결정에 따라 법률개선의무를 이행한 결과가 아니라 헌법불합치결정과는 무관하게 개정한 법률을 헌법재판소가 소급 적용하도록 결정하는 것은 결국 적극적 입법 기능을 행사한 것으로서 입법부의 고유권한을 침해한 것인지 의문이라는 주장도 있다(**소순무**, 「구소득세법 제60조에 대한 헌법불합치결정과 당해사건의 처리」, 『법조』 제46권 제1호, 법조협회, 1997. 10., 140쪽).

으므로 소급적용규정을 두지 않은 것을 입법상 흠결이라고 볼 수 없어서 소득세법 개정조항의 소급 적용 여부는 일반원칙에 따라 오로지 그 부칙의 효력규정에 따라야 하는데, 소급 적용에 관한 규정이 없어서 소급 적용할 수 없다고 한다. 설령 소득세법 개정조항을 개선된 법률이라고 보더라도 헌법재판소가 계속 적용하여야 할 사안이라고 하면서 개선된 법률의 소급 적용을 요구하는 것은 모순이라고 한다. 다만, 헌법불합치결정이 내려지고 나서는 기존 개정법률을 개선된 법률로 볼 수 있다고 한다.

이러한 대법원 판결에 대해서는 (i) 헌법불합치로 선언된 법률을 입법자가 이미 개선하면, 법률 개선을 구태여 추가로 명령할 필요가 없고, (ii) 이미 헌법불합치로 선언된 법률이 개선되면, 개선된 법률의 소급 적용을 법적용자로 하여금 명령하는 것도 불가능하지 않는데, 이것은 법관에게 헌법과 법률에 합치되는 법률에 따라서 재판하도록 한 헌법 취지에 들어맞으며, (iii) 구체적인 사건을 해결할 때 어려움이 있다고 해서 다른 국가기관의 유권적인 결정을 전혀 다른 의미로 왜곡하거나 무시하는 태도는 결코 바람직하지 못하다는 비판이 있다.[294] 그리고 헌법재판소는 아직 확정되지 아니한 양도소득세 부과처분사건들에 관해서 개선된 법률을 적용하면 입법형식상 위헌성이 제거될 수 있을 뿐 아니라 법률을 단순히 위헌으로 선언하면 발생할 수 있는 법적 공백 상태 문제를 동시에 해결할 수 있다고 본 것이어서 이러한 헌법불합치결정은 헌법적으로 정당화할 수 있는 독자적 경과규정이라는 견해도 있다.[295]

해당 헌법불합치결정 이후에 헌법재판소는 헌법불합치결정 선고시

294) **남복현**, 「법률에 관한 변형결정의 유형과 효력」, 『헌법논총』 제9집, 헌법재판소, 1998, 1016쪽.

295) **방승주**, 「구 소득세법 제60조에 대한 헌법불합치결정의 법적 성격과 그 효력」, 『헌법실무연구』 제1권, 박영사, 2000, 279쪽.

점에 개선된 법률이 있었으나, 개선된 법률을 시행 이전 사건에 적용할 근거가 없다고 하면서 기존 법률의 계속 적용을 명령하였다.[296] 그

296) 헌재 2001. 6. 28. 99헌바54, 판례집 13-1, 1271, 1300-1302: “그렇다면, 이 사건 법률조항은 헌법상 조세법률주의 및 재산권보장의 원칙에 반하여 헌법에 위반되므로 원칙적으로 위헌결정을 하여야 할 것이나, 이 사건 법률조항의 위헌성은 단지 입법형식의 잘못에 기인하는 것인데, 만일 헌법위반을 이유로 단순위헌을 선고하여 당장 이 사건 법률조항의 효력을 상실시킬 경우에는, 이 사건 구 상속세법에 의한 상속세를 부과할 수 없게 되는 등 법적 공백 상태를 야기하게 되고, 이에 따라 조세수입을 감소시키고 국가재정에 상당한 영향을 주며, 이미 이 사건 법률조항에 따른 상속세를 납부한 납세의무자들과 사이에 형평에 어긋나는 결과를 초래함으로써, 위헌적인 이 사건 법률조항을 존속시킬 때보다 단순위헌의 결정으로 인해서 더욱 헌법적 질서와 멀어지는 법적 상태가 초래될 우려가 있다. 따라서, 위와 같은 위헌 판단의 근거 및 단순위헌으로 선고할 경우 발생할 수 있는 부정적인 결과, 그리고, 위헌적인 규정을 합헌적으로 조정하는 임무는 원칙적으로 입법자의 형성재량에 속하고, 특히 일률적·장기적으로 다수의 국민을 대상으로 하는 세법규정에 있어서는 입법자로 하여금 정책적 판단을 숙고할 수 있는 여유를 줌이 옳다고 보여지는 점, 비록 1994. 12. 22. 법률 제4805호와 1996. 12. 30. 법률 제5193호에 의한 헌법합치적 개정이 행하여져 이미 위헌조항이 합헌적으로 개정되어 시행되고 있기는 하나, 이들 개정법률이 시행되기 이전에 상속이 개시된 본건 등에까지 이를 적용할 근거가 없는 점 등을 참작하면, 결국 이 사건 법률조항의 적용을 그대로 유지하는 것이 위헌결정으로 말미암아 발생하는 법적 공백의 합헌적인 상태보다 오히려 여러 가지 충격과 혼란을 방지하는 등 헌법적으로 더욱 바람직하다고 판단되고, 비록 이로 인하여 청구인들이 위헌법률의 적용금지를 통한 권리구제의 목적은 달성할 수 없게 되지만, 헌법소원의 기능은 권리구제라는 주관적 측면 이외에 헌법질서의 유지라는 객관적 측면도 있다는 점에서 이를 반드시 불합리한 결과라고는 할 수 없을 뿐만 아니라, 이 사건 법률조항의 계속 적용을 명한다고 하여 위헌 판단의 의미 및 효력이 없어지게 되는 것은 아니라고 할 것이므로, 결국, 입법자가 위 헌법합치적 개정법률이 시행되기 이전에 적용되는 이 사건 법률조항을 대체할 합헌적 법률을 입법할 때까지 일정 기간 동안 위헌적인 법규정을 존속케 하고 또한 잠정적으로 적용하게 할 필요가 있는 것이다 (헌재 1989. 9. 8. 88헌가6, 판례집 1, 199, 256-263; 헌재 1991. 3. 11. 91헌마21, 판례집 3, 91, 114-116; 헌재 1993. 3. 11. 88헌마5, 판례집 5-1, 59, 72; 헌재 1995. 9. 28. 92헌가11등, 판례집 7-2, 264, 283-287; 헌재 1999. 10. 21. 97헌바26, 판례집 11-2, 383, 417-419;

리고 헌법재판소는 이미 개선된 법률을 소급 적용하려면 경과규정을 신설하여야 한다고 하였다.[297)]

먼저 헌법불합치결정의 기본취지는 입법자의 입법형성권 존중이다. 따라서 입법자가 내린 결정을 따른다면 그러한 결정이 헌법불합치결정 선고시점 이전에 있든 이후에 있든 상관없이 헌법불합치결정 취지에 들어맞는다. 헌법불합치결정에서는 헌법재판소가 아니라 입법자 스스로 결정한다는 것이 중요하기 때문이다. 따라서 헌법불합치결정 선고시점 이전이든 이후이든 입법자가 법률을 개선한다면 달리 취급

헌재 2000. 8. 31. 97헌가12, 판례집 12-2, 167, 184-187 참조). 그러므로, 이 사건 법률조항은 헌법에 합치하지 아니하나, 이를 대체하여 적용할 새로운 입법이 이루어질 때까지 이 사건 법률조항을 잠정적으로 계속 적용하도록 명하기로 하여, 주문과 같이 결정한다."

297) 헌재 2003. 1. 30. 2001헌바64, 판례집 15-1, 48, 63-64: "따라서 입법자는 이 결정에 따라 조속한 시일 내에 이 사건 법률조항을 헌법에 합치하는 내용으로 개정하여, 이 사건과 같이 제3자적 국가기관이 그 소유자의 의사와 관계없이 공용수용 등의 형식으로 그 경내지 등의 소유권을 변동시키려고 시도하는 제3유형에 관하여도 이를 용인하는 관할 국가기관의 의사표시를 그 소유권변동의 효력요건으로 함으로써 해당 전통사찰의 보존을 실질적으로 보장할 수 있는 내용의 입법을 하여야 하고, 그 개정시까지 이 사건 법률조항의 효력은 잠정적으로 존속한다. 다만, <u>이 사건의 경우 입법자는 이 사건 처분에 관한 소송사건이 법원에 계속 중이던 1997. 4. 10. 법률 제5320호로 법 제9조를 개정하였는데, 그 제1항에는 '전통사찰의 경내지에 대하여 다른 법률에 의한 수용·사용 또는 제한의 처분을 하고자 하는 자는 사전에 문화체육부장관의 동의를 얻어야 한다', 그 제2항에는 '문화체육부장관은 제1항의 규정에 의한 동의를 하고자 할 때에는 전통사찰의 소속대표단체의 대표자와 협의하여야 한다'라고 규정되어 있다. 그렇다면, 입법자는 이 사건 처분 등에 관련하여 ① 우리 재판소의 헌법불합치결정의 취지에 따라서 이 사건 법률조항 자체를 개정할 수도 있고, ② 만일 입법자가 1997. 4. 10. 개정된 법 제9조 제1항, 제2항을 이 사건 처분 등에 대하여 적용될 수 있도록 하는 취지의 경과규정을 신설함으로써 이 결정에 따른 입법이 이루어지는 것으로 판단한다면, 이러한 경과규정을 신설하는 법률개정방식을 선택할 수도 있을 것이다."</u>

할 수 없다. 그리고 개선될 법률을 적용하도록 하는 것보다 개선된 법률을 적용하는 것이 입법자의 입법형성권을 더 존중하는 것으로 볼 수 있다. 입법자의 입법형성권에는 법률의 내용뿐 아니라 법률의 제·개정 여부와 시기도 포함된다. 따라서 법률의 제·개정 여부와 시기가 강제되는 개선될 법률 적용보다 그러한 결정을 이미 한 개선된 법률 적용이 입법자의 입법형성권을 덜 제한한다.

다음 위헌성이 확인되어 효력을 상실할 법률을 계속 적용할 수 있는 헌법재판소는 합헌적으로 개선된 법률을 소급 적용할 수 있다고 보아야 할 것이다. 위헌법률을 계속 적용하는 것은 위헌상태를 일정기간 연장시키는 것이지만, 합헌적으로 개선된 법률을 소급 적용하는 것은 합헌상태를 확대하는 것이기 때문이다. 그리고 개선된 법률을 헌법재판소가 소급 적용하도록 할 수 없다면 헌법재판소는 입법자에게 개선된 법률에 소급적용규정을 추가하도록 법률개선의무를 부과하여야 하는데, 이것은 당사자 구제를 지연시키는 것에 불과하다. 또한, 헌법불합치결정을 동해서 입법자에게 법률개선의무를 부과하는 것이 허용된다면, 법률개선의무를 선이행한 것으로 볼 수 있는 이미 개선된 법률의 소급 적용을 입법자의 입법형성권 침해로 보기 어렵다. 더하여 입법자가 법률을 개정하면서 소급규정을 두지 않은 것은 위헌상태를 내버려 둔 것으로 그 자체로 위헌행위로 볼 수 있다. 그 밖에 입법자는 (소급입법금지 위반에 해당하지 않는 한) 언제든지 개선된 법률을 개정하여 소급규정을 둘 수 있다.

끝으로 평등은 하향적 평등이 아니라 상향적 평등을 뜻하므로[298] 다른 사람의 불이익 제거가 이루어지지 않는 것은 당사자의 불이익을 제거하지 않는 근거가 되지 않는다. 그리고 위헌법률로 말미암은 행정공백은 국가 스스로 책임을 져야 하지 국민에게 그 책임을 넘길 수 없

298) 헌재 1990. 6. 25. 89헌마107, 판례집 2, 178, 196-197.

다. 또한, 개선된 법률의 소급 적용으로 말미암은 법적 공백은 법원이 법관법 형성을 통해서 메울 수 있다. 물론 이때 법원은 위헌법률을 적용하는 방식으로 법관법 형성을 할 수는 없다. 법원은 합헌적인 법관법만을 형성할 수 있기 때문이다. 이러한 점에서 법원이 위헌성이 확인된 법률을 계속 적용할 권한은 없다고 보아야 할 것이다.

이러한 점에 비추어 대법원 다수의견은 타당하지 않고, 헌법재판소는 이미 개선된 법률을 소급 적용하도록 하는 헌법불합치결정을 내릴 수 있다고 생각한다.

③ 선고시점에 법률이 이미 개선되었으나 선고시점 이후에 시행될 예정일 때 개선된 법률에 소급규정이 있다면, 헌법재판소는 관련 사건이 확정되지 않도록 단순히 위헌성이 확인된 법률에 대해서 적용중지 헌법불합치결정을 내리는 것으로 충분하다.[299] 헌법불합치결정으로

---

299) 헌재 2011. 6. 30. 2010헌가86, 판례집 23-1하, 268, 276-277: "다. 주문의 형태

(1) 이 사건 심판대상조항의 개정

이 사건 심판대상조항은 2011. 3. 31. 법률 제10522호로 개정(이하 위 개정 법률을 '이 사건 신법'이라 하고, 이 사건 심판대상조항에 대한 개정법률조항을 '이 사건 신법 조항'이라 한다)되면서 기부행위 제한을 위반하여 금전·물품, 그 밖의 재산상의 이익을 제공받은 자는 3천만 원의 한도 내에서 그 제공받은 금액이나 가액(價額)의 10배 이상 50배 이하에 상당하는 금액의 과태료를 부과받게 되어 이 사건에서 위헌이라 판단된 과태료 산정방식의 획일성이 완화·개선되었다. 그리고 이 사건 신법 부칙 제1조 본문은 이 사건 신법 조항을 2012. 3. 2.부터 시행하도록 하는 한편, 같은 부칙 제8조 단서는 이 사건 신법 조항 중 과태료 금액에 관한 부분은 이 사건 신법 시행 전의 행위에 대하여도 소급적용하도록 규정하고 있다. 따라서 이 사건 신법 조항이 시행되기 전에 이 사건 심판대상조항을 위반한 자라고 하더라도 2012. 3. 2.부터는 이 사건 신법 조항의 적용을 받게 된다.

(2) 헌법불합치결정 및 적용중지명령

앞에서 본 바와 같이 이 사건 심판대상조항은 헌법에 위반되므로 원칙적으로 위헌결정을 하여야 할 것이나, 이는 이 사건 심판대상조항에 따른 과태

헌법불합치로 선언된 법률이 적용 중지된 상황에서 이후 개선된 법률이 시행되면 소급규정으로 말미암아 법적 공백이 메워질 것이기 때문이다. 그러나 개선된 법률에 소급규정이 없으면 헌법재판소가 적용중지 헌법불합치결정을 내릴 수 없다. 적용중지시점부터 개선된 법률 시행시점 사이의 기간에 법적 공백이 발생하기 때문이다.

④ 선고시점에 법률이 이미 개선되었으나 소급규정이 없으면 헌법재판소는 개선된 법률을 소급 적용하도록 헌법불합치결정을 내려야 할 것이다. 이때는 위헌결정으로 법률이 효력을 상실할 시점과 개선된 법률이 시행될 시점 사이의 법적 공백을 어떻게 메울 것인지가 문제된다. 위헌성이 확인된 법률과 소급규정이 없는 개선된 법률은 모두 이러한 기간에 본래 적용될 수 없다. 그러나 위헌성이 확인된 법률을 적용하면 위헌상태가 유지되고, 소급규정이 없는 개선된 법률이 적용되면 합헌상태가 된다. 이때 합헌적으로 행위를 하여 합헌상태를 형성하고 유지할 의무가 있는 헌법재판소는 합헌상태를 만드는, 소급규정이 없는 개선된 법률의 소급 적용을 선택하여야 할 것이다. 이러한 점에서 이러할 때에 헌법재판소가 계속적용 헌법불합치결정을 내린 것[300]은 타당하다고 보기 어렵다.

료 제재 자체가 위헌이라고 판단한 것이 아니라, 이 사건 심판대상조항에 따라 위반행위자에 대하여 부과되는 과태료의 기준 및 액수가 책임원칙에 부합되지 않게 획일적일 뿐만 아니라 지나치게 과중하다는 이유에서 비롯된 것인데, 만일 이 사건 심판대상조항에 대하여 단순위헌 결정을 선고하여 당장 그 효력을 상실시킨다면 이 사건 신법 조항의 시행일까지 이 사건 심판대상조항이 적용되는 법위반행위자에 대한 법적 규제의 공백상태를 초래하여 법 집행상의 혼란과 형평의 문제가 발생할 수 있다. 따라서 헌법불합치결정을 선고하되, 법원 기타 국가기관 및 지방자치단체는 이 사건 신법 조항의 시행일 이전인 2012. 3. 1.까지 이 사건 심판대상조항의 적용을 중지하고 그 이후에는 개선입법된 이 사건 신법 조항을 적용하도록 함이 타당하다."

300) 헌재 2005. 12. 22. 2003헌가5등, 판례집 17-2, 544, 560 재판관 윤영철, 재판관

김효종, 재판관 김경일, 재판관 주선회, 재판관 이공현의 의견: "위에서 본 바와 같이 이 사건 법률조항의 위헌성은 부성주의의원칙을 규정한 것 자체에 있는 것이 아니라 부의 성을 사용할 것을 강제하는 것이 부당한 것으로 판단되는 경우에 대해서까지 아무런 예외를 규정하지 않고 있는 것에 있다 할 것이다. 그런데 이 사건 법률조항에 대하여 위헌을 선고할 경우 부성주의원칙 자체에 대해서까지 위헌으로 선언하는 결과를 초래하게 되므로 헌법불합치결정을 선고하되 이 사건 법률조항에 대한 개선 입법이 있을 때까지 이 사건 법률조항의 효력을 유지시키기로 하는바, 이 사건 법률조항에 대한 개정 법률이 이미 공포되어 2008. 1. 1. 그 시행이 예정되어 있으므로 2007. 12. 31.까지 이 사건 법률조항의 잠정적인 적용을 명함이 상당하다."

헌재 2005. 12. 22. 2003헌가5등, 판례집 17-2, 544, 567 재판관 송인준, 재판관 전효숙의 의견: "그런데 법률이 헌법에 위반되는 경우, 헌법의 규범성을 보장하기 위하여 원칙적으로 그 법률에 대하여 위헌결정을 하여야 하는 것이지만, 위헌결정을 통해 법률조항을 법질서에서 제거하는 것이 법적 공백이나 혼란을 초래할 우려가 있는 경우에는 위헌조항의 잠정적 적용을 명하는 헌법불합치결정을 할 수 있다(헌재 1999. 10. 21. 97헌바26, 판례집 11-2, 383, 417-418; 2000. 8. 31. 97헌가12, 판례집 12-2, 167, 186 참조). 이 사건 법률조항은 개인의 성을 정하고 사용하는 원칙을 규정한 조항인바, 만약 헌법재판소가 이 사건 법률조항에 대해 위헌결정을 선고한다면 헌법재판소가 결정을 선고한 때부터 이 사건 법률조항은 그 효력을 상실하게 되어 성의 결정과 사용에 대해 아무런 기준이 없어지게 되는 법적 공백과 혼란이 예상된다. 따라서 이 사건 법률조항이 개정되어 시행되기 전까지는 이 사건 법률조항의 효력을 유지시켜 잠정적인 적용을 허용하는 내용의 헌법불합치결정을 선고함이 상당한바, 이 사건 법률조항에 대한 개정 법률이 공포되어 2008. 1. 1. 그 시행이 예정되어 있으므로 2007. 12. 31.까지만 이 사건 법률조항의 잠정적인 적용을 명함이 상당하다."

헌재 2016. 9. 29. 2014헌가9, 판례집 28-2상, 276, 291: "가. 이상과 같이 심판대상조항은 과잉금지원칙을 위반하여 신체의 자유를 침해하므로, 심판대상조항에 대하여 단순위헌결정을 하는 것이 원칙이다. 그러나 심판대상조항의 위헌성은 보호입원을 통한 치료의 필요성 등에 관하여 독립적이고 중립적인 제3자에게 판단 받을 수 있는 절차를 두지 아니한 채 보호의무자 2인의 동의와 정신과전문의 1인의 판단만으로 정신질환자 본인의 의사에 반하는 보호입원을 가능하게 함으로써, 제도의 악용이나 남용 가능성을 배제하지 못하고 있다는 점에 있다. 이러한 상황에서 심판대상조항에 대하여 단순위헌결정을 하여 그 효력을 즉시 상실시킨다면 보호입원의 법률적 근거가 사라 그러나 ⑤ 선고시점에 법률이 이미 개선되었으나 소급규정이 없을 때 새롭게 기관을 만들어야 하거나 조직 개편 혹은 인력 충원의 필요성이나 절차 미비, 예산상 어려움 등으로 말미암아 개선된 법률을 소급하여 시행하는 것이 곤란하다면 헌법재판소는 헌법불합치로 선언된 법률을 개선된 법률의 시행일까지 계속 적용하도록 헌법불합치결정을 내려야 할 것이다.301)

져 정신질환자에 대한 보호입원의 필요성이 인정되는 경우에도 보호입원을 시킬 수 없는 법적 공백 상태가 발생하게 된다. 따라서 심판대상조항에 대하여 단순위헌결정을 하는 대신 헌법불합치결정을 선고하되, 입법자가 심판대상조항의 위헌성을 제거하고 합헌적인 내용으로 법률을 개정할 때까지 심판대상조항이 계속 적용되도록 할 필요가 있다.

나. 다만, 국회는 2016. 5. 29. 법률 제14224호로 정신보건법을 '정신건강증진 및 정신질환자 복지서비스 지원에 관한 법률'로 전부개정하였고, 위 개정법률은 2017. 5. 30.부터 시행될 예정이나. 그러나 개정법률의 내용이나 개정법률에서 심판대상조항의 문제점을 해소하였는지 여부에 대하여는 나아가 판단하지 아니한다."

301) 헌새 1995. 9. 28. 92헌가11등, 판례집 7-2, 264, 285-286: "헌법불합치선언의 목적은 1차적으로는 위헌결정의 경우 위헌적 법률 또는 법률조항이 바로 그 효력을 상실하게 되는 법률효과를 회피하고 이를 형식적으로 존속하게 하는 데 있다. 다만, 헌법재판이 구체적 규범통제로서의 그 실효성을 확보하기 위하여는 헌법불합치가 선언된 경우에도 위헌제청의 당해 사건과 심판대상 법률조항이 재판의 전제가 되어 법원에 계속중인 모든 병행사건에 대하여는 결정의 선고와 동시에 불합치로 선언된 법률의 적용이 배제되어야 할 것인바[당재판소 1993.5.13. 선고, 92헌가10, 91헌바7, 92헌바24·50(병합)결정 참조], 이 사건에 있어서도 각 당해 사건 등에 대하여는 심판대상 법률조항의 적용이 배제되고 행정소송에 관한 일반법인 행정소송법의 규정에 따른 심리가 계속되어야 한다는 주장이 제기될 수도 있다. 그러나 그렇게 되어서는 헌법재판소가 심판대상 법률조항의 위헌성을 인정하면서도 굳이 위헌선언을 피하고 헌법불합치선언을 선택한 목적의 달성이 어렵게 될 것이다. 왜냐하면 입법자가 개정 법률의 시행시기를 1998.3.1.로 정하고 헌법재판소가 입법자의 이러한 의사를 존중하여 위 시점까지 이 사건 심판대상 법률조항의 적용을 명하는 것은 현재의 일반법원의 조직과 인력으로서는 특허쟁송의 전문성에 상응하는 재판업무를 원활하게 수행하기 어렵다는 판단에 근거한 것임에

⑥ 선고시점에 헌법불합치로 선언된 법률이 이미 개선되었는데도 이에 관한 언급 없이 헌법재판소가 적용중지 헌법불합치결정[302]이나 계속적용 헌법불합치결정[303]을 내리기도 한다. 이때 (ⅰ) 개선된 법률

비추어, 만약 이 사건의 당해사건과 이 사건 결정이 선고되는 시점에 법원에 계속중인 모든 특허 및 의장쟁송사건에 대하여 심판대상 법률조항의 적용이 배제되고 행정소송법의 규정에 따른 절차가 진행되어야 한다면 현실적으로 재판을 담당할 준비를 갖추지 못한 일반법원에 대하여 재판의 담당을 강제하는 결과로 되어 버릴 가능성이 크기 때문이다. 그러므로 당재판소는, 심판대상 법률조항이 헌법에 불합치함을 선언하면서도, 합헌적인 개정법률이 시행될 때까지는 이를 잠정적으로 그대로 계속 적용할 것을 명함과 동시에, 헌법불합치선언이 당해 사건 등에 미칠 효과로 인한 법률적 혼란과 충격을 막기 위하여 이 사건 위헌여부심판제청의 당해 사건을 포함한 모든 특허 및 의장쟁송사건에 대하여 위 심판대상 법률조항의 적용을 명하는 것이다."

302) 헌재 2010. 7. 29. 2008헌가15, 판례집 22-2상, 16, 27: "이 사건 법률조항에 대하여는 단순위헌결정을 하여 바로 그 효력을 상실시키는 것이 원칙이라고 할 것이지만, 죄의 종류와 내용을 묻지 않고 모든 재직중의 사유로 금고 이상의 형을 받은 때에 퇴직급여 등을 제한하는 것의 위헌성을 제거하고 퇴직급여 등의 제한사유를 구체적으로 설정하는 것은 입법부의 몫이라 할 것이다. 따라서 이 사건 법률조항에 대하여는 그 위헌성을 확인하되 형식적인 존속은 유지하도록 하고, 입법자는 되도록 빠른 시일 내에 이 사건 법률조항의 위헌적 상태를 제거하여야 할 것이며, 법원 기타 국가기관 및 지방자치단체는 개선입법이 시행될 때까지 이 사건 법률조항의 적용을 중지하여야 한다." 그러나 국회는 2009년 12월 31일 법률 제9908호로 사립학교 교원이 재직 중의 사유로 금고 이상의 형을 받고 당연퇴직하는 경우에만 「공무원연금법」 제64조 제1항 제1호를 준용하도록 하고, 직무와 관련이 없는 과실로 인한 경우나 소속 상관의 정당한 직무상의 명령에 따르다가 과실로 인한 경우는 제외되도록 개정하였다. 그리고 부칙 제1조에서 이 조항은 2009년 1월 1일부터 소급하여 적용하도록 하였다.

303) 헌재 2014. 10. 30. 2011헌바172등, 판례집 26-2상, 639, 650-651: "그런데 법률이 헌법에 위반되는 경우, 헌법의 규범성을 보장하기 위하여 원칙적으로 그 법률에 대하여 위헌결정을 하여야 하는 것이지만, 위헌결정을 통하여 법률조항을 법질서에서 제거하는 것이 법적 공백이나 혼란을 초래할 우려가 있는 경우에는 위헌조항의 잠정적 적용을 명하는 헌법불합치결정을 할 수 있다(헌재 1999. 10. 21. 97헌바26; 헌재 2000. 8. 31. 97헌가12 참조). 이 사건 법률조항은 지구개발사업의 시행자인 민간개발자가 그 사업의 시행에 필요한 토지

에 소급규정이 있으면 헌법재판소가 적용중지 헌법불합치결정을 내리든 계속적용 헌법불합치결정을 내리든 상관없이 소급규정에 따라 개선된 법률이 소급하여 적용되어야 한다. 그리고 (ii) 개선된 법률에 소급규정이 없어도 시행시점이 선고시점 이전이라면 선고시점 당시에 확정되지 않은 모든 사건에 개선된 법률이 적용되어야 한다. (iii) 개선된 법률에 소급규정이 없을 때 시행시점이 선고시점 이후라도 헌법재판소가 적용중지 헌법불합치결정을 내렸다면 헌법재판소는 합헌성이 제거된 법률이 소급하여 적용할 것을 명령한 것이므로 개선된 법률이 소급하여 적용되어야 한다. (iv) 개선된 법률에 소급규정이 없고 시행시점이 선고시점 이후일 때 헌법재판소가 계속적용 헌법불합치결정을 내리면 개선된 법률을 소급 적용할 수 없는 특별한 사유가 없는 한 개선된 법률을 소급하여 적용하여야 할 것이다. 입법자의 의사가 확인된 이상 헌법불합치로 선언된 법률을 계속 적용할 근거가 없기 때문이다.

등을 수용할 수 있도록 한 규정으로서, 헌법재판소가 이 사건 법률조항에 대하여 위헌결정을 선고하여 그 효력을 당장 상실시킨다면, 공공필요성이 있는 지구개발사업 시행을 위한 민간개발자의 공용수용까지 허용되지 않는 결과가 되어 이 사건 법률조항의 입법목적을 달성하기 어려운 법적 공백과 혼란이 예상된다. 따라서 이 사건 법률조항에 대하여 단순위헌결정을 하는 대신 헌법불합치결정을 하되, 이 사건 법률조항은 입법자가 개정할 때까지 계속 적용하기로 한다." 그러나 국회는 2014. 6. 3. 법률 제12738호로 지역균형개발 및 지방중소기업 육성에 관한 법률을 개정하여 지역균형개발에 관한 관련조항을 삭제(지방중소기업 육성에 관한 조항은 그대로 존치)하고, 2014. 6. 3. 법률 제12737호로 지역개발 및 지원에 관한 법률을 제정하여서 이미 헌법불합치로 선언된 법률을 개선하였다. 따라서 헌법재판소가 해당 법률을 입법자가 개정할 때까지 계속 적용하라고 명령한 것은 이미 개선된 법률이 시행되는 시점인 2015년 1월 1일 이전인 2014년 12월 31일까지 헌법불합치로 선언된 법률을 적용하라는 것으로 해석할 수 있다.

Ⅶ. 법률관찰의무

1. 의의

(1) 개념

헌법은 국회에 입법권을 부여한다(헌법 제40조). 그러나 입법자에게 부여된 입법권은 '권한'으로서 개인이 누리는 '권리'와 달리 마음대로 행사할 수 없다. 입법자는 입법권을 행사하여 기본권보호라는 헌법이 부여한 과제를 수행할 수 있는 데 그치는 것이 아니라 수행하여야 한다. 즉 입법은 입법자의 권한일 뿐 아니라 의무이다(헌법 제10조 제2문). 이러한 점에서 입법은 입법자가 기본권을 보장하는 수단이다. 입법자의 입법의무는 한 번의 행위로 소멸하는 것이 아니라 계속 존속한다.[304] 기본권은 헌법현실 변화와 상관없이 늘 보호되어야 하므로, 입법자는 끊임없이 바뀌는 헌법현실에 맞게 법률을 제정하고 개정하고 폐지하여야 하기 때문이다. 따라서 "입법자가 법률을 제정할 때 아직 예상할 수 없었던 새로운 변화 때문에 그 근거가 결정적으로 의심받는 결정을 하였다면, 입법자는 최초 결정이 바뀐 상황에서 유지될 수 있는지도 심사할 의무가 헌법에서 도출될 수 있다."[305] 이러한 심사를 위해서 관찰이 필요하다. 입법에서 '관찰'은 법률의 이행통제와 법률의 효력 관찰이다.[306] 따라서 입법에서 관찰은 기존 규율을 실제상황에

304) ***Alexander Roßnagel***, Nachbesserungspflichten des Gesetzgebers im Atomrecht, in: JZ 1985, S. 715. BVerfGE 88, 203 (310): "즉 합헌적 질서에 대한 입법자의 구속(독일 기본법 제20조 제3항)은 법률을 제정할 때 헌법적 한계를 지켜야 한다는 의무에 그치는 것이 아니다. 그것은 제정된 법률을 독일 기본법과 합치되도록 유지하여야 한다는 책임도 포함한다."

305) BVerfGE 49, 89 (130).

적응시킴으로써 법률의 규범적 효력을 향상하거나 법률이 헌법에 어긋나기 전에 적절한 조치를 취하기 위해서 이행된다.[307] 이러한 점에서 입법자의 법률관찰의무는 법률의 규범력을 유지하거나 향상하기 위해서 법률이 제정되고 나서 입법자가 생각하였던 대로 법률이 현실을 적절하게 규율하는지를 확인하여야 하는 입법의무이다.

(2) 주체

법률관찰의무는 주로 입법자와 관련하여 문제가 된다. 그러나 입법자만 법률관찰의무를 지는 것은 아니다. 법률제·개정절차에 관여할 수 있는 국가기관, 즉 입법에 영향을 미칠 수 있는 국가기관은 당연히 법률관찰의무를 진다고 보아야 한다. 법률안을 제출할 수 있는 국가기관은 국회의원과 정부이다(헌법 제52조). 그리고 대통령은 법률안에 대한 거부권이 있다(헌법 제53조 제2항과 제3항). 따라서 입법자인 국회와 그 구성원인 국회의원뿐 아니라 대통령을 포함한 정부(집행부)도 법률관찰의무를 진다고 보아야 한다. 또한, 모든 국가기관은 개인이 가지는 불가침의 기본적 인권을 확인하고 보장할 의무가 있다(헌법 제10조 제2문).[308] 따라서 모든 국가기관은 국회가 제정한 법률을 기계적으로 적용하는 것에 그치는 것이 아니라 그 법률이 기본권을 충실히 보호하는

---

306) ***Ulrich Karpen***, Gesetzgebungs-, Verwaltungs- und Rechtsprechungslehre, Baden-Baden 1989, S. 39.

307) **최윤철**, 「입법자의 법률관찰의무」, 『토지공법연구』 제21집, 한국토지공법학회, 2004, 468~469쪽; **같은 사람**, 「의원입법의 평가와 평가제도의 발전에 관한 이론적 검토」, 『공법연구』 제33집 제3호, 한국공법학회, 2005, 18쪽; **같은 사람**, 「법률과 시간 - 시간의 경과에 따른 법률의 효력 변화」, 『토지공법연구』 제35집, 한국토지공법학회, 2007, 499쪽; ***Yooncheol Choi*** (Anm. 6), S. 65.

308) 기본적 인권을 확인하고 보장할 국가의 의무에 관한 자세한 검토는 **허완중** (주 122), 68~105쪽 참조.

지를 끊임없이 확인하여야 한다. 그래서 법률이 실제 현실을 헌법에 따라 적절하게 규율하는지를 늘 관찰하여야 하고, 그렇지 않다는 것이 확인되면 적절한 조치를 취하여야 한다. 즉 법률적용자도, 예를 들어 집행부나 법원이 법률을 해석하여 적용할 때도 끊임없이 법률을 관찰하여야 한다. 특히 헌법재판소가 해당 법률에 대해서 입법자의 법률관찰의무를 확인하였다면, 법적용자는 해당 법률을 적용할 때 헌법재판소 결정 취지를 반드시 고려하여야 한다. 결국, 입법자를 비롯한 모든 국가기관이 법률을 관찰할 의무를 진다고 보아야 한다. 다만, 다른 국가기관의 관찰의무는 추상적 의무에 머물지만, 입법자의 관찰의무는 때에 따라 예외적으로 구체적 의무가 될 수도 있다. 그리고 다른 국가기관의 법률관찰은 법률을 해석하고 적용하는 과정에서 고려되는 것에 그친다. 하지만 입법자의 법률관찰은 구체적이고 적극적인 입법의무와 밀접한 관련을 맺을 수도 있다. 따라서 헌법재판소가 통제할 수 있는 의무는 오로지 입법자의 법률관찰의무에 국한한다.

(3) 법률관찰의무와 법률효과평가의 구별

법률효과평가(Gesetzesfolgenabschätzung[GFA])[309]는 법률의 의도된 효과와 의도되지 않은 부작용을 파악하고 분석하는 것이다. 법률효과평가를 통해서 계획된 법률의 필요성과 효력이 파악되고 그것의 가능한 대안을 찾게 된다. 법률 관찰은 입법자뿐 아니라 예를 들어 헌법재판소나 심지어 이익집단을 통해서도 이루어질 수 있다. 하지만 법률효과

309) 'Gesetzesfolgenabschätzung'의 번역어로 '입법평가'가 주로 사용되지만, '입법'이 법률에 국한되는 것이 아니라는 점에서 그리고 실제 독일의 용례와 의미를 살펴보면, '입법평가'보다는 '법률효과평가'가 적절한 번역어로 보인다. '입법평가'라는 번역어의 문제점에 관해서는 **최윤철**(주 307, 의원입법의 평가와 평가제도의 발전에 관한 이론적 검토), 2~4쪽 참조.

평가는 입법자를 통해서만 이루어진다는 점에서, 법률 관찰은 법률효과평가와 구별될 수 있다고 한다. 그리고 법률관찰의무는 헌법적 의무이지만, 법률효과평가는 지침이나 권고로서 (특히 헌법을 통해서) 법적 제도화가 이루어지지 않는 한 입법자에게 강제적 효력이 없다고 한다.[310] 또한, 관찰 대상은 단지 현재 효력이 있는 법률이지만, 법률효과평가는 법률제정을 위한 준비와 내부입법자에 의한 법률제정과정에 대한 평가도 포함한다고 한다.[311]

2. 필요성

헌법상황은 고정적이지 않다. 법률이 작용하는 사실관계가 근본적으로 바뀌거나 법률을 제정할 때 아무런 문제가 없던, 앞날의 효과에 관한 헌법적 평가가 나중에 전부 또는 부분적으로 잘못된 것으로 밝혀진다면, 헌법상황이 바뀐다. 이러한 변화 때문에 제정할 때 합헌이었던 법률이 위헌이 될 수도 있다.[312] 따라서 입법자는 법률의 근거를 검토하고 법률을 바뀐 상황에 적응시켜서 법률의 위헌성이나 그 가능성을 가능한 한 빨리 제거하여야 한다.[313] 그리고 개입국가, 복지국가, 계획국가, 예방국가나 협동적 보장국가(kooperativer Gewährleistungsstaat)인 현대국가의 입법은 전통적인 질서국가의 입법과 같을 수 없다. 이러한 현대국가는 적극적으로 사회현상에 대응하여야 하므로, 많은 법률이 제정될 수밖에 없다. 이러한 경향 때문에 질이 나쁜 법률이 범람하는 것을 피하기 어렵다.[314] 또한, 현대국가에서 기본권은 적극적으

310) **최윤철**(주 307, 입법자의 법률관찰의무), 479쪽; ***Yooncheol Choi*** (Anm. 6), S. 66.

311) **최윤철**(주 307, 입법자의 법률관찰의무), 481쪽.

312) BVerfGE 50, 290 (335, 352); 56, 54 (78 f.); 73, 40 (94); 88, 203 (309) 참조.

313) BVerfGE 15, 337 (351); 88, 203 (310) 참조.

로 해석되어 존중적 부작위(respektierendes Unterlassen)뿐 아니라 적극적 실현도 요구한다. 게다가 기본권의 적용영역은 제3자에게까지 확장된다.[315] 기본권의미의 이러한 확장은 관찰의 강화와 사회현실과 관련된 국가의 적극적 대응을 요구한다. 따라서 법률을 제정하여야 하는 입법자의 과제에서 권한적 측면보다 의무적 측면이 더 강조될 수밖에 없다.[316]

그리고 현대사회는 기술혁신을 통해서 입법자에게 한편으로는 법률상태를 더 잘 그리고 더 효과적으로 관찰할 수 있는, 더 나은 그리고 더 광범위한 정보를 제공할 수 있다. 그러나 다른 한편으로는 이전에 인식할 수 없거나 예측할 수 없었던 영역이 자연과학 발전으로 말미암아 국민의 실제 생활에 중대한 영향을 미치게 됨으로써, 입법자 스스로 모든 정보를 검토하고 모든 것을 관찰할 수 없을 정도로 현대사회는 매우 복잡해졌고, 더욱더 복잡해지고 있다. 따라서 입법자는 현대사회에서 과도한 입법요구와 입법부담에 시달리고, 법률이 자기 의사에 맞게 실제로 작용하는지를 확인할 수 없을 때가 빈번하다.[317] 특히 환경법이나 기술법에서 드물지 않게 "법과 기술의 경쟁"[318]에서 입법자가 계속해서 너무 늦게 반응하고 입법을 한다는 것이 확인된다. 유동적이고 복잡한 기술과학과 자연과학의 발전이 일으키는 위험과 그

---

314) ***Wolfgang Köck***, Gesetzesfolgenabschätzung und Gesetzgebungsrechtslehre, in: VerwArch 93 (2002), S. 1 f. 참조.

315) ***Stefan Huster***, Die Beobachtungspflicht des Gesetzgebers, in: Zeitschrift für Rechtssoziologie 24 (2003), S. 4 f. 기본권의 제3자적 효력에 관한 자세한 검토는 **허완중**, 「사법관계에 미치는 기본권의 효력」, 고려대학교 석사학위논문, 2002 참조.

316) **최윤철**(주 307, 입법자의 법률관찰의무), 467~468쪽 참조.

317) ***Yooncheol Choi*** (Anm. 6), S. 72.

318) ***Wilfried Berg***, Vom Wettlauf zwischen Recht und Technik, in: JZ 1985, S. 401 ff.

가능성에서 법익을 효과적으로 보호하는 것은 이러한 영역에서 일회적이고 고정적인 법적 규율을 통해서 더는 이루어질 수 없다.[319] 이러한 점 때문에 입법자에게 사실관계와 법적 상황을 계속해서 관찰할 의무가 부과될 수밖에 없다.

3. 독자성: 법률개선의무와 맺는 관계

(1) 법률개선의무와 맺는 관계 속에서 의심되는 법률관찰의무의 독자성

법률 관찰은 일반적으로 법률이 관찰 결과에 따라 개선되었을 때 비로소 의미가 있다. 이러한 점에서 법률 관찰은 개선의 전제나 앞단계처럼 보인다. 따라서 법률관찰의무는 법률개선의무와 맺는 관계 속에서 독자성이 있는지가 문제 된다. 나아가 법률관찰의무의 불명확한 성격 때문에 법률관찰의무가 입법의무로 인정될 수 있는지도 분명하지 않다. 그래서 법률관찰의무가 법률개선의무와 구별되는 헌법적 의무로서 독자성이 있는지에 관해서 다툼이 있다.

(2) 독일의 학설과 판례

① 법률관찰의무는 입법자의 독자적인 헌법의무로서 인정될 수 없다는 견해가 있다.[320] 이 견해를 따르면 법률과 그 효력을 계속 포괄적으로 평가하여야 하는 헌법적 의무 부과로 나타나는 독자적인 관찰의무는 독일 기본법에서 도출될 수 없다고 한다. 여기서 법률관찰 '의무'는 원칙적으로 위헌이 된 법상태를 제재함으로써 오로지 간접

319) ***Stefan Huster*** (Anm. 315), S. 17.
320) ***Stefan Huster*** (Anm. 315), S. 20.

적으로만 그 위반을 추궁할 수 있는 단순한 입법자의 간접의무(책무: Obliegenheit)라고 한다.[321)]

② 변화의 지속적인 관찰은 법률개선의무의 논리적 전제이므로, 법률관찰의무와 법률개선의무는 서로 결합한다는 견해도 있다.[322)] 그리고 법률관찰의무는 (잠재적) 법률개선의무를 전제할 뿐 아니라 법률개선의무는 바로잡아야 할 불완전을 인식하여야 하는 의무이므로 최소한의 법률관찰의무는 법률개선의무와 결합한다는 견해도 있다.[323)]

③ 독일 연방헌법재판소는 모든 법률개선의무에 관한 재판에서 명시적으로 법률관찰의무를 수용하지는 않지만,[324)] 어느 곳에서도 법률관찰의무를 명시적으로 부정하지도 않는다.

(3) 사견

입법자는 독자적인 자기 의사에 따라 법률을 제정할 권한이 있다(헌법 제40조, 제52조, 제53조). 따라서 입법자는 법률질서를 창설하고 보충하고 변경할 수 있다. 입법자는 단순한 헌법의 집행기관이 아니라 고유한 정치의사를 형성할 수 있으므로, 정치적 형성재량이 있다. 그러므로 입법목적을 달성하기 위해서 가능한 여러 수단 가운데 어느 것을 선택할 것인지는 입법자의 결정이 현저히 불합리하거나 불공정한 것이 아닌 한 입법자의 재량에 속한다.[325)] 이러한 입법형성의 자유는 입

---

321) ***Stefan Huster*** (Anm. 315), S. 20. 입법절차에서 절차적 합리성 요구의 책무적 성격에 관해서는 ***Klaus Meßerschmidt*** (Anm. 134), S. 875 ff., 942 참조.

322) ***Werner Bernd*** (Anm. 108), S. 143.

323) ***Marius Raabe*** (Anm. 100), S. 452.

324) 예를 들어 BVerfGE 25, 1 (13); 50, 290 (335); 73, 118 (169, 180 f., 203); 77, 84 (109).

법자가 법률을 제정할 때 어떤 내용을 선택할 것인지는 물론 법률을 제정할 것인지와 언제 법률을 제정할 것인지도 포함한다. 입법자의 법률관찰의무는 이러한 입법형성의 자유를 근거로 부정될 수도 있다. 이 때 법률 관찰은 입법자의 전속적 결정대상으로 볼 수 있다. 그러나 입법자도 다른 국가기관과 마찬가지로 헌법에 구속된다. 따라서 입법자가 누리는 입법형성의 자유도 헌법 안에서 인정된다. 이러한 점에 비추어 입법자가 누리는 입법형성의 자유도 한계가 있을 수밖에 없다. 그리고 입법자의 헌법구속성은 시간과 관계없이 늘 존재하고, 법률은 언제나 헌법에 어긋나서는 안 된다. 따라서 입법자의 결정은 법률을 제정할 때뿐 아니라 법률이 제정되고 나서도 헌법의 구속성에서 벗어날 수 없다. 결국, 입법자의 법률관찰의무를 완벽히 부정할 수는 없고, 적어도 일정한 범위에서는 인정할 수밖에 없다.[326]

입법자가 법률 관찰을 통해서 법률의 목적이 달성될 수 없다는 결론에 이르렀다면, 입법자는 법률이 목적을 달성할 수 있도록 법률을 개선하여야 한다. 이러한 점에서 관찰은 개선의 전제나 최소한 개선의 앞단계로 볼 수 있다.[327] 따라서 법률관찰의무는 법률개선의무의 부수적 의무에 불과한 것처럼 보일 수도 있다. 그러나 법률관찰의무는 '현재적' 법률개선의무가 아니라 '잠재적' 법률개선의무와 결합한다.[328] 즉 법률관찰의무는 입법자가 지금 지는 법률개선의무가 아니라 앞날에 질 가능성이 큰 법률개선의무와 관련된다. 앞으로 법률개선의무가 발생할 가능성만 확인할 수 있다면 법률관찰의무를 확인하는 것에 그칠 것이고, 만약 선고시점에 법률개선의무 발생이 이미 확인되었다면, 법률관찰의무를 확인하거나 지적할 필요 없이 바로 법률개선의무를

325) 헌재 1996. 2. 29. 94헌마213, 판례집 8-1, 147, 166 참조.
326) 이상 **최윤철**(주 307, 입법자의 법률관찰의무), 472~473쪽 참조.
327) ***Yooncheol Choi*** (Anm. 6), S. 67.
328) ***Marius Raabe*** (Anm. 100), S. 451 참조.

확인하거나 지적하면 되기 때문이다. 그리고 입법자는 법률개선의무가 없더라도 법률을 관찰하고 나서 고유한 자기 판단에 따라 개선이 필요하다고 생각하면 법률을 언제든지 개선할 수도 있다.[329] 즉 법률관찰은 입법자가 자신의 법률개선의무를 확인할 때만 의미 있는 것이 아니라 법률개선의무와 상관없이 입법자가 법률을 개선할 필요성을 스스로 인식하거나 법률 개선 여부를 판단하기 위해서도 법률을 관찰할 수도 있다. 또한, 부진정입법부작위[330]에서는 법률을 제정하거나 개정할 때의 법률의 잘못(법률의 결함: Gesetzesfehler), 즉 법률의 원시적 잘못이 문제 되므로, 법률개선의무는 관찰 없이 발생할 수도 있다. 게다가 법률 관찰이 언제나 법률개선의무를 발생시키는 것도 아니다.[331] 즉 법률 관찰이 늘 법률개선의무 확인으로 이어지는 것도 아니다. 결론적으로 법률관찰의무는 법률개선의무와 밀접한 관련을 맺는 때가 없는 것은 아니나 양자가 늘 결합하는 것은 아니므로, 법률관찰의무는 법률개선의무과 구별되는 독자적인 입법의무로 보는 것이 타당하다.

그 밖에 법률관찰'의무'가 입법자의 간접의무라면, 입법자의 법률관찰의무는 의무로서 가져야 할 강제성이 의심되어 단지 정치적 의무로만 남을 수 있다. 그러면 법률관찰의무의 개념이 오히려 불분명해져서 그 법적 의미가 퇴색할 수밖에 없다. 그리고 법률관찰의무가 인정되지 않을지라도 헌법재판소가 법률을 위헌으로 결정하는 것에는 아무런 지장이 없다. 법률의 위헌성은 법률관찰의무와 상관없이 확인될 수 있기 때문이다. 따라서 법률관찰의무를 간접의무로 보는 견해의 실익을 찾기 어렵다고 생각한다.[332]

---

329) ***Yooncheol Choi*** (Anm. 6), S. 69 참조.

330) 진정입법부작위에서는 관찰 대상인 법률이 없어서 법률관찰의무가 문제 되지 않는다.

331) **최윤철**(주 307, 입법자의 법률관찰의무), 476～477쪽 참조.

332) 이상 **최윤철**(주 307, 입법자의 법률관찰의무), 473쪽 참조.

결론적으로 입법자의 법률관찰의무는 입법자의 헌법구속성에서 비롯되는, 법률개선의무와 구별되는 독자적인 입법의무로서 입법자의 간접의무에 불과한 것은 아니다. 따라서 입법자의 법률관찰의무는 헌법을 근거로 입법자에게 부여되는 입법의무이다.

4. 내용

(1) 관찰의 의미

위헌성이 아직 확인되지 않은 법률에서 법률관찰의무가 문제 된다. 법률의 위헌성이 확인되면, 입법자는 구체적 입법의무, 즉 법률개선의무나 법률제정의무를 지기 때문이다. 따라서 법률관찰의무는 합헌결정과 합헌결정의 특별한 형태[333]인 촉구결정[334]에서 도출될 수 있다.[335] 선고시점에 법률의 위헌성이 드러나지 않는 한 헌법재판소는 위헌결정을 내릴 수 없고, 기속력이 없는 합헌결정은 입법자의 구체적 행위를 요구하는 진정한 (구체적) 입법의무를 근거 지울 수 없다. 따라서 법률관찰의무는 관찰을 통해서 발견될 수 있는 결과가 구체적인 입법적 결론(예를 들어 법률개선의무 발생)을 도출할 수 있을 때만 의미가 있다. 그리고 법률을 어떻게 관찰할 것인지는 입법형성의 자유에 속한다. 그러므로 헌법재판소는 관찰의 절차와 내용이 아니라 단지 입법자가 관찰을 통해서 얻을 수 있는, 구체적인 입법적 결론을 이행하는지를 통제할 수 있을 뿐이다. 원칙적으로 헌법재판소는 의회의 입법절차

333) ***Klaus Schlaich/Stefan Korioth*** (Anm. 4), Rdnr. 431.

334) 헌법재판소는 결정이유에서 촉구결정 취지가 보이는 결정이 몇 건 있기는 하지만, 아직 주문에서 촉구결정을 내리지 않았다.

335) 법률관찰의무 존재 여부에 관한 불명확성을 제거하고 그 유효성을 확보하기 위해서 헌법재판소는 오로지 촉구결정 주문을 통해서만 법률관찰의무를 확인하는 것이 바람직하다.

에서 도출된 결과인 법률만 심사할 수 있고, 논거나 그 밖의 헌법이 규정하지 않은 절차와 입법자나 입법절차에 개별적으로 참여한 사람의 행위를 심사할 수 없으므로,[336] 오로지 입법자 자신만이 의무에 맞게 법률적 상황을 관찰하는지를 통제할 수 있기 때문이다.[337] 그러나 헌법재판소는 법률관찰의무 확인을 통해서 법률이 헌법에 어긋나기 전에 그 가능성을 입법자에게 경고함으로써 간접적으로 입법을 강제하여[338] 기본권침해를 예방할 수 있다. 특히 입법자가 제·개정한 법률이 조만간 위헌결정을 받을 수 있다는 사전경고는 헌법재판소가 입법자의 책임을 묻는데 결정적 근거로 작용할 수도 있다. 그리고 헌법재판소는 법률관찰의무를 확인하여 입법자가 적극적인 입법활동을 하도록 간접적으로 강제한다는 점에서, 법률관찰의무를 통해서 입법자가 사회변화에 적극적으로 대응하라고 요구할 수 있다. 이것은 (법률관찰의무 불이행에 대한 제재가 충실하게 그리고 확실하게 가해진다면) 입법자의 소극적 입법태도를 개선하는 데 큰 역할을 할 수 있다.

(2) 관찰 대상

관찰 대상은 현재 효력이 있는 법률이다. 수범자가 법률의 효력을 사실적으로 무시하거나 법률이 너무 오래전에 제정되어서 법률의 규범적 효력이 의심될 수 있다고 할지라도, 법률이 현재 유효한 법률로서 존재하는 한 관찰 대상이 된다.[339] 그러나 현재 심의 중인 법률안은

---

336) ***Klaus Schlaich/Stefan Korioth*** (Anm. 4), Rdnr. 541.

337) ***Yooncheol Choi*** (Anm. 6), S. 73.

338) 헌법재판소가 결정을 내리는 시점에 입법자에게 구체적 입법의무를 부과하지 않지만, 입법자가 심판대상이 된 법률을 개선하지 않으면, 조만간 헌법재판소가 그 법률의 위헌성을 확인할 수 있다고 이유에서 밝힘으로써 사실적 측면에서 입법자의 법률개선을 강제할 수 있다.

339) 법률이 현재 제대로 효력을 미치는지는 관찰의 중요한 대상이다. 만약 법률

아직 법률이 아니므로 관찰 대상이 될 수 없다. 입법자가 이미 폐지하였거나 헌법재판소가 위헌으로 선언한 법률도 효력이 없어서 관찰 대상이 될 수 없다.

법률관찰의무 때문에 입법자는 권한 범위 안에서 법률의 효력을 검토하기 위하여 자료를 조사하고 수집하고 평가할 의무를 진다.[340] 이를 통해서 입법자는 자신이 제정한 법률이 그 목적을 아직 이행할 수 있는지, 즉 법률을 제정할 때 설정한 목적과 입법자의 의사에 합치하는지와 법률의 효력을 약화하지 않고 유지할 수 있는지를 계속해서 관찰하여야 한다. 나아가 입법자는 법원과 달리 최적의 입법을 할 의무가 있으므로 법률의 목적을 더 효과적으로 달성할 수 있도록 개정할 필요가 있는지와 법률의 효력을 강화할 수 있는지도 함께 관찰하여야 한다.

(3) 관찰 시점

법률 관찰은 입법자가 제정한 법률이 관찰 시점의 현실을 적절하게 규율할 수 있는지 또는 관찰 시점의 현실을 더 잘 규율할 수 있는 법률이 있는지를 살피는 것이다. 즉 합헌인 법률이 위헌이 되었는지나 법률이 현재 규율대상을 적절하게 규율하는지를 확인하는 것이 법률관찰의 목적이다. 법률이 규율하는 현실이 고정되지 않고 늘 바뀔 수 있다는 점(법률의 시간 구속성과 상황 구속성)에서 이러한 관찰은 일정한 관찰시점을 기준으로 이루어질 수밖에 없다. 그리고 그 시점은 관찰할 수 있고 필요한 시점이라는 측면과 현재 효력이 있는 법률이 관찰대상이라는 측면에서 언제나 현재일 수밖에 없다.[341] 물론 그 현재라는 시

이 그 효력을 무시당하거나 의심받고, 관찰을 통해서 그것이 확인된다면, 입법자는 그러한 법률을 개정하거나 폐지할 의무를 지게 될 것이다.

340) BVerfGE 88, 203 (310).

점은 시간이 흐름에 따라 계속 바뀌게 된다.

(4) 헌법재판소가 입법자의 법률관찰의무를 확인할 수 있는 예외적인 때

헌법재판소가 법률관찰의 모든 절차와 내용을 통제하려 한다면, 헌법재판소는 사실적 측면에서 입법에 직접 개입할 수 있고, 그와 함께 입법형성의 자유는 극도로 제한될 수 있다. 이것은 헌법재판소의 권한을 넘어선 것으로서 권력분립원리에 어긋난다. 이때 입법자는 헌법재판소의 법률관찰의무 확인을 대부분 무시할 것이므로, 이러한 확인의 의미는 사라질 것이다. 따라서 입법형성의 자유를 보호하고 법률 관찰 통제의 실효성을 확보하려면, 헌법재판소는 매우 제한적으로만 입법자의 법률관찰의무를 확인할 수 있다고 보아야 할 것이다.

법률관찰의무는 입법자의 지속적인 법률 관찰을 포함하지 않는다.[342] 이러한 의미의 의무는 입법권을 부여받은 입법자가 헌법에 따라 언제나 지는 추상적 의무이기 때문이다. 즉 입법자의 일반적 법률관찰의무는 헌법재판소 통제대상이 아니다. 헌법재판에서 의미 있는 것은 오로지 구체성을 획득한 입법자의 특별한 법률관찰의무뿐이다. 이러한 일반적인 추상적 의무와 구별되는 특별한 의무로서 기능하는 입법자의 법률관찰의무는 관찰 필요성이 헌법적으로 명확히 인정될 때만 헌법재판소가 확인할 수 있다. 다만, 법률관찰의무는 입법자의 구체적 행위를 강제하는 것이 아니므로, 반드시 결정주문에서 확인되어야 하는 것이 아니라 결정이유에서 확인되어도 무방하다. 이러한 점에서 법률관찰의무는 헌법재판소 결정의 기속력과는 무관하다. 그러

341) 같은 견해: **최윤철**(주 307, 의원입법의 평가와 평가제도의 발전에 관한 이론적 검토), 17쪽.

342) BVerfGE 88, 203 (310) 참조.

나 헌법재판소의 법률관찰의무 확인은 객관적 헌법보호기능을 소극적으로 이행하는 것으로 볼 수 있다.

먼저 ① 법률의 위헌성을 아직 확인할 수 없을지라도 법률이 예상할 수 있는 시점에 위헌이 되리라는 것을 확인할 수 있으면(예상할 수 있는 앞날의 위헌성 확인), 입법자의 법률관찰의무가 문제 된다. 선고시점을 기준으로 아직 위헌이 아니어서 헌법재판소는 이러한 법률을 위헌으로 결정할 수는 없다. 그러나 헌법재판소가 이러한 법률을 단지 합헌으로 결정하는 것은 헌법의 수호자인 헌법재판소의 기능에 들어맞지 않는다. 이때 헌법재판소는 입법자의 법률관찰의무를 확인함으로써 헌법수호에 관한 임무를 수행할 수 있다.

다음 ② 법률의 위헌성을 현재 명확하게 심사하거나 확정할 수 없을지라도 중대한 기본권침해 의심이 여전히 남으면(제거되지 않은 중대한 기본권침해 의심), 입법자의 법률관찰의무가 문제 된다. 충분한 경험이 아직 축적되지 않았거나 적절한 심사수단이 아직 없거나 사실관계와 법적 상황이 유동적일 때, 헌법재판소가 당장 법률의 위헌성을 확인하는 것이 매우 어려울 수 있다. 그러나 이러한 법률이 기본권을 매우 심각하게 제약할 수도 있다. 이때 헌법재판소는 이러한 법률을 위헌으로 결정할 수는 없지만, 법률의 합헌성에 대한 의심이 아직 제거되지 않았으므로 입법자의 법률관찰의무를 확인할 필요가 있다. 전통적인 사고에 기초한 법적 제도나 제재가 바뀐 헌법현실 속에서 합헌성이 있는지가 끊임없이 의심되는 때가 잦다.[343] 그리고 자연과학 발전

343) 대표적인 것이 4차례(헌재 1990. 9. 10. 89헌마82, 판례집 2, 306; 헌재 1993. 3. 11. 90헌가70, 판례집 5-1, 18; 헌재 2001. 10. 25. 2000헌바60, 판례집 13-2, 480; 헌재 2008. 10. 30. 2007헌가17, 판례집 20-2상, 696)에 걸쳐 헌법재판소의 합헌결정이 내려진 간통죄이다. 특히 네 번째 결정에서는 합헌의견이 4에

불과하고, 위헌의견이 4, 헌법불합치의견이 1이어서 위헌의견이 다수였다. 결국, 헌법재판소는 간통죄에 대해서 단순위헌결정을 내렸다(헌재 2015. 2. 26. 2009헌바17 등, 판례집 27-1상, 20).

헌재 1990. 9. 10. 89헌마82, 판례집 2, 306, 313-315 재판관 조규광, 재판관 김문희의 다수의견에 대한 보충의견: "특정의 인간행위에 대하여 그것이 불법이며 범죄라 하여 국가가 형벌을 행사하여 이를 규제할 것인지, 아니면 단순히 도덕률에 맡길 것인지의 문제는 인간과 인간, 인간과 사회와의 상호관계를 함수로 하여 시간과 공간에 따라 그 결과를 달리할 수밖에 없는 것이고, 결국은 그 사회의 시대적인 상황·사회구성원들의 의식 등에 의하여 결정될 수밖에 없다. 단순히 도덕률에 맡겨야 할 사항에 대하여 국가가 이를 형사처벌의 대상으로 삼아 형벌권을 행사하여 개입하는 것은 헌법에 위반된다. 왜냐하면 국가가 국민을 도덕적으로 개선시키려는 의도만을 가지고 형사적 제재조치를 하는 것은 헌법상 정당성을 가지지 못하기 때문이다. 그러나 우리는 간통에 대한 형사적 처벌이 아직은 단순한 도덕적 영역에 대한 국가의 형사적 제재인 것으로는 판단하지 않는다. 간통죄에 대한 오늘날 세계각국의 입법례를 보면 이를 폐지해 가는 것이 그 추세이고, 우리 사회가 빠른 속도로 산업사회화가 진행됨에 따른 개인주의적, 성개방적인 사고방식과 사회적 환경에 따라 우리 국민의 성에 관한 법의식에도 많은 변화가 있었고, 간통죄에 대한 적용과정에 있어서도 이혼위자료의 요구를 관철하기 위한 수단으로 잘못 이용되는 경우도 없지 않았다. 또한 가족법의 개정(1990.1.13. 법 제4199호 민법 개정)에 따라 이혼을 하게 되는 경우 각 당사자에게 재산분할청구권이 부여되는 한편 자녀에 대한 친권도 남녀간에 차별없이 평등하게 보장되어 사회적 지위가 상대적으로 열악한 여성의 입장에서도 간통을 굳이 형사처벌의 방법에 의하여 해결하기보다는 민사상의 손해배상·이혼 등의 방법에 의하여 처리하는 것이 보다 합리적이라고 볼 여지가 없지도 않아 간통죄에 대한 규범력이 어느 정도 약화되었음은 이를 부인할 수 없다. 그러나 우리 사회의 구조와 국민의식의 커다란 변화에도 불구하고 우리 사회에서는 고유의 정절관념 특히 혼인한 남녀의 정절관념은 전래적 전통윤리로서 여전히 뿌리깊게 자리잡고 있으며, 일부일처제의 유지와 부부간의 성에 대한 성실의무는 우리 사회의 도덕기준으로 정립되어 있어서 우리 국민의 상당부분의 법의식이 아직은 간통에 대한 형사처벌을 성에 관한 사항을 스스로 결정할 수 있는 개인의 권리의 본질적 내용을 침해한 것으로 여길 정도로 변화되었다고 단정하기는 어렵다. 그렇다면, 간통은 비록 개인의 인격권 및 행복추구권으로부터 연유하는 성생활에 관한 사항을 스스로 결정할 수 있는 권리에 근거한 행위라고 할지라도 앞서 본 바와 같이 현재의 상황에서는 사회의 질서를 해치고 개인의 권리를 침해하는 경우에 해당한다고 판단되므로 헌법 제37조 제2항의 제한범위 안에서 법률에 의한 제한을 받을 수 있다고 본다. 다만, 이에 대하여 형사적 제재를 할 것인지의 여부는 입법권자의 의지 즉, 입법정책의 문제로서 입법권자의 입법형성의 자유에 속한다고 할 것이다." (밑줄은 필자의 강조. 이하 밑줄은 모두 마찬가지이다)

헌재 2001. 10. 25. 2000헌바60, 판례집 13-2, 480, 487: "다만 입법자로서는 그동안 꾸준히 제기되고 있는 간통죄폐지론의 논거로 주장되고 있는바, 첫째 기본적으로 개인간의 윤리적 문제에 속하는 간통죄는 세계적으로 폐지 추세에 있으며, 둘째 개인의 사생활 영역에 속하는 내밀한 성적 문제에 법이 개입함은 부적절하고, 셋째 협박이나 위자료를 받기 위한 수단으로 악용되는 경우가 많으며, 넷째 수사나 재판과정에서 대부분 고소취소되어 국가 형벌로서의 처단기능이 약화되었을 뿐만 아니라, 다섯째 형사정책적으로 보더라도 형벌의 억지효나 재사회화의 효과는 거의 없고, 여섯째 가정이나 여성 보호를 위한 실효성도 의문이라는 점 등과 관련, 우리의 법의식의 흐름과의 면밀한 검토를 통하여 앞으로 간통죄의 폐지 여부에 대한 진지한 접근이 요구된다고 하겠다."

헌재 2007헌가17, 판례집 20-2상, 696, 711-712 재판관 민형기의 별개의 합헌의견: "…… 간통은 그 행위의 태양이 매우 광범위하고 다양하여 사안에 따라 반사회적 성격이나 비난가능성의 유무 및 정도가 현저히 다른데도, 구체적인 행위 태양의 개별성이나 특수성을 고려하지 않은 채 이들을 간통이라는 한 가지 개념으로 일률적으로 처벌하여 형벌을 부과하는 것은 사실상 부당하거나, 규범적인 의미를 벗어난다는 평가를 받을 수 있다. 물론 이 가운데 상당 부분은 법원이 재판과정에서 법의 해석이나 형의 양정 등을 통하여 문제를 해결할 수 있으리라 여겨지지만, 그럼에도 불구하고 이 사건 법률조항의 부당성에 관한 의혹이 완전히 해소되는 것은 아니라 할 것이다. 이렇듯 성문의 규범이 스스로 예정하거나 의도하지 아니한 사실상의 요인으로 인하여 발생하는 사회적인 문제나 법률적인 평가 등으로 규율의 당부에 관하여 의심이 있는 경우 이를 개선하는 것은 입법재량에 속하는 것으로서 이는 원칙적으로 현실정치의 영역에서 국민을 대표하고 의사를 형성하는 입법기관의 책무이고, 사법기관인 헌법재판소가 적극적으로 개입하여 합헌이나 위헌 여부의 헌법적인 판단을 하여야 할 몫은 아니라 할 것이다. 이 사건 법률조항 중 행위의 태양과 관련하여 헌법불합치의견이 뒤에서 상술하는 바와 같이 반사회적 성격이 미약한 부분의 사례에 이르기까지 이를 처벌하는 것은 사실상으로나 정책적으로 부당한 결과를 초래할 우려가 있으므로, 입법자로서는 여기에 지적되는 문제점에 대하여 우리의 인습과 사회적인 합의,

때문에 이전에 인식할 수 없거나 예측할 수 없었던 영역이 실제 국민의 생활에 중대한 영향을 미칠 수 있다. 따라서 이러한 법률은 계속 늘고 있다. 특히 환경법과 기술법에서 이러한 법률은 오늘날 쉽게 발견된다.

헌법재판소는 비록 법률관찰의무에 관해서 명확한 언급은 하지 않았지만, 심판대상인 법률이나 법률조항이 법리적으로 헌법에는 어긋나지 않아서 합헌결정을 하지만, 부당하거나 실정법의 전체 체계상 합당하지 아니하면 국회에 입법적 시정조치를 요구하거나[344] 기본권을 보장하기 위해서 특정조치가 입법정책적으로 바람직함을 확인한 것[345]이 있다. 그리고 헌법재판소는 사형제도에 대한 합헌결정에서 관

국민의 법의식 등을 실증적, 종합적으로 고려하여 이를 입법적으로 개선할 수 있도록 정책적인 노력을 기울여야 할 것임을 지적해 두고자 한다."

344) 헌재 1993. 7. 29. 93헌마23, 221, 233 참조: "그렇다면 위 두 법률조항의 적용상의 상호관계에 있어서 청구인 주장과 같은 불합리한 일면이 있다고 하더라도, 그것은 우리나라의 선거법체계가 단일한 선거법(예컨대 일본의 "공직선거법"과 같은)으로 되어 있지 아니하고 각종 선거법으로 분산되어 있으며 또 각종 공직선거에 관한 기본적, 공통적인 사항을 통일적으로 규정한 선거기본법 같은 법률도 따로 없는 데다가 각종 선거법을 그때 그때의 현실적인 필요에 따라 각각 수시로 개정하면서 선거법체계의 전체적 조정에 유의하지 아니한 입법정책 내지 입법기술의 졸렬에서 기인한 것으로 넓은 의미에서의 체계부조화 내지 부적합이 될 수 있을 뿐, 위에서 본 이 사건의 제반사정에 비추어 그것만으로 곧 이 사건 법률조항이 평등의 원칙에 위배된다거나 청구인의 공무담임권을 침해한 것으로서 헌법위반이 된다고는 볼 수 없다. 다만, 이러한 입법정책 내지 입법기술의 졸렬에서 오는 체계상의 부조화 내지 부적합도 경우에 따라서는 헌법위반의 사태를 초래할 수 있으므로 이 기회에 우리나라 선거법 전반에 관한 체계적 재검토와 그에 의한 입법적 시정조치가 있어야 할 것이다."

345) 헌재 1996. 2. 29. 92헌바8, 판례집 8-1, 98, 108 참조: "다만 소송비용의 재판이 본안의 재판에 따른 부수재판이라고 하더라도 청구인이 주장하는 바와 같이 소송물가액에 따른 인지액 등 소송비용이 많이 지출된 경우에는 소송비용의 재판도 소송당사자에게 상당한 이해관계가 있어 그 재판에 대하여만 독립하여 다툴 실익이 있을 뿐만 아니라 소송비용의 재판이 법률에 명백히 위반

찰 필요성을 지적한 바 있다.346) 또한, 무면허 의료행위를 금지 및 처

하여 본안의 재판과 부합하지 아니한 경우에는 본안재판의 법적 안정성을 해하지 않고도 부당한 소송비용의 재판을 시정할 수도 있을 것이므로 국민의 재판을 받을 권리 및 재산권의 보장을 위하여 이 사건 법률조항의 입법목적인 본안재판의 법적 안정성을 크게 해하지 않는 한도 내에서 소송비용의 재판에 대한 독립적인 불복을 허용하는 것이 입법정책적으로 바람직한 길임을 밝혀 둔다."

346) 헌재 1996. 11. 28. 95헌바1, 판례집 8-2, 537, 548-549: "우리는 위헌·합헌의 논의를 떠나 사형을 형벌로서 계속 존치시키는 것이 반드시 필요하고 바람직한 것인가에 대한 진지한 찬반의 논의도 계속되어야 할 것이고, 한 나라의 문화가 고도로 발전하고 인지가 발달하여 평화롭고 안정된 사회가 실현되는 등 시대상황이 바뀌어 생명을 빼앗는 사형이 가진 위하에 의한 범죄예방의 필요성이 거의 없게 된다거나 국민의 법감정이 그렇다고 인식하는 시기에 이르게 되면 사형은 곧바로 폐지되어야 하며, 그럼에도 불구하고 형벌로서 사형이 그대로 남아 있다면 당연히 헌법에도 위반되는 것으로 보아야 한다는 의견이다."

헌재 2010. 2. 25. 2008헌가23, 판례집 22-1상, 36, 73-74 재판관 민형기의 합헌의견에 대한 보충의견: "그런데 헌법재판소는 사형제 자체나 개별적인 사형 소항이 헌법질서나 헌법규범에 위배되는지 여부에 관하여 규범적 내지 사법적인 판단을 할 뿐이고, 이러한 판단은 국민적 여론이나 시대적 가치관 등 제반요소를 고려하여 사형제나 개별적 사형 조항의 존치 또는 폐지 여부를 결정하는 입법자의 정책적인 판단과는 구별되는 것으로서, 결국 사형제나 개별적인 사형 조항의 존치나 폐지는 입법적으로 해결하여야 할 성질의 문제라 할 것이고, 또 그렇게 하는 것이 세계적인 입법의 추세이기도 하다. 다만, 앞서 본 바와 같이 사형제 자체는 우리 헌법질서 내에서 용인될 수 있는 정도의 것이지만 그 안에 적지 않은 문제점을 지니고 있으므로, 입법자로서는 사형제 자체의 전면적인 폐지나 전면적인 존치와 같은 극단적인 방법을 선택하기보다는, 사형제 자체를 존치시키면서도 형벌체계상 조화되기 어려운 대상 범죄를 축소하고 존치된 사형 조항에 대해서도 최대한 문제의 소지를 제거하는 등 점진적인 방법을 통하여 제도를 개선해 나아가고 있는 외국의 입법례 등을 참고하여, 진정한 국민적 합의를 바탕으로 시대상황의 변천에 맞게 현행의 사형제 전반에 걸친 문제점을 개선하고, 필요한 경우 문제가 되는 법률이나 법률조항을 폐지하는 등 입법적인 노력을 게을리 하여서는 아니 될 것이다."

헌재 2010. 2. 25. 2008헌가23, 판례집 22-1상, 36, 75-76 재판관 송두환의

벌하는 의료법 및 '보건범죄단속에 관한 특별조치법' 관련 조항에 대해서 합헌의견 4 대 위헌의견 5로 합헌결정을 하면서, 헌법 제36조 제3항이 규정하는 국민의 보건에 관한 권리는 국민이 자신의 건강을 유지하는 데 필요한 국가적 급부와 배려를 요구할 수 있는 권리를 말하는 것으로서, 국가는 국민의 건강을 소극적으로 침해하여서는 아니 될 의

합헌의견에 대한 보충의견: "근본적인 문제는 사형제도의 남용 및 오용의 가능성을 어떻게 없앨 것인가이다. 과거 권위주의 정부 시절에 몇몇 정치적 성격의 사건에서 사형이 선고되고 집행되어 후일 정치적 사법살인으로 평가되는 사례가 있었고, 이것이 사형제도의 폐해를 크게 부각시키고 있다. 이러한 폐해의 소지를 근본적으로 없애기 위하여 형법전에서 사형제도 자체를 전면 삭제하는 방안을 생각할 수 있을 것이나, 이는 예외적인 다른 경우, 즉 위에서 언급한 바 있는 극악하고 잔인무도한 반인륜적 범죄의 경우에 관용과 일정 기간의 교화만으로는 대처할 수 없게 되는 문제가 있으므로 다른 적절한 방법을 찾아야 할 것이다. 즉, 위와 같은 사형제도 오남용의 사례를 교훈으로 삼아, 우선 첫째로, 법정형의 범위에 사형을 규정하고 있는 개별 형벌조항들을 전면적으로 재검토하여 그 범위를 대폭 축소하여야 할 것이다. 좀 더 구체적으로 검토하건대, 입법자가 선택한 사형제도가 인간의 존엄성에 반하는 속성에도 불구하고 그 적정성과 필요성을 인정받을 수 있는 유일한 논거는 역설적으로 또 다른 인간의 생명권, 즉 일반 기본권주체의 생명권을 보호, 보장하고자 하는 것일 뿐이므로, 사형이 선택될 수 있는 범죄의 종류는 반인륜적으로 타인의 생명을 해치는 극악범죄의 경우로 한정되어야 할 것이고, 그렇지 아니한 경우 및 사회적, 국가적 법익에만 관련된 각종 범죄의 경우 등에는 법정형에서 사형이 삭제되어야 할 것이다. 나아가, 유무죄의 심리와 판단, 법정형 중의 형종 선택 및 형의 선고와 그 확정 등 전체 사법절차가 엄격하고 신중한 적법절차에 의하여 진행되고, 유죄판결이 최종확정된 후의 집행과정에서 혹여 '잔혹하고 이상한 형벌'이 되거나 인간의 존엄성을 무시 또는 해하는 것이 되지 아니하도록 엄숙하고 경건한 절차를 확립, 보장하기 위하여, 수사 및 재판, 형의 집행 등 모든 절차를 세심하게 다듬고 정비하여야 할 것이다. 부연하건대, 사형제도의 폐지 또는 유지의 문제는 헌법재판소의 위헌법률심사를 통하여 해결되는 것보다는 향후 입법자에 의한 입법의 개폐 여부에 의하여 해결되어야 할 문제라고 할 것이다. 위헌법률심사는 입법자가 국민의 대표로서 선택한 결과인 입법을 헌법적 관점에서 용인할 것인지 여부의 문제이고, 입법자가 내외의 의견수렴과 토론을 거쳐 입법적으로 개폐하는 것은 입법부를 통한 국민의 선택과 결단이기 때문이다."

무를 부담하는 것에서 한 걸음 더 나아가 적극적으로 국민 보건을 위한 정책을 수립하고 시행하여야 할 의무를 부담한다는 것을 의미하므로, 의료유사행위나 보완·대체의학에 의한 치료방법을 연구와 검증을 통해서 의료행위에 포함하거나 별도의 제도를 두어 국민이 이를 이용할 수 있게 하는 것이 헌법 제36조 제3항의 취지에 더 들어맞는다는 소수의견이 제시되었다.347)

347) 헌재 2010. 7. 29. 2008헌가19등 재판관 김희옥의 보충의견: "헌법 제36조 제3항이 규정하고 있는 국민의 보건에 관한 권리는 국민이 자신의 건강을 유지하는데 필요한 국가적 급부와 배려를 요구할 수 있는 권리를 말하는 것으로서, 국가는 국민의 건강을 소극적으로 침해하여서는 아니 될 의무를 부담하는 것에서 한걸음 더 나아가 적극적으로 국민의 보건을 위한 정책을 수립하고 시행하여야 할 의무를 부담한다는 것을 의미한다(헌재 1995. 4. 20. 91헌바11, 판례집 7-1, 478, 491). 그런데 일반적으로 국민의 건강을 유지하고 회복, 촉진하는 행위인 넓은 의미의 의료(醫療)에는 의료인에 의한 질병의 치료뿐만 아니라 질병의 예방행위도 포함되고, 간호활동이나 약사 내지 한약사의 제약 및 복약지도, 영양사에 의한 영양 지도 등도 포함된다고 할 것이다. 이 사건 조항들이 의료인이 아닌 자의 의료행위를 전면적으로 금지한 것은 매우 중대한 헌법적 요청인 국민의 보건에 관한 국가의 보호의무를 이행하기 위하여 적합한 조치임에 틀림없다. 그렇지만 국가는 보다 적극적으로 국민의 보건을 위한 정책을 수립·시행하여야 할 의무를 부담하는 것이므로 국가는 국민보건을 위해 제도 변경의 필요성이 있으면 이를 적극적으로 실천하여야 한다. 역사적으로 각 국가별로 인간의 건강을 지키고 질병을 치료하는 방법에 관해서는 부단한 연구와 발전이 있어 왔고, 현재도 인간의 건강에 대한 연구는 계속되고 있다. 그런데 각 국가별로 또는 동양과 서양에 따라서 참으로 다양하고 많은 의료방법이 고안·실증되어 시행되고 있지만, 각 국가별로 모두 동일한 의료방법을 채택하고 있는 것은 아니다. 우리나라의 법제가 채택하고 있는 의료행위에는 의료법이 규정한 의료인의 의료행위와 접골사·침사·구사 등 의료유사업자의 의료유사행위, 안마사의 안마행위 등이 있고, 1962년 이후에는 신규 의료유사업자의 자격 및 시술에 관한 법적 근거가 소멸되었다. 그런데 오늘날 우리 사회에서 건강과 의료에 관한 국민의 욕구와 수요는 대폭 증대되어 있고, 의료행위와 경계선상에 있는 의료 서비스의 활용과 그에 대한 관리가 필요한 것이 사실이다. 헌법 제36조 제3항에 의해 국가는 적극적으로 국민의 보건을 위한 정책을 수립하고 시행하여야 할 의무를

끝으로 ③ 위헌결정을 내릴 수 있는 선고요건이 충족되지 않았지만, 법률의 위헌성이 매우 강하게 추정되면(강한 위헌성 추정), 입법자의 법률관찰의무가 문제 될 수 있다. 헌법재판소가 법률의 위헌성을 확인하거나 확인할 수 있다고 할지라도, 때에 따라서 헌법재판소는 이러한 법률을 위헌으로 결정할 수 없을 수도 있다. 이때 헌법재판소는 위헌 가능성을 제거하기 위해서 입법자의 법률관찰의무를 지적할 수 있다. 예를 들어 유사규범은 위헌으로 결정된 법률과 내용이 비슷하므로, 그것이 심판대상이 아닐지라도 그 합헌성이 매우 심각하게 의심될 수밖에 없다. 그리고 헌법재판소는 위헌결정의 정족수(헌법 제113조 제1항, 헌

부담한다는 측면에서 볼 때, 보건위생상 위해가 생길 우려가 없는 범위 내에서 제도권 의료행위 이외의 치료방법을 적극적으로 연구하여 이를 의료행위에 편입하거나 또는 국민이 쉽게 이용할 수 있도록 하는 제도를 마련할 필요성이 있다. 이는 미국, 유럽 등 각국에서 국민이 이용할 수 있는 의료의 형태를 다양하게 넓혀 나가고 있는 것을 보아도 알 수 있다. 세계보건기구(WHO)의 자료에 의하면 세계 의료형태의 30 내지 40 퍼센트 정도만이 현대정통의학(Modern Conventional Medicine)을 따르고 나머지는 소위 보완대체의학(Complementary and Alternative Medicine)에 의하여 치료를 받고 있으며, 우리나라에서도 환자 중 약 3분의 1은 현대정통의학이 아닌 다른 치료방법을 찾고 있다고 한다. 즉, 의료법 등의 금지 규정에도 불구하고 적지 않은 국민이 비의료인에 의한 치료방법을 이용하고 있는 것이 현실이다. 이러한 국민정서 및 사회문화적 행태를 고려할 때, 검증되지 아니한 시술자에 의한 부작용과 피해를 방지하기 위하여 음성적으로 이루어지는 각종 요법과 시술을 양성화하는 것과 더불어 이러한 시술자에 대한 엄격한 관리체계를 갖출 필요성이 크다고 할 것이다. 세계적으로 소위 보완대체의학의 종목은 약 200 가지 정도가 알려져 있고 그 중 50여 가지가 활발히 연구·활용되고 있으며, 우리나라에서는 이 중 20여종 정도가 사용되고 있다고 한다. 시술의 안전성에 대한 객관적이고 과학적인 검증체계가 확보되고 시술자의 자격에 대한 엄격한 관리체계가 구비되면 이러한 보완대체의학에 대한 연구와 활용이 높아질 수 있을 것이다. 이렇게 의료유사행위 또는 보완대체의학에 의한 치료방법을 연구와 검증을 통하여 의료행위에 포함시키거나 별도의 제도를 두어 국민이 이를 이용할 수 있게 하는 것이 헌법 제36조 제3항의 취지에 보다 부합한다고 생각한다."

법재판소법 제23조 제2항 제1호) 때문에 다수 헌법재판소 재판관이 법률의 위헌성에 동의한다고 하여도 법률을 위헌으로 결정할 수 없을 때(예를 들어 재판관 5명이 위헌의견일 때)가 있다. 그러나 이때도 이러한 법률의 위헌성이 매우 심각하게 의심된다는 것은 부정할 수 없다.

헌법재판소가 입법자의 법률관찰의무를 확인할 수 있는 세 가지 사유는 엄격하게 구별되지 않을 수도 있다. 따라서 세 가지 사유는 단독으로 또는 서로 결합하여 헌법재판소가 입법자의 법률관찰의무를 확인하는 것을 정당화할 수 있다.

(5) 의무 위반 효과

헌법재판소가 입법자의 법률관찰의무를 확인한다고 하더라도 입법자는 구체적 의무를 지지 않는다. 법률관찰의무는 구체적인 입법행위를 확인하거나 지시하지 않기 때문이다. 헌법재판소가 입법자의 법률관찰의무를 확인하여도 여전히 입법자는 자신이 선택한 방법과 절차에 따라 법률을 관찰하면 된다. 게다가 입법자가 법률을 관찰하지 않더라도 법률이 위헌이라는 사실이 확인되지 않는 한 헌법재판소를 비롯한 다른 모든 국가기관은 입법자를 제재할 수 없다. 이러한 점에서 헌법재판소의 법률관찰의무 확인은 입법자의 입법형성권을 직접 제한하지 않고, 오로지 잠재적이고 간접적으로만 제한할 수 있을 뿐이다. 그러나 헌법재판소의 법률관찰의무 확인은 법률이 앞날에 위헌으로 판단될 가능성을 지적함으로써 입법자가 그에 대비하도록 하고, 일반 국민에게는 그 법률의 문제점을 인식시키는 계기를 마련한다. 그리고 법률관찰의무는 입법자가 적절한 시점에 법률을 헌법에 맞게 개정하도록 유도함으로써 법률의 위헌결정을 예방할 수도 있다.

헌법재판소가 입법자가 법률관찰의무를 위반하였다는 것을 확인하기는 쉽지 않다. 특히 법률 관찰이 입법재량과 밀접한 관련이 있다는 점에서 법률관찰의무 위반은 더욱더 인정하기 어렵다. 그리고 헌법재판소는 법률의 위헌 여부만을 확인할 수 있으므로, 법률관찰의무 위반으로 말미암아 관찰대상인 법률이 위헌이 되었을 때만 헌법재판소는 그가 밝힌 입법자의 법률관찰의무 위반을 확인할 수 있다. 이것은 입법자가 법률관찰의무를 제대로 이행하지 않아서 해당 법률의 잠재적 위헌성이 현재적 위헌성으로 실현되었는데도 해당 법률을 개선하지 않았을 때 비로소 법률관찰의무 위반을 확인할 수 있음을 뜻한다. 즉 해당 법률을 위헌으로 만들 만큼의 법률 잘못이 발생하여 입법자에게 해당 법률을 개선할 의무가 발생하였는데도 입법자가 법률을 개선하지 않고 있을 때 법률관찰의무 위반이 확인될 수 있다. 이때 당사자는 그 법률의 위헌성을 주장하면서 법원에 위헌법률심판 제청을 신청하거나 헌법소원심판을 청구할 수 있다. 그러나 이때 입법자의 법률관찰의무를 확인하는 헌법재판소 결정이 있는 때와 그렇지 않은 때가 명확하게 구별되지 않는다. 당사자는 법률관찰의무 위반으로 말미암아 해당 법률이 위헌이 되었다고 주장할 수도 있지만, 법률개선의무 위반으로 말미암은 해당 법률의 위헌성을 주장할 수도 있기 때문이다. 오히려 당사자는 법률관찰의무 위반보다는 법률개선의무 위반을 주장하는 것이 일반적일 것이다. 게다가 헌법재판소는 결정이유에서 위헌을 논증할 때도 법률관찰의무 위반이 아니라 법률개선의무 위반을 제시하는 것이 일반적일 것이다.

하지만 법률관찰의무가 헌법적 의무로서 실질적 의미가 있으려면, 입법자가 법률관찰의무를 위반하였을 때 독자적인 법적 효과가 발생하여야 한다. 입법자가 헌법재판소 결정에 따른 법률관찰의무를 소홀히 하면, 즉 입법자가 법률 관찰을 게을리하여 적정한 시점에 법률을 개선하지 못하거나 아무런 행위를 하지 않으면, 당사자는 이러한 입법부작위에 대한 헌법소원심판을 청구할 수 있다. 물론 이때 당사자는 입법자의 법률관찰의무 위반이 아니라 법률개선의무 위반을 그 근거로 제시할 수도 있다. 그러나 당사자가 법률개선의무 위반을 청구 근거로 삼으면, 법률개선의무가 발생한 시점, 즉 법률의 위헌성이 발생한 시점부터 청구기간이 진행된다. 따라서 때에 따라 청구기간 도과를 이유로 헌법소원심판 청구가 각하될 수도 있다. 법률개선의무 발생시점을 확정하기가 쉽지 않다는 점에서 이러한 위험은 작지 않다. 그러나 당사자가 법률관찰의무 위반을 청구 근거로 주장한다면, 입법자가 적정한 시점에 법률개선을 충실하게 이행하지 않는 것을, 법률을 제대로 관찰하지 않는 것으로 볼 수 있다. 따라서 이러한 헌법소원심판 청구는 진정입법부작위에 대한 헌법소원심판 청구로서 입법부작위가 계속되는 한 기간 제약 없이 허용될 수 있다. 이러한 점에서 법률관찰의무 위반이 법률개선의무 위반과 구별되는 중요한 실익을 찾을 수 있다.

이러한 헌법소원심판절차에서 헌법재판소는 이러한 입법부작위를 위헌으로 결정할 수 있고, 이 결정에서 법률을 충실히 관찰하였을 때 발생하는 입법적 결론, 즉 법률의 개정이나 폐지 또는 보충을 명령할 수 있다(헌법불합치결정을 통해서 입법자의 법률개선의무를 확인하는 것이 일반적일 것이다). 이러한 결정에서 헌법재판소는 필요하다면 긴급입법자로서 임시규율을 제정할 수도 있다. 이러한 임시규율은 입법형성의 자유를 침해하지 않기 위해서 법률이 반드시 포함하여야 할 최소한에 국한되어야 한다. 이때 헌법재판소는 이전 결정에서 이러한 의무 발생을 미리 경고하였으므로, 처음 위헌결정을 내리는 때보다는 쉽게 임시규율을 제정할 수 있을 것이다. 즉 이전의 법률관찰의무 확인은 (입법자가 법률을 개선할 수 없거나 개선할 의사가 없음을 강하게 추정함으로써)

헌법재판소가 임시규율을 제정할 수 있는 결정적 근거로 기능할 수 있다. 그러나 법률관찰의무는 직접적이고 구체적인 행위가 아니라 단지 관찰만을 요구하므로, 이러한 임시규율은 이전 위헌결정, 특히 법률개선의무 위반을 확인하는 결정보다 강력한 근거가 될 수는 없다. 즉 이전에 헌법불합치결정이 있을 때보다 이전에 입법자의 법률관찰의무를 확인하는 결정이 있을 때 헌법재판소가 임시규율을 제정하는 것이 더 어렵다.

그 밖에 법률관찰의무 확인은 헌법재판소가 이전 결정과 다른 결정을 쉽게 내릴 수 있도록 한다. 헌법재판소가 입법자의 법률관찰의무를 확인하면서 합헌결정을 내리면, 이것은 헌법재판소가 해당 법률의 잠재적 위헌성을 확인하는 것이다. 따라서 잠재적 위헌성이 실현되면 해당 법률이 위헌이 될 수 있음을 경고한다. 그래서 해당 합헌결정의 논거는 잠재적 위헌성이 실현되면 그 타당성을 상실할 수 있다. 즉 해당 합헌결정의 논거는 잠재적 위헌성이 실현되기 전까지만 타당한 것이다. 결국, 해당 합헌결정은 신뢰보호원칙에서 말하는 신뢰의 바탕이 될 수 없고, 선례적 구속력의 선례로서 기능하기 어렵다.

Ⅷ. 소결: 드물지 않게 입법의무를 이행하지 않는 입법자

입법자도 기속력 때문에 헌법재판소 결정에 구속되므로 헌법재판소 결정에 따른 입법의무를 이행하여야 한다. 그러나 입법자는 헌법재판소 결정을 드물지 않게 따르지 않는다. 그래서 헌법재판소를 통한 입법통제의 실효성은 심각하게 위협받는다. 이러한 현실은 먼저 입법자가 자신의 과제와 의무를 제대로 이행할 의사나 의지가 부족하다는 점에서 비롯된다. 하지만 헌법재판소 결정에 따른 입법의무의 내용과 범위가 분명하게 밝혀져 있지 않다는 점도 무시할 수 없다. 그리고 대통령(노무현)탄핵사건[348]이나 신행정수도의건설을위한특별조치법위헌확인사건[349]에서 드러나듯이 헌법재판소 스스로 헌법재판의 한계를 벗어나 헌법재판권을 행사하였다는 의심과 비난을 받음으로써 자기 권위를 스스로 무너뜨린 점도 중요한 원인임을 부정할 수 없다. 따라서 헌법재판이 그 실효성을 회복하고 헌법재판소가 입법통제기능을 제대로 수행하려면 헌법재판소 결정에 따른 입법의무의 내용과 범위를 명확히 밝히고 헌법재판의 한계를 확정하는 노력을 게을리하여서는 안 된다.

348) 헌재 2004. 5. 14. 2004헌나1, 판례집 16-1, 609.
349) 헌재 2004. 10. 21. 2004헌마554, 판례집 16-2하, 1.

제5장

헌법재판소 결정에 따른 입법구속의 한계

Ⅰ. 한계를 넘어 행위를 하기도 하는 헌법재판소

헌법재판소는 때때로 법적 논리와 상관없이 정치문제에 개입하거나 개입을 거부한다고 의심받으면서 자신의 존재 의미에 관한 심각한 회의를 낳았다. 특히 헌법재판소가 결정을 내릴 때 과도한 정치적 고려를 함으로써 법적 판단이 아닌 정치적 판단을 하고 말았다는 비판이 강하게 제기되곤 하였다. 예를 들어 헌법재판소는 신행정수도건설을위한특별조치법에 대한 위헌결정에서 헌법재판의 근거인지가 강하게 의심되는 관습헌법을 유일한 위헌근거로 제시하였다.[1] 그리고 신문법안, 방송법안, 인터넷멀티미디어법안, 금융지주회사법안의 가결을 선포한 행위와 관련된 국회의원과 국회의장 사이의 권한쟁의심판에서는 국회의원의 심의·표결권의 침해를 인정하면서도 가결선포행위에 관한 무효확인 청구를 모두 기각하였다.[2] 이러한 헌법재판소 결정이 헌법재판의 한계를 넘어섰다는 비판은 결국 헌법재판소 결정에 따른 입법구속을 무력화하는 근거로 기능한다. 따라서 헌법재판소 결정에 따른 입법구속의 한계는 결국 헌법재판소 결정이 헌법재판의 한계 안에서 내려졌는지와 밀접한 관련을 맺을 수밖에 없다. 그래서 헌법재판의 한계가 어디까지인지가 헌법재판소 결정에 따른 입법구속의 한계와 관련하여 주요논점으로 등장한다. 즉 특별한 법원이라는 헌법재판소의 지위와 존재 이유 그리고 헌법재판의 기능에 비추어 헌법재판소가 어느 범위 안에서 권한을 행사하여야 비로소 입법자를 구속할 수 있는지가 문제 된다. 이러한 문제를 해결하기 위해서 여기서는 헌법재판의 한계로 논의되는 실정헌법, 법과 정치의

1) 헌재 2004. 10. 21. 2004헌마554, 판례집 16-2하, 1, 39-40.
2) 헌재 2009. 10. 29. 2009헌라8등, 판례집 21-2하, 14.

관계, 기능법적 한계를 차례로 검토하여 그 유용성과 내용을 명확하게 밝히고자 한다.

Ⅱ. 헌법재판의 본질적이고 시원적인 한계인 실정헌법

1. 헌법 우위

(1) 의의

"지속성과 안정성을 확보하기 위해서 특별한 방식으로 형성된"[3] 기본질서인 헌법은 국가법질서 안에서 최상위의 법규범으로서 전체 국가법질서의 시원적인 효력근거이며 다른 모든 법규범의 제정근거이다. 이러한 헌법 우위는 헌법이 모든 국가권력을 조직·구성·제한하고, 그 과제와 절차, 권한을 규율한다는 점에서 비롯된다.[4] 헌법 우위 때문에 국가법질서는 정의 그리고 법적 평화와 법적 안정성을 창설하여야 하는 자기 과제를 옹글게(완벽하게) 수행할 수 있다. 헌법은 다른 모든 국가내적 법규범과 모든 국가행위에 대해서 효력적 우위가 있고, 법률을

3) ***Horst Dreier***, Grenzen demokratischer Freiheit im Verfassungsstaat, in: JZ 1994, S. 742.

4) ***Josef Isensee***, Verfassungsrecht als „politisches Recht", in: Josef Isensee/Paul Kirchhof (Hrsg.), HStR, Bd. Ⅶ, Heidelberg 1992, § 162 Rdnrn. 30, 37; ***Christian Starck***, Vorrang der Verfassung und Verfassungsgerichtsbarkeit, in: Christian Starck/Albrecht Weber (Hrsg.), Verfassungsgerichtsbarkeit in Westeuropa, Teilband 1, Baden-Baden 1986, S. 24; ***ders.***, Die Verfassungsauslegung, in: Josef Isensee/Paul Kirchhof (Hrsg.), HStR, Bd. Ⅶ, Heidelberg 1992, § 164 Rdnr. 10.

포함한 다른 모든 법규범은 헌법을 개정하거나 폐지할 수 없다.[5] 그래서 모든 법규범과 국가기관의 행위는 헌법에 근거하거나 헌법 안에서만 효력이 있다.[6] 따라서 모든 국가권력은, 입법권도 물론 헌법에 구속된다.[7] 헌법 우위를 통해서 모든 국가권력이 행사될 때 행사자의 주관적 자의가 제거될 수 있고,[8] 국가법질서는 통일성을 형성하고 유지할 수 있다. 헌법 우위에서 헌법이 법률적 질서와 그 관계에 따라서

---

5) ***Hans Hugo Klein***, Verfassungsgerichtsbarkeit und Verfassungsstruktur - Vom Rechtsstaat zum Verfassungsstaat -, in: Paul Kirchhof/Klaus Offerhaus/Horst Schöberle (Hrsg.), Steuerrecht, Verfassungsrecht, Finanzpolitik: Festschrift für Franz Klein, Köln 1994, S. 512 (**한스 후고 클라인, 송석윤** 옮김, 헌법재판과 헌법구조, 독일 콘라드 아데나워 재단, 1996, 6~7쪽) 참조.

6) ***Josef Isensee*** (Anm. 4), § 162 Rdnr. 38; ***Christian Starck*** (Anm. 4, Vorrang der Verfassung und Verfassungsgerichtsbarkeit), S. 24 참조.

7) 헌재 1989. 7. 21. 89헌마38, 판례집 1, 131, 145; ***Peter Badura***, Die Verfassung im Ganzen der Rechtsordnung und die Verfassungskonkretisierung durch Gesetz, in: Josef Isensee/Paul Kirchhof (Hrsg.), HStR, Bd. Ⅶ, Heidelberg 1992, § 163 Rdnr. 19; ***Konrad Hesse***, Die Verfassung und ihre Eigenart, in: Ernst Benda (Hrsg.), Handbuch des Verfassungsrechts der Bundesrepublik Deutschland, Berlin 1984, S. 18 (**콘라드 헷세, 계희열** 옮김, 「헌법(의 개념)과 그 특성」, 『헌법의 기초이론』, 박영사, 2001, 8쪽); ***ders.***, Verfassung und Verfassungsrecht, in: Ernst Benda/Werner Maihofer/Hans-Jochen Vogel (Hrsg.), HVerfR, 2. Aufl., Berlin/NewYork 1994, § 1 Rdnr. 14; ***Ki-Cheol Lee***, Schonung des Gesetzgebers bei Normenkontrollentscheidungen durch das Bundesverfassungsgericht - Eine verfassungstheoretische Betrachtung von Kompetenzstreitigkeiten -, Diss. jur. Göttingen, 1993, S. 100; ***Uk-Han Lee***, Das Verfassungsgericht der Republik Korea - Überlegung zu Problemen koreanischer Verfassungsgerichtsbarkeit unter Berücksichtigkeit der deutschen Rechtslage -, Diss. jur. Bayreuth, 1991, S. 10; ***Christian Starck***, Gewaltenteilung und Verfassungsgerichtsbarkeit, in: ders. (Hrsg.), Fortschritte der Verfassungsgerichtsbarkeit in der Welt - Teil I, Baden-Baden 2004, S. 118; ***Rainer Wahl***, Der Vorrang der Verfassung, in: Der Staat 20 (1981), S. 485 f. 참조.

8) ***Dieter Grimm***, Verfassung, in: ders., Die Zukunft der Verfassung, Frankfurt am Main 1991, S. 14.

해석되는 것이 아니라 헌법 자체에서 해석되어야 한다는 것이 도출된다.[9] 헌법 우위는 규범서열적 우위와 효력적 우위를 뜻하지만, 적용우위를 포함하지는 않는다. 오히려 구체적 사안에서는 하위법규범이 먼저 적용된다. 하위법규범이 더 구체적인 내용을 담고 있기 때문이다. 하위법규범이 규율하지 않거나 하위법규범의 합헌성이 의심받을 때 비로소 헌법 적용이 문제 된다.[10]

(2) 헌법적 근거

다른 법규범과 국가행위에 대한 헌법의 우위는 헌법 스스로 헌법 우위를 규정함으로써 가장 명확하게 인정될 수 있다. 독일 기본법은 제1조 제3항과 결합한 제20조 제3항에서 분명하게 입법이 헌법합치적 질서에 구속된다는 것을 규정한다. 법률은 헌법을 제외한 다른 모든 법규범에 대해서 효력적 우위가 있고 모든 국가행위는 법률에 구속되며 입법자가 법률을 제정하므로, 논리적으로 헌법이 다른 모든 법규범과 모든 국가행위에 앞선다는 것이 드러난다. 따라서 독일 기본법은 헌법우위를 직접 인정한다.[11] 미국 연방헌법[12]과 일본 헌법[13]도 헌법의 최고규범성을 명문으로 인정한다.

---

9) ***Ernst-Wolfgang Böckenförde***, Verfassungsgerichtsbarkeit: Strukturfragen, Organisation, Legitimation, in: NJW 1999, S. 12.

10) 이상 **강태수,** 「헌법의 우위와 헌법유보」, 『법학논집』 제18집, 청주대학교 법학연구소, 2002, 8~9쪽.

11) ***Klaus Schlaich/Stefan Korioth***, Das Bundesverfassungsgericht - Stellung, Verfahren, Entscheidungen, 10. Aufl., München 2015, Rdnr. 13 참조.

12) 제6조 제2항: “이 헌법, 이 헌법에 근거하여 제정되는 합중국 법률 그리고 합중국의 권한에 따라 체결되거나 앞으로 체결될 모든 조약은 국가의 최고법규이고, 모든 주의 법관은, 어느 주의 헌법이나 법률 중에 이에 배치되는 규정이 있을지라도, 이에 구속된다.”

13) 제98조 제1항: “이 헌법은 국가의 최고법규이고, 이 조규에 반하는 법률, 명령, 조칙과 국무에 관한 그 밖의 행위 전부나 일부는 효력이 없다.”

그에 반해서 한국 헌법은 헌법 우위를 직접 규정하지 않는다. 그러나 대한민국은 민주공화국이고(헌법 제1조 제1항), 대한민국의 주권은 국민에게 있으며, 모든 권력은 국민에게서 나온다(헌법 제1조 제2항). 국민은 헌법을 제정함으로써 국가권력과 권력담당기관을 창설하고 조직한다. 따라서 모든 국가권력과 권력담당기관은 자신의 존립·지위·권한 근거인 헌법에 표현된 국민의사에 구속된다. 헌법 제10조 제2문은 "국가는 개인이 가지는 불가침의 기본적 인권을 확인하고 이를 보장할 의무를 진다."라고 함으로써 헌법이 모든 국가권력을 구속한다는 것을 확인한다. 헌법의 목적은 기본권보호에 있기 때문이다.[14] 이처럼 헌법이 모든 국가권력을 구속한다는 것은 실체법적으로 확정된다. 명령·규칙이나 처분이 헌법에 위반되는지가 재판의 전제가 되면 대법원이 이를 최종적으로 심사하고(헌법 제107조 제2항), 법관은 헌법에 따라 심판한다(헌법 제103조)는 점에서 행정권과 사법권은 헌법에 구속되고 이러한 구속성은 절차적으로 통제된다. 그리고 행정권과 사법권의 활동기순이 되는 법률도 그것이 헌법에 위반되는지가 재판의 전제가 되면 법원의 제청에 따라 헌법재판소가 이를 심판하므로(헌법 제107조 제1항, 제111조 제1항 제1호) 역시 헌법에 구속되고, 이러한 구속성은 규범통제를 통해서 절차적으로 보장된다. 또한, 헌법 개정은 법률 개정보다 더 까다로운 요건 아래에서만 가능하다(헌법 제128조~제130조). 따라서 헌법 우위는 실체법적으로는 물론 절차법적으로도 헌법에서 보장된다.[15]

14) 헌재 1996. 2. 29. 93헌마186, 판례집 8-1, 111, 116: "이른바 통치행위를 포함하여 모든 국가작용은 국민의 기본권적 가치를 실현하기 위한 수단이라는 한계를 반드시 지켜야 하는 것이고 …"

15) 이상 **김선택**, 「국가기능체계에 있어서 헌법재판소의 역할과 한계」, 『공법연구』 제33집 제4호, 한국공법학회, 2005, 181쪽 참조. 헌법재판소도 헌법의 최고규범성을 명시적으로 인정한다(헌재 1989. 7. 21. 89헌마38, 판례집 1, 131, 145).

(3) 헌법재판의 근거인 헌법 우위

헌법재판(특히 규범통제)의 과제는 심판대상이 헌법과 부딪히는지 그리고 그에 따라 효력을 상실하는지를 심사하는 것이다. 그래서 헌법재판은 헌법국가[16]의 이념에서 도출되는 국가의 규범적 기본질서인 헌법의 법적 존재와 이러한 헌법의 규범적 우위에 근거한다.[17] 그리고 헌법 우위의 이념은 헌법재판을 통해서 옹글게(완벽하게) 관철될 수 있다.[18] 즉 "헌법재판의 핵심은 헌법의 보호·유지·보장이다."[19] "헌법은

---

16) 형식적 의미의 헌법국가는 성문헌법의 의미가 있는 법적 헌법이 존재하고 효력이 있는 모든 국가이다. 이때 이러한 헌법이 어떠한 내용을 담고 있는지는 중요하지 않다. 그에 반해서 헌법국가에 따라 더 좁고 실질적인 의미에서 헌법은 형식적이고 제한된 국가지배 계기일 뿐인 것은 아니고, 헌법은 맨 먼저 국가권력 행사의 전제를 일반적으로 형성한다. 그에 따라 헌법은 국가와 국가지배 및 결정권력의 모든 유형을 정립하는 '최상위의 법률'로서 효력이 있다 [***Ernst-Wolfgang Böckenförde***, Begriff und Problem des Verfassungsstaates, in: Rudolf Morsey/Helmut Quaritsch/Heinrich Siedentopf (Hrsg.), Staat, Politik, Verwaltung in Europa: Gedächtnisschrift für Roman Schnur, Berlin 1997, S. 137 ff.].

17) ***Peter Badura***, Verfassungsänderung, Verfassungswandel, Verfassungsgewohnheitsrecht, in: Josef Isensee/Paul Kirchhof (Hrsg.), HStR, Bd. Ⅶ, Heidelberg 1992, § 160 Rdnr. 6; ***Udo Di Fabio***, Gewaltenteilung, in: Josef Isensee/Paul Kirchhof (Hrsg.), HStR, Bd. Ⅱ, 3. Aufl., Heidelberg 2004, § 27 Rdnr. 29; ***Karl Korinek***, Die Verfassungsgerichtsbarkeit im Gefüge der Staatsfunktionen, in: VVDStRL 39, Berlin 1981, S. 11; ***Jutta Limbach***, Missbraucht die Politik das Bundesverfassungsgericht?, Köln 1997, S. 13; ***Franz-Joseph Peine***, Normenkontrolle und konstitutionelles System, in: Der Staat 22 (1983), S. 529 f.; ***Ulrich Scheuner***, Verfassungsgerichtsbarkeit und Gesetzgebung - Zum ersten Thema der Staatsrechtslehrertagung 1980 -, in: DÖV 1980, S. 473 f.; ***Klaus Stern***, Verfassungsgerichtsbarkeit zwischen Recht und Politik, Opladen 1980, S. 13 f.; ***Rainer Wahl*** (Anm. 7), S. 485 참조.

18) ***Hans Hugo Klein*** (Anm. 5), S. 512 [**한스 후고 클라인**(주 5), 6쪽]; ***Ki-Cheol Lee*** (Anm. 7), S. 100 f.; ***Klaus Stern***, Das Staatsrecht der Bundesrepublik Deutschland, Bd. Ⅱ, München 1980, S. 944.

19) ***Ulrich Scheuner*** (Anm. 17), S. 474.

미리 주어진 헌법재판의 심사기준을 형성하고, 헌법재판소 통제권한 범위를 확정한다."[20] 여기서 헌법은 이론과 헌법에 선재하는 개념의 집합이 아니고, 헌법재판의 '본질'도 아니며, 실정법일 뿐이다.[21] 따라서 헌법재판소 결정은 개별 법률과 상관없이 헌법에만 의존하여 오로지 헌법에서만 도출될 수 있다.[22] 그러한 측면에서 헌법 우위는 헌법재판소를 통한 입법통제의 근거일 뿐 아니라 헌법재판소 권한의 근거와 한계이다. 그에 따라 헌법 우위의 관철 수단인 헌법재판소는 헌법과 나란히 또는 헌법을 넘어 위치할 수 없다. 오히려 헌법재판소는 다른 모든 국가기관처럼 헌법 아래에 있고, 헌법에 근거하여 헌법의 범위 안에서 활동할 수 있을 뿐이다.[23] 따라서 헌법재판소는 헌법이 규정한 절차에 따라 헌법이 부여한 권한 범위 안에서 헌법을 기준으로 자기 과제를 수행할 수 있고, 수행하여야 한다. 헌법 제103조와 헌법재판소법 제4조는 이것을 실정법적으로 확인한다. 이것은 먼저 헌법재판소의 논증의무로 나타난다. 즉 헌법재판소의 권한 행사와 그 결과물인 헌법재판소 결정은 언제나 예외 없이 헌법을 근거로 충분히 논증되어

---

20) ***Stefan Korioth,*** Die Bindungswirkung normverwerfender Entscheidungen des Bundesverfassungsgerichts für den Gesetzgeber, in: Der Staat 30 (1991), S. 563 (**슈테판 코리오트, 허완중** 옮김, 「입법자에 대한 연방헌법재판소 규범폐기재판의 기속력」, 『헌법판례연구』 제12권, 집현재, 2011, 261쪽). ***Walter Frenz***, Die Rechtsfolgenregelung durch das Bundesverfassungsgericht bei verfassungswidrigen Gesetzen, in: DÖV 1993, S. 851; ***Jutta Limbach***, Vorrang der Verfassung oder Souveränität des Parlaments?, Stuttgart 2001, S. 14; ***Franz-Joseph Peine*** (Anm. 17), S. 521; ***Klaus Stern*** (Anm. 17), S. 15도 참조.

21) ***Andreas Voßkuhle***, in: Hermann von Mangoldt/Friedrich Klein/Christian Starck (Hrsg.), Kommentar zum Grundgesetz, 6. Aufl., München 2010, Art. 93 Rdnr. 18.

22) ***Martin Drath***, Die Grenzen der Verfassungsgerichtsbarkeit, in: VVDStRL 9, Berlin 1952, S. 57 참조.

23) ***Andreas Voßkuhle*** (Anm. 21), Art. 93 Rdnr. 18.

야 비로소 정당성을 획득할 수 있다. 헌법재판소가 정당성을 획득하는 그 밖의 길은 헌법질서 안에서 찾을 수 없다.

2. 헌법재판의 심사기준인 실정헌법

(1) 헌법의 규범 서열이 있는지 다툼이 있는 관습법

헌법재판소가 헌법재판권을 행사한 결과인 헌법재판소 결정은 헌법을 구체화하고 실질화한다. 그러나 이것은 헌법재판소가 새로운 헌법내용을 창출할 수 있다는 것을 뜻하지 않는다. 헌법재판소는 선재하는 헌법내용을 단지 확인할 수 있을 뿐이다. 따라서 헌법재판소 결정은 언제나 헌법에 근거하여야 한다. 헌법은 헌법재판의 심사기준이며 한계이다. 헌법규범의 범위를 확정하고 그를 통한 제한이 가능하게 하려면 이러한 헌법은 최대한으로 가능한 범위 안에서 명확하고 정확하여야 한다.[24] 그래서 헌법재판은 성문헌법을 전제한다.[25]

일반적으로 법원(法源)은 '무엇이 법인지를 인식하기 위한 근거'로서 이해된다. 법원에는 어떤 형태로 나타나는지에 관계없이 행위전형을 규정하고 행정행위의 목적과 기준을 확정하며 분쟁의 사법적(司法的) 판단을 결정하는 모든 행위지침과 규준들이 포함된다. 그래서 성문법은 물론 불문법, 예를 들어 관습법도 법원에 속한다.[26] 관습법은 수범자인 국민 스스로 만든 법규범으로서 법공동체 안에서 일반적으로 그

---

24) **한수웅**, 「헌법재판의 한계 및 심사기준」, 『헌법논총』 제8집, 헌법재판소, 1997, 187~188쪽; ***Ki-Cheol Lee*** (Anm. 7), S. 101; ***Christian Starck*** (Anm. 4, Vorrang der Verfassung und Verfassungsgerichtsbarkeit), S. 35; ***Rainer Wahl*** (Anm. 7), S. 486 참조.

25) ***Jutta Limbach*** (Anm. 20), S. 12 참조.

26) ***Fritz Ossenbühl***, Gesetz und Recht - Die Rechtsquelle im demokratischen Rechtsstaat, in: Josef Isensee/Paul Kirchhof (Hrsg.), HStR, Bd. Ⅲ, 3. Aufl., Heidelberg 2005, § 61 Rdnr. 3.

리고 계속 반복된 사실적 관행이 법적 확신을 획득함으로써 성립하는 불문법이다.[27] 관습법은 실정법 일부이고, 다양한 법영역에서 발생한다. 따라서 불문법, 특히 관습법이 헌법의 규범서열이 있을 수 있는지, 즉 불문헌법, 무엇보다도 관습헌법이 성문헌법 이외의 심사기준으로서 인정받을 수 있는지가 문제 된다.

(2) 학설과 판례

① 한국

(ⅰ) 판례

헌법재판소 다수의견[28]은 관습법이 헌법의 효력을 가질 수 있다고 하면서 관습법을 위헌결정의 유일한 판단기준으로 사용하였다. 다수의견은 다음과 같이 주장한다:

ⓐ 성문헌법이 모든 헌법사항을 빠짐없이 완진히 규율할 수 없고, 헌법은 국가의 기본법으로서 간결성과 함축성을 추구하므로 형식적 헌법전에 기재되지 아니한 사항이라도 불문헌법이나 관습

---

27) "관습법이란 사회의 거듭된 관행으로 생성한 사회생활규범이 사회의 법적 확신과 인식에 의하여 법적 규범으로 승인 강행되기에 이르른 것을 말"한다[대법원 1983. 6. 14. 선고 80다3231 판결(집31-3, 민31; 공1983, 1072); 대법원 2003. 7. 24. 선고 2001다48781 전원합의체 판결(공2003하, 1785); 대법원 2005. 7. 21. 선고 2002다1178 전원합의체 판결(공2005하, 1326); 대법원 2005. 7. 21. 선고 2002다13850 전원합의체 판결]. ***Stefan Korioth***, Integration und Bundesstaat, Diss. jur. Bonn, 1990, S. 52; ***Karl Larenz/Claus-Wilhelm Canaris***, Methodenlehre der Rechtswissenschaft, 3. Aufl., Berlin/Heidelberg 1995, S. 176 f.; ***Kai-Jochen Neuhaus***, Gewohnheitsrecht – Rolle und Anerkennung in Deutschland, in: JuS-Lernbogen 1996, S. L 42 f.; ***Klaus Stern*** (Anm. 18), S. 579 f.; ***Alfred Voigt***, Ungeschriebenes Verfassungsrecht, in: VVDStRL 10, Berlin 1952, S. 37 참조.

28) 헌재 2004. 10. 21, 2004헌마554, 판례집 16-2하, 1, 39-41.

헌법으로 인정할 수 있다. 특히 헌법제정 당시 자명하거나 전제된 사항과 보편적 헌법원리와 같은 것은 명문 규정을 두지 않는 때가 있다.

ⓑ 헌법사항에 관해서 형성되는 관행이나 관례가 전부 관습헌법이 되는 것은 아니고 강제력이 있는 헌법규범으로서 인정되려면 엄격한 요건이 충족되어야만 하며, 이러한 요건이 충족된 관습만이 관습헌법으로서 성문헌법과 같은 법적 효력이 있다.

ⓒ 국민은 대한민국의 주권자이고 최고의 헌법제정권력이므로, 성문헌법의 제·개정에 참여할 뿐 아니라 헌법전에 포함되지 아니한 헌법사항을 필요에 따라 관습 형태로 직접 형성할 수 있다. 이러한 관습헌법은 성문헌법과 마찬가지로 주권자인 국민의 헌법적 결단의 의사표현이며 성문헌법과 동등한 효력이 있다. 국민주권주의는 성문이든 관습이든 실정법 전체의 정립에 대한 국민 참여를 요구하고, 국민이 정립한 관습헌법은 입법권자를 구속하며 헌법의 효력이 있다.

ⓓ 관습헌법이 성립하려면 관습법의 일반적 성립요건을 충족하여야 할 뿐 아니라 관습이 성립하는 사항이 단지 법률로 정할 사항이 아니라 반드시 헌법이 규율하여 법률에 대해서 효력적 우위를 가져야 할 만큼 헌법적으로 중요한 기본적 사항이 되어야 한다.

이에 대해서 헌법재판소 소수의견[29]은 헌법의 효력이 있는 관습법을 인정하지 않는다. 소수의견은 성문헌법을 지닌 법체제에서 관습헌법에 성문헌법과 같은 혹은 특정 성문헌법조항을 무력화할 수 있는 효력이 있는 것으로 볼 수 없다고 한다. 성문헌법전은 헌법제정권자인

29) 헌재 2004. 10. 21, 2004헌마554, 판례집 16-2하, 1, 68-70 재판관 전효숙의 반대의견.

국민이 직접 명시적 의사표시로써 제정한 최고규범으로서 모든 국가권력을 기속하는 강한 힘을 보유하고, 그 내용 개정은 엄격한 절차를 거치도록 한다고 한다. 이러한 성문헌법의 강한 힘은 국민주권의 명시적 의사가 특정한 헌법제정절차를 거쳐서 수렴되었다는 점에서 가능한 것이라고 한다. 관습만으로는 헌법을 특징화하는 그러한 우세한 힘을 보유할 수 없다고 한다. 그리고 관습헌법은 성문헌법에서 동떨어져 성립하거나 존속할 수 없고, 늘 성문헌법의 여러 원리와 조화를 이룸으로써 성립하고 존속하는 보완적 효력만 있다고 한다. 이러한 법리는 관습헌법의 내용이 중요한 헌법사항이라도 변함없다고 한다.

(ii) 학설

헌법재판소 결정을 적극적으로 지지하는 견해가 있다. 이 견해는 다음과 같이 주장한다:

ⓐ 관습헌법은 (ㄱ) 어떠한 관행이나 관례가 있고, (ㄴ) 그 관행은 반복되어야 하며(반복성), (ㄷ) 관행 반복은 국민이 그 존재를 인식하고 사라지지 않을 관행이라고 인정할 만큼 충분한 기간 계속되어야 하고(계속성), (ㄹ) 관행은 지속성이 있어야 하는 것으로서 그 중간에 반대되는 관행이나 입법이 이루어져서는 아니 되며(항상성), (ㅁ) 관행은 여러 해석이 가능할 정도로 모호한 것이 아닌 명확한 내용이 있어야 하고(명료성), (ㅂ) 이러한 관행이 헌법관습으로서 국민의 승인이나 폭넓은 공감대를 얻어 국민이 강제력이 있다고 믿어야 관습헌법이 성립한다.[30]

ⓑ 관습헌법이 문제 되려면 단순히 '헌법사항'을 내용으로 한다는

30) **김승대**, 「헌법관습의 법규범성에 대한 고찰」, 『헌법논총』 제15집, 헌법재판소, 2004, 141쪽.

것만으로는 부족하고, 다른 일반법률에 대해서 우위가 있는 헌법을 통해서 반드시 규율되어야 할 사항, 즉 '헌법유보사항'을 그 대상으로 하여 인정되어야 비로소 단순한 관습법률이 아닌 관습헌법으로 고양된다.[31)]

ⓒ 일반적으로 헌법사항은 (ㄱ) 국가의 기본적 조직에 관한 사항, (ㄴ) 최고 국가기관의 권한 구성에 관한 사항, (ㄷ) 개인의 국가권력에 대한 기본적 지위를 말한다. 이러한 일반적 헌법사항 중 특히 일반 법률에 대해서 효력상 우위가 있는 최규범으로서 가치가 있고 반드시 그러한 헌법규범으로서 규정되어야 할 내용이 있을 것이고, 그 사항에 포함될 수 있을 것만이 '헌법유보사항'이다.[32)]

ⓓ 실질적 혹은 형식적 의미의 헌법 분류는 성문헌법을 전제로 하여 그 중 헌법사항이 일반 법률에도 들어갈 수 있다는 점을 설명하려는 이론적 분류일 뿐이므로 불문헌법이나 관습헌법과는 아무런 관련이 없다.[33)]

ⓔ 성문헌법이어도 연성헌법(즉 특별히 엄격한 헌법개정절차 없이 일반 법률로써 헌법을 개정할 수 있는 헌법)일 수 있고, 반대로 불문헌법(즉 관습헌법)도 경성헌법일 수 있다.[34)]

ⓕ 성문헌법체제 아래에서 관습헌법사항은 관습법의 성립요건을 충족한 이상 헌법규범으로서 존재하고, 성문헌법과 동위관계가 성립한다. 따라서 이러한 관습헌법도 헌법으로서 효력이 있고, 헌법재판에서는 재판규범이 될 것이며, 이처럼 성립된 관습헌법을 변경하는 것은 헌법의 개정절차를 통하여 동 관습헌법에 배치되

---

31) **김승대**(주 30), 142쪽.
32) **김승대**(주 30), 142쪽.
33) **김승대**(주 30), 143쪽.
34) **김승대**(주 30), 169쪽.

는 사항을 직접 헌법에 규정하는 방법에 따라야 할 것이다. 다만, 이처럼 성립한 관습헌법에 대해서도 이에 배치되는 입법이나 관행이 새로 발생하고 이러한 사례들이 헌법적으로 문제가 되어서 폐기되지 아니한 채 묵인되는 상태가 오래되어 새로운 법적 확신이 생긴다면 이는 해당 관습헌법이 헌법변천에 따라서 폐지되는 결과를 가져올 수 있다.[35]

ⓖ 관습헌법은 헌법유보사항을 내용으로 하는 것으로서 성문헌법과 동위의 국가법이므로 이를 하위의 법률이나 그 이하의 법형식을 통해서 개폐할 수 없다. 다만, 현실적으로 하위의 법형식을 통해서 관습 내용에 어긋나는 사항이 규정되는 상황이 발생하면, 이것은 종래까지 유지되어온 관습헌법에 배치되는 새로운 헌법실례가 등장한 것을 뜻하고, 이러한 사례가 종래 관습헌법 위반을 이유로 위헌임을 공격받아서 폐기되든지(관습헌법의 규범력 유지) 아니면 이러한 사례가 계속 집적됨으로써 종래 관습헌법의 규범력이 고사하든지(헌법변천에 따른 관습헌법의 규범력 상실)하는 과정을 밟게 될 것이다.[36]

ⓗ 관습헌법은 국민주권원리에 따라서 대다수 국민의 일반적 의사를 통하여 창출되는 것으로서 국민의사는 기존 헌법조항이 있는지를 기준으로 발현되는 것은 아니다. 그러므로 관습헌법은 기존 명문의 헌법규정에 배치되는 내용도 담을 수 있다.[37]

헌법관습은 그 성립 자체에서 단순한 법률사항이 아니라 헌법사항에 관한 관행이나 관례의 존재를 전제로 하므로 헌법으로서 법률에 효

35) 김승대(주 30), 170쪽.
36) 김승대(주 30), 170～171쪽.
37) 김승대(주 30), 172쪽.

력상 우위가 있다는 견해도 있다.[38] 이 견해는 헌법관습법이 성문헌법규범을 개폐하려면 성문헌법규범의 실효성이 옹글게(완벽하게) 상실되어야 한다고 한다. 성문헌법의 내용이 불합리하지는 않지만, 국가권력이 그것을 준수하지 않거나 그 내용을 강제하지 않으므로 실효성을 상실한 때와 엄격한 의미에서 규범내용 자체가 불합리하여 국가권력이 준수하지 않아 옹글게(완벽하게) 실효성을 잃어버린 때에 성문헌법은 실효성을 옹글게(완벽하게) 상실한다고 한다.[39] 그리고 헌법조항은 모든 것을 규정할 수 없고, 헌법조항의 의미도 언제나 같은 것이 아니므로, 불문의 헌법규범이 제정헌법규정을 보완하거나 헌법규정이 없으면 헌법을 보충함으로써 헌법으로서 효력이 있다고 한다.[40] 또한, 경성헌법과 성문헌법이 있는 나라에서는 관습헌법을 인정하기 어렵지만, 관습헌법이 있다면 그 관습헌법도 위헌법률심판 기준이 된다는 견해도 있다.[41] 그 밖에 성문헌법이 모든 헌법사항에 관해서 빠짐없이 규율할 수 있다고 보기는 어려우므로, 법공동체의 일정한 사항에 관하여 헌법이 흠결되면 이러한 흠결은 헌법의 해석과 헌법재판소 재판관의 법관법 형성을 통해서 메꾸어지는 것이 원칙이지만, 법적 관행에 대한 법공동체의 법적 확신 가능성을 옹글게(완벽하게) 배제하기는 힘들다는 견해도 있다.[42]

이에 대해서 관습헌법을 제한적으로만 인정하는 견해도 있다. 먼저 헌법관습도 헌법적 가치가 있는 규범이므로 헌법법원성을 인정하여야

---

38) **서보건**, 「헌법관습과 국민적 합의에 관한 연구」, 『공법연구』 제33집 제1호, 한국공법학회, 2004, 480쪽.

39) **서보건**(주 38), 480～481쪽.

40) **서보건**(주 38), 482쪽.

41) **정종섭**, 『헌법소송법(제8판)』, 박영사, 2014, 328쪽.

42) **방승주**, 「수도가 서울이라는 사실이 과연 관습헌법인가?」, 『공법학연구』 제6권 제1호, 한국비교공법학회, 2005, 159～160쪽.

하고, 그에 따라서 헌법관습도 위헌심사의 근거규범이 될 수 있지만, 모든 헌법관습이 위헌심사의 근거규범이 될 수 있는 것은 아니고, 성문헌법에 위반되지 아니하고 성문헌법에 합치하는 헌법관습만 위헌심사의 근거규범이 될 수 있다는 견해가 있다.[43] 이 견해는 일반적으로 성문헌법은 양적으로 제한된 수준에서 헌법적 사항을 규율할 수밖에 없고 모든 사항을 다 규율할 수는 없으며, 성문헌법의 불명확성과 간략성 등으로 말미암아 헌법에 대한 보충적인 해석이 필요하여서, 헌법관습이 필요하고 인정된다고 한다.[44] 그리고 헌법관습 변경은 다른 관습법 변경과 같고, 국민투표에서 찬성을 얻게 되면 헌법관습이 이미 변경되었다는 것을 뜻하므로 헌법관습을 개정하려면 성문헌법개정절차를 따르라는 것은 논리적으로 모순이라고 한다.[45] 다음 헌법관습이 권력통제와 기본권 신장이라는 헌법의 기본목적에 어긋나면 성문헌법에 이긋나는 것으로서 법원성을 인정할 수 없지만, 예외적으로 통치과정에서 성립된 관습이라고 하더라도 선거제도나 정당제도와 같이 국민의 기본권 보장과 불가분의 관계에 있는 때와 국민의 기본권과 관련하여 국민 사이에서 법적 확신으로 굳어진 관습이 있는 때는 관습헌법도 국민주권주의를 신장하고 국민의 기본권 보장에 이바지하는 한에서 법원성이 있고, 그러할 때 성문헌법규정을 사실상 개폐하는 효력도 인정할 수 있다는 견해가 있다.[46] 이 견해는 이러할 때는 관습헌법도 성문헌법을 보완·보충하면서 동시에 법률 등 하위법규범에 대한 위헌심사기준으로서 재판규범성이 인정되지만, 관습헌법 자체가 성문의

43) **전학선**, 「헌법관습에 관한 일고찰」, 『토지공법연구』 제25집, 한국토지공법학회, 2005, 565쪽.
44) **전학선**(주 43), 557～558쪽.
45) **전학선**(주 43), 566～567쪽.
46) **김배원**, 「국가정책, 관습헌법과 입법권에 대한 헌법적 고찰」, 『공법학연구』 제5권 제3호, 한국비교공법학회, 2004, 159쪽.

헌법조항이 아니라서 헌법개정절차에 따른 개정대상은 아니라고 한다. 그리고 성문헌법규정은 때에 따라 불문헌법을 통한 보완이 필요하기도 하지만, 불문헌법은 이러한 보완적 기능 때문에 결코 성문헌법에서 동떨어져 성립하거나 존속할 수 없고, 언제나 성문헌법의 여러 원리를 전개하고, 완성하고, 계속 형성함으로써 또한 늘 이들 원리와 조화를 이룸으로써만 성립하고 존속할 수 있다는 견해가 있다.47) 또한, 헌법사항을 반드시 헌법을 통해서 규정하여야 할 필수적 헌법사항과 반드시 헌법을 통해서 규정될 필요까지는 없지만, 헌법제정자가 성문헌법에 담은 임의적 헌법사항으로 나누고 나서, 관습헌법은 임의적 사항과 관련하여서는 성립할 수 없고, 오로지 필수적 헌법사항과 관련하여서만 성립할 수 있다는 견해가 있다.48) 그 밖에 헌법관습법은 성문헌법의 테두리 안에서 이루어지는 헌법적인 관행으로서 법률에 대한 위헌심사의 기준이 된다는 견해도 있다.49)

그러나 관습헌법의 헌법적 효력을 부인하는 견해가 많다. 그 논거는 다음과 같다:

ⓐ 한국 헌법은 규범서열 측면에서 완결성을 띠는 성문법전이다. 헌법은 법률을 비롯한 국가의 다른 작용형식에 대해서 우월적 효력이 있고 헌법개정절차를 통해서만 개정되어야 하는 모든 법규를 담아 놓으려는 의도 아래 제정된 법전이다. 그래서 헌법전에

47) **서경석**, 「신행정수도의 건설을 위한 특별조치법 위헌결정에 대하여」, 『민주법학』 제27호, 민주주의법학연구회, 2005, 407～408쪽.

48) **김명재**, 「수도=서울 규정은 관습헌법인가?」, 『법학논총』 제24집, 전남대학교 법학연구소, 2004, 6쪽; **같은 사람**, 「관습헌법의 성립가능성과 한계」, 『토지공법연구』 제30집, 한국토지공법학회, 2006, 247～248쪽.

49) **허 영**, 『헌법소송법론(제12판)』, 박영사, 2017, 234쪽.

직접 명시되어 있지 않더라도 성문헌법법규 해석이나 구체화의 산물이거나 복잡한 논증과정을 거쳐서 추론될 수 있는 법규만 헌법적 효력이 있고 그 변경을 위해서 공식적인 헌법개정절차를 거쳐야 한다.[50]

ⓑ 헌법이 추구하는 이념과 가치는 완결적이다. 그에 비해서 중간목표와 이를 실현하는 원리와 제도 그리고 절차는 헌법적 가치와 이념을 실현하는 환경적 조건이고, 이러한 환경적 조건을 헌법이 망라하여 규율할 수는 없다. 즉 헌법은 이러한 사항과 관련하여서는 헌법제정 시점에 인식·확인된 핵심적인 사항을 헌법에 법제화할 수 있을 뿐이다. 민주주의 국가형태에서는 헌법이 명시하지 않은 헌법 실현을 둘러싼 환경적 요인을 법제화할 권한과 과제는 입법기관에 부여된다. 특히 헌법 자체가 이념과 가치를 제시할 뿐이고 이를 실현하는 방법과 절차에 대해서 개방적인 태도를 보일수록 입법적 형성 여지는 넓어진다. 이처럼 헌법은 언어적 표현에서 추상적일 뿐 아니라 구조적으로 헌법과 법률의 기능분담을 직접 예정하므로 여기에 관습법이 형성될 가능성은 없다.[51]

ⓒ 현대국가는 헌법이나 법률의 제정방법이 닫힌 구조, 헌법을 통해서 한정된 구조를 취하여서 근대국가를 특징짓는 요소 중에는 '법적 통합'이 하나의 징표이다. 그래서 국민은 설사 주권자이고 헌법제정권력이더라도 당시 헌법에 규정되지 않은 방법으로 권한이나 국가권력을 행사할 수 없다. 따라서 국민은 현행 아래에

---

50) **남복현**, 「헌법재판소의 이른바 '관습헌법'논리에 대한 비판적 분석」, 『한양법학』 제19집, 한양법학회, 2006, 25쪽; **정태호**, 「헌법재판소에 의해 왜곡된 '관습헌법'의 법리」, 『시민과 변호사』 제132호, 서울지방변호사회, 2005. 1., 23쪽.

51) **전광석**, 「수도이전특별법 위헌결정에 대한 헌법이론적 검토」, 『공법연구』 제33집 제2호, 한국공법학회, 2005, 126～127쪽.

서 '관습의 형태로 헌법적 규범을 직접 생성'할 권한이 없다.[52]

ⓓ 성문헌법의 불완전성이나 미완성성은 그 자체가 헌법제정권자의 의도하지 않은 헌법적 흠결이라기보다는 정치적 타협의 산물인 헌법의 고유한 특성이자 한계이지, 결코 관습헌법의 법원성을 고려한 것이 아니다.[53]

ⓔ 헌법상 공백은 입법형성권을 부여받은 입법자에 대한 입법위임의 의미가 있다. 그에 따라 헌법상 공백을 입법의 유보로 이해하여 의회의 법형성권력에 그 구체적 결정을 위임하는 것으로 해석하는 것이 근대 대의제적 민주주의원리에 부합하는 것이고, 나아가 입헌주의의 본래 이념에도 합치되는 해석이다.[54]

ⓕ 관습헌법은 헌법적 사항에 대한 관습법이라고 이해할 수 있다.[55] 관습은 다양한 영역에서 형성될 수 있지만, 관습법 인정 여부를 판가름하는 가장 중요한 요소는 국민의 법적 확신이어서 관습법 인정방식은 기본적으로 유사할 수밖에 없다. 따라서 관습헌법은 그 성립방식 및 그와 결부된 효력상 특성을 통해서 다른 관습법과 구별되는 것이 아니라 단지 어떤 사항에 관한 관습인지에 따라 다른 관습법과 구분되는 것에 지나지 않는다.[56] 실질적 헌법사항이라도 법률로 규정될 수 있고, 단순한 법률적 사항이라도

52) **김경제**, 「신행정수도건설위한특별조치법 위헌결정(2004헌마554, 566병합)의 헌법적 문제점 - 본안판단과 관련하여 -」, 『공법연구』 제33집 제4호, 한국공법학회, 2005, 278~279쪽; **남복현**(주 50), 13쪽.

53) **이종수**, 「관습헌법이 제기하는 헌법이론적 문제점」, 『헌법판례연구』 제6권, 박영사, 2004, 64쪽.

54) **남복현**(주 50), 12쪽; **한상희**, 「헌법 없는 헌법재판 - 신행정수도건설특별법 위헌결정의 위헌성에 대한 고찰」, 신행정수도이전 위헌결정 토론회 자료집, 대한변호사협회, 2004, 5~6쪽.

55) **장영수**, 「관습헌법의 의미와 헌법적 한계」, 『사회과학연구』 제12집, 경원대학교 사회과학연구소, 2005, 25쪽.

56) **장영수**(주 55), 25~26쪽.

헌법에 규정될 수 있다. 성문법은 제정의 주체 및 절차와 그 효력이 상관관계에 있다는 점을 고려하면, 불문법인 관습도 단순히 어떤 사항에 관한 관습법인지에 따라 그 효력이 달라진다는 것보다는 오히려 관습법은 일반적으로 같은 효력이 있다고 보는 것이 합리적이다. 이러한 맥락에서 관습헌법이란 헌법적 사항에 관한 관습법이고, 그 효력은 실질적 의미의 헌법에 속하는 법률과 마찬가지로 법률적 차원에서 인정되어야 하며, 이를 헌법적 차원으로 끌어올리지 않는 것이 타당하다.[57)]

ⓖ 제도적 보장은 헌법이론상으로 성문헌법국가에서 헌법국가 성립 이전부터 전해 내려온 제도나 관습이 규범적으로 수용된 드문 사례에 속한다. 따라서 이것은 성문헌법국가에서 이전 제도나 제도화한 관습을 불문의 관습헌법으로 남기지 않고, 헌법제정권자가 의도적으로 제도적 보장을 통해서 적극적으로 수용하였음을 의미할 뿐 아니라 그 규범적 효력도 제도 자체의 폐지와 본질적 내용 훼손을 금지할 뿐이지 그것의 구체적인 내용적 형성이 입법자에게 맡겨짐을 뜻한다. 이러한 제도적 보장의 규범적 의미에 비추어 보면, 성문화하지 않은 불문의 관습상 제도를 성문헌법 전체제에서 인정할 여지는 더욱 협소해질 뿐 아니라, 설령 헌법재판소가 전제하듯이 관습헌법의 법원성과 실존성을 인정하더라도 그 규범적 효력만큼은 제도적 보장 수준을 능가하지 못한다고 보는 것이 법논리적으로 타당하다.[58)]

ⓗ 헌법전을 만들 때 구체적으로 어떤 사항을 포함하고 포함하지 않을 것인지는 오로지 헌법제정자가 헌법제정과정에서 이루어

57) **이영록**, 「수도 및 국기에 관한 관습헌법론 검토」, 『세계헌법연구』 제11권 제1호, 세계헌법학회 한국학회, 2005, 264~265쪽; **장영수**(주 55), 27~28쪽.

58) **이종수**(주 53), 78쪽.

내는 합의, 절충과 타협에 따라 결정된다. 그리고 국가는 실정헌법, 성문헌법이라는 이름이 있는 법 없이도 존속가능하고 아무런 문제 없이 국가생활을 끌어갈 수 있다. 따라서 반드시 헌법전에 기재하여야 할 헌법사항은 없다.[59)]

ⓘ 국민의 관행과 법적 확신에 따라서 그 내용이 언제든지 변경될 수 있는 관습헌법이 헌법개정금지사항에 속한다고 보기는 어려우므로, 관습헌법은 헌법개정을 통해서도 변경될 수 없는 사항과 대등한 효력이 있다고 볼 수 없다. 그리고 성문의 헌법전에 규정된 사항이 있다면 관습헌법 성립이 저지되지만, 관습헌법이 성립되더라도 성문헌법을 통해서 관습헌법이 깨뜨려 지는 것은 막을 수 없어서, 관습헌법은 헌법개정을 통해서 변경될 수 있는 사항과 같은 효력이 있다고 보기도 어렵다.[60)]

ⓙ 관습헌법은 그 본질상 성문의 법전 형식이 없으므로, 그 변경에서도 규범화한 특정 절차가 필요하지 않다.[61)]

ⓚ 현행 헌법 제128조~제130조가 규정한 헌법개정절차는 성문헌법 개정을 염두에 둔 것이다. 그리고 관습헌법은 주권자인 국민이 유효한 헌법규범으로 인정하는 동안만 존속하고, 관습법의 존속요건의 하나인 국민적 합의성이 소멸하면 관습헌법의 법적 효력도 상실된다.[62)]

ⓛ 성문헌법국가에서 주권자인 국민의 주권행사 산물인 실정헌법, 즉 성문헌법에 주권자의 의사가 전혀 확인되지 아니한 사항에 대하여 헌법과 법률을 통해서 판단하여야 하는 헌법재판소가 헌법해석을 하지 않고 헌법사항을 창설한다면 그 자체가 헌법상

---

59) **김경제**(주 52), 280~281쪽.

60) **장영수**(주 55), 30쪽.

61) **남복현**(주 50), 25쪽; **이종수**(주 53), 71쪽.

62) **장영수**(주 55), 31~32쪽.

개정조항을 위반한 것이고 헌법 제1조 제2항 위반에 해당한다.[63]

② 독일

(ⅰ) 판례

연방헌법재판소를 따르면 원칙적으로 오랜 사실적 관행이 지속적이고 반복적이며 한결같고 일반적이고, 그것을 구성원이 구속력 있는 법규범으로서 인정하면 관습헌법이 성립한다.[64] 그러나 연방헌법재판소는 그것의 존재를 단 한 번도 인정하지 않았다. 예를 들어 법률안의 삼독회 사건[65]과 주들의 사면권 사건[66] 그리고 연방의 방송권 사건[67]에서 관습헌법의 존재를 부정하였다. 요컨대 연방헌법재판소는 관습헌법을 개념적으로는 인정하지만, 아직 그 실재를 긍정하지는 않는다.

(ⅱ) 학설

몇몇 견해는 관습법은 내용과 확장영역 그리고 관계자의 확신에 따라서 모든 법적 단계에서 성립할 수 있으므로, 관습법도 헌법의 규범서열이 있을 수 있다고 주장한다.[68] 이 견해를 따르면 성문헌법이 빠져 없거나 완벽하지 아니한 곳에서 관습헌법은 효력을 미친다고 한

---

63) **김상겸**, 「성문헌법국가에 있어서 관습헌법의 의미에 관한 연구 - 헌재 2004. 10. 22. 2004헌마554·566과 관련하여 -」, 『헌법학연구』 제11권 제1호, 한국헌법학회, 2005, 305쪽; **남복현**(주 50), 25~26쪽.

64) BVerfGE 22, 114 (121); 28, 21 (28 f.); 34, 293 (303 f.). BVerfGE 9, 109 (117); 15, 226 (232 ff.) 참조.

65) BVerfGE 1, 144 (151); 29, 221 (234).

66) BVerfGE 2, 213 (223 f.).

67) BVerfGE 12, 205 (235).

68) ***Karl Heinrich Friauf***, Gewohnheitsrecht, in: Evangelisches Staatslexikon, Bd. 1, 3. Aufl., Stuttgart 1987, Sp. 1150, 1152; ***Martin Kellner***, Gewohnheitsrecht, in: Evangelisches Staatslexikon, Neuausgabe, Stuttgart 2006, Sp. 835; ***Fritz Ossenbühl*** (Anm. 26), § 61 Rdnrn. 43, 70; ***Kai-Jochen Neuhaus*** (Anm. 27), S. L 41; ***Klaus Stern*** (Anm. 18), S. 580.

다.[69] 헌법에 빈틈이 있어서 불문헌법은 법치국가적 측면에서 필요하고, 불문헌법은 성문헌법원리의 발전과 보충 그리고 계속형성이라는 견해도 있다.[70] 이 견해는 불문헌법은 오로지 그 보충적 성격 때문에 결국 본질적 측면에서 성문헌법에서 도출되어야 하므로, 불문헌법을 원용하여 성문헌법을 무시할 수는 없다고 한다. 그래서 성문헌법원칙과 조화를 이룰 때만 불문헌법은 성립하고 존속할 수 있다고 한다. 그러나 이 견해는 독일 기본법의 헌법합치적 질서의 유연성과 효율성의 관점에서 성문헌법 밖에서 법적 확신을 담은 관행에 관한 효력 근거를 찾을 수 없으므로, 관습헌법은 단지 이론적인 법원이라고 한다.[71] 그리고 규범적 헌법이 폐쇄적 규율을 담지 않는다면 그리고 그러한 범위에서 관습헌법은 이론적으로 생길 수 있다는 견해도 있다.[72] 또한, 관습법이 원칙적으로 법질서의 모든 단계에서 성립할 수 있을지라도 특정 법규범이 어느 단계에 속하는지에 관한 명확한 기준이 없다는 것을 지적하는 견해도 있다.[73] 그 밖에 헌법제정권력인 국민이 관습헌법을 만들므로, 관습헌법은 실정헌법을 보충할 뿐 아니라 변경할 수 있다는 주장도 있다.[74] 더하여 관습법은 헌법단계에서도 생길 수 있고, 성문

69) ***Kai-Jochen Neuhaus*** (Anm. 27), S. L 42.

70) ***Peter Badura*** (Anm. 17), § 160 Rdnr. 9; ***Konrad Hesse***, Grundzüge des Verfassungsrechts der Bundesrepublik Deutschland, 20. Aufl., Heidelberg 1995, Rdnr. 34 (**콘라드 헷세, 계희열** 옮김, 『통일독일헌법원론』, 박영사, 2001, 20~21쪽); ***Stefan Korioth*** (Anm. 27), S. 52 ff.; ***Hans-Jürgen Wipfelder***, Ungeschriebenes Verfassungsrecht durch Richterspruch?, in: DRiZ 1980, S. 442 f.

71) ***Peter Badura*** (Anm. 17), § 160 Rdnr. 10.

72) ***Detlef Merten***, Das System der Rechtsquellen, in: Jura 1981, S. 242.

73) ***Walter Schick***, Verfassungsgewohnheitsrecht, Verfassungsrechtssprechng und soziologische Betrachtungsweise, in: Mélanges Marcel Bridel, Lausanne 1968, S. 518 f.

74) ***Christa Wagner***, Bonner Grundgesetz und Verfassungsgewohnheitsrecht, Diss. jur. München, 1963, S. 61 ff.; ***Hans-Jürgen Wipfelder***, Naturrecht und Gewohnheit

헌법을 보충하고 변경하고 제거하는 작용을 하여서, 관습헌법도 성문 헌법 밖에서나 성문헌법에 어긋나게 성립할 수 있다는 견해도 있다.[75]

이에 반해서 관습헌법을 일반적으로 부정하는 견해가 있다.[76] 이 견해는 독일 기본법은 새로운 헌법으로서 과거로 가는 다리 철거를 뜻하고, 높은 규범서열은 성문헌법에 유보된 고유한 특성이라서 독일 기본법의 빈틈을 메우는 기본권 영역에 전해 내려온 규율은 헌법의 규범서열이 있을 수 없으므로, 헌법제정 이전의 헌법관습법은 인정될 수 없다고 한다.[77] 그리고 관습헌법은 그 효력 근거를 헌법 자체에서, 즉 형식적 헌법을 통해서 형성되는 국가질서에서 찾아야 한다고 한다.[78] 또한, 독일 기본법 제79조 제1항 제1문은 그 적용범위에 비추어 헌법전에 표현된 규범상태를 바꾸는 관습법 성립을 금지할 수 있다고 한다. 권한은 포기될 수 없고 행사자의 처분에 맡겨지지 않는다는 것은 전체 공법, 특히 헌법의 원칙으로서 기능하므로, 계약사고도 관습헌법의 기초를 제공할 수 없다고 한다. 게다가 독일 기본법 제79조와 제146조를 비교하면 조직된 연방공화국 국민의 법적 공동체는 비형식적으로 표현된 헌법제정권력에 자신을 희생하려고 하지 않았다는 것이 명확하

als Quellen des Verfassungsrechts, in: Dorothea Mayer-Maly/Peter M. Simons (Hrsg.), Das Naturrechtsdenken heute und morgen: Gedächtnisschrift für René Marcic, Berlin 1983, S. 957 ff. (이것은 ***ders.***, [Anm. 70], S. 442 f.와 모순되는 것 같다).

75) ***Hans Huber***, Probleme des ungeschriebenen Verfassungsrechts, in: Rechtsquellenprobleme im schweizerischen Recht: Festgabe der Rechts- und Wirtschaftswissenschaftlichen Fakultät der Universität Bern für den schweizerischen Juristenverein, Bern 1955, S. 98.

76) ***Christian Tomuschat***, Verfassungsgewohnheitsrecht?, Heidelberg 1972, S. 81 ff.; ***Josef Isensee*** (Anm. 4), § 162 Rdnr. 65 Amn. 178.

77) ***Christian Tomuschat*** (Anm. 76), S. 81 ff.

78) ***Christian Tomuschat*** (Anm. 76), S. 88.

게 드러난다고 한다. 더하여 관습법 성립이 헌법제정권력과 결합할 가능성이 있지만, 독일 기본법의 헌법질서에 따라서 이러한 최종적 구속성이 단 한 번도 구성원 관행에 부여된 적이 없다고 한다.[79] 요컨대 이 견해는 독일에서는 관습헌법이 있을 수 없다고 하는데, 독일 기본법 제정 이전의 관습법은 나치시대 때문에 단절되어 현재 관습법으로 인정될 수 없고, 독일 기본법 제정 이후에는 독일 기본법에 비추어 관습헌법이 성립할 수 없다고 한다. 빈틈을 메우는 헌법적 내용의 관습법이 기본법 제정 이후에 성립할지라도 그 헌법관습법은 성문헌법과 같은 규범서열이 있을 수 없다는 견해도 있다.[80]

그 밖에 불문헌법을 다른 개념 정의를 통해서 제한적으로 인정하는 독자적 견해가 있다. 이 견해를 따르면 헌법의 우위적 효력이 있으면, 즉 정확하게 말하면 입법자는 물론 재판의 심사기준으로서 연방헌법재판소도 구속하고 그에 어긋나는 법률을 무효로 만들면, 불문헌법이 성립한다.[81] 그리고 불문헌법 허용 범위는 헌법전의 법규범 정립적 성격에 따라서 확정된다고 한다.[82] 독일 기본법은 전체 실질적 헌법을 성문화하려고 하지 않지만, 우위성이 귀속되는 실정헌법을 폐쇄적으로 모아놓으려고 한다고 한다.[83] 그래서 독일 기본법 자체가 강한 법규범 정립적 성격이 있지만, 그로 말미암아 불문법 가능성을 배제하지는 않는다고 한다.[84] 불문헌법은 유효한 법규범의 특정 무리를 모아놓

---

79) ***Christian Tomuschat*** (Anm. 76), S. 88 ff.

80) ***Michael Sachs***, Einführung, in: ders. (Hrsg.), Grundgesetz, 7. Aufl., München 2014, Rdnr. 12.

81) ***Heinrich Amadeus Wolff***, Ungeschriebenes Verfassungsrecht unter dem Grundgesetz, Tübingen 2000, S. 273, 290 ff.

82) ***Heinrich Amadeus Wolff*** (Anm. 81), S. 345 ff.

83) ***Heinrich Amadeus Wolff*** (Anm. 81), S. 347 ff.

84) ***Heinrich Amadeus Wolff*** (Anm. 81), S. 355 ff.

은 개념에 불과하다고 한다. 이러한 개념은 그 자체에 이러한 법규범의 효력 근거를 담는 것이 아니라 효력 근거를 전제한다고 한다.[85] 함께 규정된 법과 관습헌법이 불문헌법에 속한다고 한다.[86] 함께 규정된 법은 헌법전에 수용되지는 않았으나 헌법제정자의 규율의지에 포함된 것으로 볼 수 있는 법규범이라고 한다.[87] 관습헌법은 구조적으로 도출 영역에서만 성립하고, 법규범 해석 영역에서는 성립할 수 없다고 한다. 그래서 헌법구체화를 통해서도 얻을 수 있는 내용을 품은 관습헌법이 문제 된다고 한다.[88] 요컨대 이 견해는 실질적 헌법을 일반적 견해와 달리 헌법의 효력이 있는 법규범이라고 정의하면서 관습헌법도 실질적 헌법이 될 수 있지만, 헌법전에서 도출될 수 있는 관습법만 관습헌법으로 인정될 수 있다고 한다.

(3) 사견

① 실질적 헌법인 불문헌법

관습법은 모든 법영역에서 발생할 수 있으므로 헌법사항과 관련될 수 있다. 법형식과 상관없이 오로지 규정내용만을 기준으로 하여 법규범에 헌법적 성격이 있으면, 그것을 실질적 헌법이라고 하므로, 헌법사항을 규율하는 관습법은 실질적 헌법으로 인정될 수 있다.[89] 그러나 실질적 헌법은 다양한 법단계에서 발생할 수 있어서, 이것이 헌법사항을 규율하는 관습법에 헌법의 규범서열이 있다는 것을 뜻하지 않는다.

---

85) ***Heinrich Amadeus Wolff*** (Anm. 81), S. 402 ff.

86) ***Heinrich Amadeus Wolff*** (Anm. 81), S. 398 ff.

87) ***Heinrich Amadeus Wolff*** (Anm. 81), S. 404.

88) ***Heinrich Amadeus Wolff*** (Anm. 81), S. 435.

89) **정재황**, 「헌법관습과 헌법판례의 불문헌법법원성 여부」, 『고시계』 제36권 제10호(통권 제416호), 고시계사, 1991. 10., 105쪽; ***Brun-Otto Bryde***, Verfassungsentwicklung, Baden-Baden 1982, S. 433 참조.

따라서 헌법사항을 규율하는 관습법을 관습헌법이라고 정의한다면, 관습헌법의 발생 가능성과 관습헌법의 규범서열 문제는 구별되어야 한다. 즉 관습헌법이 성립할 수 있다고 하더라도, 이러한 관습헌법에 당연히 헌법의 효력이 귀속되는 것은 아니다.

② 성문헌법의 불완전성

국가공동체의 과제는 구성원의 평화롭고 안전한 삶을 보장하는 공동체의 형성과 유지이다. 그것을 위해서 국가공동체는 고유한 전통과 구성원의 합의에 따라 형성되는 규범체계가 있다. 인간중심적 관점에 따른 가치의 변화와 공동체의 발전·분화·다양화는 복잡한 규범체계 속에서 규범내용을 관철하고, 공동체 일부가 이념적 근본가치와 구성원의 진정한 합의를 쉽게 왜곡하거나 침해할 수 없게 하려고 성문헌법을 요구한다. 그러나 모든 국가에 성문헌법이 있는 것은 아니다.[90] 성문헌법 성립은 모든 국가에 필연적으로 요구되는 것도 아니다. 성문헌법 제정은 오로지 법적 명확성과 법적 확실성을 위한 국가전통과 국민의사표시의 결과이다. 따라서 성문헌법의 규율대상은 단지 고유한 국가전통과 주권자인 국민의 합의에 따라 확정된다.[91] 그래서 모든 헌법사항을 성문헌법으로 규율할 필요성도 없고, 반드시 성문헌법으로 규율하여야 하는 절대적 헌법사항도 있을 수 없다.[92] 이러한 점에서 헌

90) 예를 들어 영국에는 성문헌법이 없다.

91) 성문헌법의 내용은 특정 정치·헌법이론이 아니라 헌법이 성립할 때의 실제적 필요와 역사적 상황에 따라 결정된다는 견해(**정태호**, 「성문헌법국가에서의 불문헌법규범과 관습헌법」, 『경희법학』 제45권 제3호, 경희법학연구소, 2010, 302~303쪽)가 있다. 그리고 성문법국가에서 헌법사항을 어떠한 것으로 규정할 것인지는 전적으로 헌법제정권자와 헌법개정권자의 몫이라는 견해(**이부하**, 「헌법의 개념과 관습헌법」, 『한양법학』 제20권 제2집, 한양법학회, 2009, 87쪽)도 있다.

92) 같은 견해: ***Heinrich Amadeus Wolff*** (Anm. 81), S. 274 ff. 이러한 맥락에서 '단지 법률로 정할 사항이 아니라 반드시 헌법에 의하여 규율되어 법률에 대하여

법사항이 아닌 것을 성문헌법이 규율하기도 한다. 그리고 성문헌법은 다양한 정치세력 사이에서 얻어진 타협의 산물이고, 현실의 역동적 변화에 비추어 성문헌법이 모든 헌법사항을 빠짐없이 규율하는 것은 합리적이지도 않다.[93] 특히 잦은 개정 필요성 때문에 성문헌법으로 규율하기 곤란한 헌법사항(예를 들어 선거법, 국회법, 정부조직법 등)도 있을 수 있다. 그래서 성문헌법은 무흠결성이나 체계적 완결성을 요구하지 않는다.[94] 따라서 성문헌법 규율은 완전하지도 빈틈이 없는 것도 아니다.[95] 이러한 점 때문에 헌법의 개방성이 헌법 특성의 하나로 이야기된다.

물론 성문헌법이 수많은 헌법문제를 구체적으로 규율하지만, 전혀 규율하지 않은 헌법문제도 있고, 규율한다고 하더라도 헌법규정 자체가 개념적으로 개방적이거나 불분명한 때가 잦다.[96] [97] 이러한 불완전성이나 빈틈을 주로 하위법규범, 특히 법률이 구체화하거나 보충한다. 이러한 점에서 성문헌법은 규율대상이나 규율내용 측면에서는 옹글지(완전하지) 않지만, 헌법문제를 해결하는 구조적 측면에서 옹글다(완전하다). 성문헌법이 규율하지 않은 대상이나 내용을 하위법규범이 규율

효력상 우위를 가져야 할 만큼 헌법적으로 중요한 기본적 사항'이 있다는 헌법재판소 견해(헌재 2004. 10. 21, 2004헌마554, 판례집 16-2하, 1, 40)는 수긍하기 어렵다.

93) 같은 견해: **정태호**(주 50), 23쪽.

94) ***Konrad Hesse*** (Anm. 70), Rdnr. 21 [**콘라드 헷세**(주 70), 16쪽].

95) 예를 들어 최초의 미국 연방헌법에는 누구도 헌법의 본질적 핵심임을 의심하지 않는 권리장전이 없었다.

96) ***Konrad Hesse*** (Anm. 7, Die Verfassung und ihre Eigenart), S. 18 [**콘라드 헷세, 계희열**(주 7), 8쪽]; ***ders.*** (Anm. 70), Rdnr. 19 [**콘라드 헷세**(주 70), 15～16쪽].

97) 성문헌법의 불완전성은 모든 헌법사항을 규율하지 않는다는 점이나 모든 헌법문제를 스스로 해결하지 못한다는 점에 국한된다. 국내법질서에서 최고의 효력이 있는 모든 법규범을 포함한다는 점에서는 성문헌법은 완전성이 있다 [같은 견해: **정태호**(주 91), 303～304쪽].

하는 한 성문헌법은 빈틈이 없는 옹근 구조가 될 수 있기 때문이다. 그러나 이러한 하위법규범이 있어도 법의 불완전성이나 빈틈이 계속 남을 수 있다. 이러할 때 불문헌법[98]이 생길 수 있다. 그러나 불문헌법의 발생 가능성은 헌법해석을 통해서 상당 부분을 차단될 수 있고,[99] 불문헌법이 성립한다고 하더라도 이를 원용하여 성문헌법을 무시하거나 개폐할 수 없다.[100] 헌법적 내용의 성문화는 법적 명확성과 법적 확실성을 창조하는 기능이 있기 때문이다.[101] 나아가 단순한 기본권제한적 불문헌법은 원칙적으로 인정될 수 없다. 그렇지 않으면 기본권제한에 요구되는 법적 명확성과 법적 안정성(헌법 제37조 제2항)이 침해되기 때문이다.[102]

③ 불문헌법에 헌법의 규범서열을 인정할 때 따르는 문제점

실질적 헌법이라는 개념에서 알 수 있듯이 헌법사항은 성문헌법을 통해서만 규율되는 것은 아니다. 그리고 헌법문제를 해결할 가능성이라는 측면에서 성문헌법은 불완전성이나 빈틈이 없다. 그래서 성문헌법이 규율하지 않은 헌법사항은 성문헌법이 규율할 필요가 없거나 성문헌법이 의도적으로 배제한 것으로 일단 평가하여야 할 것이다. 헌법체계에 비추어 이러한 헌법사항은 헌법이 일반적으로 규정한 절차와 방식을 통해서, 특히 국회가 법률을 제정함으로써 처리되어야 할 것이다. 따라서 이러한 헌법사항을 규율하는 불문헌법이 발생하더라도 이

98) 불문헌법은 성문헌법이 규율하지 않는 헌법사항을 규율하는 불문법을 총칭하는 것으로 관습헌법을 포함하는 상위의 개념이다.

99) ***Anna Leisner-Egensperger***, Ungeschriebenes Verfassungsrecht zur Gewaltenteilung, in: DÖV 2004, S. 776.

100) ***Klaus Stern***, Das Staatsrecht der Bundesrepublik Deutschland, Bd. I, 2. Aufl., München 1984, S. 111 f.

101) ***Konrad Hesse*** (Anm. 70), Rdnr. 32 [**콘라드 헷세**(주 70), 20쪽].

102) **정재황**(주 89), 103~104쪽; ***Kai-Jochen Neuhaus*** (Anm. 27), S. L 43 참조.

러한 불문헌법에 성문헌법의 규범서열이 부여되는 것이 아니라 다른 법적 사항을 규율하는 관습법처럼 원칙적으로 법률의 규범서열이 부여되는 것에 그칠 것이다. 만약 헌법의 규범서열이 이러한 불문헌법에 부여된다면, 헌법이 이러한 사항을 규율하지 않은 뜻에 어긋나게 될 것이다. 즉 헌법이 열어놓은 입법적 형성이나 해석의 가능성을 관습법이 제거함으로써 헌법의 화석화가 일어나서, 헌법의 개방성은 훼손될 것이다.[103]

그리고 불문헌법 존재를 인정하는 것과 그 적용이 동시에 일어나고 같은 기관에 부여되므로 불문헌법은 조작될 수 있다.[104] 그것을 통해서 법원, 특히 헌법재판소는 국회의 권한을 찬탈할 수 있다. 불문헌법 존재의 불명확성 때문에 이러한 위험은 증가한다. 특히 헌법재판소 결정을 다른 국가기관이 통제할 수 없으므로, 헌법의 규범서열이 있는 불문헌법을 인정함으로써 헌법재판소는 스스로 심사기준을 창설할 수 있다. 이를 통해서 규범통제의 심사기준은 개방되고, 헌법재판소가 헌법의 구속에서 (최소한 부분적으로) 벗어날 가능성이 생긴다. 이러한 점 때문에 최소한 헌법을 통해서 통제될 수 있는 다른 불문법과 달리 통제 가능성이 전혀 없는 헌법의 규범서열이 있는 불문헌법은 인정될 수 없다고 보아야 할 것이다. 그것을 통해서 성문헌법이 보장하려고 하였던 법적 안정성과 법적 명확성이 극단적으로 침해될 수 있기 때문이다.

---

103) 이러한 맥락에서 이론상 기본적 헌법사항에 속하더라도 그것이 성문헌법전을 통해서 어떤 식으로든 규율되지 않으면, 그에 관한 규율과 관련한 헌법흠결을 보충하는 성문헌법과 같은 효력이 있는 관습헌법의 성립 가능성을 인정하려는 시도는 성문헌법의 내용적 미완결성과 국내법질서에서 최고의 효력이 있는 법규범들의 완결적 집합체라는 성문헌법의 효력상 폐쇄성을 혼동한다는 비판이 있다[**정태호**(주 91), 304쪽].

104) ***Walter Schick*** (Anm. 73), S. 518 f.

또한, 조직적-인적 민주적 정당성이 약한 헌법재판소와 일반 법원은 오로지 헌법과 법률에 구속됨으로써(헌법 제103조, 헌법재판소법 제4조) 충분한 실질적 민주적 정당성을 부여받을 수 있다.105) 헌법과 법률에 대한 구속을 통해서 헌법재판소와 일반 법원의 재판이 독자적인 의사표시가 아니라 국민의 의사표시인 헌법과 법률의 확인에 머무를 수 있기 때문이다. 헌법에 합치하는 법률의 규범서열이 있는 관습법을 허용하더라도 헌법재판소와 일반 법원은 여전히 헌법의 구속 아래 있으므로 민주적 정당성을 부여받을 수 있다. 그러나 성문헌법과 같은 효력이 있는 관습법을 인정한다면, 헌법재판소와 일반 법원은 이러한 관습법을 확인하여 (최소한 부분적으로) 헌법과 법률의 구속에서 벗어날 가능성을 얻을 수 있다. 이러할 때 헌법재판소와 법원은 더는 충분한 실질적 민주적 정당성을 부여받을 길을 잃게 된다. 이러한 점에서도 헌법과 같은 효력이 있는 관습법은 인정될 수 없다고 생각한다. 성문헌법과 같은 효력이 있는 관습법도 국민이 직접 제정하는 것이어서, 이러한 관습법에 구속되는 것을 통해서도 민주적 정당성을 부여받을 수 있다는 주장이 있을 수 있다. 그러나 민주적 정당성은 (최소한 먼저) 실질이 아니라 형식을 통해서 부여되고 확인된다는 점에서 이러한 주장은 타당성을 인정받기 어렵다.

헌법의 규범서열이 있는 관습법과 관련하여 개별 사안에서 그것의 인정에 어려움이 있다. 모든 관습법의 성립요건은 같아서 성립요건은 헌법의 규범서열이 있는 관습법의 확인기준으로서 적합하지 않다.106) 그리고 법적 확신은 단지 관습이 법으로서 기능한다는 추상적인 확신

---

105) ***Claus Dieter Classen***, Gesetzesvorbehalt und Dritte Gewalt, in: JZ 2003, S. 693, 695 참조.

106) 같은 견해: **장영수**(주 55), 25～26쪽.

일 뿐이다. 이러한 확신의 질적 차이를 명확하게 구별하는 것은 쉬운 일이 아니다. 특히 법적 확신의 주체가 일반 국민이라는 점에서 규범서열을 구별하는 구체적 확신을 기대하는 것 자체가 어렵다. 따라서 헌법의 규범서열이 있는 관습법의 인정기준을 법적 확신에서 찾기도 쉽지 않다. 규율대상 역시 헌법의 규범서열이 있는 관습법의 확인기준으로서 기능할 수 없는 것으로 보인다. 헌법이 규율하여야 하는 사항은 단지 고유한 국가전통과 국민 합의를 통해서 확정되므로 규범에 헌법의 규범서열을 부여하는 사항은 없기 때문이다. 그리고 이러한 사항이 있다고 하더라도 이러한 사항을 규율하는 성문법에는 왜 헌법의 규범서열이 부여되지 않는지를 설명할 수 없다. 나아가 이러한 헌법사항을 규율하는 성문법에 헌법의 규범서열이 부여된다면, 성문법의 변경이나 폐지가 성문헌법을 위반하지 않을지라도 국회가 변경하거나 폐지할 수 없는 성문법이 인정되어야 하는데, 이러한 결과는 성문헌법의 규정 자체와 헌법과 법률의 관계 그리고 형식적 법률의 개념에 비추어 인정하기 어렵다. 결국, 헌법의 규범서열이 있는 관습법을 인정하기 위한 명확한 기준이 없는 것으로 보인다.

그리고 모든 국가권력은 조직된 기관이 특정 절차를 통하여 행사하여야 한다. 이러한 원칙은 헌법제정권력이나 헌법개정권력에도 적용된다.[107] 따라서 모든 헌법전은 개정조항을 포함한다(헌법 제128조 내지 제130조). 그에 따라 헌법전은 단지 이러한 방식과 절차로만 개정되거나 보충될 수 있다. 심지어 국민의사가 국민투표(헌법 제72조)를 통해서 명확하게 확인되었다고 하여도 관련 규정이 헌법전에 없는 한, 이러한 의사는 헌법전을 바꾸거나 (헌법의 효력을 가지고) 보충할 수 없고, 법률

107) **박경철**, 「국민주권, 국민의 헌법제정권력 그리고 관습헌법」, 『헌법학연구』 제13권 제2호, 한국헌법학회, 2007, 227쪽; ***Heinrich Amadeus Wolff*** (Anm. 81), S. 199, 278 참조.

을 제정하거나 개정하거나 폐지할 수도 없다. 국민의사는 헌법국가의 개념에 따라 그것이 헌법전 형태로 표현되는 때에 한하여 헌법적 구속력이 있다.[108] 관습법의 형성주체인 자연적 의미의 국민은 이러한 점에서 헌법제정자나 헌법개정자인 정치적 의미의 국민과 구별되어야 할 것이다. 따라서 관습헌법은 헌법전을 바꾸거나 (헌법의 효력을 가지고) 보충할 수 없다고 보아야 할 것이다. 국회가 법률을 개정하거나 폐지하지 않는 한 법률에 구속되는 것처럼 헌법제정자나 헌법개정자도 성문헌법을 개정하거나 폐지하지 않는 한 성문헌법에 구속되어야 한다.

또한, 국회는 국민의 대표이다. 따라서 그의 의사는 국민의사로 추정된다. 이러한 점에서 국회가 관습헌법에 어긋나는 법률을 제정하였다면, 관습헌법의 성립요건인 법적 확신은 사라지거나 최소한 바뀐 것으로 볼 수 있다. 특히 관습헌법의 존재는 법원이 확인한다. 그러나 국회는 조직이나 절차의 측면에서 일반적으로 법원보다 국민의사를 더 잘 확인할 수 있다. 따라서 관습헌법은 법률보다 규범적 효력에서 우위에 있을 수 없고, 국회는 법률제정을 통해서 관습헌법을 바뀌거나 폐지할 수 있다고 보아야 할 것이다.

결론적으로 관습헌법을 포함한 불문헌법은 성문헌법의 불명확성과 불완전성을 보충하거나 구체화함으로써 또는 성문헌법의 효율성을 강화함으로써 성문헌법의 범위 안에서 생기더라도 성문헌법과 같은 규범서열이 있을 수 없다고 보아야 할 것이다. 그에 따라 불문헌법은 단지 헌법해석의 보충적 기준으로서만 기능할 수 있고, 법률의 위헌성을 판단하는 독자적 기준으로서 기능할 수 없는 것으로 보인다. 따라서 불문헌법은 다른 법규범들처럼 심사기준인 성문헌법을 보충하거나 구

108) 같은 견해: ***Josef Isensee*** (Anm. 4), § 162 Rdnr. 29.

체화할 수 있지만, 위헌결정의 유일한 기준이 될 수는 없다고 보아야 할 것이다. 다만, 입법자인 국회도 헌법전이 의도적으로 규율하지 않은 것으로 볼 수 없는(예를 들어 규율할 의사는 있었으나 제·개정 과정에서 실수로 빠뜨린) 헌법사항을 규율하는, 오랜 기간에 걸쳐 확고하게 성립한 관습법을 법률을 통해서 바꾸거나 배제하기 곤란할 때가 예외적으로 (적어도 이론적으로) 있을 가능성을 완벽하게 부정하는 것은 어렵다. 이러한 관습법이 만약 있다면 이것에는 (적어도 사실적인) 헌법(률)의 효력이나 그와 비슷한 효력이 귀속될 수밖에 없을 것이다.

④ 헌법해석의 특수성과 성문헌법의 확장

헌법 해석은 다른 법규범 해석과 구별된다. 헌법의 개방성, 간결성, 추상성, 광범성, 불완전성 그리고 불명확성 때문에 헌법제정자의 주관적 의사가 헌법에 내재한다고 전제하기 어렵다.[109] 그리고 헌법제정자는 주로 개별적·구체적 의미내용을 특정 절차에서 확정하는 것을 입법자에게 위임하여서 헌법규정에 바뀌지 않는 확정된 의미가 있다는 것을 생각하기도 어렵다. 그래서 구체적 규율대상의 고려 속에서 헌법규정의 의미내용을 확정하는 것이 필요하다. 따라서 헌법 해석은 일반적으로 주관적 의사나 객관적 의사가 없는다는 것에서 시작된다. 이러한 점 때문에 헌법 해석은 해석이 아니라 구체화라고 일컬어진다.[110] 즉 헌법은 해석을 통해서 구체화와 보충이 이루어진다. 입법목적에 따라 법률규정의 의미를 구체화하는 법률 해석과 달리 헌법 해석은 헌법의 이념과 기본원칙 그리고 다른 헌법규정과 맺는 관계 속에서 이루어져야 한다. 그리고 의미내용은 변화하는 헌법현실에 맞게 헌법 문언의 범위 안에서 다르게 이해될 수도 있다. 헌법조항은 헌법

---

109) ***Konrad Hesse*** (Anm. 70), Rdnr. 56 [**콘라드 헷세**(주 70), 32∼33쪽] 참조.

110) ***Konrad Hesse*** (Anm. 70), Rdnr. 60 [**콘라드 헷세**(주 70), 36쪽]; ***Hans Huber*** (Anm. 75), S. 109. 참조.

변천처럼 심지어 기존 의미내용과 완벽하게 달리 해석될 수도 있다. 그러나 헌법 해석은 여전히 법해석이다. 그리고 헌법 해석의 객관성은 보장되어야 한다. 따라서 헌법 해석 중심에는 언제나 헌법규정이 위치하여야 한다. 즉 헌법 해석의 결과는 예외 없이 헌법규정에서 도출되어야 한다.111) 112)

다른 법규범에 대해서 규범적 우위가 있고 반드시 헌법을 통해서 규율되어야 하는 규범내용은 확정될 수 없다. 단지 고유한 국가전통과 국민 합의를 통해서 확정되는 헌법전만 있을 뿐이다. 따라서 다른 법규범에 대해서 규범적 우위가 있는 규범내용을 확인할 유일한 기준은 헌법전뿐이다. 그래서 오로지 성문헌법, 즉 헌법전에서 문서적으로 확인된 규범내용만 다른 법규범에 대해서 규범적 우위가 있다. 그러나 여기서 성문헌법은 헌법 해석의 특수성 때문에 헌법전에 있는 개별 규정의 단순한 합계를 뜻하지 않는다. 성문헌법은 명시적으로나 암묵적으로 함께 규정되거나 전제된 헌법규정의 규범내용도 포함한다.113) 따라서 규범통제의 심사기준인 헌법은 헌법전에서 직접 도출될 수 있는 모든 법규범내용을 포함한다.114) 헌법전에서 도출된다는 것은

---

111) ***Konrad Hesse*** (Anm. 70), Rdnr. 77 [**콘라드 헷세**(주 70), 43~44쪽] 참조.

112) 이상 **허완중**, 「헌법 제29조 제2항 "법률이 정하는 보상"의 적극적 해석」, 『고려법학』 제51호, 고려대학교 법학연구원, 2008, 200~202쪽.

113) ***Karl August Bettermann***, Die konkrete Normenkontrolle und sonstige Gerichtsvorlagen, in: Christian Starck (Hrsg.), Bundesverfassungsgericht und Grundgesetz: Festgabe aus Anlaß des 25jährigen Bestehens des Bundesverfassungsgerichts - Verfassungsgerichtsbarkeit, Bd. 1, Tübingen 1976, S. 344 f.; ***Young Huh***, Probleme der konkreten Normenkotrolle, Diss. jur. München, 1971, S. 122 참조.

114) 헌법전에 직접 명시되어 있지 않더라도 성문헌법법규들의 해석이나 구체화의 산물이거나 복잡한 논증과정을 거쳐서 추론될 수 있는 법규들만이 헌법의 효력이 있다는 견해[**정태호**(주 50), 23~24쪽]와 헌법이 명시하는 사항이나 헌법에서 명시하지 않지만, 성문헌법을 관통하는 헌법의 기본원리나 성문헌법해석의 해석이나 논리적인 추론을 통해서 포섭되거나 도출될 수 있는

도출 가능성만으로 충분하지 않다. 성문헌법체계 속에서 충분히 논증될 수 있는 확실성이 있을 때만 헌법전에서 도출되는 법규범내용으로서 인정될 수 있고 인정되어야 한다.115) 그러나 해석(Auslegung)과 도출(Ableitung)을 구별하여 헌법전에서 도출되는 규범내용을 불문헌법으로 보는 견해116)는 헌법전에 대한 의존성 약화 때문에 왜 이러한 규범내용에 헌법의 규범서열이 있는지를 논증하기 어렵고, 해석과 도출의 경계가 불분명하여서 이러한 규범내용의 범위와 한계를 확정하기가 쉽지 않으므로 문제가 있다고 생각한다. 하지만 해석과 도출을 구별하는 견해에 대해서 먼저 헌법적 지위가 있는 규범의 범위가 명확해지고, 이는 다시 입법을 통한 헌법의 구체적 형성과 헌법 해석을 통한 헌법의 구체화처럼 더 나은 대안이 발견되면 쉽게 폐기될 수 있어서 구속력이 약한 것과 성문헌법규정처럼 최고의 효력이 있는 불문헌법규범을 구분하는 것을 가능하게 할 뿐 아니라 단순한 구체화에는 헌법과 같은 구속력을 부인함으로써 헌법의 화석화를 예방할 수 있으며, 불문헌법규범을 원용하면 그 효력근거에 대한 특별한 논증의무를 부과함으로써 성문헌법 취급의 합리성을 높일 수 있다는 장점이 있다고 하면서 지지하는 견해도 있다.117)

내용도 헌법의 효력이 있다는 견해[**박경철**, 「'신행정수도의 건설을 위한 특별조치법' 위헌결정(헌재결 2004. 10. 21, 2004헌마554·566(병합))의 헌법이론적 문제점」, 『헌법판례연구』 제8권, 박영사, 2006, 124쪽]도 있다.

115) BVerfGE 2, 380 (403) 참조: "헌법은 성문헌법의 개별 규정들로만 구성된 것이 아니라 이 개별 규정들을 결합하는, 이들을 내적으로 묶어주는 일반 원칙과 지도이념들로도 구성된다는 점을 고려하여야 하는데, 이것들은 헌법 제정 이전부터 있던 전체적 형상을 형성하므로, 헌법제정자가 이것들을 토대로 헌법을 제정하였지만, 특정한 법규로 구체화하지 않았던 것이다." BVerfGE 10, 354 (363); 52, 131 (144)도 참조.

116) ***Heinrich Amadeus Wolff*** (Anm. 81), S. 404 ff.

117) **정태호**(주 91), 306～307쪽.

⑤ 초헌법적 법인 자연법

자연법은 사회적 법이 규율하는, 정립되거나 실정적인 법에 선행하거나 상위에 있는 법이다. 자연법은 국가의 입법절차 속에서 정립되지 않는다. 따라서 자연법은 성문법이 아니다. 자연법의 존재가 인정된다면, 자연법은 헌법제정자를 포함한 모든 입법자를 구속한다. 자연법을 실정화한다고 하여도 자연법은 자신의 특별한 성질을 잃지 않는다. 이때 자연법은 헌법과 비슷한 법단계를 인정받을 수 있는 것처럼 보인다. 그러나 자연법은 헌법의 규범서열이 있는 불문법에 속할 수 없다. (성문화하였는지와 상관없이) 자연법은 모든 헌법규범보다 더 높은 규범서열이 있어서 헌법제·개정의 법적 한계로서 기능한다. 따라서 헌법제정자나 헌법개정자도 자연법을 위반할 수 없다. 이러한 점에서 자연법은 직접 효력 있는 법으로서 작용하는 한 헌법이 아니라 가장 높은 단계의 법, 즉 초헌법적 법이다.[118]

⑥ 관습법과 법관법의 구별

관습법은 법관법(Richterrecht)과 구별된다. 먼저 사법작용은 법발견이지 법정립이 아니다. 그래서 법관법은 본질적 측면에서 법이 아니다. 이것은 법관이 법관법에 (절대적으로) 구속되지 않는다는 점에서 증명된다.[119] 그리고 관습법의 중요한 요소는 합의이지만, 법관법의 중요한 요소는 분쟁이다.[120] 나아가 법관법에 필요한 사법적(司法的) 인정은 의사행위가 아니라 무엇보다도 법관의 자의 아래 있지 않은 법발견을 위한 인식행위이다. 법관은 재판에서 사법적(司法的) 규범적 법률지

---

118) 이상 ***Heinrich Amadeus Wolff*** (Anm. 81), S. 130 f. 참조.

119) 법관법도 선례로서 이후 재판에 구속력을 미칠 수 있다. 그러나 이러한 선례적 구속력(판례가 선례로서 가지는 구속력)은 추정력 구속력에 그치므로, 법관법에는 법규범과 같은 구속력이 부여되지는 않는다.

120) ***Heinrich Amadeus Wolff*** (Anm. 81), S. 433.

침과 일반적인 사고법칙 그리고 경험법칙에 근거하여야 하고 그것을 존중하여야 하기 때문이다. 그에 반해서 관습법이 발생하는 데 필요한 사실적 관행은 법발견과 함께 이루어질 수도 있으나 반드시 그래야 하는 것은 아닌 의사행위이다. 그 밖에 법관은 오로지 구체적 사건과 관련하여 특정한 법규범의 효력과 적용에 관해서만 결정한다. 이러한 점에서 법관법은 관습법이 아니다. 계속 반복되는 확고한 사법재판이 법적 확신을 획득한다면 예외적으로 관습법이 될 수는 있다.121) 그러나 이때 문제가 되는 것은 사법재판이나 판례인지가 아니라 관습법의 성립요건을 충족한 것인지이다.

Ⅲ. 법과 정치의 관계

1. 헌법의 정치성

주권국가의 국민은 대내·외적인 타인결정 없이 스스로 국가의 모든 과제와 문제를 결정한다. 이러한 과정은 정치로서 나타나고, 국가 안에서 정치세력 사이의 투쟁과 타협이 낳은 가장 중요하고 기본적인 결과물은 헌법이다. 헌법은 정치공동체를 규율한다. 즉 헌법은 국가와 공동체 안에서 중요한 행위자 사이의 대립을 공공복리를 위해서 조정하고 그에 한계를 설정하며,122) 정치적 지배의 정당성에 관한 근원이다. 달리 말하면 헌법은 정치권력 행사와 분배 그리고 제한, 즉 정치기관

121) ***Kai-Jochen Neuhaus*** (Anm. 27), S. L 44.

122) ***Ernst-Wolfgang Böckenförde*** (Anm. 9), S. 11; ***Ki-Cheol Lee*** (Anm. 7), S. 44; ***Andreas Voßkuhle*** (Anm. 21), Art. 93 Rdnr. 32.

의 권한을 규율하고, 공동체질서에 관한 기본결정을 한다.[123] 따라서 헌법 규율대상은 법정립을 포함한 정치이다.[124] 그리고 헌법의 과제는 국가의 정치적 통일을 형성하는 것이다. 이러한 점에서 헌법에 정치성이 있다는 것을 부정할 수 없다. 그래서 헌법을 정치적 법이라고 한다.[125] 그러나 헌법이 정치에 지도적 방향점을 제시하기는 하지만, 정치를 대체하지는 않는다. 즉 헌법은 정치세력의 활동공간을 제공할 뿐이다.[126]

2. 법과 정치의 구별?

(1) 헌법재판과 정치 개입

헌법재판이 정치적으로 특별히 민감한 대상을 다루고 헌법재판소 결정이 자주 과도하게 중요한 정치적 결과를 가져온다는 점에는 다툼이 없다. 나아가 헌법재판소가 결정을 내릴 때 자기 결정이 가져올 정치적 결과를 고려할 수 있고, 심지어 고려하여야 한다는 점도 인정된

---

123) ***Klaus Stern*** (Anm. 17), S. 18.

124) ***Dieter Grimm***, Politik und Recht, in: Eckart Klein (Hrsg.), Grundrechte, soziale Ordnung und Verfassungsgerichtsbarkeit: Festschrift für Ernst Benda zum 70. Geburtstag, Heidelberg 1995, S. 100; ***Jörn Ipsen***, Staatsrecht I - Staatsorganisationsrecht, 26. Aufl., München 2014, Rdnr. 861; ***Michael Piazolo***, Das Bundesverfassungsgericht und die Beurteilung politischer Fragen, in: ders. (Hrsg.), Das Bundesverfassungsgericht - Ein Gericht im Schnittpunkt von Recht und Politik, Mainz/München 1995, S. 245.

125) ***Klaus Stern*** (Anm. 100), S. 109: "헌법이 정치적 법이라는 것은 헌법 안에서 정치기관의 권한, 형태, 제도 그리고 절차와 결정체계가 규율되고, 헌법에 기본적인 정치구조원리가 포함되며, 헌법 안에 정치권력의 범위와 한계를 끌어낼 수 있는 원칙적인 가치결정의 규범화가 이루어진다는 것을 말한다."

126) ***Dieter Grimm***, Recht und Politik, in: JuS 1969, S. 504 f.; ***Konrad Hesse*** (Anm. 70), Rdnr. 30 [**콘라드 헷세**(주 70), 19쪽].

다. 그러나 헌법재판소가 입법과 집행[127]의 고유한 정치적 영역에 과도하게 개입하는지나 반대로 헌법재판소가 정치영역에 헌법을 관철하여야 하는 자기 과제를 너무 소홀히 하는지가 언제나 새롭고 다양하게 평가되어야 한다. 이러한 문제와 관련하여 헌법재판소가 법의 외투를 입고 정치를 한다는 비판이 제기되기도 한다. 그래서 헌법재판소가 정치에 어느 정도 개입할 수 있는지가 문제 된다. 법과 정치의 2분론을 바탕으로 그에 대한 기준을 찾으려는 시도가 자주 있다.

(2) 정치에 대한 재판인 헌법재판

재판은 법만을 기준으로 하는 심사이지만, 정치적 결정은 다른 기준에 근거하고, 다른 목적을 추구하며, 다른 척도를 따르고, 다른 동기에서 활동하며, 다른 절차에 따라 형성된다.[128] 따라서 정치에 대한 재판은 여전히 사법적 분쟁 해결의 유형과 방식에 따른 재판으로서, 정치에 대한 재판은 정치적 사법, 즉 정치적 결정의 유형과 방식에 따른 재판과 구별되어야 한다.[129] 헌법재판이 정치를 규율하는 법인 헌법을 심사기준으로 하고 그 심판대상이 정치분쟁인 한, 헌법재판은 정치적일 수밖에 없다. 그러나 이것이 헌법재판소가 정치권력이거나 입법자나 집행부처럼 정치적으로 활동할 수 있다는 것을 뜻하지는 않는다. 헌법재판은 정치적 사법이 아니라 '정치에 대한 재판'이고, 헌법재판의 인식은 정치적 인식이 아니다. 그러므로 헌법재판은 정치적 가능성 통제가 아니라 '단지 헌법에 근거한 정치적 합법성 통제'이다. 그래서 헌

---

127) 물론 헌법재판소는 모든 입법과 집행 영역이 아니라 심판 청구가 가능한 입법과 집행 영역만을 심사할 수 있을 뿐이다. 예를 들어 헌법 제107조 제2항 때문에 명령·규칙 또는 처분이 헌법에 위반되는지가 재판의 전제가 되면 헌법재판소가 아닌 법원이 심사한다.

128) ***Klaus Stern*** (Anm. 18), S. 348.

129) ***Klaus Stern*** (Anm. 18), S. 957.

법재판소는 다른 국가권력을 침해하지 않고 법적 당위를 기준으로 정치적 존재를 심사할 수 있으며, 심사하여야 한다. 즉 헌법재판은 정치적 의견과 평가에 주관적으로 의존하여 결정하는 것이 아니라 법의 실정성에 객관적으로 구속되어 결정하는 것이다. 그리고 헌법재판은 법적 추론이지 정치적 결정이 아니다.130) 이러한 맥락에서 헌법재판은 '정치의 사법화'와 '사법의 정치화'라는 양극단 사이에서 움직인다.131)

(3) 법과 정치의 상호연관성

많은 학자가 정치와 관련하여 헌법재판소의 권한 유월을 지적한다. 하지만 법과 정치를 명확하게 구별할 수 있음을 오늘날까지 누구도 보여주지 못하였다.132) 그리고 다툼 없는 명확한 정치 개념은 정치의 다양한 의미 때문에 아직 발견되지 않았다.133) 따라서 법과 정치의 구별은 처음부터 한계로서 가져야 할 명확성과 정확성을 갖추지 못한다.

법과 정치는 여러 방면에서 얽혀 있다. 법은 정치의 산물, 이른바 다양한 논쟁 속에서 확정된(흘러나와 굳어진) 정치일 뿐 아니라 정치의 목적, 근거, 한계 그리고 기준이다.134) 즉 법은 정치과정에서 만들어지고

---

130) ***Detlef Merten***, Demokratischer Rechtsstaat und Verfassungsgerichtsbarkeit, in: DVBl. 1980, S. 777 f.

131) ***Fritz Ossenbühl***, Bundesverfassungsgericht und Gesetzgebung, in: Peter Badura/ Horst Dreier (Hrsg.), Festschrift 50 Jahre Bundesverfassungsgericht: Verfassungsgerichtsbarkeit - Verfassungsprozeß, Bd. I, Tübingen 2001, S. 37 참조.

132) ***Peter Häberle***, Verfassungsgerichtsbarkeit als politische Kraft, in: ders., Verfassungsgerichtsbarkeit zwischen Politik und Rechtswissenschaft, Königstein/Ts. 1980, S. 64; ***Ki-Cheol Lee*** (Anm. 7), S. 45.

133) ***Klaus Stern*** (Anm. 100), S. 18.

134) **김상겸**, 「법과 정치관계에 있어서 헌법재판」, 『공법학연구』 창간호, 한국비교법학회, 1999, 143쪽; **이욱한**, 「헌법재판과 법과 정치」, 『헌법논총』 제3집, 헌법재판소, 1992, 462쪽; ***Willi Geiger***, Das Verältnis von Recht und Politik im Verständnis des Bundesverfassungsgerichts, in: ders., Recht und Politik im

법이 정치의 작품일지라도, 정치는 오로지 법의 궤도 안에서만 이루어질 수 있다. 그리고 법은 정치 목적 관철에 이바지한다.[135] 따라서 법을 정치적 현상으로 보지 않으면, 정치는 파악될 수 없다. 특히 헌법은 다른 어떤 법보다 더 정치적인 법이다. 따라서 그 심사기준이 헌법인 헌법재판은 당연히 정치성이 있다.[136] 헌법재판소 결정이 정치영역에 넓게 효력을 미친다고 하더라도 헌법재판소는 여전히 법원이다.[137] 이것은 헌법재판소가 단순히 정치에 개입하는 것이 아니라 '헌법을 근거로 정치에 개입'한다는 것을 뜻한다. 그래서 헌법재판소가 입법자나 집행부처럼 능동적으로 참여할 수 있는 것이 아니라 '단지 수동적으로 참여'할 수 있을 뿐이다. 이러한 점에서 헌법재판소가 정치영역에 부당하게 간섭한다는 비난은 헌법재판소가 법적 기준이 아니라 정치적 기준에 따라 결정을 내리는 범위에서만 할 수 있다.[138] 그리고 법과 정치의 본질적인 차이가 있어서 어느 하나가 다른 하나를 포섭할 수 없다면, 법적 구속에서 벗어난 순수한 정치영역이 있을 것이다. 그러나 모든 국가행위는 그 정치적 영향력과 상관없이 법적 기준 아래에 있으므

Verständnis des Bundesverfassungsgerichts, Bielefeld 1980, S. 10; ***ders.***, Das Bundesverfassungsgericht im Spannungsfeld zwischen Recht und Politik, in: EuGRZ 1985, S. 402; ***Dieter Grimm*** (Anm. 126), S. 502; ***ders.*** (Anm. 124), S. 91; ***Jörn Ipsen*** (Anm. 124), Rdnr. 862; ***Nina-Luisa Siedler***, Gesetzgeber und Bundesverfassungsgericht - eine funktionell-rechtliche Kompetenzabgrenzung -, Hamburg 1999, S. 7 f. 참조.

135) ***Josef Isensee*** (Anm. 4), § 162 Rdnr. 29; ***ders.***, Die Verfassungsgerichtsbarkeit zwischen Recht und Politik, in: Michael Piazolo (Hrsg.), Das Bundesverfassungsgericht - Ein Gericht im Schnittpunkt von Recht und Politik, Mainz/München 1995, S. 49.

136) **한수웅**(주 24), 189쪽 참조.

137) ***Christoph Gusy***, Parlamentarischer Gesetzgeber und Bundesverfassungsgericht, Berlin 1985, S. 44 참조.

138) ***Wolf-Rüdiger Schenke***, Der Umfang der bundesverfassungsgerichtlichen Überprüfung, in: NJW 1979, S. 1322.

로, 이러한 사고는 헌법국가에서 인정될 수 없다.[139)]

이러한 다양한 얽힘에 비추어 법과 정치를 분명하고 확실하게 구별할 수 없고, 심지어 법의 실정성이 의무 지우는 민주적 법질서에서 법과 정치는 동전의 양면처럼 보일 수 있다.[140)] 그래서 헌법재판소가 정치과정에 참여할 수 있는지가 아니라 정치과정에서 어떤 기능을 수행하는지가 중요하다. 헌법재판소가 스스로 정치를 하는 것이 아니라 부여된 통제임무를 오직 헌법만을 기준으로 수행한다면, 즉 법원으로서 부여된 자기 기능을 따른다면, 헌법재판소는 언제나 헌법이 부여한 기능 범위 안에 머물러야 한다.[141)] 따라서 행위 내용을 규율하는 헌법규정이 있다면, 그것이 정치적인지 아닌지에 상관없이 헌법재판소는 그 행위를 심사할 수 있고, 심사하여야 한다.[142)] 그렇지 않으면 그 행위는 정치적인지 아닌지와 상관없이 헌법재판소 심판대상이 아니므로, 헌법재판소는 심판 청구를 각하하여야 한다. 이러한 점에서 법과 정치에 관한 논의는 헌법재판의 한계 확정에 아무런 구실을 할 수 없어 불필요한 것으로 보인다.

---

139) ***Joachim Burmeister***, Stellung und Funktion des Bundesverfassungsgerichts im System der Gewaltengliederung, in: Pierre Koenig/Wolfgang Rüfner (Hrsg.), Die Kontrolle der Verfassungsmäßigkeit in Frankreich und in der Bundesrepublik Deutschland, Köln/Berlin/Bonn/München/Heymann 1985, S. 42.

140) ***Ernst Benda***, Das Bundesverfassungsgericht im Spannungsfeld von Recht und Politik, in: ZRP 1977, S. 2; ***Dieter Grimm*** (Anm. 124), S. 97; ***Jörn Ipsen*** (Anm. 124), Rdnr. 862; ***Ki-Cheol Lee*** (Anm. 7), S. 59; ***Alfred Rinken***, in: Erhard Denninger/Wolfgang Hoffmann-Riem/Hans-Peter Schneider/Ekkehart Stein (Hrsg.), AK-GG, 3. Aufl., Neuwied/Kriftel 2001 (Stand: August 2002), vor Art. 93 Rdnr. 90 참조.

141) ***Christian Hillgruber/Christoph Goos***, Verfassungsprozessrecht, 4. Aufl., Heidelberg 2015, Rdnr. 37.

142) ***Gerhard Leibholz***, Das Bundesverfassungsgericht im Schnittpunkt von Politik und Recht, in: DVBl. 1974, S. 398.

3. 사법 자제?

헌법재판소는 사법 자제에 관한 미국 연방대법원 판례를 받아들여서, 사법 자제를 근거로 헌법소원을 각하한 적이 있다.[143] 그 견해를 따르면 고도의 정치적 결단이 필요한 문제에 관한 대통령과 국회의 판단은 절차적 정당성이 확보되었다면 존중되어야 하고, 헌법재판소가 사법적 기준만으로 이를 심판하는 것은 자제되어야 한다. 그리고 이에 관해서 설혹 사법적 심사 회피로 자의적 결정이 방치될 수도 있다는 우려가 있을 수 있으나, 그러한 대통령과 국회의 판단은 궁극적으로는 선거를 통해서 국민의 평가와 심판을 받게 될 것이라고 한다. 독일 연방헌법재판소도 사법 자제 이론을 수용하고,[144] 사법 자제를 '정치하는 것, 즉 헌법이 형성하고 제한하는 자유로운 정치형성에 개입하는 것을 포기하는 것'으로 이해한다.[145]

사법 자제 명령은 헌법재판의 한계에 관한 어떠한 윤곽과 내용을 제시하지 못하고, 헌법재판소 재판관의 자세를 촉구할 뿐이다. 그래서 헌법재판의 한계는 재판관의 개인적 성향에 따라서 확정되고, 그에 관한 어떠한 규범적 기준이 제공되지 않는다.[146] 그리고 사법 자제는 '행

---

143) 헌재 2004. 4. 29. 2003헌마814, 판례집 16-1, 601.

144) ***Christian Rau***, Selbst entwickelte Grenzen in der Rechtsprechung des United States Supreme Court und des Bundesverfassungsgerichts, Berlin 1996, S. 125 ff. 참조.

145) BVerfGE 36, 1 (14).

146) **계희열**, 「헌법재판과 국가기능」, 『헌법재판의 회고와 전망 - 창립 10주년 기념세미나 -』, 헌법재판소, 1998, 207~208쪽; **박승호**, 「이른바 통치행위(정치문제)에 대한 헌법재판」, 『헌법학연구』 제16권 제3호, 한국헌법학회, 2010, 665~666쪽; **한수웅**(주 24), 190쪽; ***Ernst-Wolfgang Böckenförde***, Grundrechte als Grundsatznormen, in: Der Staat 29 (1990), S. 26; ***Kostas Chryssogonos***, Verfassungsgerichtsbarkeit und Gesetzgebung, Berlin 1987, S. 174; ***Rainer Eckertz***, Die Kompetenz des Bundesverfassungsgerichts und die Eigenheit des Politischen, in: Der Staat 17 (1978), S. 189; ***Roman Herzog***, Offene Fragen

위를 하는 힘', 즉 '행위 여부를 결정하는 힘'을 전제한다.[147] 그러나 이러한 힘의 자의적 행사는 엄격한 사법의 법규범 구속에 어긋난다.[148] 특히 독일 연방헌법재판소[149]처럼 한국 헌법재판소는 미국연방대법원과 달리 명확하게 규정된 권한목록이 있다. 이러한 권한은 헌법재판소가 정치적 판단에 따라 사용하거나 사용하지 않을 권리가 아니라 그것을 행사할 의무를 포함한다.[150] 또한, 헌법재판소의 과제는 사법 자제를 통해서 해결되지 않는다. 헌법재판소는 헌법에 구속되므로 헌법은 통제행위 제한을 헌법재판소 재판관의 주관적 판단에 맡겨두지 않는데, 사법 자제 요구는 이것을 경시하기 때문이다. 오히려 헌법재판소의 통제행위는 헌법이 규범화한 과제에 따라서 요구된다.[151] 그에 따

---

zwischen Verfassungsgericht und Gesetzgeber, in: ZG 1987, S. 292; ***Werner Heun***, Funktionell-rechtliche Schranken der Verfassungsgerichtsbarkeit, Baden-Baden 1992, S. 12; ***Alfred Rinken*** (Anm. 140), vor Art. 93 Rdnr. 92; ***Klaus Schlaich/Stefan Korioth*** (Anm. 11), Rdnr. 505; ***Nina-Luisa Siedler*** (Anm. 134), S. 57; ***Christian Starck*** (Anm. 7), S. 127; ***Andreas Voßkuhle*** (Anm. 21), Art. 93 Rdnr. 36.

147) ***Christian Hillgruber/Christoph Goos*** (Anm. 141), Rdnr. 40; ***Dietrich Murswiek***, Der Umfang der verfassungsgerichtlichen Kontrolle staatlicher Öffentlichkeitsarbeit - Zum „Grundsatz des judicial self-restraint" -, in: DÖV 1982, S. 532.

148) ***Brun-Otto Bryde*** (Anm. 89), S. 308 f.; ***Werner Heun*** (Anm. 146), S. 12; ***Detlef Merten*** (Anm. 130), S. 779; ***Klaus Schlaich/Stefan Korioth*** (Anm. 11), Rdnr. 505.

149) ***Ernst Benda*** (Anm. 140), S. 4; ***Dieter Blumenwitz***, Judicial self-restraint und die verfassungsgerichtliche Überprüfung von Akten der Auswärtigen Gewalt, in: DVBl. 1976, S. 464 f.; ***Jutta Limbach***, Das Bundesverfassungsgericht als politischer Machtfaktor, Speyer 1995, S. 20.

150) **박승호**(주 146), 667쪽; ***Josef Isensee*** (Anm. 4), § 162 Rdnr. 85; ***Dietrich Murswiek*** (Anm. 147), S. 531 f.

151) ***Konrad Hesse***, Funktionelle Grenzen der Verfassungsgerichtsbarkeit, in: Recht als Prozess und Gefüge: Festschrift für Hans Huber zum 80. Geburtstag, Bern 1981, S. 263 f.; ***ders.*** (Anm. 70), Rdnr. 570 [**콘라드 헷세**(주 70), 348쪽]; ***Alfred Rinken*** (Anm. 140), vor Art. 93 Rdnr. 92; ***Rupert Scholz***, Verfassungsgerichts-

라 헌법재판소는 헌법문제에 관한 최종결정자로서 다투어지는 헌법문제에 관해서 결정할 의무가 있다.[152] 그 밖에 사법 자제 명령은 기존 상황 유지나 다수의견 관철에 이바지함으로써 소수자 보호에 불리하게 작용할 수 있다. 그러나 이것은 다수를 통제하고 소수를 보호하여야 하는 헌법재판의 과제에 어긋난다.[153] 따라서 헌법재판소는 헌법문제에 관한 결정을 자제할 권한이 없고, 심판 청구가 허용된다면 결정을 내려야 한다. 헌법문제를 판단하는 것이 매우 어려울지라도, 사법적 응답을 정치적, 심지어 정당정치적 의사표시의 토대가 그것을 대체할 수 없다. 이러한 점에서 사법 자제는 헌법에 그것이 포함되어 있거나 헌법에서 도출될 수 있을 때만 가능하다.[154] 그러나 이것은 헌법해석 문제로서 사법적 자기제한 문제가 아니라 헌법규범이 충분한 것인지 그리고 그 규율밀도가 충분한 것인지의 문제이다.[155] 따라서 그것

---

barkeit im gewaltenteiligen Rechtsstaat, in: Ulrich Karpen (Hrsg.), Der Richterals Ersatzgesetzgeber, Baden-Baden 2002, S. 24.

152) ***Ernst Benda***, Das Verhältnis von Parlament und Bundesverfassungsgericht, in: Uwe Thaysen/Roger H. Davidson/Robert G. Livingston (Hrsg.), US-Kongreß und Deutscher Bundestag, Opladen 1988, S. 218; ***Friedrich August Freiherr von der Heydte***, Judicialself-restraint eines Verfassungsgerichts im freiheitlichen Rechtsstaat?, in: Gerhard Leibholz/Hans Joachim Faller/Paul Mikat/Hans Reis (Hrsg.), Menschenwürde und freiheitliche Rechtsordnung: Festschrift für Willi Geiger zum 65. Geburtstag, Tübingen 1974, S. 922; ***Christian Hillgruber/ Christoph Goos*** (Anm. 141), Rdnr. 40; ***Helmut Simon***, Verfassungsgerichtsbarkeit, in: Ernst Benda/Werner Maihofer/Hans-Jochen Vogel (Hrsg.), HVerfR, 2. Aufl., Berlin/NewYork 1994, § 34 Rdnr. 47; ***ders.***, Das Bundesverfassungsgericht - Ersatzgesetzgeber und Superrevisionsinstanz?, in: NJ 1996, S. 170; ***Christian Starck*** (Anm. 7), S. 127; ***Andreas Voßkuhle*** (Anm. 21), Art. 93 Rdnr. 36. 참조.

153) **계희열**(주 146), 207～208쪽. ***Jutta Limbach*** (Anm. 20), S. 14 참조.

154) ***Ernst Benda*** (Anm. 152), S. 222. 이때 실체법적 한계는 물론 기능법적 관점에서 도출되는 한계도 함께 고려되어야 한다.

155) ***Klaus Stern***, Außenpolitischer Gestaltungspielraum und verfassungsgerichtliche Kontrolle - Das Bundesverfassungsgericht im Spannungsfeld zwischen Judicial

은 사법적 '자제'가 아니라 헌법적 '강제'이다.

4. 정치문제?

정치문제를 일반적으로 통치행위라고 한다. 그러나 '통치'는 종래 절대군주의 모든 국가작용을 아우르는 것으로 민주주의원리와 법치국가원리에 따른 모든 통제에서 벗어난 군주의 절대적 권위를 상징하였다. 이것이 시민혁명 이후 근대적 권력분립이 자리 잡고 나서 집행부의 '특정한' 행위를 가리키는 것으로 축소되어 사용된다. 즉 통치행위는 집행기능 일부로서 단순한 법집행작용인 행정작용과 구별되는 정치적·국가지도적 작용을 뜻한다. 이러한 맥락에서 민주적 법치국가에서 '통치행위'라는 용어를 사용하는 것은 시대착오적이다. 고도의 정치성으로 말미암아 엄격한 법의 해석·적용이라는 사법적 판단과 친하지 않은 특별한 영역이라는 점에서 '정치문제'라는 용어가 적절하다고 생각한다.156)

'정치문제이론'157)을 따라서 미국 연방대법원은 정치적 연관성이 있는 특정한 사안에서 재판을 거부한다. 그러나 정치문제이론은 한국 헌법과 합치할 수 없다. 따라서 정치문제이론은 한국 법체계에 원용될 수 없다.

먼저 정치문제이론은 법과 정치의 2분론을 전제한다.158) 그러나 이

Activism und Judicial Restraint, in: NWVBl. 1994, S. 244 참조.

156) 같은 견해: **김선택**, 「통치행위의 법리와 사법적 구제가능성」, 『고시연구』 제32권 제1호(통권 제370호), 고시연구사, 2005. 1., 223쪽 주 1.

157) ***Michael Piazolo***, Verfassungsgerichtsbarkeit und Politische Fragen, München 1994, S. 27 ff.; ***Christian Rau*** (Anm. 144), S. 64 ff. 참조.

158) ***Michael Piazolo*** (Anm. 157), S. 15; ***Alfred Rinken*** (Anm. 140), vor Art. 93 Rdnr. 91.

러한 구분은 앞에서 언급한 것(2.)처럼 가능하지 않다. 이러한 점에서 정치문제이론의 근거가 이미 사라진다. 그리고 정치문제이론은 통일적이고 일관적인 결정지침을 제시하지 못한다. 즉 정치문제이론에 관한 미국 연방대법원 판례에서 명확한 지침을 끄집어낼 수 없다. 미국 연방대법원의 정치문제 인정은 대단히 탄력적이다. 따라서 정치문제이론은 법적 안정성을 담보할 수 없다.159)

헌법은 주로 정치를 규율하므로, 헌법재판소는 정치적 문제 심사를 피할 수 없다.160) 한국 헌법에는 세부적으로 규정한 권한과 과제의 목록이 있다. 따라서 헌법재판소 권한영역 안에서 헌법재판소의 결정은 강제된다. 그리고 헌법문제로서 받아들여지는 것은 헌법재판소의 심판대상에서 배제되지 않는다.161) 헌법문제를 포함하지 않은 정치적 문제만 헌법재판소 심판대상에서 제외된다. 그러므로 헌법재판소 권한범위 안에서 헌법재판소에 심판 청구가 이루어지고 사법 판단의 기준

---

159) 이상 **박승호**(주 146), 663~664쪽; ***Friedrich August Freiherr von der Heydte*** (Anm. 152), S. 913; ***Christian Rau*** (Anm. 144), S. 230; ***Klaus Stern*** (Anm. 17), S. 31 f.; ***ders***. (Anm. 155), S. 244.

160) **계희열**(주 146), 209쪽.

161) ***Ernst Benda*** (Anm. 140), S. 4; ***ders.***, Die Verfassungsgerichtsbarkeit der Bundesrepublik Deutschland, in: Christian Starck/Albrecht Weber (Hrsg.), Verfassungsgerichtsbarkeit in Westeuropa, Teilband 1, Baden-Baden 1986, S. 140; ***ders.*** (Anm. 152), S. 223 f.; ***Brun-Otto Bryde*** (Anm. 89), S. 311; ***Kostas Chryssogonos*** (Anm. 146), S. 178; ***Willi Geiger*** (Anm. 134, Das Verältnis von Recht und Politik im Verständnis des Bundesverfassungsgerichts), S. 21; ***Christoph Gusy*** (Anm. 137), S. 57; ***Ki-Cheol Lee*** (Anm. 7), S. 170 f.; ***Jutta Limbach*** (Anm. 17), S. 24; ***Michael Piazolo*** (Anm. 157), S. 76; ***Horst Säcker***, Die Rechtsmacht des Bundesverfassungsgerichts gegenüber dem Gesetzgeber, in: BayVBl. 1979, S. 194; ***Wolf-Rüdiger Schenke*** (Anm. 138), S. 1325; ***Christian Starck*** (Anm. 7), S. 127; ***Klaus Stern*** (Anm. 17), S. 32; ***ders.*** (Anm. 18), S. 962; ***Rüdiger Zuck***, Political-Question-Doktrin, Judicial-selfrestraint und das Bundesverfassungsgericht, in: JZ 1974, S. 364.

과 근거로서 사법심사를 가능하게 하는 법규범이 있는 한, 헌법재판소는 언제나 재판을 하여야 하고,[162] "문제가 너무 정치적이거나 정치기관이 더 잘 결정할 수 있거나 결정에 대한 책임을 회피하려고 한다는 이유를 들어 재판을 거부할 수 없다."[163] 그렇지 않다면 헌법재판소는 재판거부 책임을 져야 한다.[164] 헌법재판소는 정치적 결정(의회의 법률이나 집행부의 처분[165])이 정치적으로 옳은지가 아니라 오로지 합헌인지만을 심사할 수 있고, 심사하는 것이 당연히 허용된다.[166] 미국 연방대법원과 달리 한국 헌법이 헌법재판소에 헌법재판권을 부여하여 헌법재판소가 국가권력의 행위를 심판대상에서 배제할 수 없다. 그러므로 사법심사를 할 수 없는 국가권력의 행위를 인정하는 것은 처음부터 가능하지 않더라도, 어떤 국가권력의 행위를 규율하는 헌법규범이 없다면, 이러한 행위는 헌법재판소 심판대상에서 제외될 수밖에 없다.[167] 그러나 이것은 오로지 헌법의 규범적 한계 문제이다.[168] 그 밖에 정치적 문제가 정치기관이 결정하는 헌법문제가 헌법 범위 안에 있는지에

---

162) ***Joachim Burmeister*** (Anm. 139), S. 43; ***Alfred Rinken*** (Anm. 140), vor Art. 93 Rdnr. 91; ***Hans-Peter Schneider***, Verfassungsgerichtsbarkeit und Gewaltenteilung - Zur Funktionsgerechtigkeit von Kontrollmaßstäben und Kontrolldichte verfassungsgerichtlicher Entscheidung, in: NJW 1980, S. 2104; ***Klaus Stern*** (Anm. 18), S. 962; ***Wolfgang Zeidler***, Die Verfassungsrechtsprechung im Rahmen der staatlichen Funktionen - Arten, Inhalt und Wirkungen der Entscheidungen über die Verfassungsmäßigkeit von Rechtsnormen, in: EuGRZ 1988, S. 216.

163) ***Klaus Stern*** (Anm. 18), S. 962.

164) ***Andreas Voßkuhle*** (Anm. 21), Art. 93 Rdnr. 22.

165) 헌법 제107조 제2항과 헌법재판소법 제68조 제1항 재판소원 금지 때문에 한국 헌법재판소 심판대상이 될 수 있는 집행부의 처분은 매우 제한적이다.

166) ***Joachim Burmeister*** (Anm. 139), S. 43 f.

167) **박승호**(주 146), 660쪽; **정연주**, 「통치행위에 대한 사법심사」, 『저스티스』 제95호, 한국법학원, 2006. 12., 36쪽; ***Ki-Cheol Lee*** (Anm. 7), S. 171; ***Klaus Stern*** (Anm. 17), S. 32; ***ders.*** (Anm. 18), S. 962.

168) **한수웅**(주 24), 191~192쪽.

관한 문제로서 이해된다면, 그것은 헌법적 한계로서 기능할 수 있다.[169] 그러나 이것도 헌법구속성 강조에 지나지 않는다.

어떤 국가행위가 정치문제에 해당한다고 당연히 사법심사 대상에서 배제되는 것은 아니다. 정치문제인 국가행위에 관해서 사법심사를 할 수 있는지가 명백하게 밝혀진 것이 아니라서 이에 대한 사법심사 가능성을 헌법을 기준으로 면밀하게 살펴보아야 한다. 이러한 점에서 정치문제는 헌법재판의 한계로서 기능할 수 없고, 법적 구속 여부와 사법심사 가능성이 명백하지 않은 국가최고기관의 행위라고 정의할 수 있다.[170]

대법원은 대통령의 국가긴급권 행사에 대한 사법심사에 관련하여 과거에는 "대통령의 판단결과로 비상계엄이 선포되었을 경우 그 선포는 고도의 정치적, 군사적 성격을 지니고 있는 행위라 할 것이므로 그것이 누구나 일견해서 헌법이나 법률에 위반되는 것으로 명백하게 인정될 수 있는 것이면 몰라도 그렇지 아니한 이상 고도의 정치적, 군사적 성격을 갖고 있는 비상계엄선포를 가리켜 당연무효라고는 단정할 수 없다할 것이며 그 계엄선포의 당, 부당을 판단할 권한은 사법부에는 없다."[171]라고 하여 소극적 태도를 보였다. 그러나 이후 "대통령의 비상계엄의 선포나 확대 행위는 고도의 정치적·군사적 성격을 지니고 있는 행위라 할 것이므로, 그것이 누구에게도 일견하여 헌법이나 법률에 위반되는 것으로서 명백하게 인정될 수 있는 등 특별한 사정이 있

169) ***Christian Starck***, Das Bundesverfassungsgericht in der Verfassungsordnung und im politischen Prozeß, in: Peter Badura/Horst Dreier (Hrsg.), Festschrift 50 Jahre Bundesverfassungsgericht: Verfassungsgerichtsbarkeit - Verfassungsprozeß, Bd. I, Tübingen 2001, S. 9.

170) **김선택**(주 156), 224쪽.

171) 대법원 1981. 2. 10. 선고 80도3147 제4부판결.

는 경우라면 몰라도, 그러하지 아니한 이상 그 계엄선포의 요건 구비 여부나 선포의 당·부당을 판단할 권한이 사법부에는 없다고 할 것이나, 이 사건과 같이 비상계엄의 선포나 확대가 국헌문란의 목적을 달성하기 위하여 행하여진 경우에는 법원은 그 자체가 범죄행위에 해당하는지의 여부에 관하여 심사할 수 있다."[172]라고 하여 사법심사 가능성을 한정적으로 인정하였다.

헌법재판소는 금융실명제와 관련한 대통령의 긴급재정경제명령에 대한 헌법소원사건에서 "이른바 통치행위를 포함하여 모든 국가작용은 국민의 기본권적 가치를 실현하기 위한 수단이라는 한계를 반드시 지켜야 하는 것이고, 헌법재판소는 헌법의 수호와 국민의 기본권 보장을 사명으로 하는 국가기관이므로 비록 고도의 정치적 결단에 의하여 행해지는 국가작용이라고 할지라도 그것이 국민의 기본권 침해와 직접 관련되는 경우에는 당연히 헌법재판소의 심판대상이 될 수 있는 것일 뿐만 아니라, 긴급재정경제명령은 법률의 효력을 갖는 것이므로 마땅히 헌법에 기속되어야 할 것이다."[173]라고 하여 정치문제에 대한 사법심사 가능성에 관해서 적극적인 견해를 취한 바 있다.

---

172) 대법원 1997. 4. 17. 선고 96도3376 전원합의체 판결(집45-1, 1; 공1997상, 1303).

173) 헌재 1996. 2. 29. 93헌마186, 판례집 8-1, 111, 116. 헌재 2004. 10. 21. 2004헌마554 등, 판례집 16-2하, 1, 35도 참조: "신행정수도건설이나 수도이전의 문제가 정치적 성격을 가지고 있는 것은 인정할 수 있지만, 그 자체로 고도의 정치적 결단을 요하여 사법심사의 대상으로 하기에는 부적절한 문제라고까지는 할 수 없다. 더구나 이 사건 심판의 대상은 이 사건 법률의 위헌여부이고 대통령의 행위의 위헌여부가 아닌바, 법률의 위헌여부가 헌법재판의 대상으로 된 경우 당해법률이 정치적인 문제를 포함한다는 이유만으로 사법심사의 대상에서 제외된다고 할 수는 없다."

5. 정치중재자인 헌법재판소?

정치세력이 서로 저지하며 다투거나 정치적 책임을 지지 않으려고 할 때 정치세력은 헌법재판소에 문제 해결을 미루곤 한다. 그리고 국회 소수파는 때때로 자신의 무력함을 헌법재판소를 통해서 보완하려고 한다. 또한, 때에 따라서 국회 다수파의 결정이 받아들일 수 없는 것으로 밝혀지기도 한다. 게다가 국회의 법률이나 행정처분에 반대하는 몇몇 국민이나 사회적 세력은 국회나 정부를 믿지 않으므로 자주 헌법재판소에 헌법소원을 제기한다. 드물지 않게 정치세력이 너무 오랫동안 문제를 내버려 두어서 헌법재판소에 헌법소원이 제기되기도 한다. 이러할 때 헌법재판은 대의제를 대체하는 기능을 하는 것처럼 보인다. 그래서 헌법재판소가 분쟁을 해결하는 활동뿐 아니라 분쟁을 중재하거나 조정하는 활동도 할 수 있는지 또는 활동하여야 하는지 그리고 어떠한 범위 안에서 그럴 수 있는지가 문제 된다.

먼저 법은 자주 정치적 문제를 해결하기 위한 적설한 기준이 아니고,[174] 정치의 범위와 한계를 설정할 뿐이다. 따라서 정치적 문제는 정치과정을 통해서 해결되어야 하고, 헌법재판소 결정이 정치적 결정을 대체할 수 없다. 헌법재판소 결정이 이성적이고 건전한 사람의 인식에 더욱더 합치한다고 하더라도, 정치중재자로서 등장하고 정치적 타협을 꾀하는 것은 헌법재판소의 일이 아니다[175]. 그리고 헌법이 정치적으로 대립하는 집단 사이의 타협물이라고 하더라도 헌법재판소는 정치중재자나 정치적 조정위원회가 아니다.[176] 헌법재판소는 특별한 법

174) ***Rüdiger Zuck***, Das Bundesverfassungsgericht als Dritte Kammer, in: ZRP 1978, S. 191 참조.

175) '중재'나 '조정' 그리고 그것과 '재판'의 구별에 관해서는 ***Hans-Peter Schneider***, Richter oder Schlichter?, in: Walther Fürst/Roman Herzog/Dieter C. Umbach (Hrsg.), Festschrift für Wolfgang Zeidler, Berlin/New York 1987, S. 306 f. 참조.

원일 뿐이고, 헌법재판소 결정은 언제나 사법판결 그 이상도 그 이하도 아니다. 헌법재판소가 예외적으로 긴급입법자로서 정치적 결정을 내린다고 하더라도, 그 결정은 오로지 입법적 빈틈을 메우는 임시규율에 불과하다. 따라서 헌법재판소는 사법기관으로서 단지 정치적 갈등 속에서 발생하는 (헌)법적 분쟁에 관해서만 결정한다. 그래서 헌법재판소는 원칙적으로 다양한 가능성 중의 하나를 선택하는 것이 아니라 선택된 가능성이 합헌인지만을 심사한다. 그 선택 자체는 본래 국회나 정부의 일이다. 따라서 헌법재판소의 선택은 다른 국가기관의 권한을 찬탈하는 것이 될 수 있다. 다른 국가기관이 헌법재판소에 이러한 권한을 넘길지라도, 이러한 선택은 허용되지 않는다. 모든 국가기관은 자기 과제를 이행할 권한뿐 아니라 의무도 있기 때문이다. 그래서 사인과 달리 국가기관은 사적 자치를 누릴 수 없다. 그에 따라 국가기관은 자신의 합헌적 과제를 수행하기 위해서 필수적인 권한('핵심영역')을 포기할 수 없고, 다른 국가기관에 이러한 권한을 넘길 수도 없다. 당연히 국가기관은 이러한 권한을 빼앗거나 빼앗기는 것도 허용되지 않는다.[177] 그 밖에 이러한 포기나 위임은 권한 찬탈처럼 헌법이 확정한 권한질서를 바꾼다. 그러므로 이것은 권력 분할과 '다른 국가기관에 대한 분할된 권력 분배' 그리고 이러한 권력의 상호 견제와 통제로서 이해되는 권력분립원리[178]에 어긋난다.

결론적으로 헌법재판소가 정치중재자로서 기능한다면, 그것은 헌법

---

176) ***Erhard Denninger***, Das Bundesverfassungsgericht zwischen Recht und Politik, in: Hauke Brunkhorst/Peter Niesen (Hrsg.), Das Recht der Republik, Frankfurt am Main 1999, S. 290 참조.

177) **김선택**(주 15), 191, 194쪽; BVerfGE 9, 268 (279 f.); 22, 106 (111); 34, 52 (59); ***Udo Di Fabio*** (Anm. 17), § 27 Rdnr. 9; ***Klaus Stern*** (Anm. 18), S. 541 f.; ***ders.*** (Anm. 100), S. 795.

178) ***Klaus Stern*** (Anm. 18), S. 529 f.; ***ders.*** (Anm. 100), S. 792.

재판소의 권한을 넘어서는 것이다. 사법심사를 가능하게 하는 헌법규범이 없고 그것이 헌법의 구체화 속에서도 발견되지 않는다면, 사법심사를 가능하게 하는 판단기준이 없다. 그러므로 당연히 헌법재판소는 재판할 수 없을 뿐 아니라 중재를 하여서도 안 된다.179) 반대로 사법심사를 가능하게 하는 헌법규범이 있다면, 헌법재판소는 그에 따라 재판을 하여야 한다. 이때 헌법재판소는 오로지 헌법문제만을 심사할 수 있고, 다른 문제는 각하하여야 한다. 헌법재판소는 늘 사법적으로 대체할 수 없는 의회나 정부의 과제와 책임을 거부하여야 한다. 그런데도 헌법의 정치성 때문에 헌법재판소가 대립하는 정치적 이익을 헌법의 범위 안에서 고려할 수 있고, 때에 따라서는 고려하여야 한다. 따라서 헌법재판소는 부분적으로 그리고 부차적으로 정치중재자로서 기능할 수도 있다. 그러나 이때도 헌법재판소는 법원의 본질에서 벗어날 수 없고, 법적 판단만 할 수 있을 뿐이다.

Ⅳ. 기능법적 한계

1. 기능법적 사고의 새로운 문제 제기

전통적 관점을 따르면, 헌법재판의 과제와 한계는 개별 사건과 관련 있는 실질적 헌법의 해석과 적용 속에서 찾을 수 있다. 심사기준인 헌법은 '헌법재판소 기능과 권한 영역의 근거와 한계'이다.180) 그러나 폭넓은 헌법재판소의 권한, 많은 법규범의 개방성, 헌법의 포괄적 규율

179) ***Hans-Peter Schneider*** (Anm. 175), S. 298.
180) ***Alfred Rinken*** (Anm. 140), vor Art. 93 Rdnr. 93.

영역 그리고 특히 원하는 결과를 가능하게 하는 해석방법을 헌법재판소가 선택할 수 있을 정도로 다양한 기존 헌법해석방법 때문에 헌법에 대한 구속이 어느 정도 정확한 심사기준으로서 정치세력에 대한 헌법재판의 한계를 확정할 수 있는지가 문제 된다. 따라서 많은 학자는 헌법재판의 한계를 '기능법적' 고찰 속에서 찾으려고 한다.[181]

모든 '기능법적' 고찰[182]은 헌법재판소가 법원이라는 것에서 출발한다.[183] 따라서 그 출발점은 헌법재판소도 헌법이 부여한 기능 범위 안에서 활동하여야 한다는 고려이다.[184] 즉 기능법적 고찰은 헌법이 확정한 권한질서에 바탕을 둔 권력분립원리에 근거한다.[185] 권력분립적 국가에서 헌법은 의회, 행정을 포함한 집행부 그리고 법원에 헌법재판소가 존중하여야 할, 고유한 책임을 지는 행위에 대한 기능적 영역을 부여한다. 그에 따라 의회는 헌법과 합치하는 범위 안에서 자유롭게 법률을 형성할 수 있다.[186] 헌법재판소가 헌법해석에 대한 최종심이라는 사실은 헌법재판소가 언제나 다른 기관, 특히 입법부의 지위를 자기 자신의 결정을 통해서 대신하는 결과를 발생시키지 않는다.[187] 헌법재판소는 오로지 헌법이 부여한 기능 범위 안에서만 행위를 하여야 한다.[188] 따라서 헌법적 기능 부여는 동시에 소극적 권한 한계로서 기

---

181) 이상 ***Klaus Schlaich/Stefan Korioth*** (Anm. 11), Rdnr. 506.

182) 독일 논의를 중심으로 한 헌법재판의 기능적 한계에 관해서는 **최희수**, 「헌법재판의 기능적 한계」, 『안암법학』 제43호(상), 안암법학회, 2014, 305～339쪽 참조.

183) ***Klaus Schlaich/Stefan Korioth*** (Anm. 11), Rdnr. 510.

184) ***Konrad Hesse*** (Anm. 151), S. 265; ***Werner Heun*** (Anm. 146), S. 13.

185) ***Kostas Chryssogonos*** (Anm. 146), S. 151; ***Konrad Hesse*** (Anm. 151), S. 265 f.; ***Werner Heun*** (Anm. 146), S. 13; ***Christian Rau*** (Anm. 144), S. 231; ***Alfred Rinken*** (Anm. 140), vor Art. 93 Rdnr. 85.

186) ***Helmut Simon*** (Anm. 152, Das Bundesverfassungsgericht), S. 170.

187) ***Wolfgang Zeidler*** (Anm. 162), S. 216.

188) ***Ernst Benda*** (Anm. 152), S. 223; ***Konrad Hesse*** (Anm. 151), S. 262.

능한다. '기능법적' 고찰은 오로지 권한 제한에만 이바지할 뿐이고, 권한을 근거 짓지는 않는다.[189]

2. 법원형식성

헌법재판의 본질적인 기능법적 확정과 한계는 헌법재판의 법원형식성에서 발견된다. 구성과 조직, 기능 그리고 절차방식에 따라서 확정되는, 헌법이 확정한 헌법재판소의 기관구조는 상응하는 기능 부여뿐 아니라 권력분립원리의 법치국가적 한계기능에 상응하는 소극적 기능 한계도 확정한다. 헌법재판의 법원형식성은 헌법재판소의 기관구조를 결정적으로 확정한다.[190]

헌법재판소는 주도적으로 활동할 권한이 없어서 다른 법원처럼 오로지 심판 청구가 있을 때만 재판할 수 있다. 그러므로 헌법재판소의 권한은 열거된 종류의 청구와 절차에 국한된다. 그리고 헌법재판소는 특별하게 형성되고 정돈된 절차를 지켜야 한다. 법원으로서 당연히 헌법재판소는 심사기준, 즉 헌법에 구속된다. 그 밖에 "헌법재판소는 그가 통제하는 다른 국가기관과 달리 반동적·사후적·쟁점관련적·통제적 역할을 수행한다."[191] [192]

---

189) ***Werner Heun*** (Anm. 146), S. 84; ***Klaus Schlaich/Stefan Korioth*** (Anm. 11), Rdnr. 526.

190) ***Werner Heun*** (Anm. 146), S. 13.

191) ***Klaus Schlaich/Stefan Korioth*** (Anm. 11), Rdnr. 512.

192) 이상 **김선택**(주 15), 200~202쪽; ***Hans Boldt***, Verfassungsrechtsprechung ohne Grenze? - Bemerkung zum Versuch, dem Bundesverfassungsgericht „funktionellrechtlich" Schranken zu setzen, in: Max-Emanuel Gleis/Dieter C. Umbach (Hrsg.), Planung - Steuerung - Kontrolle: Festschrift für Richard Bartlsperger zum 70. Geburtstag, Berlin 2006, S. 201; ***Brun-Otto Bryde*** (Anm. 89), S. 338; ***Werner Heun*** (Anm. 146), S. 13; ***Klaus Schlaich/Stefan Korioth*** (Anm. 11), Rdnr. 512; ***Helmut Simon*** (Anm. 152, Verfassungsgerichtsbarkeit), § 34

3. 행위규범과 통제규범의 구별

헌법재판소의 존재와 법원형식성 그리고 권한은 실질적 헌법 해석에 영향을 미친다. 헌법해석에서 헌법재판소는 해석되어야 할 헌법을 구속적으로 적용하기 위해서 언제나 이러한 요소를 고려하여야 한다. 이때 기능법적 고찰이 문제 된다.[193]

기능법적으로 지향된 헌법해석의 근거는 단순하다. 헌법규범은 적극적으로 행위를 하는 국가기관(예를 들어 입법자나 집행부)에는 '행위규범', 즉 행위지시와 행위한계로서 기능하지만, 같은 법규범이 헌법재판소에는 '통제규범'으로 기능한다. 어떤 법규범이 한편에서는 국가행위의 근거와 지침을 제공하고, 다른 한편에서는 국가의 작위와 부작위를 심사하는 기준이 된다. 행위규범이 적용되는 영역은 통제규범이 적용되는 영역보다 더 넓다. 행위규범과 통제규범이 구체적으로 적용되는 범위가 다르기는 하지만, 양자는 같은 법규범에서 도출된다. 즉 같은 법규범이 헌법의 명확한 규정과 상관없이 행위규범뿐 아니라 통제규범으로도 기능한다.[194] 한국 헌법재판소는 이러한 독일의 구별을 받아들여 행위규범과 통제규범을 언급하고 그 의미를 설명하였다. 즉 헌법재판소는 "헌법재판소와 입법자는 모두 헌법에 기속되나, 그 기속의 성질은 서로 다르다. 헌법은 입법자와 같이 적극적으로 형성적 활동을 하는 국가기관에는 행위의 지침이자 한계인 행위규범을 의미하나, 헌법재판소에는 다른 국가기관의 행위의 합헌성을 심사하는 기준으로서의 재판규범 즉 통제규범을 의미한다."[195]라고 하였다.

Rdnr. 51.

193) ***Klaus Schlaich/Stefan Korioth*** (Anm. 11), Rdnr. 515.

194) 이상 **계희열**(주 146), 225~227쪽; **한수웅**(주 24), 203~207쪽; ***Brun-Otto Bryde*** (Anm. 89), S. 306 f.; ***Konrad Hesse*** (Anm. 151), S. 269; ***Werner Heun*** (Anm. 146), S. 46; ***Dietrich Murswiek*** (Anm. 147), S. 534; ***Klaus Schlaich/Stefan Korioth*** (Anm. 11), Rdnr. 516.

그러나 행위규범과 통제규범의 구별은 설득력 있게 근거 지울 수 없다. "행위규범과 통제규범은 단지 동전의 양면에 불과하다."[196] 어떤 법규범이 행위규범으로서 국가기관에 의무를 부과한다면, 그 법규범은 기준적인 통제규범으로서 헌법재판소에 기능하여 헌법재판소가 그 의무 위반을 심사할 수 있어야 한다. 국가기관이 행위규범을 위반하였을 때 그것을 위헌으로 확인할 수 없다면, 그 행위규범은 더는 법규범으로서 헌법적 의미가 있을 수 없기 때문이다.[197] 행위규범인 헌법규범 준수가 헌법적으로 강제될 수 없다면, 그 규범내용은 헌법적 구속 밖에 있게 된다. 그래서 그 규범내용은 헌법이 규율할 수 없는 영역으로서 권한이 있는 국가기관의 재량범위 안에 있다. 이것은 규범이 아니라 형성의 자유이다.[198] 따라서 행위규범과 통제규범은 내용적 차이가 있어서는 아니 된다. 그리고 헌법 자신이 그러한 구별을 알지 못한다.[199] 그러므로 헌법에서 이러한 구별을 위한 준거점을 찾을 수 없다. 오히려 헌법은 헌법재판소가 결정을 위해서 헌법재판소에 귀속된 절차에서 제한 없이 모든 국가행위의 합헌성을 심사하라고 요구한다. 그래서 헌법심사 밀도는 실질적 헌법의 구속과 같다. 그러나 구속력이 있는 개별 헌법규범의 규범적 규율밀도는 다르다. 개별 헌법규정에서 권한 있는 국가기관에 '헌법재판소 심사가 오로지 구속적으로 확정된 범위 준수에만 국한되는' 결정 여지와 행위 여지를 부여하는지 그리고 때에 따라 어떠한 범위에서 부여하는지를 확인하여야 한다. 이러한 범위 안에서 내린 결정은 (헌법적으로 아직 결정되지 않

---

195) 헌재 1997. 1. 16. 90헌마110, 판례집 9-1, 90, 115. 헌재 1997. 5. 29. 94헌마33, 판례집 9-1, 543, 553-554도 마찬가지이다.

196) ***Christian Hillgruber/Christoph Goos*** (Anm. 141), Rdnr. 39.

197) ***Werner Heun*** (Anm. 146), S. 47 f.

198) ***Christian Starck*** (Anm. 4, Die Verfassungsauslegung), § 164 Rdnr. 14.

199) ***Rainer Wahl*** (Anm. 7), S. 501 f. 참조.

은) 정치적 성격이 있으므로, 헌법재판소는 그것을 심사할 수 없다.[200] 이러한 맥락에서 행위규범과 통제규범의 구별은 기껏해야 불명확한 헌법개념을 적용할 때 입법자의 제한된 평가대권이나 결정 여지를 근거 지울 뿐이다.[201]

4. 부차적 한계

기능법적 사고에서 기능은 헌법에서 도출되어야 한다. 먼저 헌법이 기능을 수행하기 위해서 특정한 향유자에게 권한을 부여하거나 특정한 법적 효과를 기능 수행과 결부시킬 때 기능은 헌법적 의미가 있다.[202] 그래서 헌법재판소의 기능은 부여된 권한과 독립적인 것이 아니라 권한에 따라서 비로소 확정된다.[203] 이것은 기능법적 사고가 헌법 해석을 전제하고 권한에 한계를 설정하는 헌법규정을 대신하지 못함[204]을 뜻한다. 그리고 기능법적 사고는 일반적으로 단지 추상적인 기준을 제공할 뿐이다.[205] 그 구체적인 내용은 오로지 개별 헌법규정 해석에서 얻을 수 있다. 그렇지 않다면 헌법재판의 한계는 필연적으로 헌법재판소 재판관의 '주관적' 판단에 맡길 수밖에 없다. 이때 그 한계는 객관적 한계가 아니라 주관적 한계일 뿐이다.[206] 그리고 기능은 헌법 밖에서 추상적이고 다양한 의미가 있다. 그러므로 헌법재판의 한계를 오로지 기능에 따라서만 결정하면 개별 헌법규정의 의미를 벗어날

---

200) ***Christian Hillgruber/Christoph Goos*** (Anm. 141), Rdnr. 39.

201) ***Ernst-Wolfgang Böckenförde*** (Anm. 146), S. 27.

202) ***Helmut Lecheler***, „Funktion" als Rechtsbegriff?, in: NJW 1979, S. 2274 참조.

203) ***Ernst-Wolfgang Böckenförde*** (Anm. 146), S. 26.

204) ***Claus Dieter Classen***, Funktional ausdifferenzierte Rechtsprechungskompetenzen?, in: JZ 2007, S. 55.

205) ***Klaus Schlaich/Stefan Korioth*** (Anm. 11), Rdnr. 525.

206) ***Hans Boldt*** (Anm. 192), S. 203.

가능성이 있다. 헌법재판소의 기능은 오로지 헌법의 범위 안에 머물러 있어야 한다. 따라서 이것은 헌법에 대한 헌법재판소의 구속에 어긋난다. 이러한 점에서 실정법적 관점과 기능법적 관점은 거의 구별할 수 없다. 따라서 기능법적 사고는 독자적인 한계기준으로서가 아니라 단지 보충적이거나 구체화하는 기준으로서 작용할 뿐이다. 결론적으로 헌법재판의 한계는 (헌법 해석이 어렵기는 하여도) 먼저 헌법에서 도출된다. 헌법재판소의 심사밀도도 오로지 심사기준, 즉 헌법의 규율밀도에 달렸다.[207] 그러나 심사기준인 헌법을 해석할 때, 통제자가 법원인 헌법재판소이고 통제대상이 어떤 기관인지를 함께 고려하여야 한다. 이러한 점에서 실체법적 사고는 본질적 한계이고, 기능법적 사고는 부차적 한계이다.[208] 따라서 헌법재판소의 권한 한계는 모든 헌법규정이 헌법체계 속에서 올바르게 해석될 수 있는 것처럼 권한을 규율하는 헌법규정의 헌법적 기능질서를 고려한 해석에서 정확하게 확정될 수 있다.[209]

---

207) BVerfGE 62, 1 (51); ***Peter Badura***, Richterliches Prüfungsrecht und Wirtschaftspolitik, in: Peter Oberndorfer/Herbert Schambeck (Hrsg.), Verwaltung im Dienste von Wirtschaft und Gesellschaft: Festschrift für Ludwig Fröhler zum 60. Geburtstag, Berlin 1980, S. 339; ***Karl Korinek*** (Anm. 17), S. 40 ff.; ***Klaus Schlaich/Stefan Korioth*** (Anm. 11), Rdnrn. 514, 527 참조.

208) ***Peter Badura*** (Anm. 207), S. 339; ***Klaus Schlaich/Stefan Korioth*** (Anm. 11), Rdnr. 528.

209) ***Konrad Hesse*** (Anm. 70), Rdnr. 71 ff. [**콘라드 헷세**(주 70), 40~42쪽]; ***Christian Starck*** (Anm. 4, Die Verfassungsauslegung), § 164 Rdnr. 19; ***ders.*** (Anm. 169), S. 17 f.

V. 소결: 헌법재판의 한계 준수를 통한 헌법재판소의 신뢰 회복

헌법재판은 성문헌법의 존재와 헌법 우위를 전제한다. 따라서 헌법재판은 헌법을 떠나서 있을 수 없고 헌법 안에서 비로소 있을 수 있다. 그래서 헌법재판소는 헌법이 부여한 권한을 헌법 안에서만 행사할 수 있다. 그에 따라 헌법재판소의 한계는 헌법에서 가장 먼저 도출된다. 헌법재판소의 기능도 헌법에 따라 확정되고 구체화가 이루어지므로, 기능법적 사고도 헌법을 바탕으로 비로소 생명력을 얻는다. 이러한 점에서 기능법적 한계는 실체법적 한계와 대등한 지위를 가질 수 없고, 자신의 존립근거이기도 한 실정헌법을 보충하는 것에 그친다. 따라서 기능법적 한계는 헌법재판소의 본질적 한계인 실체법적 한계를 보충하는 부차적 한계일 뿐이다. 결론적으로 헌법재판소의 권한 행사와 그 결과물인 헌법재판소 결정은 모두 예외 없이 헌법에 소급되어야 한다. 이것은 헌법재판소가 자기 권한 행사와 헌법재판소 결정을 반드시 헌법을 토대로 충분히 논증하여 정당성을 인정받아야 한다는 것을 뜻한다. 법과 정치를 구별하여 헌법재판의 한계를 밝히려는 시도도 있으나, 법과 정치를 구별 짓는 명확한 기준을 얻을 수 없다는 점에서 그러한 시도는 출발점에서 이미 좌초될 수밖에 없다. 그리고 헌법이 정치를 규율하는 법이고, 헌법재판소 심판대상은 일반적으로 정치이어서, 헌법재판은 정치성을 띤다. 게다가 헌법재판소는 헌법과 법률에 따른 적법한 청구를 심판할 권한은 물론 그 의무도 헌법에 따라서 부여받는다. 따라서 헌법재판소는 심판대상이 정치인지와 상관없이 헌법에서 심사기준을 찾을 수 있다면, 언제나 심사를 하여야 한다. 헌법재판소가 이렇게 확인된 한계 안에서 자기 권한을 행사한다면, 특히 정치문제에 개입하면서 정치적 판단이 아닌 엄격한 사법적 판단에 머문다면, 지금까지 제기되는 비판에 당당할 수 있다. 그리고 그러한 과정에서 일관적인 모습을 보인다면 헌법재판소는 자신에 대한 신뢰를 회복하고 단단히 다질 수 있다. 또한, 그에 대한 결과로 헌법재판소는 자기 지위를 확립할 수 있다. 나아가 이것은 헌법재판소 결정이 입법자를 구속하는 것과 관련하여 나타난 여러 장애물을 어려움 없이 신속하게 제거하는 가장 빠른 길이 될 것이다.

제6장

요약

1. 헌법재판소는 실질적 사법의 개념요소를 대부분 충족하므로 특별한 법원이다. 헌법재판소의 정치적 성격은 헌법재판의 유일한 심사기준인 헌법과 헌법재판의 심판대상에서 비롯된다. 그러나 헌법재판소는 소극적 입법자로 볼 수 없다. 소극적 입법자와 같은 헌법재판소의 외형은 단지 헌법재판소 결정의 효과일 뿐이기 때문이다. 제4의 국가작용은 그 독자성을 인정받을 수 없어서 헌법재판소를 제4의 국가작용으로 볼 수 없다. 그리고 헌법재판소도 헌법기관이다. 그러나 헌법기관성 때문에 특별한 법원인 헌법재판소의 지위와 권한은 바뀌지 않는다. 헌법재판소는 충분한 민주적 정당성이 없는 것처럼 보인다. 그러나 헌법재판소와 그의 권한은 헌법을 매개로 직접 제도적으로 국민이 정당화하는 데다가 헌법재판소의 부족한 조직적-인적 민주적 정당성은 실질적-내용적 민주적 정당성과 보충적 민주적 정당성을 통해서 보완된다. 따라서 헌법재판소의 민주적 정당성은 충분히 확보된다.

2. 헌법재판소는 법률적 수권 없이 변형결정을 내린다. 변형결정에 관한 법적 근거 결여는 결정형식의 자유는 물론 변형결정 금지를 뜻하지 않는다. 그러나 변형결정은 보충적 법형성의 예이고, 단지 임시적 규율이며, 기본권보장 수단이다. 그리고 변형결정은 통일적 법질서의 신속한 형성에 이바지하고, 법적 공백을 예방할 수 있다. 따라서 변형결정은 그 필요성이 헌법적으로 충분히 인정되는 한 예외적으로 인정될 수 있다. 다만, 헌법재판소 스스로 변형결정 허용에 관한 논증책임을 부담한다.

3. 기속력은 객관적 측면이 아니라 주관적 측면에서만 실질적 확정력을 확장한다. 헌법재판소 결정의 기속력은 실정법적으로 보장

된다(한국 헌법재판소법 제47조 제1항). 그러나 기속력은 법률적 규율 이외에 그 필요성이 헌법적으로 인정되기는 하지만, 오로지 법률적 차원에서 부여되는 효력일 뿐이다. 확정력 있는 헌법재판소 결정만 기속력이 있을 수 있고, 기속력은 실체결정에서만 도출된다. 그리고 원칙적으로 헌법재판소 결정 중 헌법해석에서만 기속력이 발생하고, 기속력은 구체적 심판대상에 국한한다. 기속력 때문에 모든 국가기관은 앞날을 향해서 처분을 내릴 때 헌법재판소 결정을 준수하고 존중하여야 한다. 이러한 준수의무는 동일규범반복제정금지의무와 반응의무로 구성된다.

4. 위헌결정과 변형결정은 기속력이 있지만, 합헌결정은 기속력이 없다. 모든 국가기관은 헌법재판소 결정에 기속된다(헌법재판소법 제47조 제1항). 그러나 기속력은 헌법재판소 자신에게는 미치지 않는다. 헌법재판소법 제47조 제1항은 입법자를 특별하게 다루지 않아서 입법자도 헌법재판소 결정에 구속되지만, 입법자의 동일규범반복제정금지는 헌법재판소가 이전 법률을 위헌으로 결정한 시점에 국한된다. 그리고 기속력은 심판대상에 관한 결정인 결정주문에만 미치고, 결정이유에는 미치지 않는다. 그러나 중요한 결정이유는 결정주문의 해석을 통해서 간접적인 구속력이 있다. 기속력은 언제나 헌법재판소 결정이 내려진 시점과 관련된다.

5. 입법은 입법자의 권한일 뿐 아니라 의무이다. 따라서 입법의무는 입법형성권의 한계로서 기능한다. 입법과 관련하여 입법자는 헌법의 최초해석자이고, 헌법재판소는 최종해석자이다. 이러한 지위에 비추어 헌법재판소는 입법자에 대해서 우위가 있다. 그에 따라서 헌법재판소는 위헌성 확인을 통해서 법률의 효력을 상실시키고, 합헌적

법률해석을 통해서 법률의 내용을 수정하거나 제한하며, 구속적 지침을 통해서 법률을 제정하거나 개정하거나 폐지할 것을 강제하고, 입법자에게 법률을 제정하거나 개정하거나 폐지할 것을 촉구하며, 입법자가 입법할 수 없거나 입법할 의사가 없을 때 임시규율을 제정할 수 있다.

6. 동일규범반복제정금지의무는 직접적으로는 기속력에서, 간접적으로는 위헌으로 결정된 법률의 효력 상실을 규정하는 헌법재판소법 제47조 제2항 및 제3항과 불가변력에서 도출된다. 동일규범반복제정금지에 따라서 입법자는 반복법률을 제정할 수 없다. 그러나 반복법률은 그에 대한 헌법재판소 결정이 내려질 때까지는 형식적으로 존속한다. 반복법률은 새로운 헌법재판소 심사를 통해서만 제거될 수 있다. 동일규범반복제정금지의무의 적용범위는 결정선고시점에 국한되지만, 헌법재판소결정존중의무는 결정선고 이후에 존재하는 사실관계와 법적 상황과 관련된다. 따라서 동일규범반복제정금지의무는 헌법재판소결정존중의무와 구별되어야 한다. 헌법재판소결정존중의무는 직접적으로는 헌법기관충실원칙에, 간접적으로는 선례적 구속력에 근거한다. 헌법재판소결정존중의무를 따르면 입법자는 헌법재판소 결정에 따라야 하는 것이 아니라 단지 헌법재판소 결정을 고려하여야 한다. 그래서 입법자가 헌법재판소 결정이 적절하지 않거나 틀렸다고 생각하면, 입법자는 헌법재판소 결정을 존중하지 않을 수 있다. 그러나 이러할 때 입법자는 그에 관한 적절한 근거를 제시하여야 한다.

7. 대체할 수 없는 헌법위임이 있는데도 입법자가 입법의무를 전혀 이행하지 않으면, 헌법재판소는 입법자의 입법부작위를 위헌으로 결정할 수 있다. 이러한 결정에 따라서 입법자는 특정한 법영역을

가능한 한 빨리 법률로 규율할 의무를 진다. 헌법재판소가 위헌결정을 내렸는데도 입법자가 상당한 기간 안에 또는 기한이 설정되면 기한 안에 법률을 제정하지 않을 때, 이러한 부작위는 헌법재판소의 새로운 심사를 통해서 다시 위헌으로 결정될 수 있다. 이때 헌법재판소는 긴급입법자로서 필요하면 임시규율을 제정할 수 있다.

8. 헌법불합치결정은 입법자에게 상당한 기간 안에 또는 기한이 설정되면 기한 안에 법률을 개선할 의무를 부과한다. 여기서 법률개선의무는 헌법에 대한 입법자의 구속과 결합한, 관련된 개별 헌법규정에서 도출된다. 법률개선의무에서는 법률의 잘못이 문제 된다. 법률의 잘못이 처음부터 있는지나 후발적으로 발생하는지는 중요하지 않다. 그에 따라서 법률개선의무의 발생원인은 부진정입법부작위와 잘못된 예단 그리고 사실관계와 법적 상황의 변화이다. 법률개선의무 대상은 오로지 법률의 잘못 때문에 위헌인 법률이다. 입법자가 상당한 기간 안에 또는 기한이 설정되면 기한 안에 법률을 개선하지 않을 때, 법률은 위헌이고 효력을 상실하므로 법적 공백이 발생한다. 이러할 때 일반법원은 계류 중인 사건에서 법관의 법형성을 통하여 합당한 결론을 끌어낼 수 있다. 그리고 이러한 부작위는 헌법재판소의 새로운 심사를 통해서 위헌으로 결정될 수 있다. 이때 헌법재판소는 긴급입법자로서 필요하면 임시규율을 제정할 수 있다. 개선된 법률은 입법자가 명확한 소급효규정을 두지 않더라도 소급하여 적용된다. 개선된 법률의 소급범위는 위헌결정의 소급범위와 같다.

9. 입법자는 기존 규율을 실제상황에 적응시킴으로써 규범적 효력을 향상하거나 법률이 위헌이 되기 전에 적절한 조치를 취하기 위해서 사실관계와 법적 상황을 계속 관찰할 의무를 진다. 입법자의 헌법

에 대한 구속성은 시간구속적이지 않아서, 입법자의 법률관찰의무는 옹글게(완벽히) 부정될 수 없다. 그리고 관찰은 개선과 무관하게 이루어질 수 있으므로, 법률관찰의무는 법률개선의무와 맺는 관계에서 독립적인 입법의무이다. 헌법재판소는 관찰의 절차와 내용이 아니라 오로지 입법적 결론을 이행하였는지만을 통제할 수 있다. 관찰 대상은 현재 효력이 있는 법률이다. 헌법재판소는 법률의 위헌성을 아직 확인할 수 없을지라도 법률이 예상할 수 있는 시점에 위헌이 되리라는 것을 확인할 수 있을 때, 법률의 위헌성을 현재 명확하게 심사하거나 확정할 수 없을지라도 중대한 기본권침해 의심이 여전히 남아 있을 때 그리고 법률의 합헌성이 매우 강하게 의심될 때 입법자의 법률관찰의무를 확인할 수 있다. 입법자가 헌법재판소 결정에 따른 관찰을 소홀히 하면, 이러한 입법부작위에 대한 헌법소원심판을 기간 제약 없이 청구할 수 있다. 이러한 절차에서 헌법재판소는 이러한 부작위를 위헌으로 결정할 수 있다. 이때 헌법재판소는 긴급입법자로서 필요하면 임시규율을 제정할 수 있다.

10. 헌법은 국가의 규범서열에서 가장 상위에 있다. 헌법재판은 국가의 규범적 기본질서인 헌법의 법적 존재와 이러한 헌법의 규범적 우위에 근거한다. 따라서 헌법재판소는 헌법이 확정한 절차에 따라서 헌법이 부여한 권한 범위 안에서 헌법을 기준으로 자기 과제를 이행할 수 있고, 이행하여야 한다. 여기서 다른 모든 규범에 대한 규범적 우위를 확인할 수 있는 유일한 기준은 오로지 헌법전이어서, 헌법재판의 심사기준인 실정헌법은 헌법전에서 직접 도출할 수 있는 모든 규범내용을 포함한다.

11. 헌법은 정치의 결과이고 헌법의 규율대상은 법정립을 포함한

정치이다. 그러므로 헌법은 정치적 성격이 있어서 정치적 법이다. 그러나 헌법재판은 정치에 대한 재판이다. 따라서 헌법재판소는 법의 실정성에 객관적으로 구속되어 결정하고, 헌법재판은 법적 연역이고 정치적 결정이 아니다. 그리고 다양한 관련성 때문에 법과 정치를 명확하게 구별할 수 없다. 따라서 행위 내용을 헌법이 확정하였다면, 이러한 행위가 정치적인지와 상관없이 헌법재판소는 이러한 행위를 심사할 수 있다. 이러한 점에서 법과 정치의 구별에 관한 논의는 헌법재판의 한계를 확정할 때 의미가 없다. 헌법재판소는 헌법문제에 관한 결정을 자제할 권한이 없어서, 심판청구가 허용되는 한 결정하여야 한다. 이러한 점에서 사법적 자제는 헌법에 포함되거나 헌법에서 도출될 수 있을 때만 가능하다. 그러나 이것은 사법적 자제가 아니라 헌법적 강제이다. 정치문제이론은 한국 헌법과 합치하지 않으므로, 정치문제이론은 한국 법체계에 전용될 수 없다. 그리고 정치적 문제는 정치적 절차를 통하여 해결되어야 하고, 헌법재판소 결정은 정치적 결정을 대체할 수 없다. 따라서 정치적 중재자로서 활동하고 정치적 타협을 추구하는 것은 헌법재판소의 일이 아니다.

12. 통제기준인 헌법에 대한 구속은 정치적 결정에 대한 헌법재판의 한계를 어느 정도 명확하게 확정할 수 없다고 비판하면서 많은 학자는 기능법적 측면에서 헌법재판의 한계를 찾으려고 한다. 모든 기능법적 관점은 헌법재판소가 법원이라는 점에서 출발한다. 따라서 헌법재판의 본질적인 기능법적 확정과 한계는 헌법재판의 법원형식성에서 찾는다. 그러나 행위규범으로서 국가기관에 의무를 부과하는 것은 헌법재판소에 기준적 통제규범으로서 기능하여야 하므로, 행위규범과 통제규범의 구별은 설득력 있게 근거 지울 수 없다. 먼저 헌법이 헌법재판소의 기능을 확정하고 구체화하며, 기능적 사고의 구체적 내용은

개별 헌법규정 해석을 통해서만 도출될 수 있다. 따라서 실체법적 관점과 기능법적 관점의 구별은 어렵다. 그러나 통제규범인 헌법을 해석할 때, 통제자가 법원인 헌법재판소라는 것을 함께 고려하여야 한다. 이러한 점에서 실체적 관점은 우선적 한계이고, 기능적 관점은 부차적 한계이다.

제7장

Zusammenfassung

1. Seit ihrer Entstehung am 17. Juli 1948 hat die südkoreanische Verfassung immer die Institution einer Verfassungsgerichtsbarkeit gehabt. Aber die südkoreanische Verfassungsgerichtsbarkeit hat bis 1987 keine große Bedeutung gehabt, weil Südkorea noch nicht demokratisiert war. Seitdem das südkoreanische Verfassungsgericht 1988 als Ergebnis der Demokratisierung gegründet wurde, um die Grundrechte des Volkes zu schützen, steht die Verfassungsgerichtsbarkeit in der heutigen südkoreanischen Verfassung im Mittelpunkt. Das südkoreanische Verfassungsgericht hat wider Erwarten binnen kurzem seinen eigenständigen festen Platz im Gefüge des Staatssystems durch seine dauerhafte Bemühung eingenommen. Durch seine Tätigkeit hat das südkoreanische Verfassungsgericht seine Stellung gefestigt, und das Volk hat die Wirksamkeit der Verfassung klar und eindeutig erkannt. Damit hat sich der materielle Rechtsstaat verstärkt und die Demokratie wurde stabilisiert.

2. Die südkoreanische Verfassung weist die Funktion der Judikative den allgemeinen Gerichten (Art. 101 Abs. 1) und dem hiervon getrennten Verfassungsgericht (Art. 111 Abs. 1) zu. Aber sie bestimmt das Verhältnis zwischen dem Verfassungsgericht und den allgemeinen Gerichten gar nicht. Folglich entsteht ein Kompetenzkonflikt zwischen dem Verfassungsgericht und den allgemeinen Gerichten, insbesondere dem Obersten Gerichtshof. Besonders hinsichtlich des letztendlichen Prüfungsrechts des Obersten Gerichts bezüglich der Verfassungs– und Gesetzwidrigkeit von Rechtsverordnungen und Satzungen (Art. 107 Abs. 2 KV) stellt sich die Frage, ob Rechtsverordnungen und Satzungen mit der Verfassungsbeschwerde angriffen werden können.

Außerdem hat die südkoreanische Verfassung in Bezug auf das Verfassungsgericht das Problem, dass der Berufungsmodus des Verfassungsgerichts (Art. 111 Abs. 2 und 3) die demokratische Legitimation des Verfassungsgerichts nicht genug sichert und die Normenkontrolle unvollständig ist, weil die abstrakte Normenkontrolle nicht eingeführt wird.

3. Das südkoreanische Verfassungsgerichtsgesetz beschränkt die Kontrolle durch das Verfassungsgericht i.V.m. dem Subsidiaritätsprinzip und Art. 107 Abs. 2 KV auf die gesetzgebende Gewalt, indem es die Verfassungsbeschwerde gegen gerichtliche Entscheidungen ausschließt. Des Weiteren wird die Wirksamkeit der verfassungsgerichtlichen Entscheidungen geschwächt, da das südkoreanische Verfassungsgerichtsgesetz keine Vollstreckungsanordnungen eingeführt hat.

4. Das südkoreanische Verfassungsgericht ist ein spezielles Gericht, weil es begriffliche Merkmale der materiellen Rechtsprechung größtenteils erfüllt. Sein politischer Charakter geht auf seinen ausschließlichen Kontrollmaßstab und seinen Kontrollgegenstand zurück. Aber das südkoreanische Verfassungsgericht kann nicht als negativer Gesetzgeber angesehen werden. Denn seine Erscheinungsform als negativer Gesetzgeber ist lediglich die Rechtsfolge seiner Entscheidungen. Da für die vierte Gewalt keine Selbständigkeit erlaubt wird, kann das südkoreanische Verfassungsgericht auch nicht für die vierte Gewalt gehalten werden. Außerdem ist das südkoreanische Verfassungsgericht auch Verfassungsorgan. Aber durch die Verfassungsorganqualität verändern sich weder Stellung noch Kompetenzen des südkoreanischen Verfassungsgerichts als Gericht. Das südkoreanische Verfassungsgericht scheint eine knappe demokratische Legitimation zu haben. Aber es und seine Kompetenzen werden durch die Vermittlung der Verfassung direkt institutionell vom Volk legitimiert.

5. Entscheidungsvarianten wurden vom südkoreanischen Verfassungsgericht ohne gesetzliche Ermächtigung geschaffen. Der fehlende gesetzliche Grund für Entscheidungsvarianten bedeutet weder eine Freiheit für die Entscheidungsform noch ein Verbot von Entscheidungsvarianten. Aber die Entscheidungsvarianten sind ein Beispiel ergänzender Rechtsbildung, nur eine provisorische Regelung und ein Mittel der Gewährleistung von Grundrechten. Zudem können sie der schnellen Bildung einer einheitlichen Rechtsordnung dienen und einem Rechtsvakuum vorbeugen. Folglich können die Entscheidungsvarianten ausnahmsweise anerkannt werden, insoweit die Notwendigkeit dafür verfassungsrechtlich hinlänglich anerkannt wird. Ausschließlich das südkoreanische Verfassungsgericht muss die Argumentation für die Erlaubnis von Entscheidungsvarianten verantworten.

6. Die Bindungswirkung ist die Erstreckung der materiellen Rechtskraft nur in subjektiver Hinsicht, aber nicht in objektiver Hinsicht. Die Bindungswirkung der verfassungsgerichtlichen Entscheidungen wird positivrechtlich gewährleistet (§ 47 Abs. 1 KVerfGG). Aber sie ist eine ausschließlich einfachgesetzliche Wirkung, obwohl ihre Notwendigkeit, abgesehen von der gesetzlichen Normierung, verfassungsrechtlich anerkannt wird. Rechtskraftsfähige verfassungsgerichtliche

Entscheidungen sind bindungsfähig und die Bindungswirkung bezieht sich nur auf Sachentscheidungen. Zudem erwachsen die verfassungsgerichtlichen Entscheidungen grundsätzlich nur bei der gerichtlichen Verfassungsinterpretation in Bindungswirkung und die Bindungswirkung ist auf den konkreten Verfahrensgegenstand begrenzt. Wegen der Bindungswirkung müssen alle Staatsorgane die verfassungsgerichtlichen Entscheidungen befolgen und achten, sobald sie für die Zukunft eine Maßnahme treffen. Diese Befolgungspflicht besteht aus Wiederholungsverbot und Reaktionspflicht.

7. Die Verfassungswidrigerklärung und die Entscheidungsvarianten haben Bindungswirkung, nicht aber die Verfassungsmäßigerklärung. Alle Staatsorgane sind an verfassungsgerichtliche Entscheidungen gebunden (§ 47 Abs. 1 KVerfGG). Aber die Bindungswirkung erstreckt sich nicht auf das südkoreanische Verfassungsgericht selbst. Obwohl der Gesetzgeber auch an verfassungsgerichtliche Entscheidungen gebunden ist, weil § 47 Abs. 1 KVerfGG ihn nicht speziell behandelt, ist das Normwiederholungsverbot des Gesetzgebers auf den Zeitpunkt beschränkt, zu dem das Verfassungsgericht das frühere Gesetz für verfassungswidrig erklärt hat. Zudem wirkt sich die Bindungswirkung auf den Entscheidungstenor als Entscheidung über den Verfahrensgegenstand aus, nicht aber auf Entscheidungsgründe. Tragende Gründe aber haben durch die Auslegung des Tenors mittelbare Bindungswirkung. Daneben bezieht sich die Bindungswirkung stets auf den Zeitpunkt, in dem die verfassungsgerichtlichen Entscheidungen ergehen.

8. Die Gesetzgebung ist nicht nur eine Kompetenz, sondern auch eine Pflicht des Gesetzgebers. Folglich funktioniert die Gesetzgebungspflicht als Grenze der Gestaltungsfreiheit des Gesetzgebers. In Bezug auf die Gesetzgebung ist der Gesetzgeber der Erstinterpret der Verfassung und das Verfassungsgericht der Letztinterpret. Entsprechend dieser Stellung hat das Verfassungsgericht gegenüber dem Gesetzgeber Vorrang. Danach kann das südkoreanische Verfassungsgericht durch die Feststellung der Verfassungswidrigkeit ein Gesetz außer Kraft setzen, durch die verfassungskonforme Auslegung von Gesetzen den Inhalt des Gesetzes korrigieren oder beschränken, durch eine verbindlich Richtlinie zwingen, ein Gesetz zu erlassen, zu verändern oder aufzuheben, an den Gesetzgeber appellieren, ein Gesetz zu erlassen, zu verändern oder aufzuheben, und eine vorläufige Regelung schaffen oder fortbilden, wenn der Gesetzgeber nicht tätig werden kann oder will.

9. Das Normwiederholungsverbot ergibt sich direkt aus der Bindungswirkung und indirekt aus der Unwiderruflichkeit. Nach dem Normwiderholungsverbot kann der Gesetzgeber ein Widerholungsgesetz nicht erlassen. Ein Wiederholungsgesetz aber dauert bis zur verfassungsgerichtlichen Entscheidung formell fort. Das Wiederholungsgesetz kann nur durch die neue Überprüfung des Verfassungsgerichts beseitigt werden. Der Geltungsbereich des Normwiederholungsverbots wird auf den Zeitpunkt der Entscheidung eingegrenzt, während sich die Pflicht zur Beachtung verfassungsgerichtlicher Entscheidungen auf die nach dem Zeitpunkt der Entscheidung bestehende Sach- und Rechtslage bezieht. Also muss das Normwiederholungsverbot von der Pflicht zur Beachtung verfassungsgerichtlicher Entscheidungen unterschieden werden. Die Pflicht zur Beachtung verfassungsgerichtlicher

Entscheidungen beruft sich unmittelbar auf die Verfassungsorgantreue und mittelbar auf die faktische Bindungswirkung. Nach der Pflicht zur Beachtung verfassungsgerichtlicher Entscheidungen muss der Gesetzgeber die verfassungsgerichtliche Entscheidung nicht befolgen, sondern nur berücksichtigen. Deswegen kann der Gesetzgeber eine verfassungsgerichtliche Entscheidung nicht beachten, wenn er sie für ungemessen oder falsch hält. Aber in diesem Fall muss der Gesetzgeber den angemessen Grund dafür aufzeigen.

10. Das südkoreanische Verfassungsgericht kann ein gesetzgeberisches Unterlassen für verfassungswidrig erklären, wenn der Gesetzgeber eine Gesetzgebungspflicht gar nicht erfüllt, obwohl es einen unvertretbaren Verfassungsauftrag gibt. Nach dieser Entscheidung ist der Gesetzgeber verpflichtet, ein bestimmtes Rechtsgebiet durch Gesetz möglichst schnell zu regeln. Falls trotz der Verfassungswidrigerklärung des südkoreanischen Verfassungsgerichts der Gesetzgeber nicht binnen einer angemessenen Zeit oder innerhalb der Frist bei Fristsetzung ein Gesetz erlässt, kann dieses Unterlassen durch die erneute Überprüfung des Verfassungsgerichts wieder für verfassungswidrig erklärt werden, wobei das südkoreanische Verfassungsgericht als Notgesetzgeber nötigenfalls eine vorläufige Reglung treffen kann.

11. Die Unvereinbarerklärung erlegt dem Gesetzgeber die Pflicht auf, binnen einer angemessen Zeit oder innerhalb der Frist bei Fristsetzung das verfassungswidrige Gesetz nachzubessern. Hier ergibt sich die Nachbesserungspflicht aus der betroffenen einzelnen Verfassungsvorschrift i.V.m der Bindung des Gesetzgebers an die

Verfassung. Bei der Nachbesserungspflicht handelt es sich um einen Gesetzesfehler. Es ist nicht wichtig, ob der Gesetzesfehler ursprünglich vorhanden ist oder nachträglich entsteht. Danach ist die Entstehungsursache der Nachbesserungspflicht ein unechtes gesetzgeberisches Unterlassen, eine Fehlprognose und eine Änderung der Sach– und Rechtslage. Gegenstand der Nachbesserungspflicht ist nur ein Gesetz, das aufgrund seines Fehlers verfassungswidrig ist. Falls der Gesetzgeber nicht binnen einer angemessenen Zeit oder innerhalb der Frist bei Fristsetzung das Gesetz nachbessert, wird das Gesetz verfassungswidrig und deshalb nichtig, so dass es ein Rechtsvakuum entsteht. In diesem Fall können allgemeine Gerichte durch Rechtsbildung des Richters bei den anhängigen Rechtsstreitigkeiten die entsprechenden Schlüsse ziehen. Außerdem kann dieses Unterlassen durch die erneute Überprüfung des Verfassungsgerichts wieder für verfassungswidrig erklären, wobei es als Notgesetzgeber nötigenfalls eine vorläufige Reglung treffen kann. Ein nachgebessertes Gesetz kann zurückwirken, obwohl der Gesetzgeber keine klare Rückwirkungsvorschrift im nachgebesserten Gesetz bestimmt. Der Umfang der Rückwirkung des nachgebesserten Gesetzes ist mit dem Umfang der Verfassungswidrigerklärung gleich.

12. Der Gesetzgeber ist verpflichtet, die Sach– und Rechtslage weiter zu beobachten, um die normative Wirkung des Gesetzes zu erhöhen oder um vor dem Verfassungswidrigwerden des Gesetzes angemessene Maßnahmen zu treffen, indem die vorhandene Regelung an die tatsächliche Lage besser angepasst wird. Weil die Gebundenheit des Gesetzgebers an die Verfassung nicht zeitgebunden ist, kann die

Beobachtungspflicht des Gesetzgebers nicht vollständig angelehnt werden. Dazu ist die Beobachtungspflicht im Verhältnis zur Nachbesserungspflicht eine eigenständige Gesetzgebungspflicht, da die Beobachtung unabhängig von der Nachbesserung unternommen werden kann. Das südkoreanische Verfassungsgericht kann nicht das Verfahren und den Inhalt der Beobachtung, sondern nur die Nichterfüllung der gesetzgeberischen Konsequenzen durch den Gesetzgeber kontrollieren. Gegenstand der Beobachtung ist ein derzeit geltendes Gesetz. Das südkoreanische Verfassungsgericht kann die Beobachtungspflicht des Gesetzgebers insoweit feststellen, als ein Gesetz in absehbarer Zeit in die Verfassungswidrigkeit umzuschlagen droht, der Zweifel an der sehr schweren Grundrechtsverletzung noch vorhanden ist und die Verfassungsmäßigkeit des Gesetzes sehr stark bezweifelt wird, obwohl dessen Unvereinbarkeit mit der Verfassung noch nicht feststellt ist. Wenn der Gesetzgeber die Beobachtung nach der verfassungsgerichtlichen Entscheidung vernachlässigt, kann der Betroffene Verfassungsbeschwerde gegen dieses gesetzgeberische Unterlassen „unbefristet" erheben. In diesem Verfahren kann das Verfassungsgericht dieses Unterlassen für verfassungswidrig erklären, wobei es als Notgesetzgeber nötigenfalls eine vorläufige Reglung treffen kann.

13. Die Verfassung steht an der Spitze der staatlichen Normenhierarchie. Die Verfassungsgerichtsbarkeit beruft sich auf die rechtliche Existenz einer Verfassung als normative Grundordnung des Staates und die normative Überordnung dieser Verfassung. Folglich kann und muss das Verfassungsgericht nach dem von der Verfassung bestimmten Verfahren im Rahmen der von der Verfassung verliehenen Zuständigkeiten nach Maßgabe der Verfassung seine Aufgabe erfüllen. Hier enthält das Verfassungsrecht als Prüfungsmaßstab der Verfassungsgerichtsbarkeit alle Norminhalte, die sich unmittelbar aus der Verfassungsurkunde ableiten lassen, weil der einzige Maßstab, der die vor anderen Normen vorrangigen Normen feststellen kann, nichts anders ist als die Verfassungsurkunde.

14. Weil die Verfassung Ergebnis der Politik ist und ihr Regelungsgegenstand die Politik einschließlich der Rechtssetzung ist, hat sie politischen Charakter und wird deshalb für ein politisches Recht gehalten. Die Verfassungsgerichtsbarkeit ist die Gerichtsbarkeit über das Politische. Folglich entscheidet das südkoreanische Verfassungsgericht in der objektiven Bindung an die Positivität des Rechts, und die Verfassungsgerichtsbarkeit ist rechtliche Deduktion und nicht politische Dezision. Es ist angesichts der vielfältigen Verwobenheit unmöglich, zwischen Recht und Politik klar und deutlich zu unterscheiden. Deswegen, wenn es verfassungsrechtliche Bestimmungen über den Inhalt der Handlung gibt, ist diese Handlung durch das Verfassungsgericht unabhängig davon nachprüfbar, ob sie politisch ist oder nicht. In diesem Punkt ist die Erörterung über die Unterscheidung von Recht und Politik bei der Bestimmung der Grenze der Verfassungsgerichtsbarkeit überflüssig. Das südkoreanische Verfassungsgericht hat keine Kompetenz, die Entscheidung über das Verfassungsproblem zurückzuhalten, und deswegen muss entscheiden, sobald ein Antrag zulässig ist. In diesem Punkt ist die richterliche Selbstbeschränkung nur möglich, wenn sie in der Verfassung enthalten ist oder aus ihr entnommen wird. Aber das ist nicht richterliche Selbstbeschränkung, sondern verfassungsrechtlicher Zwang. Weil die political–question–Doktrin mit dem südkoreanischen Verfassungsrecht nicht in Einklang gebracht wird, ist sie nicht auf das südkoreanische Rechtssystem übertragbar. Des Weiterem muss eine politische Frage durch den politischen Prozess gelöst werden und politische Entscheidungen dürfen nicht durch verfassungsgerichtliche Entscheidung ersetzt werden. Folglich kann es nicht Sache des Verfassungsgerichts sein, als politischer Schlichter aufzutreten und nach politischen Kompromissen zu suchen.

15. Mit der Kritik, dass die Bindung an die Verfassung als Kontrollmaßstab mit einiger Präzision die Grenzen der Verfassungsgerichtsbarkeit gegenüber den politischen Gewalten nicht bestimmt, wollen viele Autoren in der funktionell–rechtlichen Betrachtung die Grenze der Verfassungsgerichtsbarkeit finden. Jegliche funktionell–rechtliche Betrachtung ergibt sich daraus, dass das Verfassungsgericht ein Gericht ist. Deshalb wird die wesentliche funktionell–rechtliche Bestimmung und Grenze der Verfassungsgerichtsbarkeit in der Gerichtsförmigkeit der Verfassungsgerichtsbarkeit gefunden. Aber die Differenzierung zwischen Handlungs– und Kontrollnorm kann nicht überzeugend begründet werden, weil für das Verfassungsgericht das als die maßstäbliche Kontrollnorm funktionieren muss, was als Handlungsnorm den Staatsorganen ihre Pflicht auferlegt. Die Funktion des Verfassungsgerichts wird erst aus der Verfassung heraus bestimmt und konkretisiert und der konkrete Inhalt des funktionell–rechtlichen Denkens kann nur der Auslegung der einzelnen Verfassungsvorschriften entnommen werden. Folglich ist die Unterscheidung zwischen materiell-rechtlichem und funktionell-rechtlichem Gesichtspunkt nur schwer möglich. Aber wenn man die Verfassung als Kontrollmaßstab interpretiert, muss man miteinbeziehen, dass der Kontrolleur das Verfassungsgericht als Gericht ist. In diesem Punkt ist der materiell-rechtliche Gesichtspunkt die primäre Grenze, und der funktionell-rechtliche Gesichtspunkt die sekundäre Grenze.

참고문헌

강태수, 「헌법의 우위와 헌법유보」, 『법학논집』 제18집, 청주대학교 법학연구소, 2002, 1～30쪽.

강현중, 『민사소송법(제6판)』, 박영사, 2004.

계희열, 「헌법재판과 국가기능」, 『헌법재판의 회고와 전망 – 창립 10주년 기념세미나 –』, 헌법재판소, 1998, 201～266쪽.

공진성, 「반복입법금지에 관한 소고」, 『헌법학연구』 제16권 제4호, 한국헌법학회, 2010, 363～390쪽.

구병삭, 『신헌법원론(개정판)』, 박영사, 1996.

권영성, 『헌법학원론(개정판)』, 법문사, 2010.

김경제, 「신행정수도건설위한특별조치법 위헌결정(2004헌마554, 566병합)의 헌법적 문제점 - 본안판단과 관련하여 –」, 『공법연구』 제33집 제4호, 한국공법학회, 2005, 269～306쪽.

김명재, 「수도=서울 규정은 관습헌법인가?」, 『법학논총』 제24집, 전남대학교 법학연구소, 2004, 1～15쪽.

김명재, 「관습헌법의 성립가능성과 한계」, 『토지공법연구』 제30집, 한국토지공법학회, 2006, 239～258쪽.

김문현, 「위헌법률심판에 있어서의 변형결정」, 『고시연구』 제24권 제8호(통권 제281호), 고시연구사, 1997. 8., 74～87쪽.

김문현/김선택/김재원/박명림/박은정/박찬욱/이기우, 『대화문화아카데미 2016 새헌법안』, 대화문화아카데미, 2016.

김문현/정재황/한수웅/음선필, 『현행 헌법재판제도의 문제점과 개선방안』

(헌법재판연구 제16권), 헌법재판소, 2005.

김배원, 「국가정책, 관습헌법과 입법권에 대한 헌법적 고찰」, 『공법학연구』 제5권 제3호, 한국비교공법학회, 2004, 147～188쪽.

김상겸, 「법과 정치관계에 있어서 헌법재판」, 『공법학연구』 창간호, 한국비교법학회, 1999, 129～158쪽.

김상겸, 「성문헌법국가에 있어서 관습헌법의 의미에 관한 연구 - 헌재 2004. 10. 22. 2004헌마554·566과 관련하여 -」, 『헌법학연구』 제11권 제1호, 한국헌법학회, 2005, 295～315쪽.

김선택, 「대학교원의 신분보장 - 교수임용방식 개선방향과 해직교수 구제방안」, 『공법연구』 제32집 제1호, 한국공법학회, 2003, 237～262쪽.

김선택, 「통치행위의 법리와 사법적 구제가능성」, 『고시연구』 제32권 제1호(통권 제370호), 고시연구사, 2005. 1., 222～237쪽.

김선택, 「국가기능체계에 있어서 헌법재판소의 역할과 한계 - 국가조직관련 헌법재판소판례의 분석과 평가 -」, 『공법연구』 제33집 제4호, 한국공법학회, 2005, 179～209쪽.

김선택, 「헌법적 대화에 있어서 헌법재판소의 역할」, 『공법연구』 제41집 제4호, 한국공법학회, 2013, 33～63쪽.

김성수, 「신행정수도 후속대책을 위한 연기·공주지역 행정중심 복합도시 건설 특별법의 법적 문제점에 대한 소고」, 신행정수도 후속대안의 법적 타당성과 국정효율성, 제3회 지역균형발전 정책포럼, 서울시정개발연구원, 2005. 3. 11., 69～87쪽.

김승대, 「헌법관습의 법규범성에 대한 고찰」, 『헌법논총』 제15집, 헌법재판소, 2004, 133～175쪽.

김시철, 「헌법해석에 관한 결정이유와 선례구속의 원칙」, 『헌법논총』 제17집, 헌법재판소, 2006, 35～96쪽.

김시철, 「형벌조항에 대한 헌법불합치결정」, 『사법』 제8호, 사법발전재단, 2009, 180～216쪽.

김양균, 「헌법재판의 입법통제와 변형결정」, 『공법연구』 제25집 제1호, 한국공법학회, 1997, 215～232쪽.

김운용, 『위헌심사론』, 삼지원, 1998.

김주환, 「헌법불합치결정의 적용영역과 그 효과」, 『헌법학연구』 제11권 제2호, 한국헌법학회, 2005, 503～532쪽.

김지형, 「입법부작위에 관한 헌법문제(상)」, 『판례월보』 제260호, 판례월보사, 1992. 5., 9～17쪽.

김지형, 「헌법재판결정의 기판력」, 『헌법논총』 제3집, 헌법재판소, 1992, 254～306쪽.

김철수, 『학설·판례 헌법학(중)(전정신판)』, 박영사, 2009.

김하열, 『헌법소송법(제2판)』, 박영사, 2016.

김학성, 『헌법학원론(전정판)』, 피앤씨미디어, 2017.

김현철, 『판례 헌법소송법(제4판)』, 전남대학교출판부, 2016.

김홍엽, 『민사소송법(제6판)』, 박영사, 2016.

남복현, 「헌법재판소 결정의 기속력」, 『한양법학』 제4·5(통합)집, 한양법학회, 1994, 151～188쪽.

남복현, 「법률의 위헌결정의 효력에 관한 연구」, 한양대학교 박사학위논문, 1994.

남복현, 「헌법재판소 결정의 효력에 관한 쟁점 및 해결방안」, 문광삼/남복현/전정환, 『헌법재판소결정의 효력에 관한 연구』(헌법재판연구 제7권), 헌법재판소, 1996, 151～399쪽.

남복현, 「법률에 관한 변형결정의 유형과 효력」, 『헌법논총』 제9집, 헌법재판소, 1998, 813～1063쪽.

남복현, 「헌법재판소의 이른바 '관습헌법'논리에 대한 비판적 분석」, 『한양법학』 제19집, 한양법학회, 2006, 3～35쪽.

남복현, 「헌법재판소 결정주문의 합의방식과 중요한 결정이유의 기속력」, 『헌법학연구』 제15권 제1호, 한국헌법학회, 2009, 209～247쪽.

남복현, 「위헌결정과 헌법불합치결정의 법적 효과에 있어 편차」, 『한양법학』 제26집, 한양법학회, 2009, 329～356쪽.

남복현, 「헌법불합치결정을 둘러싼 법적 쟁점의 검토 – 실체적 형법법규를 중심으로 –」, 『헌법실무연구』 제10권, 박영사, 2009, 463～510쪽.

남복현, 『헌법불합치결정의 현안』, 한국학술정보, 2011.

남복현, 『헌법재판소 결정의 소송법적 효력』, 한국학술정보, 2013.

문광삼, 「헌법재판소 변형결정의 유형과 그 문제점」, 문광삼/남복현/전정환, 『헌법재판소결정의 효력에 관한 연구』(헌법재판연구 제7권), 헌법재판소, 1996, 89～150쪽.

문홍주, 『제6공화국 한국헌법』, 해암사, 1988.

박경철, 「대법원 2001.4.27. 선고 95재다14판결의 문제점 – 한정위헌결정의 당위성과 기속력을 중심으로 –」, 『헌법학연구』 제8권 제2호, 한국헌법학회, 2002, 401～441쪽.

박경철, 「'신행정수도의 건설을 위한 특별조치법' 위헌결정(헌재결 2004. 10. 21, 2004헌마554·566(병합))의 헌법이론적 문제점」, 『헌법판례연구』 제8권, 박영사, 2006, 107～154쪽.

박경철, 「국민주권, 국민의 헌법제정권력 그리고 관습헌법」, 『헌법학연구』 제13권 제2호, 한국헌법학회, 2007, 199～238쪽.

박승호, 「헌법재판의 본질과 한계」, 고려대학교 박사학위논문, 1991.

박승호, 「헌법재판의 민주적 정당성」, 『헌법재판연구(Ⅰ)』, 도서출판 경인, 1998, 35～45쪽.

박승호, 「이른바 통치행위(정치문제)에 대한 헌법재판」, 『헌법학연구』 제16권 제3호, 한국헌법학회, 2010, 653～694쪽.

박용상, 「헌법재판소의 구성과 조직」, 『헌법재판의 이론과 실제』(금랑 김철수교수 화갑기념 논문집), 박영사, 1993, 63～78쪽.

박일경, 『제6공화국 신헌법』, 법경출판사, 1990.

박정훈, 「취소소송의 소송물에 관한 연구: 취소소송의 관통개념으로서 소송물 개념의 모색」, 『법조』 제526호, 법조협회, 2000. 7., 93～126쪽.

박진완, 「헌법재판소와 국회와의 관계: 규범반복금지」, 『헌법학연구』 제11권 제2호, 한국헌법학회, 2005, 75～110쪽.

박찬주, 「위헌심판결정의 기속력」, 『외법논집』 제34집 제4호, 한국외국어대학교 법학연구소, 2010, 133～157쪽.

방승주, 「헌법재판소의 헌법합치적 해석의 효력」, 『법학논집』 특별호, 고려대학교 법학연구소, 1997, 411～444쪽.

방승주, 「구 소득세법 제60조에 대한 헌법불합치결정의 법적 성격과 그 효력」, 『헌법실무연구』 제1권, 박영사, 2000, 263～292쪽.

방승주, 「국가배상법 제2조 제1항 단서에 대한 한정위헌결정의 기속력」, 『인권과 정의』 제304호, 한국변호사협회, 2001. 12., 102～120쪽.

방승주, 「수도가 서울이라는 사실이 과연 관습헌법인가?」, 『공법학연구』 제6권 제1호, 한국비교공법학회, 2005, 153～175쪽.

방승주, 『입법형성권과 위헌법률심사제도의 관계에 관한 연구』, 국회사무처, 2012.

방승주, 「헌법불합치결정」, 『헌법재판 주요선례연구 1』, 헌법재판소 헌법재판연구원, 2012, 420～458쪽.

배종대/이상돈/정승환/이주원, 『형사소송법(제2판)』, 홍문사, 2016.

서경석, 「신행정수도의 건설을 위한 특별조치법 위헌결정에 대하여」, 『민주법학』 제27호, 민주주의법학연구회, 2005, 398～420쪽.

서보건, 「헌법관습과 국민적 합의에 관한 연구」, 『공법연구』 제33집 제1호, 한국공법학회, 2004, 469～491쪽.

성낙인, 『헌법학(제17판)』, 법문사, 2017.

성낙인/이효원/권건보/정 철/박진우/허진성, 『헌법소송론』, 법문사, 2012.

소순무, 「구소득세법 제60조에 대한 헌법불합치결정과 당해사건의 처리」, 『법조』 제46권 제10호, 법조협회, 1997. 10., 127～164쪽.

손동권/신이철, 『새로운 형사소송법(제3판)』, 세창출판사, 2016.

손상식, 「한정합헌결정과 한정위헌결정에 관한 소고」, 『헌법학연구』 제18권 제3호, 한국헌법학회, 2012, 465～510쪽.

손한기, 『민사소송법』, 홍문사, 2017.

송상현/박익환, 『민사소송법(신정7판)』, 박영사, 2014.

신동운, 『신형사소송법(제5판)』, 법문사, 2014.

신봉기, 「헌법불합치결정의 이유에 기초한 개선입법의무」, 『헌법논총』 제7집, 헌법재판소, 1996, 349～384쪽.

신 평, 『헌법재판법(전면개정판)』, 법문사, 2011.

안용교, 『한국헌법(전정판)』, 고시연구사, 1989.

양 건, 『헌법강의(제6판)』, 법문사, 2016.

양 건/김문현/남복현, 『헌법재판소법의 개정방향에 관한 연구용역보고서』(헌법재판연구 제10권), 헌법재판소, 1999.

윤일영, 「판례의 기능」, 『민사판례연구』 제1권, 박영사, 1992(1979년 초판의 제2판 1쇄), 357～369쪽.

윤진수, 「헌법재판소 위헌결정의 소급효」, 『헌법문제와 재판(상)』(재판자료 제75집), 법원도서관, 1997, 621～718쪽.

윤진수, 「상속의 단순승인 의제규정에 대한 헌법불합치결정의 문제점」, 『헌법논총』 제11집, 2000, 175～231쪽.

이경주, 『헌법 Ⅱ』, 법영사, 2013.

이광범, 「『판례』의 의미와 구속력에 관한 소고」, 『판례실무연구』 제6권, 박영사, 2003, 237～255쪽.

이광열, 「헌법불합치결정의 기속력」, 『재판과 판례』 제6집, 대구판례연구회, 1997, 7～38쪽.

이기철, 「헌법재판소의 부수적 의견과 그 문제점」, 『21세기 한양법학에의 낙수』(석하 김기수교수 정년기념논문집), 언약, 1997, 1148～

1169쪽.

이기철, 「헌법재판소결정은 주된 이유에도 기속력이 미치는가?」, 『한양법학』 제13집, 한양법학회, 2002, 63～117쪽.

이기철, 「헌법재판소의 방론은 바람직한가?」, 『공법학연구』 제7권 제1호, 한국비교공법학회, 2006, 319～363쪽.

이명웅, 「헌법불합치결정의 사유 및 효력」, 『헌법논총』 제20집, 헌법재판소, 2009, 369～405쪽.

이부하, 「헌법의 개념과 관습헌법」, 『한양법학』 제20권 제2집, 한양법학회, 2009, 75～95쪽.

이상훈, 「위헌결정과 헌법불합치결정의 효력 및 그 재판실무상 적용」, 『사법논집』 제38집, 법원도서관, 2004, 7～108쪽.

이성환, 「헌법재판소 결정의 효력에 관한 연구」, 서울대학교 박사학위논문, 1994.

이성환, 「한정위헌결정의 기속력」, 『세계헌법연구』 제2호, 국제헌법학회 한국학회, 1997, 543～567쪽.

이시윤, 『신민사소송법(제11판)』, 박영사, 2017.

이영록, 「수도 및 국기에 관한 관습헌법론 검토」, 『세계헌법연구』 제11권 제1호, 세계헌법학회 한국학회, 2005, 259～276쪽.

이욱한, 「헌법재판과 법과 정치」, 『헌법논총』 제3집, 헌법재판소, 1992, 445～473쪽.

이인호/오수정, 「헌법불합치결정에 따른 입법개선의무의 이행현황 분석과 비판」, 『중앙법학』 제12집 제1호, 중앙법학회, 2010, 45～84쪽.

이재상/조균석, 『형사소송법(제11판)』, 박영사, 2017.

이종수, 「관습헌법이 제기하는 헌법이론적 문제점」, 『헌법판례연구』 제6권, 박영사, 2004, 58～90쪽.

이준일, 「헌법재판의 법적 성격」, 『헌법학연구』 제12권 제2호, 한국헌법학회, 2006, 313～346쪽.

이준일, 『헌법학강의(제6판)』, 홍문사, 2015.

이헌환, 「위헌결정의 방식에 관한 연구」, 『헌법재판의 이론과 실제』(금랑 김철수교수 화갑기념 논문집), 박영사, 259~300쪽.

임지봉, 「국회의 입법형성권과 헌법재판소 결정의 기속력」, 『입법학연구』 제3집, 한국입법학회, 2006, 127~144쪽.

임종수, 「입법부작위에 대한 헌법재판」, 『법률행정논집』 제20집, 전남대학교 법률행정연구소, 2000, 425~455쪽.

장석조, 「헌법재판소의 구성」, 『헌법재판의 이해』(재판자료 제92집), 법원도서관, 2001, 329~364쪽.

장영수, 「현행헌법체계상 헌법재판소의 헌법상의 지위」, 『법학논집』 제30집, 고려대학교 법학연구소, 1994, 31~67쪽.

장영수, 「헌법재판소 변형결정의 구속력」, 『판례연구』 제9집, 고려대학교 법학연구소, 1998, 45~79쪽.

장영수, 「관습헌법의 의미와 헌법적 한계」, 『사회과학연구』 제12집, 경원대학교 사회과학연구소, 2005, 21~37쪽.

장영수, 『헌법학(제10판)』, 홍문사, 2017.

장윤기, 「헌법재판소에서 위헌으로 결정된 법률의 효력」, 『사법행정』 제34권 제6호(통권 제390호), 한국사법행정학회, 1993. 6., 47~62쪽.

전광석, 「헌법재판에 있어서의 결정주문의 유형과 효력」, 『헌법재판 및 제도의 활성화에 관한 연구』(헌법재판연구 제2권), 헌법재판소, 1991, 111~183쪽.

전광석, 「불합치결정에 관한 헌법재판소 결정분석」, 『행정판례연구』 제2집, 박영사, 1996, 347~366쪽.

전광석, 「수도이전특별법 위헌결정에 대한 헌법이론적 검토」, 『공법연구』 제33집 제2호, 한국공법학회, 2005, 113~138쪽.

전광석, 『한국헌법론(제12판)』, 법문사, 2017.

전정환, 「헌법재판소 결정의 효력에 관한 일반적 고찰」, 문광삼/남복현/전정환, 『헌법재판소결정의 효력에 관한 연구』(헌법재판연구 제7권), 헌법재판소, 1996, 19～88쪽.

전학선, 「헌법관습에 관한 일고찰」, 『토지공법연구』 제25집, 한국토지공법학회, 2005, 553～573쪽.

정동윤/유병현/김경욱, 『민사소송법(제6판)』, 법문사, 2017.

정연주, 「통치행위에 대한 사법심사」, 『저스티스』 제95호, 한국법학원, 2006. 12., 29～49쪽.

정연주, 「위헌결정의 기속력」, 『헌법논총』 제17집, 헌법재판소, 2006, 403～430쪽.

정연주, 「비상입법자로서의 헌법재판소」, 『헌법학연구』 제13권 제3호, 한국헌법학회, 2007, 13～48쪽.

정연주, 「안마사 결정의 재검토 - 위헌결정 기속력의 주관적·객관적 범위의 문제를 중심으로 -」, 『홍익법학』 제10권 제2호, 홍익대학교 법학연구소, 2009, 317～341쪽.

정연주, 『헌법소송론』, 법영사, 2015.

정영환, 『신민사소송법』, 세창출판사, 2009.

정재황, 「헌법관습과 헌법판례의 불문헌법법원성 여부」, 『고시계』 제36권 제10호(통권 제416호), 고시계사, 1991. 10., 97～109쪽.

정재황, 「헌법재판소와 국회·법원과의 관계」, 『고시연구』 제19권 제1호(통권 제214호), 고시연구사, 1992. 1., 44～59쪽.

정재황, 「헌법재판소의 구성과 헌법재판소절차상의 문제점 및 그 개선방안」, 『공법연구』 제22집 제2호, 1994, 37～78쪽.

정재황, 『헌법재판개론(제2판)』, 박영사, 2003.

정재황, 『신헌법입문(제7판)』, 박영사, 2017.

정종섭, 「국회의 입법부작위에 대한 헌법소원심판제도」, 『헌법재판의 이론과 실제』(금랑 김철수교수 화갑기념), 박영사, 1993, 460～482쪽.

정종섭, 『헌법소송법(제8판)』, 박영사, 2014.

정종섭, 『헌법학원론(제11판)』, 박영사, 2016.

정태호, 「헌법재판소에 의해 왜곡된 '관습헌법'의 법리」, 『시민과 변호사』 제132호, 서울지방변호사회, 2005. 1., 22～26쪽.

정태호, 「성문헌법국가에서의 불문헌법규범과 관습헌법」, 『경희법학』 제45권 제3호, 경희법학연구소, 2010, 299～334쪽.

정혜영, 「헌법불합치결정의 효력에 관한 연구」, 『아주법학』 제8권 제4호, 아주대학교 법학연구소, 2015, 93～127쪽.

조홍석, 「위헌법률심판제도(상)」, 『고시연구』 제21권 제12호(통권 제249호), 고시연구사, 1994. 12., 161～177쪽.

지성수, 「헌법불합치결정에 관한 연구」, 이화여자대학교 박사학위논문, 2011.

최경옥, 「헌법판례의 선례구속성과 법원성」, 『대학원논문집』 제22집, 동아대학교, 1997, 63～87쪽.

최병조, 「제1조(법원)」, 곽윤직 편집대표, 『민법주해[Ⅰ] – 총칙(1)』, 박영사, 2004(1992년 초판의 12쇄), 26～72쪽.

최완주, 「헌법불합치결정」, 『헌법재판제도의 이해(재판자료 제92집)』, 법원도서관, 2001, 365～406쪽.

최윤철, 「독일에 있어서의 "입법자의 법률개선의무"에 관한 논의」, 『공법연구』 제31집 제3호, 한국공법학회, 2003, 363～384쪽.

최윤철, 「입법자의 법률관찰의무」, 『토지공법연구』 제21집, 한국토지공법학회, 2004, 465～485쪽.

최윤철, 「의원입법의 평가와 평가제도의 발전에 관한 이론적 검토」, 『공법연구』 제33집 제3호, 한국공법학회, 2005, 1～26쪽.

최윤철, 「법률과 시간 – 시간의 경과에 따른 법률의 효력 변화」, 『토지공법연구』 제35집, 한국토지공법학회, 2007, 483～503쪽.

최 환, 「헌법불합치결정의 법적 성격과 형벌조항에 대한 헌법불합치결정의 독자적 허용성 및 효력」, 『판례연구』 제23집, 부산판례연구회,

2012, 555～622쪽.

최희수, 「법률의 위헌결정의 효력에 관한 연구 – 소송법적 효력을 중심으로 –」, 고려대학교 박사학위논문, 2001.

최희수, 「헌법재판소 결정의 결정이유의 기속력에 관한 연구」, 『공법연구』 제33집 제1호, 한국공법학회, 2004, 445～468쪽.

최희수, 「헌법재판의 본질과 헌법재판소의 헌법상 편제」, 『공법학연구』 제9권 제4호, 한국비교공법학회, 2008, 161～187쪽.

최희수, 「헌법재판소의 구성·임명 등과 관련한 개정방향」, 『헌법학연구』 제17권 제2호, 한국헌법학회, 2011, 162～197쪽.

최희수, 「헌법재판소 한정합헌·한정위헌 결정의 기속력」, 『고려법학』 제61호, 고려대학교 법학연구원, 2011, 173～203쪽.

최희수, 「위헌결정의 기속력」, 『헌법재판 주요선례연구 2』, 헌법재판소 헌법재판연구원, 2012, 469～492쪽.

최희수, 「헌법재판의 기능적 한계」, 『안암법학』 제43호(상), 안암법학회, 2014, 305～339쪽.

최희수, 『헌법소송법 요론(개정판)』, 대명출판사, 2015.

한병채, 『헌법재판론』, 고시계, 1994.

한상희, 「헌법 없는 헌법재판 – 신행정수도건설특별법 위헌결정의 위헌성에 대한 고찰」, 신행정수도이전 위헌결정 토론회 자료집, 대한변호사협회, 2004, 1～20쪽.

한수웅, 「헌법불합치결정의 헌법적 근거와 효력 – 독일에서의 판례와 이론을 중심으로 –」, 『헌법논총』 제6집, 헌법재판소, 1995, 481～536쪽.

한수웅, 「헌법불합치결정의 소급효력」, 『판례월보』 제325호, 판례월보사, 1997. 10., 8～19쪽.

한수웅, 「헌법재판의 한계 및 심사기준」, 『헌법논총』 제8집, 헌법재판소, 1997, 185～241쪽.

한수웅, 『헌법학(제7판)』, 법문사, 2017.

허 영, 「헌법재판제도의 바람직한 개선방향」, 『재판의 한 길』(김용준 헌법재판소장 화갑기념논문집), 박영사, 1998, 26~41쪽.

허 영, 「헌법재판과 입법」, 『헌법논총』 제19집, 헌법재판소, 2008, 9~51쪽.

허 영, 『헌법이론과 헌법(신8판)』, 박영사, 2017.

허 영, 『한국헌법론(전정13판)』, 박영사, 2017.

허 영, 『헌법소송법론(제12판)』, 박영사, 2017.

허완중, 「사법관계에 미치는 기본권의 효력」, 고려대학교 석사학위논문, 2002.

허완중, 「헌법 제29조 제2항 법률이 정하는 보상의 적극적 해석」, 『고려법학』 제51호, 고려대학교 법학연구원, 2008, 195~229쪽.

허완중, 「기본권보호의무에서 과소보호금지원칙과 과잉금지원칙의 관계」, 『공법연구』 제37집 제1-2호, 한국공법학회, 2008, 201~227쪽.

허완중, 「헌법재판소결정의 확정력」, 『헌법학연구』 제14권 제4호, 한국헌법학회, 2008, 413~452쪽.

허완중, 「헌법재판에서 필요성이 의심되는 법률적 효력과 형성력에 의한 그 대체 가능성」, 『안암법학』 제28호, 안암법학회, 2009, 33~72쪽.

허완중, 「헌법재판소결정의 선례적 구속력」, 『저스티스』 제110호, 한국법학원, 2009. 4., 5~28쪽.

허완중, 「한국헌법에 따른 헌법재판소법 제47조 제2항의 해석」, 『공법연구』 제37집 제4호, 한국공법학회, 2009, 229~255쪽.

허완중, 「헌법재판소의 지위와 민주적 정당성」, 『고려법학』 제55호, 고려대학교 법학연구원, 2009, 1~37쪽.

허완중, 「기본적 인권을 확인하고 보장할 국가의 의무」, 『저스티스』 제115호, 한국법학원, 2010. 2., 68~105쪽.

허완중, 「법률과 법률의 효력」, 『공법학연구』 제11권 제1호, 한국비교공법학회, 2010, 187~214쪽.

허완중, 「헌법재판소 종국결정의 본질」, 『영남법학』 제30호, 영남대학교 법학연구소, 2010, 55～84쪽.

허완중, 「형벌에 관한 법률(조항)에 대한 헌법재판소의 헌법불합치결정」, 『공법연구』 제38집 제4호, 한국공법학회, 2010, 133～157쪽.

허완중, 「민주적 정당성」, 『저스티스』 제128호, 한국법학원, 2012. 2., 132～153쪽.

허완중, 「헌법재판소의 민주적 정당성」, 『헌법학연구』 제18권 제3호, 한국헌법학회, 2012, 559～600쪽.

허완중, 「한정위헌청구의 허용 여부」, 『법조』 제676호, 법조협회, 2013. 1., 214～253쪽.

허완중, 「위헌결정의 법률요건적 효력」, 『헌법학연구』 제19권 제3호, 한국헌법학회, 2013, 389～430쪽.

허완중, 「헌법기관충실원칙」, 『공법연구』 제42집 제2호, 한국공법학회, 2013, 27～61쪽.

허완중, 「간추린 한국헌법재판사」, 『헌법재판연구』 창간호, 헌법재판소 헌법재판연구원, 2014, 283～327쪽.

허완중, 『한국 헌법에 따른 헌법재판소법 제47조 제3항의 해석』, 헌법재판소 헌법재판연구원, 2015.

호문혁, 『민사소송법(제13판)』, 법문사, 2016.

홍기문, 『민사소송법(제7판)』, 대명출판사, 2016.

홍성방, 『헌법학(하)(제3판)』, 박영사, 2014.

홍성방, 『헌법소송법』, 박영사, 2015.

홍완식, 「입법자의 법률개선의무에 관한 연구」, 『공법연구』 제31집 제2호, 한국공법학회, 2002, 281～297쪽.

홍일표, 「판결이유와 선례로서의 구속력의 범위」, 『민사판례연구』 제13권, 박영사, 1991, 239～254쪽.

홍일표, 「판례의 형성과 구속력의 범위」, 『일감법학』 제12호, 건국대학교

법학연구소, 2007, 1～41쪽.

황도수, 「헌법불합치결정에 관한 새로운 체계의 시도」, 『헌법실무연구』 제4권, 헌법실무연구회, 박영사, 2003, 250～282쪽.

황도수, 「"헌법개정의 필요성 및 개정방향"」, '헌법개정'에 대한 공청회, 대한변호사협회 헌법개정연구위원회, 2011. 6. 30., 13～57쪽.

황우여, 「위헌결정의 형식 – 변형결정 –」, 『헌법재판연구』 제1권, 헌법재판소, 1990, 115～171쪽.

황우여, 「위헌결정의 효력」, 『헌법재판의 이론과 실제』(금랑 김철수교수화갑기념), 박영사, 1993, 301～334쪽.

황치연, 「대법원 1996. 4. 9. 선고 95누11405 판결과 관련된 쟁점들에 대한 비판적 고찰」, 『인권과 정의』 제240호, 대한변호사협회, 1996. 8., 147～157쪽.

국회 헌법개정 자문위원회, 『활동결과보고서 Ⅰ』, 국회 법제실 법제연구과, 2014.

대화문화아카데미 편, 『새로운 헌법을 무엇을 담아야 하나』, 대화문화아카데미, 2011.

헌법연구 자문위원회, 『헌법연구 자문위원회 결과보고서』, 2009.

Peter Lerche, **정연주** 옮김, 「연방헌법재판소와 입법자」, 『공법연구』 제25집 제1호, 한국공법학회, 1997, 197～214쪽.

Otto Bachof, Der Richter als Gesetzgeber?, in: Joachim Gernhuber (Hrsg.), Tradition und Fortschritt im Recht: Festschrift des Tübinger Juristenfakültät zu ihrem 500–jährigen Bestehen 1977 von ihren gegenwärtigen Mitgliedern und in deren Auftreten, Tübingen 1977, S. 177–192.

Peter Badura, Richterliches Prüfungsrecht und Wirtschaftspolitik, in: Peter Oberndorfer/Herbert Schambeck (Hrsg.), Verwaltung im Dienste von Wirtschaft und Gesellschaft: Festschrift für Ludwig Fröhler zum 60. Geburtstag, Berlin 1980, S. 321–347.

Peter Badura, Die verfassungsrechtliche Pflicht des gesetzgebenden Parlaments zur Nachbesserung von Gesetzen, in: Georg Müller (Hrsg.), Staatsorganisation und Staatsfunktionen im Wandel: Festschrift für Kurt Eichenberger zum 60. Geburtstag, Basel/Frankfurt am Main 1982, S. 481–492.

Peter Badura, Verfassungsänderung, Verfassungswandel, Verfassungsgewohnheitsrecht, in: Josef Isensee/Paul Kirchhof (Hrsg.), HStR, Bd. Ⅶ, Heidelberg 1992, § 160, S. 57–76.

Peter Badura, Die Verfassung im Ganzen der Rechtsordnung und die Verfassungskonkretisierung durch Gesetz, in: Josef Isensee/Paul Kirchhof (Hrsg.), HStR, Bd. Ⅶ, Heidelberg 1992, § 163, S. 165–188.

Ulrich Battis, Der Verfassungsverstoß und seine Rechtsfolgen, in: Josef Isensee/Paul Kirchhof (Hrsg.), HStR, Bd. Ⅶ, Heidelberg 1992, § 162, S. 231–270.

Ernst Benda, Das Bundesverfassungsgericht im Spannungsfeld von Recht und Politik, in: ZRP 1977, S. 1–5.

Ernst Benda, Bundesverfassungsgericht und Gesetzgeber im dritten Jahrzehnt des Grundgesetzes, in: DÖV 1979, S. 465–470.

Ernst Benda, Die Verfassungsgerichtsbarkeit der Bundesrepublik Deutschland, in: Christian Starck/Albrecht Weber (Hrsg.), Verfassungsgerichtsbarkeit in Westeuropa, Teilband 1, Baden–Baden 1986, S. 121–148.

Ernst Benda, Das Verhältnis von Parlament und Bundesverfassungsgericht, in: Uwe Thaysen/ Roger H. Davidson/Robert G. Livingston (Hrsg.), US–Kongreß und Deutscher Bundestag, Opladen 1988, S. 217–232.

Ernst Benda/Eckart Klein/Oliver Klein, Verfassungsprozessrecht, 3. Aufl., Heidelberg/München/Landsberg/Frechen/Hamburg 2012.

Wilfried Berg, Vom Wettlauf zwischen Recht und Technik, in: JZ 1985, S. 401–407.

Werner Bernd, Legislative Prognosen und Nachbesserungspflichten, Diss. jur. Mainz, 1989.

Herbert Bethge, Verfassungsstreitigkeit als Rechtsbegriff, in: Jura 1998, S. 529–534.

Herbert Bethge, Stellung und Sitz des Gerichts, in: Theodor Maunz/Bruno Schmit–Bleibtreu/Franz Klein/Gerhard Ulsamer/Herbert Bethge/Karin Grasshof/Rudolf Mellinghoff/Jochen Rozek, Bundesverfassungsgerichtsgesetz – Kommentar, Bd. 1, München 2007 (Stand: Juli 2007), § 1.

Herbert Bethge, Verbindlichkeit der Entscheidung, in: Theodor Maunz/Bruno Schmit–Bleibtreu/Franz Klein/Gerhard Ulsamer/Herbert Bethge/Karin Grasshof/ Rudolf Mellinghoff/Jochen Rozek, Bundesverfassungsgerichtsgesetz – Kommentar, Bd. 1, München 2007 (Stand: Juli 2007), § 31.

Herbert Bethge, Erhebung der Verfassungsbeschwerde, in: Theodor Maunz/Bruno Schmit–Bleibtreu/Franz Klein/Gerhard Ulsamer/Herbert Bethge/Karin Grasshof/Rudolf Mellinghoff/Jochen Rozek, Bundesverfassungsgerichtsgesetz – Kommentar, Bd. 2, München 2007 (Stand: Juli 2007), § 90.

Karl August Bettermann, Die konkrete Normenkontrolle und sonstige Gerichtsvorlagen, in: Christian Starck (Hrsg.), Bundesverfassungsgericht und Grundgesetz: Festgabe aus Anlaß des 25jährigen Bestehens des Bundesverfassungsgerichts – Verfassungsgerichtsbarkeit, Bd. 1, Tübingen 1976, S. 323–373.

Karl August Bettermann, Richterliche Normenkontrolle als negative Gesetzgebung?, in: DVBl. 1982, S. 91−95.

Gernot Biehler, Zur Bindungswirkung von Urteilen des Bundesverfassungsgerichts, in: DVBl. 1991, S. 1237−1239.

Jens Blüggel, Unvereinbarerklärung statt Normkassation durch das Bundesverfassungsgericht, Berlin 1998.

Dieter Blumenwitz, Judicial self−restraint und die verfassungsgerichtliche Überprüfung von Akten der Auswärtigen Gewalt, in: DVBl. 1976, S. 464−469.

Ernst-Wolfgang Böckenförde, Grundrechte als Grundsatznormen, in: Der Staat 29 (1990), S. 1−31.

Ernst-Wolfgang Böckenförde, Zur Lage der Grundrechtsdogmatik nach 40 Jahren Grundgesetz, 1990.

Ernst-Wolfgang Böckenförde, Begriff und Problem des Verfassungsstaates, in: Rudolf Morsey/Helmut Quaritsch/Heinrich Siedentopf (Hrsg.), Staat, Politik, Verwaltung in Europa: Gedächtnisschrift für Roman Schnur, Berlin 1997, S. 137−147.

Ernst-Wolfgang Böckenförde, Verfassungsgerichtsbarkeit: Strukturfragen, Organisation, Legitimation, in: NJW 1999, S. 9−17.

Ernst-Wolfgang Böckenörde, Demokratie als Verfassungsprinzip, in: Josef Isensee/Paul Kirchhof (Hrsg.), HdbStR Ⅱ, 3. Aufl., Heidelberg 2004, § 24, S. 429−495.

Hans Boldt, Verfassungsrechtsprechung ohne Grenze? − Bemerkung zum Versuch, dem Bundesverfassungsgericht „funktionell−rechtlich" Schranken zu setzen, in: Max−Emanuel Gleis/Dieter C. Umbach (Hrsg.), Planung − Steuerung − Kontrolle: Festschrift für Richard Bartlsperger zum 70. Geburtstag, Berlin 2006, S. 199−213.

Winfried Brohm, Die Funktion des BVerfG - Oligarchie in der Demokratie?, in: NJW 2001, S. 1−10.

Hans Brox, Zur Zulässigkeit der erneuten Überprüfung einer Norm durch das Bundesverfassungsgericht, in: Gerhard Leibholz/Hans Joachim Faller/Paul Mikat/Hans Reis (Hrsg.), Menschenwürde und freiheitliche Rechtsordnung: Festschrift für Willi Geiger zum 65. Geburtstag, Tübingen 1974, S. 809–826.

Brun-Otto Bryde, Verfassungsentwicklung, Baden–Baden 1982.

Joachim Burmeister, Stellung und Funktion des Bundesverfassungsgerichts im System der Gewaltengliederung, in: Pierre Koenig/Wolfgang Rüfner (Hrsg.), Die Kontrolle der Verfassungsmäßigkeit in Frankreich und in der Bundesrepublik Deutschland, Köln/Berlin/Bonn/München/Heymann 1985, S. 33–67.

Volker Busse, Kontinuität und Wandelbarkeit in der verfassungsgerichtlichen Judikatur, in: ZG 1988, S. 353–362.

Young-Chul Chang, Die konkrete Normenkontrolle in der Verfassung der Republik Korea, Diss. jur. Köln, 1998.

Yooncheol Choi, Die Pflicht des Gesetzgebers zur Beseitigung von Gesetzesmängeln, Diss. jur. Hamburg, 2002.

Kostas Chryssogonos, Verfassungsgerichtsbarkeit und Gesetzgebung, Berlin 1987.

Tae-Ho Chung, Bedeutung des § 90 BVerfGG für die Zulässigkeit der Verfassungsbeschwerde unmittelbar gegen Gesetze – Versuch des normorientierten Aufbaus der Systematik der Zulässigkeitskontrolle der Rechtssatzverfassungsbeschwerde, Diss. jur. Regensburg, 1993.

Claus Dieter Classen, Gesetzesvorbehalt und Dritte Gewalt, in: JZ 2003, S. 693–701.

Claus Dieter Classen, Funktional ausdifferenzierte Rechtsprechungskompetenzen?, in: JZ 2007, S. 53–61.

Christoph Degenhart, Systemgerechtigkeit und Selbstbindung des Gesetzgebers als Verfassungspostulat, München 1976.

Christoph Degenhart, Staatsrecht Ⅰ - Staatsorganisationsrecht, 32. Aufl., Heidelberg 2016.

Erhard Denninger, Das Bundesverfassungsgericht zwischen Recht und Politik, in: Hauke Brunkhorst/Peter Niesen (Hrsg.), Das Recht der Republik, Frankfurt am Main 1999, S. 288–304.

Steffen Detterbeck, Normwiederholungsverbote aufgrund normverwerfender Entscheidungen des Bundesverfassungsgerichts, in: AöR 116 (1991), S. 391–459.

Steffen Detterbeck, Streitgegenstand und Entscheidungswirkungen im öffentlichen Recht, Tübingen 1995.

Udo Di Fabio, Gewaltenteilung, in: Josef Isensee/Paul Kirchhof (Hrsg.), HStR, Bd. II, 3. Aufl., Heidelberg 2004, § 27, S. 613–658.

Karl Doehring, Der „pouvoir neutre" und Das Grundgesetz, in: Der Staat 3 (1964), S. 201–219.

Martin Drath, Die Grenzen der Verfassungsgerichtsbarkeit, in: VVDStRL 9, Berlin 1952, S. 17–116.

Horst Dreier, Grenzen demokratischer Freiheit im Verfassungsstaat, in: JZ 1994, S. 741–752.

Rainer Eckertz, Die Kompetenz des Bundesverfassungsgerichts und die Eigenheit des Politischen, in: Der Staat 17 (1978), S. 183–203.

Michaela Eisele, Subjektive öffentliche Rechte auf Normerlaß, Berlin 1999.

Wolfgang Endemann, Zur Bindungswirkung von Entscheidungen des Bundesverfassungsgerichts im Verfassungsbeschwerdeverfahren, in: Theo Ritterspach/Willi Geiger (Hrsg.), Festschriftfür Gebhard Müller: Zum 70. Geburtstag des Präsidenten des Bundesverfassungsgerichts, Tübingen 1970, S. 21–38.

Karl Engisch, Einführung in das juristische Denken, 11. Aufl., Stuttgart 2010

(칼 엥기쉬, 안법영/윤재왕 옮김, 『법학방법론』, 세창출판사, 2011).

Ernst Forsthoff, Der Staat der Industriegesellschaft, München 1971.

Walter Frenz, Die Rechtsfolgenregelung durch das Bundesverfassungsgericht bei verfassungswidrigen Gesetzen, in: DÖV 1993, S. 847–855.

Karl Heinrich Friauf, Gewohnheitsrecht, in: Evangelisches Staatslexikon, Bd. 1, 3. Aufl., Stuttgart 1987, Sp. 1150–1153.

Ernst Friesenhahn, Wesen und Grenzen der Verfassungsgerichtsbarkeit, in: ZSR NF 73 (1954), S. 129–162.

Ernst Friesenhahn, Zum Inhalt und zur Wirkung der Entscheidungen des deutschen Bundesverfassungsgerichtes, in: Scritti in Onore di Gaspare Ambrosini, Bd. I, Milano 1970, S. 669–708.

Reinhard Gaier, Die Durchsetzung verfassungsgerichtlicher Entscheidungen, in: JuS 2011, S. 961–966.

Willi Geiger, Die Beziehungen zwischen der Bundesverfassungsgerichtsbarkeit und der übrigen Gerichtsbarkeit im Bunde auf Grund des Bundesverfassungsgerichtsgesetzes (BVGG.), in: DRiZ 1951, S. 172–175.

Willi Geiger, Die Grenzen der Bindung verfassungsgerichtlicher Entscheidungen (§ 31 Abs. 1 BVerfGG), in: NJW 1954, S. 1057–1061.

Willi Geiger, Das Verältnis von Recht und Politik im Verständnis des Bundesverfassungsgerichts, in: ders., Recht und Politik im Verständnis des Bundesverfassungsgerichts, Bielefeld 1980, S. 5–23.

Willi Geiger, Das Bundesverfassungsgericht im Spannungsfeld zwischen Recht und Politik, in: EuGRZ 1985, S. 401–407.

Philippe Gerber, Die Rechtssetzungsdirektiven des Bundesverfassungsgerichts, in: DÖV 1989, S. 698–707.

Hans-Heiner Gotzen, Die Wiederholung rechtskräftig aufgehobener Gestaltungsakte, in: VR 1999, S. 389–393.

Dieter Grimm, Recht und Politik, in: JuS 1969, S. 501–510.

Dieter Grimm, Verfassung, in: ders., Die Zukunft der Verfassung, Frankfurt am Main 1991, S. 11–28.

Dieter Grimm, Politik und Recht, in: Eckart Klein (Hrsg.), Grundrechte, soziale Ordnung und Verfassungsgerichtsbarkeit: Festschrift für Ernst Benda zum 70. Geburtstag, Heidelberg 1995, S. 91–103.

Christoph Gusy, Parlamentarischer Gesetzgeber und Bundesverfassungsgericht, Berlin 1985.

Peter Häberle, Grundprobleme der Verfassungsgerichtsbarkeit, in: ders. (Hrsg.), Verfassungsgerichtsbarkeit, Darmstadt 1976, S. 1–45.

Peter Häberle, Verfassungsgerichtsbarkeit als politische Kraft, in: ders., Verfassungsgerichtsbarkeit zwischen Politik und Rechtswissenschaft, Königstein/Ts. 1980, S. 55–79.

Peter E. Hein, Die Unvereinbarerklärung verfassungswidriger Gesetze durch das Bundesverfassungsgericht - Grundlage, Anwendungsbereich, Rechtsfolgen, Baden-Baden 1988.

Wilhelm Henke, Verfassung, Gesetz und Richter (Das Normenkontrollverfahren), in: Der Staat 3 (1964), S. 433–454.

Roman Herzog, Offene Fragen zwischen Verfassungsgericht und Gesetzgeber, in: ZG 1987, S. 290–300.

Konrad Hesse, Funktionelle Grenzen der Verfassungsgerichtsbarkeit, in: Recht als Prozess und Gefüge: Festschrift für Hans Huber zum 80. Geburtstag, Bern 1981, S. 261–272.

Konrad Hesse, Die Verfassung und ihre Eigenart, in: Ernst Benda (Hrsg.), Handbuch des Verfassungsrechts der Bundesrepublik Deutschland, Berlin 1984, S. 15–27 (**콘라드 헷세**, **계희열** 옮김, 「헌법(의 개념)과 그 특성」, 『헌법의 기초이론』, 박영사, 2001, 3～12쪽).

Konrad Hesse, Verfassung und Verfassungsrecht, in: Ernst Benda/Werner

Maihofer/Hans-Jochen Vogel (Hrsg.), HVerfR, 2. Aufl., Berlin/NewYork 1994, § 1, S. 3-17.

Konrad Hesse, Grundzüge des Verfassungsrechts der Bundesrepublik Deutschland, 20. Aufl., Heidelberg 1995 (**콘라드 헷세**, **계희열** 역, 『통일독일 헌법원론』, 박영사, 2001).

Werner Heun, Funktionell-rechtliche Schranken der Verfassungsgerichtsbarkeit, Baden-Baden 1992.

Andreas Heusch, Bindungswirkung und Gesetzeskraft der Entscheidungen, in: Christian Burkiczak/Franz-Wilhelm Dollinger/Frank Schorkopf (Hrsg.), Bundesverfassungsgerichtsgesetz - Heidelberger Kommentar, Heidelberg 2015, § 31, S. 440-492.

Hermann Heußner, Folgen der Verfassungswidrigkeit eines Gesetzes ohne Nichtigerklärung, in: NJW 1982, S. 257-263.

Wolfgang Heyde, Gesetzgeberische Konsequenzen aus der Verfassungswidrig-Erklärung von Normen, in: Wolfgang Zeidler/Theodor Maunz/Gerd Roellecke (Hrsg.), Festschrift für Hans Joachim Faller, München 1984, S. 53-62.

Friedrich August Freiherr von der Heydte, Judicialself-restraint eines Verfassungsgerichts im freiheitlichen Rechtsstaat?, in: Gerhard Leibholz/Hans Joachim Faller/Paul Mikat/Hans Reis (Hrsg.), Menschenwürde und freiheitliche Rechtsordnung: Festschrift für Willi Geiger zum 65. Geburtstag, Tübingen 1974, S. 909-924.

Herman Hill, Impulse zum Erlaß eines Gesetzes, in: DÖV 1981, S. 487-497.

Christian Hillgruber/Christoph Goos, Verfassungsprozessrecht, 4. Aufl., Heidelberg 2015.

Wolfgang Hoffmann-Riem, Beharrung oder Innovation - Zur Bindungswirkung verfassungsgerichtlicher Entscheidungen, in: Der Staat 13 (1974), S. 335-364.

Hans-Detlef Horn, Experimentelle Gesetzgebung unter dem Grundgesetz, Berlin 1989.

Hans Huber, Probleme des ungeschriebenen Verfassungsrechts, in: Rechtsquellenprobleme im schweizerischen Recht: Festgabe der Rechts- und Wirtschaftswissenschaftlichen Fakultät der Universität Bern für den schweizerischen Juristenverein, Bern 1955, S. 95–116.

Young Huh, Probleme der konkreten Normenkotrolle, Diss. jur. München, 1971.

Stefan Huster, Die Beobachtungspflicht des Gesetzgebers, in: Zeitschrift für Rechtssoziologie 24 (2003), S. 3–26.

Jörn Ipsen, Rechtsfolge der Verfassungswidrigkeit von Norm und Einzelakt, Baden-Baden 1980.

Jörn Ipsen, Nichtigerklärung oder „Verfassungswidrigerklärung" - Zum Dilemma der verfassungsgerichtlichen Normenkontrollpraxis, in: JZ 1983, S. 41–45.

Jörn Ipsen, Staatsrecht I - Staatsorganisationsrecht, 26. Aufl., München 2014.

Josef Isensee, Das Grundrecht auf Sicherheit, Berlin 1983.

Josef Isensee, Verfassungsrecht als „politisches Recht", in: Josef Isensee/Paul Kirchhof (Hrsg.), HStR, Bd. VII, Heidelberg 1992, § 162, S. 103–163.

Josef Isensee, Die Verfassungsgerichtsbarkeit zwischen Recht und Politik, in: Michael Piazolo (Hrsg.), Das Bundesverfassungsgericht - Ein Gericht im Schnittpunkt von Recht und Politik, Mainz/München 1995, S. 49–59.

Dietrich Jesch, Zur Bindung an Entscheidungen des BVerfG über Verfassungsbeschwerden, in: JZ 1954, S. 528–533.

Ernst Kadenbach, Zur bindenden Wirkung der Entscheidungen des Bundesverfassungsgerichts - Versuch einer abschließenden Betrachtung –, in: AöR 80 (1955/1956), S. 385–422.

Ulrich Karpen, Gesetzgebungs–, Verwaltungs– und Rechtsprechungslehre, Baden–Baden 1989.

Martin Kellner, Gewohnheitsrecht, in: Evangelisches Staatslexikon, Neuausgabe, Stuttgart 2006, Sp. 834–836.

Hans Kelsen, Wesen und Entwicklung der Staatsgerichtsbarkeit, in: VVDStRL 5, Berlin/Leipzig 1929, S. 30–84.

Paul Kirchhof, Die Aufgaben des Bundesverfassungsgerichts in Zeiten des Umbruchs, in: NJW 1996, S. 1497–1505.

Paul Kirchhof, Verfassungsgerichtsbarkeit und Gesetzgebung, in: Peter Badura/ Rupert Scholz (Hrsg.), Verfassungsgerichtsbarkeit und Gesetzgebung, Symposion aus Anlass des 70. Geburtstages von Peter Lerche, München 1998, S. 5–22.

Uwe Kischel, Darf der Gesetzgeber das Bundesverfassungsgericht ignorieren? – Zum erneuten Erlaß für nichtig erklärter Gesetze, in: AöR 131 (2006), S. 219–254.

Friedrich Klein, Bundesverfassungsgericht und richterliche Beurteilung politischer Fragen, Münster 1966.

Hans Hugo Klein, Probleme der Bindung des „einfachen Richters" an Entscheidungen des BVerfG, in: NJW 1977, S. 697–700.

Hans Hugo Klein, Verfassungsgerichtsbarkeit und Verfassungsstruktur – Vom Rechtsstaat zum Verfassungsstaat –, in: Paul Kirchhof/Klaus Offerhaus/Horst Schöberle (Hrsg.), Steuerrecht, Verfassungsrecht, Finanzpolitik: Festschrift für Franz Klein, Köln 1994, S. 511–526 (**한스 후고 클라인**, **송석윤** 옮김, 『헌법재판과 헌법구조』, 독일 콘라드 아데나워 재단, 1996).

Mathias Kleuker, Gesetzgebungsaufträge des Bundesverfassungsgerichts, Diss. jur. Berlin, 1993.

Kai-Oliver Knops, Bundesverfassungsgericht und die Bindungskraft seiner Entscheidungen, in: KritV 1997, S. 38−58.

Wolfgang Köck, Gesetzesfolgenabschätzung und Gesetzgebungsrechtslehre, in: VerwArch 93 (2002), S. 1−21.

Karl Korinek, Die Verfassungsgerichtsbarkeit im Gefüge der Staatsfunktionen, in: VVDStRL 39, Berlin 1981, S. 7−52.

Stefan Korioth, Integration und Bundesstaat, Diss. jur. Bonn, 1990.

Stefan Korioth, Die Bindungswirkung normverwerfender Entscheidungen des Bundesverfassungsgerichts für den Gesetzgeber, in: Der Staat 30 (1991), S. 549-571 (**슈테판 코리오트**, **허완중** 옮김, 「입법자에 대한 연방헌법재판소 규범폐기재판의 기속력」, 『헌법판례연구』 제12권, 집현재, 2011, 239～271쪽).

Stefan Korioth, Staatsrecht Ⅰ, 3. Aufl., Stuttgart 2016.

Martin Kriele, Theorie der Rechtsgewinnung, 2. Aufl., Berlin 1976 (**마르틴 크릴레**, **홍성방** 옮김, 『법발견의 이론』, 유로서적, 2013).

Martin Kriele, Grundrechte und demokratischer Gestaltungsspielraum, in: Josef Isensee/Paul Kirchhof (Hrsg.), Handbuch des Staatsrechts der Bundesrepublik Deutschland, Bd. V, Heidelberg 2000, § 110, S. 101−141.

Herbert Krüger, Allgemeine Staatslehre, 2. Aufl., Stuttgart/Berlin/Köln/Mainz 1966.

Hanno Kube, Die Bindungswirkung der Normverwerfung - Zur Stellung der Parlamente im Verfassungsstaat −, in: DÖV 2002, S. 737−739.

Klaus Lange, Rechtskraft, Bindungswirkung und Gesetzeskraft der Entscheidungen des Bundesverfassungsgerichts, in: JuS 1978, S. 1−8.

Karl Larenz/Claus-Wilhelm Canaris, Methodenlehre der Rechtswissenschaft, 3. Aufl., Berlin/Heidelberg 1995.

Helmut Lecheler, „Funktion" als Rechtsbegriff?, in: NJW 1979, S. 2273–2277.

Hans Lechner, Nochmals zur bindenden Wirkung verfassungsgerichtlicher Entscheidungen, in: NJW 1956, S. 441–445.

Ki-Cheol Lee, Schonung des Gesetzgebers bei Normenkontrollentscheidungen durch das Bundesverfassungsgericht – Eine verfassungstheoretische Betrachtung von Kompetenzstreitigkeiten –, Diss. jur. Göttingen, 1993.

Uk-Han Lee, Das Verfassungsgericht der Republik Korea – Überlegung zu Problemen koreanischer Verfassungsgerichtsbarkeit unter Berücksichtigkeit der deutschen Rechtslage –, Diss. jur. Bayreuth, 1991.

Gerhard Leibholz, Das Bundesverfassungsgericht im Schnittpunkt von Politik und Recht, in: DVBl. 1974, S. 396–399.

Anna Leisner-Egensperger, Ungeschriebenes Verfassungsrecht zur Gewaltenteilung, in: DÖV 2004, S. 774–779.

Peter Lerche, Das Bundesverfassungsgericht als Notgesetzgeber, insbesondere im Blick auf das Recht des Schwangerschaftsabbruchs, in: Meinhard Heinze (Hrsg.), Festschrift für Wolfgang Gitter: zum 65. Geburtstag am 30. Mai 1995, Wiesbaden 1995, S. 509–517.

Jutta Limbach, Missbraucht die Politik das Bundesverfassungsgericht?, Köln 1997.

Jutta Limbach, Vorrang der Verfassung oder Souveränität des Parlaments?, Stuttgart 2001.

Ralph Alexznder Lorz, Interorganrespekt im Verfassungsrecht, Tübingen 2001.

Hermann Maassen, Problem der Selbstbindung des Bundesverfassungsgerichts, in: NJW 1975, S. 1343–1348.

Otwin Massing, Recht als Korrelat der Macht?, in: Peter Häberle (Hrsg.), Verfassungsgerichtsbarkeit, Darmstadt 1976, S. 411–428.

Hartmut Maurer, Zur Verfassungswidrigerklärung von Gesetzen, in: Hans Schneider/Götz Volkmar (Hrsg.), Im Dienst an Recht und Staat: Festschrift für Werner Weber zum 70. Geburtstag, Berlin 1974, S. 345–368.

Christian Mayer, Die Nachbesserungspflicht des Gesetzgebers, Baden–Baden 1996.

Christian-Friedrich Menger, Anmerkung zu zwei Beschlüssen des OVG Lüneberg und des Bundesverfassungsgerichts, in: AöR 80 (1955/1956), S. 218–230.

Detlef Merten, Demokratischer Rechtsstaat und Verfassungsgerichtsbarkeit, in: DVBl. 1980, S. 773–779.

Detlef Merten, Das System der Rechtsquellen, in: Jura 1981, S. 236–247.

Klaus Meßerschmidt, Gesetzgebungsermessen, Berlin 2000.

Helmut Miernik, Die verfassungsrechtliche Nachbesserungspflicht des Gesetzgeber, Diss. jur. Leipzig, 1997.

Ingo von Münch, Das Bundesverfassungsgericht als Teil des Rechtsstaates, in: Jura 1992, S. 505–511.

Dietrich Murswiek, Der Umfang der verfassungsgerichtlichen Kontrolle staatlicher Öffentlichkeitsarbeit - Zum „Grundsatz des judicial self–restraint“–, in: DÖV 1982, S. 529–541.

Kai-Jochen Neuhaus, Gewohnheitsrecht - Rolle und Anerkennung in Deutschland, in: JuS–Lernbogen 1996, S. L 41–44.

Fritz Ossenbühl, Die Kontrolle von Tatsachenfeststellungen und Prognoseentscheidungen durch das Bundesverfassungsgericht, in: Christian Starck (Hrsg.), Bundesverfassungsgericht und Grundgesetz: Festgabe aus Anlaß des 25jährigen Bestehens des Bundesverfassungsgerichts – Verfassungsgerichtsbarkeit, Bd. I, Tübingen 1976, S. 458–518.

Fritz Ossenbühl, Bundesverfassungsgericht und Gesetzgebung, in: Peter

Badura/Horst Dreier (Hrsg.), Festschrift 50 Jahre Bundesverfassungsgericht: Verfassungsgerichtsbarkeit – Verfassungsprozeß, Bd. I, Tübingen 2001, S. 33–53.

Fritz Ossenbühl, Gesetz und Recht - Die Rechtsquelle im demokratischen Rechtsstaat, in: Josef Isensee/Paul Kirchhof (Hrsg.), HStR, Bd. Ⅲ, 3. Aufl., Heidelberg 2005, § 61, S. 281–314.

Franz-Joseph Peine, Normenkontrolle und konstitutionelles System, in: Der Staat 22 (1983), S. 521–549.

Christian Pestalozza, „Noch verfassungsmäßige" und „bloß verfassungswidrige" Rechtslagen, in: Christian Starck (Hrsg.), Bundesverfassungsgericht und Grundgesetz: Festgabe aus Anlaß des 25jährigen Bestehens des Bundesverfassungsgerichts - Verfassungsgerichtsbarkeit, Bd. Ⅰ, Tübingen 1976, S. 519–567.

Christian Pestalozza, Verfassungsprozeßrecht, 3. Aufl., München 1991.

Michael Piazolo, Verfassungsgerichtsbarkeit und Politische Fragen, München 1994.

Michael Piazolo, Das Bundesverfassungsgericht und die Beurteilung politischer Fragen, in: ders. (Hrsg.), Das Bundesverfassungsgericht - Ein Gericht im Schnittpunkt von Recht und Politik, Mainz/München 1995, S. 243–257.

Albrecht Peter Pohle, Die Verfassungswidrigerklärung von Gesetzen, Frankfurt am Main/Bern/Cirencester 1979.

Marius Raabe, Grundrechte und Erkenntnis, Baden–Baden 1998.

Christian Rau, Selbst entwickelte Grenzen in der Rechtsprechung des United States Supreme Court und des Bundesverfassungsgerichts, Berlin 1996.

Ludwig Renck, Zur Bindung der Gerichte an verfassungsgerichtliche Entscheidungen, in: BayVBl. 1977, S. 368.

Alfred Rinken, in: Erhard Denninger/Wolfgang Hoffmann–Riem/Hans–

Peter Schneider/Ekkehart Stein (Hrsg.), AK–GG, 3. Aufl., Neuwied/Kriftel 2001 (Stand: August 2002), vor Art. 93.

Alfred Rinken, in: Erhard Denninger/Wolfgang Hoffmann–Riem/Hans–Peter Schneider/Ekkehart Stein (Hrsg.), AK–GG, 3. Aufl., Neuwied/Kriftel 2001 (Stand: August 2002), Art. 94.

Gerd Roellecke, Verfassungsgerichtsbarkeit, Gesetzgebung und politische Führung, in: Friedrich Schäfer/Gerd Roellecke (Referate), Verfassungsgerichtsbarkeit, Gesetzgebung und Politische Führung, Köln 1980, S. 24–42.

Gerd Roellecke, Aufgaben und Stellung des Bundesverfassungsgerichts im Verfassungsgefüge, in: Josef Isensee/Paul Kirchhof (Hrsg.), HStR, Bd. Ⅲ, 3. Aufl., Heidelberg 2005, § 67, S. 1201–1219.

Gerd Roellecke, Aufgaben und Stellung des Bundesverfassungsgerichts in der Gerichtsbarkeit, in: Josef Isensee/Paul Kirchhof (Hrsg.), HStR, Bd. Ⅲ, 3. Aufl., Heidelberg 2005, § 68, 1221–1232.

Alexander Roßnagel, Nachbesserungspflichten des Gesetzgebers im Atomrecht, in: JZ 1985, S. 714–717.

Hans Georg Rupp, Zur Bindungswirkung der Entscheidungen des Bundesverfassungsgerichts, in: die Rechtswissenschaftliche Abteilung der Rechts– und Wirtschaftswissenschaftlichen Fakultät der Universität Tübingen (Hrsg.), Tübinger Festschrift für Eduard Kern, Tübingen 1968, S. 403–422.

Wiltraut Rupp-von Brünneck, Verfassungsgerichtsbarkeit und gesetzgebende Gewalt - Wechselseitiges Verhältnis zwischen Verfassungsgericht und Parlament, in: AöR 102 (1977), S. 1–26.

Wiltraut Rupp-von Brünneck, Stellung und Tätigkeit des deutschen Bundesverfassungsgerichts, in: Hans–Peter Schneider (Hrsg.), Verfassung und Verantwortung, Baden–Baden 1983, S. 245–276.

Michael Sachs, Bindungswirkungen bei verfassungskonformer Gesetzesauslegung durch das Bundesverfassungsgericht, in: NJW 1979, S. 344–348.

Michael Sachs, Bloße Unvereinbarerklärung bei Gleichheitsverstößen?, in: NVwZ 1982, S. 657–662.

Michael Sachs, Die Folgen der Unvereinbarkeit des Hausarbeitstagsanspruchs für Frauen mit dem Grundgesetz, in: FamRZ 1982, S. 981–985.

Michael Sachs, Der Fortbestand der Fristenlösung für die DDR und das Abtreibungsurteil des Bundesverfassungsgerichts, in: DtZ 1990, S. 193–199.

Michael Sachs, Einführung, in: ders. (Hrsg.), Grundgesetz, 7. Aufl., München 2014, S. 1–20.

Michael Sachs, Art. 20 [Verfasssungsgrundsätze; Widerstandsrecht], in: ders. (Hrsg.), Grundgesetz, 7. Aufl., München 2014, S. 798–860.

Horst Säcker, Die Rechtsmacht des Bundesverfassungsgerichts gegenüber dem Gesetzgeber, in: BayVBl. 1979, S. 193–200.

Horst Säcker, Gesetzgebung durch das Bundesverfassungsgericht?, in: Michael Piazolo (Hrsg.), Das Bundesverfassungsgericht - Ein Gericht im Schnittpunkt von Recht und Politik, Mainz/München 1995, S. 189–225.

Hans Schäfer, Gesetzeskraft und bindende Wirkung der Entscheidungen des Bundesverfassungsgerichts, in: NJW 1954, S. 1465–1469.

Wolf-Rüdiger Schenke, Die Verfassungsorgantreue, Berlin 1977.

Wolf-Rüdiger Schenke, Der Umfang der bundesverfassungsgerichtlichen Überprüfung, in: NJW 1979, S. 1321–1329.

Ulrich Scheuner, Das Verfassungsgericht und die Bindungskraft seiner Entscheidungen, in: DÖV 1954, S. 641–647.

Ulrich Scheuner, Verfassungsgerichtsbarkeit und Gesetzgebung - Zum ersten

Thema der Staatsrechtslehrertagung 1980 –, in: DÖV 1980, S. 473–480.

Walter Schick, Verfassungsgewohnheitsrecht, Verfassungsrechtssprechng und soziologische Betrachtungsweise, in: Mélanges Marcel Bridel, Lausanne 1968, S. 515–531.

Klaus Schlaich, Die Verfassungsgerichtsbarkeit im Gefüge der Staatsfunktionen, in: VVDStRL 39, Berlin 1981, S. 99–146.

Klaus Schlaich, Das Bundesverfassungsgericht - Stellung, Verfahren, Entscheidung, in: JuS 1981, S. 741–746, 823–829/JuS 1982, S. 41–45, 278–283, 437–444, 597–604.

Klaus Schlaich/Stefan Korioth, Das Bundesverfassungsgericht - Stellung, Verfahren, Entscheidungen, 10. Aufl., München 2015.

Carl Schmitt, Der Hüter der Verfassung, 4. Aufl., Berlin 1996.

Friedrich E. Schnapp/Sandra Henkenötter, Zur Bindungswirkung der Entscheidungen des BVerfG, in: JuS 1994, S. 121–125.

Hans Schneider, Die Verbindlichkeit von Entscheidungen des Bundesverfassungsgerichts, in: DVBl. 1954, S. 184–187.

Hans-Peter Schneider, Verfassungsgerichtsbarkeit und Gewaltenteilung - Zur Funktionsgerechtigkeit von Kontrollmaßstäben und Kontrolldichte verfassungsgerichtlicher Entscheidung, in: NJW 1980, S. 2103–2111.

Hans-Peter Schneider, Richter oder Schlichter?, in: Walther Fürst/Roman Herzog/Dieter C. Umbach (Hrsg.), Festschrift für Wolfgang Zeidler, Berlin/New York 1987, S. 292–313.

Rupert Scholz, Verfassungsgerichtsbarkeit im gewaltenteiligen Rechtsstaat, in: Ulrich Karpen (Hrsg.), Der Richter als Ersatzgesetzgeber, Baden-Baden 2002, S. 15–25.

Helmuth Schulze-Fielitz, Wirkung und Befolgung verfassungsrechtlicher Entscheidungen, in: Peter Badura/Horst Dreier (Hrsg.), Festschrift

50 Jahre Bundesverfassungsgericht: Verfassungsgerichtsbarkeit–Verfassungsprozeß, Bd. Ⅰ, Tübingen 2001, S. 385–420.

Max-Jürgen Seibert, Wirkungen der Entscheidungen des BVerfG, in: JuS–Lernbogen 1988, S. L 49–52.

Walter Seuffert, Über Gesetzgebung, Rechtsprechung und Bindungswirkungen, in: AöR 104 (1979), S. 170–200.

Nina-Luisa Siedler, Gesetzgeber und Bundesverfassungsgericht - eine funktionell–rechtliche Kompetenzabgrenzung –, Hamburg 1999.

Helmut Simon, Verfassungsgerichtsbarkeit, in: Ernst Benda/Werner Maihofer/Hans–Jochen Vogel (Hrsg.), HVerfR, 2. Aufl., Berlin/NewYork 1994, § 34, S. 1637–1677.

Helmut Simon, Das Bundesverfassungsgericht - Ersatzgesetzgeber und Superrevisionsinstanz?, in: NJ 1996, S. 169–170.

Christian Starck, Vorrang der Verfassung und Verfassungsgerichtsbarkeit, in: Christian Starck/Albrecht Weber (Hrsg.), Verfassungsgerichtsbarkeit in Westeuropa, Teilband 1, Baden–Baden 1986, S. 11–39.

Christian Starck, Die Verfassungsauslegung, in: Josef Isensee/Paul Kirchhof (Hrsg.), HStR, Bd. Ⅶ, Heidelberg 1992, § 164, S. 189–229.

Christian Starck, Das Bundesverfassungsgericht in der Verfassungsordnung und im politischen Prozeß, in: Peter Badura/Horst Dreier (Hrsg.), Festschrift 50 Jahre Bundesverfassungsgericht: Verfassungsgerichtsbarkeit – Verfassungsprozeß, Bd. Ⅰ, Tübingen 2001, S. 1–32.

Christian Starck, Gewaltenteilung und Verfassungsgerichtsbarkeit, in: ders. (Hrsg.), Fortschritte der Verfassungsgerichtsbarkeit in der Welt - Teil Ⅰ, Baden–Baden 2004, S. 117–131.

Rudolf Steinberg, Verfassungsgerichtliche Kontrolle der „Nachbesserungspflicht" des Gesetzgebers, in: Der Staat 26 (1987), S. 161–186.

Klaus Stern, Verfassungsgerichtsbarkeit zwischen Recht und Politik, Opladen

1980.

Klaus Stern, Das Staatsrecht der Bundesrepublik Deutschland, Bd. Ⅱ, München 1980.

Klaus Stern, Das Staatsrecht der Bundesrepublik Deutschland, Bd. I, 2. Aufl., München 1984.

Klaus Stern, Das Staatsrecht der Bundesrepublik Deutschland, Bd. Ⅲ/1, München 1988.

Klaus Stern, Das Staatsrecht der Bundesrepublik Deutschland, Bd. Ⅲ/2, München 1994.

Klaus Stern, Außenpolitischer Gestaltungspielraum und verfassungsgerichtliche Kontrolle - Das Bundesverfassungsgericht im Spannungsfeld zwischen Judicial Activism und Judicial Restraint, in: NWVBl. 1994, S. 241–249.

Klaus Stern, Verfassungsgerichtsbarkeit und Gesetzgeber, Opladen 1997.

Klaus Stern, in: Rudolf Dolzer/Klaus Vogel/Karin Graßhof (Hrsg.), BK, München 2007 (Stand: Juni 2007), Art. 94.

Rupert Stettner, Die Verpflichtung des Gesetzgebers zu erneutem Tätigwerden bei fehlerhafter Prognose, in: DVBl. 1982, S. 1123–1128.

Gregor Stricker, Subjektive und objektive Grenzen der Bindungswirkung verfassungsgerichtlicher Entscheidungen gemäß § 31 Abs. 1 BVerfGG, in: DÖV 1995, S. 978–985.

Christian Tomuschat, Verfassungsgewohnheitsrecht?, Heidelberg 1972.

Hans-Heinrich Trute, Die demokratische Legitimation der Verwaltung, in: Wolfgang Hoffmann–Riem/Eberhard Schmidt–Aßmann/Andreas Voßkuhle (Hrsg.), Grundlagen des Verwaltungsrechts Ⅰ, München 2006, § 6, S. 307–389.

Alfred Voigt, Ungeschriebenes Verfassungsrecht, in: VVDStRL 10, Berlin

1952, S. 33–45.

Andreas Voßkuhle, Der Grundsatz der Verfassungsorgantreue und die Kritik am BVerfG, in: NJW 1997, S. 2216–2219.

Andreas Voßkuhle, Die verfassungsgerichtliche Kontrolle von Gesetzen durch das Bundesverfassungsgericht, in: Thomas Würtenberger (Hrsg.), Rechtsreform in Deutschland und Korea im Vergleich, Berlin 2006, S. 215–227.

Andreas Voßkuhle, in: Hermann von Mangoldt/Friedrich Klein/Christian Starck (Hrsg.), Kommentar zum Grundgesetz, 6. Aufl., München 2010, Art. 93, S. 665–787.

Andreas Voßkuhle, in: Hermann von Mangoldt/Friedrich Klein/Christian Starck (Hrsg.), Kommentar zum Grundgesetz, 6. Aufl., München 2010, Art. 94, S. 789–814.

Andreas Voßkuhle/Gernot Sydow, Die demokratische Legitimation des Richters, in: JZ 2002, S. 673–682.

Christa Wagner, Bonner Grundgesetz und Verfassungsgewohnheitsrecht, Diss. jur. München, 1963.

Rainer Wahl, Der Vorrang der Verfassung, in: Der Staat 20 (1981), S. 485–516.

Dirk Waschull, Das verfassungsrechtliche Normwiederholungsverbot am Beispiel der Entscheidung des Bundesverfassungsgerichts zu den Einmalzahlungen, in: SGb 2000, S. 602–610.

Günther Willms, Was bindet nach § 31 Ⅰ BVerfGG?, in: JZ 1954, S. 525–528.

Hans-Jürgen Wipfelder, Ungeschriebenes Verfassungsrecht durch Richterspruch?, in: DRiZ 1980, S. 441–448.

Hans-Jürgen Wipfelder, Naturrecht und Gewohnheit als Quellen des Verfassungsrechts, in: Dorothea Mayer–Maly/Peter M. Simons (Hrsg.),

Das Naturrechtsdenken heute und morgen: Gedächtnisschrift für René Marcic, Berlin 1983, S. 947–966.

Norbert Wischermann, Rechtskraft und Bindungswirkung verfassungsgerichtlicher Entscheidungen – Zu den funktionsrechtlichen Auswirkungen der extensiven Auslegung des § 31 Abs. 1 BVerfGG –, Diss. jur. Berlin, 1979.

Heinrich Amadeus Wolff, Ungeschriebenes Verfassungsrecht unter dem Grundgesetz, Tübingen 2000.

Wolfgang Zeidler, Die Verfassungsrechtsprechung im Rahmen der staatlichen Funktionen – Arten, Inhalt und Wirkungen der Entscheidungen über die Verfassungsmäßigkeit von Rechtsnormen, in: EuGRZ 1988, S. 207–217.

Albrecht Zeuner, Über die Geltungsdauer der Entscheidungen des Bundesverfassungsgerichts und die Möglichkeit späterer abweichender Entscheidungen, in: DÖV 1955, S. 335–340.

Jan Ziekow, Rechtsmittelrecht und Verfassungsgerichtsbarkeit, in: Die Verwaltung 27 (1994), S. 461–494.

Jan Ziekow, Abweichung von bindenden Verfassungsgerichtsentscheidungen?, in: NVwZ 1995, S. 247–250.

Jan Ziekow, Die Bindungswirkung der Entscheidungen des Bundesverfassungsgerichts, in: Jura 1995, S. 522–529.

Rüdiger Zuck, Political–Question–Doktrin, Judicial–selfrestraint und das Bundesverfassungsgericht, in: JZ 1974, S. 361–368.

Rüdiger Zuck, Die Selbstbindung des Bundesverfassungsgerichts, in: NJW 1975, S. 907–911.

Rüdiger Zuck, Das Bundesverfassungsgericht als Dritte Kammer, in: ZRP 1978, S. 189–195.

Konrad Zweigert, Die Verfassungsbeschwerde, in: JZ 1952, S. 321–328.

찾아보기

ㅈ

ㅌ

ㅎ

헌법재판소 결정이 입법자를 구속하는 범위와 한계

인 쇄 | 2017년 12월 20일
발 행 | 2017년 12월 26일

저 자 | 허완중
발행인 | 정병석
발행처 | 전남대학교출판문화원

등록 | 1981. 5. 21. 제53호
주소 | 61186 광주광역시 북구 용봉로 77
전화 | (062) 530-0571~2 마케팅 530-0573
팩스 | (062) 530-0579
홈페이지 | http://www.cnup.co.kr
이메일 | cnup0571@hanmail.net

값 22,000원

ISBN 978-89-6849-455-0 (93360)

이 도서의 국립중앙도서관 출판예정도서목록(CIP)은
서지정보유통지원시스템 홈페이지(http://seoji.nl.go.kr)와
국가자료공동목록시스템(http://www.nl.go.kr/kolisnet)에서 이용하실 수 있습니다.
(CIP제어번호 : CIP2017034826)